Exportdiversifizierung und Wirtschaftswachstum

**Göttinger Studien zur Entwicklungsökonomik**
**Göttingen Studies in Development Economics**

Herausgegeben von/ Edited by Hermann Sautter und/and Stephan Klasen

Bd./Vol. 17

PETER LANG
Frankfurt am Main · Berlin · Bern · Bruxelles · New York · Oxford · Wien

Dierk Herzer

# Exportdiversifizierung und Wirtschaftswachstum

## Das Fallbeispiel Chile

PETER LANG
Europäischer Verlag der Wissenschaften

**Bibliografische Information der Deutschen Nationalbibliothek**
Die Deutsche Nationalbibliothek verzeichnet diese Publikation in der Deutschen Nationalbibliografie; detaillierte bibliografische Daten sind im Internet über <http://www.d-nb.de> abrufbar.

Zugl.: Göttingen, Univ., Diss., 2005

Gedruckt mit freundlicher Unterstützung
des Ibero-Amerika-Instituts für Wirtschaftsforschung,
Göttingen.

D 7
ISSN 1439-3395
ISBN 3-631-55142-8



www.peterlang.de

*Meinen Eltern*

# Vorwort des Herausgebers

Die Zusammenhänge zwischen Exportstruktur, Exportwachstum und Entwicklungserfolg eines Landes gehören zu den am meisten diskutierten Themen der Entwicklungsökonomik. Ein gleich bleibend hoher Anteil von Primärgütern an den Ausfuhren gilt im Allgemeinen als ein Symptom mangelnder Entwicklungserfolge und er schlägt sich meistens in geringen Wachstumsraten der Exporte nieder (die erdölreichen, relativ bevölkerungsarmen Golfstaaten bilden eine Ausnahme). Umgekehrt kann eine Veränderung der Exportstruktur in Richtung auf einen höheren Industriegüteranteil als Entwicklungserfolg gewertet werden. Er geht in der Regel einher mit relativ hohen Zuwachsraten der Exporterlöse. Dementsprechend lautet die entwicklungspolitische Empfehlung, Länder mit hohem Primärgüteranteil an den Exporten sollten sich um eine Diversifizierung ihrer Ausfuhrstruktur bemühen, um den Anschluss an den „Globalisierungsprozess“ nicht zu verlieren.

So einleuchtend diese Argumentation auf den ersten Blick auch erscheinen mag, die einzelnen Wirkungskanäle einer Exportdiversifizierung sind weniger klar. Ohne präzisere Kenntnisse darüber können aber auch keine verlässlichen wirtschaftspolitischen Empfehlungen ausgesprochen werden. Davon abgesehen ist der Prozess einer Diversifizierung vielschichtig. Es kann sich um eine horizontale Diversifizierung handeln (die Zahl der exportierenden Sektoren und der Exportgüter wächst), um eine vertikale Diversifizierung (es steigt der Industriegüteranteil an den Exporten) und um eine marktmäßige Diversifizierung (die Zahl der belieferten Exportmärkte nimmt zu). Zwischen diesen Formen wird es in aller Regel Interdependenzen geben, was nicht ausschließt, dass jede dieser Formen spezifische Wachstumseffekte auslösen kann.

Die Arbeit von Herrn Herzer zielt darauf ab, die Wirkungskanäle der verschiedenen Formen einer Exportdiversifizierung theoretisch heraus zu arbeiten, die dabei gewonnenen Hypothesen empirisch zu testen und die Ergebnisse dieser empirischen Untersuchungen entwicklungspolitisch zu interpretieren. Dies geschieht am Beispiel eines Landes, das besondere Erfolge im Blick auf eine Diversifizierung seiner Exporte aufweisen kann und das sich deshalb besonders gut für eine Fallstudie zu diesem Thema eignet (Chile).

Gegenüber bisher vorliegenden Untersuchungen stellt diese Arbeit einen deutlichen Fortschritt dar, und zwar in mehrfacher Hinsicht. Sie enthält erstens eine sorgfältige theoretische Herleitung von Hypothesen zum Wachstumseffekt einer Exportdiversifizierung. Diese Hypothesen werden zweitens ökonometrisch getestet, wobei der Verfasser keinen methodischen Aufwand scheut. Die Gründlichkeit, mit der er hier vorgeht, ist besonders anerkennenswert. Drittens werden die wirtschaftspolitischen Möglichkeiten eines Entwicklungs- bzw. Schwellenlandes zur Diversifizierung seiner Exporte auf der Grundlage gesicherter empirischer Ergebnisse diskutiert.

Mit dieser, auf einem hohen wissenschaftlichen Niveau durchgeführten Verknüpfung theoretischer, empirischer und politischer Aspekte bietet die Arbeit sowohl eine bessere empirische Absicherung bisheriger Erkenntnisse als auch neue Erkenntnisse:

- Am Beispiel Chiles zeigt sich eine gesicherte Kausalbeziehung zwischen einer vertikalen und horizontalen Exportdiversifizierung einerseits und dem binnenwirtschaftlichen Wachstum andererseits.

- Gesichert ist ferner die Hypothese, dass mit der Verbreiterung der Exportbasis die „Terms of Trade"-Falle vermieden werden kann und dass sie zur Stabilisierung der Exporterlöse beiträgt.

- Auch eine Diversifizierung der Exportmärkte besitzt positive Wirkungen auf das Wirtschaftswachstum.

- Eine konzertierte Politik der Exportdiversifizierung ist eine sinnvolle Strategie zur Förderung des Wirtschaftswachstums, wenn sie im Einklang mit den komparativen Vorteilen eines Landes steht.

Die Arbeit liefert damit eine solide Untermauerung des Arguments, dass eine Diversifizierung der Exporte einen schlüssigen und gangbaren Weg für Entwicklungsländer darstellt, an den Vorteilen der wirtschaftlichen Globalisierung zu partizipieren.

# Danksagung

Die vorliegende Arbeit wurde in der Zeit von März 2002 bis August 2005 am Ibero-Amerika Institut für Wirtschaftsforschung der Universität Göttingen unter der Anleitung meines sehr geschätzten Doktorvaters Herrn Prof. Dr. Herman Sautter durchgeführt. Ihnen, Herr Prof. Sautter, möchte ich von ganzem Herzen für das in mich gesetzte Vertrauen, für die mir eingeräumte wissenschaftliche Freiheit sowie für das große Interesse an meiner Arbeit danken. All dies und Ihre wertvollen Anregungen haben ganz wesentlich zum Gelingen dieser Arbeit beigetragen.

Mein besonderer Dank gilt darüber hinaus Herrn Prof. Dr. Stephan Klasen für seine großzügige Unterstützung und die Aufnahme in seinen Arbeitskreis, in dem ich in freundschaftlicher Atmosphäre meiner Arbeit nachgehen konnte. Er stand mir jederzeit bei wichtigen Entscheidungen mit Rat zur Seite und war stets sehr an meiner Arbeit interessiert. Auch Herrn Prof. Dr. Zucchini bin ich für seine Unterstützung beim Abschluss der Dissertation zu großem Dank verpflichtet.

Des weiteren gilt mein Dank Frau Dr. Felicitas Nowak-Lehmann Danziger für ihr Engagement, mir bei Problemen aller Art mit ihrer Erfahrung und ihrem Wissen zur Seite zu stehen. Darüber hinaus möchte ich aufrichtig und von Herzen meinen Kollegen Herrn Juniorprofessor Dr. Michael Grimm, Herrn Dr. Jörg Stosberg, Herrn Dipl.-Vw. Ken Harttgen, Frau Dipl.-Betrw. Isabel Günther, Frau Dipl.-Vw. Melanie Grosse und Frau Dipl.-Regional-Wiss. Yvonne Treichel für ihre moralische Unterstützung danken. Die Zusammenarbeit mit Ihnen war eine große Freude, und ich werde sie immer in bester Erinnerung behalten. Auch allen anderen Mitarbeitern der Professur für Volkswirtschaftstheorie und Entwicklungsökonomik danke ich sehr.

Mein ganz großer Dank gilt dem Evangelischen Studienwerk e.V. Villigst, das diese Arbeit im Rahmen der Promotionsförderung durch ein Stipendium finanziell und ideell gefördert hat.

Schließlich bedanke ich mich ganz herzlich bei Sebastian Vollmer für die Erstellung des Manuskripts für die Veröffentlichung der Arbeit.

Frankfurt, Februar 2006 Dierk Herzer

# Inhaltsverzeichnis

## Verzeichnis der Abbildungen

# Verzeichnis der Tabellen

# Einführung

In den letzten Jahrzehnten hat sich der Welthandel deutlich schneller ausgeweitet als die Weltproduktion. Die Intensität der weltweiten Arbeitsteilung ist also enorm gestiegen. Diese Entwicklung wird von einem Strukturwandel begleitet, der sich in einem Bedeutungsverlust traditioneller Produktionsfaktoren wie Rohstoffe und ungelernte Arbeit manifestiert: Der Anteil des Handels mit Primärgütern ist kontinuierlich geschrumpft, wohingegen der Welthandelsanteil mit Industriegütern massiv zugenommen hat.[1] Angesichts der Exportkonzentration vieler Entwicklungs- und Schwellenländer auf oft wenige unverarbeitete Rohstoffe wird befürchtet, dass diese Länder noch mehr als bisher zu den "Verlierern" der beschleunigten internationalen Arbeitsteilung gehören werden. Diese Befürchtung stützt sich auf folgende Argumente.

1. Bei starker Abhängigkeit vom Primärgüterexport ist mit Unsicherheiten und Risiken zu rechnen, weil der Export von Rohstoffen mit vergleichsweise starken Exporterlösschwankungen einhergeht. Diese haben bei hohen Exportquoten oft wachstumshemmende gesamtwirtschaftliche Instabilitäten zur Folge.
2. Die Preisentwicklung von "Ricardo-Gütern" wird als rückläufig eingeschätzt, so dass bei starker Primärgüterabhängigkeit mit einer säkulären Verschlechterung der *Terms of Trade* zu rechnen ist. Dies hat zur Folge, dass entwicklungsnotwendige Importvolumina kaum noch finanziert werden können.
3. Primärgüter haben geringe technologische Potenziale und verhindern fortschrittsgenerierende Lern- und Adaptionsprozesse. Die Folge ausbleibender Innovationsaktivitäten sind zunehmende technologische Lücken, rückläufige Weltexportanteile und sinkende Wachstumsraten.[2]

Vor dem Hintergrund dieser Hypothesen wird die Notwendigkeit zur Diversifizierung der Exportstruktur betont. Exportdiversifizierung als weltmarktorientierte Entwicklungsstrategie soll

- durch die Verringerung der Abhängigkeit von wenigen schwankungsintensiven Exportprodukten eine Stabilisierung der Gesamtexporterlöse und so einen Abbau wachstumshemmender Instabilitäten herbeiführen,
- eine Steigerung der Deviseneinnahmen zur Finanzierung entwicklungsnotwendiger Importe ermöglichen,
- technologische Lern- und Adaptionsprozesse auslösen und dadurch ein nachhaltiges Wachstum generieren.[3]

Die erfolgreiche Umsetzung einer solchen Strategie erfordert theoretisch fundierte und empirisch gesicherte Kenntnisse über den Zusammenhang zwischen

1 Vgl. dazu zum Beispiel die „Statistics on Globalization“ der WTO (2001).
2 Vgl. dazu auch MURSHED (2000) sowie PARIKH (2002).
3 Vgl. dazu PATEL/GAYI/VAN DER GEEST (1997).

Exportdiversifizierung und Wirtschaftswachstum. Die Wachstumseffekte der Exportdiversifizierung sind empirisch bis heute jedoch weitgehend unerforscht und damit empirisch nicht hinreichend belegt. Hier setzt die vorliegende Arbeit an. Das Ziel dieser Arbeit ist die empirische Überprüfung der These "Exportdiversifizierung führt zu Wirtschaftswachstum". Sie soll auf der Grundlage wirtschaftstheoretischer Ansätze erörtert und anhand einer Fallstudie überprüft werden. Zum Gegenstand der Fallstudie wird Chile gewählt.

Chile verzeichnete in den letzten Jahrzehnten zeitweise spektakuläre Wachstumsraten sowie außerordentliche Erfolge beim Export und bei der Diversifizierung der Exportstruktur. Die Erfolgsgeschichte der chilenischen Exportdiversifizierung basiert stark auf der Ausschöpfung von Potenzialen im Bereich der industriellen Verarbeitung natürlicher Ressourcen. Möglicherweise demonstriert Chile für andere ressourcenreiche Entwicklungs- und Schwellenländer, ob und wie eine ressourcennahe Exportdiversifizierung zu Wachstum führt. Dabei wird eine Eins-zu-eins-Übertragung chilenischer Erfahrungen auf andere ressourcenreiche Länder im Anbetracht unterschiedlicher länderspezifischer Strukturbedingungen natürlich kaum möglich sein.

Ausgehend von diesen Überlegungen widmet sich die folgende Untersuchung zwei Kernfragen zum Untersuchungskomplex "Exportdiversifizierung und Wirtschaftswachstum am Fallbeispiel Chile". Sie lauten:

1. Lösen die Effekte der Exportdiversifizierung ein wirtschaftliches Wachstum aus und - wenn ja -
2. welche wirtschaftspolitischen Maßnahmen können zur Beschleunigung der Exportdiversifizierung eingesetzt werden, damit Wachstum entsteht?

Um Antworten auf diese Fragen zu finden, wird zunächst anhand wirtschaftstheoretischer Ansätze zu erörtern sein,
- welche Mechanismen für den Zusammenhang zwischen Exportdiversifizierung und Wirtschaftswachstum eine Rolle spielen und, damit eng zusammenhängend,
- welche Argumente staatliche Eingriffe zur Beschleunigung der Exportdiversifizierung rechtfertigen.

Diese Erörterungen sind Gegenstand des ersten Abschnitts (**Abschnitt 1.1**). Ohne dabei im Detail auf konkrete Politikmaßnahmen einzugehen, werden hier zur Sprache gebracht: die Implikationen der traditionelle Außenhandelstheorie, der neoklassischen Wachstumstheorie, der neueren Außenhandelstheorie und der endogenen Wachstumstheorie für einen Zusammenhang zwischen Exportdiversifizierung und Wirtschaftswachstum.

Im zweiten Abschnitt (**Abschnitt 1.2**) werden die Ergebnisse des ersten Abschnitts zu empirisch überprüfbaren Hypothesen zusammengefasst. Bei der

Formulierung der Hypothesen wird differenziert zwischen den potenziellen Wachstumseffekten

- der Errichtung einer Ausfuhrstruktur mit höheren Industriegüteranteilen (vertikale Exportdiversifizierung),
- einer Vergrößerung der Zahl der Exportmärkte (Exportmarktdiversifizierung) und
- einer Erhöhung der Zahl exportierter Produkte und exportierender Sektoren (horizontale Exportdiversifizierung).

Aufbauend auf der Hypothesenformulierung erfolgt die Festlegung der allgemeinen analytischen Methode zur Hypothesenprüfung. Die hier angestrebte Methode ist eine Symbiose von deskriptiv-statistischen Analysen und zeitreihenökonometrischen Verfahren. Im Rahmen der Methodenbestimmung werden auch die Gründe für die Nutzung chilenischer Zeitreihen anhand einer Skizze der chilenischen Wirtschafts- und Außenhandelspolitik sowie der chilenischen Exportdiversifizierung offenzulegen sein.

Während die theoretischen Implikationen und die empirisch-methodischen Aspekte in **Kapitel 1** der vorliegenden Arbeit behandelt werden (Abschnitt 1.1 und Abschnitt 1.2), widmen sich die darauf folgenden **Kapitel 2 bis 5** der Hypothesenprüfung. Dabei geht es einmal um den Versuch, theoretisch erwartete Wirkungszusammenhänge durch Beschreibung und Gegenüberstellung von Daten plausibel zu machen und zum anderen geht es darum, die Wachstumseffekte der Exportdiversifizierung ökonometrisch nachzuweisen.

Konkret befassen sich die **Kapitel 2 und 3** mit der potenziellen Wirkungsbeziehung zwischen steigenden Anteilen industrieller Erzeugnisse am Gesamtexport und dem Wachstum des chilenischen Brottoinlandsprodukts. In diesem Zusammenhang wird zwischen vorwiegend direkten und eher indirekten Wirkungsmechanismen zu unterscheiden sein. **Kapitel 2** widmet sich den direkten Wachstumsimpulsen von steigenden Industriegüteranteilen. Dazu zählen der Abbau wachstumshemmender Exporterlösinstabilitäten, die Etablierung von produktivitätssteigernden *Learning-by-Doing*-Effekten, die Realisierung interner *Economies of Scale* sowie die Entfaltung von *Backward Linkage*-Effekten. Dagegen geht es in **Kapitel 3** um die empirische Verifizierung der Hypothese, nach der ein steigender Industriegütergehalt am Gesamtexport indirekt - über eine Verbesserung der *Terms of Trade* und dadurch *ceteris paribus* über die Erhöhung der Importkapazität - das wirtschaftliche Wachstum fördert.

**Kapitel 4** behandelt die Vergrößerung der Zahl der Exportmärkte und ihren Einfluss auf das chilenische Wirtschaftswachstum. Als potenzielle Wachstumswirkung wird hier zu diskutieren und empirisch zu überprüfen sein: Ein mit der Erschließung neuer Absatzmärkte in Zusammenhang stehender Transfer von *Kow How* in den Bereichen Vermarktung, Management, Produktentwicklung und Arbeitsorganisation - mit Auswirkungen auf die totale Faktorproduktivität und damit auf das chilenische Wirtschaftswachstum.

In **Kapitel 5** geht es um die Effekte einer Erhöhung der Zahl exportierender Sektoren. Hier kommen zur Sprache: die Senkung der Exportkonzentration, die Entstehung von *Backward Linkages* sowie die Erhöhung von Möglichkeiten für die Entfaltung von exportinduzierten Lernprozesse und *Spillover*-Effekten.

Wie aus dem bisher gesagten hervorgeht, widmen sich die **Kapitel 2 bis 5** der ersten zentralen Frage dieser Arbeit, der Frage, ob die Effekte der Exportdiversifizierung ein wirtschaftliches Wachstum auslösen. Auf den Ergebnissen dieser Teile aufbauend wird in **Kapitel 6** die zweite zentrale Frage der vorliegenden Arbeit behandelt, nämlich die Frage nach wirtschaftspolitischen Maßnahmen und Handlungsansätzen zur Beschleunigung der Exportdiversifizierung. Ihre Beantwortung erfolgt auf der Grundlage einer Analyse außenhandelspolitischer Initiativen der chilenischen Regierung im Zusammenhang mit der Diversifizierung der chilenischen Exportstruktur. Konkret werden im Hinblick auf ihre Diversifizierungswirkungen am Fallbeispiel Chile erörtert: die Liberalisierung des Außenhandels, die chilenische Wechselkurspolitik, die Politik bilateraler Handelsabkommen, Direktinvestitionspolitiken, die für die Exportdiversifizierung wichtigen Institutionen sowie verschiedenen staatliche Exportförderungsmaßnahmen.

Die Arbeit schließt mit einer Zusammenfassung und Einordnung der Ergebnisse.

# Kapitel 1
# Exportdiversifizierung und Wirtschaftswachstum: Theoretische Implikationen und empirisch-methodische Aspekte

## 1.1 Zur Problematik der theoretischen Rechtfertigung einer Exportdiversifizierungsstrategie[1]

### 1.1.1 Einleitung

Im Zusammenhang mit der wachsenden Globalisierung der Gütermärkte wird Entwicklungsländern verstärkt die Diversifizierung ihrer Exportstruktur empfohlen. Eine Exportdiversifizierung soll die Eingliederung in die internationale Arbeitsteilung verbessern und damit ein nachhaltiges Wachstum fördern. Eine Politik der Wirtschaftsentwicklung mittels Exportdiversifizierung setzt jedoch eine theoretische Klärung der damit zusammenhängenden Fragen voraus. Nur gesicherte theoretische Erkenntnisse können die effektive Ausgestaltung einer solchen Strategie ermöglichen. Dieses Kapitel beschäftigt sich mit den Fragen,

- welche Mechanismen für den Einfluss der Exportdiversifizierung auf das Wirtschaftswachstum ein Rolle spielen und, damit eng verbunden,
- wie sich eine Strategie der Exportdiversifizierung theoretisch rechtfertigen lässt.

Die Beantwortung dieser Fragen erfordert zunächst ein inhaltliches Verständnis der Exportdiversifizierungsstrategie. Unter einer solchen Strategie soll im folgenden verstanden werden (Abbildung 1.1)

- der Aufbau einer Ausfuhrstruktur mit höheren Industriegüteranteilen (vertikale Exportdiversifizierung)[2] sowie
- die Verminderung der Abhängigkeit von wenigen Märkten und Produkten durch Vergrößerung der Zahl der Exportmärkte (Marktdiversifizierung), Exportprodukte und Exportsektoren (horizontale Exportdiversifizierung).[3]

---

1 Die Überlegungen in diesem Kapitels finden sich ähnlich bei HERZER (2004).

2 Die vertikale Exportdiversifizierung vollzieht sich innerhalb der bereits existierenden Exportsektoren durch Aufnahme bisher nicht vorhandener Produktionsstufen und Produktionstechniken.

3 Bei der horizontalen Exportdiversifizierung geht es allgemein um die Veränderung der Exportstruktur mit dem Resultat einer zunehmenden Exportgütervielfalt. Wenn man unterstellt, dass verschiedene Sektoren jeweils unterschiedliche Produkte oder Produktgruppen exportieren, dann steigt mit der Erhöhung der Zahl exportierender Sektoren *uno actu* die Zahl der Exportgüter. Da es sich bei Sektoren definitionsgemäß um aggregierte Größen handelt, kann natürlich auch im selben Sektor (beispielsweise im Obstsektor) die Zahl ausgeführter Produkte erweitert werden (Erdbeeren, Äpfel, Birnen, usw.). Daraus folgt, dass eine horizontale

**Abbildung 1.1 Die verschiedenen Stoßrichtungen einer Exportdiversifizierungstrategie**

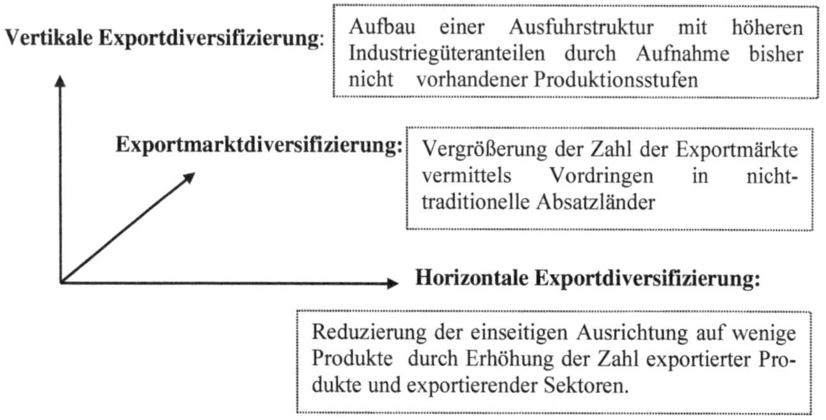


Anmerkung: Im Anbetracht der Fülle möglicher Handlungsansätze zur Beschleunigung der Exportdiversifizierung abstrahiert das grafisch aufbereitete allgemeine Begriffsverständnis bewusst von konkreten Politikmaßnahmen. Einzelne die Exportdiversifizierung beeinflussenden Politiken und Handlungsansätze werden am Fallbeispiel Chile in Kapitel 6 der vorliegenden Arbeit behandelt.

Vor dem Hintergrund dieses Begriffsverständnisses werden in den Abschnitten 1.1.2 bis 1.1.5 nacheinander die aus der traditionellen Außenhandelstheorie, der neoklassischen Wachstumstheorie, der neuen Außenhandelstheorie und der endogenen Wachstumstheorie abgeleiteten Begründungen für die Strategie der Exportdiversifizierung dargestellt und auf ihre Stichhaltigkeit geprüft. Abschnitt 1.1.6 beschäftigt zusammenfassend mit der theoretischen Rechtfertigung der Strategie der Exportdiversifizierung und ihrem Einfluss auf das wirtschaftliche Wachstum.

### 1.1.2 Exportdiversifizierung im Rahmen der traditionellen Außenhandelstheorie

Methodologisch empfiehl es sich, die Strategie der Exportdiversifizierung zuerst im Rahmen der traditionellen Außenhandelstheorie zu diskutieren. Der Diskussion liegt die Frage zugrunde: In wieweit lässt der Freihandel eine diversifizierte Struktur der Exporte und Exportmärkte zu und welche Argumente rechtfertigen

---

Exportdiversifizierung sich nicht einzig über die Erweiterung des Ausfuhrsortiments um industrielle Produkte ergibt, sondern ebenfalls mit der Aufnahme neuer bzw. nicht-traditioneller Primärgüter. Vgl. AMIN GUTIÉRREZ DE PIÑERES/FERRANTINO (2000: S. 7).

staatliche Eingriffe zur Beschleunigung einer Exportdiversifizierung? Darauf liefert die traditionelle Außenhandelstheorie die folgenden Antworten.

#### 1.1.2.1 Wohlfahrtsgewinne durch Freihandel

Aus einer Handelsöffnung resultieren Handelsströme, die durch komparative Vorteile determiniert werden. Komparative Vorteile finden ihren Ausdruck im Auftreten divergierender relativer Preise vor der Handelsöffnung und werden gemäß dem Ricardo-Theorem mit einer von Land zu Land unterschiedlichen Arbeitsproduktivität begründet oder sie ergeben sich gemäß dem Heckscher-Ohlin-Theorem durch unterschiedliche Ausstattungen mit Produktionsfaktoren und unterschiedliche, güterspezifische Faktorintensitäten. Nach der traditionellen Außenhandelstheorie wird ein Land sein Realeinkommen durch die Reallokation der gegebenen Ressourcen über das im Autarkiegleichgewicht erzielbare Niveau erhöhen, ohne zusätzliche Produktivkräfte verwenden zu müssen, wenn es sich auf die Güter mit einem komparativen Vorteil spezialisiert und diese exportiert. Allokationsverzerrende staatliche Eingriffe (wie beispielsweise die Subventionierung von Exporten), die eine Spezialisierung auf den komparativen Vorteil behindern, führen daher zu gesamtwirtschaftlichen Wohlfahrtsverlusten. Die traditionelle Handelstheorie liefert deshalb zunächst keine Argumente für die Durchführung einer Exportdiversifizierungsstrategie. Sie sieht im Freihandel die beste Strategie zur Maximierung der nationalen Wohlfahrt und fordert eine Spezialisierung gemäß dem komparativen Vorteil auf ein eng umgrenztes Exportgüterbündel.

Allerdings legt das „*Indeterminancy*-Problem" (MELVIN 1968) nahe, dass eine stärker diversifizierte (Markt- und) Exportstruktur als Ergebnis der Öffnung zum Außenhandel prinzipiell möglich ist. Erweitert man das neoklassische Heckscher-Ohlin-Modell mit zwei Gütern um beliebig viele Güter (bei weiterhin zwei Faktoren), dann ist die Verteilung der Weltproduktion jedes Gutes auf die Produktionsprozesse in den einzelnen Ländern und damit die Richtung und das Ausmaß des internationalen Handels durch die Weltmarktpreise nicht mehr eindeutig determiniert.[4] Trotz der Unbestimmtheit der Handelsstrukturen verliert aber das Gesetz des komparativen Vorteils nicht seine Gültigkeit. Stellt man auf den Nettofaktorgehalt der Handelsströme ab, dann lässt sich eine Aussage formulieren, die an das Heckscher-Ohlin-Theorem erinnert: Ein relativ reichlich mit einem Produktionsfaktor ausgestattetes Land wird in der Freihandelssituation die Leistungen dieses Produktionsfaktors netto exportieren (VANEK 1968). Diese Aussage impliziert wiederum: Ein reichlich mit einem Produktionsfaktor ausgestattetes Land kann im Freihandelsgleichgewicht (unter den Voraussetzungen des internationalen Faktorpreisausgleichs) jenes Gut exportieren, in dessen Produktion der reichlich vorhandene Faktor am intensivsten eingesetzt wird; gleichzeitig kann das Land im Freihandelsgleichgewicht durchaus auch jenes Gut ausführen, in dessen Produktion die Einsatzintensität dieses Faktors am ge-

4 Vgl. zu diesen Überlegungen auch DEROSA (1992).

ringsten ist.[5] Folglich ist prinzipiell eine stärker diversifizierte (Markt- und) Exportstruktur als Resultat der marktlichen Öffnung möglich.

Staatliche Eingriffe zur Beschleunigung der Exportdiversifizierung sind hingegen auch unter diesen Bedingungen ökonomisch nicht sinnvoll. DEROSA (1992) zeigt theoretisch, dass eine politikinduzierte Exportdiversifizierung "gemäß dem komparativen Nachteil" immer eine Schrumpfung des Exportsektors induziert, in dessen Produktion die Einsatzintensität des im Lande reichlich vorhandenen Faktors am höchsten ist. Dadurch sinkt die Entlohnung des redundanten Faktors relativ zur Entlohnung des knappen Faktors. Die Verschlechterung der relativen Faktorentlohnung kommt einer Wohlfahrtsminderung gleich, denn durch die Entwertung des im Lande redundanten Faktors fällt das Realeinkommen unter das im Freihandelsgleichgewicht erzielbare Niveau. BEREZIN, SALEHIZADEH und SANTANA (2002: S.4) konstatieren deshalb: "*In general, diversification will require that resources be channeled away from sectors that already have a comparative advantage*".[6]

Somit stellt sich die Frage, wie sich im Rahmen der traditionellen Außenhandelstheorie die suboptimale Allokation der Produktionsfaktoren durch eine interventionistische Exportdiversifizierung überhaupt rechtfertigen lässt. Da die traditionelle Außenhandelstheorie dem Paradigma der vollkommenen Konkurrenz unterliegt, kann die Antwort theorieimmanent nur auf Marktversagen plädieren.

#### 1.1.2.2 Das Problem der Unsicherheit in Form schwankender Exporterlöse[7]

Ein Marktversagen wird in diesem Zusammenhang darin gesehen, dass die Weltrohstoffmärkte eine Quelle großer Unsicherheiten und Risiken für primärgüterexportierende Länder darstellen. Diese Unsicherheiten und Risiken sind das Resultat von nicht beeinflussbaren Angebots- und Nachfrageausfällen, die zu starken Preis- und Exporterlösschwankungen bei Primärgütern führen.[8] Ex-

---

5 Auch in dieser Konstellation werden die Leistungen des redundanten Produktionsfaktors netto exportiert. Insofern liegt auch hier eine Spezialisierung gemäß dem komparativen Vorteil vor. Vgl. DEROSA (1992: S. 579).

6 Diese Aussage gilt sowohl für die horizontale, die vertikale als auch für die Diversifizierung der Exportmärkte.

7 Die Überlegungen dieses Abschnittes finden sich ähnlich bei DAWE (1996).

8 Angebotsbedingte Ursachen für die Instabilität der Exporterlöse bei Primärgütern sind die Abhängigkeit von klimatischen Bedingungen, die Länge der Ausreifungszeiten, die Anfälligkeit für Ereignisse wie Streiks, außenpolitische Konflikte oder innenpolitische Krisen. Nachfragebedingt ist die starke Verknüpfung mit der konjunkturellen Situation den Abnehmerländer. Diese Faktoren tragen dazu bei, dass Erlösschwankungen bei Primärgütern tendenziell stärker ausfallen als bei industriellen Erzeugnissen.

porterlösschwankungen sind nach den Ergebnissen der empirischen Studien von DAWE (1996) und BLEANEY/GREEENAWAY (2001) entwicklungshemmend.[9]
Zur theoretischen Begründung der Beeinträchtigung der Entwicklungsmöglichkeiten wird unterstellt, dass die Exportinstabilität über Multiplikatoreffekte vom Exportsektor auf die Gesamtwirtschaft übertragen wird. Heftige Erlösfluktuationen haben daher starke Einkommenschwankungen in anderen Sektoren der Volkswirtschaft zur Folge. Starke Einkommenschwankungen implizieren starke Nachfrageänderungen und damit häufige Preisänderungen.[10] Häufige Preisänderungen machen wiederum eine Vorausschätzung zukünftiger Preisentwicklungen ungewiss. Da Investitionsentscheidungen mit dem Ziel der Gewinnmaximierung unter anderem auf der Prognose langfristiger Preisentwicklungen beruhen, fließen Investitionen aufgrund von Fehlprognosen vielfach nicht in Sektoren mit dem höchsten Grenzertrag. Neben dieser Fehlallokation von knappen Investitionsmitteln kann auch mit einer Verringerung der Investitionsneigung durch Exporterlösschwankungen gerechnet werden, wenn in Folge volatiler Einkommensströme die Unsicherheit über die zukünftige Entwicklung der Investitionserträge steigt. DIXIT/PINDYCK (1994) zeigen theoretisch, dass eine steigende Varianz geplanter zukünftiger Investitionserträge die private Investitionsnachfrage senkt. Zusätzlich ist in Zeiten von Erlösausfällen durch die für viele Entwicklungsländer vergleichsweise hohe Abhängigkeit der Staatsfinanzen vom Exportsektor die Durchführung staatlicher Investitionen bedroht.

Eine Verlangsamung des Wachstums ergibt sich allerdings nicht nur durch eine Fehlallokation von Investitionsmittels sowie durch eine Verringerung der Inves-

9 Erwähnt sei in diesem Zusammenhang, dass die entwicklungshemmede Wirkung von Exporterlösschwankungen lange Zeit bestritten wurde. Frühe internationale Querschnittsanalysen, beispielsweise von KNUDSEN/PARNES (1975) und YOTOPOULOS/NUGENT (1976), kommen sogar zu dem Schluss, dass Exportinstabilität das Wirtschaftswachstum von Entwicklungsländern begünstige. Die genannten Autoren begründen den augenscheinlich positiven Wachstumseinfluss von schwankenden Exporterlösen mit dem Hinweis auf die *Permanente Einkommenshypothese*. Sie argumentieren, eine Erlösinstabilität und damit eine Einkommensinstabilität (Änderungen des transitorischen Einkommens) erfordere im Vergleich zur stabilen Einkommensentwicklung höhere Reserven, so dass die durchschnittliche Konsumquote sinkt. Die auf die Weise gebildete Ersparnis habe wiederum höhere Investitionen zur Folge, denn die Ersparnis stelle die primäre Quelle der Investitionen dar. Allerdings leiden die zitierten Studien unter einem erheblichen *Omitted Variable Bias*, da sie maximal zwei Erklärungsvariablen enthalten (sehr niedriges $R^2$). Darüber hinaus sind die Regressionsergebnisse zum Teil faktisch nicht signifikant. Und schließlich kann man gegen die theoretische Begründung anführen, dass die Fülle von Bestimmungsfaktoren für den negativen Wachstumseinfluss von Exportinstabilität faktisch ignoriert wird.

10 Eine Absicherung gegen die Volatilität der Einkommensströme durch eine entsprechende Vorsichtsersparnis ist aufgrund der Funktionsunfähigkeit des Bankensystems in den betroffenen Staaten vielfach nicht möglich.

titionsneigung, sondern auch als Folge einer Begrenzung der Importkapazität. Da sich Exporterlösfluktuationen unmittelbar in Veränderungen des Devisenangebots niederschlagen, sinkt bei Zahlungsbilanzrestriktionen in Perioden von Erlösausfällen die Verfügbarkeit über entwicklungsnotwendige Importvolumina. Bei einem Aufschwung der Exporteinnahmen besteht dagegen die Gefahr der Verschwendung von Devisen durch eine spekulative Erhöhung von Importgüterbeständen.[11]

#### 1.1.2.3 Exportdiversifizierung als Stabilisierungsstrategie

Exporterlösschwankungen können demnach gesamtwirtschaftliche, entwicklungshemmende Instabilitäten zur Folge haben. Wird der Entwicklungsprozess durch Erlösschwankungen beeinträchtigt, dann ist das Bemühen um eine Verringerung der Erlösschwankungen ökonomisch gerechtfertigt. In diesem Zusammenhang verweist MICHAELY schon 1962 (S. 131ff.) auf die Strategie der horizontalen Exportdiversifizierung als Instrument der Risikominderung zum Abbau wachstumshemmender Instabilitäten. Die wissenschaftliche Fundierung für die Exportdiversifizierung als Stabilisierungsstrategie liefern frühe Arbeiten von BRAINARD/COOPER (1968) und LOVE (1979). Darin werden die Gedanken der *Portfolio-Selection*-Theorie aufgegriffen und auf den Export bzw. auf ein Exportportfolio übertragen. Anhand von portfoliotheoretischen Modellen wird gezeigt, dass die Gesamterlösausfälle und damit die Erlösschwankungen eines gegebenen Exportportfolios durch Zunahme der Zahl der Exportgüter im Exportportfolio reduziert werden, solange die Ausfallrisiken der einzelnen Exporte nicht vollständig positiv miteinander korreliert sind.[12] Sofern die einzelnen Risiken im Exportgütersortiment identisch und unabhängig sind, gilt das Gesetz der Großen Zahl und die Streuung der Ausfälle tendiert gegen Null, wenn sich die Zahl der Exportgüter gegen unendlich nähert. Dies impliziert, dass durch eine Strategie der horizontalen Exportdiversifizierung das Gesamtausfallrisiko und damit die Gesamterlösschwankungen reduziert werden.[13] Gleichwohl werden mit

11 Werden schließlich Ausgleichslager zur Kompensation von Erlösschwankungen angelegt, so werden knappe Ressoucen (wie beispielsweise Humankapital) gebunden. Hieraus entsteht wiederum ein Verzicht auf alternative, wachstumsfördernde Verwendungen.

12 bzw. solange die Schwankungen der nichttraditionellen Exporte mit denen der traditionellen Exporte vollständig negativ korrelieren (LOVE 1992).

13 Ein weiteres, fast triviales Ergebnis der Instabilitätsmodelle ist, dass "*Diversifying into "new" exports and/or increasing the shares of certain minor "traditional" products in total exports will contribute to reducing the degree of instability in total export earnings the more stable are earnings from these products, ...*" LOVE (1992: S. 533). Da Exporterlösschwankungen bei industriellen Erzeugnissen tendenziell schwächer ausfallen als bei Primärgütern folgt aus dem Zitat, dass auch mittels vertikaler Exportdiversifizierung eine Verringerung von Erlösfluktuationen möglich ist (LOVE 1983). Bei Durchführung einer Strategie der vertikalen Export-

zunehmender horizontaler Exportdiversifizierung, bei Vollauslastung der Produktionsfaktoren, infolge der Reallokation der Produktionsfaktoren in zusätzliche Exportsektoren, die Spezialisierungsgewinne sinken. Diese Verluste an Spezialisierungsgewinnen sind die Kosten einer interventionistischen Politik der (horizontalen) Exportdiversifizierung. Wenn aber die volkswirtschaftlichen Kosten der Exportdiversifizierung größer sind als die Gewinne, die durch die Stabilisierung der Exporterlöse entstehen, dann ergeben sich keine Argumente für die Durchsetzung einer Strategie der horizontalen Exportdiversifizierung (DEROSA 1992).

Zu berücksichtigen ist in diesem Zusammenhang außerdem die Möglichkeit der Absicherung gegen die Volatilität der Einkommensströme über Finanzinstrumente. Gegen die Strategie der horizontalen Exportdiversifizierung lässt sich daher ein zusätzlicher Einwand vorbringen: Solange die volkswirtschaftlichen Kosten einer Exportdiversifizierung höher sind, als die Kosten der Implementierung eines effizienten Finanzsystems, sollte eine entsprechende Wirtschaftspolitik zuerst bei der Unterstützung, Weiterentwicklung und Erprobung neuer und verbesserter Finanztechnologien ansetzen. Hinzu kommt, dass empirisch bislang keine (eindeutige) Beziehung zwischen der Beschleunigung der horizontalen Exportdiversifizierung und der Stabilisierung der Exporterlöse nachgewiesen werden konnte.[14] Im Rahmen der neoklassischen Außenhandelstheorie lassen sich daher auch unter Berücksichtigung von Erlösfluktuationen keine allgemeingültigen Aussagen über die Vorteilhaftigkeit einer Strategie der horizontalen Exportdiversifizierung treffen (AMIN GUTIÉRREZ DE PIÑERES/FERRANTINO 2000: S. 4-7).

#### 1.1.2.4 Die Verschlechterung der *Terms of Trade* und vertikale Exportdiversifizierung

Zur Rechtfertigung der vertikalen Exportdiversifizierung wird im Rahmen der neoklassischen Außenhandelstheorie üblicherweise auf die Prebisch-Singer-These verwiesen. Danach verschlechtern sich langfristig die Austauschverhältnisse der Primärgüter gegenüber den Industriegütern. Wenn Entwicklungsländer sich gemäß des Ricardo-Theorems auf den Export von Primärgütern spezialisie-

---

diversifizierung sinken jedoch wie bei der Strategie der horizontalen Exportdiversifizierung die Wohlfahrtsgewinne aus dem Außenhandel.

14 Für detaillierte Untersuchungen vgl. zum Beispiel STANLEY (1999), STANLEY/BUNNAG (2001). Die genannten Autoren beobachten, dass eine horizontale Exportdiversifizierung (um zusätzliche Primärgüter) die Erlösinstabilität einiger Länder signifikant erhöht. Nach den Ergebnissen ihrer Untersuchungen ist der Hauptbestimmungsfaktor von Erlösschwankungen der Primärgüteranteil am Gesamtexport und nicht etwa der Grad der horizontalen Exportdiversifizierung. Theoretisch lässt sich das Ergebnis damit begründen, dass die Erlösausfälle der einzelnen Primärgüterexporte vielfach nicht - wie gefordert - unabhängig voneinander, sondern positiv miteinander korreliert sind.

ren und Industriegüter importieren, folgt hieraus eine säkuläre Verschlechterung ihrer *Terms of Trade*. Als Hauptgründe für die säkulare Verschlechterung der *Terms of Trade* nennt PREBISCH (1950) unter anderem die folgende Faktoren:

1. die monopolistische Struktur der Industriegütermärkte in Kombination mit wachstumsbedingten Produktivitätssteigerungen, die zu entsprechenden Preiserhöhungen bei Industriegütern führen. Dahinter steht die Beobachtung, nach der die Gewerkschaften in den Industrieländern darauf achten, dass sich Produktivitätsgewinne in höheren Faktorentgelten niederschlagen. Diese Lohnerhöhungen können aufgrund der monopolistischen Marktstellung der meisten industriellen Anbieter auf die Preise weitergewälzt werden;
2. den scharfen Wettbewerb, dem sich die Primärgüterexporteure ausgesetzt sehen. Dieser verhindert nicht nur Preissteigerungen, sondern bewirkt bei wachsendem Überangebot an Primärgütern einen Preisrückgang derselben;
3. die geringe Einkommenselastizität der Importnachfrage in Industrieländern nach Primärgütern bei gleichzeitig hoher Einkommenselastizität der Importnachfrage in Entwicklungsländern nach industriellen Erzeugnissen.[15]

Aus diesem Faktorenbündel ergibt sich bei wachsender Weltwirtschaft eine säkuläre Verschlechterung der *Terms of Trade* der Entwicklungsländer. Die Verschlechterung der *Terms of Trade* wird mit einer Wohlfahrtsminderung identifiziert, weil die *Terms of Trade* (als "Barometer" für der Gewinne aus dem Außenhandel) einen unmittelbaren Einfluss auf das Realeinkommen eines Landes haben. Unterstellt man die Richtigkeit dieser These und damit einen langfristigen Preisverfall der Primärgüter bei steigenden oder konstanten Industriegüterpreisen, dann scheint die Durchführung einer vertikalen Exportdiversifizierung gerechtfertigt zu sein, um *Terms of Trade*-induzierte Wohlfahrtsverluste zu vermeiden. Es gibt aber auch Einwände gegen eine Strategie der vertikalen Exportdiversifizierung.

SARKAR und SINGER (1991, 1993) gehen auch bei Industriegüterexporten vieler Entwicklungsländern von einem langfristigen Preisverfall aus.[16] Theoretisch

15 Der Grund für die hohe Einkommenselastizität der Importnachfrage der Entwicklungsländer liegt darin, dass Industriegüter zur Fortführung des Entwicklungsprozesses dringend notwendig sind. Die geringe Einkommenselastizität der Importnachfrage der Industrieländer beruht auf dem Engel`schen Gesetz, wonach der Anteil der Gesamtausgaben, der für Primärgüter ausgegeben wird, mit wachsendem Einkommen sinkt. (Im eigentlichen Sinn bezieht sich das Engel`sche Gesetz auf Nahrungsmittel. In bezug auf agrarische Produkte gilt jedoch ähnliches).

16 SARKAR und SINGER (1991) ermitteln für mehrere Entwicklungsländer auch langfristige Preissteigerungen bei industriellen Produkten. Folglich kann man nicht pauschal von einem Preisverfall industrieller Entwicklungsländererzeugnisse ausgehen. Zusätzlich sollten ihre Ergebnisse mit Vorsicht interpretiert werden: In Anbetracht sehr niedriger Durbin-Watson-Teststatistiken (die auf Autokorrelation

lässt sich die Sarkar-Singer-These mit dem "*Fallacy of Composition*"-Argument begründen. Danach wird bezweifelt, dass es einer großen Zahl von Entwicklungsländer gleichzeitig gelingen mag, ihre Industriegüterexporte stark auszuweiten, weil die Absorbtionsfähigkeit der Industrieländermärkte begrenzt sei (CLINE 1982). Bei gleichzeitiger Exportexpansion arbeitsintensiver Industriegüter aller Entwicklungsländer gelte der Fall des großen Landes, womit die Weltmarktpreise nicht mehr als gegeben betrachtet werden können. Die in allen Entwicklungsländern durchgeführte Strategie der vertikalen Exportdiversifizierung induziere somit einen weltweiten Angebotsüberschuss. Damit würde ein Preisverfall der arbeitsintensiven industriellen Erzeugnisse auf dem Weltmarkt eingeleitet und für die Gesamtheit der Entwicklungsländer komme es zu einer Verschlechterung ihrer *Terms of Trade*.

Der Realitätsgehalt dieser Aussage kann allerdings bezweifelt werden, weil insbesondere einkommensschwache Entwicklungsländer kaum in der Lage sein dürften, kurzfristig eine Strategie der vertikalen Exportdiversifizierung durchzuführen. Die Annahme, dass es einer großen Zahl von Entwicklungsländern gleichzeitig gelingen mag, ihre Exporte vertikal zu diversifizieren scheint daher wenig plausibel. Außerdem wird implizit unterstellt, dass die große Zahl der Entwicklungsländer sich auf den Export gleichartiger, relativ arbeitsintensiver Erzeugnisse spezialisiert. Auch dies scheint wenig plausibel. Angesichts der Heterogenität der Entwicklungsländer, der Aufholerfolge der ostasiatischen Schwellenländer im Bereich relativ kapitalintensiver Produkte, und angesichts eines gewissen Preissetzungsspielraums bei heterogenen industriellen Erzeugnissen kann nicht *uno actu* auf einen säkulären Preisverfall der Industriegüterexporte aller Entwicklungsländer geschlossen werden.

Eine andere Erklärung für den von SARKAR und SINGER beobachteten Preisverfall industrieller Erzeugnisse vieler Entwicklungsländer liefert daher BLEANEY (1993). Seine theoretische Begründung beruht auf der Interdependenz zwischen Industriegüter- und Rohstoffpreisentwicklung. Danach, so BLEANEY, könnte ein säkulärer Preisverfall bei Rohstoffen zu einer realen Abwertung der Währung der Entwicklungsländer führen, was zugleich eine Verminderung ihrer *Terms of Trade* für industrielle Erzeugnisse zur Folge hätte. Eine Politik der vertikalen Exportdiversifizierung könnte demnach die säkuläre Verschlechterung der *Terms of Trade* nicht verhindern, da realistischerweise davon ausgegangen werden muss, dass es Zeit erfordert, bis Primärgüterexporte durch den Export verarbeiteter Erzeugnisse ersetzt werden.[17] Dies bedeutet, über einen gewissen Zeit-

in den Residuen hindeuten) sind ihre Signifikanztests und damit ihre Schätzungen nur bedingt aussagefähig. Denkbare Ursachen für die Autokorrelation sind (nicht auszuschließende) Strukturbrüche, die in der empirischen Modellbildung nicht berücksichtigt wurden.

17 Dagegen ließe sich natürlich anführen: Der Begriff "säkulär" impliziert eine Verschlechterung der *Terms of Trade* über einen ausgesprochen langen Zeithorizont.

raum werden Primär- und Industriegüter exportiert. Gleichwohl schädigt die Beschleunigung der vertikalen Exportdiversifizierung im Rahmen der traditionellen Außenhandelstheorie die allokative Effizienz, weil sie dem Theorem des komparativen Vorteils zuwiderläuft, wenn Entwicklungsländer einen komparativen Vorteil im Primärgüterexport haben.[18]

Die Rechtfertigung einer Strategie der vertikalen und der horizontalen Exportdiversifizierung mit dem Hinweis auf die traditionelle Außenhandelstheorie ist demnach wenig stichhaltig.[19] Die Hauptkritik an der fehlenden theoretischen Fundierung der Exportdiversifizierung als entwicklungspolitischer Strategie

---

Bei einer sehr langfristigen Betrachtung könnten deshalb durchaus Primärgüter durch industrielle Erzeugnisse ersetzt werden, selbst wenn dies eine gewisse Zeit in Anspruch nimmt.

18 Zusätzlich kann man das von PREBISCH (1950) unterstellte Ursachenbündel anzweifeln. GWYNNE (1999) beobachtet im Zusammenhang mit dem deutlich gestiegenen Gesundheitsbewusstsein in den Industrieländern beispielsweise eine hohe Einkommenselastizität der Importnachfrage der Industrieländer nach (teuren) Obst- und Gemüsesorten aus Entwicklungsländern.

19 An dieser Stelle sei das *Infant-Industry*-Argument erwähnt, denn das *Infant-Industry*-Argument bietet durchaus Möglichkeiten zur theoretischen Begründung einer Exportdiversifizierungsstrategie auf der Grundlage einer dynamisch verstandenen Neoklassik. Diesem Argument liegt u.a. die Vorstellung zugrunde, dass mit der Produktionsausdehnung von (bestimmten) jungen, sich entwickelnden Wirtschaftszweigen Erfahrungs- und Lerneffekte entstehen. Die gemachten Erfahrungen dieser Industrien führen wiederum zu externen Effekten, wenn andere Produzenten die Erfahrungen, die in anderen Unternehmen gewonnen werden, kostenlos übernehmen. In solche Fällen übertrifft der soziale Ertrag der Investition in einem Unternehmen ihren privaten. Infolgedessen bleiben die privaten Investitionen und damit die Produktionsmengen unter dem sozial erwünschten Niveau. Daraus lässt sich die Forderung nach Erziehungszöllen ableiten. Diese sollen eine Produktionsausdehnung auf das sozial erwünschte Niveau ermöglichen und so eine mit den Lernprozessen verbundene Produktivitätssteigerung herbeiführen. Alternativ kann die sozial gewünschte Produktionsausdehnung bzw. Produktivitätssteigerung im Rahmen einer Exportdiversifizierungsstrategie auch mittels Einsatz von Exportsubventionen erreicht werden. Die Subventionsförderung bzw. der Zollschutz ist nach dem *Infant-Industry*-Argument abzubauen, wenn die betreffenden Wirtschaftszweige aufgrund ihrer Erfahrungsakkumulation so produktiv sind, dass sie sich auch ohne Schutz international behaupten können. Die idealtypische Folge einer solchen Politik ist - zumindest theoretisch - eine Veränderung komparativer Preisvorteile und damit eine Veränderung der Exportstruktur. Wichtig für die Rechtfertigung von Staatseingriffen durch das *Infant-Industry*-Argument ist das Vorhandensein von externen Effekten. Methodologisch empfiehlt es sich, die Bedeutung von externe Effekten für die Strategie der Exportdiversifizierung im theoretischen Rahmen der neueren Außenhandelstheorie (Abschnitt 1.1.4) und der endogenen Wachstumstheorie (Abschnitt 1.1.5) zu diskutieren.

durch die traditionelle Außenhandelstheorie muss allerdings auf einer anderen Ebene erfolgen. Sie betrifft die Frage, warum die traditionelle Außenhandelstheorie kein befriedigendes Theoriegerüst zu Erklärung der Entwicklungsbeschleunigung mittels Exportdiversifizierung liefern kann.

Die Antwort auf diese Frage lautet, dass die auf der traditionellen Außenhandelstheorie beruhenden Argumente ausschließlich einmalige Erhöhungen des Wohlfahrtsniveaus erklären. Wohlfahrtsgewinne werden durch Konsumeffekte (Handelsgewinne) und Reallokationeeffekte (Spezialisierungsgewinne) begründet. Über solche einmaligen Niveaueffekte lassen sich im Rahmen der traditionellen Aussenhandelstheorie allerdings keine Aussagen über eine anhaltende Zunahme der Nettoproduktion und damit über wirtschaftliches Wachstum herleiten.

### 1.1.3 Exportdiversifizierung aus Sicht der Neoklassischen Wachstumstheorie

Ob und in wieweit eine Strategie der Exportdiversifizieung zu wirtschaftlichem Wachstum führt, kann im Rahmen der traditionellen Außenhandelstheorie folglich gar nicht erklärt werden. Eine Wachstumstheorie vermag aber darüber Aufschluss zu geben.

#### 1.1.3.1 Grundlagen der neoklassischen Wachstumstheorie

Die neoklassische Wachstumstheorie nach SOLOW ignoriert allerdings den direkten Zusammenhang zwischen Exportdiversifizierung und Wirtschaftswachstum, weil das Solow-Modell von einer geschlossenen Ein-Sektorenwirtschaft ausgeht.[20] Es betrachtet eine Ökonomie mit vollkommenem Wettbewerb, deren Produktion und damit auch das Einkommen aufgrund zunehmender Einsatzmengen von Kapital und Arbeit steigt. Das Pro-Kopf-Einkommen eines Landes ist danach positiv mit der Kapitalausstattung pro Arbeitskraft korreliert, wobei jede weitere Kapitaleinheit pro Arbeitskraft einen geringeren Ertrag erzielt als die vorherige. Das ist die Annahme sinkender Grenzerträge. Aus dieser folgt, dass das wirtschaftliche Wachstum mit zunehmender Kapitalakkumulation immer weiter abnimmt und schließlich zum Stillstand kommt. Höhere Investitionen, infolge einer höheren Sparquote haben demnach nur eine temporäre Wirkung auf die Wachstumsrate. Sie führen kurzfristig zu einem Niveaueffekt, der "lediglich" das Pro-Kopf-Einkommen erhöht. Damit die Volkswirtschaft trotzdem weiter wachsen kann, ist eine kontinuierliche Verbesserung der Produktionstechnologie notwendig. Langfristig ist das Wachstum daher nur durch den technischen Fortschritt determiniert, der durch das neoklassische Wachstumsmodell (selbst) allerdings nicht erklärt wird. Kurzfristig kann die Wachstumsrate einer Zwei-Sektorenwirtschaft mit einem Konsum- und einem Kapitalgütersek-

20 Zum Solow-Modell vgl. beispielsweise auch BARROW/SALA-I-MARTIN (1995).

tor auch durch die Aufnahme von Handelsbeziehungen erhöht werden,[21] wie im folgenden Abschnitt zu zeigen sein wird.

#### 1.1.3.2 Freihandelseffekte der neoklassischen Wachstumstheorie

Angenommen sei, dass sich ein kleines Entwicklungsland bei Aufnahme von Handelsbeziehungen gemäß seinem komparativen Vorteil auf das Konsumgut spezialisiert. Es kommt zur Reallokation der Produktionsfaktoren. Die inländische Produktion des Konsumgutes expandiert, während die Kapitalgüterproduktion schrumpft. Die im Inland nicht verbrauchten Konsumgüter werden exportiert und im Gegenzug für (zusätzliche) Kapitalgüter eingetauscht. Somit ermöglicht es die Aufnahme von Handelsöffnung, trotz Schrumpfung der Kapitalgüterproduktion, den inländischen "Verbrauch" von Kapitalgütern zu erhöhen. Die Summe aus importierten und produzierten Kapitalgütern ist in der offenen Volkswirtschaft größer als die Kapitalgüterproduktion der geschlossenen Volkswirtschaft (LUCKENBACH 1970: S. 142). Dabei gilt für die offene Volkswirtschaft (mit einem Konsumgüter- und einem Kapitalgütersektor), dass die Rate der Kapitalakkumulation neben der inländischen Ersparnis und der inländischen Produktion von Kapitalgüter auch durch den Import (Export) von Kapitalgütern bestimmt wird. Da das Pro-Kopf-Einkommmen eines Landes positiv von der Kapitalausstattung pro Arbeitskraft abhängt, gelingt es dem konsumgüterexportierenden Entwicklungsland seine Kapitalakkumulation zu verbessern, sein Einkommen zu erhöhen und einen neuen gleichgewichtigen Wachstumspfad auf höherem Niveau zu realisieren. In der Freihandelssituation werden mehr Kapitalgüter pro Arbeitskraft eingesetzt als in der Autarkiesituation. Die mit der Aufnahme von Handelsbeziehungen verbundene Spezialisierung gemäß dem komparativen Vorteil auf das Konsumgut ist daher der Spar- bzw. Investitionsquotenerhöhung in der geschlossenen Volkswirtschaft äquivalent und bewirkt neben den statischen Wohlfahrtseffekten der Handelsöffnung auch einen Wachstumseffekt.[22]

#### 1.1.3.3 Implikationen für die Exportdiversifizierung

Daraus lässt sich nun folgern, dass eine politisch motivierte Änderung der Exportstruktur mit dem Ziel des Exports des Kapitalgutes zu negativen Wachstumseffekten führen muss. Durch eine politikinduzierte Ressourcenumschichtung in Sektoren ohne komparative Vorteile stehen dem Land insgesamt weniger Kapitalgüter zur Verfügung als bei Spezialisierung gemäß dem komparativen Vorteil. Folglich lässt sich auch im Rahmen der neoklassischen Wachstumstheo-

---

21 Vgl. dazu beispielsweise MAZUMDAR (1996) oder LEWER (2002).

22 Die Voraussetzung für die beschriebene Wachstumswirkung ist der Export des Konsumgutes. Mit anderen Worten; es wurde das konsumgüterexportierende (kapitalgüterimportierende) Land betrachtet. Für das kapitalgüterexportierende (konsumgüterimportierende) Land zeigt MAZUMDAR (1996), dass die Aufnahme von Handelsbeziehungen zwar zu Handels- und Spezialisierungsgewinnen, nicht aber zu einem Wachstum führt.

rie eine positive Wirkung der Exportdiversifizierung auf das Wachstum nicht herleiten. An dieser Aussage ändert sich selbst dann nichts, wenn Exporterlösschwankungen in die Überlegung mit einbezogen werden. Solange die Kapitalakkumulation durch Exporterlösschwankungen weniger beeinträchtigt wird, als durch eine dem komparativen Vorteil widersprechende (aber erlösstabilisierende) Exportdiversifizierungsstrategie, ist der freie Handel Staatseingriffen zur Förderung der Exportdiversifizierung vorzuziehen. Ähnliches gilt für eine mögliche Verschlechterung der *Terms of Trade*. Eine säkulare Verschlechterung der Austauschverhältnisse der Konsumgüter gegenüber den Kapitalgütern wird die Verfügbarkeit von Kapitalgütern für die Inlandsproduktion langfristig verschlechtern. Das hat negative Konsequenzen für das Wachstum. Wenn aber die Ausstattung mit Kapitalgütern als Resultat einer politisch herbeigeführten Exportdiversifizierung geringer ist, als die Ausstattung mit Kapitalgütern infolge einer Verschlechterung der *Terms of Trade*, dann ist der freie Handel die beste entwicklungspolitische Strategie. Aus dem offenen neoklassischen Wachstumsmodell ergeben sich daher keine ausreichenden Begründungen für eine auf die Änderung der Exportstruktur ausgerichtete Entwicklungsstrategie.

Dem muss allerdings entgegengehalten werden, dass die statische Festschreibung eines Landes an den evidenten komparativen Vorteilen gemäß der neoklassischen Wachstums- und der traditionellen Außenhandelstheorie die permanenten Strukturwandlungen einer dynamischen Weltwirtschaft vernachlässigt. Dadurch wird die Möglichkeit, dass die Exportstruktur einer ständigen Veränderung unterworfen ist, explizit ausgeschlossen. Dies zeigt sich darin, dass die Zahl der produzierten und potenziell gehandelten Güter in den Modellen der traditionellen Außenhandels- und neoklassischen Wachstumstheorie fest vorgegeben ist. Änderungen der Exportstruktur und damit das Phänomen der Exportdiversifizierung können aufgrund dieser Exogenität der produzierten Güter nicht ausreichend erklärt werden.[23] Insofern stellt sich die Frage nach der Relevanz der statischen Theorie des komparativen Vorteils. Diese Kritik betrifft dabei implizit das in der traditionellen Außenhandels- und neoklassischen Wachstumstheorie zugrundeliegende Prämissensystem der vollkommenen Konkurrenz und insbesondere die Annahme konstanter Skalenerträge. Unter diesen Annahmen können die traditionelle Außenhandelstheorie und auch die neoklassische Wachstumstheorie das Phänomen des strukturellen Wandels eines Exportgütersortiments und seine Vorteilhaftigkeit für den Entwicklungsprozess nur unzureichend erfassen. Befriedigendere Resultate ergeben sich erst, wenn man Abweichungen vom Modell der vollkommenen Konkurrenz zulässt.

---

23 Die Betonung liegt auf "nicht ausreichend". Prinzipiell liefern die Modelle der neoklassischen Wachstums- und Außenhandelstheorie durchaus Aussagen zum Einfluss von Wachstum (Faktorbestandsänderungen) auf die Handelsstruktur. Genauer: im Rahmen dieser Theorien können Änderungen der Handelsstruktur mit dem Hinweis auf Faktorbestandsänderungen (Rybczynski Theorem) erklärt werden.

### 1.1.4 Exportdiversifizierung und neuere außenhandelstheoretische Ansätze

Unterstellt man unvollkommenen Wettbewerb als Resultat von steigenden internen Skalenerträge, dann lassen sich mit Hilfe der Modelle der neueren Außenhandelstheorie die Außenhandelsbeziehungen aus dem unternehmerischen Streben nach der Realisierung von Monopolgewinnen und Stückkostendegressionseffekten herleiten (HELPMAN/KRUGMAN 1985). Aus einzelwirtschaftlicher Sicht kann durch das Eindringen in ausländische Absatzmärkte ein dauerhaft größeres Produktionsvolumen sichergestellt werden und durch Strategien der Produktdifferenzierung können monopolistisch beherrschte Teilmärkte geschaffen werden.

#### 1.1.4.1 Außenhandel ohne komparative Vorteile bei Produktdifferenzierung

Die Ursache des Außenhandels wird daher nicht mehr (nur) auf komparative Vorteile eines Landes zurückgeführt, sondern auf der Nachfrageseite auf eine Vorliebe für Produktvielfalt und auf der Angebotsseite auf das Gewinnmaximierungskalkül der Unternehmer. Eine Exportdiversifizierung ergibt sich daher als Ergebnis eines Marktprozesses, ohne dass sie dem Theorem des komparativen Vorteils zuwiderläuft: Die Nachfrager wünschen Produktvielfalt, weil bei Annahme konvexer Präferenzen der Nutzen mit dem Konsum einer größeren Zahl an Varianten steigt. Die Anbieter betreiben Produktdifferenzierung bzw. Exportdiversifizierung, weil auf diese Weise monopolistische Marktnischen geschaffen werden, welche die Realisierung von Monopolgewinnen erlauben. Beide Marktseiten bemühen sich demgemäß um eine Diversifizierung der Wirtschaftsstruktur. Dem Erfordernis, beide Marktseiten gleichzeitig zu betrachten, wird dabei üblicherweise durch ein Gleichgewichtsmodell Genüge getan, wobei die Anzahl der im Gleichgewicht produzierten und nachgefragten Varianten differenzierter Produkte durch die Größe des Marktes bestimmt wird. Die Zahl der produzierten Güter ist daher nicht mehr exogen wie in der statischen Theorie des komparativen Vorteils, sondern sie wird zur endogenen Variablen. Die Vorteilhaftigkeit des Außenhandels zeigt sich schließlich darin, dass nach der Handelsöffnung den Konsumenten eine größere Auswahl an Produktvarianten zur Verfügung steht, womit der Nutzen und die Wohlfahrt steigt. Über diesen Nutzengewinn hinaus ergibt sich ein zusätzlicher Wohlfahrtszuwachs durch die mit der Produktdifferenzierung der einzelnen Anbieter einhergehende Exportdiversifizierung: Die mit der Marktausdehnung verbundene Exportexpansion führt bei steigenden internen Skalenerträgen zu sinkenden Stückkosten. Dadurch wird die Wohlfahrt gesteigert, entweder weil die inländischen Produzenten durch die Marktausdehnung einen höheren Gewinn erzielen und/oder weil die sinkenden Durchschnittskosten der Produzenten bei starker Substitutionskonkurrenz in Preissenkungen an die Konsumenten weitergegeben werden.[24]

---

24 Allerdings werden einige Anbieter nach Öffnung der Grenzen für den Güterverkehr dem Preiswettbewerb mit den ausländischen Konkurrenten nicht standhalten

#### 1.1.4.2 Steigende interne Skalenerträge und Exportdiversifizierung

Daraus ergeben sich Konsequenzen für die Exportdiversifizierungsstrategie: Bei Vorliegen von steigenden internen Skalenerträgen könnte theoretisch mittels einer protektionistischen Politik in Form der Subventionierung von Exporten und der Zugangsbeschränkung von Importen der Zutritt ausländischer Unternehmen zu strategisch relevanten Oligopolmärkten behindert werden.[25] Aus der Schwächung der Wettbewerbsposition ausländischer Anbieter resultiert im Rahmen von Oligopolmodellen mit relativ homogenen Gütern eine Gewinnumlenkung auf Kosten des Auslands und damit eine Steigerung der nationalen Wohlfahrt. Eine derartige strategische Handelspolitik ist aus zahlreichen Gründen umstritten.[26] Gleichwohl liefert sie einen Hinweis darauf, dass die Wohlfahrt eines Landes durch eine gezielte Exportförderungspolitik erhöht werden kann. Die notwendige Bedingung einer entwicklungsstimulierenden Exportdiversifizierungsstrategie wäre demnach die Existenz steigender interner Skalenerträge bei der Produktion (relativ homogener) industrieller Erzeugnisse. Insofern wird in den Modellen mit steigenden firmenspezifischen Skalenerträgen nur der Außenhandel mit Industrieprodukten bei unvollkommenem Wettbewerb betrachtet. Homogene Primärgüter, die unter vollkommener Konkurrenz gehandelt werden, sind dabei explizit ausgeschlossen. Diese Aussage gilt sowohl für Oligopolmodelle als auch für Modelle mit Produktdifferenzierung.[27] Dies impliziert aber, dass im Rahmen dieser Modelle zunächst keinerlei Aussagen getroffen werden können, hinsichtlich der Vorteilhaftigkeit einer Transformation einer einseitig ausgerichteten Primärgüterexportstruktur in eine vielfältige Industriegüterexportstrukur. Die möglichen Wachstumswirkungen einer Strategie zur Förderung der vertikalen Exportdiversifizierung sind daher unbestimmt, ebenso wie die Effekte einer Politik der horizontalen Ausweitung eines Exportgütersortiments um zusätzliche Primärgüter (AMIN GUTIÉRREZ DE PIÑERES/FERRANTINO 2000: S. 11). Werden allerdings externe Skalenerträge in die Überlegung einbezogen, dann lassen sich aus der neuen Außenhandelstheorie weitergehende Implikationen für die Exportdiversifizierung ableiten.

#### 1.1.4.3 Steigende externe Skalenerträge als Ursache von Außenhandel

Externe Skalenerträge treten auf, wenn die Grenz- und Durchschnittskosten eines Unternehmens mit der Größe der Branche auch unabhängig vom betriebli-

können, wodurch erst die Voraussetzung für die Produktionsausdehnung der verbleibenden Anbieter geschaffen wird.

25 Aufgrund ihrer kleinen Marktgröße dürften Entwicklungsländern allerdings nur geringe Spielräume für solche Politiken haben.

26 Zur strategischen Handelspolitik vgl. beispielsweise SIEBERT (1988).

27 Gleichwohl lässt sich das gleichzeitige Auftreten von intersektoralem Handel mit homogenen Gütern und intersektoraler Handel mit differenzierten Industrieprodukten modellieren. Insofern sind die Erklärungsparadigmen der traditionellen Außenhandelstheorie und der Modelle mit differenzierten Gütern komplementär. Vgl. KRUGMAN (1985).

chen Produktionsvolumen abnehmen. Somit wirkt sich bei externen Skalenerträgen die Größe der Branche positiv auf die Effizienz aller Unternehmen aus. Der Grund für die Effizienzgewinne infolge pekuniärer Externalitäten (*Linkages*) kann wie folgt hergeleitet werden (HELPMAN/KRUGMAN 1985: S. 221):

Gegeben sei die Expansion eines Sektors. Die Expansion eines Sektors führt zu einem wachsenden Vorleistungsbedarf. Ein wachsender Vorleistungsbedarf impliziert eine steigende Vorleistungsproduktion. Unterstellt man sinkende Durchschnittskosten und damit interne Skalenerträge in der Vorleistungsproduktion, dann induziert die Ausdehnung der Produktion Kostenvorteile und Gewinnmöglichkeiten für Vorleistungsanbieter. Dadurch werden zusätzliche Vorleistungsproduzenten zum Markteintritt bewegt. Das ist der *Backward Linkage* Effekt. Je größer dabei der Markt für Vorleistungen ist, desto stärker werden sich die Vorproduktfirmen spezialisieren müssen, um eine monopolistisch beherrschte Nische zu schaffen. Das Resultat der marktlichen Anpassung an die Expansion der Vorleistungsbezieher ist daher einmal eine zunehmend diversifizierte Struktur der Vorleistungsproduktion. Darüber hinaus lässt die gestiegene Substitutionskonkurrenz auf dem Markt für Vorleistungen die Preise für Vorleistungen sinken.[28] Auf diese Weise wird die Produktivität der Vorleistungsbezieher erhöht. Dies ist der *Foreward Linkage* Effekt: durch die Expansion der Vorleistungsproduktion, die über den Preiswettbewerb in sinkenden Lieferpreisen und in einer zunehmend diversifizierten Wirtschaftsstruktur mündet, ergibt sich ein Produktivitätszuwachs für alle Vorleistungsbezieher bzw. für die gesamte Branche. Daher sind die Skalenerträge extern. Sie sind von Bedeutung, um die geographische Konzentration von Industriekomplexen erklären zu können, wobei in diesem Zusammenhang die Transportkosten eine erhebliche Rolle spielen. Unter Berücksichtigung von (hohen) Transportkosten wird eine geographisch konzentrierte Industrie effizienter sein als eine Industrie gleicher Größe, die auf mehrere Länder verteilt ist. Steigende externe Skalenerträge werden also deshalb möglich, weil sich Industriekomplexe an bestimmten Orten konzentrieren. Sie beeinflussen die Effizienz einer Industrie in einem Land. Dabei wird die Effizienz der Industrie um so höher sein, je mehr durch pekuniäre Skaleneffekte zusätzlich auch technologische externe Skaleneffekte[29] hervorgerufen werden. Pekuniäre und technologische Externalitäten können komparative Preisunterschiede zwischen Ländern hervorrufen und stellen eine eigenständige Ursache des Außenhandels dar (HELPMAN/KRUGMAN 1985: Kap. 3). Welche Implikationen ergeben sich aus diesen Aussagen für die Exportdiversifizierung?

---

28 Gelingt es allerdings allen Anbietern eine monopolistisch beherrschte Nische zu schaffen, dann ist Substitutionskonkurrenz gering. In diesem rein theoretischen Fall sind Preissenkungen natürlich unwahrscheinlich.

29 Auf technologische Externalitäten wird in Abschnitt 1.1.5.3 noch ausführlicher einzugehen sein.

#### 1.1.4.4 Steigende externe Skalenerträge und Exportdiversifizierung[30]

Zunächst kann die Annahme getroffen werden, dass die dargelegte Diversifizierung der Produktionsstruktur durch eine außenwirtschaftliche Öffnung beschleunigt werden kann: Eine durch die Weltmarktöffnung ausgelöste Exportexpansion industrieller Produkte vermag über die Produktionsausdehnung des Industriesektors zusätzliche *Backward* und *Foreward Linkages* zu kreieren, die über positive Externalitäten zu Produktivitätsgewinnen führen (PATEL/GAYI/VAN DER GEEST 1997: S. 2). Die Voraussetzung dafür ist, dass sich das betreffende Land in Folge der außenwirtschaftlichen Öffnung auf die Industriegüterproduktion spezialisiert, in der steigenden externe Skalenerträge vorherrschen. Nur in diesem Fall führt die mit der Handelsöffnung verbundene Exportexpansion zu einem Wohlfahrtsgewinn.

Unterstellt man nämlich in einer Zwei-Sektorenbetrachtung mit einem Industrie- und einem Primärgütersektor, dass erstens in der Primärgüterproduktion keine externen Skalenvorteile realisierbar sind und zweitens, dass ein Entwicklungsland aufgrund eines komparativen Preisnachteils in der Industriegüterproduktion sich bei Handelsöffnung auf die Primärgüterproduktion spezialisiert, so wird zwangsläufig die Diversifizierung der industriellen Produktionsstruktur verhindert. Darüber hinaus wird die außenwirtschaftliche Öffnung unter den getroffenen Annahmen zu einem Wohlfahrtsverlust für das primärgüterexportierende Entwicklungsland führen. Der Grund liegt darin, dass das Entwicklungsland in der Autarkiesituation Industrie- und Primärgüter produziert. Aufgrund der externen Effekte im Industriegütersektor ist die durchschnittliche Produktivität entsprechend hoch. Durch Reallokation der Ressourcen vom Industriegütersektor zum Primärgütersektor als Resultat der Handelsöffnung fällt die durchschnittliche Produktivität unter das im Autarkiegleichgewicht erzielbare Niveau. Als Konsequenz wird der Reallohn und damit auch die Wohlfahrt unter das im Autarkiegleichgewicht erzielbare Niveau sinken. Das primärgüterexportierende Entwicklungsland stellt sich durch die Handelsliberalisierung absolut schlechter als in der Autarkiesituation. Es wird auch seine relative Position gegenüber den Industrieländern verschlechtern, wenn in den Industrieländern der Reallohn infolge der Handelsliberalisierung über das im Autarkiegleichgewicht erzielbare Niveau steigt.

Aus der neuen Außenhandelstheorie ergibt sich daher das folgende Argument für wirtschaftspolitische Interventionen im Rahmen einer Exportdiversifizierungsstrategie: Die Expansion des industriellen Sektors induziert über externe Skaleneffekte Produktivitätsgewinne, während die Spezialisierung auf Primärgüter mit Produktivitätsverlusten einhergeht. Insofern ist die Durchführung einer Strategie der vertikalen Exportdiversifizierung zur Förderung des Exports industrieller Erzeugnisse ökonomisch gerechtfertigt. Eine Begründung für Politikin-

30 Zum Folgenden vgl. HELPMAN/KRUGMAN (1985: Kap. 3).

terventionen zur Beschleunigung der horizontalen Ausweitung des Exportgütersortiments um zusätzliche Primärgüter gibt die neuere Außenhandelstheorie allerdings nicht.

Neben diesem Einwand lässt sich bei der Beurteilung der aus der neueren Außenhandelstheorie abgeleiteten Argumente für eine Strategie der Exportdiversifizierung ein weiterer Kritikpunkt vorbringen: Mit Hilfe der neuen Außenhandelstheorie kann man zwar das Phänomen der Exportdiversifizierung sowie die Vorteilhaftigkeit einer vertikalen Exportdiversifizierungsstrategie erklären. Gleichwohl ist die Analyse möglicher Gewinne aus dem Freihandel oder der Exportdiversifizierung rein statisch. Es werden weiterhin Wohlfahrtsniveaus miteinander verglichen. Die Frage nach den langfristigen Wachstumswirkungen einer Exportdiversifizierungsstrategie wird nicht beantwortet.

Daher muss die komparativ-statische Analyse der neueren Außenhandelstheorie mit differenzierten Produkten und steigenden Skalenerträgen um eine Wachstumstheorie erweitert werden. Da die neoklassische Wachstumstheorie ebenso wie die traditionelle Außenhandelstheorie dem Paradigma der vollkommenen Konkurrenz unterliegt, ist sie kaum mit der neueren Außenhandelstheorie in Einklang zu bringen. Der logische Ansatzpunkt ist deshalb die endogene Wachstumstheorie, wie der folgende Abschnitt zeigt.

### 1.1.5 Exportdiversifizierung und endogenes Wachstum

#### 1.1.5.1 Grundlagen der endogene Wachstumstheorie und ihrer Erweiterung um außenwirtschaftliche Aspekte

Die endogene Wachstumstheorie versucht die in der realen Welt zu beobachtenden Wachstumsphänomene besser als die neoklassische Wachstumstheorie zu erklären. Die Kritik an der neoklassischen Wachstumstheorie richtet sich vor allem dagegen, dass langfristiges Wachstum dort nur durch einen exogen vorgegebenen technischen Fortschritt determiniert ist. Er wird im Rahmen neoklassischer Wachstumsmodelle nicht erklärt. Die grundlegende Implikation der endogenen Wachstumstheorie ist daher, dass langfristiges Wachstum auch ohne Anstieg der Rate des exogenen technischen Fortschritts möglich ist.[31] Dies erklärt sich durch das Phänomen nicht-abnehmender Grenzerträge der akkumulierbaren Faktoren Sach-, Human, und F&E-Kapital, wobei die explizite Berücksichtigung von Forschungs- und Entwicklungsaktivitäten in den Modellen der endogenen Wachstumstheorie zu einer Endogenisierung des technischen Fortschritts führt. Der Schwerpunkt der endogenen Wachstumstheorie verlagert sich demnach von den (neo)klassischen Determinanten Arbeit und Kapital auf die Faktoren Fähigkeiten, Technologie und damit im wesentlichen auf den Produktions-

31 Einen Überblick zur endogenen Wachstumstheorie bieten beispielsweise BARROW/SALA-I-MARTIN (1995).

faktor Wissen. Die nicht-abnehmenden Grenzerträge dieser Faktoren sind vornehmlich das Resultat von technologischen Externalitäten bzw. externen Skalenerträgen. Damit ist gemeint, dass bei Investitionen in Sach-, Human- und F&E- Kapital nicht nur das Einkommen des Investors, sondern auch das anderer Produzenten erhöht wird. Die eigene Investitionsentscheidung schafft somit auch für andere Produzenten einen Anreiz zu investieren. Auf diese Weise werden durch technologische Externalitäten die sinkenden Grenzerträge bei der Akkumulation der Produktionsfaktoren (die einzelwirtschaftlich weiterhin bestehen) gesamtwirtschaftlich kompensiert.

Technologische Externalitäten entstehen über vielschichtige Mechanismen der Wissensdiffusion (Arbeitsplatzwechsel, Zeitschriften, Konstruktionspläne, etc). Die treibende Kraft des langfristigen Wachstums ist demnach der volkswirtschaftliche Wissensbestand. Für die volkswirtschaftliche Wissensakkumulation spielt dabei neben den kognitiven Fähigkeiten der Individuen, die beispielsweise aus dem Schulbesuch resultieren und dem Wissen, das im F&E-Sektor gebildet wird, auch noch das Lernen am Arbeitsplatz bzw. *Learning-by-Doing* eine wesentliche Rolle. *Learning-by-Doing*-Prozesse haben betriebsinterne steigende Skalenerträge zur Folge und sind ebensowenig mit dem Paradigma der vollkommenen Konkurrenz vereinbar, wie die Investitionen gewinnstrebender Unternehmen in neue Produkte und Technologien. Hier verbindet sich die endogene Wachstumstheorie mit der neueren Außenhandelstheorie, weil sie ebenfalls die Unvollkommenheit des Wettbewerbs betont. Aus dieser Synthese der endogenen Wachstumstheorie mit der neueren Außenhandelstheorie lassen sich Implikationen über mögliche Zusammenhänge zwischen Exportdiversifizierung und Wirtschaftswachstum herleiten. Im folgenden sollen sechs Wirkungsmechanismen betrachtet werden, über die eine Exportdiversifizierung das Wachstum einer Volkswirtschaft beeinflussen kann: via *Learning-by-Exporting*, über technologische externe Effekte, via *Learning-by-Doing*, als Ergebnis innovativer Tätigkeit, durch Imitation und über den Import innovativer Kapitalgüter.

### 1.1.5.2 *Learning-by-Exporting*

Die endogene Wachsumstheorie postuliert, dass das Wissen die treibende Kraft des wirtschaftlichen Wachstums ist. In diesem Zusammenhang wird argumentiert, dass Exporte direkt zur Wissensakkumulation beitragen, weil technologisches Wissen durch den direkten Kontakt der Exporteure zu ausländischen Konkurrenz- und Abnehmerfirmen gebildet wird. Es ergibt sich ein „*Learning-by-Exporting*“, indem über Lieferanten-Abnehmer-Beziehungen und über den Kontakt zu weltwirtschaftlich führenden Exportindustrien Informationen über effizientere Produktionsprozesse gewonnen werden.[32] Durch den verstärkten Wettbewerbsdruck, der die Exporteure zur Orientierung an internationalen Effizienz-

32 Vgl. beispielsweise MACARIO (2000) oder die empirischen Untersuchungen von BIGSTEN ET. AL. (2004) und BLALOCK/GERTLER (2004).

und Qualitätskriterien zwingt, werden die technologischen Lernprozesse zusätzlich beschleunigt. Die Steigerung der horizontalen Exportdiversifizierung hätte demnach einen Einfluss auf die Wissensakkumulation, weil dadurch das Potential für produktivitätserhöhende *Learning-by-Exporting*-Effekte steigt.

Ähnliche Überlegungen gelten für die Diversifizierung der Exportmärkte. CHUANG (1998) zeigt theoretisch, dass der Export in technologisch anspruchsvollere Märkte ein Wachstum induziert, weil (nur) dort die Exporteure von ihren Abnehmerindustrien lernen, wie man effizienter produziert.[33] Das verstärkte Vordringen in technologisch fortgeschrittenere Absatzländer schafft demzufolge Möglichkeiten für einen *Know H*ow-Transfer (im Bereich Vermarktung, Management, Produktentwicklung, Arbeitsorganisation etc.), wobei der mit der Marktdiversifizierung einhergehende Wettbewerbsdruck die Effizienz der Wissensakkumulation zusätzlich erhöht. Das Vordringen der Exporteure in internationale Märkte wirkt daher positiv auf ihre Innovationsrate. Denn sowohl die Möglichkeiten als auch die Zwänge werden gesteigert, ausländisches Wissen zur Verbesserung der Arbeitsorganisation bzw. der Produktqualität einzusetzen (ALVAREZ 2001).

#### 1.1.5.3 Technologische externe Effekte

FEDER (1983) erklärt vor diesem Hintergrund die positiven Wachstumswirkungen von Exporten mit den relativ höheren Produktivitäten sowie Externalitäten des Exportsektors auf den Nicht-Exportsektor. Möglicherweise ist es jedoch realistischer zu unterstellen, dass von dem in einem Unternehmen generierten Wissen nur Unternehmen in ähnlichen Sektoren profitieren. Daher liefern AMIN GUTIÉRREZ DE PIÑERES/FERRANTINO (2000; Kap. 8) ein Drei-Sektoren-Modell, in dem Externalitäten nur zwischen zwei Exportsektoren existieren, während der Nicht-Exportsektor nicht in den Genuss von externen Skalenerträgen kommt. Die gesamtwirtschaftlichen Wachstumseffekte ergeben sich in diesem Modell aus den Effekten der Humankapitalakkumulation. Humankapital als individuelles, personengebundenes Wissen wird durch Investitionen in mentale und physische Fähigkeiten akkumuliert. Externe Effekte der Humankapitalakkumulation ergeben sich in Folge von Arbeitskräftewanderungen, wenn das in den Personen verkörperte Wissen des einen Exportsektors vom anderen Exportsektor adaptiert werden kann, weil beide Sektoren ähnliche Produktionsprozesse durchführen. Auf diese Weise wird der volkswirtschaftliche Wissensbestand erhöht. Allerdings haben die Externalitäten eine suboptimale Marktlösung zur Folge, denn der gesamtwirtschaftliche Ertrag der individuellen Humankapitalakkumulation liegt über dem privaten. Insofern werden zu wenig Ressourcen für Investitionszwecke eingesetzt. Dies impliziert: Im Rahmen einer Exportdiversifizierungs-

33 Im Modell von Chuang (1998) fördern Exporte und Importe gleichermaßen die Diffusion technologischen Wissens.

strategie könnte man theoretisch durch Subventionierung von Exportsektoren, die positive Externalitäten aufweisen, mehr Wachstum erreichen.

AMBLER/CARDIA/FARAZLI (1999) zeigen in einem ähnlichen theoretischen Kontext, dass eine aktive Exportförderungspolitik eine Exportdiversifizierung und ein dauerhaftes Wachstum herbeiführen kann. Der Grund für das Wachstum liegt in ihrem Modell darin, dass die Exportförderung Stimuli für die Gründung von Zwischenproduktfirmen liefert. Steigt die Vielfalt an Zwischenproduktfirmen und wird auf diese Weise eine Diversifizierung der Produktionsstruktur eingeleitet, dann induzieren die dabei entstehenden externen Wissenszuwächse ein gesamtwirtschaftliches Wachstum. Die Voraussetzung für die externen Wissenszuwächse ist in diesem Modell, dass mit der Gründung jeder Zwischenproduktfirma ein betriebsinternes *Learning-by-Doing* einsetzt.

#### 1.1.5.4 *Learning-by-Doing*

Wissen entsteht somit nicht nur durch *Learning-by-Exporting* oder durch Humankapitalinvestitionen; es kann auch als Nebenprodukt der Güterproduktion durch *Learning-by-Doing* entstehen. *Learning-by-Doing-Prozesse* haben dynamische interne Skalenerträge zur Folge, weil die Stückkosten mit der Produktionsausdehnung um einen gewissen Lerngrad zu sinken pflegen. Die Skalenerträge werden deshalb als dynamisch bezeichnet, weil sie den Charakter der Irreversibilität annehmen. Damit ist gemeint, dass die Produktionsausdehnung die Produktivität der Arbeit erhöht, wobei die gestiegene Produktivität auch dann erhalten bleibt, wenn die Produktion wieder eingeschränkt wird. Das einmal im Produktionsprozess Gelernte wird folglich nicht vergessen. Im Rahmen endogener Wachstumsmodelle wird argumentiert, dass die Produktivität in der Erzeugung eines Gutes mit der Ausdehnung des Produktionsvolumens infolge der Exportexpansion steigt (BENARROCH/GAISFORD 2001). Der Grund liegt darin, dass die produktivitätserhöhende Wirkung des *Learning-by-Doing* von der kumulierten Produktionsmenge abhängig ist. Die Produktion muss daher über die Zeit hinweg in großen Stückzahlen erfolgen, wenn neues Wissen im Produktionsprozess generiert werden soll.

YOUNG (1991) entwickelt nun ein *Learning-by-Doing*-Modell, für das er unterstellt, dass die Möglichkeiten des Lernens im Produktionsprozess an eine natürliche Grenze stoßen. Dieser Annahmen liegt die Vorstellung zugrunde, dass bei Einführung eines neuen Produktes die produktiven Möglichkeiten im Produktionsprozess noch weitgehend unerforscht sind. Die Lernrate ist entsprechend hoch. Wird der gleiche Prozess aber sehr oft wiederholt, erschöpfen sich allmählich die Lernmöglichkeiten. Die zusätzliche Erfahrung mit alten Produkten sinkt zunehmend bis sie gegen Null konvergiert und nur die Einführung von neuen Produkten eröffnet wieder neues Lernpotential. Daraus folgt, dass die Fähigkeit, ständig neue Produkte zu produzieren und zu exportieren, um die Realisierung von Lerneffekten zu erhalten, ein mitbestimmender Faktor für das Wachstum einer Volkswirtschaft wird. Eine Strategie zur Förderung der Exportdiversifizierung bietet demnach die Möglichkeit (indem neue Güter in das Exportgütersortiment aufgenommen werden), dass zusätzliche Chancen für *Learning-by-Doing* entstehen und ein anhaltender Wachstumsprozess aufrecht erhalten werden kann.[34] Dies gilt in besonderem Maße, wenn die Unternehmen des einen Sektors von den Erfahrungen der Unternehmen anderer Sektoren profitieren können.[35] Festzuhalten ist daher, eine Politik der Exportdiversifizierung kann positive technologische Externalitäten fördern. Diese beinflussen die Wachstumsrate auf lange Sicht. Allerdings wird in diesem Zusammenhang unterstellt, dass die intersektoralen Externalitäten und die *Learning-by-Doing*-Effekte im Industriegütersekors ungleich höher sind, als die des Primärgütersektors (AUTY 1998): Einmal profitieren die Unternehmen eines Industriesektors von den Unternehmen anderer Industriesektoren stärker als die Produzenten eines Rohstoffsektors von den Produzenten anderer Primärsektoren. Darüber hinaus besteht bei Spezialisierung auf Primärgüter angesichts der unterstellten geringeren Lernrate in der Primärgüterproduktion die Gefahr, dass die Lerneffekte sehr schnell erschöpft sind. Dann wird die Volkswirtschaft möglicherweise zu abnehmenden Produktivitäten zurückkehren und es kann - wie in den theoretischen Modellen von MATSUYAMA (1992) und SACHS/WARNER (1995), auf die in Abschnitt 2.3.2 noch zurückzukommen sein wird - zu einem Ende des Wachstums kommen. Daraus wird oftmals die Notwendigkeit zur vertikalen Exportdiversifizierung abgeleitet, zumal die vertikale Exportdiversifizierung zusätzlich die Ausschöpfung von intrasektoralen Synergien erlaubt. Neben den bereits existierenden intersektoralen Externalitäten sind positive Externalitäten bei der vertikalen Diversifizierung folglich deshalb zu erwarten, weil die Produzenten einer Produktionsstufe von Produzenten anderer Produktionsstufen lernen (BEREZIN/SALEHIZADEH/SANTANA 2002). Andererseits lassen die empirischen Untersuchungen von AL-MARHUBI (2000) darauf schließen, dass externe Effekte in

34 Umgekehrt fördern Lern- bzw. Wissensakkumulationsprozesse wiederum die Herstellung von neuen Produkten, so dass sich beide Prozesse wechselseitig vorantreiben.

35 Hier wird der Bezug zum *Infant-Industry*-Argument deutlich. Wie aus Abschnitt 1.1.2.4 (Fußnote 19) bekannt, betont das *Infant-Industry*-Argument externe Effekte in Folge von Lernprozessen junger, sich entwickelnder Industrien. Insofern ist die obige Argumentation dem *Infant-Industry*-Argument sehr ähnlich, mit einem entscheidenden Unterschied: Die soeben vorgebrachten Argumente zur Förderung der Exportdiversifizierung beruhen auf einem Exportoptimismus. Damit ist gemeint, sie betonen die Wichtigkeit des Exports für die Realisierung Lerneffekten. Dies ist beim *Infant-Indutry*-Argument nicht der Fall. Beim *Infant-Indutry*-Argument ist es streng genommen nicht der Export, der dic Möglichkeit von Lernprozessen eröffnet, sondern die binnenmarktorientierte Produktionstätigkeit junger Wirtschaftszweige. Diese würde bei Freihandel der ausländischen Konkurrenz unterliegen und führt unter dem Schutz vor ausländischer Konkurrenz zu Lerneffekten.

Verbindung mit der horizontalen Ausweitung des Exportgütersortiments um Primärgüter durchaus relevant für das Wachstum einer Volkswirtschaft sind, weil auch sie zur Wissensakkumulation beitragen können.

#### 1.1.5.5 Forschung und Entwicklung

Wissen kann neben *Learning-by-Exporting* und *Learning-by-Doing* aber auch in einem F&E-Sektor gebildet werden, der die Erkenntnisse aus seinen Forschungsprojekten an gewinnstrebende Unternehmer weiterveräußert.[36] Die strategischen F&E-Investitionen werden dabei entweder darauf verwendet, durch Verbesserung der Produktqualität (vertikale Produktdifferenzierung) das Preis-Leistungsverhältnis des momentanen Marktführers zu unterbieten, oder durch Einführung eines neuen Produktes (horizontale Produktdifferenzierung) eine monopolistische Marktnische zu erobern. In beiden Fällen entstehen (temporäre) Monopolgewinne, entweder weil die höhere Qualität der neuen Produkte die alten Produkte verdrängt, oder weil die Konsumenten eine Vorliebe für Produktvielfalt haben. Infolge von Wissensdiffusionseffekten erhöht jedes Forschungsprojekt bzw. jede Innovation auch den volkswirtschaftlichen Wissensbestand und senkt dadurch den Forschungsaufwand für die Entwicklung weiterer Güter. Endogenes Wachstum wird im Rahmen von F&E-Modellen folglich deshalb erreicht, weil gewinnstrebende Innovatoren Gelder für Forschung und Entwicklung aufwenden, um ständig neue Produktvarianten und immer höhere Qualitätsstufen einzuführen. Die Folge dieses marktwirtschaftlichen Geschehens ist eine zunehmend horizontal und vertikal diversifizierte Wirtschaftsstruktur.

YOUNG (1993) kommt nun zu dem Ergebnis, dass in kleinen Märkten die Profitabilität vieler Innovationen gering ist, weil diese mit Fixkosten in Form von Forschungsaufwand verbunden sind. Die Marktgröße kann daher ein diskriminierenden Faktor für das Wachstum einer Volkswirtschaft sein. Die Weltmarktintegration in Verbindung mit gezielten Maßnahmen zur Förderung des Exports von technologisch anspruchsvollen Produkten kann die Restriktion der Marktenge umgehen und die Innovationsrate sowie das Wachstum einer Volkswirtschaft wird dadurch möglicherweise steigen.[37]
Allerdings unterstellt YOUNG (1993) den Fall rein nationaler Wissensexternalitäten, die den Sprung über die Grenzen nicht schaffen. Diese Prämisse scheint wenig plausibel. Wie der folgende Abschnitt zeigt, kann nämlich auch die Annahme getroffen werden, dass das in einer Ökonomie produzierte Wissen über den Güterhandel in andere Länder diffundiert.

36 F&E-Modelle finden sich beispielsweise bei ROMER (1990) und GROSSMAN/HELPMAN (1991).

37 Allerdings setzt die Beschleunigung des Wachstums voraus, dass der Forschungssektor im selben Land lokalisiert ist wie die Güterproduktion.

#### 1.1.5.6 Imitation

BARROW und SALA-I-MARTIN (1995: Kap. 8) liefern ein endogenes Wachstumsmodell, in dem durch den Import innovativer Erzeugnisse F&E-Labors das in den Gütern inkorpierte Wissen im Rahmen von „Reverse-Engineering-Prozessen rekonstruieren. Auch in diesem Fall liegen wieder externe Skalenerträge vor, jetzt aber im Sinne von grenzüberschreitenden Skalenerträgen, weil die ausländische Forschungsaktivität die heimische Produktivität beeinflusst. Langfristig wird durch die Adaption die Innovationsdynamik gesteigert, der volkswirtschaftliche Wissensbestand erhöht und möglicherweise wird durch den Import innovativer Erzeugnisse neben dem wirtschaftlichen Wachstum auch die Exportdiversifizierung beschleunigt. Die Importkapazität eines Landes wird damit zur Schlüsselgröße für die langfristige Entwicklung. Wird die Importkapazität durch traditionelle Exporte (und Zahlungsbilanzrestriktionen) begrenzt, dann können zusätzliche Exporte die Devisenverfügbarkeit verbessern und die Importkapazität des betreffenden Landes erhöhen.[38] Auf diese Weise leistet eine Strategie der Exportdiversifizierung über die Deckung des Devisenbedarfs zur Finanzierung des Imports innovativer Erzeugnisse einen Wachstumsbeitrag auf lange Sicht, sofern die Adaption des technologischen Wissens gelingt.

Hier ist auf eine entscheidende Restriktion hinzuweisen. Da davon auszugehen ist, dass die Adaption technologischen Wissens ein humankapitalintensiver Prozess ist, wird ein unterentwickeltes Land aufgrund mangelnder Humankapitalausstattung möglicherweise nicht in der Lage sein, jede beliebige Form von Wissen aufzunehmen. Dann stößt die Wissensakkumulation an ihre Grenzen und die Volkswirtschaft wird nicht mehr wachsen. Dieselbe Restriktion wird für den Forschungs- und Entwicklungssektor relevant. Weil Forschung- und Entwicklung ein humankpitalintesiver Prozess ist und Entwicklungsländer in der Regel humankapitalarm sind, kann die Forschungsproduktivität sehr gering sein. Außerdem ist denkbar, dass das gesamte Humankapital aufgrund seiner relativ höheren Grenzproduktivität in der Güterproduktion vom Forschungssektor abgezogen wird. Als Resultat wird möglicherweise nicht mehr geforscht und der Wachstumsprozess kommt zum Erliegen (ROMER 1990).

#### 1.1.5.7 Kapitalgüterimporte

Andererseits ergeben sich durchaus noch Wachstumschancen für Entwicklungsländer, selbst wenn dort nicht mehr geforscht wird. Möglich wäre, dass durch zunehmend technologieintensive Kapitalgüterimporte aus Industrieländern und deren Kombination mit dem knappen Humankapital der Entwicklungsländer die Produktivität des Humankapitals fortwährend steigt (MAURER 1998: S. 78). Ne-

38 Das Finanzierungsargument deckt sich mit dem *Terms-of-Trade*-Argument aus Abschnitt 1.1.2.4: Sind die *Terms of Trade* für Primärgüter einer säkulären Verschlechterung unterworfen, dann bedeutet dies *ceteris paribus* eine geringere Importkapazität und damit im Kontext der endogenen Wachstumstheorie eine Verlangsamung des Wachstums.

ben diesem ersten Produktivitätseffekt könnte sich ein weiterer Effekt einstellen: Neue Kapitalgüter aus den Industrieländern eröffnen ein zusätzliches *Learning-by-Doing* in den Entwicklungsländern (GOH/OLIVER 2002). In beiden Fällen profitieren Entwicklungsländer dauerhaft von den Innovationen der Industrieländer. Die grundlegende Voraussetzung der dauerhaften Produktivitätserhöhung ist dabei, dass die Kapitalgüter der Industrieländer in der Güterproduktion der Entwicklungsländer Verwendung finden. Daraus leiten sich Implikationen für die Exportdiversifizierung ab: Einmal wird auch hier die Importkapazität zur entscheidenden Determinante für das Wachstum einer Volkswirtschaft. Versagt ein gegebenes Exportgütersortiment bei der Finanzierung von wachstumsgenerierndem Kapitalgüterimporten, beispielsweise infolge von prognostizierten *Terms of Trade*-Verschlechterungen, dann ist die Herbeiführung einer strukturellen Änderung des Exportgütersortiments gerechtfertigt. Die Strategie der Exportdiversifizierung muss allerdings so ausgerichtet sein, dass erstens die Versorgung mit den entwicklungsnotwendigen Importvolumina sichergestellt werden kann, und zweitens sollte der Einsatz von technologieintensiven Kapitalgütern in der Produktion technisch möglich sein.

Dies lässt darauf schließen, dass die Exportdiversifizierung vertikal im Sinne einer außenorientierten Industrialisierung betrieben werden sollte. Diese Aussage scheint auch empirisch hinreichend gut abgesichert zu sein, denn zahlreiche Untersuchungen belegen, dass die Wachstumsimpulse, die vom Primärgütersektor ausgehen, schwächer sind als die Wachstumsimpulse des Industriegüterexports (DODARO 1991; GHATAK/MILNER/UKTULU 1997; SILIVERSOVS/HERZER 2005). Dies heißt jedoch nicht, dass vom Primärgüterexport keine Wachstumsimpulse ausgehen können.[39] *Learning-by-Exporting*, *Learning-by-Doing* und die mit der horizontalen Exportdiversifizierung verbundenen externen Effekte des Primärgüterexports - die zugegebenermaßen geringer als beim Industriegüterexport sind - vermögen gemäß der endogenen Wachstumstheorie die Wachstumsrate durchaus zu beeinflussen (AMIN GUTIÉRREZ DE PIÑERES/FERRANTINO 2000: S. 136-152). Das ist eine positive Aussage für Entwicklungsländer, deren komparativer Vorteil im Primärgüterexport liegt. Empirisch ist sie jedoch kaum abgesichert ist. Dies ist verwunderlich. Die endogene Wachstumstheorie liefert mehrere Ansatzpunkte zur Erklärung möglicher Zusammenhänge zwischen horizontaler Exportdiversifizierung und Wirtschaftswachstum. Es existieren jedoch kaum empirische Arbeiten, die den Einfluss der horizontalen Exportdiversifizierung auf den wirtschaftlichen Wachstumsprozess untersuchen.

#### 1.1.5.8 Empirische Resultate

Lediglich AMIN GUTIÉRREZ DE PIÑERES/FERRANTINO (1997), AL-MARHUBI (2000), AMIN GUTIÉRREZ DE PIÑERES/FERRANTINO (2000) und DE FERRANTI et al. (2002) haben sich mit der Thematik empirisch auseinandergesetzt. Ihre Stu-

39 Vgl. dazu beispielsweise die Untersuchung von UKPOLO (1994).

dien scheinen eine Abhängigkeit des Wachstumstempos vom Diversifizierungsgrad der Exportstruktur zu belegen:

AL-MARHUBI findet in Querschnittsregressionen einen signifikant positiven Zusammenhang zwischen der Zahl der Exportsektoren und der Wachstumsrate des Pro-Kopf-Einkommens. DE FERRANTI et al. und ziehen aus ihrer signifikant negativen Querschnittskorrelation zwischen dem Konzentrationsgrad der Exporte und der Wachstumsrate des Bruttoinlandsprodukts den Umkehrschluss, dass "*...the degree of export diversification has been positively correlated with subsequent economic growth across countries*" (S.42).[40] Ähnlich ermitteln AMIN GUTIÉRREZ DE PIÑERES/FERRANTINO (2000. S. 114-135) auf Basis von Paneldaten einen signifikant positiven Zusammenhang zwischen dem Diversifizierungsgrad der Exportstruktur und der Höhe des Pro-Kopf-Einkommens für Lateinamerika. Und schließlich behaupten AMIN GUTIÉRREZ DE PIÑERES und FERRANTINO, die Ergebnisse ihrer Zeitreihenstudie seien "*...consistent with the possibility that in the long run, export diversification enhanced Chilean growth performance...*"(S.390).[41]

Allerdings testen die genannten Autoren den Zusammenhang zwischen horizontaler Exportdiversifizierung und Wirtschaftswachstum, ohne theoretische Modelle möglicher Wirkungsmechanismen zu berücksichtigen. Ein weiteres Problem liegt in der bislang fehlenden empirischen Analyse der Wachstumswirkungen der Diversifizierung der Exportmärkte. Daher lassen sich nur aus der reinen Theorie Schlussfolgerungen über mögliche Zusammenhänge und ihre Wirkungskanäle zwischen Exportdiversifizierung und Wirtschaftswachstum herleiten.

### 1.1.6 Schlussfolgerungen

Nach der traditionellen Handels- und der neoklassischen Wachstumstheorie, die auf den Annahmen konstanter Skalenerträge und vollkommener Konkurrenz beruhen, läuft die Öffnung zum Außenhandel auf eine Spezialisierung gemäß dem komparativen Vorteil hinaus. Komparative Vorteile determinieren die Han-

---

40 Der Konzentrationsgrad der Exporte wird in den Studie von DE FERRANTI et al. (2002) durch den Herfindahl-Konzentrationsindex gemessen. Dieser hat in der Querschnittsanalyse von LEDERMAN/MALONEY (2002) ebenfalls einen statistisch signifikant negativen Einfluss auf das Wachstums des Pro-Kopf-Einkommens (der Arbeitsbevölkerung).

41 *De facto* ist die Korrelation zwischen dem verwendeten Indikator für den Grad der Exportdiversifizierung und der Höhe des Bruttoinlandsprodukts in der "Pionierstudie" von SHEILA AMIN GUTIÉRREZ DE PIÑERES und FERRANTINO (1997) zwar positiv aber nicht signifikant. Insofern kann man ihre oben zitierte Behauptung auch als eher nicht zutreffend ansehen. Außerdem lassen sich gegen das methodische Vorgehen von AMIN GUTIÉRREZ DE PIÑERES und FERRANTINO mehrere Kritikpunkte vorbringen. Vgl. dazu Abschnitt 5.6.1.

delsstruktur, wobei eine stärker diversifizierte (den komparativen Vorteilen entsprechende) Exportstruktur als Resultat der marktlichen Öffnung prinzipiell möglich ist. Bei einer den komparativen Vorteilen widersprechenden Politikintervention mit dem Ziel der Veränderung der Exportstruktur, resultiert eine Verringerung der gesamtwirtschaftlichen Wohlfahrtsgewinne aus dem Außenhandel. Eine auf die Veränderung der Exportstruktur ausgerichtete Strategie zur Stabilisierung von Exporterlösen oder zur Verbesserung der *Terms of Trade* ist daher nicht kostenlos. Sie kann gemäß der neoklassischen Wachstumstheorie (*per saldo*) sogar zu Wachstumseinbußen führen. Aus Sicht der traditionellen Außenhandels- und der neoklassischen Wachstumstheorie ist der freie Handel daher die beste entwicklungspolitische Strategie.[42]

Wenn der Außenhandel unter steigenden Skalenerträgen und unvollkommener Konkurrenz analysiert wird, dann muss das Freihandelspostulat jedoch grundsätzlich in Frage gestellt werden. Freihandel kann eine Spezialisierung auf Sektoren mit sinkenden Skalenerträgen und eine entsprechende Schrumpfung der Produktion in Bereichen mit steigenden Skalenerträgen auslösen. In diesem Fall stellt sich das betroffene Land in der Freihandelssituation schlechter als in der Autarkiesituation. Unterstellt man steigende externe Skalenerträge in der Industriegüterproduktion und sinkende Skalenerträge in der Primärgüterproduktion, dann sind wirtschaftspolitische Interventionen zur Stärkung der industriellen Basis - etwa in Form einer Politik der vertikalen Exportdiversifizierung - aus Sicht der neueren Außenhandelstheorie sinnvoll. Allerdings liefert die neuere Handelstheorie keine Argumente für staatliche Markteingriffe zur Förderung der horizontalen Ausweitung des Exportgütersortiments (um zusätzliche Primärgüter). Darüber hinaus sind im Rahmen der neueren Handelstheorie streng genommen keinerlei Aussagen über langfristige Wachstumseffekte einer Exportdiversifizierung möglich.

Erst die endogene Wachstumstheorie - die wie die neuere Außenhandelstheorie die Unvollkommenheit des Wettbewerbs betont - zeigt, dass sich eine Strategie zur Diversifizierung der Exportstruktur positiv auf das wirtschaftliche Wachstum auswirken kann. Unter Berücksichtigung der vielfältigen Interdependenz zwischen Exportexpansion, Import, Änderung der Exportstruktur und wirtschaftlichem Wachstum, liefert sie den Hinweis, dass komparative Vorteile eines Landes kein Datum darstellen müssen: Zusätzliche Exporte können *ceteris paribus* die Devisenverfügbarkeit zur Finanzierung des Imports innovativer Erzeugnisse verbessern. Der Import innovativer Erzeugnisse trägt über „*Reverse-Engineering*“-Prozesse oder über *Learning-by-Doing*-Prozesse zur Wissenakkumulation bei. Dieses technologische Wissen kann in der Produktion "neuer"

42 Sofern die Gewinne aus der Stabilisierung der Exporterlöse sowie der Verbesserung der *Terms of Trade* nicht größer sind als die volkswirtschaftlichen Kosten allokationsverzerrender Staatseingriffe. Vgl. Abschnitt 1.1.2.4.

und/oder in der Produktion von technologisch anspruchsvolleren Gütern verwertet werden und erleichtert die Erschließung nicht-traditioneller Absatzgebiete. Neben dem wirtschaftlichen Wachstum wird durch den Import innovativer Erzeugnisse daher auch die horizontale, die vertikale Exportdiversifizierung sowie die Diversifizierung der Exportmärkte beschleunigt. Die verstärkte horizontale und vertikale sowie die Diversifizierung der Exportmärkte kann über *Learning-by-Exporting*, *Learning-by-Doing* und über die Stimulierung innovativer Tätigkeit eine weitere Wissensgenerierung bewirken. Diese Wissensproduktion" der einzelnen Exportunternehmen wirft externe Erträge ab und sorgt für weitere Entwicklungsimpulse. Deshalb hat eine Exportdiversifizierung langfristig einen positiven Einfluss auf das wirtschaftliche Wachstum.

Weil sich aber die Exporteure die Erträge ihrer volkswirtschaftlichen Wissensschaffung (in Form der Bereitstellung von Devisen zum Import innovativer Erzeugnisse, in Form von F&E- Investitionen, in Form von *Learning-by-Exporting* und *Learning-by-Doing*) nicht vollständig aneignen können, bleiben ihre Investitionen unter dem sozial erwünschten Niveau. Dies ist die theoretische Rechtfertigung für die Durchführung einer Exportdiversifizierungsstrategie: Durch gezielte staatliche Maßnahmen zur Beschleunigung der Exportdiversifizierung könnte theoretisch das optimale soziale Niveau der Wissensbildung gesichert werden. Die theoretische Rechtfertigung allein mit dem Hinweis auf Erlösinstabilitäten oder *Terms of Trade*-Verschlechterungen unterschätzt daher das Wachstumspotenzial einer Exportdiversifizierungsstrategie.

Angesichts der bisher mangelnden empirischen Evidenz fällt es jedoch schwer Aussagen darüber zu treffen, wie wirtschaftspolitische Maßnahmen konkret auszugestalten sind, damit langfristiges Wachstum möglich ist. Bevor die Frage nach den wirtschaftspolitischen Maßnahmen zur Beschleunigung der Exportdiversifizierung geklärt werden kann, ist daher ausführlich zu untersuchen, ob ein steigender Diversifizierungsgrad langfristige Wachstumsimpulse generiert. Die empirische Analyse der Wachstumseffekte eines steigenden Diversifizierungsgrades ist Gegenstand der nachfolgenden Abschnitte. Konkrete Maßnahmen und Handlungsansätze zur Beschleunigung der Exportdiversifizierung werden in Kapitel 6 diskutiert.

## 1.2 Zur Problematik der empirischen Überprüfung der *Diversification-led Growth* Hypothese

Zur Beantwortung der hier zugrundeliegenden Kernfragen,

- ob die Effekte der Exportdiversifizierung ein wirtschaftliches Wachstum auslösen und

- welche wirtschaftspolitischen Maßnahmen zur Beschleunigung der Exportdiversifizierung eingesetzt werden können, damit Wachstum entsteht,

sind rein theoretische Modelle nicht ausreichend, sondern politisch umsetzbare Ergebnisse bedürfen einer empirischen Fundierung. Empirische Untersuchungen zur Überprüfung der *Diversification-led Growth*-Hypothese sind schwierig. Auf der einen Seite folgt aus der Vielfalt der in Abschnitt 1.1 diskutierten Modelle, dass die empirische Operationalisierung eines einzigen theoretischen Konstrukts nicht ausreicht, um die Effekte der Exportdiversifizierung vollständig zu erfassen. Auf der anderen Seite ist es aufgrund der Vielfalt und der Komplexität der theoretischen Ansätze kaum möglich, alle relevanten Modelle bis ins Detail empirisch zu verifizieren. Vor dem Hintergrund dieser Schwierigkeiten ist das methodisch geeignete Verfahren die empirische Überprüfung von inhaltlichen Hypothesen, die aus allen relevanten Modelle abzuleiten sind.

In Anschnitt 1.2.1 geht es um die Formulierung von empirisch überprüfbaren Hypothesen. Abschnitt 1.2.2 ist der Frage nach der empirisch adäquaten Analysemethode gewidmet. In Abschnitt 1.2.3 wird diskutiert, inwiefern Chile für die empirische Untersuchung der Wachstumswirkungen der Exportdiversifizierung das geeignete Experiment darstellt.

### 1.2.1 Formulierung der zu testenden Hypothesen

Aus den im vorangegangenen Kapitel diskutierten theoretischen Ansätzen lassen sich eine Reihe von Hypothesen über die Wachstumswirkungen der Exportdiversifizierung ableiten. In diesem Abschnitt seien die potenziell überprüfbaren Hypothesen noch einmal zusammengefasst. Die Hypothesenformulierung orientiert sich an den verschiedenen Stoßrichtungen der Exportdiversifizierung. Danach kann man zwischen den positiven Effekten

- der vertikalen Exportdiversifizierung (Abschnitt 1.2.1.1),
- der Diversifizierung der Exportmärkte (Abschnitt 1.2.1.2) und den positiven Effekten
- der horizontalen Exportdiversifizierung (Abschnitt 1.2.1.3) unterscheiden.

#### 1.2.1.1 Die Effekte der vertikalen Exportdiversifizierung

Für einen positiven Einfluss der vertikalen Exportdiversifizierung auf das wirtschaftliche Wachstum sprechen zusammengefasst die folgenden Argumente:

*a) Linkages, Learning-by-Doing und Skalengewinne.*

Durch *Learning-by-Doing* entstehen positive externe Effekte auf die Wissensakkumulation. Diese positiven Externalitäten treten stärker im Industriegütersektor als im Primärgütersektor auf. Daneben erfordern Primärgüter in nur geringem Umfang den Einsatz von (lokal hergestellten) Vorprodukten. Die Expansion der Industriegüterproduktion erzeugt dagegen einen wachsenden Vorleistungsbedarf und damit - sofern der Vorleistungsbedarf nicht vollständig durch Importe aus dem Ausland gedeckt wird - eine steigende inländische Vorleistungsproduktion.

Zusätzlich werden viele Primärgüter unter der Bedingung steigender Grenzkosten produziert, wohingegen sich die Industriegüterproduktion durch steigende interne Skalenerträge kennzeichnet, die mit steigender Produktion zu sinkenden Stückkosten führen. Dementsprechend lautet die empirisch zu überprüfende Hypothese:

*Eine vertikale Exportdiversifizierung induziert ein wirtschaftliches Wachstum, da die Exportexpansion industrieller Produkte*

*1. über die Produktionsausdehnung des Industriesektors Linkage-Effekte auf andere Bereiche der Volkswirtschaft kreiert,*
*2. stärkere Learning-by-Doing-Effekte als die Primärgüterproduktion auslöst und*
*3. es den Unternehmen erlaubt, interne Economies of Scale zu realisieren, dadurch ihre Wettbewerbsfähigkeit zu erhöhen, so dass die Industriegüterproduktion mit ihrer exportinduzierten Ausdehnung an Effizienz gewinnt.*

Neben diesen Effekten stellt sich ein weiterer positiver Effekt ein, wenn mit der vertikalen Exportdiversifizierung eine Stabilisierung der Exporterlöse einhergeht. Die Hypothese von der wachstumsfördernden Stabilisierung der Exporterlöse durch die vertikale Exportdiversifizierung geht von folgenden Faktoren aus:

*b) Stabilisierung der Exporterlöse.*

Es lässt sich ein Zusammenhang zwischen Exporterlösschwankungen und dem Anteil (volatiler) Primärgüterexporte am Gesamtexport feststellen,[43] wobei die wirtschaftliche Entwicklung vieler Entwicklungsländern durch heftige Exporterlösschwankungen massiv beeinträchtigt wird.[44] Bei diesem Faktorenbündel führt ein steigender Anteil (stabiler) Industriegüterexporte am Gesamtexport zu einer Stabilisierung der Exporterlöse. Unterstellt man keine oder zumindest geringe Allokationsverzerrungen einer („natürlichen" oder bewusst herbeigeführten) Erhöhung des Industriegüteranteils, dann sind mit dem Abbau von Erlösschwankungen *per saldo* positive Wachstumseffekte verbunden.[45] Dementsprechend sagt die empirisch zu testende Hypothese:

*Eine vertikale Exportdiversifizierung beschleunigt das Wachstum durch Verringerung wachstumshemmender Exportinstabilitäten.*

Die soeben genannten Hypothesen beziehen sich auf Zusammenhänge, die im weiteren Verlauf der Arbeit als "direkte" Zusammenhänge interpretiert werden. Daneben ergeben sich infolge einer vertikalen Exportdiversifizierung *Terms of*

43 Vgl. dazu STANLEY (1999), STANLEY/BUNNAG (2001).

44 Vgl. dazu beispielsweise DAWE (1996), BLEANEY/GREENAWAY (2001).

45 Es sei erwähnt, dass sich diese positiven Wachstumseffekte aus dem Vergleich zur Situation instabiler Erlöse ergeben.

*Trade*-Verbesserungen und daraus resultierende indirekte Wachstumseffekte, wie die folgenden Überlegungen zeigen.

*c) Vertikale Exportdiversifizierung und Terms of Trade.*
Wenn industrielle Produkte nicht durch einen Preisverfall gekennzeichnet sind, dann führt bei sinkenden Primärgüterpreisen eine vertikale Exportdiversifizierung *ceteris paribus* zu *Terms of Trade*-Verbesserungen. Die Verbesserung des realen Austauschverhältnisses hat eine stark positive Auswirkung auf das wirtschaftliche Wachstum, denn *Terms of Trade*-Verbesserungen implizieren eine steigende Verfügbarkeit von Importen (Kapitalgüter, Zwischenprodukte) für die Inlandsproduktion. Aus *Terms of Trade*-induzierten Erhöhungen des Einsatzes technologieintensiver Kapitalgüter und Zwischenprodukten resultiert wiederum

1. eine Verbesserung der inländischen Kapitalakkumulation,
2. ein zusätzliches *Learning-by-Doing* im Umgang mit den eingeführten Produkten und
3. eine Erhöhung der technologischen Transferrate durch Imitationsprozesse.

Dementsprechend lautet die zu prüfende Hypothese:

*Eine steigende vertikale Exportdiversifizierung generiert indirekt wirtschaftliches Wachstum - über die Verbesserung der Terms of Trade und dadurch ceteris paribus über die Erhöhung der Importkapazität und die damit in Verbindung gebrachten Kapitalakkumulationseffekte und Wissenszuwächse.*

In diesem wachstumstheoretischen Kontext, der die Diffusion von Wissen zum Argument für außenwirtschaftliche Öffnung macht, lässt sich die Hypothese der Wachstumsbeschleunigung mittels Diversifizierung von Exportmärkten wie folgt herleiten.

### 1.2.1.2 Die Effekte der Diversifizierung der Exportmärkte - *Learning-by-Exporting*

Technologisches Wissen wird in hohem Maße durch ein *Learning-by-Exporting* generiert und verbreitet, indem die im Kontakt mit ausländischen Abnehmerindustrien erworbenen Kenntnisse über Produktionsprozesse und Produkteigenschaften in die heimische Produktentwicklung einfließen. Mit anderen Worten: Exporteure lernen von ihren ausländischen Abnehmerindustrien, wie man effizienter produziert. Die Folge des technologischen Lernprozesses, der durch den internationalen Konkurrenzdruck beschleunigt wird, sind Verbesserungen bzw. Innovationen im Bereich der Arbeitsorganisation, der Vermarktung und/oder der Produktentwicklung. Unter dieser Prämisse besagt die empirisch zu untersuchende Hypothese:

*Das verstärkte Vordringen in nicht-traditionelle Absatzmärkte hat einen Einfluss auf das wirtschaftliche Wachstum, weil*

- *durch zusätzliche "Kontakte" zu konkurrierenden Exportindustrien und zu ausländischen Abnehmerunternehmen sowie*
- *durch den internationalen Wettbewerbsdruck*

*das Potenzial sowie der Zwang zu produktivitätssteigernden Lerneffekten erhöht wird.*

Sieht man in exportinduzierten Lernprozessen eine mögliche Triebkraft des wirtschaftlichen Wachstums, dann gilt auch für eine horizontale Exportdiversifizierung, dass sie den Wachstumsprozess beschleunigt. Zur Begründung eines positiven Zusammenhangs zwischen dem Grad der horizontalen Exportdiversifizierung und der Höhe des Produktionsvolumens kann man von den im folgenden Abschnitt genannten Faktoren ausgehen.

#### 1.2.1.3 Die Effekte der horizontalen Exportdiversifizierung: *Learning-by-Doing-* und *Learning-by-Exporting*-Externalitäten

Die Exporttätigkeit geht mit technologischen und organisatorischen Lernprozessen einher. In diesem Zusammenhang kann man zwischen *Learning-by-Doing-* und *Learning-by-Exporting*-Effekten differenzieren. *Learning-by-Doing*-Effekte werden durch die exportinduzierte Ausdehnung des Produktionsvolumens erzeugt, da die Stückkosten mit einer exportinduzierten Produktionsausdehnung um einen gewissen Lerngrad zu sinken pflegen. *Learning-by-Exporting*-Effekte beziehen sich auf einen *Know-How* Transfer (im Bereich Management, Produktentwicklung, Arbeistorganisation), wenn Exporteure von ihren ausländischen Abnehmerindustrien lernen, wie man effizienter produziert und exportiert. Dabei profitieren die Exporteure des einen Sektors von den Exporterfahrungen der Unternehmen anderer Sektoren via Externalitäten der Wissensakkumulation. Dies bedeutet, der Export eines Gutes begünstigt die Produktion und den Export eines anderen Gutes. Durch den verstärkten Wettbewerbsdruck, der zur Orientierung an internationalen Effizienz- und Qualitätskriterien zwingt, werden die technologischen und organisatorischen Lernprozesse zusätzlich beschleunigt. Dementsprechend besagt die zu prüfende Hypothese von der wachstumsfördernden Wirkung der horizontalen Exportdiversifizierung:

*Je höher die Zahl der Exportsektoren in einer Volkswirtschaft ist, desto größer ist das Potenzial für wachstumsfördernde Lerneffekte, die über Externalitäten der Wissensakkumulation der gesamten Volkswirtschaft zugute kommen.*[46]

---

46 Erwähnt sei an dieser Stelle, dass hier keine Hypothese zum Zusammenhang zwischen dem Grad der horizontalen Diversifizierung und der Intensität von Exporterlösschwankungen formuliert wird. Wie aus Abschnitt 1.1.2.3 bekannt, lässt sich kein eindeutiger Zusammenhang zwischen horizontaler Exportdiversifizierung und Erlösstabilisierung ableiten. Beispielsweise führt eine horizontale Ausweitung des Exportsortiments um zusätzliche Primärgüter nicht zu einer Stabilisierung der Exporterlöse, wenn die Erlösausfälle der einzelnen Primärgüterexporte (etwa aufgrund klimatischer Bedingungen) positiv miteinander korreliert sind.

Wird die Exportbasis dabei um industrielle Sektoren verbreitert, dann kann man zusätzlich von den unter 1.2.1.1 aufgeführten Effekten ausgehen: *Linkage*-Effekte, *Economies of Scale*, Stabilisierung der Exporterlöse und *Terms of Trade*-Gewinne. Folglich wirken die verschiedenen Teilaspekte der Exportdiversifizierung zum Teil über dieselben Wirkungskanäle auf das wirtschaftliche Wachstum. Die den Hypothesen entsprechenden Verknüpfungen zwischen der vertikalen, der Diversifizierung der Exportmärkte, der horizontalen Exportdiversifizierung und dem wirtschaftlichem Wachstum sind in der folgenden Abbildung graphisch illustriert. Die in Abbildung 1.2 formal zusammengefassten Wirkungsmechanismen sollen in den nachfolgenden Untersuchungen der Kapitel 2 bis 5 im Hinblick auf ihre empirische Relevanz geprüft werden. Davor müssen allerdings noch einige Überlegungen zur analytischen Methode angestellt werden.

**Abbildung 1.2 Die potenziellen Effekte der Exportdiversifizierung**

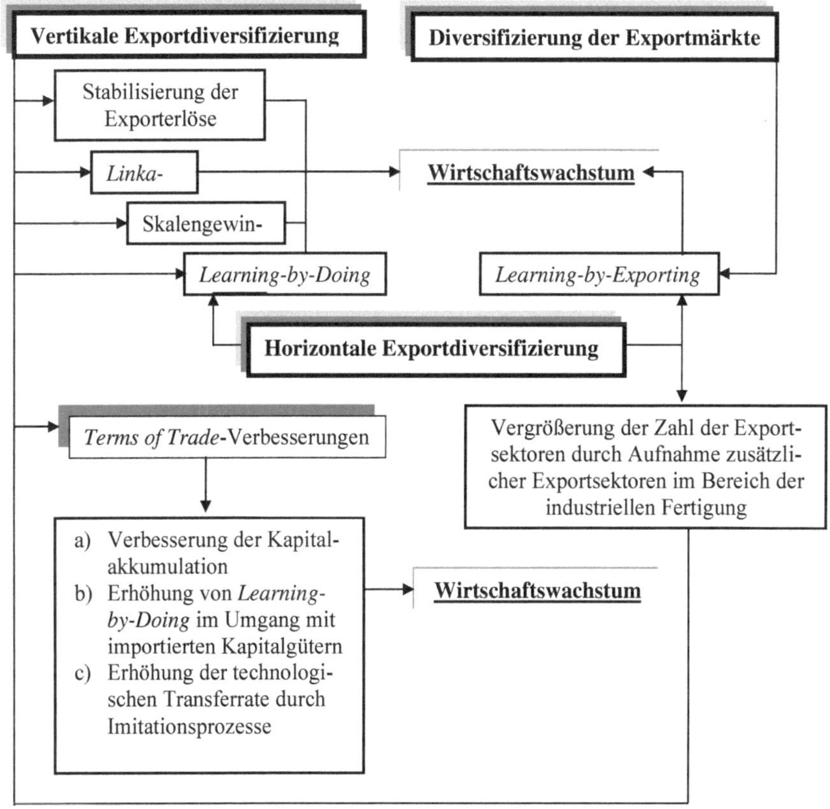

### 1.2.2 Analytische Methode

Um die mit Hilfe von Abbildung 1.2 illustrierten Hypothesen empirisch zu überprüfen, bedarf es eines geeigneten Analyserahmens. Als erstes ist es daher wichtig, eine bewußte Entscheidung über die adäquate Analysemethode zu fällen. Die Methode sollte die beschriebenen Wirkungszusammenhänge anhand von wirtschaftsstatistischen Daten identifizieren und beschreiben können. Darüber hinaus sollte die Methode die Frage beantworten, ob und in welchem Ausmaß zwischen dem Grad der (jeweiligen) Exportdiversifizierung und wirtschaftlichem Wachstum ein statistisch gesicherter Kausalzusammenhang existiert.

#### 1.2.2.1 Deskriptiv-statistische Analysen versus ökonometrische Verfahren: Alternative oder Sequenz?

Bei der empirischen Analyse wirtschaftlicher Zusammenhänge kommen zwei unterschiedliche Methoden zur Anwendung. Im einzelnen handelt es sich dabei um

- theoriegestützte deskriptiv-statistische Analysen wirtschaftlicher Prozesse anhand von wirtschaftsstatistischen Daten sowie um
- aufwendige ökonometrische Verfahren, die auf theoretisch abgeleiteten und mathematisch formulierten Hypothesen basieren.

Beide Verfahren sind mit folgenden Vor- und Nachteilen behaftet.

Mit Hilfe von deskriptiv-statistischen Analysen können durch Beschreibung und Gegenüberstellung von wirtschaftsstatistischen Daten (Bruttoinlandsprodukt, Exporte, *Terms of Trade*, etc.) theoretisch erwartete Wirkungszusammenhänge nachgezeichnet und plausibilisiert werden. Die Schwäche von deskriptiven Ansätzen liegt allerdings darin, dass sich die Signifikanz plausibilisierter Zusammenhänge *de facto* nicht in wissenschaftlicher Form nachweisen lässt. Dagegen können im Rahmen von ökonometrischen Studien die statistischen Nachweise erbracht werden, die im Rahmen von deskriptiv-statistischen Studien nicht möglich sind. Rein ökonometrischen Verfahren liefern oftmals jedoch nur unzureichende Erklärungen für die (fehlende) Signifikanz und Stärke ökonomisch relevanter Beziehungen. Der Grund dafür liegt darin, dass in mathematisch formulierten Beziehungen vielfach nicht alle potenziell bedeutsamen Einflussfaktoren angemessen berücksichtigt bzw. operationalisiert werden können. Die ökonomische Erklärung für die Signifikanznachweise bleibt daher oftmals in der *Black Box* der Regressionsmodelle versteckt.

Angesichts dieser Vor- und Nachteile der einzelnen Verfahren ist eine Kombination der Methoden zweckmäßig. Im weiteren Verlauf der Studie wird deshalb eine Absicherung der deskriptiv-statistischen Auswertung der Effekte der Exportdiversifizierung durch ökonometrische Untersuchungen angestrebt.

#### 1.2.2.2 Zeitreihen- versus Querschnitssanalysen: Argumente gegen *Cross-Country*-Studies

Für ökonometrische Untersuchungen kommen vornehmlich zwei Verfahren in Betracht:

- Die Schätzung von Zusammenhängen mit Hilfe von Zeitreihendaten eines Landes, die in aufeinanderfolgenden Perioden gemessen werden, oder
- die Analyse relevanter Beziehungen auf Basis von Querschnittsdaten für Ländergruppen, die sich auf eine Periode beziehen.

Für die Überprüfung der Hypothesen aus Abschnitt 1.2.1 bietet die Nutzung von individuellen Zeitreihen gegenüber einer Länderquerschnittsanalyse mehrere Vorteile.[47]

Zeitreihenanalytischen Verfahren können dynamische Effekte im Zeitablauf abschätzen (wie beispielsweise das Einsetzen von *Terms of Trade*-Reaktionen auf eine Erhöhung des Industriegüteranteils). Die auf die Aufdeckung von sog. Kointegrationsbeziehungen zielenden Methoden erlauben es ferner, zwischen lang- und kurzfristigen Effekten der Exportdiversifizierung zu diskriminieren.[48] Darüber hinaus ermöglicht die Zeitreihenanalyse eine Untersuchung zeitverschobener Zusammenhänge zwecks Überprüfung von "Kausal"-Mechanismen. Ausgehend vom Konzept der sog. "GRANGER-Kausalität" kann die Zeitreihenanalyse folglich Aussagen darüber treffen, ob Exportdiversifizierung kausal für Wirtschaftswachstum verantwortlich ist.[49] Insofern ist für Politikempfehlungen eine Zeitreihenanalyse unumgänglich, denn Querschnittkorrelationen messen zwar die Stärke von Beziehungen, sie lassen aber grundsätzlich nur unzureichende Rückschlüsse über Ursache-Wirkungsbeziehungen zu.

Zudem unterstellen Querschnittsanalysen implizit eine gemeinsame ökonomische Struktur und damit gleichartige Produktionstechnologien über alle Länder hinweg. Länderspezifische Besonderheiten können in *Cross-Country*-Studies daher nicht angemessen berücksichtigt werden. Dabei besteht die Gefahr, dass kaum brauchbare Hinweise für einzelne Entwicklungsländer gewonnen werden, ob und wie beispielsweise ein steigender Diversifizierungsgrad zu Wachstum führt.[50] Demgegenüber erlaubt die Zeitreihenanalyse die statistische Analyse von Einzelfällen, aus der oftmals Schlussfolgerungen für andere (Entwicklungs-)Länder möglich sind.

---

47 Daneben sind Kombinationen zwischen Querschnitts- und Zeitreihendaten in Form von sog. *Panel*-Analysen von Interesse. Für die Durchführung einer *Panel-Analysis* sprechen ähnliche Argumente wie für die Durchführung einer *Time Series-Analysis*, wenn die Zeitreihen hinreichend lang sind.

48 Auf das Konzept der Kointegrationsanalyse wird im folgenden noch näher einzugehen sein.

49 Vgl. zum Konzept der GRANGER-Kausalität beispielsweise die Ausführungen in Abschnitt 3.4.3.

50 Diese Kritik betrifft auch die *Panel-Analysis*.

Damit sind kurz die Argumente für die Nutzung von Zeitreihendaten für ein Land umrissen. Zu fragen ist an dieser Stelle, welches Land als Untersuchungsobjekt für die Analyse herangezogen werden soll. Diese Frage behandelt der folgende Abschnitt.

### 1.2.3 Analytische Gründe für die Nutzung von Chile zur Untersuchung der Wachstumswirkungen der Exportdiversifizierung

Viele Entwicklungsländer weisen komparative Vorteile in der Verarbeitung und Herstellung rohstoffintensiver Produkte auf. Damit aus den folgenden Untersuchungen Hinweise für andere ressourcenreiche Entwicklungsländer gewonnen werden können, sollte das geeignete Untersuchungsprojekt daher (1) ebenfalls über komparative Vorteile im Bereich natürlicher Ressourcen verfügen. Darüber hinaus setzt die exakte Analyse der Effekte der Exportdiversifizierung voraus, dass in dem betreffenden Land (2) eine vertikale Exportdiversifizierung, eine Diversifizierung der Exportmärkte sowie eine horizontale Exportdiversifizierung stattgefunden hat. Dementsprechend sollte das betreffende Land als Musterland für eine erfolgreiche Diversifizierung gelten, damit Handlungsempfehlungen für andere Länder möglich sind.[51]

Chile erfüllt diese beiden Bedingungen, wie die folgende Abschnitte zeigen. Abschnitt 1.2.3.1 ist dem wirtschaftshistorischen Hintergrund für die nachfolgenden empirischen Untersuchungen gewidmet - der chilenischen Wirtschafts- und Außenhandelspolitik seit den 70er Jahren. In Abschnitt 1.2.3.2 geht es um die grobe Skizzierung der chilenischen Exportdiversifizierung, auf die im weiteren Verlauf der Arbeit noch ausführlich zurückzukommen sein wird. Abschnitt 1.2.3.3 enthält eine kurze Zusammenfassung sowie Angaben zur weiteren Vorgehen.

#### 1.2.3.1 Wirtschaftshistorische Hintergründe: Skizze der chilenischen Wirtschafts- und Außenhandelspolitik seit den 70er Jahren

Mit dem Putsch der Militärs um General Pinochet vom 11. September 1973 wurde das Ende eines staatsinterventionistischen Entwicklungsmodells eingeläutet, das Chile unter der sozialistischen Regierung Allende (1970-1973) in ein wirtschaftliches Chaos gestürzt hatte. Der desolaten wirtschaftliche Situation - gekennzeichnet durch ein gigantischen Haushaltsdefizit, Inflationsraten von rund 600%, einer Schrumpfung der Inlandsproduktion um ca. 6% im Jahre 1973 - begegnete das Pinochet-Regime mit einem kurzfristigen Krisenmanagement, welches zwischen Staatsinterventionismus und liberaler Wirtschaftspolitik oszillierte. Beispielsweise wurden die unter Allende festgesetzten Preiskontrollen aufgehoben, moderate Privatisierungen und Deregulierungen eingeleitet. Aber

51 Es versteht sich von selbst, dass das betreffende Land über verwertbares Datenmaterial verfügen muss.

gleichzeitig wurde der Arbeitsmarkt durch Repression gegenüber den Gewerkschaften einer massiven Kontrolle unterzogen.

Die Weltwirtschaftskrise von 1975 stellte schließlich einen Wendepunkt in der wirtschaftspolitischen Strategie des autoritären Pinochet-Regimes dar: Die Auswirkungen der Ölpreissteigerungen des Jahres 1974 und des Verfalls der Preise bei Kupfer - dem wichtigsten chilenischen Exportprodukt - machten deutlich, dass die graduellen Anpassungen der Militärregierung mit wenig Erfolg behaftet waren. Inflation und Arbeitslosigkeit erreichten fast wieder das Niveau wie zum Zeitpunkt des Putschs von 1973. Infolgedessen wurde unter der Federführung der neoliberalen *Chicago Boys*[52] 1974/75 mit der Implementierung unpopulärer Schockmaßnahmen begonnen. Das liberale Schockprogramm bestand aus massiven Kürzungen bei staatlichen Investitionen, Subventionen und Sozialausgaben. Die große Mehrzahl der vorhandenen Staatsunternehmen (vor allem die unter Allende enteigneten Betriebe) wurden privatisiert. Die Märkte wurden mit Ausnahme des Arbeitsmarktes drastisch dereguliert. Was den Arbeitsmarkt anbelangt, so kam es zur Aufhebung des Mindestlohns bei gleichzeitigem Verbot gewerkschaftlicher Tätigkeiten (Verbot von Streiks und Kollektivverhandlungen). Hervorzuheben ist (neben der Liberalisierung der Kapitalmärkte und Kapitalbewegungen) außerdem die in dieser Zeit für Entwicklungs- und Schwellenländer ungewöhnlich rigorose Handelsliberalisierung: Von 1974 bis 1979 wurde der Großteil aller nicht-tarifären Handelshemmnisse eliminiert und die bis zu 105% hohen durchschnittlichen Zollsätze auf einen Einheitszollsatz von 10% reduziert (ALVAREZ/CRESPI 2000).

Als Reaktion auf das liberale Schockprogramm fiel die chilenische Wirtschaft 1975 zunächst in eine tiefe Rezession. Der chilenische Peso verlor etwa 40% seiner Kaufkraft und die chilenische Inlandsproduktion fiel um etwa 13%. Nach 1975 erlebte Chile jedoch einen Wirtschaftsaufschwung mit Wachstumsraten von bis zu 8.5% (1977), ein anhaltend kräftiges Exportwachstum sowie beträchtliche Erfolge im Bereich Exportdiversifizierung.[53] Das chilenische Wirtschaftswunder verblühte allerdings schlagartig mit der Schuldenkrise des Jahres 1982.

Infolge der weltweite Rezession von 1981/82 - in Verbindung mit einem Verfall der Kupferpreise, einem hohen Anstieg der Auslandsverschuldung, eines festen, immer stärker überhöhten Wechselkurses, einem gewaltigen Zahlungsbilanzdefizit sowie einem schwachen Bankensystem - stürzte Chile in eine tiefe Krise.

52 Die sog. *Chicago Boys* waren die wirtschaftspolitischen Berater PINOCHETS. Sie verdanken ihren Namen durch ihr Studium an der *University of Chicago* bei dem Monetaristen Milton Friedman und vertraten entsprechend neoliberales Gedankengut.

53 Erwähnt sei, dass das liberale Schockprogramm nicht ohne soziale Kosten war. Infolge sinkender Durchschnittslöhne und drastischer Kürzungen staatlicher Sozialausgaben stieg die Armutsquote 1973 bis 1980 von 20% auf 44%.

Wirtschaftlich stark angeschlagen wurde Chile - aufgrund des deutlich gestiegenen internationalen Zinsniveaus - schließlich in die allgemeine Verschuldungskrise Lateinamerikas hineingezogen. Das chilenische Bruttoinlandsprodukt schrumpfte um etwa 13.5% im Jahre 1982 und um ca. 3.5% im Jahre 1983.[54]

Infolgedessen sah sich die Pinochet-Regierung gezwungen, von den neoliberalen Maximen der *Chicago Boys* abzurücken und Strategieanpassungen vorzunehmen. Um den Interessen konservativer Kräfte in der Unternehmerschaft gerecht zu werden, wurden erneut Schutzzölle in Höhe von 20% (1983) und 35% (1984) eingeführt und staatliche Maßnahmen zur Exportförderung eingeleitet. Nach einer Übergangsphase wurden die Zölle jedoch wieder nach unten korrigiert (ALVAREZ/CRESPI 2000). Ferner gelang nach einer starken Abwertung des Wechselkurses ab 1985 die Durchsetzung eines regelgebundenen Wechselkurssystems, bei dem Schwankungen um die Parität erlaubt waren. Die Abwertung in Kombination mit der weltwirtschaftlichen Erholung löste einen Exportboom aus, der entscheidend zur wirtschaftlichen Erholung Chiles beigetragen hat. Im Jahre 1989 wuchs die chilenische Wirtschaft bereits wieder um spektakuläre 10.5%.

Nach dem Ende der Diktatur übernahm das Parteienbündnis der *Concertación*, das seit der Redemokratisierung 1990 ununterbrochen die Regierung stellt, das exportorientierte, marktwirtschaftliche Wirtschaftsmodell. Die demokratisch gewählte Regierung legte allerdings sehr viel größeren Wert auf einen sozialen Ausgleich und setzte mit Hilfe einer Steuerreform, eine deutliche Erhöhung der Sozialausgaben sowie tiefgreifende Reformen im Erziehungs- und Gesundheitswesen durch. Erweitert um diese sozialen Komponenten hat das exportorientierte Marktmodell zu Wachstumsraten von bis zu 12.3% (1991) geführt.

Erwähnt sei in diesem Zusammenhang, dass die Rückkehr zur Demokratie neue Chancen und Möglichkeiten in der chilenischen Außenhandelspolitik offenbarte. War Chile aufgrund von Menschenrechtsverletzungen während der Pinochet-Diktatur zunehmend in die internationale Isolation geraten, so öffnete sich nun der Handlungskorridor für die politische und wirtschaftliche Wiedereingliederung in die internationale Staatengemeinschaft. Die demokratischen Regierungen unter den Präsidenten Aylwin, Frei und Lagos nutzten die sich bietenden Handlungsspielräume zur Implementierung eines Netzes von bilateralen Handelsabkommen. Vorrangiges Ziel dieser neuen Außenhandelspolitik war das weitere Vordringen in nichttraditionelle Exportmärkte sowie die Steigerung der Diversifizierung der Ausfuhr in vertikaler und horizontaler Hinsicht. Die grobe Skizzierung der chilenischen Exportdiversifizierung ist Gegenstand des folgenden Abschnitts.

54 Vgl. dazu beispielsweise auch MELLER (1992).

### 1.2.3.2 Skizze der chilenischen Exportdiversifizierung

Wie noch ausführlich zu erörtern sein wird, kann Chile im lateinamerikanischen Kontext insofern als Musterland gelten, als es in der Lage war, seine Exporte seit der Handelsliberalisierung von 1974/75 kontinuierlich zu diversifizieren: Der Anteil des traditionell stärksten Exportprodukts Kupfer, das 1974 noch etwa 70% des Gesamtexports ausmachte, fiel infolge überproportional steigender Industriegüterexporte auf 30% (2001). Die Zahl der Exportmärkte nahm von 31 im Jahre 1970 auf 174 im Jahre 2001 zu und das gesamte Exportgütersortiment konnte zwischen 1987 und 2001 um ca. 2350 Produkte erweitert werden.[55] Darauf wird in den Abschnitten 2.2, 4.2 und 5.2 noch zurückzukommen sein.

Die Erfolge im Bereich Exportdiversifizierung basieren auf der Ausnutzung natürlicher komparativer Vorteile, welche mineralische und agrarische Rohstoffe sowie niedrige Kosten für den Faktor Arbeit umfassen: Chile verfügt über die weltweit größten Kupfervorkommen und ist der größte Kupferexporteur der Welt. Außerdem befinden sich vor der Küste Chiles reiche Fischgründe, die traditionell zum Fischfang und zur industriellen Fischzucht verwendet werden. Seit über einem Jahrzehnt ist Chile der zweitgrößte Exporteur von Zuchtlachs hinter Norwegen. Weltweit bedeutend ist Chile mittlerweile auch in der Ausfuhr von Früchten, Wein, Holzprodukten und Zellulose. Dabei bringt der kontinuierlich gestiegene Exportanteil am chilenischen Bruttoinlandsprodukt zum Ausdruck, wie stark die wirtschaftliche, politische und soziale Lage mittlerweile vom Erfolg der Außenhandelspolitik abhängt. Während der Exportanteil am Bruttoinlandsprodukt im Jahre 1960 noch marginale 9% betrug, liegt er heute (2001) bei etwa 34%. Die Vergleichszahl bei Argentinien beläuft sich auf ca. 11,5%; beim „Exportweltmeister" Deutschland liegt sie bei ca. 31%.

### 1.2.3.3 Zusammenfassung und weiteres Vorgehen

Zusammenfassend lässt sich sagen, dass Chile ein geeigntetes Untersuchungsobjekt für die nachfolgenden Analysen darstellt,

- weil sich die chilenische Volkswirtschaft im Vergleich zu anderen Entwicklungs- und Schwellenländern relativ früh dem Weltmarkt geöffnet hat,
- weil Chile in den letzten Jahrzehnten zeitweise sehr hohe Wachstumsraten sowie außerordentliche Erfolge beim Export und bei der Diversifizierung der Exportstruktur verzeichnete und,
- weil die Diversifizierung der chilenischen Ausfuhr auf der Ausnutzung natürlicher komparativer Vorteile basiert, welche Rohstoffe bzw. deren industrielle Verarbeitung umfassen.

55 Quelle: UNITED NATIONS (COMTRADE); PRO CHILE; BANCO CENTRAL DE CHILE; Angaben zur Herkunft der Daten finden sich in Anhang A.2.

Der Fall Chile demonstriert möglicherweise für andere ressourcenreiche Entwicklungsländer, ob und wie eine ressourcenbasierte Exportdiversifizierung nachhaltige Wachstumsimpulse auslösen kann.

Mit Hilfe von deskripiv-statistischen Analysen und zeitreihenökonometrischen Verfahren sollen nun die in Abschnitt 1.2.1 formulierten Hypothesen im Hinblick auf ihre empirische Relevanz geprüft werden.

- Im **2. Kapitel** der vorliegenden Arbeit geht es um die "direkten" Wachstumseffekte der vertikalen Exportdiversifizierung: um potenzielle Effekte der Erlösstabilisierung, mögliche *Learning-by-Doing-*, Skalen- sowie *Linkage-*Effekte.
- Das **3. Kapitel** ist der Frage gewidmet, ob die vertikale Exportdiversifizierung auch indirekt - über eine Verbesserung der chilenischen *Terms of Trade* - das chilenische Wirtschaftswachstum beschleunigt.
- Das **4. Kapitel** behandelt die Diversifizierung der Exportmärkte und die damit in Zusammenhang stehenden potenziellen Wachstumsimpulse (*Learning-by-Exporting*-Effekte, exportinduzierte Innovationseffekte).
- Die Analyse der horizontalen Exportdiversifizierung einschließlich ihrer potenziellen Wachstumseffekte, wie beispielsweise *Learning-by-Exporting-* und *Learning-by-Doing*-Externalitäten, ist Gegenstand von **Kapitel 5**.
- **Das 6. Kapitel** enthält eine Diskussion der Einflussfaktoren auf die Exportdiversifizierung, eine Beurteilung konkreter Politikmaßnahmen sowie wirtschaftspolitische Empfehlungen.
- Die Arbeit schließt mit einer Zusammenfassung und Einordnung der Ergebnisse.

# Kapitel 2
# Exportexpansion, Vertikale Exportdiversifizierung und Wirtschaftswachstum in Chile

## 2.1 Einführung

Die nun folgende empirische Analyse untersucht die in Abschnitt 1.2.1.1 geäußerten Hypothesen zu den Auswirkungen der vertikalen Exportdiversifizierung auf das Wirtschaftswachstum in Chile. Die Analyse erfolgt in fünf Schritten:

- Zuerst wird ein allgemeiner Überblick über die Entwicklung der chilenischen Inlandsproduktion und die Gesamtexporte im Zeitraum von 1960 bis 2001 gegeben. Im Anschluss an die Beschreibung des exportorientierten Wachstumsmusters wird der Verlauf der vertikalen Exportdiversifierung skizziert (**Abschnitt 2.2**).
- Im zweiten Schritt wird der Frage nach den Effekten der vertikalen. Exportdiversifizierung nachgegangen. Vor dem Hintergrund der in Abschnitt 1.2.1.1 geäußerten Hypothesen über die direkten Wachstumseffekte, wird im Rahmen von deskriptiv-statistischen Analysen diskutiert,
  - ob der chilenische Wachstumsprozess durch schwankende Exporterlöse beeinträchtigt wurde und wie sich die vertikale Exportdiversifizierung auf die Schwankungsintensität der Exporterlöse ausgewirkt hat,
  - ob es in Chile zu *Learning-by-Doing*-Effekten kam, die man möglicherweise auf die vertikale Diversifizierung der Exportstruktur zurückführen kann,
  - ob sich die Industriegüterproduktion und -ausfuhr durch höhere interne *Economies of Scale* kennzeichnet als die Primärgüterproduktion und,
  - ob die exportbedingte Ausdehnung der industriellen Produktion stärkere *Backward-Linkages* auf andere Bereiche der Volkswirtschaft kreiert, als die Ausdehnung der Agrar- und Mineralproduktion.[1]

  Anhand der statistischen Beobachtungen werden Schlussfolgerungen hinsichtlich der Wachstumswirkungen der Exportdiversifizierung gezogen (**Abschnitt 2.3**).
- Zur Bestätigung der Schlussfolgerungen des Abschnitts 2.3 werden im dritten Schritt bi- und multivariate Regressionsanalysen durchgeführt. Mit Hilfe von ökonometrischen Schätzungen werden die Wachstumseffekte von Exportexpansion und vertikaler Exportdiversifizierung quantifiziert (**Abschnitt 2.4**).
- Im fünften Schritt werden die Beobachtungen und Ergebnisse der vorliegenden empirischen Analyse zusammengefasst (**Abschnitt 2.5**).

---

1 *Terms of Trade*-Effekte und die damit in Zusammenhang stehenden indirekten Wachstumseffekte der vertikalen Exportdiversifizierung sind Gegenstand von Kapitel 3 der vorliegenden Arbeit.

## 2.2 Die Exportentwicklung in Chile: Daten und deren Implikationen

Empirisch fundierte Aussagen zu den Wachstumseffekten der vertikalen Exportdiversifizierung in Chile setzen genaue Vorstellungen über die Entwicklung der Gesamtausfuhr und des Bruttoinlandsprodukts im Zeitablauf voraus. In Abschnitt 2.2.1 werden diese Entwicklungen dargestellt und kommentiert. Der Abschnitt 2.2.2 diskutiert den Wandel der Exportstruktur sowie die wesentlichen Elemente der vertikalen Exportdiversifizierung in Chile.

### 2.2.1 Exportexpansion und Wirtschaftswachstum in Chile: Stilisierte Fakten und Ergebnisse empirischer Analysen

Chile hat sich mit Erfolg in die internationale Arbeitsteilung eingegliedert. Betrachtet man die Entwicklung der Gesamtexporte im Zeitraum von 1960 bis 2001, so lässt sich eine erhebliche Zunahme feststellen. Die Gesamtausfuhr, ausgedrückt in Millionen Pesos des Jahres 1996, stieg in diesen Jahren von etwa 675.000 Millionen Pesos auf etwa 12.500.000 Millionen Pesos. Sie hat sich damit fast um das 20fache erhöht und ist deutlich schneller gewachsen als das Bruttoinlandprodukt.[2] Wenn man die Ausfuhr in Relation zum Bruttoinlandsprodukt setzt, lässt sich die zunehmende internationale Spezialisierung der chilenischen Volkswirtschaft am besten erkennen (vgl. Abbildung 2.1). Dabei zeigt sich ein kontinuierlich steigender Exportanteil am BIP von etwa 9% in den 60er Jahren auf ca. 34% im Jahre 2001. Die wachsende Exportquote am BIP bei gleichzeitiger absoluter Exportexpansion impliziert, dass die Daten für das chilenische Bruttoinlandsprodukt zwar eine ähnliche Dynamik wie die Exporte zeigen; das Wachstum fällt hier jedoch signifikant schwächer aus.

In Preisen des Jahres 1996 stieg das Bruttoinlandsprodukt um etwa das 5fache von 7.560.000 Millionen Pesos (1960) auf etwa 36.500.000 Millionen Pesos (2001); das BIP abzüglich der Exportkomponente hat sich aufgrund des immer größer werdenden Exportanteils am BIP lediglich verdreifacht. Darin spiegeln sich die Wachstumsimpulse der Exporte zwischen 1960 und 2001 wider. In diesem Zeitraum kann man die chilenische Export- und Wirtschaftsentwicklung in sechs aufeinander folgende Perioden unterteilen (vgl. Tabelle 2.1).[3]

---

2 Alle Angaben wurden auf Basis von Informationen der BANCO CENTRAL DE CHILE berechnet. Ein Überblick über die Originaldaten, deren Herkunft und ihre Berechnung findet sich im Anhang.

3 Vgl. zu den stilisierten Fakten der Exportentwicklung beispielsweise auch AGOSIN (1997) und FFRENCH-DAVIS (2002).

**Abbildung 2.1 Entwicklung des Exportanteils und der Exporte von 1960-2000**

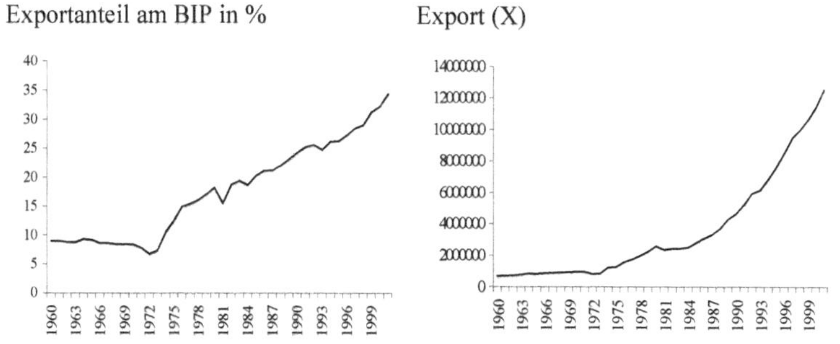


Anmerkung: Die Exporte lauten auf Millionen Pesos des Jahres 1996 und setzen sich aus Güter- und Dienstleistungsexporten zusammen. Der Exportanteil am BIP wurde auf Basis realer Größen (Millionen Pesos 1996) berechnet. Quelle: BANCO CENTRAL DE CHILE, eigene Berechnungen (siehe Anhang)

- In der Periode von 1960 bis 1970 stieg sowohl das BIP als auch das BIP ohne die Exportkomponente mit einer durchschnittlichen Wachstumsrate in Höhe von 4.3%. Das verhältnismäßig moderate Wirtschaftswachstum wurde von einem Exportwachstum von durchschnittlich 3.6 % begleitet.

- In Anbetracht der binnenorientierten Politik der Regierung Allende war in der Zeit von 1971-1973 ein deutlicher Einbruch bei den Exporten zu beobachten. Das Resultat der hohen Handelshemmnisse war ein negatives Wachstum der Exporte von durchschnittlich 3.8%. Auch die durchschnittlichen Wachstumsraten des Einkommens fielen im Vergleich zur Vorperiode erheblich schwächer aus. In 1971 stiegen BIP und Nichtexport-BIP gegenüber dem Vorjahr noch etwa um 9%. Dagegen sind für die einzelnen Jahre nach 1971 negative Wachstumsraten zu diagnostizieren. Die durchschnittliche Wachstumsrate des BIPs für die Jahre 1971 bis 1973 betrug 0.7%. Das BIP, abzüglich der Exporte, wuchs in diesem Zeitraum ebenfalls durchschnittlich nur um 1.2%.

- Die folgende Periode von 1974-1981 war eine Phase extensiven Exportwachstums. Die Exporte stiegen im Jahresdurchschnitt mit einer Wachstumsrate von 14.5%. Zusammengefasst lässt sich diese Entwicklung mit dem Zusammenbruch der binnenorientierten Regierung Allende und der neoliberalen Wende unter der Militärregierung begründen. Mit dem Militätputsch vom 11. September 1973 begann das Ende des staatsinterventionistischen Entwicklungsmodells. Nach einem kurzfristigen Krisenmanagement erfolgte die radikale Liberalisierung, die den *Bias* gegen den Exportsektor beseitigte. Das Resultat waren kontinuierlich steigende Exporte ab 1974. In der Zeit der wirtschaftspolitischen Umorientierung von 1974 bis 1981 konnte trotz einer schweren Rezession im Jahre 1975 neben den außerordentlichen Exporterfolgen ein durchschnittliches Wirtschaftswachstum von 3.6% und ein Wachstum des Nicht-Exportsektors von 2.4% realisiert werden.

- Infolge der Schuldenkrise von 1982 kam es in den Jahren 1982 und 1983 zu einem tiefen Einbruch bei den Wachstumsraten des BIPs und des Nicht-Export-BIPs. Dennoch konnte in dieser Phase, die mit den demokratischen Präsidentschaftswahlen vom 14. Dezember 1989 endet, noch ein durchschnittliches Wirtschaftswachstum von 2.8% und ein "Nicht-Export-BIP-Wachstum" von 1.7% verzeichnet werden. Die Exporte stiegen mit einer durchschnittlichen Wachstumsrate von 8%.

- In der Periode von 1990 bis 1998 korrespondierte ein kräftiges Wirtschaftswachstum von durchschnittlich etwa 7.2% sowie ein hohes Wachstum des BIPs ohne die Exporte von durchschnittlich 6.3% mit einem entsprechend starken Exportwachstum von ca. 9.9%. Diese Wachstumsphase kann mit der Rückkehr zur Demokratie nach der Militärregierung assoziiert werden. Die demokratisch gewählte Regierung Aylwin iniziierte bis auf die Durchführung sozialer Reformen allerdings keinen grundlegenden Richtungswechsel der Wirtschaftspolitik.

- Schließlich ist in der Periode 1999-2001 ein deutlicher Rückgang des Wachstums zu diagnostizieren. Für das durchschnittliche Wachstum des BIP ergab sich bei einem stagnierenden Nicht-Export-BIP ein Wert von 2%. Auch das starke Exportwachstum der Vorperioden konnte nicht gehalten werden. Das Exportwachstum belief sich im Jahresdurchschnitt auf 7.9%.

Die aufgeführten Fakten signalisieren eine kausale Beziehung zwischen Export- und Wirtschaftswachstum in Chile. Die These, wonach das hohe Wirtschaftswachstum (insbesondere der zweiten Hälfte der achtziger Jahre) vom Export induziert ist, wird durch die Zeitreihenanalysen von AGOSIN (1999), GARCÍA/MELLER/REPETO (1996) und FIGUERO/LETELIER (1994) bestätigt: AGOSIN und FIGUERO/LETELIER finden einen signifikant positiven Zusammenhang zwischen der Höhe der Ausfuhr und der Höhe des chilenischen Bruttoinlandsprodukts. In der ökonometrischen Untersuchung von GARCÍA/MELLER/REPETO ist die Exportexpansion positiv mit dem Wachstum des Bruttoinlandsprodukts abzüglich der Exportkomponente korreliert.[4]

---

4 Angemerkt sei, dass die Kointegrationsanalysen von FIGUERO/LETELIER (1994) und AGOSIN (1999) eine Evidenz für das Vorliegen eines Granger-kausalen Einflusses vom Export auf die Höhe der chilenischen Inlandsproduktion erbringen. Die von GARCÍA/MELLER/REPETO (1996) gemessene Korrelation sagt streng ge-

**Tabelle 2.1 Wachstum des BIP, des Nicht-Export-BIP und der Exporte (Jahresdurchschnitt in %)**

| | Wachstum des BIP | Exportwachstum | Wachstum des BIP ohne Exporte |
|---|---|---|---|
| 1960-1970 | 4.3 | 3.6 | 4.3 |
| 1971-1973 | 0.7 | -3.8 | 1.2 |
| 1974-1981 | 3.6 | 14.5 | 2.4 |
| 1982-1989 | 2.8 | 8.0 | 1.7 |
| 1990-1998 | 7.2 | 9.9 | 6.3 |
| 1999-2001 | 2.0 | 7.9 | 0.0 |

Quelle: BANCO CENTRAL DE CHILE, eigene Berechnungen. Anmerkung: Die Berechnung erfolgte auf Basis realer Größen (in Preisen des Jahres 1996). Die Ergebnisse der Berechnungen stimmen bis auf geringfügige Abweichungen mit denen von FFRENCH-DAVIS (2002: S. 157) überein.

Der von AGOSIN und FIGUERO/LETELIER nachgewiesene Zusammenhang zwischen Exportsteigerung und BIP-Wachstum ergibt sich allerdings quasi automatisch durch die Einkommensidentität der Exporterlöse (SILIVERSTOVS/HERZER 2005). Gemäß der Verwendungsgleichung der Bruttoinlandsproduktes sind Exporterlöse eine Komponente des volkswirtschaftlichen Einkommens. Insofern muss sich das BIP *ceteris paribus* erhöhen, wenn die Exporte größer werden. Die Studie von GARCÍA/MELLER/REPETO lässt hingegen vermuten, dass die Bedeutung der Exporte für die chilenische Wirtschaftsentwicklung über den Erlöseffekt hinausgeht.

Die genannten Autoren eliminieren den Einkommenseffekt der Exporterlöse. Zur Untersuchung exportinduzierter Wachstumseffekte legen sie anstelle des Bruttoinlandsprodukts das BIP abzüglich der Exportkomponente zugrunde. Dabei zeigt sich ein statistisch signifikant positiver Zusammenhang zwischen Exportexpansion und Erhöhung des Nicht-Export-BIPs. Diese positive Korrelation zwischen Export und Nicht-Export-BIP wird in ökonometrischen Studien, in denen die Beziehung zwischen Exportexpansion und Wirtschaftswachstum in einem produktionstheoretischen Kontext analysiert wird, als Indiz für exportinduzierte Produktivitätszuwächse gewertet (z.B. *Learning-by-Doing-*, *Learning-by-Exporting*-Effekte).[5] Nach Ansicht von GARCÍA/MELLER/REPETO lässt sich die positive Korrelation zwischen der Exportexpansion und dem Nicht-Export-BIP auch auf positive Externalitäten zurückführen, die vom Exportsektor auf den Nicht-Exportsektor ausgehen.

---

nommen nichts über die Richtung der Kausalität aus. Auf das soeben erwähnte Konzept der Granger-Kausalität wird in Abschnitt 3.4.3 noch ausführlich zurückzukommen sein.

5 Vgl. dazu beispielsweise die Studie von GHATAK/MILNER/UKTULU (1997) oder SILIVERSTOVS/HERZER (2005).

Insgesamt wird man sagen können, dass die anhaltend kräftige Exportexpansion über den Einkommenseffekt der Exporterlöse eine beträchtliche Steigerung des Volkseinkommens herbeigeführt hat. Darüber hinaus dürfte der Export auch über mutmaßlich produktive sowie externe Effekte die chilenische Wirtschaftsentwicklung stimuliert haben. Folglich kann der Export als eine der entscheidenden Triebkräfte der chilenischen Wirtschaftsentwicklung angesehen werden.

Allerdings verdeckt der Focus auf die Gesamtausfuhr den Blick auf die Exportstruktur und ihre Veränderung im Zeitablauf. Da eine Veränderung der Exportstruktur (entsprechend den Überlegungen des Kapitels 1) starke Effekte für die wirtschaftliche Entwicklung erzeugen dürfte, ist eine differenzierte Beurteilung des exportorientierten Wachstumsmusters nicht ohne eine Analyse der Exportstruktur möglich. Die Analyse der chilenischen Exportstruktur ist Gegenstand des folgenden Abschnitts.

### 2.2.2 Strukturelle Veränderung bei den Exporten: Die vertikale Exportdiversifizierung in Chile

Betrachtet man die chilenische Exportstruktur im Zeitablauf, dann kann man folgendes feststellen (Abbildung 2.2). Der Bergbau dominiert im Jahre 1960 den Güterexport mit annähernd 90%. Dagegen beläuft sich der Bergbauanteil am Güterexport im Jahre 2001 nur noch auf etwa 43%. Folglich ist der Bergbauanteil am Güterexport zwischen 1960 und 2001 deutlich gesunken. Für die Verdrängung der Bergbauexporte aus dem Exportsortiment ist einmal die überproprtionale Steigerung der Agrargüterausfuhr verantwortlich (bestehend aus Obst-, Forst-, Fisch-, und Landwirtschaft). Sie äußert sich in einem leicht steigenden Anteil agrarischer Rohstoffe am Güterexport von etwa 5% auf 10%. Hauptsächlich ist der Bedeutungsverlust des Bergbauexports auf die dynamischen Entwicklung der Industriegüterausfuhr zurückzuführen. Zwischen 1960 und 2001 erhöhte sich die Industriegüterquote am Güterexport von etwa 8% (1960) auf 47% (2001);[6] der Anteil des Industriegüterexports am Güter- *und* Diensleistungsexport stieg im Beobachtungszeitraum trendmäßig von etwa 7.4% (1960) auf 36% (2001). Dagegen haben sich die Dienstleistungsexporte im Zeitraum von 1960 bis 2001 anteilsmäßig nicht wesentlich verändert: Zwischen 1960 und 1977 schwanken sie um einen konstanten Mittelwert von etwa 12%. Seit 1987 entfallen jährlich ca. 17% der gesamten Exporteinnahmen auf Dienst-

6 Die Chilenische Zentralbank unterscheidet zwischen Industriegüter-, Bergbau- und Agrarexporten gemäß der "*International Standard Industrial Classification*" (ISIC) der Vereinten Nationen. Sowohl die Weltbank als auch die UNO wählen für die Unterscheidung zwischen Industriegüter-, Bergbau- und Agrarexporte eine Vorgehensweise, die auf der „Standard International Trade Classification (SITC)“ der Vereinten Nationen basiert. Je nach Vorgehensweise ergeben sich Unterschiede hinsichtlich der Absolutwerte sowie der Anteile der jeweiligen Güterkategorien am Gesamtexport.

leistungen, deren Hauptbestandteile (2001) Transport- (ca. 43%) und Reiseverkehrsleistungen (ca. 22%) sind.

**Abbildung 2.2 Wandel der Exportstruktur (Anteile der Hauptexportsektoren am Güterexport in %)**

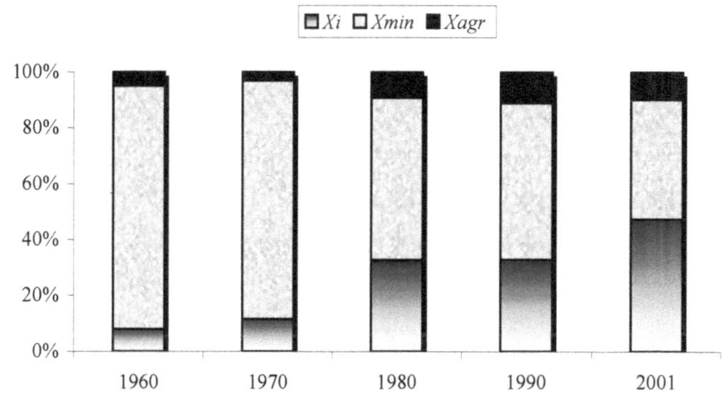


Anmerkung: *Xi*=Industriegüterexporte; *Xmin*=Bergbauexporte; *Xagr*=Exporte des Agrarsektors; Quelle: BANCO CENTRAL DE CHILE, eigene Berechnungen (Für eine ausführliche Beschreibung der Originaldaten und deren Berechnung, siehe Anhang)

Das wichtigste chilenische Exportprodukt ist Kupfer. Chile besitzt die weltweit größten Kupfervorkommen und nimmt im Kupferexport vor den USA den ersten Rang ein.[7] Allerdings ging der Anteil des Kupfers an den gesamten Exporteinnahmen seit 1974 deutlich von etwa 70% auf etwa 30% (2001) zurück (vgl. Abbildung 2.3). Dabei schwankt der Kupferanteil am Export mineralischer Rohstoffe im Beobachtungszeitraum um einen konstanten Mittelwert von 84%. Somit kann der stetig sinkende Bergbauanteil am Gesamtexport mit dem Hinweis auf den Bedeutungsverlust der Kupferausfuhr erklärt werden. Bei weitgehend konstanter Dienstleistungsquote und einer geringfügig steigenden Agrargüterquote am Gesamtexport sind für den Wandel der chilenischen Exportstrukur daher im wesentlichen zwei Phänomene charakteristisch (ALVAREZ/CRESPI 2000: S. 228):

1. der schrumpfende Anteil des Kupfers am Gesamtexport und
2. die vertikale Exportdiversifizierung in Richtung einer stärker vom Industriegüterexport beherrschten Exportstruktur (vgl. Abbildung 2.3).[8]

7 Vgl. dazu auch SPILIMBERGO (1999).

8 Die Exportdiversifizierung Chiles manifestiert sich außerdem in einer Aufnahme zusätzlicher Exportsektoren (vgl. Abschnitt 5.2) sowie in einer kontinuierlichen Erschließung nicht traditioneller Absatzgebiete (vgl. Abschnitt 4.2). Diese Dimen-

**Abbildung 2.3 Industriegüteranteil und Kupferanteil am Gesamtexport, 1960-2001**

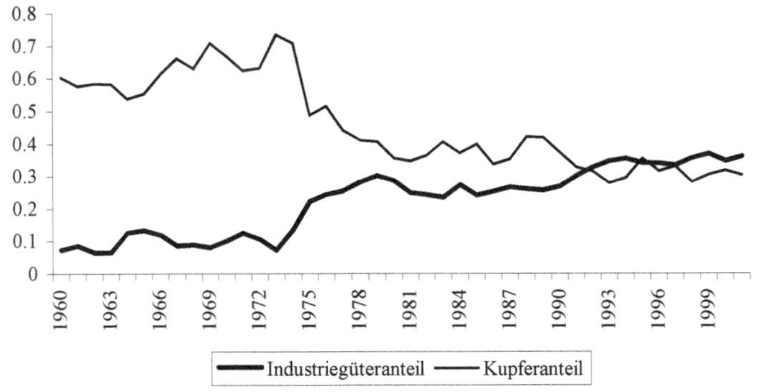


Anmerkung: Berechnet auf Basis von Pesos des Jahres 1996; Quelle: BANCO CENTRAL DE CHILE, eigene Berechnungen (Für eine ausführliche Beschreibung der Originaldaten und deren Berechnung, siehe Anhang)

Die soeben beschriebene Diversifizierung der Ausfuhr entwickelte sich gemäß dem komparativen Vorteil, auf Basis von Ricardo- und Heckscher-Ohlin-Gütern.[9] Dementsprechend werden vorwiegend ressourcenbasierte und arbeitsintensive Industriegüter wie Nahrungs- und Genussmittel, Holz- Forst- und Papierprodukte, sowie chemische Grundstoffe und veredelte Rohmaterialien ausgeführt. Im Jahre 2001 liegt der Anteil der Nahrungs- und Genussmitteln am Industriegüterexport bei ca. 40%; Holz- Forst- und Papierprodukte machen etwa 29% der industriellen Ausfuhr aus und chemische Grundstoffe sowie veredelte Erzeugnisse haben einen Anteil am Industriegüterexport von rund 18%.[10]

Dementsprechend spielen nicht-ressourcennahe Branchen wie Maschinen, Automobile, elektronische und elektrotechnische Geräte eine untergeordnete Rolle: Der Anteil der nicht-ressourcenbasierten Branchen am gesamten Industriegüterexport nahm im Zeitraum von 1960 bis 2001 lediglich von etwa 3,8% auf rund 7% zu. Insofern verdecken die ressourcen- und arbeitsintensiven Industrien den marginalen Anteil der nicht-ressourcenbasierten Exporte am Industriegüterexport (vgl. Abbildung 2.4).

---

sionen der chilenischen Exportdiversifizierung werden hier zunächst ausgeblendet.

9 Vgl. dazu auch ALVAREZ/FUENTES (2003).

10 Eine Analyse der Exportkonzentration im chilenischen Industriesektor findet sich in Abschnitt 5.3.4.

**Abbildung 2.4 Der Anteil nicht-ressourcenbasierter Exporte am Industriegüterexport**

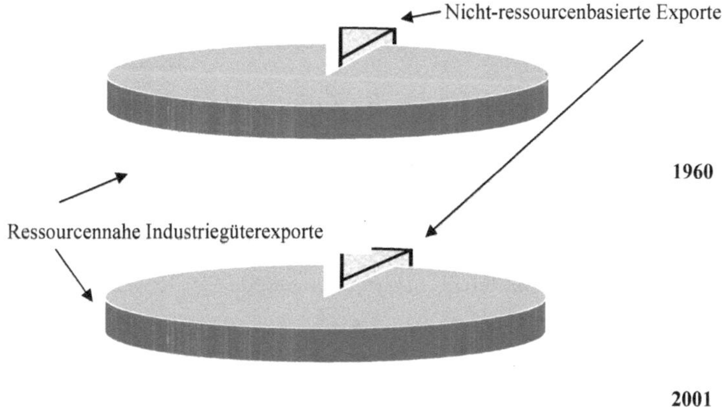


Anmerkung: Die ressourcen- und arbeitsintensiven Industriegüterexporte sind das Aggregat aus Nahrungsmittel- Getränke-, Tabak-, Textil-, Holz-, Papier- und Chemischer Industrie sowie mineralischen Grundstoffen. Die nicht-ressourcenbasierten Industriegüterexporte setzen sich zusammen aus Maschinen, Ausrüstungsgütern, Erzeugnissen aus Metall (mit höherem Verarbeitungsgrad), elektronischen und elektrotechnischen Geräten sowie Kontrollinstrumenten. Die nicht-ressourcenbasierten Industriegüter mit höherem Verarbeitungsgrad sind der Kategorie 38 der ISIC (Rev.2) zuzuordnen. Die als „ressourcebasiert" eingestuften Güter (mit geringerem Verarbeitungsgrad) werden hier definiert als alle Güter, die dem Code 3 (Industriegüter) der ISIC ohne die Kategorie 38 zuzuordnen sind; Berechnet auf Basis von Pesos des Jahres 1996; Quelle: BANCO CENTRAL DE CHILE, eigene Berechnungen.

Betont sei an dieser Stelle, dass viele dieser ressourcennahen Sektoren gemäß den Fallstudien von PEREZ-ALEMAN (2000), FISCHER (2001) und DE FERRANTI et al. (2002) nicht - wie häufig angenommen - als *low tec* einzustufen sind. Oftmals erfordern sie modernste Produktionstechnologien, effiziente Organisations- und Managementpraktiken sowie das entsprechende technologische *Know-How*. Darauf wird in Abschnitt 5.4 noch zurückzukommen sein.

Fasst man die bisherigen Ausführungen zusammen, dann ergibt sich als Ergebnis,
- dass das starke chilenische Exportwachstum mit einer Diversifizierung der anfangs stark auf Kupfer konzentrierten Exportstruktur in eine zunehmend vom Industriegüterexport beherrschten Exportstruktur einherging,
- wobei die industrielle Exportproduktion als ausgesprochen ressourcennah bzw. ressourcenbasiert einzustufen ist.

Angesichts des Ausmaßes und der Kontinuität dieses Prozesses stellt sich unmittelbar die Frage nach seinen Effekten auf die chilenische Wirtschaftsentwicklung. Diese Frage ist Gegenstand der folgenden Abschnitte.

## 2.3 Die Effekte der vertikalen Exportdiversifizierung

In Abschnitt 2.3.1 geht es um den Abbau wachstumshemmender Instabilitäten durch Stabilisierung von Exporterlösen. In Abschnitt 2.3.2 werden Produktivitätszuwächse infolge von *Learning-by-doing*-Effekten, internen *Economies of Scale* und pekuniären Externalitäten (*Linkages*) behandelt.[11] Der Abschnitt 2.3.3 fasst die Ergebnisse zusammen.

### 2.3.1 Exporterlösinstabilität und vertikale Exportdiversifizierung

In der Diskussion der chilenischen Exportdiversifizierung muss man zunächst auf das Problem schwankender Exporterlöse eingehen. Aus Kapitel 1 (Abschnitt 1.1.2.2) ist bekannt, dass sich durch extrem schwankende Exporterlöse negative Auswirkungen auf den Entwicklungsprozesse ergeben können. Die Verlangsamung des Wachstumstempos ergibt sich bei einer entsprechend großen Exportquote am BIP im Vergleich zur Situation stabiler Exporterlöse, wobei bei der Verlangsamung des Wachstumstempos mehrere Faktoren eine Rolle spielen können. Sie seien hier noch einmal zusammengefasst:

- Bei einer hohen Abhängigkeit der Staatsfinanzen vom Exportsektor induziert Erlösinstabilität eine hohe Instabilität der Steuereinnahmen, wodurch die Bereitstellung staatlicher Leistungen bedroht ist.
- Existieren Zahlungsbilanzschwierigkeiten, so führen heftige Erlösschwankungen außerdem zu temporären Devisenengpässen damit zu einer Begrenzung der Importkapazität.
- Desweiteren wird durch Erlösschwankungen eine Vorausschätzung von Investitionserträgen ungewiss, so dass die Gefahr einer Verringerung der Investitionsneigung sowie der Fehlallokation von Investitionsmitteln besteht.
- Werden schließlich Ausgleichslager zur Kompensation von Erlösschwankungen angelegt, so werden knappe Ressoucen (wie beispielsweise Humankapital) gebunden. Hieraus entsteht wiederum ein Verzicht auf alternative, wachstumsfördernde Verwendungen.

Im Vergleich zur Situation stabiler Exporterlöse können schwankende Exporterlöse daher wachstumshemmende Instabilitäten zur Folge haben. Tatsächlich spricht der empirische Befund dafür, dass die Exporterlöse Chiles extremen Schwankungen unterworfen waren bzw. unterworfen sind (vgl. Tabelle 2.2).

11 Der dritte Aspekt, wonach eine vertikale Exportdiversifizierung möglicherweise zu *Terms of Trade*-Verbesserungen führt, wird in Kapitel 3 erörtert.

**Tabelle 2.2 Indizes für die chilenische Exportinstabilität im lateinamerikanischen Vergleich; (ausgewählte Primärgüterexporteure)**

| | Guatemala | Costa Rica | Honduras | El Salvador | Chile |
|---|---|---|---|---|---|
| 1974-1995 | 0.22 | 0.16 | 0.25 | 0.28 | 0.24 |
| 1974-1984 | 0.21 | 0.18 | 0.21 | 0.32 | 0.28 |
| 1985-1995 | 0.16 | 0.05 | 0.10 | 0.23 | 0.18 |

Quelle: Erlösinstabilität in Guatemala, Costa Rica, Honduras, El Salvador: STANLEY/BUNNAG (2001: S. 1374), Erlösinstabilität in Chile: BANCO CENTRAL DE CHILE, eigene Berechnungen

Anmerkung: Die Erlösinstabilität in Chile wurde auf Basis der unten angegebenen Gleichung berechnet (Gleichung (2.1)). Dem Vorgehen von STANLEY/BUNNAG (2001) folgend wurde ein exponentieller Trend zugrundegelegt.

Aus Tabelle 2.2 geht hervor, dass die Intensität der chilenischen Erlösfluktuationen um ihren langfristigen Erlöstrend im Vergleich mit anderen primärgüterexportierenden Ländern Lateinamerikas überdurchschnittlich hoch war. Der Index für die chilenischen Exporterlösschwankungen lag in der Periode von 1974 bis 1995 über den Werten der Länder Guatemala und Costa Rica. In den kürzeren Zeiträumen 1974 bis 1984 und 1985 bis 1995 überstieg die Intensität der chilenischen Erlösfluktuationen sogar die ausgewiesenen Werte für die Erlösschwankungen der Länder Guatemala, Costa Rica und Honduras.

Diese hohe Schwankungsintensität der chilenischen Gesamtausfuhr ist auf die zyklischen Abweichungen der Kupfer- und Agrargüterexporte von ihren Trend zurückzuführen. Dies ist in Abbildung 2.5 dokumentiert.

Abbildung 2.5 zeigt die Entwicklung der (realen) Industriegüter-, Kupfer- und Agrargüterexporte sowie deren jeweilige Trendentwicklung bzw. deren Abweichungen von ihrer jeweiligen Trendentwicklung. Anhand von Abbildung 2.5 lässt sich leicht diagnostizieren, dass die zyklischen Erlösfluktuationen bei Kupfer und bei agrarischen Rohstoffen deutlich stärker sind, als bei industriellen Erzeugnissen.

Zur Illustrierung dieses Sachverhalts sind auch die Indizes für die partiellen Erlösfluktuationen entsprechend STANLEY/BUNNAG (2001) gemäß Formel

$$\textit{Index für Erlösfluktuationen} = \left[ \sum_{1}^{t} ((R - Rtrend) / Rtrend)^2 / t \right]^{1/2} \qquad (2.1)$$

berechnet worden, wobei *R* die in den Jahren 1 bis *t* realisierten Exporterlöse bezeichnet und *Rtrend* die auf Basis einer Trendschätzung resultierenden Exporterlöse repräsentiert.[12] Die Ergebnisse der Berechnungen für die Zeiträume 1982 bis 2001 und 1991 bis 2001 sind in Tabelle 2.3 aufgeführt.

**Tabelle 2.3 Indizes für die Exporterlösinstabilität**

| | Industriegüter | Agrargüter | Kupfer | Gesamtausfuhr |
|---|---|---|---|---|
| 1982-2001 | 0.066 | 0.276 | 0.270 | 0.171 |
| 1991-2001 | 0.028 | 0.203 | 0.275 | 0.134 |

Quelle: BANCO CENTRAL DE CHILE, eigene Berechnungen gemäß Gleichung (2.1). Die Berechnung erfolge auf Basis von Preisen des Jahres 1996

Sie dokumentieren erheblich stärkere Erlösfluktuationen beim Export agrarischer Rohstoffe und beim Kupferexport als beim Industriegüterexport.[13] Bei der Beurteilung der Erlösinstabilität anhand der in Tabelle 2.3 ausgewiesenen Werte muss man zudem die starke Abhängigkeit der chilenischen Volkswirtschaft vom Kupferexport berücksichtigen. Aufgrund einer Kupferexportquote am BIP von rund 10% im Jahre 2001 ist die potenzielle Beeinträchtigung der Entwicklungsmöglichkeiten durch Schwankungen beim Kupferexport besonders stark. Die potenzielle Gefährdung des Wachstumsprozesses durch zyklische Erlösschwankungen beim Export agrarischer Rohstoffe ist angesichts einer Agrargüterexportquote am BIP von rund 2% im Jahre 2001 als etwas geringer einzustufen - obwohl gemäß Tabelle 2.3 in der Periode von 1982 bis 2001 die Erlöse aus dem Export agrarischer Rohstoffe stärker schwanken als die Erlöse aus dem Kupferexport.

Als Ursache für die starken Erlösschwankungen beim Kupferexport sind die Preisausschläge auf dem internationalen Kupfermarkt sowie die niedrige Preiselastizität des Kupferangebots zu nennen. Vergleicht man anhand von Abbildung 2.6 die Kupferpreisentwicklung mit den (absoluten) Abweichungen der Kupferexporterlöse von ihrem geschätzten Trend, dann fällt auf, dass starke Preisänderungen mit gleichgerichteten starken Erlösschwankungen korrespondieren. Im Jahre 1989 ergibt sich beispielsweise als Konsequenz der günstigen Kupferpreisentwicklung eine positive Abweichung vom Erlöstrend. In Anbetracht fallender Kupferpreise reagieren die Erlöse aus dem Kupferexport im Jahre 1993 sofort mit einer negativen Abeichung von ihren Trend. Offensichtlich sind auf der Angebotsseite kurzfristige Mengenanpassungen an Preisänderungen

12 Zur Modellierung der jeweiligen Trends wurde BLATTMAN/HWANG/WILLIAMSON (2004) folgend der Hodrik-Prescott-Filter verwendet. Dieses Verfahren zur Trendmodellierung hat sich in der vorliegenden Analyse als besser geeignet erwiesen, als die Schätzung von exponentiellen Trends.

13 Erlösfluktuationen sind auf Basis von Jahresdaten berechnet worden, weil Quartalsdaten zu den einzelnen Exportsektoren nicht vorliegen. Unter Berücksichtigung von Quartalsdaten, welche zusätzlich die konjunkturellen Schwankungen abbilden, sind bei Agrargütern und Kupfer nach Ansicht des Autors noch höhere Indizes für die partiellen Erlösfluktuationen zu erwarten.

schwer möglich. Schwankungen der Kupferpreise führen daher zu heftigen Schwankungen der Erlöse.

**Abbildung 2.5 reale Industriegüter-, Kupfer- und Agrargüterexporte und ihr zugrundeliegender Trend; 1960 bis 2001**

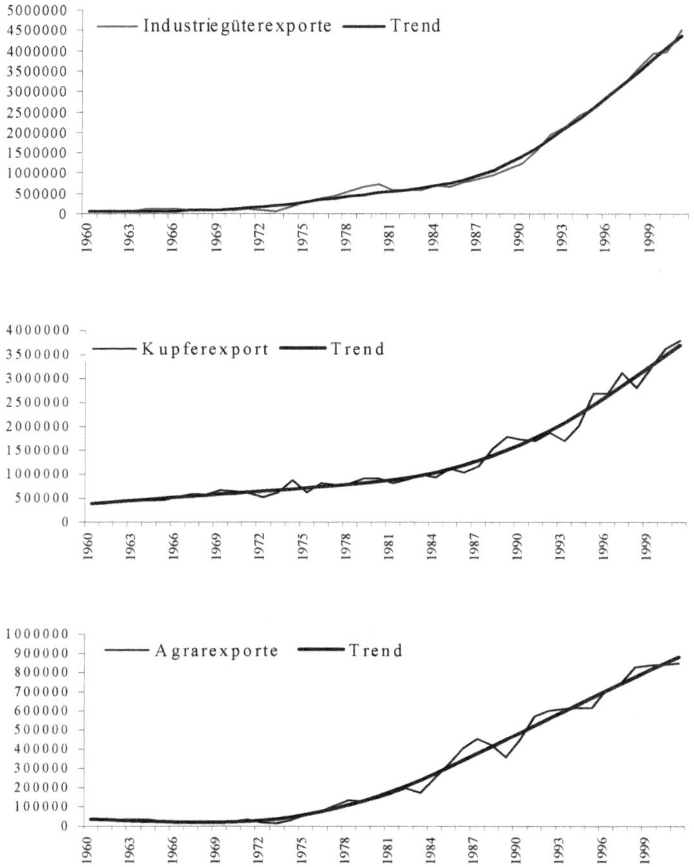


Anmerkung: Die Exporte lauten auf Millionen Pesos des Jahres 1996. Die Eliminierung der Erlösschwankungen aus den Zeitreihen bzw. die Bestimmung der jeweiligen Trends erfolgte mit Hilfe des Hodrik-Prescott-Filters.
Quelle: Industriegüter- Agrargüter- und Kupferexporte: BANCO CENTRAL DE CHILE, eigene Berechnungen. (Für eine ausführliche Beschreibung der Originaldaten und deren Berechnung, siehe Anhang)

**Abbildung 2.6 Kupferpreisentwicklung und absolute Abweichungen der Kupferexporte von ihrem Trend**

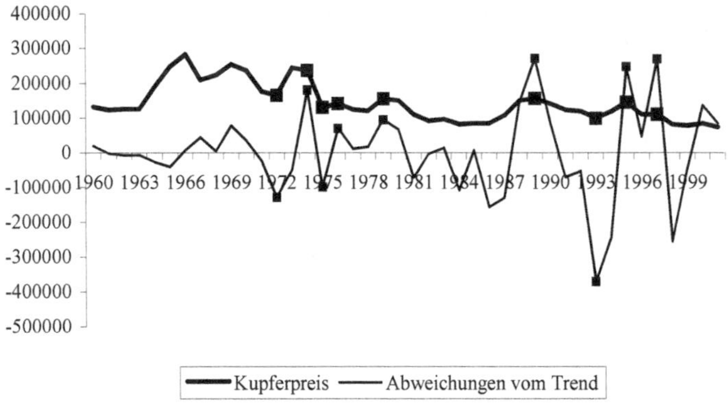


Anmerkung: Der reale Kupferpreis lautet auf US-Cents des Jahres 2000 (2000=100) multipliziert mit 1000. Die Abweichungen der Kupferexporte von ihren geschätzten Trend lauten auf Millionen Pesos des Jahres 1996. Sie sind durch Subtraktion der realen Kupferexporte von ihrem Trend berechnet worden (vgl. Abbildung 2.5).

Quelle: Kupferpreis: BANCO CENTRAL DE CHILE: *Indicadores Económicos y Sociales de Chile 1960-2000*; *Economic and Financial Report 2000-2003*. Reale Kupferexporte bzw. deren Abweichungen von Trend: BANCO CENTRAL DE CHILE, eigene Berechnungen.

Untersuchungen von SPILIMBERGO (1999) und ROMAGUERA/CONTRERAS (1995) zufolge, hatten sowohl die Kupferpreis- als auch die Kupfererlösentwicklung einen statistisch signifikanten Einfluss auf die Wirtschaftsentwicklung in Chile. SPILIMBERGO (1999) weist eine starke Abhängigkeit des chilenischen Wachstums- bzw. Konjunkturzyklus von der Kupferpreisententwicklung nach. In seiner Studie korrelieren Schwankungen in den Wachstumsraten des BIP sowie Schwankungen bei den Investitionen stark mit den Preisausschlägen bei Kupfer. Da Kupferpreisausschläge offensichtlich gleichgerichtete Erlösschwankungen implizieren, legt die Untersuchung von SPILIMBERGO den Schluss nahe, dass Erlösfluktuationen bei Kupfer wachstumshemmende Instabilitäten zur Folge hatten. Zu diesem Ergebnis kommen auch ROMAGUERA/CONTRERAS (1995).

ROMAGUERA/CONTRERAS (1995) zeigen in einer makroökonomischen Simulationsanalyse, dass der chilenische Wachstumsprozess in den letzten Dekaden nachhaltig durch schwankende Kupferexporterlöse beeinträchtigt wurde. ROMAGUERA/CONTRERAS (1995) erklären die negativen Auswirkungen schwankender Kupferexporterlöse mit einer temporären Verknappung des Devisenangebots sowie mit einer hohen Instabilität der Steuereinnahmen.

Die fiskalischen Einnahmen aus dem Kupferexport machten Ende der 80er Jahre noch bis zu 15% der gesamten chilenischen Staatseinnahmen aus.[14] Die negativen Abeichungen der Kupferexporterlöse von ihrem langfristigen Trendwert lagen zwischen 1960 und 2001 z.T. bei über 20%. Die Folge waren (unerwartete) Einnahmeausfälle von bis zu 3% der gesamten chilenischen Staatseinnahmen.[15] Diese Zahlen verdeutlichen, wie sehr die Planung und die Bereitstellung entwicklungsnotwendiger Staatsleistungen durch Erlösfluktuationen erschwert bzw. verhindert wurde.

Die hohe Instabilität der Staatsfinanzen zwang die Chilenische Regierung 1981 schließlich zur Einrichtung des *Fondo de Estabilización del Cobre*. Dem Stabilisierungsfond werden Mittel zugeführt, sobald sich das Staatsbudget infolge von Kupferpreissteigerungen erhöht. Sinkende Staatseinnahmen, bedingt durch Kupferpreiseinbrüche, werden durch Gelder aus dem Fond wieder ausgeglichen. Nach Ansicht von SPILIMBERGO (1999) konnte mit Hilfe des *Fondo del Estabilización del Cobre* die Anfälligkeit der Staatsfinanzen gegenüber der Kupferpreisentwicklung reduziert werden. Gleichwohl bindet die Bevorratung von Steuergeldern im Fond knappe Ressourcen. In der Situation stabiler Exporterlöse stünden diese für alternative, wachstumsorientierte Einsatzmöglichkeiten zur Verfügung.

Festzuhalten ist daher, dass Chile in seinen Entwicklungsmöglichkeiten durch zyklische Exporterlösschwankungen beeinträchtigt wurde (bzw. beeinträchtigt wird). Untersuchungen über den Einfluss von Gesamtexporterlösschwankungen auf das chilenische Wachstumstempo liegen zwar nicht vor. Gemäß den aufgeführten Fakten sowie der umfangreichen Studie von ROMAGUERA/CONTRERAS (1995) besteht aber eine empirische Evidenz für die Annahme wachstumshemmender Instabilitäten durch Kupfererlösfluktuationen. Wenn Kupfererlösfluktuationen das Wachstumstempo verlangsamen, dann kann man *uno actu* von einer Beeinträchtigung des Wachstums durch Gesamtexportschwankungen ausgehen. Vor diesem Hintergrund stellt sich die Frage nach den Effekten der vertikalen Exportdiversifizierung. Die Effekte der vertikalen Exportdiversifizierung lassen wie folgt erläutern.

Aus Abschnitt 2.2.2 ist bekannt, dass im Zuge der vertikalen Exportdiversifizierung Kupfer zunehmend durch den Export industrieller Erzeugnisse ersetzt wurde. Folglich ist die Abhängigkeit der chilenischen Volkswirtschaft vom Kupfer-

---

14 Die Kupferproduktion Chiles befindet sich in der Hand des staatlichen Kupferunternehmens CODELCO. Daher schlagen schwankende Kupferexporte direkt auf die Staatseinnahmen durch. Nach Angaben von ROMAGUERA/CONTRERAS (1995) beläuft sich der Anteil der fiskalischen Einnahmen aus der gesamten Kupferproduktion an den Chilenischen Staatseinnahmen auf bis zu 25% (im Jahre 1989).

15 Eigene Berechnungen auf Grundlage von Daten aus BANCO CENTRAL DE CHILE: *Indicadores Económicos y Sociales de Chile 1960-2000*.

export gesunken. Die Verringerung der Abhängigkeit der chilenischen Volkswirtschaft vom Kupferexport dürfte zu einer Reduzierung ihrer Anfälligkeit gegenüber Erlösschwankungen bei Kupfer geführt haben. Die Reduzierung der Anfälligkeit gegenüber Erlösschwankungen bei Kupfer dürfte sich wiederum in stabileren Gesamtexporterlösen äußern. Dies bedeutet, angesichts der deutlich geringen Schwankungsintensität der Industriegüterausfuhr müsste mit zunehmendem Industriegüteranteil am Gesamtexport die Schwankungsintensität der Gesamtausfuhr kontinuierlich gesunken sein.

Betrachtet man Abbildung 2.7, so findet man eine Bestätigung dieser Aussage. In Abbildung 2.7 sind die Indizes für die Instabilität der Gesamtausfuhr für die Zeiträume 1971-1976, 1976-1981, 1981-1991, 1991-1996 und 1996-2001 (anhand von Gleichung (2.1)) berechnet worden. Die aufgeführten Zahlen dokumentieren die kontinuierlich sinkende Schwankungsintensität der Gesamtexporte zwischen 1971 und 2001. Daraus kann man schlussfolgern:

**Abbildung 2.7 Erlösinstabilität der Gesamtausfuhr im Zeitablauf**

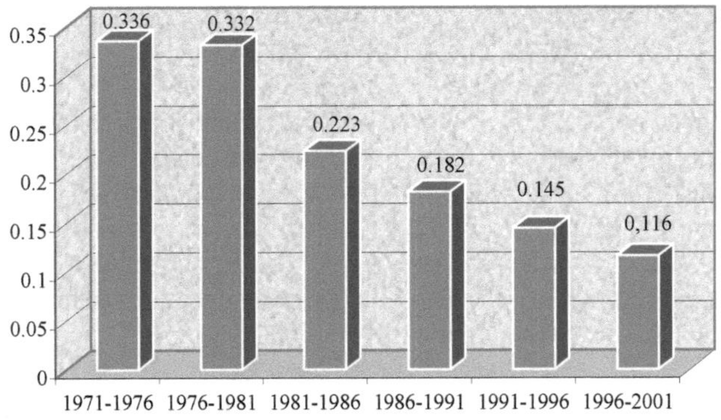


Quelle: BANCO CENTRAL DE CHILE, eigene Berechnungen gemäß der oben aufgeführten Gleichung (Gleichung 2.1); für die Modellierung des Erlöstrendrends wurde der Hodrick-Prescot-Filter zugrundegelegt; die Berechnung erfolgte auf Basis von Preisen des Jahres 1996.

Die vertikale Exportdiversifizierung hat zur Stabilisierung der Exporterlöse beigetragen.[16] Wenn man unterstellt, dass das chilenische Wachstumstempo durch stark schwankende Exporterlöse tendenziell verlangsamt wurde, dann hat sich die vertikale Exportdiversifizierung positiv auf das Wachstum ausgewirkt. Das hohe chilenische Wirtschaftswachstum kann man daher neben der Steigerung der Ausfuhr auch auf die Diversifizierung derselben zurückführen.

16 Vgl. dazu auch FFRENCH-DAVIS/SAEZ (1998: S. 259).

### 2.3.2 Produktivitätszuwächse und vertikale Exportdiversifizierung

Die bisher vorgetragene Erklärung für den positiven Einfluss der vertikalen Exportdiversifizierung auf die chilenische Wirtschaftsentwicklung hat sich auf den Stabilisierungsaspekt beschränkt. In diesem Abschnitt wird der Frage nachgegangen, ob die vertikale Exportdiversifizierung entsprechend den Hypothesen in 1.2.1.1

- zur Auslösung von *Learning-by-Doing*-Effekten,
- zur Realisierung von internen Skaleneffekten sowie
- zur Erzeugung von pekuniären externen Effekten (*Linkages*) geführt hat.

Da die Wachstumsmodelle von MATSUYAMA (1992) und SACHS/WARNER (1995) für Chile von hochgradiger Relevanz sind, baut die Beantwortung der Frage nach *Learning-by-Doing*-, Skalen- und *Linkage*-Effekten auf den wachstumstheoretischen Ansätzen der beiden genannten Autoren auf.

Folgt man den theoretischen Ansätzen von MATSUYAMA (1992) und SACHS/WARNER (1995), dann ist die Industriegüterproduktion durch dynamische Skalenerträge in Form von produktivitätsfördernen *Learning-by-Doing*-Externalitäten zu charakterisieren. Mit anderen Worten, jede einzelne Unternehmung im Industriesektor erzeugt ein Wissen als Nebenprodukt der Güterproduktion, wobei das erzeugte Wissen allen anderen Unternehmen im Industriesektor zur Verfügung steht. Dies impliziert eine *Increasing Returns*-Technologie im Industriesektor. Sind die übrigen Sektoren einer Volkswirtschaft durch *Diminishing Returns*-Technologien gekennzeichnet, dann fungiert langfristig allein der Industriesektor als Wachstumsmotor für die gesamte Volkswirtschaft. Ein Deindustrialisierungsprozess hat unter diesen Bedingungen einen Wachstumsrückgang zur Folge, insbesondere wenn vom verarbeitenden Sektor weitere positive externe Effekte in Form von *Linkage*s auf andere Bereiche der Volkswirtschaft ausgehen.

Im Zwei-Sektoren-Modell von MATSUYAMA (1992) kommt es in einem mit Boden relativ reichlich ausgestatteten Land nach der Handelsöffnung zu einem Deindustrialisierungsprozess, weil sich das betreffende Land aufgrund seines komparativen Vorteils auf die Landwirtschaft spezialisiert und agrarische Rohstoffe exportiert. Der Primärgüterexport wird folglich zum langfristigen Wachstumshindernis, da die exportinduzierte Reallokation der Ressourcen zum Agrarsektor eine Schrumpfung des wachstumsfördernden Industriesektors induziert.

Zu einer Schrumpfung des Industriesektors bei Spezialisierung auf den Primärgüterexport kommt es auch im *Dutch Disease*-Modell von SACHS/WARNER (1995). Darin lösen stark steigende Rohstoffpreise einen Exportboom natürlicher Ressourcen aus. Der mit den schnell steigenden Exporterlösen verbundene Einkommenseffekt lässt die Inlandsnachfrage nach nicht-handelbaren Gütern, deren Preise sowie ihre Produktion steigen. Die für die Produktion der *Nontradeables* benötigten Ressourcen werden aus dem handelbaren Industriesektor abgezogen. Desweiteren resultiert aus dem Exportboom eine Aufwertung des realen Wechselkurses, wodurch die internationale Wettbewerbsfähigkeit des Industriesektors geschwächt wird. Dies löst eine weitere Ressoucenumschichtung weg vom Industriesektor und damit einen Wachstumsrückgang aus. Für Chile folgt aus den theoretischen Modellen:

Weil Chile über Rohstoffvorkommen (Kupfer) und über günstige Boden- und Klimabedingungen für die Agrarproduktion verfügt, können aus der entsprechenden Spezialisierung auf Primärgüter und aus dem Export derselben negative Wachstumseffekte entstehen. Der Grund dafür ist die Schrumpfung des Industriesektors und die damit verbundenen Verringerung von *Linkage-* und *Learning-by-Doing*-Effekten. Der in Abschnitt 2.2.2 beschriebene Wandel von einer stark auf Kupfer konzentrierten Primärgüterexportstruktur in eine stärker vom Industriegüterexport beherrschten Exportstruktur dürfte den prognostizierten Deindustrialisierungstendezen jedoch entgegenwirkt haben, mit positiven Auswirkungen auf das Wachstum.

Aufgrund der außergewöhnlichen Steigerung der Industriegüterausfuhr ist daher zu vermuten, dass die im Modell hergeleiteten Wirkungen gerade *nicht* eingetreten sind. Dies würde bedeuten, dass in Chile
a) kein Fall von *Dutch Disease* vorliegt bzw. langfristig keine Ressourcenumschichtung weg vom Industriesektor stattgefunden hat und, dass
b) der Industriesektor (sogar) exportinduziert gewachsen ist.
Bei Vorliegen einer exportinduzierten Ausdehnung der Industriegüterproduktion sind hypothetisch außerdem
c) *Learning-by-Doing*-Effekte,
d) interne Skaleneffekte sowie
e) weitere positive externe Effekte in Form von *Linkages* zu erwarten.

a) *Dutch Disease*
Zur Bestätigung der ersten Vermutung (a) ist in Tabelle 2.4 das Beschäftigungswachstum im Industriesektor, im Bergbau, und das Wachstum der Gesamtzahl der Beschäftigten in Zeiten rapid steigender Kupferpreise berechnet worden.

Bei Vorliegen eines *Dutch-Disease*-Phänomens müsste in Folge schnell steigender Kupferexporte ein Abzug von Arbeitskräften vom Industriesektor zu diagnostizieren sein. Die empirischen Angaben in Tabelle 2.4 widerlegen jedoch die Hypothese einer Ressourcenumlenkung weg vom Industriesektor in Folge stark steigender Kupferpreise bzw. in Folge schnell steigender Erlöse aus dem Kupferexport:[17] Aus Tabelle 2.4 geht hervor, dass auch in Zeiten stark steigender

17 Im vorangegangenen Unterabschnitt wurde konstatiert, dass Kupferpreisschwankungen gleichgerichtete Erlösschwankungen bei Kupfer implizieren.

Kupferpreise die Beschäftigung im Industriesektor gewachsen ist. Zwischen 1987 und 1989 stieg die Zahl der Arbeiter im Industriesektor trotz der Kupferpreiserhöhung von etwa 40% sogar schneller als die Gesamtzahl der Beschäftigten und die Zahl der Arbeiter im Bergbau. Ein Abzug von Arbeitskräften aus dem Industriesektor liegt demnach nicht vor, auch nicht wenn man einen *Time Lag* von der Preissteigerung bis zur Ressourcenumlenkung unterstellt (vgl. Tabelle 2.5).[18] Folglich kann die Hypothese der Deindustrialisiernung durch boomende Kupferexporte nicht weiter aufrecht erhalten werden.[19] Dafür sprechen auch die folgenden Faktoren.

**Tabelle 2.4 Beschäftigungswachstum nach Sektoren in Zeiten stark steigender Kupferpreise**

| | Industriesektor | Bergbau | Gesamt | Wachstum der Kupferpreise |
|---|---|---|---|---|
| 1978-1979 | 1.5 % | 3.0% | 0.6 % | 29 % |
| 1987-1989 | 11.5 % | 5.4% | 5.4 % | 40 % |
| 1993-1995 | 0.3 % | 1.2% | 1.2 % | 20 % |

Quelle: BANCO CENTRAL DE CHILE: *Indicadores Económicos y Sociales de Chile 1960-1985, Indicadores Económicos y Sociales de Chile 1960-2000*; eigene Berechnungen; Die Berechnung der Veränderungsraten bei den Kupferpreisen erfolgte auf Basis realer Kupferpreise (US-Cents des Jahres 2000).

**Tabelle 2.5 Beschäftigungswachstum im Industriesektor in den Perioden nach positiven Kupferpreisausschlägen**

| 1979-1980 | 1989-1990 | 1995-1996 |
|---|---|---|
| 4.1% | 4.8% | 1.2% |

Quelle: BANCO CENTRAL DE CHILE: *Indicadores Económicos y Sociales de Chile 1960-1985, Indicadores Económicos y Sociales de Chile 1960-2000*; eigene Berechnungen.

18 Wie aus Tabelle 2.4 hervorgeht verminderte sich die industrielle Beschäftigung geringfügig in Relation zur Beschäftigung im Bergbau in den Perioden 1978-1979 und 1993 - 1995. Dagegen ist eine deutliche relative Erhöhung der Beschäftigung im Industriesektor in der Periode mit dem größten Wachstum der Kupferpreise, 1987-1989, zu diagnostizieren. Überblickt man also alle drei Perioden stark steigender Kupferpreise, so wird man auch nicht von einer *relativen* Verminderung der Beschäftigung im Industriesektor sprechen können.

19 MORANDÉ/QUIROZ (1996) konnten ebenfalls keine *Dutch Disease*-Phänomene in Chile diagnostizieren. Sie verweisen darauf, dass bei boomenden Kupferexporten mit der Ausweitung der Kupferproduktion auch die Nachfrage nach ausländischen Kapitalgütern steige. Aufgrund der Abhängigkeit der Kupferproduktion von importierten Kapitalgütern würde der Großteil der Erlöse aus dem Kupferexport nicht im Inland angelegt. Eine Aufwertung des Wechselkurses sei daher unwahrscheinlich.

Nach Angaben von ALVAREZ/FUENTES (2003) ist der Anteil des Industriesektor am BIP zwischen 1960 und 1999 recht konstant geblieben (vgl. Abbildung 2.8). Er liegt bei einem konstanten Mittelwert von 17%. Eine Ausnahme bildet lediglich der Zeitraum von 1975 bis 1985, in dem ALVAREZ/FUENTES (2003) einen Industriegüteranteil von durchschnittlich 15,4% messen. Zwischen 1986 und 1998 liegt der durchschnittliche Anteil des Industriesektors am chilenischen BIP jedoch wieder bei 17%.[20] Dies impliziert, dass der Industriesektor etwa mit der gleichen Rate gewachsen ist, wie die gesamte chilenische Volkswirtschaft. Folglich ist keine Schrumpfung, sondern ein Wachstum des Industriesektors zu diagnostizieren.[21]

Die folgenden empirischen Beobachtungen belegen, dass man dieses Wachstum - entsprechend der zweiten Vermutung (b) - auf die außerordentliche Steigerung der Industriegüterausfuhr und damit auf die vertikale Exportdiversifizierung zurückzuführen kann.

b) Exportinduziertes Wachstum des Industriesektors

Wie aus Abbildung 2.8 hervorgeht, hat die Industriegüterexportquote am BIP von etwa 0,7% im Jahre 1960 auf ca. 11% im Jahre 1999 zugenommen.

Bei einem Anteil des verarbeitenden Gewerbes am BIP von ca. 17% folgt daraus, dass 1999 etwa ein Drittel des industriellen Outputs für den Inlandsverbrauch produziert wird, während ca. zwei Drittel für den Export bestimmt sind. Darin spiegelt sich die Bedeutung der Industriegüterexporte für das Wachstum des chilenischen Industriesektors wider. Die Steigerung des industriellen Outputs ist demnach in hohem Maße exportinduziert. Diese exportinduzierte Expansion des Industriesektors dürfte entsprechend den Ansätzen von

20 Nach Angaben von ALVAREZ/FUENTES (2003) unterscheiden sich je nach den in der volkswirtschaftlichen Gesamtrechnung zugrundeliegenden Basispreisen die Industriegüteranteile. In Preisen des Jahres 1977 beläuft sich das Industrie/BIP-Verhältnis des Jahres 1985 beispielsweise auf etwa 20.4 %, während es in Preisen des Jahres 1986 nur ca. 15% ausmacht. Dabei liegt offenbar keine konsistente Zeitreihe für den Gesamtzeitraum 1960 bis 1999 vor: Anteile in 77er Basispreisen werden von der chilenischen Zentralbank für die Jahre 1960 bis 1985 berichtet und Anteile in 86er Basispreisen werden ab 1985 berichtet. Um die Entwicklung des Industriegüteranteils im Zeitablauf darzustellen, extrapolieren ALVAREZ/FUENTES (2003) den 86er Industriegüteranteil für die Periode 1960 bis 1985 um 5.4%. Dementsprechend basieren die Anteile auf Preisen des Jahres 1986.

21 Der Index der Produktionsleistung des Industriesektors wächst zwischen 1986 und 2000 jahresdurchschnittlich um 8,8 % und damit sogar deutlich schneller als das chilenische BIP. Das BIP steigt in dieser Periode durchschnittlich um 6,6%. (BANCO CENTRAL DE CHILE: Indicadores Económicos y Sociales de Chile 1960-2000; eigene Berechnungen).

MATSUYAMA (1992) und SACHS/WARNER (1995) wiederum produktivitätsfördernde *Learning-by-Doing*-Effekte ausgelöst haben.

**Abbildung 2.8 Anteil des Industriesektors und -exports am BIP, 1960-1999 (in %)**

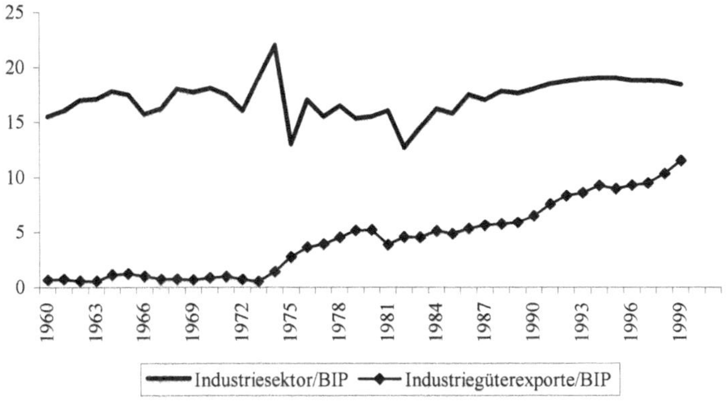


Quelle: Industriegüteranteil am BIP: ALVAREZ/FUENTES (2003: S. 10); Industriegüterexport im Verhältnis zum BIP: eigene Berechnungen auf Basis von Daten der BANCO CENTRAL DE CHILE (in Preisen des Jahres 1996).

c) *Learning-by-Doing*

Da der Faktor Arbeit durch *Learning-by-Doing* produktiver wird, sollte bei Zunahme von dynamischen Lerneffekten eine empirische Evidenz für ein kontinuierliches Wachstum des Industrieoutputs pro Industriebeschäftigten vorliegen. In der Tat zeigt Abbildung 2.9, dass die Produktionsleistung je Erwerbstätigen im Industriesektor zwischen 1986 und 2000 trendmäßig anstieg. Im Jahre 2000 hat sich die (durch die Produktionsleistung je Erwerbstätigen gemessene) Arbeitsproduktivität im Vergleich zum Jahre 1986 fast verdoppelt.[22] Bei einem Wachstum der industriellen Produktionsleistung von 8,8% lag die jahresdurchschnittliche Steigerungsrate der Arbeitsproduktivität etwa bei 5,7%.

Dieses Wachstum ließe sich produktionstheoretisch (auch) auf einen relativ geringeren Arbeitseinsatz bzw. auf eine Erhöhung der Kapitalintensität zurückführen. Die durchschnittliche Wachstumsrate der Industriebeschäftigung war jedoch beachtlich. Sie lag zwischen 1986 und 2000 im Jahresdurchschnitt bei ca. 3,2%.

22 Verschiedene Autoren verweisen auf stets hohe Zuwachsraten bei der Arbeits- und der totalen Faktorproduktivität im chilenischen Industriesektor. Ein Überblick über empirische Studien zur Produktivitätsentwicklung und den möglichen Einflussfaktoren auf die Produktivitätsentwicklung in Chile findet sich in ALVAREZ/FUENTES (2003).

Vor diesem Hintergrund scheint die Begründung des Anstiegs der Arbeitsproduktivität ausschließlich mit dem Hinweis auf (mutmaßlich) massive Sachkapitalinvestitionen wenig überzeugend.[23] Eine der (vielen) theoretischen Erklärungen für den positiven Trend bei der Arbeitsproduktivität kann daher in der Auslösung exportinduzierter *Learning-by-Doing*-Effekte bestehen. Zusätzliche Begründungen ergeben sich aus potentiellen *Learning-by-Exporting*-Effekten: Denkbar wäre, dass der Export über den Kontakt zu ausländischen Abnehmer- und Konkurrenzfirmen ein Wissen über effizientere Produktions-, Arbeitsorganisations- und Managementprozesse generiert und so die Produktivität im Industriesektor erhöht hat.[24] RICARDO FFRENCH-DAVIS (2002: S. 157) ist in diesem Zusammenhang der Ansicht, dass diese (durch dynamische Lerneffekte ausgelösten) Produktivitätszuwächse über *Spillover*-Effekte auch der gesamten chilenischen Volkswirtschaft zugute kommen.

**Abbildung 2.9 Entwicklung der Arbeitsproduktivität im Industriesektor**

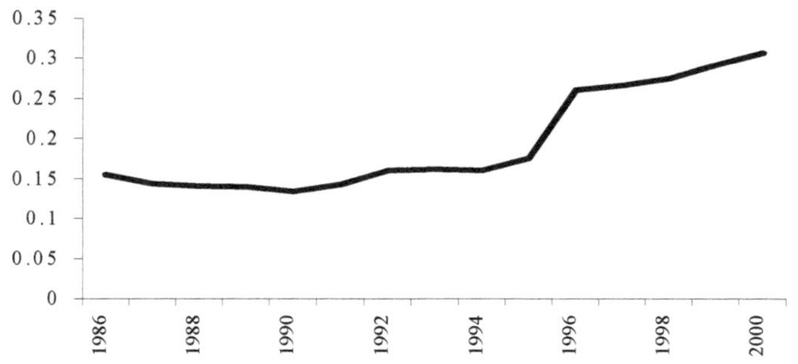


Quelle: BANCO CENTRAL DE CHILE: *Indicadores Económicos y Sociales de Chile 1960-2000*; eigene Berechnungen: Arbeitsproduktivität = (preisbereinigter) Produktionsindex (1990=100) / Zahl der Beschäftigten (in Tausenden)

Dabei stieg die Arbeitsproduktivität im Bergbausektor in den Jahren 1986-2000 noch schneller als im Industriesektor (vgl. Abbildung. 2.10). Auf den ersten Blick können daher auch hier starke *Learning-by-Doing*-Aktivitäten zur Steigerung der Arbeitsproduktivität beigetragen haben. In dieser Periode, in der ein

23 Sektorale Daten zur Höhe von Kapitalinputs liegen leider nicht vor.

24 Problematisch ist die faktische Unmöglichkeit der empirischen Quantifizierung von *Learning-by-Doing*- und *Learning-by-Exporting*-Effekten insbesondere auf Basis von Makrodaten. Zwar kann die trendmäßige Steigerung der industriellen Arbeitsproduktivität als ein Indikator für mutmaßliche Lerneffekte angesehen werden. Angesichts der Fülle potenzieller Einflussfaktoren auf die Arbeitsproduktivität ist bei dieser Interpretation des Produktivitätswachstums jedoch besondere Vorsicht geboten.

Wachstum des Outputs pro Bergbauarbeitskraft von ca. 8,7% zu diagnostizieren ist, schrumpfte die Beschäftigung im Bergbau jedoch schleichend um 0,05% (im Jahresdurchschnitt). Gleichzeitig stieg die Produktionsleistung des Bergbaus jahresdurchschnittlich etwa um 7,9%. Hinter diesen Zahlen verbirgt sich eine massive Zunahme von Sachkapitalinvestitionen und ein steigender Einsatz von (importierten) Kapitalgütern (SPILIMBERGO 1999), die den Hauptteil der steigenden Arbeitsproduktivität im Bergbau erklären dürften. Mit anderen Worten, die hohe Arbeitsproduktivität im Bergbau ist vermutlich die Folge einer hohen Kapitalintensität.

**Abbildung 2.10 Entwicklung der Arbeitsproduktivität im Bergbau**

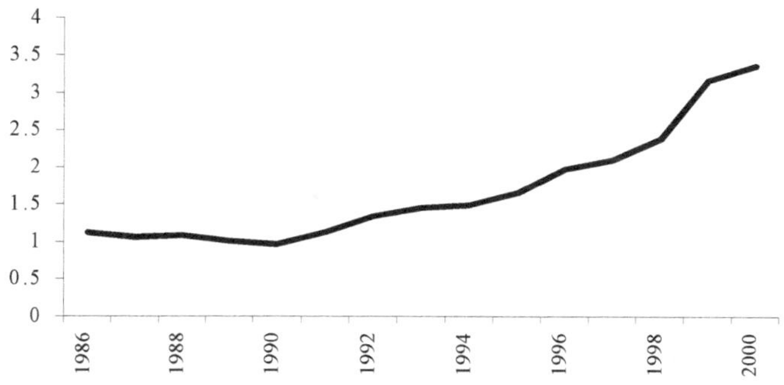


Quelle: BANCO CENTRAL DE CHILE: *Indicadores Económicos y Sociales de Chile 1960-2000*; eigene Berechnungen: Arbeitsproduktivität = (preisbereinigter) Produktionsindex (1990=100) / Zahl der Beschäftigten (in Tausenden)

d) Interne *Economies of Scale*

Die Kapitalintensitäten auf der Ordinate der Abbildungen 2.9 und 2.10 lassen in diesem Zusammenhang vermuten, dass der Bergbausektor deutlich kapitalintensiver als der Industriesektor produziert. In der Tat übersteigt die Kapitalintensität im Bergbau die des Industriesektors im Jahre 2000 um das 10fache. Darin spiegeln sich die hohen Fixkosten in der Produktion mineralischer Rohstoffen wider. Aus den hohen Fixkosten in der Produktion mineralischer Rohstoffe folgt, dass interne *Economies of Scale* durch Fixkostendegressionseffekte im chilenische Bergbausektor tendenziell stärker als im chilenischen Industriesektor auftreten dürften.

Somit ist die in Abschnitt 1.2.1.1 geäußerte Hypothese, wonach die vertikale Exportdiversifizierung über die exportinduzierte Ausdehnung des Industriesektors starke interne Skaleneffekte erzielt, für den Fall Chile eher von geringer empirischer Relevanz. Hohe interne Skalenerträge in der Industriegüterproduktion sind lediglich im Vergleich zur Produktion von agrarischen Rohstoffen denkbar. Im Vergleich zur Produktion und zum Export von mineralischen Rohstoffen bietet die industrielle Produktion und Ausfuhr höchst wahrscheinlich jedoch keine internen Skalenvorteile. Bei externen Skalenvorteilen durch *Backward-Linkages* ergibt sich dagegen ein anderes Bild.

e) Pekuniäre externe Effekte

Entsprechend den Aussagen aus Anschnitt 1.2.1.1 erfordern Primärgüter häufig in nur geringem Umfang den Einsatz von Vorprodukten (heimischer Industrien). Dagegen besteht bei der Industrieproduktion ein hoher Vorleistungsbedarf. Wird die Vorleistungsnachfrage des Industriesektors zu großen Teilen durch lokal hergestellte Güter befriedigt, so erzeugt eine exportinduzierte Ausdehnung des Industriesektors eine steigende Vorleistungsproduktion und damit positive externe Effekte in Form von *Backward-Linkages* auf andere Bereiche der Volkswirtschaft.[25] Zur Bestätigung dieser Aussage ist die sektorale Inputnachfrage nach lokal hergestellten Gütern auf der Grundlage von chilenischen Input-Output-Tabellen berechnet worden. Der wertmäßige Bedarf bei der Produktion von industriellen, mineralischen und agrarischen Produkten an Vorleistungen inländischer Branchen in den Jahren 1986 und 1996 ist Tabelle 2.6 zu entnehmen. Sie zeigt außerdem die sektorale Inputnachfrage in Prozenten der gesamten chilenischen Vorleistungsproduktion.[26]

**Tabelle 2.6 Backward-Linkages nach Sektoren (ohne Importe)**

| | Inputnachfrage nach lokal hergestellten Gütern im Verhältnis zur gesamten Inputnachfrage nach lokal hergestellten Produkten bzw. im Verhältnis zur chilenischen Vorleistungsproduktion | | Inputnachfrage nach lokal hergestellten Gütern, Millionen Pesos 1996 | |
|---|---|---|---|---|
| | 1986 | 1996 | 1986 | 1996 |
| Industriesektor | 35.0% | 28.0% | 3 893 874 | 5 796 457 |
| Bergbau | 8.9% | 7.0% | 986 365 | 1 451 054 |
| Agrarsektor | 6.8% | 5.7% | 759 349 | 1 195 388 |

Quelle: BANCO CENTRAL DE CHILE (2001): *Matriz de Insumo-Producto de La Economía Chilena 1996* (Tabelle 13); BANCO CENTRAL DE CHILE (1992): *Matriz de Insumo-Producto de La Economía Chilena 1986* (Tabelle 6); eigene Berechnungen auf Grundlage von Verbraucherpreisen.

25 Die in Abschnitt 1.1.4.3 diskutierten *Foreward Linkage*.-Effekte der Produktionsausdehnung (die sich
1. in einer zunehmend diversifizierten Struktur der Vorleistungsproduktion sowie
2. in sinkenden Preise für Vorleistungen äußern),
lassen sich in Anbetracht fehlender Daten empirisch nicht nachweisen.

26 Input-Output-Tabellen werden von der Chilenischen Zentralbank lediglich für die Jahre 1986 und 1996 berichtet.

Aus Tabelle 2.6 geht hervor, dass der Industriesektor in den Jahre 1986 und 1996 viel stärker durch *Backward-Linkages* mit dem Rest der chilenischen Volkswirtschaft verknüpft ist, als der Bergbau und die Agrarproduktion.[27] Mit rund 3.900.000 bzw. 5.800.000 Millionen Pesos entfallen 1986 und 1996 auf den Industriesektor etwa 35% bzw. 28% der gesamten chilenischen Vorleistungsproduktion, während der Agrarsektor rund 7% (1986) bzw. 6% (1996) und der Bergbau rund 9% (1986) bzw. 7% (1996) auf sich vereint. Aus diesen empirischen Angaben folgt allerdings zwischen 1986 und 1996 eine Schrumpfung des Bedarfs an lokal hergestellten Vorleistungen im Industrie-, Bergau, und Agrarsektor in Relation zur gesamten chilenischen Vorleistungsproduktion. Der Rückgang beim Verhältniss zwischen sektoraler und aggregierte Inputnachfrage hat zwei Gründe:

Zum einem ist die Schrumpfung der oben aufgeführten Relationen zwischen 1986 und 1996 auf die überproportionale Steigerung des Inputbedarfs anderer (oben nicht aufgeführter) Sektoren zurückzuführen. Zu den expandierenden Sektoren zählt vor allem der Bereich "Handel, Hotels und Restaurants", mit beachtlichen lokalen *Backward-Linkages* zum Transport-, Finanzdienstleistungs- und dem Versicherungsgewerbe.[28] Zum anderen stieg mit wachsendem Produktionsvolumen des Industrie-, des Agro- und des Bergbaubereichs deren Einsatz von importierten Inputs. Dabei wuchs der Bedarf der Industrie-, Mineral- und Agrarproduktion an importierten Inputs schneller als ihre Nachfrage nach Vorleistungen inländischer Branchen. Somit spiegelt die Schrumpfung der *Backward-Linkages* von "Industrie", "Bergbau" und "Agrar" relativ zur gesamten chilenischen Vorleistungsproduktion auch die zunehmende internationale Verflechtung der drei Produktionsbereiche wider. Dieser relative Rückgang darf nicht darüber hinweg täuschen, dass die binnenwirtschaftlichen Verflechtungen absolut gesehen deutlich zugenommen haben.

Im Zuge des chilenischen Wirtschaftswachstums stiegen die *Backward-Linkages* des Agrarsektors zwischen 1986 und 1996 wertmäßig um rund 440.000 Millionen Pesos (von rund 760.000 auf 1.200.000 Millionen Pesos). Der wertmäßige

---

27 Die starke Vorleistungsnachfrage des Industriesektors wird ebenfalls deutlich, wenn man den lokalen Vorleistungsbedarf der Sektoren in das Verhältnis zu ihrem Produktionsvolumen setzt. Dabei ergibt sich 1986 beim Industriesektor eine Quote von etwa 50%, während die Quote des Agro- und des Bergbaubereichs bei rund 35% liegt. Für das Jahr 1996 erhält man für die Industrie eine Quote von rund 45%, für den Bergbau rund 35% und für den Agrarsektor eine Quote von etwa 17%. Der Rückgang der Quoten ist mit einem verstärkten Eisatz von importierten Inputs zu erklären. Vgl. dazu auch die folgenden Ausführungen.

28 Erwähnt seien die Sektoren "Bauwirtschaft", "Transport" und "Gesundheitswesen" die ebenfalls zunehmend lokal hergestellte Vorprodukte und Vorleistungen nachfragen. Vgl. dazu BANCO CENTRAL DE CHILE (2001): *Matriz de Insumo-Producto de La Economía Chilena 1996* (Tabelle 13).

Umfang der *Backward-Linkages* im Bergbausektor wuchs um rund 460.000 Millionen Pesos (von rund 990.000 auf 1.450.000 Millionen Pesos). Im Industriesektor ist die absolute Steigerung des Bedarfs an Vorleistungen inländischer Branchen mit einem überragenden Umfang von rund 1.900.000 Millionen Pesos jedoch am höchsten. Dies zeigt, dass die binnenwirtschaftliche Vorleistungsproduktion erheblich durch die Expansion des Industriesektors stimuliert wurde. Da die Produktionsausdehnung der chilenischen Industrie auf das rasante Wachstum der Industriegüterexporte zurückzuführen ist, kann man schlussfolgern: Mittels anhaltend kräftiger Exportexpansion industrieller Erzeugnisse wurden positive (pekuniäre) Externalitäten in Form von *Backward-Linkages* erzeugt.[29]
Interessant sind in diesem Zusammenhang die tiefen Verflechtungen der Industrie mit dem chilenischen Agrarsektor. Das industrielle Gewerbe ist deutlich stärker mit der Agrarproduktion als mit den übrigen Sektoren der chilenischen Volkswirtschaft verknüpft. Im Jahre 1996 entfallen rund 20% der Inputnachfrage des industriellen Gewerbes auf landwirtschaftliche Erzeugnisse.[30] Die Vergleichszahl bei Deutschland beläuft sich auf ca. 4%.[31] Offenbar äußert sich die in Abschnitt 2.2 beschriebene Ressourcennähe der Industriegüterexporte in den beträchtlichen industriellen *Backward-Linkages* zum Agro-Bereich.

Vor diesem Hintergrund kann man davon ausgehen, dass die Ausweitung der industriellen Ausfuhr über den gestiegenen Bedarf an agrarischen Vorprodukten gleichsam die Inputnachfrage des Agrarsektors stimuliert. Ähnliches gilt für den Bedarf an mineralischen Rohstoffen, die im Industriesektor weiterverarbeitet werden. Insofern hat der Industriegüterexport vermutlich hohe Multiplikatoreffekte, die wertmäßig über seine direkten *Backward-Linkages* zu den übrigen Sektoren hinausgehen.

### 2.3.3 Zusammenfassung der empirischen Beobachtungen

Zusammenfassend kann man sagen, dass die Erhöhung der Vorleistungsproduktion, die Steigerung der Arbeitsproduktivität, die Stabilisierung der Exporterlöse und damit auch wirtschaftliches Wachstum eine Folge der vertikalen Exportdiversifizierung sein dürften. Diese Aussage basiert auf einer Reihe von empirischen Beobachtungen, die sich wie folgt skizzieren lassen:

- Durch die exportbedingten Ausdehnung der Industrieproduktion hat der Bedarf an Vorleistungen inländischer Branchen und damit die binnenwirtschaftliche Vorleistungsproduktion stark zugenommen. Dagegen sind die *Back-*

29 Leider fehlen Daten für die heimische Vorleistungsnachfrage der sektoralen Exportproduktion.

30 Genau wie der Agro- und der Bergbaubereich bezieht der Industriesektor wertmäßig die meisten seiner Vorprodukte aus seiner eigenen Produktion. Mit anderen Worten: die intrasektoralen *Linkages* sind bei den drei Sektoren deutlich höher als ihre intersektoralen Verknüpfungen.

31 Quelle: Statistisches Bundesamt, http://www2.hsu-hh.de/uebe/Lexikon/I/Input-Output-Bsp09.pdf, Aufruf vom 27.07.2005, eigene Berechnungen.

*ward-Linkages* bei der Produktion und (vermutlich) beim Export von agrarischen und mineralischen Rohstoffen wesentlich geringer.
- Die Produktivität im Industriesektor ist trendmäßig gewachsen. Das industrielle Produktivitätswachstum lässt sich mit (äußerster) Vorsicht mit der Expansion der Industriegüterausfuhr und ihren dynamischen Lerneffekten erklären. (Nach Ansicht von FFRENCH-DAVIS (2002) kommen diese exportinduzierten Lernprozesse im Industriesektor über positive Externalitäten der gesamte chilenische Volkswirtschaft zugute.)
- Die chilenische Industriegüterexporte sind erheblich stabiler als die Exporte von agrarischen und mineralischen Rohstoffen, wobei eine empirische und ökonometrische Evidenz für die Annahme wachstumshemmender Instabilitäten durch Erlösfluktuationen (bei Kupfer) besteht.
- Zusätzlich kann man davon ausgehen, dass die anhaltend kräftige Exportexpansion industrieller Erzeugnisse die Gefahr der Deindustrialisierung durch *Dutch Disease* stark reduziert hat. Obwohl Chile entsprechend dem theoretischen Modell von SACHS/WARNER (1995) für die "Holländische Krankheit" besonders anfällig sein dürfte, konnten in Chile keine *Dutch-Disease*-Phänomene diagnostiziert werden.

Vor dem Hintergrund dieser Beobachtungen lässt sich schlussfolgern, dass das exportorientierte chilenische Wirtschaftswachstum neben der Steigerung der Ausfuhr in hohem Maße auf ihre Diversifizierung zurückgeführt werden kann. Die Validität dieser Schlussfolgerung wird im folgenden Abschnitt ökonometrisch überprüft.

## 2.4 Ökonometrische Untersuchung des Zusammenhangs zwischen Exportexpansion, vertikaler Exportdiversifizierung und Wirtschaftswachstum

### 2.4.1 Einleitung

In diesem Abschnitt wird
1. der Zusammenhang zwischen Exportexpansion und der Veränderung des aggregierten Outputs sowie
2. der Einfluss der Vertikalen Exportdiversifizierung auf das Wirtschaftswachstum

analysiert. Die Grundlage für die ökonometrische Analyse bilden die bi- und multivariaten Regressionsmodelle von GHATAK/MILNER/UKTULU (1997), ISLAM (1998), GARCÍA/MELLER/REPETO (1996), AGOSIN (1999) und SILIVERSTOVS/HERZER (2005). Gegenstand dieser Regressionsmodelle ist einmal der zeitreihenanalytische Test von Kausalitätshypothesen im Rahmen kleiner Modelle, welche nur die beiden interessierenden Variablen „Gesamtexporte“ und „realer Output“ enthalten. Darüber hinaus schätzen die genannten Autoren in multivariaten Regressionsmodellen, in die standardmäßig eine abhängige und mehrere unabhängige Variablen eingehen, den Zusammenhang zwischen Veränderung des Outputs und der Erhöhung der disaggregierten Exporte (beisp. Industriegüter- und Nicht-Industriegüterausfuhr), unter Einbeziehung zusätzlicher Kontrollvariablen wie etwa Arbeit und Kapital. Für einen positiven Zusammenhang zwischen vertikaler Exportdiversifizierung und Wirtschaftswachstum würde in diesem Kontext sprechen, wenn in der Regressionsanalyse der Einfluss der Ausweitung der Industriegüterausfuhr auf den aggregierten Output (signifikant) positiv und größer ist, als der Einfluß der Nicht-Industriegüterexporte auf den aggregierten Output.

Auf Grundlage der genannten ökonometrischen Untersuchungen werden im nächsten Abschnitt die Grundmodelle vorgestellt, mit denen der Zusammenhang zwischen Exportexpansion bzw. vertikaler Exportdiversifizierung und der Veränderung des aggregierten Outputs ökonometrisch offengelegt werden kann (Abschnitt 2.4.2). Im Anschluss daran folgt eine komprimierte Darstellung der Kointegrationstheorie. Darauf aufbauend wird die weitere, zeitreihenanalytische Vorgehensweise festgelegt (Abschnitt 2.4.3).

### 2.4.2 Die ökonometrischen Grundmodelle und ihre Implikationen

Auf Grundlage der genannten ökonometrischen Untersuchungen lassen sich zur Untersuchung der Zusammenhänge zwischen Exportexpansion und der Veränderung des aggregierten Outputs bzw. zwischen vertikaler Exportdiversifizierung und Wirtschaftswachstum folgende log-lineare Funktionen unterstellen:

$$LY_t = a_1 LX_t, \qquad (2.1a)$$

$$LNY_t = b_1 LX_t, \qquad (2.1b)$$

$$LY_t = \alpha_1 LXi_t + \alpha_2 LNXi_t + \alpha_3 LK_t, \qquad (2.2a)$$

$$LNY_t = \beta_1 LXi_t + \beta_2 LNXi_t + \beta_3 LK_t, \qquad (2.2b)$$

wobei *LY* den logarithmierten aggregierten Output (*Y*) und *LX* den logarithmierten realen Gesamtexport (*X*) repräsentiert. In der empirischen Analyse soll der Output durch das chilenische Einkommen nach der Bruttoinlandsdefinition (BIP) in realen Größen erfaßt werden. *LNY* wird durch den natürlichen Logarithmus des aggregierten Outputs abzüglich der Exporte definiert und als logarithmiertes „Nicht-Export-BIP“ (*NY*) bezeichnet. *LXi* ist die Variable für den logarithmierten realen Industriegüterexport (*Xi*). *LNXi* umfasst sämtliche logarithmierte reale Nicht-Industriegüterexporte (*NXi*). Der logarithmierte reale Kapitalstock (*K*) wird durch die Variable *LK* gekennzeichnet. *t* ist der Zeitindex, wobei sich der Beobachtungszeitraum ($T = 42$) von 1960 bis 2001 erstreckt. $a_1$, $b_1$, $\alpha_1$, $\alpha_2$, $\alpha_3$, $\beta_1$, $\beta_2$, $\beta_3$ sind die Koeffizienten, die aus den Daten geschätzt werden. Die Koeffizienten stellen die Elastizitäten dar: Sie geben an, um wieviel Prozent der Output (*Y*) bzw. der Nicht-Export-Output (*NY*) steigt, wenn die Exporte bzw. die Industriegüterexporte, die Nicht-Industriegüterexporte oder der Kapitalstock um 1% steigt. Vor dem Hintergrund der ökonomischen Theorie lassen sich die spezifizierten Funktionen wie folgt interpretieren:

Die Gleichung (2.1*a*) beruht auf der These des exportinduzierten Wachstums. Danach ist eine Exportexpansion über mehrere Wirkungsmechanismen als verursachend für die Erhöhung des aggregierten Outputs anzusehen (GHATAK/MILNER/UKTULU 1997): Die Exportexpansion, als Teil der aggregierten Nachfrage, steigert bei stagnierender Binnennachfrage (direkt) das Volkseinkommen. Daneben schafft sie über den Devisenerwerb zusätzliche Finanzierungsmöglichkeiten für den Entwicklungsprozess, indem die Importkapazität erhöht wird. Darüberhinaus vermag eine Exportexpansion (in einem produktionstheoretischen Kontext) über die Erzielung von internen *Economies of Scale*, *Learning-by-doing*-Effekten, *Learning-by-Exporting*-Effekten sowie technologische Externalitäten eine Erhöhung des Outputs herbeizuführen. Dementsprechend ist in der ökonometrischen Analyse die Frage relevant, ob und in welchem Ausmaß eine Expansion der Ausfuhr kausal für Wirtschaftswachstum verantwortlich ist (oder nicht). Gemäß Gleichung (2.1*a*) werden deshalb nur die interessierenden Variablen Export und aggregierter Output fokussiert. Produktionstheoretische Zusammenhänge werden in (2.1*a*) zunächst ausgeblendet.[32]

In Gleichungen (2.2*a*) wird dagegen ein produktionstheoretischer Zusammenhang unterstellt, "*in which exports represent increases in productivity associated with the inputs of capital*" (AGOSIN 1999: S. 85). Der aggregierte Output wird als Funktion der "Inputfaktoren" Kapital und Exporte ausgedrückt. Dahinter steht die Idee, wonach durch die Kapitalakkumulation der einzelnen Exportunternehmen exportinduzierte Effizienzgewinne entstehen, die sich auf die gesamtwirtschaftliche Produktivität auswirken. Für die einzelnen Exportunternehmen werden folglich *Learning-by-Doing*-Effekte, *Learning-by-Exporting*-Effekte, interne *Economies of Scale* sowie externe Effekte unterstellt, welche die Produktivität des gesamtwirtschaftlichen Kapitalstocks erhöhen. Allerdings werden die Gesamtexporte disaggregiert in Industriegüterexporte und Nicht-Industriegüterexporte. Hinter dieser Vorgehensweise verbirgt sich implizit die Annahme, dass Produktivitätszuwächse in Verbindung mit Industriegüterexporten höher sind, als Produktivitätszuwächse, die sich durch Nicht-Industriegüterexporte ergeben. Die Disaggregation der Gesamtexporte bietet somit die Möglichkeit, den Einfluss der vertikalen Exportdiversifizierung auf das wirtschaftliche Wachstum zu spezifizieren. Dementsprechend wird in der empirischen Analyse auf die Frage abgestellt,

32 Die Vernachlässigung produktionstechnischer Zusammenhänge ist im Rahmen der Überprüfung von Kausalitätshypothesen bei der *Export-led-Growth*-Hypothese allgemein üblich. Vgl. dazu beispielsweise die Studien von GHATAK/MILNER/UKTULU (1997), ISLAM (1998) oder AFXENTIOU/SERLETIS (2000).

- ob wachstumsfördernde Produktivitätseffekte durch Industriegüterexporte und/oder durch Nicht-Industriegüterexporte entstehen und
- wie hoch die entsprechenden Wachstumseffekte durch exportinduzierte Produktivitätssteigerungen sind.

Problematisch ist bei der Bestimmung der produktivitätsfördernden Wirkung der Exporte, dass Exporteinnahmen gemäß der Verwendungsgleichung des Bruttoinlandsproduktes einen Bestandteil des volkswirtschaftlichen Einkommens bilden. Nach der Verwendungsgleichung des Bruttoinlandsproduktes muss sich der aggregierte Output *ceteris paribus* immer dann erhöhen, wenn die Exporte größer werden. Insofern ist zu erwarten, dass steigende Exporte simultan zu einer Erhöhung des Outputs führen, selbst wenn keine produktive Wirkung vorliegt. Durch Modifizierung der Gleichung (2.1*a*) bzw. (2.2*a*) in Gestalt des logarithmierten Nicht-Export-BIPs (*LNY*) als abhängige Variable wird diesem Problem Rechnung getragen: mittels Gleichung (2.1*b*) bzw. (2.2*b*) ist es möglich, jenen direkten Effekt der Exportexpansion auf den aggregierten Output, der sich über die Exporterlöse quasi automatisch ergibt, systematisch zu eliminieren (GHATAK/MILNER/UKTULU 1997, SILIVERSTOVS/HERZER 2005). Daher lässt sich bei einem statistisch signifikant positiven Zusammenhang zwischen den logarithmierten Exporten und dem logarithmierten Nicht-Export-BIP gemäß (2.1*b*) und (2.2*b*) schlussfolgern: Es existieren exportinduzierte Wachstumseffekte, die über den direkten Exporterlöseffekt hinausgehen. Die Gleichungen (2.1*b*) und (2.2*b*) dienen somit der Aufdeckung von exportinduzierten Produktivitätszuwächsen. Folgt man GARCÍA/MELLER/REPETO (1996), dann lassen sich diese Produktivitätszuwächse auch als positive (pekuniäre und technologische) Externalitäten interpretieren, die vom Exportsektor (*X*) auf den Nicht-Exportsektor (*NY*) übertragen werden.

In der empirischen Analyse sollen anhand von (2.1*a*), (2.2*a*), (2.1*b*) und (2.2*b*) sowohl mögliche Effekte der Exportexpansion bzw. der Exportdiversifizierung auf das BIP, als auch auf das Nicht-Export-BIP untersucht werden. Damit die Schätzwerte dieser Studie mit den Werten von AGOSIN (1999) besser verglichen werden können,[33] wird allerdings - AGOSIN (1999) folgend - der logarithmierte Kapitalstock (*LK*) in Gleichung (2.2*a*) und (2.2*b*) durch die logarithmierten Netto-Investitionen (*LI*) ersetzt. Mit anderen Worten, die Nettoinvestitionen werden im folgenden approximativ für den Kapitalstock verwendet. Dementsprechend erhält man:

$$LY_t = \alpha_1 LXi_t + \alpha_2 LNXi_t + \alpha_3 LI_t, \qquad (2.3a)$$

33 Ein direkter Vergleich der Schätzungen dieser Studie mit den Schätzungen der bereits diskutierten Studien von GARCÍA/MELLER/REPETO (1996) und FIGUERO/LETELIER (1994) ist aufgrund unterschiedlicher Schätzgleichungen, Schätzmethoden und Datengrundlagen kaum möglich und damit wenig sinnvoll.

$$LNY_t = \beta_1 LXi_t + \beta_2 LNXi_t + \beta_3 LI_t . \qquad (2.3b)$$

Aus den Funktionen (2.1*a*), (2.1*b*), (2.3*a*), (2.3*b*) ist ersichtlich, dass die Zusammenhänge zwischen Exportwachstum und der Veränderung des aggregierten Outputs bzw. die Zusammenhänge zwischen der Expansion des Industriegüterexports, des Nicht-Industriegüterexport und wirtschaftlichem Wachstum als langfristig geltende Gleichgewichtsbeziehungen modelliert werden. Geeignete ökonometrische Verfahren zur Schätzung langfristiger Gleichgewichtsbeziehungen sind sich Techniken zur Analyse von Kointegrationsbeziehungen. Die der Kointegrationsanalyse zugrundeliegenden Daten stammen aus verschieden Quellen: BANCO CENTRAL DE CHILE: *Indicadores Económicos y Sociales de Chile 1960-2000, Cuentas Nacionales de Chile 1960-1980, Boletín Mensual* (mehrere Ausgaben). Ein Überblick über die verwendeten Daten, sowie deren Quelle und Berechnung ist im Anhang wiedergegeben, so dass im folgenden Abschnitt (Abschnitt 2.4.3) das Konzept der Kointegration vorgestellt werden kann. Darüber hinaus enthält Abschnitt 2.4.3 einige Angaben zur zeitreihenanalytischen Vorgehensweise.

### 2.4.3 Zeitreihenanalytische Überlegungen, Kointegrationsanalyse und Vorgehensweise

Vor jeder Schätzung gilt zu bedenken, dass die klassische lineare Regressionsmethode nur unter der Stationaritätsannahme aussagekräftig ist, denn bei der Verwendung von nichtstationären bzw. trendbehafteten Zeitreihen können lineare Regressionsmodelle zu Scheinkorrelationen führen.[34] Als Scheinkorrelation bezeichnet man eine Regression, die einen bestimmten Zusammenhang zwischen bestimmten Variablen aufweist, obwohl ein solcher Zusammenhang tatsächlich nicht existiert. Dies äußert sich darin, dass einmal t-Werte auftreten, die für das vorgegebene (nominale) Signifikanzniveau falsche Abhängigkeiten anzeigen. Zum anderen konvergiert das Bestimmtheitsmaß $R^2$ nicht gegen Null. Lediglich die Durbin-Watson-Statistik konvergiert gegen ihren wahren Wert (GRANGER/NEWBOLD 1974).

34 Nicht stationäres Verhalten wird erfasst durch Zeitreihen, die einen *stochastischen* Trend besitzen sowie durch Zeitreihen, die durch einen *deterministischen* Trend gekennzeichnet sind. *Stochastische* Prozesse akkumulieren vergangene Erfahrungen. Dies bedeutet, sie werden nach einem Schock nicht wieder zu ihrem Mittelwert bzw. determistischen Trend zurückkehren. Im Gegensatz dazu haben Schocks bei deterministischen Prozessen keine langfristigen Wirkungen. Dementsprechend kehrt der deterministische Prozess immer wieder zu seinem Trend zurück. Für die meisten makroökonomische Zeitreihen gilt in diesem Zusammenhang, dass ihre Modellierung durch stochastische Trends der angemessenere Ansatz ist, denn eine (lineare) Trendfunktion ist meistens keine befriedigende Approximation ihrer langfristigen Entwicklungen (vgl. dazu NELSON/PLOSSER 1982).

Das Problem der "*Spurious Regressions*" bei Regressionen mit Variablen, die durch einen stochastischen Trend gekennzeichnet sind, lässt sich durch Differenzenbildung beheben.[35] Mittels Differenzenbildung werden die vormals nichtstationären Variablen der Integrationsordnung d>0, *I*(d>0), in stationäre Variablen der Integrationsordnung d=0, *I*(d=0), transformiert. Dabei sind stationäre *I*(d=0)-Variablen durch konstante Erwartungswerte und Varianzen sowie zeitunabhängige Kovarianzen charakterisiert, wohingegen *I*(d>0)-Variablen zeitabhangige Varianzen und Kovarianzen besitzen. Die Integrationsordnung *I*(d) bezeichnet in diesem Kontext die Anzahl der nötigen Differenzenbildungen d, um den (stochastischen) Trend der nichtstationären *I*(d>0)-Variablen zu bereinigen, damit sich eine stationäre *I*(0)-Variable ergibt.

Indem mit trendbereinigten Variablen der Integrationsordnung d = 0, *I*(0), gearbeitet wird, sind Scheinkorrelationen ausgeschlossen. Allerdings kann die Anwendung der Differenzenbildung die zwischen den Ausgangsvariablen bestehende Langfristbeziehung verzerren oder sogar zerstören. Folglich führt die Methode der Differenzenbildung nicht zu einer zufriedenstellenden Schätzung, falls eine langfristige Gleichgewichtsbeziehung bzw. eine Kointegrationsbeziehung zwischen den Niveaus der Variablen herrscht. Die Differenzenbildung filtert nämliche relevante Informationen über die langfristige Entwicklung der Variablen aus. Was ist eine Kointegrationsbeziehung und wann sind Zeitreihen kointegriert?

Eine Kointegrationsbeziehung lässt sich zunächst allgemein dadurch charakterisieren, dass zwei oder mehr nichtstationäre Zeitreihen der Ordnung d>0 langfristig eine gemeinsame Entwicklung aufweisen. Sie mögen sich zwar kurzfristig auseinander entwickeln; es existieren jedoch (ökonomische) Kräfte, welche die Variablen langfristig auf einen gemeinsamen Trend führen und somit eine Gleichgewichtsbeziehung zwischen den Variablen induzieren. Daher lässt sich ausgehend von der allgemeinen ökonomischen Theorie eine Kointegrationsbeziehung als langfristiges Gleichgewicht interpretieren (ENGLE/GRANGER 1987).

Gemäß Kointegrationstheorie sind Zeitreihen kointegriert, wenn gilt (ENGLE/GRANGER 1987):

i) *die Variablen, beispielweise* $LY_t$ *und* $LX_t$*, sind integriert vom gleichen Grade d oder kurz I(d).* Dabei werden Zeitreihen als integriert bezeichnet, wenn ihre Entwicklung von einem stochastischen Trend bestimmt ist, wobei die Ordnung d die Anzahl der nötigen Differenzenbildungen ist, um den Trend zu bereinigen. Mit anderen Worten, ein integrierter Prozess, beispielsweise der Ordnung d=1, *I*(1), ist nichtstationär, während

35 Im allgemeinen wird das Problem der Scheinkorrelationen mit integrierten bzw. stochastischen Prozessen in Verbindung gebracht. Allerdings können "*Spurious Regressions*"-Phänomene (entgegen der weitverbreiteten Meinung) auch bei Regressionen mit trendstationären Prozessen auftreten (KIM/LEE/NEWBOLD 2004).

seine erste Differenz ein stationärer Prozess ist. Einen stationären Prozess, der keinen stochastischen Trend (mehr) aufweist bezeichnet man folglich als $I(0)$-Prozess.

Liegen mehrere nichtstationäre Variablen gleicher Ordnung (z. B. d=1) vor, so gilt im Falle einer Kointegrationsbeziehung weiter

ii) *es existiert mindestens eine Linearkombination, die stationär ist.*[36] Dies bedeutet, dass bei Vorliegen mehrerer nichtstationärer $I(1)$-Zeitreihen (z.B. $LY_t$ und $LX_t$), zwischen denen langfristig eine Gleichgewichtsbeziehung herrscht (beispielsweise $LY_t = a_1LX_t$), der Gleichgewichtsfehler $z_t = LY_t - a_1LX_t$ keinen Trend aufweisen darf. Demgemäß sollte $z_t$ ein $I(0)$-Prozess sein, damit sichergestellt ist, dass sich die Variablen nicht beliebig auseinander bewegen. Denn andernfalls wäre es wenig plausibel, von einer Gleichgewichtsbeziehung zu sprechen. Ist nun die Beziehung $LY_t - a_1LX_t$ stationär, so nennt man die Variablen kointegriert. Ist die Linearkombination der beiden Prozesse wieder ein $I(1)$-Prozess, dann sind die Variablen nicht kointegriert.[37]

Entsprechend Abbildung 2.11 soll im folgenden geprüft werden, ob die Variablen einen trendmäßigen Verlauf aufweisen bzw. nichtstationär sind. Die Integrationsordnung wird im Rahmen von Einheitswurzeltests bestimmt (Abschnitt 2.4.4).[38] Ist die Integrationsordung bekannt und sind die Variablen der Ordnung d=1 integriert, dann kann auf Kointegration zwischen den Variablen (gleicher Integrationsordnung) mit Hilfe von Einzelgleichungen getestet werden. Der Test auf Kointegration erfolgt auf Basis des zweistufigen ENGLE-GRANGER Verfahrens (1987), nach dem im ersten Schritt die Residuen einer statischen Regression für die unterstellten Langfristbeziehungen (2.1*a*), (2.1*b*), (2.3*a*), (2.3*b*) auf ihre Stationarität geprüft werden, um in einem zweiten Schritt die verzögerten Residuen in ein Fehlerkorrekturmodell einzubauen (Abschnitt 2.4.5). Die ENGLE-GRANGER-Methode dient als ein anfängliches Instrument zum Test auf Kointegrationsbeziehungen, ohne den geschätzten Langfristelastizitäten der statischen Regression größere Beachtung zu schenken. Die effiziente Schätzung der langfristigen Elastizitäten erfolgt mit Hilfe eines einstufigen Fehlerkorrekturmodells nach dem STOCK-Verfahren (Abschnitt 2.4.6). Allerdings sind die gewonnenen Koeffizienten bei Vorliegen von langfristigen Rückkopplungsbeziehungen zwischen der zu erklärenden und den erklärenden Variablen bzw. bei Endo-

36 Dies gilt für den Fall, dass die Variablen integriert vom Grade d=1 sind. Allgemein gilt: Zwei Zeitreihen sind kointegriert der Ordnung d, b, wenn i) beide $I(d)$ und ii) es eine Linearkombination gibt, die $I(d-b)$ ist, mit $b<0$.

37 Sind die $I(1)$-Variablen nicht kointegriert, dann erfolgt die Schätzung in ersten Differenzen (vgl. Abbildung 2.11).

38 Bei der empirischen Modellierung müssen die Zeitreiheneigenschaften, d.h. die Integrationsordnung angemessen berücksichtigt werden (JUSELIUS 1999). Zum Methodischen Vorgehen bei Variablen mit unterschiedlicher Integrationsordnung siehe beispielsweise die Abschnitte 3.2.2 oder 5.6.

genität der Regressoren nicht ohne weiteres als Langfristelastizitäten interpretierbar. Zur Offenlegung, ob die Beschränkung der Regressoren auf die Rolle der Erklärungsvariablen gerechtfertigt ist, wird ein Test auf schwache Exogenität durchgeführt (Abschnitt 2.4.7), der ähnlich beispielsweise auch bei LÜTKEPOHL/WOLTERS (1998) und JUSELIUS (2001) praktiziert wird. Ein letzter Anschnitt interpretiert die Regressionergebisse (Abschnitt 2.4.8).

**Abbildung 2.11 Zeitreihenanalytische Vorgehensweise**

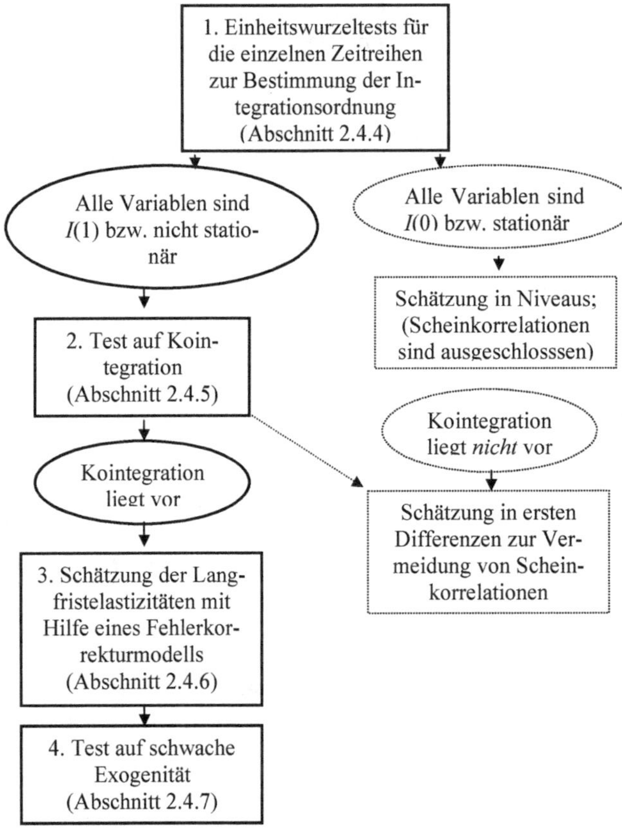


## 2.4.4 Einheitswurzeltests

### 2.4.4.1 Der gewöhnliche ADF-Test

Am Anfang der Kointegrationsanalye steht die Bestimmung der Integrationsordnung von $LY_t$, $LX_t$, $LNY_t$, $LXi_t$, $LNXi_t$, $LI_t$. Aus Abbildung 2.12 ist ersichtlich, dass die Zeitreihen trendbehaftet sind. Daher ist zu vermuten, dass die Variablen nicht durch stationäre $I(0)$-Prozesse modelliert werden können, sondern möglicherweise stochastische Trends aufweisen. Letzteres würde bedeuten, dass $\rho_0$ in der allgemeinen DICKEY-FULLER-Testgleichung

$$x_t = a_0 + \rho_0 x_{t-1} + \mu_t \tag{2.4}$$

zur Bestimmung der Integrationsordnung der Variable $x_t$ den Wert 1 annimmt. Dahinter steht die Überlegung, dass die zukünftige Entwicklung integrierter Zeitreihen von den in der Vergangenheit stattgefundenen Ereignissen abhängig ist. Man sagt auch: sie sind nicht zeitinvariant, weil sie vergangenen Erfahrungen (permanente Schocks) akkumulieren.

Zur Durchführung des sog. Augmentierten Dickey-Fuller- (ADF-) Tests wird Gleichung (2.4) umgeformt, indem auf beiden Seiten $x_{t-1}$ abgezogen wird. Außerdem sind zur Vermeidung von Autokorrelation in den Residuen $k$ verzögerte endogene Variablen aufzunehmen.[39] Schließlich wird der Möglichkeit eines trendstationären Prozesses durch Berücksichtigung eines linearen Zeittrends $t=1,...T$ genüge getan.[40] Man erhält nach einigen Umformungen die folgende ADF-Testgleichung

$$(x_t - x_{t-1} =) \quad \underline{\Delta x_t = a_0 + a_1 t + \rho x_{t-1} + \sum_{j=1}^{k} \gamma_t \Delta x_{t-j} + \mu_t} \quad \text{mit } \rho_0\text{-}1 = \rho. \tag{2.5}$$

In Gleichung (2.5) wird bei integrierten Prozessen, beispielsweise $I(1)$, $\rho$ den Wert den Wert Null annehmen, während bei trendstationären Prozessen ($I(0)$ + Trend) $\rho$ einen negativen Wert annimmt. Wird $k$ so gewählt, dass der Störterm $\mu_t$ ein reiner „*White Noise*"- Prozess ist, so gilt dementsprechend unter der Nullhypothese

$H_0 : \rho = 0$,

dass die Zeitreihe mindestens vom Grade 1, $I(1)$, integriert ist. Die Nullhypothese wird abgelehnt, wenn $\rho$ signifikant kleiner als Null ist,

$H_0 : \rho < 0$.

40 Dabei führen zu hohe $k$ zu Multikollinearitätsproblemen und damit zu einer erhöhten Wahrscheinlichkeit, dass der ADF-Test fälschlicherweise einen $I(1)$-Prozess aufdeckt. Die maximale *Lag*-Länge lässt sich mit Hilfe der Modellselektionskriterien von Hannan-Quinn oder Schwarz bestimmen. Eine andere Möglichkeit besteht in der Durchführung einer Modellreduktionsprozedur (der "t-sig-Methode"), bei der insignifikante Differenzen, beginnend mit einer adäquaten *Lag*-Länge, solange schrittweise entfernt werden bis die letzte (verzögerte) Differenz signifikant ist. Vgl. dazu beispielsweise PERRON (1997) oder die Studie von HERZER/NOWAK-LEHMANN D. (2005).

41 Der ADF-Test hat asymptotisch keine Güte, wenn für eine Zeitreihe, die einen Trend aufweist der lineare Zeittrend in Gleichung (2.5) nicht berücksichtigt wird. Der ADF-Test deckt dann fälschlicherweise einen $I(1)$-Prozess auf. Insofern ist die korrekte Modellbestimmung ausgesprochen wichtig.

**Abbildung 2.12 Entwicklung der Variablen im Beobachtungszeitraum $T$[41]**

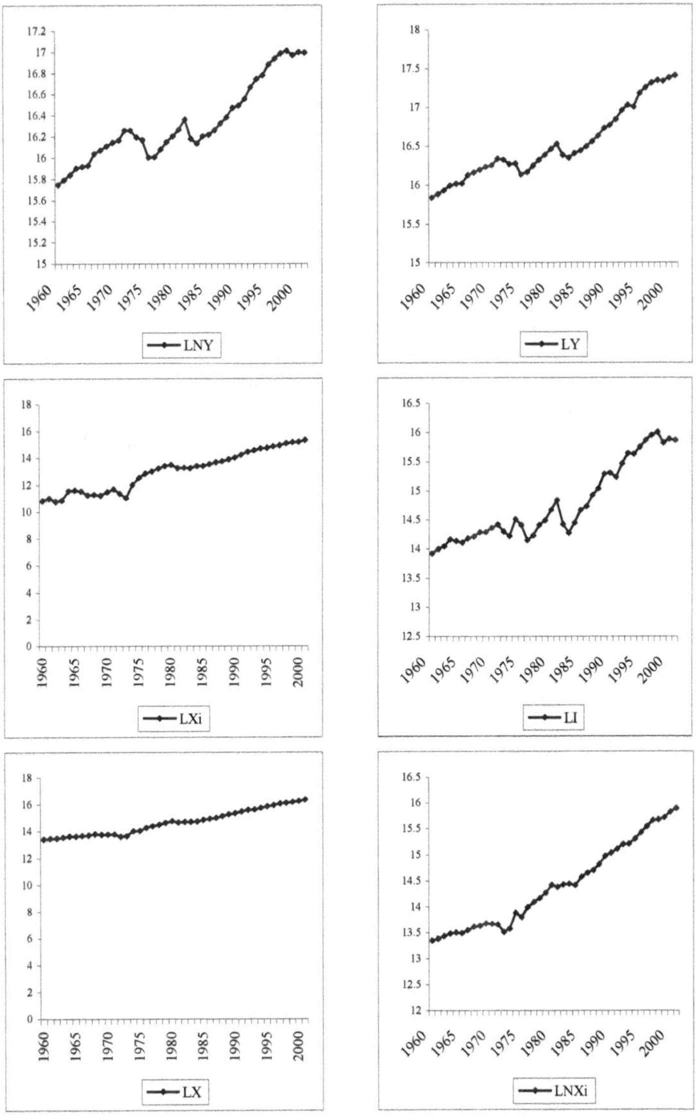


Kann die Nullhypothese der Nichtstationarität nicht abgelehnt werden, so wird im nächsten Schritt geprüft, ob die erste Differenz stationär ist. Ist die erste Differenz stationär (weil die Nullhypothese der Nichtstationarität für die erste Differenz abgelehnt wird), dann kann auf die Integrationsordnung d=1 geschlossen

39 Die Originaldaten der verwendeten Zeitreihen sind im Anhang aufgelistet.

werden. Die Teststatistik folgt dabei nicht der üblichen t-Verteilung. Die durch Simulation gewonnenen Kritischen Werte können MACKINNON (1991) entnommen werden.

Tabelle 2.7 zeigt die Ergebnisse des ADF-Tests für die zugrundeliegenden Zeitreihen und deren ersten Differenzen. Danach kann die $I(1)$-Hypothese für $LY_t$, $LX_t$, $LNY_t$, $LXi_t$, $LNXi_t$, $LI_t$ auf dem Signifikanzniveau von 5% nicht abgelehnt werden, wohingegen sie für die ersten Differenzen abgelehnt werden kann. Daraus lässt sich schließen, dass alle Variablen vom Grade d=1, $I(1)$, integriert sind. Damit wäre die Vorbedingung für das Vorliegen von Kointegrationsbeziehungen erfüllt.

**Tabelle 2.7 Augmented-Dickey-Fuller-Test zur Prüfung der Integrationsordnung**

| Variable | ADF Teststatistik | Kritischer Wert (5%) | Testergebnis | Integrationsordnung d |
|---|---|---|---|---|
| *LY* | -1.432 | -3.525 | nicht-stationär | 1 |
| *LNY* | -1.745 | -3.525 | nicht-stationär | 1 |
| *LX* | -2.120 | -3.525 | nicht-stationär | 1 |
| *LNXi* | -1.941 | -3.525 | nicht-stationär | 1 |
| *LXi* | -3.279 | -3.525 | nicht-stationär | 1 |
| *LI* | -2.184 | -3.525 | nicht-stationär | 1 |
| 1. Differenzen | | | | |
| $\Delta(LY)$ | -3.772 | -3.528 | Stationär | 0 |
| $\Delta(LNY)$ | -3.838 | -3.528 | Stationär | 0 |
| $\Delta(LX)$ | -4.122 | -3.528 | Stationär | 0 |
| $\Delta(LNXi)$ | -5.157** | -3.528 | Stationär | 0 |
| $\Delta(LXi)$ | -5.469** | -3.528 | Stationär | 0 |
| $\Delta(LI)$ | -6.039** | -3.528 | Stationär | 0 |

Anmerkung: ** signifikant auf dem Niveau von 1%. Der ADF-Test wurde unter Berücksichtigung der Modellselektionskriterien von Schwarz und Hannan-Quinn einheitlich mit einer Verzögerung der endogenen Variablen durchgeführt. Kritische Werte bezüglich der ADF Teststatistik aus MACKINNON (1991). (Sie werden bei E-Views mit angegeben.)

Allerdings besteht im Falle eines möglichen Strukturbruchs beim gewöhnlichen ADF-Test die Gefahr, dass die $I(1)$-Hypothese fälschlicherweise beibehalten wird (PERRON 1989, 1997). Mit anderen Worten: Der gewöhnliche ADF-Test ist kein geeignetes Instrument zur Bestimmung der Integrationsordnung bei Vorliegen eines Strukturbruchs, weil er potenzielle „Schein"-$I(1)$-Prozesse (*Spurious Unit Roots*) aufdeckt, die tatsächlich nicht vorhanden sind. Für die vorliegenden Zeitreihen bzw. für die durchgeführten ADF-Testregressionen kann die Hypothese fehlender Strukturbrüche in der Tat nicht abgelehnt werden, wie die Ergebnisse des Chow-Breakpoint-Tests bei der Überprüfung der Residuen in Tabelle 2.8 zeigen.[42]

**Tabelle 2.8 Chow-Breakpoint-Test**

| Regressand ADF-Testregression | Strukturbruch ($T_B$) im Jahr ** | Strukturbruch ($T_B$) im Jahr * | Zahl der Strukturbrüche |
|---|---|---|---|
| $\Delta(LY)$ | 1973* | 1981 | 2 |
| $\Delta(LNY)$ | 1981 | 1973 | 2 |
| $\Delta(LX)$ | 1973 | | 1 |
| $\Delta(LNXi)$ | 1973 | | 1 |
| $\Delta(LXi)$ | 1973 | | 1 |
| $\Delta(LI)$ | 1981 | | 1 |

Anmerkung: **(*) bei einer Irrtumswahrscheinlichkeit von 1% (5%).

Für die Testregressionen können Strukturbrüche bei einer Irrtumswahrscheinlichkeit von einem 1% (5%) in den Jahren 1973 und 1981 nicht ausgeschlossen werden. Der Chow-Breakpoint-Test steht damit in Einklang mit der Wirtschaftsgeschichte Chiles. Danach lassen sich die Brüche im Jahre 1973 mit der Machtübernahme der Militärs im September 1973 bzw. mit dem Zusammenbruch der binnenorientierten Allende-Regierung sowie mit der tiefgreifenden Liberalisierung des Außenhandels 1974/75 begründen. Der Strukturbruch im Jahre 1981 kann auf die Schuldenkrise von 1982/83 zurückgeführt werden. Vor dem Hintergrund der Ergebnisse des Chow-Breakpoint-Tests und der Wirtschaftsgeschichte Chiles werden die Zeitpunkte der Strukturbrüche als *ex ante* bekannt vorausgesetzt und damit als exogen gegeben betrachtet. Im folgenden kann daher die Methode von PERRON (1989) gewählt werden, um die Sprünge in den Reihen zu modellieren.[43]

#### 2.4.4.2 Einheitswurzeltest unter Berücksichtigung von Strukturbrüchen

Nach dem Verfahren von PERRON (1989) kann durch Einbeziehung verschieden konstruierter Dummy-Variablen ($DU_t$, $DT_t^*$, $DT_t$) der Strukturbruch in der ADF-Testregression thematisiert werden, um die Integrationsordnung der Reihen zu bestimmen. PERRON (1989) unterscheidet die drei Regressionsmodelle:

42 Ein Blick auf Abbildung 2.12 zeigt mögliche Strukturverschiebungen in den Jahren 1973, 1974 und 1982. Deshalb wurden diese Jahre im Rahmen des CHOW-Breakpoint-Tests auf Strukturbruch getestet.

43 Die Methode von PERRON (1989) ist nicht unproblematisch, wenn die Brüche *ex ante* nicht bekannt sind und deshalb nicht unabhängig vom datengenerierenden Prozess gewonnen werden. In diesem Fall sollten die Strukturbrüche entsprechend PERRON (1997) in der ADF-Testregression thematisiert werden. Vgl. dazu auch die Ausführungen in Abschnitt 5.5.2.

$$\text{A)}\ \Delta x_t = a_0 + a_1 t + \rho x_{t-1} + \sum_{j=1}^{k} \gamma_t \Delta x_{t-j} + a_2 DU_t + \mu_t, \quad t = 1,...T, \tag{2.6}$$

$$\text{B)}\ \Delta x_t = a_0 + a_1 t + \rho x_{t-1} + \sum_{j=1}^{k} \gamma_t \Delta x_{t-j} + a_2 DT_t^* + \mu_t, \quad t = 1,...T, \tag{2.7}$$

$$\text{C)}\ \Delta x_t = a_0 + a_1 t + \rho x_{t-1} + \sum_{j=1}^{k} \gamma_t \Delta x_{t-j} + a_2 DU_t + a_3 DT_t + \mu_t, \quad t = 1,...T, \tag{2.8}$$

wobei

$DU_t = 1$ *für* $t > T_B \in T$ *und* $DU_t = 0$ *für* $t \le T_B \in T$,

$DT_t^* = t - TB$ *für* $t > T_B \in T$ *und* $DT_t^* = 0$ *für* $t \le T_B \in T$,

$DT_t = t$ *für* $t > T_B \in T$ *und* $DT_t = 0$ *für* $t \le T_B \in T$.

Ein Blick auf die Modelle und die einbezogenen Dummy-Variablen zeigt, wie die Strukturbrüche modelliert werden: Die Testregresssion in Modell A) entspricht einem Modell, in dem die Nullhypothese bzw. die $I(1)$-Hypothese durch einen Bruch in der Konstanten charakterisiert wird („*Crash Model*"). Regressiongleichung B) enthält die $I(1)$-Hypothese mit einer permanenten Änderung im Steigungsparameter der Trendfunktion, ohne dabei eine plötzliche Verschiebung im Niveauverlauf zuzulassen („*Changing Growth Model*"). Modell C) erlaubt das gleichzeitige Auftreten beider Effekte: sowohl die plötzliche Änderung der Konstanten, als auch die dauerhafte Änderung der Steigung der Trendfunktion infolge eines Strukturbruchs. Die Zeitpunkte der jeweiligen Sprünge ($T_B$) zur Berücksichtigung der Dummy-Variablen in der ADF-Testregression sind der zweiten und dritten Spalte der Tabelle 2.8 zu entnehmen. Tabelle 2.9 enthält schließlich die Ergebnisse des Einheitswurzeltests nach der Methode von PERRON (1989), wobei in allen Testregressionen nach der PERRON-Methode zunächst nur ein einziger Strukturbruch berücksichtigt wurde (mit den Informationen zur Konstruktion der Dummy-Variablen aus der zweiten Spalte der Tabelle 2.8).

Der Grund für die Berücksichtigung nur eines einzigen Strukturbruchs gemäß der Methode von PERRON liegt in der Tatsache, dass die entsprechenden kritischen Werte unter der Annahme eines einzigen Strukturbruchs gewonnen wurden. KAPETANIOS (2005) hat jedoch auf Grundlage der PERRON-Modelle A), B) und C) kritische Werte durch Monte-Carlo-Simulation für mehr als einen Strukturbruch ermittelt. In seiner Erweiterung der PERRON-Methode werden den Modellen zusätzliche Dummy-Variablen gleicher Art hinzugefügt. Für das *Crash Model* gilt dementsprechend im Falle zweier Strukurbrüche, dass zweimal Brüche in der Konstanten zugelassen werden. Für das *Changing Growth* Model gilt, dass zweimal Änderungen im Driftparameter zugelassen werden und für Modell C gilt wieder, dass die Strukturen des *Crash Models* und des *Changing Growth*

Models kombiniert werden. Deshalb können die Reihen $LNY_t$ und $LY_t$ auf Stationarität bei zwei potentiellen Strukturbrüchen untersucht werden. Dabei wird bei der KAPETANIOS-Methode das Datum des bzw. der Strukturbrüche jedoch nicht *ex ante* als bekannt vorausgesetzt. Der Zeitpunkt der Brüche wird modellendogen unter Verwendung von gleitenden Dummy-Variablen ermittelt. Für jeden potenziellen Bruchpunkt wird die um die Dummy-Variablen erweiterte ADF-Testgleichung erneut geschätzt und die Summe der quadrierten Residuen berechnet. Das Minimum der quadrierten Residuen in Abhängigkeit der Dummy-Variablen liefert das Datum der gesuchten Strukturbrüche.[44] Die Resultate der Einheitswurzeltests für die Variablen $LNY_t$ und $LY_t$ bei zwei Strukurbrüchen sind Tabelle 2.10 zu entnehmen. Die Ergebnisse der Einheitswurzeltest bei einem sowie bei zwei potenziellen Strukturverschiebungen können wie folgt interpretiert werden.

Auch bei der Berücksichtigung von einem (einzigen) Strukturbruch in Form von Dummy-Variablen in der ADF-Testregression zeigt sich, dass die Hypothese der Nichtstationarität für die Niveaus der Zeitreihen $LY_t$, $LX_t$, $LNY_t$, $LXi_t$, $LNXi_t$, $LI_t$ nicht abgelehnt werden kann: die Werte der Teststatistik in Tabelle 2.9 übersteigen betragsmäßig nicht die kritischen Werte für die Niveaus der zugrundeliegenden Variablen. Für die ersten Differenzen wird die $I(1)$-Hypothese bei allen Variablen dagegen abgelehnt: die kritischen Werte werden betragsmäßig überschritten. Lediglich für $LXi_t$ ist die Evidenz eines $I(1)$-Prozesses weniger eindeutig. Danach wird die Hypothese der Nichtstationarität auf dem 5%-Signifikanzniveau für Modell A abgelehnt. Der kritische 1%-Niveau-Wert von –4.39 wird betragsmäßig jedoch nicht überschritten, so dass die Beibehaltung der $I(1)$-Hypothese durchaus zulässig ist. Folglich kann die Integrationsordnung der Variable $LXi_t$ ebenfalls mit d=1 ausgewiesen werden (wenn auch weniger eindeutig als bei den übrigen Variablen in Tabelle 2.9).

Werden allerdings (in Tabelle 2.10) zwei Struktürbrüche in den Reihen $LY_t$ und $LNY_t$ berücksichtigt, so zeigt die Teststatistik für Modell C), dass die entsprechenden kritischen Werte eindeutig überschritten werden. Demzufolge besteht eine Evidenz für die Annahme eines (trendstationären) $I(0)$-Prozesses der Reihen $LY_t$ und $LNY_t$. Dem gilt es jedoch folgendes entgegenzuhalten.

In der Regel verhalten sich nationale BIP-Zeitreihen wie integrierte Prozesse (BLANCHARD/QUAH 1989). Insofern ist die Evidenz für einen chilenischen Output der Ordnung 0 + Trend empirisch fragwürdig. Darüberhinaus ist die Annahme einer zweifachen Verschiebungen in der Konstanten und einer zweifachen, dauerhaften Verschiebung im Driftparameter (gemäß Modell C) sehr restriktiv. Weniger restriktiv und daher methodisch angemessen dürfte die Modellierung der Strukturbrüche gemäß den Modellen A) und B) sein. Die Ergebnisse

44 Vgl. dazu auch (etwas ausführlicher) die Ausführungen in Abschnitt 4.4.3.1.

der Einheitswurzeltests nach den Modellen A) und B) zeigen eindeutig, dass die Nullhypothese der Nichtstationarität für die Niveaus der Reihen nicht abgelehnt werden kann, während sie für die ersten Differenzen abgelehnt werden kann. Deshalb werden $LY_t$ und $LNY_t$ im folgenden als integriert der Ordnung Eins, $I(1)$, betrachtet.

**Tabelle 2.9 PERRON-Einheitswurzeltest bei einem Strukturbruch**

| Variable | Modell A | | Modell B | | Modell C | | Ergebnis |
|---|---|---|---|---|---|---|---|
| | Teststatistik | krit. Wert* | Teststatistik | krit. Wert* | Teststatistik | krit. Wert* | |
| *LY* | -2.658 | -3.76 | -2.329 | -3.95 | -3.073 | 4.24 | $I(1)$ |
| *LNY* | -3.256 | -3.76 | -2.304 | -3.96 | -3.241 | -4.53 | $I(1)$ |
| *LX* | -2.073 | -3.76 | -2.309 | -3.87 | -2.591 | -4.17 | $I(1)$ |
| *LNXi* | -1.786 | -3.76 | -3.146 | -3.87 | -3.196 | -4.17 | $I(1)$ |
| *LXi* | -4.091 | 3.76/-4.39** | -3.006 | -3.87 | -4.145 | -4.17 | $I(1)$ |
| *LI* | -3.561 | -3.76 | -3.154 | -3.95 | -4.425 | -4.49 | $I(1)$ |
| 1. Differenzen | | | | | | | |
| $\Delta(LY)$ | -3.672 | -3.528 | -4.059 | -3.528 | -3.943 | -3.528 | $I(0)$ |
| $\Delta(LNY)$ | -3.688 | -3.528 | -4.245 | -3.528 | -4.063 | -3.528 | $I(0)$ |
| $\Delta(LX)$ | -3.648 | -3.528 | -4.142 | -3.528 | -3.197 | -3.528 | $I(0)$ |
| $\Delta(LNXi)$ | -4.966 | -3.528 | -5.126 | -3.528 | -4.490 | -3.528 | $I(0)$ |
| $\Delta(LXi)$ | -5.147 | -3.528 | -5.362 | -3.528 | -4.935 | -3.528 | $I(0)$ |
| $\Delta(LI)$ | -5.926 | -3.528 | -6.297 | -3.528 | -6.128 | -3.528 | $I(0)$ |

Anmerkung: * 5%-Signifikanziveau. **1%-Niveau. Die kritischen Werte für die Niveaugrößen stammen aus PERRON (1989: S.1376, 1377). Sie richten sich nach dem Verhältnis λ=Zeitraum vor dem Strukturbruch / Beobachtungszeitraum und sind abhängig vom unterstellten Modell (A, B oder C). Die kritischen Werte für die ersten Differenzen sind bei MACKINNON (1991) nachgewiesen. Die Differenzenbildung wurde ebenfalls auf die Dummy-Variablen angewendet. Insofern handelt es sich in der Differenzenschätzung um Impuls-Dummy-Variablen. Bei Aufnahme von Impuls-Dummies wird üblicherweise unterstellt, dass sich die Verteilung der Teststatistiken nicht ändert, denn Impuls- (und Interventionsdummies) haben keine langfristigen Effekte (HANSEN/JUSELIUS 1995). Der Test wurde unter Berücksichtigung der Modellselektionskriterien von Schwarz und Hannan-Quinn durchgeführt.

Zusammengefasst lässt sich sagen, dass eine Modellierung aller Variablen durch $I(1)$-Prozesse möglich ist. Dementsprechend ändert sich nichts an den Ergebnissen des gewöhnlichen ADF-Test in Tabelle 2.7. Im folgenden kann daher geprüft werden, ob gemäß den zugrundeliegenden Funktionen (2.1*a*), (2.1*b*), (2.3*a*), (2.3*b*) eine Kointegrationsbeziehung zwischen den Variablen existiert.

**Tabelle 2.10 KAPETANIOS-Einheitswurzeltest bei zwei Strukturbrüchen**

| Variable | Modell A | | Modell B | | Modell C | | Ergebnis |
|---|---|---|---|---|---|---|---|
| | Teststatistik | krit. Wert* | Teststatistik | krit. Wert* | Teststatistik | krit. Wert* | |
| *LY* | -3.577 | -5.685 | -3.487 | -5.096 | -7.249 | -6.113/-6.587** | *I*(1) |
| *LNY* | -4.886 | -5.685 | -4.993 | -5.096 | -6.674 | -6.113/-6.587** | *I*(1) |
| Δ(*LY*) | -3.640 | -3.528 | -3.671 | -3.528 | -4.961 | -3.528 | *I*(0) |
| Δ(*LNY*) | -3.620 | -3.528 | -3.733 | -3.528 | -5.444 | -3.528 | *I*(0) |

Anmerkung: * 5%-Signifikanziveau. **1%-Niveau. Die kritischen Werte für die Niveaugrößen stammen aus KAPETANIOS (2005: S. 129). Sie sind abhängig vom unterstellten Modell (A, B oder C). Die kritischen Werte für die ersten Differenzen sind bei MACKINNON (1991) nachgewiesen. Der Test wurde unter Berücksichtigung der Modellselektionskriterien von Schwarz und Hannan-Quinn durchgeführt.

### 2.4.5 Engle-Granger-Kointegrationstest

Zunächst wird die zweistufige Modellierungsstrategie von ENGLE/GRANGER (1987) gewählt. Danach können die langfristig geltenden Relationen gemäß den Funktionen (2.1*a*), (2.1*b*), (2.3*a*) und (2.3*b*) superkonsistent mit der Kleinst-Quadrate-Methode geschätzt werden, wenn die Variablen kointegriert sind. Die Engle-Granger-Methode beruht auf folgenden Überlegungen.

#### 2.4.5.1 Der erste Schritt der Engle-Granger-Methode: Schätzung der langfristigen Gleichgewichtsbeziehungen und Überprüfung der Residuen auf ihre Stationarität

Wie bereits aus ii) des Abschnitts 2.4.3 hervorgeht, fordert Kointegration, dass der Gleichgewichtsfehler $z_t$ keinen Trend aufweist. Daher liegt es nahe, im ersten Schritt der ENGLE-GRANGER-Methode die Residuen $z_{it}$ der zu schätzenden statischen Regressionsmodelle

$$LY_t = a_0 + a_1 LX_t + z_{1t}, \qquad (2.1.1a)$$

$$LNY_t = b_0 + b_1 LX_t + z_{2t}, \qquad (2.1.1b)$$

$$LY_t = \alpha_0 + \alpha_1 LXi_t + \alpha_2 LNXi_t + \alpha_3 LI_t + z_{3t}, \qquad (2.3.1a)$$

$$LNY_t = \beta_0 + \beta_1 LXi_t + \beta_2 LNXi_t + \beta_3 LI_t + z_{4t} \qquad (2.3.1b)$$

auf ihre Stationarität und so auf Kointegration zu prüfen. ENGLE und GRANGER (1987) schlagen in diesem Zusammenhang unter anderem den DURBIN/WATSON (CRDW)- und den (aus Abschnitt 2.4.4.1 bekannten) ADF-Test vor.[45] Die Nullhypothese dieser Tests besagt, dass keine Kointegration vorliegt bzw., dass die

45 In der ADF-Testgleichung treten allerdings keine deterministischen Terme auf (kein Trend und keine Konstante), da Kleinst-Quadrate-Residuen konstruktionsgemäß einen Mittelwert von Null aufweisen.

Gleichgewichtsfehler nichtstationär sind. Beim CRDW-Test wird die Nullhypothese für signifikant positive Durbin-Waston-Werte (DW) verworfen. Kritische Werte für den CRDW-Kointegrationstest können bei BANERJEE/DOLADO/GALBRAITH/HENDRY (1993: S. 209) entnommen werden. Für die Berechnung der kritischen Werte für den ADF-(Kointegrations-) Test gilt üblicherweise die Vorgehensweise, die bei MACKINNON (1991) nachgewiesen wird.[46]

Allerdings müssen die statischen Kointegrations-Regressionen mögliche Strukturbrüche beachten, indem zusätzlich Dummy-Variablen in die Regressionsgleichungen einbezogen werden. Diese können eine Verschiebung im Absolutglied der Kointegrationsbeziehung abbilden (*Level Shift*)[47] und nehmen ab dem Jahr nach den potenziellen Strukturbrüchen den Wert Eins und davor den Wert Null an. Die Zeitpunkte bzw. die Jahre der Brüche werden entsprechend der Methode von GREGORY/HANSEN (1996) modellendogen durch eine sequentielle Testprozedur ermittelt: Für jeden potenziellen Strukturbruch im Beobachtungszeitraum wird die um die Dummy-Variablen erweiterte statische Kointegrationsregression erneut geschätzt und die Residuen werden gesichert. Damit lässt sich jede gespeicherte Residuenreihe einer Dummy-Variablen und daher einem potenziellen Strukturbruch zuordnen. In einem zweiten Schritt werden die originären ADF-Testregressionen (ohne Trend und Konstante) für alle gespeicherten Residuenreihen durchgeführt und die entsprechenden ADF-Teststatistiken berechnet. Die kleinste (bzw. absolut gesehen größte) Teststatistik liefert die für den Kointegrationstest relevante Reihe der Residuen damit auch den Zeitpunkt des Bruchs (HERZER/NOWAK-LEHMANN D. 2006).

Der Strukturbruch macht jedoch die Anwendung der üblichen MacKinnon-Teststatistik zur Überprüfung der Residuen auf ihre Stationarität unmöglich.[48]

---

46 Die Verteilung der Teststatistik hängt von der Anzahl der Regressoren und dem datengenerierenden Prozess ab. Daher sind nur Schranken (*response surfaces*) für die kritischen Werte verfügbar. MACKINNON (1991) liefert diese Schranken, mit denen sich - in Abhängigkeit der Beobachtungen und der Regressorenzahl - die kritischen Werte nach einer auf S.272 nachgewiesenen Formel berechnen lassen.

47 Daneben lässt sich ebenfalls eine Änderung im Steigungsparameter eines deterministischen Trends in der Kointegrationsbeziehung (*Level Shift with Trend*) sowie ein Sprung im Absolutglied und in den Parametern der Kointegrationsbeziehung (*Regime Shift*) thematisieren (vgl. dazu GREGORY/HANSEN 1996). Hier wird der Kointegrationstest nur mit einem potenziellen *Level Shift* durchgeführt.

48 Dies ist nur eingeschränkt richtig: Entsprechend HASSLER (2002) kann die Stufendummy-Variable in der praktischen Anwendung des residuenbasierten ADF-Kointegrationstest als $I(1)$-Regressor deklariert werden. Da die MACKINNON-Testsatistik von der Anzahl der $I(1)$-Regressoren abhängig ist, ergibt sich durch den zusätzlichen $I(1)$-Regressor eine Anpassung der Teststatistik, die sich dann

**Tabelle 2.11 Kointegrations-Regressionsgleichung/ CRDW- und ADF-Residuentest**

| | Regressor | Koeffizient | t-Statistik | | Regressor | Koeffizient | t-Statistik |
|---|---|---|---|---|---|---|---|
| (2.1.1*a*) *LY=f(LX, DU75* ) | | | | (2.1.1*b*) *LNY=f(LX, DU75*) | | | |
| | *LX* | 0.626 | 27.41 | | *LX* | 0.519 | 19.888 |
| | Konstante | 7.576 | 24.25 | | Konstante | 8.949 | 25.046 |
| | | Kritische Werte (5%) | | | | Kritische Werte (5%) | |
| CRDW | 0.78 | 0.72 | | CRDW | 0.68 | 0.72 | |
| ADF | -3.49 | -4.61 | $R^2$=0.97 | ADF | -3.26 | -4.61 | $R^2$=0.94 |
| (2.3.1*a*) *LY=f(LXi, LNXi, LI, DU75*) | | | | (2.3.1*b*) *LNY=f(LXi, LNXi, LI, DU75*) | | | |
| | *LXi* | 0.110 | 1.845 | | *LXi* | 0.110 | 1.689 |
| | *LNXi* | 0.215 | 2.057 | | *LNXi* | 0.036 | 0.319 |
| | *LI* | 0.324 | 4.021 | | *LI* | 0.385 | 4.373 |
| | Konstante | 7.360 | 14.75 | | Konstante | 8.815 | 15.713 |
| | | Kritische Werte (5%) | | | | Kritische Werte (5%) | |
| CRDW | 0.69 | 1.05 | | CRDW | 0.59 | 1.05 | |
| ADF | -3.10 | -5.28 | $R^2$=0.98 | ADF | -2.97 | -5.25 | $R^2$=0.96 |

Anmerkung: *DU75* =1 ab 1975 und Null davor. Der ADF-Test auf Stationarität der Residuen wurde unter Berücksichtigung der Modellselektionskriterien von Schwarz und Hannan-Quinn einheitlich mit keiner Verzögerung der differenzierten endogenen Variablen durchgeführt. Der kritische ADF-Wert bei einen Regressor (bzw. bei drei Regressoren) ist bei GREGORY/HANSEN (1996) auf dem 5%-Niveau nachgewiesen als –4.61 bzw. –5.28. DW=Durbin-Waston-Teststatistik für den CRDW-Test. Der Ablehnungsbereich der Nullhypothese fehlender Kointegration für den CRDW-Test bei einem Regressor (bzw. drei Regressoren) und 50 Beobachtungen lautet bei BENERJEE/DOLADO/GAILBRAITH/HENDRY (1993) 0.72 (bzw. 1.05).

Beim residuenbasierten Kointegrationstest werden deshalb die kritischen ADF-Werte verwendet, die GREGORY/HANSEN (1996) durch Monte-Carlo-Simulation gewonnen haben. Sind die Residuen stationär bzw. die Variablen kointegriert, so gilt die Schätzung der Parameter in (2.1.1*a*), (2.1.1*b*), (2.3.1*a*), (2.3.1*b*) als superkonsistent. Damit ist gemeint, dass die Kleinst-Quadrate-Schätzer für die langfristigen Elastizitäten der *I*(1)-Reihen nicht nur konstistent sind, sondern sie konvergieren schneller als im *I*(0)-Fall der Stationarität gegen ihre Grenzverteilung. Allerdings haben die Standardfehler der Kointgrationsparameter - trotz der Superkonsistenz -asymptotisch keine Normalverteilung, so dass die statischen Kointegrations-Regressionen verzerrte Regressionskoeffizienten liefern. Mitunter ist kein sensibles Urteil hinsichtlich der Signifikanz der Parameter in den Kointegrations-Regressionsgleichungen (2.1.1*a*), (2.1.1*b*), (2.3.1*a*), (2.3.1*b*)

approximativ für den residuenbasierten ADF-Test im Falle eines Strukturbruchs verwenden lässt.

möglich. (Darauf wird in Abschnitt 2.4.5.3 noch zurückzukommen sein.) Dennoch gilt diese Vorgehensweise als allgemein üblicher erster Schritt zur Prüfung auf Kointegrationsbeziehungen: Schätzung der langfristigen Gleichgewichtsbeziehungen und Überprüfung der Residuen auf ihre Stationarität.[49] Die Ergebnisse dieses ersten Schrittes sind der Tabelle 2.11 zu entnehmen. Sie können wie folgt resümiert werden.

In allen Spezifikationen zeigt die ADF-Teststatistik, dass die Hypothese fehlender Kointegration bei einem Signifikanzniveau von 5% nicht abgelehnt werden kann. Die Werte der ADF-Teststatistik (-3.49, -3.26, -3.10, -2.97) übersteigen betragsmäßig nicht die bei GREGORY/HANSEN (1996) ausgewiesenen kritischen Werte - für einen (-4.61) und drei Regressoren (-5.25). Danach würde kein langfristig geltender Zusammenhang zwischen den Variablen existieren. Gleiches gilt bezüglich der CRDW-Teststatistik für die Regressionen (2.3.1*a*), (2.3.1*b*) und (2.1.1*b*): Gemessen an den aus BANERJEE/DOLADO/GAILBRAITH/HENDRY (1993: S. 209) entnommenen kritischen Werten (0.72 für einen Regressor und 1.05 für drei Regressoren) sind die Testwerte (0.68, 0.69, 0.59) zu klein. Lediglich für (2.1.1*a*) zeigt die CRDW-Statistik (0.78) eine mögliche Kointegrationsbeziehung an, da der von BANERJEE/DOLADO/GAILBRAITH/HENDRY berichtete kritische Wert von 0.72 überschritten wird.[50]

Die fehlende empirische Evidenz für die unterstellten Langfristbeziehungen kann durch mehrere Ursachen hervorgerufen worden sein. Eine mögliche Ursache besteht in der Vernachlässigung der Kurzfristdynamik, die zwischen den Variablen existiert. KREMERS/ERICSSON/DOLADO zeigen (1992), dass die Kurzfristdynamik durch die Schätzung statischer Kointegrations-Regressionsgleichungen in eventuell unzulässiger Weise restringiert wird, wodurch die ADF- und CRDW-Kointegrationstests einen Güteverlust aufweisen. Daher empfehlen die genannten Autoren, statt des residuenbasierten Kointegrationstests einen sog. ECM-Kointegrationstest.[51] Der ECM-Kointegrationstest basiert auf einer Fehlerkorrekturdarstellung (ECM), in der eine Berücksichtigung der Kurzfristdynamik erfolgt. Die Schätzung eines residuenbasierten Fehlerkorrekturmodells entspricht dem zweiten Schritt der Engle-Granger-Vorgehensweise.

---

49 Wie bereits erwähnt, treten in der ADF-Testgleichung keine deterministischen Terme (Trend, Konstante) auf, da Kleinst-Quadrate-Residuen konstruktionsgemäß einen Mittelwert von Null aufweisen.

50 Angemerkt sei, dass die BENERJEE/DOLADO/GAILBRAITH/HENDRY (1994) ausgewiesenen Werte ohne Berücksichtigung potenzieller Strukturbrüche gewonnen worden sind. Streng genommen sind sie daher nicht anwendbar.

51 Erwähnt sei, dass ein ECM-Test auch von ENGLE/GRANGER (1987) zum Testen auf Kointegration vorgeschlagen wird.

### 2.4.5.2 Der zweite Schritt der Engle-Granger-Vorgehensweise: Schätzung eines residuenbasierten Fehlerkorrekurmodells

Der zweite Schritt der Engle-Granger-Vorgehensweise beruht auf dem Repräsentationstheorem von GRANGER, wonach Kointegration ein Fehlerkorrekturmodell impliziert und *vice versa* (ENGLE/GRANGER 1987).[52] Die zu den Gleichungen (2.1.1*a*), (2.1.1*b*), (2.3.1*a*) und (2.3.1*b*) korrespondierenden Fehlerkorrektormodelle können geschrieben werden als (KREMERS/ERICSSON/DOLADO 1992):

$$\Delta LY_t = \delta_0 - \delta_1 z_{1t-1} + \sum_{i=0}^{k} \phi_i (\Delta LX_{t-i}) + \sum_{i=1}^{k} \theta_i \Delta LY_{t-i} + \varepsilon_{1t}, \tag{2.1.2$a$}$$

$$\Delta LNY_t = \sigma_0 - \sigma_1 z_{2t-1} + \sum_{i=0}^{k} \phi_i (\Delta LX_{t-i}) + \sum_{i=1}^{k} \theta_i \Delta LNY_{t-i} + \varepsilon_{2t}, \tag{2.1.2$b$}$$

$$\Delta LY_t = \omega_0 - \omega_1 z_{3t-1} + \sum_{i=1}^{k} \phi_i (\Delta LXi_{t-i}; \Delta LNXi_{t-i}; \Delta LI_{t-i}) + \sum_{i=1}^{k} \theta_i \Delta LY_{t-i} + \varepsilon_{3t}, \tag{2.3.2$a$}$$

$$\Delta LNY_t = \xi_0 - \xi_1 z_{4t-1} + \sum_{i=1}^{k} \phi_i (\Delta LXi_{t-i}; \Delta LNXi_{t-i}; \Delta LI_{t-i}) + \sum_{i=1}^{k} \theta_i \Delta LNY_{t-i} + \varepsilon_{4t}, \tag{2.3.2$b$}$$

wobei $z_{it-1}$ bzw.

$$z_{1t-1} = LY_{t-1} - a_0 - a_1 LX_{t-1}, \tag{2.9}$$

$$z_{2t-1} = LNY_{t-1} - b_0 - b_1 LX_{t-1}, \tag{2.10}$$

$$z_{3t-1} = LY_{t-1} - \alpha_0 - \alpha_1 LXi_{t-1} - \alpha_2 LNXi_{t-1} - \alpha_3 LI_{t-1}, \tag{2.11}$$

$$z_{4t-1} = LNY_{t-1} - \beta_0 - \beta_1 LXi_{t-1} - \beta_2 LNXi_{t-1} - \beta_3 LI_{t-1} \tag{2.12}$$

die im ersten Schritt der Engle-Granger-Vorgehensweise bzw. die im vorherigen Abschnitt geschätzten (verzögerten) Residuen der statischen Langfristregressionen (2.1.1*a*), (2.1.1*b*), (2.3.1*a*) und (2.3.1*b*) sind.[53]

Die oben aufgeführten Fehlerkorrekturmodelle (2.1.2*a*), (2.1.2*b*), (2.3.2*a*) und (2.3.2*b*) setzen sich zusammen aus der Kurzfristdynamik in den Klammerausdrücken und den Fehlerkorrekturmechanismen $\delta_1 z_{1t-1}$, $\sigma_1 z_{2t-1}$, $\omega_1 z_{3t-1}$, $\zeta_1 z_{4t-1}$. Die Veränderung der abhängigen Variablen *LY* bzw. *LNY* zwischen den Perioden *t* und *t*-1 ($\Delta LY_t$ bzw. $\Delta LNY_t$) hängt demnach ab

---

52 Vgl. dazu beispielsweise ENGLE/GRANGER (1987).

53 Angemerkt sei, dass im vorherigen Abschnitt die Dummy-Variable *DU*75 in die Kointegrationsregressionen aufgenommen wurde. Diese Dummy-Variable modelliert die Rezession des Jahres 1975, wobei dieses Datum *ex ante* nicht als bekannt vorausgesetzt wurde. Das Datum des (mit der Rezession in Zusammenhang stehenden) Strukturbruchs wurde modellendogen mit Hilfe der Methode von GREGORY/HANSEN (1996) ermittelt.

- von der Veränderung von *LX* bzw. *LXi, LNXi* und *LI* (Δ*LX* bzw. Δ*LXi*, Δ*LNXi* und Δ*LI*),
- von den *k* verzögerten Differenzen von *LX* bzw. *LXi, LNXi* und *LI* sowie
- von den Fehlerkorrekturmechanismen $\delta_1 z_{1t-1}$, $\sigma_1 z_{2t-1}$, $\omega_1 z_{3t-1}$ und $\zeta_1 z_{4t-1}$.[54]

Die Fehlerkorrekturmechanismen bestehen aus den sogenannten Ladungskoeffizienten - den Fehlerkorrekturkoeffizienten - $\delta_1$, $\sigma_1$, $\omega_1$, $\zeta_1$ und den verzögerten Residuen, $z_{it-1}$, der statischen Langfristregression. Die verzögerten Residuen der Langfristregression - die Fehlerkorrekturterme - bezeichnen die Abweichung vom langfristigen Gleichgewicht in der Vorperiode. Weicht das BIP bzw. das Nicht-Export-BIP zu einem bestimmten Zeitpunkt von seinem langfristigen Gleichgewichtsniveau ab, so wird diese Abweichung innerhalb des folgenden Jahres durchschnittlich um $\delta_1$, $\sigma_1$, $\omega_1$, $\zeta_1$ abgebaut. Die negativen Ladungskoeffizienten stellen folglich sicher, dass Abweichungen von den langfristigen Gleichgewichtsbeziehungen in der darauf folgenden Periode in einem bestimmten Maße korrigiert werden. Das impliziert: Sofern die Ladungskoeffizienten der Fehlerkorrekturterme negativ und statistisch von Null verschieden sind, besteht eine Kointegrationsbeziehung.[55]

Allerdings ist auch hier die Anwendung der gewöhnliche Verteilungstheorie für die Prüfung auf Signifikanz der negativen Ladungskoeffizienten nicht möglich.[56] Zum Testen auf Kointegration verwenden KREMERS/ERICSSON/DOLADO (1992) die kritischen Werte, die nach MACKINNON (1991) in Abhängigkeit von der Anzahl der Beobachtungen und der Anzahl der Regressoren zu berechnen sind. Die Ergebnisse des Kointegrationstests auf Basis der kritischen Werte von MACKINNON sind Tabelle 2.12 zu entnehmen.[57]

---

54 Da im langfristigen Gleichgewicht alle Anpassungen der involvierten Variablen vollständig abgeschlossen sind, sind dort sämtliche Veränderungen, Δ, für alle $t$ gleich Null, so dass die Residuen $z_{it}$ (abgesehen von einem *White-Noise*-Term) die Gleichgewichtslösung des Systems bezeichnen.

55 Hier wird im übrigen deutlich, warum - wie bereits in Abschnitt 2.4.3 erörtert - die Methode der Differenzenbildung bei Vorliegen von Kointegrationsbeziehungen zu keiner zufriedenstellenden Schätzung führt. Würden nur die Differenzen bzw. nur die verzögerten Differenzen der Variablen regressiert, dann wären wegen Fehlens der Terme $z_{1t-1}$, $z_{2t-1}$, $z_{3t-1}$, $z_{4t-1}$ die Gleichungen fehlspezifiziert.

56 Erwähnt sei, dass die übliche t-Verteilung durchaus ihre Gültigkeit hat, sofern die Residuen ($z_{1t}$, $z_{2t}$, $z_{3t}$, $z_{4t}$) stationär bzw. die Variablen kointegriert sind. Dagegen gilt für den Test auf Kointegration nicht die übliche t-Verteilung.

57 Tabelle 2.12 enthält nicht die Schätzergebnisse für die Kurzfristparameter. Als Grund dafür sei angeführt: Wie in Abschnitt 2.4.5.3 noch zu diskutieren sein wird, liefert die statische Kointegrationsregression verzerrte Ergebnisse. Diese Verzerrungen können sich auf den Fehlerkorrekurterm und damit auf das residuenbasierte Fehlerkorrekturmodell übertragen. Infolgedessen können wiederum die Eigenschaften der kurzfristigen Parameter ungünstig beeinflusst werden. Deshalb sind die Schätzergebnisse für die potenziell verzerrten Kurzfristparameter nicht ausge-

**Tabelle 2.12 Residuenbasiertes Fehlerkorrekturmodell**

| Regressand | Koeffizient $\delta_1$ | t-Wert | kritischer Wert (1%) | Regressand | Koeffizient $\sigma_1$ | t-Wert | Kritischer Wert (1%) |
|---|---|---|---|---|---|---|---|
| $\Delta LY$ | -0.522** | -6.532 | -4.118 | $\Delta LNY$ | -0.537** | -6.388 | -4.118 |
| Regressand | Koeffizient $\omega_1$ | t-Wert | kritischer Wert (5%) | Regressand | Koeffizient $\zeta_1$ | t-Wert | Kritischer Wert (5%) |
| $\Delta LY$ | -0.443* | -4.943 | –4.064 | $\Delta LNY$ | -0.469* | -5.280 | –4.064 |

Anmerkung: ** (*) Signifikant bei einem Niveau von 1% (5%). Die Kritischen Werte für den Kointegrationstest sind nach der von MACKINNON (1991) angegebenen Formel berechnet worden, mit –4.118 auf dem 1%-Niveau bei einem stochastischen Regressor und –4.064 auf dem 5%-Niveau bei drei stochastischen Regressoren in der statischen Kointegrations-Regressionsgleichung. In die Modelle wurden die Impulsdummy-Variablen *i*71, *i*75 und *i*82 einbezogen. Sie lauten auf Eins in den Jahren 1971, 1975, 1982 und sonst Null. Die Anzahl der zu berücksichtigenden Verzögerungen wurde auf Basis der Informationskriterien von Schwarz und Hannan-Quinn auf Zwei, *k*=2, festgesetzt. Insignifikanten Differenzen wurden sukzessive eliminiert.

Wie aus Tabelle 2.12 hervorgeht, kann die Hypothese fehlender Kointegration mit einer Irrtumswahrscheinlichkeit von mindestens 5% in allen Spezifikationen abgelehnt werden: Alle Ladungskoeffizienten haben ein negatives Vorzeichen und ihre t-Werte übersteigen dem Betrage nach den kritischen Wert von –4.064 (–4.118) für das Signifikanzniveau von 5% (1%). Folglich besteht eine Evidenz für das Vorliegen von Kointegrationsbeziehungen.[58] Normalisiert auf $LY_t$ bzw. $LNY_t$ liefern die statischen Kointegrationsregressionen diese Zusammenhänge als (vgl. Tabelle 2.11, Spalte der Koeffizienten):[59]

$$LY_t = 7.576 + 0.626 LX_t - 0.356 DU75, \qquad (2.1.3a)$$

$$LNY_t = 8.949 + 0.519 LX_t - 0.357 DU75, \qquad (2.1.3b)$$

$$LY_t = 7.360 + 0{,}110 LXi_t + 0.215 LNXi_t + 0.324 LI_t - 0.242 DU75, \qquad (2.3.3a)$$

$$LNY_t = 8.815 + 0.110 LXi_t + 0.036 LNXi_t + 0.385 LI_t - 0.230 DU75. \qquad (2.3.3b)$$

Wie der folgende Abschnitt zeigt, lassen diese Gleichungen aufgrund allgemeiner Defizite der Engle-Granger-Prozedur jedoch keine Inferenzen zu.

### 2.4.5.3 Probleme des Engle-Granger-Ansatzes

Die geschätzten Regressionsparameter der oben aufgeführten Gleichungen sind faktisch kaum interpretierbar, da der Engle-Granger-Ansatz schwerwiegende

wiesen. Die Schätzung der Kurzfristdynamik gemeinsam mit der langfristigen Gleichgewichtsbeziehung ist Gegenstand von Abschnitt 2.4.6.

58 Wie in Abschnitt 3.4.3 noch zu erörtern sein wird, impliziert Kointegration wegen der Fehlerkorrekturanpassung (mindestens) eine Granger-kausale Beziehung.

59 Die Dummy-Variable *DU*75 modelliert die Rezession des Jahres 1975 und nimmt ab 1975 den Wert Eins und sonst den Wert Null an.

Probleme hat. Ein gravierendes Manko ist, dass die Parameter insbesondere in kleinen Stichproben erhebliche Verzerrungen aufweisen, die mit steigendem Stichprobenumfang nur langsam zurückgehen.[60] Zu diesem Ergebnis kommen BANERJEE/DOLADO/HENDRY/SMITH (1986) im Rahmen von Monte-Carlo-Simulationen.[61] Außerdem fordert der Engle-Granger-Ansatz sehr starke Annahmen für den datengenerierenden Prozess.

So wird beispielsweise unterstellt, dass die Residuen der Kleinst-Quadrate-Regression über die Zeit hinweg unkorreliert sind. Für Zeitreihen ist diese Annahme häufig unrealistisch. Ferner ist bei bestehender Autokorrelation in den Residuen die Kointegrationsregression nicht mehr effizient und die üblichen Teststatistiken verlieren ihre gewohnte asymptotische Verteilung.[62] Hinzu kommt, dass die Exogenitätsannahme für der Erklärungsvariablen in vielen Fällen nicht erfüllt ist. Infolgedessen liefert die statische Regression der langfristigen Zusammenhänge zusätzlich verzerrte Ergebnisse. Und schließlich haben CAMPOS/ERICSSON/HENDRY (1996) gezeigt, dass bei Vorliegen von Strukturbrüchen die statischen Regressionen zur Schätzung der Kointegrationsparameter ihren dynamischen Spezifikationen unterlegen sind.

Im folgenden soll daher der dynamische Ansatz von STOCK (1987) angewendet werden. Das Stock-Verfahren erlaubt die Schätzung langfristiger Beziehungen gemeinsam mit der Kurzfristdynamik innerhalb eines Fehlerkorrekturmodells.[63]

---

60 Dieses Problem ließe sich mit Hilfe des Engle-Yoo-Verfahrens (1991) beheben. Beim Engle-Yoo-Verfahren wird dem zweistufigen Engle-Granger-Verfahren ein dritter Schritt hinzugefügt. Im dritten Schritt kann die aus der endlichen Stichprobe resultierende Verzerrung behoben werden, indem zunächst die Residuen der Fehlerkorrekturgleichung auf die mit den jeweiligen Ladungskoeffizienten multiplizierten verzögerten Regressoren der statischen Langfistregression regressiert werden. Anschließend erfolgt die Addition der sich dabei ergebenden Regressionskoeffizienten mit den zugehörigen Regressionskoeffizienten der statischen Langfristregression (um die Verzerrungen zu korrigieren).

61 Die Verzerrungen hängen im wesentlichen von den in den Gleichungen vernachlässigten Dynamiken ab.

62 Wie bereits in Abschnitt 2.4.5.1 erwähnt sind auch bei Vorliegen von Kointegration die t-Statistiken nicht approximativ normalverteilt und somit kaum zu gebrauchen.

63 Prinzipiell ist bei Vorliegen von Kointegration eine effiziente Schätzung der Langfristelastizitäten auch ohne Fehlerkorrekturdarstellung möglich. Dazu werden in die statischen Regressionsgleichung *Leads* und *Lags* der differenzierten exogenen Niveauvariablen aufgenommen (SAIKKONEN 1991). Auf diese Weise wird die statische Kointegrationsregressionsgleichung in eine dynamische transformiert, die selbst bei Endogenität der Erklärungsvariablen zu asympotisch effizienten Schätzern führt. Diese sog. *Dynamic Ordinary Least Square*- (DOLS-) Methode findet unter anderem in Abschnitt 4.5.3.3 ihre Anwendung.

Außerdem bietet das Stock-Verfahren einen zusätzlichen Test auf Kointegration, wie der nächste Abschnitt zeigt.

### 2.4.6 Schätzung der Langfristelastizitäten gemeinsam mit der Kurzfristdynamik

STOCK (1987) entwickelt ein Fehlerkorrekturmodell, mit dem die langfristig geltenden Relationen gemeinsam mit der Kurzfristdynamik asympotisch effizient geschätzt werden, wenn die Erklärungsvariablen voneinander unabhängig sowie schwach exogen in bezug auf die zu erklärende sind (BANERJEE/DOLADO/MESTRE 1998).[64] Dementsprechend handelt es sich um ein einstufiges Schätzverfahren. In dieser Arbeit haben die Fehlerkorrekturmodelle für die zugrundeliegenden Funktionen zunächst die nicht-lineare Form

$$\Delta LY_t = \delta_0 - \delta_1(LY_{t-1} - a_1 LX_{t-1}) + \sum_{i=0}^{k}\phi_i(\Delta LX_{t-i}) + \sum_{i=1}^{k}\theta_i \Delta LY_{t-i} + \varepsilon_{1t}, \qquad (2.1.4a)$$

$$\begin{aligned}\Delta LNY_t &= \sigma_0 - \sigma_1(LNY_{t-1} - b_1 LNX_{t-1}) \\ &+ \sum_{i=0}^{k}\phi_i(\Delta LX_{t-i}) + \sum_{i=1}^{k}\theta_i \Delta LNY_{t-i} + \varepsilon_{2t}\end{aligned}, \qquad (2.1.4b)$$

$$\begin{aligned}\Delta LY_t &= \omega_0 - \omega_1(LY_{t-1} - \alpha_1 LXi_{t-1} - \alpha_2 LNXi_{t-1} - \alpha_3 LI_{t-1}) \\ &+ \sum_{i=1}^{k}\phi_i(\Delta LXi_{t-i}; \Delta LNXi_{t-i}; \Delta LI_{t-i}) + \sum_{i=1}^{k}\theta_i \Delta LY_{t-i} + \varepsilon_{3t}\end{aligned}, \qquad (2.3.4a)$$

$$\begin{aligned}\Delta LNY_t &= \xi_0 - \xi_1(LNY_{t-1} - \beta_1 LXi_{t-1} - \beta_2 LNXi_{t-1} - \beta_3 LI_{t-1}) \\ &+ \sum_{i=1}^{k}\phi_i(\Delta LXi_{t-i}; \Delta LNXi_{t-i}; \Delta LI_{t-i}) + \sum_{i=1}^{k}\theta_i \Delta LNY_{t-i} + \varepsilon_{4t}\end{aligned}, \qquad (2.3.4b)$$

wobei $a_1$, $b_1$, $\alpha_1$, $\alpha_2$, $\alpha_3$, $\beta_1$, $\beta_2$, $\beta_3$ die langfristigen Elastizitäten und $\phi_i$ die Kurzfristparameter der unterstellten Gleichgewichtsbeziehungen symbolisieren. Ihre Schätzung erfolgt mit Hilfe Bewley-transformierter Fehlerkorrekturmodelle der linearen Form

$$\Delta LY_t = \delta_0 - \delta_1 LY_{t-1} + \Phi_1 LX_{t-1} + \sum_{i=0}^{k}\phi_i(\Delta LX_{t-i}) + \sum_{i=1}^{k}\theta_i \Delta LY_{t-i} + \varepsilon_{1t}, \qquad (2.1.5a)$$

64 Variablen heißen schwach exogen, wenn sie sich unabhängig vom Gleichgewichtsfehler bewegen. Schwache Exogenität impliziert, dass keine Informationen über die Parameter verloren gehen, wenn man sie auf die Rolle der erklärenden Variablen beschränkt. Entsprechend HALL/MILNE (1994) sind schwache Exogenität und langfristige Nicht-Granger-Kausalität äquivalent (siehe Abschnitt 4.4.3.2).

$$\Delta LNY_t = \sigma_0 - \sigma_1 LNY_{t-1} + \Phi_2 LNX_{t-1} + \sum_{i=0}^{k} \phi_i (\Delta LX_{t-i}) + \sum_{i=1}^{k} \theta_i \Delta LNY_{t-i} + \varepsilon_{2t}, \qquad (2.1.5b)$$

$$\begin{aligned} \Delta LY_t &= \omega_0 - \omega_1 LY_{t-1} + \Phi_3 LXi_{t-1} + \Phi_4 LNXi_{t-1} + \Phi_5 LI_{t-1} \\ &+ \sum_{i=1}^{k} \phi_i (\Delta LXi_{t-i}; \Delta LNXi_{t-i}; \Delta LI_{t-i}) + \sum_{i=1}^{k} \theta_i \Delta LY_{t-i} + \varepsilon_{3t} \end{aligned}, \qquad (2.3.5a)$$

$$\begin{aligned} \Delta LNY_t &= \xi_0 - \xi_1 LNY_{t-1} + \Phi_6 LXi_{t-1} + \Phi_7 LNXi_{t-1} + \Phi_8 LI_{t-1} \\ &+ \sum_{i=1}^{k} \phi_i (\Delta LXi_{t-i}; \Delta LNXi_{t-i}; \Delta LI_{t-i}) + \sum_{i=1}^{k} \theta_i \Delta LNY_{t-i} + \varepsilon_{4t} \end{aligned}, \qquad (2.3.5b)$$

wobei $\delta_1 a_1 = \Phi_1$, $\sigma_1 b_1 = \Phi_2$, $\omega_1 \alpha_1 = \Phi_3$, $\omega_1 \alpha_2 = \Phi_4$, $\omega_1 \alpha_3 = \Phi_5$, $\xi_1 \beta_1 = \Phi_6$, $\xi_1 \beta_2 = \Phi_7$, $\xi_1 \beta_3 = \Phi_8$.

Die Anzahl, *k*, der zu berücksichtigenden verzögerten Differenzen wird in den Ausgangsgleichungen unter Berücksichtigung der Modelselektionskriterien von Schwarz und Hannan-Quinn auf Zwei begrenzt.[65] Die Effekte der Rezessionen von 1975 und 1982 werden durch die Stufendummy-Variablen *DU*75 und *DU*82 sowie die Impulsdummy-Variablen *i*75 und *i*82 modelliert. Eine weitere Impulsdummy-Variable *i*71 wird eingefügt, um ein ungewöhnliches Ereignis in der chilenischen Wirtschaftsentwicklung zu berücksichtigen, das sich in der Schätzung als ein großes Residuum bemerkbar macht. Ein möglicher Grund für *i*71 ist die Agrarreform der Allende-Regierung von 1971, die zu einer gleichmäßigeren Verteilung des Bodeneigentums geführt hat (CASABURI 1999).[66]

Ausgehend von den vollständig parametrisierten Fehlerkorrekturmodellen (2.1.5*a*), (2.1.5*b*), (2.3.5*a*) und (2.3.5*b*) werden entsprechend dem „*General-to-Specific*"-Ansatz (HENDRY 1995) schrittweise die Variabeln mit den kleinsten t-Werten eliminiert, bis alle verbleibenden Variablen mindestens auf dem 10%-Niveau signifikant von Null verschieden sind. Kointegration liegt vor, wenn der Koeffizient von $LY_{t-1}$ und $LNY_{t-1}$ negativ und signifikant von Null verschieden ist.[67] Dabei gilt nicht die übliche t-Verteilung. Für die durch Simulation gewonnen kritischen Werte bzw. für die Vorgehensweise bei ihrer Berechnung siehe ERICSSON/MACKINNON (2002). Bei einem stochastischen Regressor und einer *Adjusted Sample Size* (*ASS*) von 39 (40) Beobachtungen ergibt sich auf dem 1%-

65 Beide Kriterien sind auch für Nichtstationäre Zeitreihen konsistent. Dagegen überschätzt das Akaike-Informationskriterium asymptotisch oft die wahre Ordnung (LÜTKEPOHL 1985).

66 *DU*75 und *DU*82 sind Eins ab 1975 bzw. 1982 und davor Null. *i*71, *i*75, *i*82, sind Eins in den Jahren 1971, 1975, 1982 und sonst Null.

67 Vgl. zu dieser Vorgehensweise etwa auch (WOLTERS/TERASVIRTA/LÜTKEPOHL 1998).

Signifikanzniveau einen Wert von -3.601 (-3.597), bei zwei Regressoren und einer *Adjusted Sample Size* von 39 ein kritischer Wert von -3.999, bei drei Regressoren und einer *Adjusted Sample Size* von 39 einen Wert von -4.317. Abbildung 2.13 zeigt die Ergebnisse (t-Werte in Klammern).

Wie aus Abbildung 2.13 zunächst hervorgeht, sind die Eigenschaften der durchgeführten Schätzungen durch Tests auf Normalverteilung der Residuen (*JB*), auf Residuenautokorrelation (*LM*) und konditionale Heteroskedastizität (*ARCH*) untersucht worden. Die durchgeführten Tests deuten weder auf Nichtnormalität, auf Autokorrelation, noch auf bedingte Heteroskedastizität in den Residuen hin. Keine der berechneten *JB*-, *LM*-, und *ARCH*-Teststatistiken ist signifikant auf dem 5%-Niveau.

Ein Blick auf die Koeffizienten der um eine Periode verzögerten endogenen Niveauvariablen $LY_{t-1}$ und $LNY_{t-1}$ zeigt, dass die Variablen kointegriert sind. Die in der Abbildung 2.13 ausgewiesenen t-Werte der Ladungskoeffizienten übersteigen dem Betrage nach die kritischen Werte (von -3.597, -3.601, -3.999 und -4.317), so dass die Nullhypothese fehlender Kointegration bei einem Signifikanzniveua von 1% verworfen werden kann. Somit gibt es - neben den Ergebnissen des ECM-Kointegrationstestes nach der ENGLE-GRANGER-Vorgehensweise - eine zusätzliche Evidenz für das Vorliegen von Kointegrationsbeziehungen.

Die Ladungskoeffizienten haben das korrekte negative Vorzeichen, so dass aus den geschätzten Parametern die langfristigen Beziehungen (2.1*a*), (2.1*b*), (2.2*a*) und (2.2*b*) entnommen werden können. Dazu wird auf die Koeffizienten von $LY_{t-1}$ und $LNY_{t-1}$ normalisiert ($a_1 = \Phi_1 / \delta_1$; $b_2 = \Phi_2 / \sigma_1$; $\alpha_1 = \Phi_3 / \omega_1$; $\alpha_2 = \Phi_4 / \omega_1$; $\alpha_3 = \Phi_5 / \omega_1$; $\beta_1 = \Phi_6 / \xi_1$; $\beta_2 = \Phi_7 / \xi_1$; $\beta_3 = \Phi_8 / \xi_1$).[68] Man erhält [t-Werte der Kointegrationsparameter aus Abbildung 2.13 in Klammern; **(*)(+) Signifikant bei einem Niveau von 1% (5%) (10%)]

$$\underset{}{LY_t = \underset{(5.812)}{0.64^{**}} LX_t - 0.43DU75 + ec_{1t}}, \qquad (2.1.7a)$$

$$LNY_t = \underset{(3.828)}{0.37^{**}} LX_t + ec_{2t}, \qquad (2.1.7b)$$

$$LY_t = \underset{(2.503)}{0.13^{*}} LXi_t + \underset{(1.836)}{0.24^{+}} LNXi_t + \underset{(2.878)}{0.34^{**}} LI_t - 0.098DU82 - 0.25DU75 + ec_{3t} \qquad (2.3.7a)$$

$$LNY_t = \underset{(3.86)}{0.16^{**}} LXi_t + \underset{(4.48)}{0.41^{**}} LI_t - 0.96DU82 - 0.24DU75 + ec_{4t}, \qquad (2.3.7b)$$

68 Die Normalisierung wird ebenfalls auf die Stufendummy-Variablen angewendet.

wobei die Variable $LNXi_t$ entsprechend dem *General-to-Specific*-Ansatz aus der Kointegrationsbeziehung (2.3.7*b*) entfernt werden musste, da sie sich als insignifikant erwiesen hat.

Bemerkenswert ist an Gleichung (2.3.7*a*), dass man als Elastizität für den Gesamtexport einen Wert von 0.37 erhält, wenn man den Koeffizienten des Industriegüterexports und den des Nicht-Industriegüterexports addiert. Dieser Wert hat die gleiche Größenordnung wie die geschätzte Exportelastizität von AGOSIN (1999). AGOSIN ermittelt in seiner Schätzung - ebenfalls mit den Investitionen als zusätzlichem Regressor - für den Zeitraum von 1960 bis 1995 eine Elastizität für die Gesamtexporte von 0.324.

Allerdings besteht in (2.1.7*a*), (2.1.7*b*), (2.3.7*a*), (2.3.7*b*) ein Endogenitätsproblem, wenn die Investitionen sowie die Exporte nicht unabhängig vom realisierten Output bzw. Nicht-Export-Output sind. Die Variablen $LX_t$, $LXi_t$, $LNXi_t$, $LI_t$ sind daher möglicherweise nicht schwach exogen in Bezug $LY_t$ bzw. $LNY_t$, wodurch die gewonnenen Koeffizienten nicht ohne weiteres als Langfristelastiziäten interpretierbar sind.[69] Bevor die Regressionsergebnisse interpretiert werden, soll daher im nächsten Abschnitt auf schwache Exogenität getestet werden.

69 Die Koeffizienten geben die Reaktion der zu erklärenden auf eine Änderung der erklärenden Variablen an, gegeben, dass alle anderen Variablen unverändert bleiben. Dies erfordert Exogenitätsannahmen.

**Abbildung 2.13 Einstufige Fehlerkorrekturmodelle**

$$\Delta LY_t = \underset{(5.353)}{2.613^{**}} - \underset{(-5.578)}{0.349^{**}} LY_{t-1} + \underset{(5.812)}{0.222^{**}} LX_{t-1} + \underset{(3.267)}{0.201^{**}} \Delta LX_t$$
$$+ \underset{(2.344)}{0.153^{*}} \Delta LX_{t-2} + \underset{(2.540)}{0.2412^{*}} \Delta LY_{t-1} \qquad (2.1.6a)$$
$$+ \underset{(2.549)}{0.080^{*}} i71 - \underset{(-4.727)}{0.151^{**}} i82 - \underset{(-4.632)}{0.153^{**}} DU75$$

$R^2 = 0.78; SER = 0.030; JB = 0.715; LM(1) = 0.986; LM(2) = 0.854$
$ARCH(1) = 0.440; ARCH(2) = 0.816; ARCH(4) = 0.429; ASS = 39$

$$\Delta LNY_t = \underset{(3.979)}{1.717^{**}} - \underset{(-4.051)}{0.156^{**}} LNY_{t-1} + \underset{(3.828)}{0.058^{**}} LX_{t-1} + \underset{(3.792)}{0.358^{**}} \Delta LY_{t-1}$$
$$+ \underset{(2.626)}{0.087^{*}} i71 - \underset{(-6.961)}{0.225^{**}} i82 - \underset{(-5.496)}{0.179^{**}} i75 \qquad (2.1.6b)$$

$R^2 = 0.78; SER = 0.032; JB = 0.429; LM(1) = 0.308; LM(2) = 0.590$
$ARCH(1) = 0.390; ARCH(2) = 0.673; ARCH(4) = 0.884; ASS = 40$

$$\Delta LY_t = \underset{(5.109)}{2.817^{**}} - \underset{(-6.103)}{0.428^{**}} LY_{t-1} + \underset{(2.503)}{0.056^{*}} LXi_{t-1} + \underset{(1.836)}{0.104^{+}} LNXi_{t-1}$$
$$+ \underset{(2.878)}{0.145^{**}} LI_{t-1} - \underset{(-1.763)}{0.032^{+}} \Delta LXi_{t-1} + \underset{(2.543)}{0.053^{*}} \Delta LXi_{t-2} + \underset{(8.221)}{0.257^{**}} \Delta LI_t \qquad (2.3.6a)$$
$$- \underset{(-2.171)}{0.068^{*}} \Delta LI_{t-1} + \underset{(3.496)}{0.078^{**}} i71 - \underset{(-2.501)}{0.042^{*}} DU82 - \underset{(-4.204)}{0.105^{**}} DU75$$

$R^2 = 0.90; SER = 0.021; JB = 0.572; LM(1) = 0.877; LM(2) = 0.510$
$ARCH(1) = 0.249; ARCH(2) = 0.253; ARCH(4) = 0.365; ASS = 39$

$$\Delta LNY_t = \underset{(5.977)}{3.703^{**}} - \underset{(-6.166)}{0.441^{**}} LNY_{t-1} + \underset{(3.861)}{0.071^{**}} LXi_{t-1} - \underset{(-4.380)}{0.182^{**}} LI_{t-1}$$
$$- \underset{(-2.186)}{0.045^{*}} \Delta LXi_{t-1} + \underset{(2.465)}{0.051^{*}} \Delta LXi_{t-2} - \underset{(-2.287)}{0.136^{*}} \Delta LNXi_t + \underset{(9.529)}{0.320^{**}} \Delta LI_t \qquad (2.3.6b)$$
$$- \underset{(-2.448)}{0.079^{*}} \Delta LI_{t-1} + \underset{(3.444)}{0.087^{**}} i71 - \underset{(-2.401)}{0.042^{*}} DU82 - \underset{(-3.710)}{0.108^{**}} DU75$$

$R^2 = 0.90; SER = 0.023; JB = 0.149; LM(1) = 0.527; LM(2) = 0.791$
$ARCH(1) = 0.270; ARCH(2) = 0.310; ARCH(4) = 0.402; ASS = 39$

Anmerkung: **(*) (+) Signifikant bei einem Niveau von 15 (5%) (10%). *SER* = Standardfehler der Regression; *JB* = Jarque-Bera-Test auf Normalität der Residuen; *LM(k)* =Test auf Autolorrelatioon *k*-ter Ordnung, *ARCH(q)* = Test auf konditionale Heteroskedastizität *q*-ter Ordnung (Signifikanzniveau bzw. *p*-Wert). *ASS* = *Adjusted Sample Size*

### 2.4.7 Tests auf schwache Exogenität

Eine Variable heißt schwach exogen, wenn sie sich nicht der Langfristbeziehung anpasst. Eine Verwerfung der Nullhypothese der schwachen Exogenität impliziert langfristige Granger-kausalität (HALL/MILNE 1994).[70] Auf schwache Exogenität und damit auf langfristige Granger-kausalität lässt sich testen,

- indem ein Vektorfehlerkorrekturmodell geschätzt wird,
- wobei allen insignifikanten Kurzfristparametern sukzessive Nullrestriktionen auferlegt werden
- bevor schließlich die Signifikanz des verzögerten Fehlerkorrkturterms (*ec*) überprüft wird (LÜTKEPOHL/WOLTERS 1998).

Ist der verzögerte Fehlerkorrkturterm insignifikant, so ist die betrachtete Variable unabhängig von der Langfristbeziehung und damit schwach exogen. In diesem Fall geht keine Information über die betreffende Variable verloren, wenn man sie auf die Rolle der Erklärenden beschränkt.

Konkret wird in der vorliegenden Arbeit geprüft, ob die Fehlerkorrekturkoeffizienten $\nu_1, \nu_2, ... \nu_{12}$ der verzögerten Fehlerkorrekurterme

$$ec_{1t} = LY_t - 0.64LX_t + 0.43DU75, \quad (2.1.8a)$$

$$ec_{2t} = LNY_t - 0.37LX_t, \quad (2.1.8b)$$

$$ec_{3t} = LY_t - 0.13LXi_t - 0.24LNXi_t - 0.34LI_t + 0.098DU82 + 0.25DU75, \quad (2.3.8a)$$

$$ec_{4t} = LNY_t - 0.16LXi_t - 0.41LI_t + 0.96DU82 + 0.24DU75 \quad (2.3.8b)$$

aus den Gleichungen (2.1.7*a*), (2.1.7*b*), (2.3.7*a*) und (2.3.7*b*) in der Vekorfehlerkorrekurdarstellung

$$\begin{bmatrix} \Delta LY_t \\ \Delta LX_t \end{bmatrix} = \begin{bmatrix} \mu_1 \\ \mu_2 \end{bmatrix} + \sum_{k=1}^{p-1} \Gamma_k \begin{bmatrix} \Delta LY_{t-k} \\ \Delta LX_{t-k} \end{bmatrix} + \begin{bmatrix} \nu_1 \\ \nu_2 \end{bmatrix} ec_{1t-1} + \begin{bmatrix} \varepsilon_{1t} \\ \varepsilon_{2t} \end{bmatrix}, \quad (2.1.9a)$$

$$\begin{bmatrix} \Delta LNY_t \\ \Delta LX_t \end{bmatrix} = \begin{bmatrix} \mu_3 \\ \mu_4 \end{bmatrix} + \sum_{k=1}^{p-1} \Gamma_k \begin{bmatrix} \Delta LNY_{t-k} \\ \Delta LX_{t-k} \end{bmatrix} + \begin{bmatrix} \nu_3 \\ \nu_4 \end{bmatrix} ec_{2t-1} + \begin{bmatrix} \varepsilon_{3t} \\ \varepsilon_{4t} \end{bmatrix}, \quad (2.1.9b)$$

$$\begin{bmatrix} \Delta LY_t \\ \Delta LXi_t \\ \Delta LNXi_t \\ \Delta LI_t \end{bmatrix} = \begin{bmatrix} \mu_5 \\ \mu_6 \\ \mu_7 \\ \mu_8 \end{bmatrix} + \sum_{k=1}^{p-1} \Gamma_k \begin{bmatrix} \Delta LY_{t-k} \\ \Delta LXi_{t-k} \\ \Delta LNXi_{t-k} \\ \Delta LI_{t-k} \end{bmatrix} + \begin{bmatrix} \nu_5 \\ \nu_6 \\ \nu_7 \\ \nu_8 \end{bmatrix} ec_{3t-1} + \begin{bmatrix} \varepsilon_{5t} \\ \varepsilon_{6t} \\ \varepsilon_{7t} \\ \varepsilon_{8t} \end{bmatrix}, \quad (2.3.9a)$$

70 Auf das Konzept der Granger-Kausalität wird in Abschnitt 3.4.3 noch zurückzukommen sein.

$$\begin{bmatrix} \Delta LNY_t \\ \Delta LXi_t \\ \Delta LNXi_t \\ \Delta LI_t \end{bmatrix} = \begin{bmatrix} \mu_9 \\ \mu_{10} \\ \mu_{11} \\ \mu_{12} \end{bmatrix} + \sum_{k=1}^{p-1} \Gamma_k \begin{bmatrix} \Delta LNY_{t-k} \\ \Delta LXi_{t-k} \\ \Delta LNXi_{t-k} \\ \Delta LI_{t-k} \end{bmatrix} + \begin{bmatrix} v_9 \\ v_{10} \\ v_{11} \\ v_{12} \end{bmatrix} ec_{4t-1} + \begin{bmatrix} \varepsilon_{9t} \\ \varepsilon_{10t} \\ \varepsilon_{11t} \\ \varepsilon_{12t} \end{bmatrix}, \qquad (2.3.9a)$$

signifikant von Null verschieden sind.[71] Da in (2.1.9*a*), (2.1.9*b*), (2.3.9*a*) und (2.3.9*b*) nur stationäre Variablen auftauchen, sind konventionelle *t*-Tests zur Prüfung auf Signifikanz von $ec_{t-1}$ anwendbar.[72]

In die Modelle werden einheitlich die Impulsdummy-Variablen *i*71, *i*75 und *i*82 eingefügt.[73] Die Anzahl, *k*, der zu berücksichtigenden verzögerten Differenzen wird unter Berücksichtigung der Informationskriterien von Schwarz und Hannan-Quinn auf Zwei festgelegt. Ausgehend von dieser Spezifizierung erfolgt im Sinne des *General-to-Specific*-Ansatzes durch Einführen von Restriktionen eine Vereinfachung der Modelle, um die Testgenauigkeit zu erhöhen. Tabelle 2.13 zeigt die Testergebnisse der so durchgeführten Schätzungen.

Wie erwartet geht aus Tabelle 2.13 hervor, dass die Annahme der schwachen Exogenität für das chilenische BIP und das chilenischen Nicht-Export in allen Modellen verworfen wird. Dies impliziert, dass $LY_t$ und $LNY_t$ langfristig Granger-kausal von $LX_t$ bzw. $LXi_t$, $LNXi_t$ und $LI_t$ beinflusst werden. Mit anderen Worten; $LY_t$ und $LNY_t$ sind endogen. Dagegen kann die Hypothese der schwachen Exogenität der Regressoren $LX_t$, $LXi_t$, $LNXi_t$ und $LI_t$ nicht abgelehnt werden. Die zugehörigen Fehlerkorrekturkoeffizienten sind insignifikant, womit langfristige *Feedback*-Beziehungen zwischen $LY_t$ bzw. $LNY_t$ und $LX_t$ bzw. $LXi_t$, $LNXi_t$ und $LI_t$ (zumindest für die hier zugrundeliegenden Modellspezifizierungen) auszuschließen sind (GRANGER 1988).[74] Somit ist eine Beschränkung der Variablen $LX_t$ bzw. $LXi_t$, $LNXi_t$ und $LI_t$ auf die Rolle der erklärenden Variablen ohne Informationsverlust zulässig. Vor diesem Hintergrund lassen sich die Regressionsergebnisse des Abschnitts 2.4.6 wie folgt interpretieren.

71 Vgl. zur folgenden Vorgehensweise beispielsweise LÜTKEPOHL/WOLTERS (1998) oder JUSELIUS (2001).

72 Da Kointegration vorliegt und die Kointegrationsparameter superkonsitent mit dem Verfahren von STOCK geschätzt werden (STOCK 1987), sind die Fehlerkorreturterme (definitionsgemäß) stationäre Variablen.

73 *i*71, *i*75, *i*82, sind Eins in den Jahren 1971, 1975, 1982 und sonst Null.

74 Angemerkt sei, dass *Feedback*-Beziehungen über die Kurzfristdynamiken existieren (die hier allerdings nicht von Interesse sind). Werden *Feedback*-Beziehungen auch über die Kurzzfristdynamik ausgeschlossen, so spricht man von strenger Exogenität der Erklärungsvariablen (in Bezug auf die Erklärende).

**Tabelle 2.13 Tests auf schwache Exogenität**

| | (2.1.9*a*) | | (2.1.9*b*) | | (2.3.9*a*) | |
|---|---|---|---|---|---|---|
| | $(LY_t)$ | $(LX_t)$ | $(LNY_t)$ | $(LX_t)$ | $(LY_t)$ | $(LXi_t)$ |
| | $\nu_1$ | $\nu_2$ | $\nu_3$ | $\nu_4$ | $\nu_5$ | $\nu 6$ |
| t-Wert von $\nu_1, \nu_2, ... \nu_{12}$ | -3.35** | 1.45 | -4.25** | -0.69 | -3.52** | -1.14 |
| | (2.3.9*a*) | | (2.3.9*b*) | | | |
| | $(LNXi_t)$ | $(LI_t)$ | $(LNY_t)$ | $(LXi_t)$ | $(LNXi_t)$ | $(LI_t)$ |
| | $\nu_7$ | $\nu_8$ | $\nu_9$ | $\nu_{10}$ | $\nu_{11}$ | $\nu_{12}$ |
| t-Wert von $\nu_1, \nu_2, ... \nu_{12}$ | 0.62 | 1.20 | -3.03** | 0.99 | 0.09 | 1.29 |

Anmerkung: ** signifikant bei einem Niveau von 1%. Auf schwache Exogenität getestete Variablen in Klammern.

### 2.4.8 Interpretation der Ergebnisse

Entsprechend (2.1.6*a*) und (2.1.7*a*) bewirkt eine Erhöhung der Ausfuhr um 1% eine gleichgerichtete Erhöhung des chilenischen BIPs um 0.64% [0.222 / 0.349 = 0.636, Gleichung (2.1.6*a*)]. Bedingt durch eine Exportsteigerung um 1% steigt das chilenische Nicht-Export-BIP um 0,37% [siehe (2.1.6*b*) und (2.1.7*b*)]. Folglich ist der Effekt der Exportexpansion auf den aggregierten Output - wie erwartet - höher, als der Effekt der Exportexpansion auf den Nicht-Export-Output. Als Erklärungen für dieses Ergebnis wurde bereits in Abschnitt 2.4.2 angeführt, dass Exporte Einkommen und damit Bestandteil des volkswirtschaftlichen Einkommens sind. Infolge einer Exportexpansion wächst das BIP daher stärker, als das Nicht-Export-BIP. Dieser direkte Wachstumseffekt der Exporterlöse wurde in (2.1.6*b*) und (2.1.7*b*) eliminiert. Trotzdem ist der Exportkoeffizient positiv und hoch signifikant. Die Hypothese von exportindizierten Wachstumseffekten, die über den (direkten) Erlöseffekt hinausgehen, kann daher als bestätigt betrachtet werden.

Betrachtet man die Wachstumswirkungen der disaggregierten Exporte, anhand von Gleichung (2.3.7*a*), dann ergibt sich, dass die Wachstumswirkung der Nicht-Industriegüterausfuhr (mit einer Elastizität von 0.24) die Wachstumswirkung der Industriegüterausfuhr (mit einer Elastizität von 0.13) übersteigt. Wenngleich die Nichtindustriegüterausfuhr nur schwach signifikant ist, entspricht auch dieses Ergebnis den Plausibilitätserwartungen: Im gesamten Beobachtungszeitraum sind die Nicht-Industriegüterexporte wesentlich größer als die Industriegüterexporte. Wie zu erwarten, schlägt daher die Erhöhung der Nicht-Industriegüterausfuhr stärker auf das chilenische BIP durch. Dieses Ergebnis darf jedoch nicht dahingehend interpretiert werden, dass eine Expansion der Nicht-Industriegüterausfuhr zu Lasten der Industriegüterexporte von Vorteil ist. Offenbar ist der Wachstumseffekt der Nicht-Industriegüterexporte allein auf den Erlöseffekt zurückzuführen. Produktive Effekte oder positive Externalitäten scheinen vom Nicht-Industriegüterexport nicht auszugehen. Schaltet man den

Erlöseffekt aus, so wie es in Schätzung (2.3.6*b*) vorgenommen wurde, dann lässt sich diagnostizieren:

Die Expansion des Nicht-Industriegüter-Exports hat langfristig keinen statistisch signifikanten Einfluss auf das Nicht-Export-BIP. Deshalb musste die Variable $LNXi_t$ gemäß der *General-to-Specific*-Vorgehensweise aus (2.3.6*b*) und (2.3.7*b*) entfernt werden. Kurzfristig wirkt sich die Ausweitung der Nicht-Industriegüterexporte sogar statistisch signifikant negativ auf den Nicht-Exportsektor aus. Dies kommt durch die negativen Koeffizienten von $\Delta LNXi_t$ in Abbildung 2.13 (2.3.6*b*) zum Ausdruck. Die ökonomische Erklärung für dieses Resultat versteckt sich allerdings in der *Blackbox* der Regressionsmodelle. Entsprechend den deskriptiv-statistischen Ausführungen des Abschnitts 2.3 kann man für die langfristig fehlende Signifikanz sowie für die kurzfristig negativen Auswirkungen der Nicht-Industriegüterausfuhr folgende Begründungen anführen:

Zum einen erfordert die Produktion und der Export von agrarischen und mineralischen Rohstoffen in verhältnismäßig geringem Umfang den Einsatz von lokal hergestellten Vorprodukten. Daher bleibt der Nicht-Exportsektor von der Expansion der Nicht-Industriegüterausfuhr weitgehend unberührt. Zum anderen verfügt die Nicht-Industriegüterproduktion vermutlich über geringere *Learning-by-Doing*-Externalitäten. Insofern löst eine exportinduzierte Ausdehnung der Nicht-Industriegüterproduktion kaum externe Effekte (durch dynamische Lernprozesse) aus. Damit wird das Wachstum der inländischen Wirtschaft durch die Exportproduktion nicht-industrieller Produkte langfristig nicht statistisch signifikant begünstigt. Die kurzfristige Verminderung der wirtschaftliche Aktivität im Nicht-Exportsektor kann man mit dem Hinweis auf die Erlösschwankungen der Nicht-Industriegüterausfuhr (speziell mit den heftigen Erlösfluktuationen bei Kupfer) erklären. Offenbar werden diese auf die übrigen Sektoren übertragen, mit kurzfristig negativen Effekten (auf öffentliche und private Investitionen sowie die chilenische Importkapazität).

Stark ist hingegen die Evidenz in Bezug auf potenziell produktive und/oder externe Effekte durch die Exportproduktion industrieller Produkte.[75] Die Erhöhung der Industriegüterausfuhr um 1% erhöht entsprechend (2.3.7*b*) den Output des Nicht-Exporsektors langfristig um 0,16%. Die Summe der Koeffizienten der

75 Dieses Resultat deckt sich mit der Untersuchung von SILIVERSTOVS/HERZER (2005). Unter Einbeziehung der Kontrollvariablen Arbeit, Kapital und Kapitalgüterimporte weisen die genannten Autoren mit Hilfe der Prozedur von TODA/YAMAMOTO (1995) Granger-kausale Effekte der industriellen Ausfuhr auf den Output des Nicht-Exportsektors nach. Dagegen wird der Output des Nicht-Exportsektors nach den Ergebnissen von SILIVERSTOVS/HERZER nicht Granger-kausal durch Primärgüterexporte beeinflusst.

Kurzfristdynamiken, $\Delta LXi_{t-1}$, $\Delta LXi_{t-2}$ zeigt,[76] dass die Erhöhung der Industriegüterausfuhr auch kurzfristig insgesamt positiv wirkt. Die ökonomische Begründung für diese statistisch signifikanten Wachstumsimpulse stützt sich auf die empirischen Beobachtungen des Abschnitts 2.3.2. Danach sind durch die anhaltend kräftige Exportexpansion industrieller Erzeugnisse *Backward-Linkages*, stabilere Exporterlöse sowie vermutlich dynamische Lerneffekte entstanden.

Schlussfolgernd wird man auf Basis der empirischen Befunde sagen können: Indem die Anteile nicht-industrieller Exporte am Gesamtexport durch Anteile industrieller Exporte ersetzt wurden, konnte die chilenische Volkswirtschaft langfristige Wachstumseffekte verbuchen. Die Hypothese der Entwicklungsbeschleunigung mittels vertikaler Exportdiversifizierung kann für Chile daher als empirisch hinreichend bestätigt betrachtet werden.

## 2.5 Zusammenfassung von Kapitel 2

Die Beobachtungen und Ergebnisse von Kapitel 2 dieser Arbeit lassen sich knapp zu folgender Diagnose zusammenfassen:

1. In den vergangenen Dekaden hat Chile ein kräftiges Exportwachstum verbucht, wobei die chilenische Exportstruktur ab 1974 einer kontinuierlichen Diversifizierung unterworfen war.
2. Der Verlauf der chilenischen Exportdiversifizierung hat eine vertikale Dimension, die sich an stetig gestiegenen Industriegüteranteilen bei signifikant gesunkenen Kupferanteilen an der Gesamtausfuhr festmachen lässt.
3. Die industrielle Exportproduktion ist größtenteils ressourcen- und arbeitsintensiv. Nicht-ressourcenbasierte Industriegüterexporte spielen im chilenischen Exportsortiment lediglich eine untergeordnete Rolle. Dementsprechend zeigt der empirische Befund eine Diversifizierung der Exportstruktur in Richtung Weiterverarbeitung von Rohmaterialien bzw. in Richtung ressourcenbasierter Industriegüter.

---

76 -0.045 + 0.051 = 0.006, vgl. (2.3.6*b*).

4. Die deskriptiv-statistischen Datenauswertungen lassen vermuten, dass im wesentlichen zwei Erklärungen für einen positiven Einfluss der vertikalen Exportdiversifizierung auf das wirtschaftliche Wachstum in Chile herangezogen werden können:[77]

- Die erste beruht auf der empirischen Beobachtung, nach der die vertikale Exportdiversifizierung zu einer Reduzierung der Anfälligkeit der chilenischen Volkswirtschaft gegenüber Erlösschwankungen bei Kupfer und zu einer deutlichen Stabilisierung der Exporterlöse geführt hat. Dabei können extreme Exporterlösschwankungen mit ziemlicher Sicherheit als wachstumshemmend für die chilenische Wirtschaft angesehen werden.
- Die zweite Erklärung für einen positiven Einfluss der vertikalen Exportdiversifizierung auf die chilenische Wirtschaftsentwicklung geht davon aus, dass die exportinduzierte Ausdehnung der industriellen Produktion zur Auslösung von starken *Learning-by-Doing*-Effekten sowie zur Erzeugung von *Backward-Linkages* geführt hat. Problematisch ist hierbei die faktische Unmöglichkeit der empirischen Quantifizierung von *Learning-by-Doing-* Effekten (insbesondere auf Basis von Makrodaten). Empirisch abgesichert gilt zwar die trendmäßige Steigerung der industriellen Arbeitsproduktivität, die (hier) als Indikator für mutmaßliche Lerneffekten gesehen werden kann. Angesichts der Fülle potenzieller Einflussfaktoren auf die Arbeitsproduktivität ist bei der Interpretation des Produktivitätswachstums als *Learning-induced Growth* jedoch äußerste Vorsicht geboten. Wenig zweifelhaft ist dagegen die empirische Evidenz für das Vorliegen einer Expansion der lokalen Vorleistungsproduktion, bedingt durch überproportional steigende Industriegüterexporte. Die *Backward-Linkages* bei der Produktion und beim Export von agrarischen und mineralischen Rohstoffen sind im Zeitablauf dagegen wesentlich geringer. Insofern wird bzw. wurde das Wachstum binnenwirtschaftlich orientierter Sektoren vermutlich besonders durch den Industriegüterexport bzw. durch die vertikale Exportdiversifizierung angeregt.

5. Die "*Diversification-led Growth*"-Hypothese hält einer ökonometrischen Überprüfung stand. Mit Hilfe einer ökonometrischen Untersuchung zu den Wachstumswirkungen der Exporte und ihrer Diversifizierung konnten folgende Ergebnisse erzielt werden:

- Die Exportexpansion ist statistisch signifikant (kausal) für das Wachstum des chilenischen BIP verantwortlich. Als Begründung für das exportinduzierte Wachstum wurde der Einkommenseffekt der Exporterlöse genannt. Eliminiert man den Erlöseffekt zur Beurteilung externer Effekte zwischen Exportbereich und Binnenwirtschaft, dann zeigt sich:
- Langfristig bleiben die binnenwirtschaftlich orientierten Sektoren von der Expansion der Nicht-Industriegüterausfuhr weitgehend unberührt. Kurzfristig wird die wirtschaftliche Aktivität im Nicht-Exportbereich durch den Export

77 Mögliche *Terms of Trade*-Effekte der vertikalen Exportdiversifizierung werden im nächsten Kapitel behandelt.

nicht-industrieller Produkte sogar geschwächt. Als Begründung für die langfristig insignifikante Wachstumsübertragung nicht-industrieller Exportbranchen kann man entsprechend Punkt 4 darauf verweisen, dass die Produktion und der Export von agrarischen und mineralischen Rohstoffen in verhältnismäßig geringem Umfang den Einsatz von lokal hergestellten Vorprodukten erfordert. Zum anderen verfügen die Nicht-Industriegüterexporte möglicherweise über recht geringe *Learning-by-Doing*-Externalitäten. Deshalb wird das Wachstum der inländischen Wirtschaft durch die Exportproduktion nicht-industrieller Produkte langfristig nicht signifikant begünstigt. Die kurzfristig signifikante Verminderung der wirtschaftliche Aktivität im Nicht-Exportsektor ist am wahrscheinlichsten mit dem Hinweis auf die Erlösschwankungen der Nicht-Industriegüterausfuhr (speziell mit den heftigen Erlösfluktuationen bei Kupfer) zu erklären. Vermutlich werden diese auf die übrigen Sektoren übertragen, mit kurzfristig negativen Effekten auf öffentliche und private Investitionen, die Importkapazität und damit auf die chilenische Wirtschaftsentwicklung.

- Dagegen gehen von der Exportproduktion industrieller Erzeugnisse statistisch signifikante Wachstumsimpulse auf die inländische Wirtschaft aus. Die ökonomische Begründung für dieses statistische Ergebniss stützt sich (ebenfalls) auf die Aussagen unter Punkt 4. Danach sind durch die anhaltend kräftige Exportexpansion industrieller Erzeugnisse *Backward-Linkages*, stabilere Exporterlöse sowie vermutlich auch dynamische Lerneffekte entstanden. Insgesamt spricht die empirische und ökonometrische Evidenz für deutliche Wachstumsimpulse durch die vertikale Exportdiversifizierung.

Dabei beschränken sich die positiven Effekte der vertikalen Exportdiversifizierung vermutlich nicht auf die Stabilisierung der Exporterlöse, die Erzeugung von *Backward-Linkages* sowie die Generierung von dynamischen Lerneffekten. Entsprechend der in Abschnitt 1.2.1.1 geäußerten Hypothese hat die vertikale Exportdiversifizierung möglicherweise auch indirekt - über eine Verbesserung der *Terms of Trade* - die chilenische Wirtschaftsentwicklung gefördert. Die empirische Analyse dieser Hypothese ist Gegenstand des folgenden Kapitels.

# Kapitel 3
# Vertikale Exportdiversifizierung, *Terms of Trade*-Entwicklung und Wirtschaftswachstum in Chile

## 3.1 Einführung

Vor dem Hintergrund sinkender Primärgüterpreise wird in der einschlägigen Literatur oft die Meinung vertreten, dass eine vertikale Exportdiversifizierung in eine stärker vom Industriegüterexport beherrschten Exportstruktur zu *Terms of Trade*-Verbesserungen führt (ATHUKORALA 2000). Die Verbesserung des realen Austauschverhältnisses wird wiederum mit Wachstumseffekten assoziiert, wenn
- infolge einer *Terms of Trade*-induzierten Erhöhung der Importkapazität
- vermehrt importierte Kapitalgüter und Zwischenprodukte im heimischen Produktionsprozess eingesetzt werden und so
- eine Verbesserung der inländische Kapitalakkumulation sowie ein *Learning-by-Doing* im Umgang mit den eingeführten Produkten möglich ist.

Die vertikale Exportdiversifizierung vermag demnach indirekt - über die Verbesserung der *Terms of Trade* - ein wirtschaftliches Wachstum herbeizuführen. Diese bereits in Abschnitt 1.2.1.1 geäußerte Hypothese soll am Fallbeispiel Chile überprüft werden. Dazu sind vier Arbeitsschritte notwendig:

➢ Die Überprüfung der soeben genannten Hypothese setzt voraus, dass eine nachweisbare Beziehung zwischen der *Terms of Trade*-Entwicklung und dem wirtschaftlichen Wachstum in Chile existiert. Bevor der Einfluss der vertikalen Exportdiversifizierung auf die *Terms of Trade* behandelt wird, wird daher im ersten Schritt der Zusammenhang zwischen der *Terms of Trade*-Entwicklung und dem wirtschaftlichen Wachstum in Chile analysiert. Die Analyse beinhaltet
- eine Betrachtung der Importstruktur, der Importquote am BIP, und des Außenbeitrags im Zeitablauf sowie
- eine ökonometrische Untersuchung zum Einfluss von *Terms of Trade*-Veränderungen auf die chilenische Inlandsproduktion (**Abschnitt 3.2**).

➢ Im zweiten Schritt der Untersuchung geht es um die Analyse des langfristigen *Terms of Trade*-Trends. Die chilenischen *Terms of Trade*-Entwicklung wird im Hinblick auf die Frage diskutiert, inwieweit den chilenischen *Terms of Trade* ein langfristiger Trend zur Verbesserung oder Verschlechterung zugrunde liegt (**Abschnitt 3.3**).

➢ Der dritte Schritt widmet sich schließlich dem Einfluss der vertikalen Exportdiversifizierung auf den *Terms of Trade*-Trend. Im Rahmen dieser Analyse werden zunächst einige für diesen Zusammenhang wichtige Preistrends offengelegt. Im Anschluss daran folgt ein Test auf Kausalität zwischen der vertikalen Exportdiversifizierung und der Verbesserung der *Terms of Trade* (**Abschnitt 3.4**).

- Im vierten Schritt werden die Ergebnisse der empirischen Untersuchung zusammengefasst und diskutiert (**Abschnitt 3.5**).

## 3.2 Der Zusammenhang zwischen der *Terms of Trade* Entwicklung und Wirtschaftswachstum in Chile

### 3.2.1 Ableitung von Terms of Trade-Effekten unter Berücksichtigung der Importstruktur Chiles

Die Frage, ob die *Terms of Trade* eines Landes im Zeitablauf steigen oder sinken, ist von eminenter entwicklungspolitischer Bedeutung. Denn sind die *Terms of Trade* einer säkulären Verschlechterung unterworfen, dann muss die Menge an Exporten kontinuierlich gesteigert werden, um das gleiche Niveau an Importen aufrechterhalten zu können.[1] Umgekehrt bedeutet eine Verbesserung der *Terms of Trade* ceteris paribus eine höhere Importkapazität. Dementsprechend erlaubt die Veränderung des realen Tauschverhältnisses eine Aussage über die Verfügbarkeit von Importen für den heimischen Konsum. Werden relativ wenige Konsumgüter importiert und besteht das Importgütersortiment eines Landes somit vorwiegend aus Kapitalgütern und Zwischenprodukten, so signalisieren *Terms of Trade*-Verbesserungen auch eine gesteigerte Verfügbarkeit von Importen für die inländische Produktion.[2]

Für Chile ist vor allem der Aspekt der Verfügbarkeit von Importen für die Inlandsproduktion von wirtschaftspolitischer Relevanz, was sich anhand der Abbildungen 3.1 und 3.2 unschwer erkennen lässt.[3]

Aus Abbildung 3.1 geht hervor, dass die chilenischen Importstruktur seit Anfang der 70er Jahre mit etwa 60% von Zwischenprodukten und etwa 20% von Kapitalgüterimporten beherrscht wird. Demnach werden seit 1970 etwa 80% der Importe als Inputs im heimischen Produktionsprozess eingesetzt.

1 Andernfalls kommt es zu einer chronischen Verschlechterung der Leistungsbilanz.

2 Quantitative Aussagen zum Einfluss der *Terms of Trade*-Entwicklung auf die Importkapazität eines Landes sind natürlich nur möglich, wenn man auch das Exportvolumen und den Kapitalimport kennt.

3 An dieser Stelle sei erwähnt, dass eine *Terms of Trade*-Veränderung bzw. eine Preisänderung exportierter Produkte auch Ausdruck einer veränderten internationale Wettbewersfähigkeit einer Volkswirtschaft sein kann. Die Analyse der chilenischen Wettbewerbsfähigkeit im Kontext mit der *Terms of Trade*-Entwicklung ist allerdings nicht Gegenstand der vorliegenden Arbeit.

**Abbildung 3.1 Konsumgüter-, Kapitalgüter-, Zwischenproduktanteil am Gesamtimport, in %; 1960-2001**

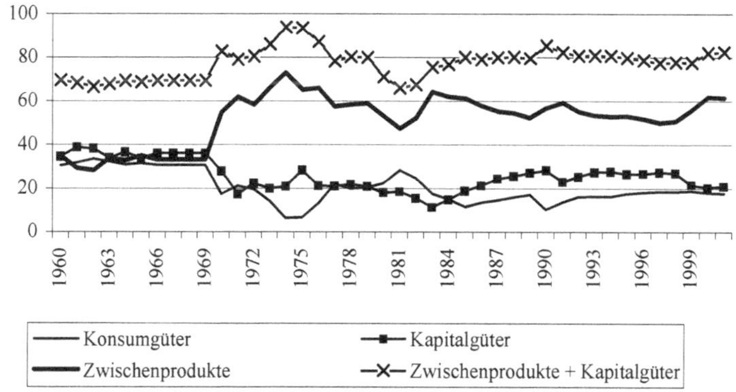


Quelle: BANCO CENTRAL DE CHILE: *Indicadores Económicos y Sociales de Chile 1960-2000, Boletín Mensual* (mehrere Ausgaben); eigene Berechnungen
Anmerkung: Die Anteile am Gesamtimport wurden auf Basis laufender US$ ermittelt.

Noch stärker macht sich die Bedeutung der Kapital- und Zwischengüterimporte für die chilenische Inlandsproduktion bemerkbar, wenn man das Aggregat aus Kapitalgüterimporten und Zwischenproduktimporten in Relation zum Bruttoinlandsprodukt setzt: Wie aus Abbildung 3.2 abgelesen werden kann, ist der Anteil der Kapitalgüter- und Zwischengüterimporte am BIP von etwa 11% im Jahre 1960 bis auf etwa 25% im Jahre 2001 gewachsen.

Dieser Zuwachs des Kapital- und Zwischenproduktanteils bringt die zunehmende Abhängigkeit der chilenischen Volkswirtschaft von importierten Inputs zum Ausdruck. Insbesondere der hohe Anteil von 25% im Jahre 2001 macht deutlich, dass die gesamte chilenische Inlandsproduktion in hohem Maße auf importierten Zwischenprodukten und importierten Kapitalgütern basiert. Diese Beobachtung wird durch eine empirische Studie von ROLDÓS (1997) bestätigt. Seine Ergebnisse zeigen einen langfristigen Zusammenhang zwischen dem Import von Kapitalgütern und der chilenischen Inlandsproduktion.[4]

4 Importierte Zwischenprodukte haben keinen Eingang in die Untersuchung von ROLDÓS (1997) gefunden.

**Abbildung 3.2 Der Anteil der Kapitalgüter- und Zwischenprodukt-importe am BIP, (in %; 1960, 1970, 1980 und 2001)**

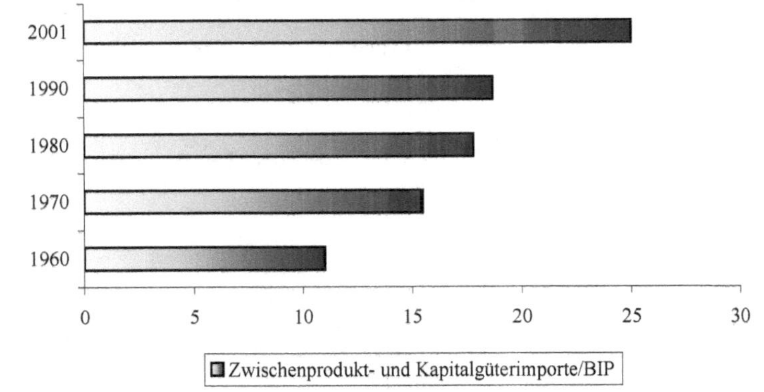


Quelle: BANCO CENTRAL DE CHILE: *Indicadores Económicos y Sociales de Chile 1960-2000, Boletín Mensual* (mehrere Ausgaben); eigene Berechnungen.

Bei der Gegenüberstellung von Ex- und Importen fällt allerdings auf, dass die Finanzierung jener entwicklungsfördernden Importvolumina durch die Exporte in den Jahren 1960 bis 2001 nicht immer gewährleistet war.[5] Dies ist in Abbildung 3.3 dokumentiert.

Abbildung 3.3 zeigt bis Anfang der 80er Jahre ein Handelsbilanzdefizit (in Preisen des Jahres 1996). Eine Ausnahme bildet lediglich das Jahr 1976, mit einem leichten Plus von etwa 55000 Millionen Peso (des Jahres 1996). Aufgrund eines überproportionalen Importwachstums nach 1976 konnte dieser positive Außenbeitrag jedoch nicht gehalten werden. Ursächlich für das starke Importwachstum waren die drastischen Zollsenkungen der Militärregierung Pinochets, die nach 1973 einsetzten. Der Höhepunkt der Importe wurde 1980 erreicht. Danach fielen die Importe, bis zu einem Tiefpunkt im Jahre 1985. Das Resultat sinkender Importe bei kontinuierlich steigenden Exporten war ein positiver Außenbeitrag im

5 Dabei finden HERZER/NOWAK-LEHMANN D. (2006) in einer ökonometrischen Studie über die Entwicklung der chilenischen Handelsbilanz seit der Handelsliberalisierung von 1974/75 einen langfristigen (aber keinen kurzfristigen) Eis-zu-Eins-Zusammenhang zwischen der chilenischen Ein- und Ausfuhr für den Zeitraum von 1975 bis 2004. Daraus schließen die ganannten Autoren, "*that Chiles`s macroeconomic policies have been effective in bringing exports and imports into a long-run equilibrium.*" Auf chilenischen Makropolitiken, wie beispielsweise die Wechselkurspolitik, wird in Kapitel 6 noch zurückzukommen sein.

Zeitraum von 1983 bis 1992. Zwischen 1993 und 1998 war die Handelsbilanz jedoch wieder defizitär. Seit 1999 ist wieder ein positiver Saldo der Handelsbilanz zu verzeichnen. Gleichwohl schließt die chilenische Leistungsbilanz mittlerweile seit 1977 mit einem Defizit. Das Defizit erklärt sich durch abfließende Gewinne, Zinsen und Dividenden ausländischer Kapitalanleger. Es wird durch ausländische Kapitalzuflüsse, insbesondere durch ausländische Direktinvestitionen ausgeglichen (FFRENCH-DAVIS/MUÑOZ/BENAVENTE/CRESPI 2000).

**Abbildung 3.3 Realer Außenbeitrag, reale Export- und Importentwicklung, 1960-2001**

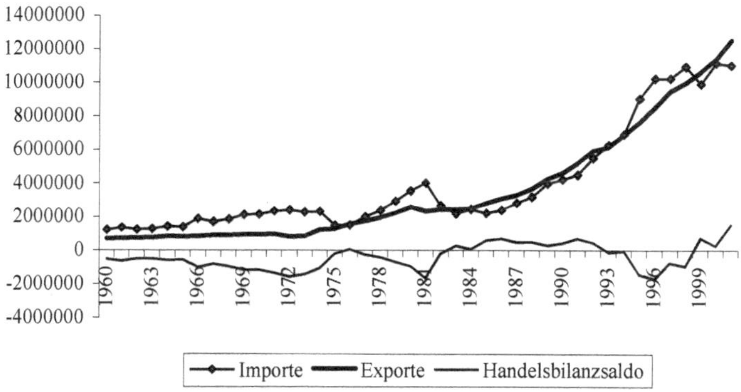


Anmerkung: Reale Exporte und reale Importe lauten auf Millionen Peso des Jahres 1996.
Quelle: BANCO CENTRAL DE CHILE (mehrere Quellen), eigene Berechnungen

Fasst man die bisherigen Ausführungen zusammen, so erhält man als Ergebnis, dass die chilenische Inlandsproduktion stark von importierten Zwischenprodukten und importierten Kapitalgütern abhängig ist, wobei der Gesamtimport zwischen 1960 und 2001 kräftig anstieg. Darin spiegelt sich eine stetige Zunahme des chilenischen Importbedarfs wider. Der wachsende Importbedarf konnte seit 1983 (bis auf den Zeitraum von 1993 bis 1998) durch steigende Exporteinnahmen gedeckt werden.

Bei der Deckung dieses Importbedarfs spielen auch die *Terms of Trade* eine wichtige Rolle. Denn das verfügbare Importvolumen wird durch die exportierten Mengen und die *Terms of Trade* bestimmt. Insofern ist zu vermuten, dass *Terms of Trade*-Verbesserungen mit positiven Wachstumseffekten einhergehen. Dies wurde bereits in Abschnitt 1.1 angesprochen. Die theoretischen Begründungen für *Terms of Trade*-induzierte Wachstumswirkungen seien hier noch einmal zusammengefasst.

Durch *Terms of Trade*-Verbesserungen wird bei konstantem Export ein verstärkter Einsatz an Kapitalgütern und Zwischenprodukten im heimischen Produktionsprozess möglich. Dies impliziert,

1. dass sich die Kapitalakkumulation verbessert, da die Rate der Kapitalakkumulation im neoklassischen Wachstumsmodell neben der inländischen Ersparnis und neben der inländischen Produktion von Kapitalgütern auch durch den Import von Kapitalgütern determiniert wird (LEE 1995, KANEKO 2000). Folglich resultieren *Term of Trade*-induzierte Wachstumseffekte via den verstärkten Einsatz von Kapitalgütern und Zwischenprodukten, selbst wenn sich der Einsatz der fundamentalen Produktionsfaktoren Arbeit und physischem Kapital nicht verändert. Auf eine Kurzformel gebracht heißt das: *Terms of Trade*-Verbesserungen äußern sich in einer Steigerung der totalen Faktorproduktivität. Denn es liegt - wie in Abschnitt 4.3.1 noch zu diskutieren sein wird - eine Steigerung der totalen Faktorproduktivität *ex definitione* dann vor, wenn ein höheres Sozialprodukt bei unverändertem Einsatz der originären Produktionsfaktoren (Arbeit, Kapital) erzeugt wird. Für die Hypothese, wonach *Terms of Trade*-Verbesserungen zu einer Steigerung der totalen Faktorproduktivität führen, spricht auch der empirische Befund. In den Studien von ROJAS/JIMÉNEZ/LÒPEZ(1997), COEYMANS (1999), und CHUMACERO/FUENTES (2001) sind die chilenischen *Terms of Trade* positiv mit der chilenischen Faktorproduktivität korreliert.[6]
2. Theoretisch sind weitere Wachstumseffekte zu erwarten, wenn die *Terms of Trade*-induzierte Erhöhung des Einsatzes technologieintensiver Kapitalgüter und Zwischenprodukte im heimischen Produktionsprozess ein zusätzliches *Learning-by-Doing* im Umgang mit den eingeführten Produkten ermöglicht (GOH/OLIVER 2002) und/oder, wenn
3. durch den verstärkten Kapital- und Zwischengüterimport via Imitationsprozesse ein schneller Technologietransfer aus den Industrieländern stattfindet.

Folglich ergeben sich Kapitalakkumulationseffekte sowie Wissensakkumulationseffekte und damit positive Wachstumseffekte infolge einer säkulären Verbesserung der *Terms of Trade*.

Die hier dargestellte Verknüpfung zwischen der *Terms of Trade*-Entwicklung und wirtschaftlichem Wachstum wirkt allerdings auch in umgekehrter Richtung: Wenn erst der Import bestimmter Kapitalgüter und Zwischenprodukte Chile in die Lage versetzt, wachstumsfördernde Sektoren aufzubauen, dann restringiert eine Verschlechterung der *Terms of Trade ceteris paribus* den chilenischen Entwicklungsprozess.

Die Hypothese der wachstumsfördernden bzw. wachstumshemmenden Wirkung von *Terms of Trade*-Veränderungen beruht demnach in erster Linie auf der Verfügbarkeit über Importe für die Inlandsproduktion. Auf Grundlage des BPC-

6 Auf Kausalität wurde in den zitierten Untersuchungen nicht getestet.

*(Balance-of-Payment-Constrained-)* Modells von THIRWALL/HUSSAIN (1982) lässt sich diese Hypothese ökonometrisch überprüfen. Die ökonometrische Analyse des Zusammenhangs zwischen der *Terms of Trade*-Entwicklung und dem chilenischen Wirtschaftswachstum ist Gegenstand der folgenden Abschnitte.

### 3.2.2 Ökonometrische Analyse des Zusammenhangs zwischen der *Terms of Trade*-Entwicklung und dem wirtschaftlichem Wachstum in Chile

Die nun folgende Untersuchung des Zusammenhangs zwischen der *Terms of Trade*-Entwicklung und dem chilenischen Wirtschaftswachstum wird in fünf Abschnitte unterteilt. Basierend auf dem BPC-Wachstumsmodell von THIRWALL und HUSSAIN (1982) wird in Abschnitt 3.2.2.1 ein Schätzansatz hergeleitet. Abschnitt 3.2.2.2 widmet sich der zeitreihenanalytischen Vorgehensweise und den verwendeten Methoden. In Abschnitt 3.2.2.3 geht es um die Bestimmung der Zeitreiheneigenschaften der chilenischen *Terms of Trade* mit Hilfe von Einheitswurzeltests. Die Schätzung des langfristigen Zusammenhangs zwischen der *Terms of Trade*-Entwicklung und dem wirtschaftlichen Wachstum ist Gegenstand von Abschnitt 3.2.2.4. Abschnitt 3.2.2.5 interpretiert die Regressionsergebnisse und fasst sie zusammen.

#### 3.2.2.1 Ableitung des Schätzansatzes und zeitreihenanalytische Vorgehensweise

Das BPC-Modell von THIRWALL/HUSSAIN (1982) ist ein geeigneter Ansatz, mit dessen Hilfe der Einfluss der *Terms of Trade* auf das wirtschaftliche Wachstum empirisch überprüft werden kann. Im BPC-Modell wird die Verfügbarkeit von Devisen zur Finanzierung entwicklungsnotwendiger Importvolumina zu einer Restriktion für den Wachstumsprozess. Ausgangspunkt des BPC-Modells ist daher die aus der volkswirtschaftlichen Gesamtrechnung bekannte Identitätsgleichung der Zahlungsbilanz zum Zeitpunkt $t$:

$$p_{xt} X_t + e F_t^f = p_t^f e_t M_t . \tag{3.1}$$

Darin symbolisieren

- $X$ die realen Exporte und
- $M$ die realen Importe.
- $p_x$ steht für den Exportpreis, der in inländischer Währung gemessen wird.
- $p^f$ ist der Importpreis in Einheiten ausländischer Währung ($f$).
- $e$ bezeichnet den nominalen Wechselkurs in Einheiten inländischer Währung pro Einheit ausländischer Währung.
- $F^f$ repräsentiert das Leistungsbilanzdefizit, ausgedrückt in Einheiten ausländischer Währung ($f$), welches durch Kapitalimporte finanziert wird.

Definiert man $\theta_t$ als den Anteil der Exporte an den gesamten (in inländischen Währungseinheiten ausgedrückten) Devisenzuflüssen zum Zeitpunkt $t$ gemäß

$$\theta_t = p_{x_t} X_t / (p_{x_t} X_t + e_t F_t^f) \tag{3.2}$$

und berücksichtigt man Definition (3.2) in Gleichung (3.1), so resultiert bei Differenzierung von Gleichung (3.1) nach der Zeit $t$ die Wachstumsratengleichung der Zahlungsbilanz:

$$\theta_t ({}_g p_{x_t} + {}_g X_t) + (1-\theta_t)({}_g F_t^f + {}_g e_t) = {}_g p_t^f + {}_g e_t + {}_g M_t. \tag{3.3}$$

Hierin werden die Wachstumsraten durch das Symbol $g$ gekennzeichnet.

Um das ökonomische System zu vervollständigen, wird die Wachstumsrate der Importe von der Nachfrageseite her bestimmt durch die Funktion:

$${}_g M_t = -\varphi_g tot_t + \xi \, {}_g Y_t \quad (\varphi < 0, \xi > 0), \tag{3.4}$$

mit

$${}_g tot_t = {}_g p_{x_t} - {}_g p_t^f + {}_g e_t, \tag{3.5}$$

wobei
- ${}_g tot_t$ die Veränderungsrate der *Terms of Trade* repräsentiert,
- $\varphi$ und $\xi$ die Preis- und Einkommenselastizitäten der Importnachfrage bezeichnen und
- $Y$ für das inländische Einkommen steht.

Setzt man Gleichung (3.4) in die Wachstumsratengleichung der Zahlungsbilanz (3.3), so erhält man

$$\begin{aligned} &\theta_t ({}_g p_{x_t} + gX_t) + (1-\theta_t)({}_g F_t^f + {}_g e_t) \\ &= {}_g p_t^f + {}_g e_t + [-\varphi_g tot_t + \xi \, {}_g Y_t] \end{aligned} \tag{3.6}$$

Aus Gleichung (3.6) ist ersichtlich, dass ein Anstieg der Wachstumsrate des inländischen Einkommens die Zahlungsbilanzsituation verändert. Denn der rechte Term von Gleichung (3.6) wird bei konstanten ${}_g p_t^f$, ${}_g e_t$ und ${}_g tot_t$ infolge einer Erhöhung von ${}_g Y_t$ steigen. Steigt der rechte Ausdruck von Gleichung (3.6), dann muss ein Finanzierungsweg gefunden werden, der Gleichgewicht (3.6) sicherstellt. Dies bedeutet, bei konstanten ${}_g p_t^f$, ${}_g e_t$ und ${}_g tot_t$ wird entweder die Wachstumsrate der realen Exporte oder die Wachstumsrate der Kapitalimporte zur Finanzierung von ${}_gY_t$ steigen müssen.

Nun sei unterstellt, dass ein Land nur kurzfristig ein Leistungsbilanzdefizit in Kauf nehmen kann. Langfristig lässt sich ein Kapitalimport dagegen nicht aufrechterhalten. Dies hat zwei Gründe: Einmal gilt für die Kreditbeziehung souveräner Staaten (wie für jede andere Kreditbeziehung auch), dass ein Land nur so lange mit dem Zufluss von ausländischem Kapital rechnen kann, wie es im Ausland als rückzahlungsfähig gilt. Darüber hinaus bedeutet eine Verschuldung gegenüber dem Ausland einen andauernden Verlust an Devisen zur Finanzierung entwicklungsnotwendiger Importvolumina. Dies bedeutet, mit zunehmender Verschuldung werden immer mehr Exporterlöse in Form von Zins und Tilgungszahlungen ins Ausland transferiert (THIRWALL 1997). Folglich bricht das kurzfristige Gleichgewicht (3.6) langfristig nur dann nicht zusammen, wenn

$$\theta = 1. \tag{3.7}$$

Unter dieser Prämisse schrumpft Gleichung (3.6) zum langfristigen Zahlungsbilanzgleichgewicht

$$_g p_{x_t} + gX_t = {}_g p_t^{\,f} + {}_g e_t - \varphi_g tot_t + \xi\, {}_g Y_t. \tag{3.8}$$

Löst man Gleichung (3.8) nach auf ${}_gY_t$, so erhält man nach einigen Vereinfachungen die Lösungsgleichung für die *Balance of Payments Constrained Growth Rate* in der Version von PÉREZ/MORENO-BRID (1999):

$$_g Y_t = \frac{{}_g X_t + (\varphi + 1)({}_g tot_t)}{\xi}. \tag{3.9}$$

Danach schafft das Erfordernis eines langfristigen Zahlungsbilanzausgleichs gemäß Gleichung (3.8) eine Grenze für das Wachstum einer Volkswirtschaft. Denn die Expansion des aggregierten Outputs wird gemäß Gleichung (3.9) langfristig determiniert durch die Wachstumsrate der Exporte und die Wachstumsrate der *Terms of Trade*. Dahinter steht die einfache Überlegung, wonach der Export als Teil der gesamtwirtschaftlichen Nachfrage "*is the only component that can provide the foreign exchange to pay for the import content of other components of demand*" (THIRWALL 1997: S. 380). Bei konstantem Export gilt gleiches für die *Terms of Trade*: Steigen die *Terms of Trade*, so resultiert eine Kaufkraftsteigerung. Umgekehrt verschlechtert sich die Versorgung mit Konsum-, Kapitalgütern und Zwischenprodukten, wenn die *Terms of Trade* sinken. Die Exporte und die *Terms of Trade*, als Determinanten der Nachfrageentwicklung, werden somit zur Restriktion für das Wachstum der Inlandsproduktion, wenngleich die eigentlichen produktionstheoretischen Determinanten wirtschaftlichen Wachstums im BPC-Modell nicht explizit berücksichtigt werden.[7]

Im folgenden soll der Einfluss der *Terms of Trade*-Entwicklung auf das wirtschaftliche Wachstum Chiles auf Grundlage einer loglinearen Spezifizierung von Gleichung 9) untersucht werden. Die Schätzgleichung lautet (PÉREZ/MORENO-BRID 1999):

$$LY_t = \gamma + \alpha LX_t + \beta Ltot_t + \varepsilon_t, \tag{3.10}$$

mit $\varepsilon_t$ als ein stationärer Störterm sowie den zu schätzenden Koeffizienten $\alpha$, $\beta$ und der Konstanten $\gamma$.[8] Die Variable $LY_t$ wird in der empirischen Analyse durch das logarithmierte chilenische Einkommen pro Zeitperiode $t$ nach der Bruttoinlandsdefinition in realen Größen gemessen. $LX_t$ repräsentiert den logarithmierten realen Export und die Variable $Ltot_t$ steht für die logarithmierten *Terms of Trade*. Den Variablen liegen Daten aus mehreren Quellen zugrunde (CHUMACERO/FUENTES (2002); BANCO CENTRAL DE CHILE: "*Cuentas Nacionales de Chile 1960-1980*", "*Sintesis Estadistica de Chile*" (mehrere Ausgaben), "*Economic and Financial Report 2000-2003*", "*Indicadores Económicos y Sociales de Chile 1960-2000*").[9] Der Beobachtungszeitraum ($T$=42 mit $0<t<43$) umfasst die Jahre 1960 bis 2001.

Vor der Schätzung des loglinearen Zusammenhangs (3.10) ist es allerdings wichtig, einige zeitreihenanalytische Überlegungen anzustellen. Andernfalls besteht die Gefahr, dass die Parameter in Gleichung (3.10) nicht unverzerrt geschätzt werden.

#### 3.2.2.2 Zeitreihenanalytische Überlegungen und Vorgehensweise

Nach einer Untersuchung von JADRASIC/ZAHLER (2000) handelt es sich bei den logarithmierten *Terms of Trade* Chiles um einen stationären Prozess. Anhand von Abbildung (3.4) lässt sich ebenfalls erkennen, dass $Ltot_t$ möglicherweise $I(0)$ ist (allerdings mit einer Änderung im Mittelwert nach 1974). Vor diesem Hintergrund gilt es explizit zwei Ergebnisse aus Abschnitt 2.4 hervorzuheben, die für die Untersuchung der Wachstumswirkungen von *Terms of Trade*-Verbesserungen zentral sind:

---

7 THIRWALL (1997: S. 379, 380) betont in diesem Zusammenhang sogar ausdrücklich: "*the balance-of-payments-constrained growth model...is a demand-orientated model based on the asumption that factor supplies and technical progress are largely endogenous to an economic system dependent on the growth of output itself.*"

8 GemäßGleichung (3.10) gilt für $\alpha=1/\xi$ und $\beta = (\varphi+1)/\xi$.

9 Eine ausführliche Beschreibung der Daten mit Hinweisen zu ihrer Berechnung befindet sich im Anhang.

Erstens können die übrigen Variablen der Gleichung (3.10), $LY_t$ und $LX_t$, als nichtstationäre Prozesse betrachtet werden, wobei sie integriert der Ordnung d=1, $I(1)$, sind (vgl. Abschnitt 2.4.4). Zweitens sind die Variablen $LY_t$ und $LX_t$ kointegriert (vgl. Abschnitt 2..4.5, Abschnitt 2.4.6). Dies bedeutet, sie weisen langfristig eine gemeinsame Entwicklung auf, die sich in einer stationären Linearkombination, $LY_t = \alpha LX_t$, der Variablen äußert. Mit anderen Worten: der Gleichgewichtsfehler $z_t = LY_t - \alpha LX_t$ ist ein $I(0)$-Prozess. Dies stellt sicher, dass sich $LY_t$ und $LX_t$ nicht permanent voneinander weg bewegen. Damit definieren $LY_t$ und $LX_t$ ein statistisches Gleichgewicht bzw. eine Kointegrationsbeziehung, welche als ökonomische Langfristbeziehung interpretierbar ist (vgl. Abschnitt 2.4.3).

**Abbildung 3.4 Die Entwicklung von *Ltot* im Beobachtungszeitraum**

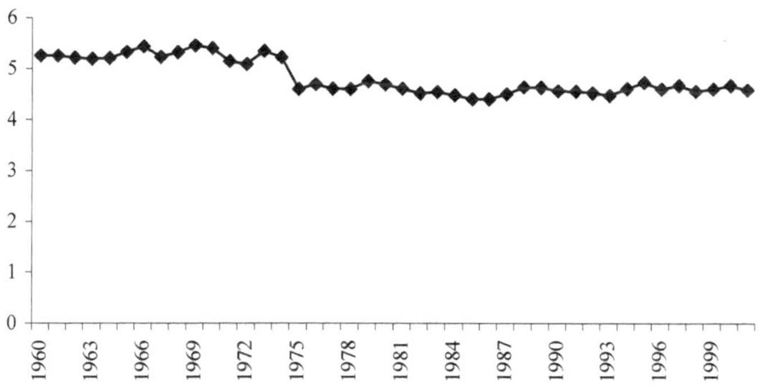


Anmerkung: *Ltot* = logarithmierte *Terms of Trade*
Quelle: CHUMARERO/FUENTES (2002), BANCO CENTRAL DE CHILE, eigene Berechnungen.

Gemäß dem BPC-Modell, welches soeben vorgestellt wurde (Abschnitt 3.2.1), sind aber auch die *Terms of Trade* eine wichtige Variable zur Erklärung wirtschaftlichem Wachstums. Vor diesem Hintergrund gilt: Sind zwei $I(1)$-Variablen kointegriert (beispielsweise $LY_t$ und $LX_t$) und kommt eine $I(0)$-Variable (beispielsweise $Ltot_t$) hinzu, dann ist eine Langfristbeziehung zwischen den drei Variablen - gemäß Gleichung (3.10) - prinzipiell möglich. Dies ergibt sich intuitiv aus der Überlegung, wonach die Kombination einer stationären Linearkombination (zwischen $LY_t$ und $LX_t$) mit einer zusätzlichen $I(0)$-Variable ($Ltot_t$) wieder in einer stationären Linearkombination mündet. Dies impliziert allerdings, dass die $I(0)$-Variable von der "eigentlichen" Kointegrationsbeziehung (zwischen den $I(1)$-Variablen) separiert werden sollte. Konkret heißt das: Wählt man beispielsweise ein Fehlerkorrekturmodell als kointegrationsanalytisches Instrument zur Schätzung der Langfristelastizitäten von kointegrierten $I(1)$-Variablen ($LY_t$ und $LX_t$), dann wird die verzögerte $I(0)$-Variable ($Ltot_t$) als zusätzlicher Regressor dem Fehlerkorrekturmodell hinzugefügt. Darin besteht der Fehlerkorrekturterm aus den $I(1)$-Variablen, während die Kurzfristdynamik zusätzlich die $I(0)$-Variable enthält.[10] Für die zeitreihenanalytische Vorgehensweise gilt entsprechend (Abbildung 3.5):

**Abbildung 3.5 Zeitreihenanalytische Vorgehensweise**

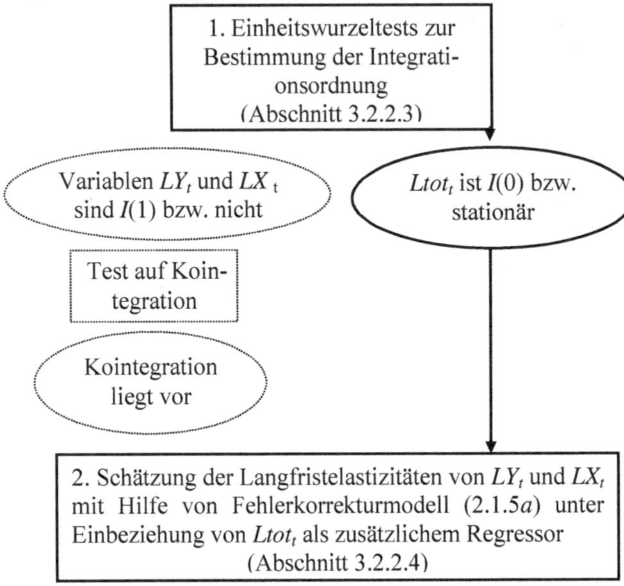


Im nächsten Abschnitt ist die Integrationsordnung von $Ltot_t$ mit Hilfe von Einheitswurzeltests zu bestimmen (Abschnitt 3.2.2.3). Handelt es sich bei der Variable $Ltot_t$ um einen stationären Prozess, dann kann die Variable $Ltot_t$ als zusätzlicher Regressor in das aus Abschnitt 2.4.6 bekannte Fehlerkorrekturmodell (2.1.5*a*) eingebaut werden (Abschnitt 3.2.2.4). Auf Grundlage dieser Fehlerkorrekturmodellschätzung von STOCK (1987) lässt sich in Abschnitt 3.2.2.5 die Frage beantworten, ob zwischen der *Terms of Trade*-Entwicklung und dem wirtschaftlichem Wachstum Chiles gemäß Gleichung (3.10) ein statistisch signifikanter Zusammenhang besteht.

#### 3.2.2.3 Einheitswurzeltests

Im folgenden muss geprüft werden, ob die Variable $Ltot_t$ ein stationärer Prozess ist. Wenn $Ltot_t$ tatsächlich ein stationärer $I(0)$-Prozess ist, dann muss $\rho$ in der originären ADF-Testgleichung

---

10 Vgl. zu dieser Vorgehensweise beispielsweise die ökonometrischen Studien von LÜTKEPOHL/WOLTERS (1998) oder HERZER (2005).

$$\Delta Ltot_t = a_0 + \rho Ltot_{t-1} + \sum_{j=1}^{k} \gamma \Delta Ltot_{t-j} + \mu_t \tag{3.11}$$

zur Bestimmung der Integrationsordnung der Variable $Ltot_t$ (mit $k$ = Anzahl der berücksichtigten verzögerten Differenzen) signifikant von Null verschieden sein. Die Nullhypothese der Nichtstationarität, $I(1)$,

$H_0 : \rho = 0$

wird somit gegen die Alternative

$H_0 : \rho < 0$

eines stationären $I(0)$-Prozesses getestet, wobei ein trendstationärer Prozess obiger Spezifikation zufolge ausgeschlossen wird, da Gleichung (3.11) keinen Zeittrend enthält.[11] Somit wird auf das Vorliegen eines stationären Prozesses geschlossen, wenn die Nullhypothese der Nichtstationarität, $I(1)$, abgelehnt werden kann.[12]

Die beschriebene Testprozedur birgt allerdings die Gefahr, dass die $I(1)$-Hypothese fälschlicherweise beibehalten wird, solange der Strukturbruch $T_B$ ($1<T_B<T$) nach 1974 unberücksichtigt bleibt.[13] Zur Vermeidung von *Spurious Unit Roots* in Modellen mit einem "*Changing Mean*" schlägt PERRON (1990) zwei Modifizierungen von Gleichung (3.11) vor. Im einzelnen handelt es sich dabei um ein *Innovational-Outlier-* sowie um ein *Additive-Outlier*-Modell.

Im *Innovational-Outlier* Modell wird die $H_0$-Hypothese eines $I(1)$-Prozesses mit einer einmaligen Verschiebung im Niveauverlauf gegen die Alternative eines stationären Prozesses mit einer dauerhaften Änderung im Mittelwert der Zeitreihe getestet. Die modifizierte Regressionsgleichung lautet dementsprechend:

$$\Delta Ltot_t = a_0 + \delta DU_t + dD(TB)_t + \rho Ltot_{t-1} + \sum_{j=1}^{k} \gamma \Delta Ltot_{t-j} + \mu_t \tag{3.12}$$

wobei

11 Die hier für den ADF-Test zugrundeliegende Annahme, wonach die *Terms of Trade* keinem deterministischen Trend folgen, wird durch die Ergebnisse in Abschnitt 3.3.2 empirisch untermauert.

12 Da es sich unter der $H_0$ um einen integrierten Prozess handelt, gilt allerdings nicht die übliche t-Verteilung. Kritische Werte können MACKINNON (1991) entnommen werden.

13 Der Strukturbruch nach 1974 ist auf einen durch die Weltwirtschaftskrise ausgelösten massiven Fall der Kupferpreise im Jahre 1975 zurückzuführen, der sich unmittelbar auf die chilenischen *Terms of Trade* ausgewirkt hat. Das Datum des Strukturbruchs kann daher *a priori* als bekannt vorausgesetzt werden.

$$DU_t = 1 \quad \textit{für} \quad t > T_B \quad \textit{und} \quad DU_t = 0 \quad \textit{für} \quad t \leq TB$$
$$D(TB)_t = 1 \quad \textit{nur für} \quad t = 1 + T_B, \quad \textit{sonst} \quad D(TB)_t = 0^{\cdot}$$

Die Einführung der Impulsdummy-Variable $D(TB)_t$ in Gleichung (3.12) beruht auf der Überlegung, wonach ein Schock den datengenerierenden $I(1)$-Prozess (nur) kurzfristig beeinflusst.[14] Die Stufendummy-Variable $DU_t$ modelliert die dauerhafte Änderung im Mittelwert der stationären $I(0)$-Zeitreihe. Dabei ist die Nullhypothese eines integrierten Prozesses abzulehnen, wenn $\rho$ signifikant kleiner Null ist. Die kritischen Werte zur Verwerfung der Nullhypothese sind bei PERRON (1990: S. 158) tabelliert.

Alternativ kann auf Stationarität auch mit Hilfe des *Additive-Outlier*-Modells getestet werden. Im Gegensatz zum *Innovational-Outlier*-Modell beruht das *Additive-Outlier*-Modell auf einem zweistufigen Schätzverfahren, wonach in einem ersten Schritt $Ltot_t$ auf eine Konstante und $DU_t$ regressiert wird.[15]

$$Ltot_t = c + \delta DU_t + \hat{e}_t \,. \tag{3.13a}$$

Die in (3.13*a*) geschätzten Residuen $\hat{e}_t$ spiegeln den Informationsgehalt der Variable $Ltot_t$ ohne die deterministischen Komponente und ohne die Verschiebung im Mittelwert wieder. Sie können daher im zweiten Schritt zur Aufdeckung von $I(1)$- bzw. $I(0)$-Prozessen verwendet werden. Dazu schlagen PERRON/VOGELSANG (1992) folgende Schätzgleichung vor:

$$\Delta\hat{e}_t = dD(TB)_t + \rho\hat{e}_{t-1} + \sum_{j=1}^{k} \gamma\Delta\hat{e}_{t-j} + \mu_t \,. \tag{3.13b}$$

Auch hier muss $\rho$ einen negativen Wert annehmen, wenn $Ltot_t$ ein stationärer Prozess ist. Die kritischen Werte sind PERRON (1990) zu entnehmen.

Tabelle 3.1 zeigt die Ergebnisse des Einheitswurzeltests nach dem *Innovational-Outlier*- und dem *Additive-Outlier*-Modell für die Variable $Ltot_t$. Sie lassen sich wie folgt zusammenfassen: Die Hypothese der Nichtstationarität kann im Rahmen des *Innovational-Outlier*-Modells auf dem 5%-Signifikanzniveau abgelehnt werden. Im Rahmen des *Additive-Outlier*-Modells wird die Hypothese der Nichtstationarität sogar auf dem 1%-Niveau verworfen. Daraus lässt sich schließen, dass die Variable $Ltot_t$ ein (stationärer) $I(0)$-Prozess ist.

---

14 Konkret lautet die Impulsdummy-Variable $D(TB)$ in der vorliegenden Schätzung auf 1 für das Jahr 1975.

15 Der wesentliche Unterschied zwischen dem *Additive-Oulier*-Modell und dem *Innovational-Outlier*-Modell besteht darin, dass das *Additive-Oulier*-Modell von einer plötzlichen Strukturverschiebung ausgeht, während das *Innovational-Outlier*-Modell eine graduelle Strukturverschiebung unterstellt (PERRON 1990).

Um den Zusammenhang zwischen der *Terms of Trade*-Entwicklung und dem wirtschaftlichen Wachstum offenzulegen, wird $Ltot_t$ im nächsten Abschnitt in das aus Abschnitt 2.4.6 bekannte Fehlerkorrekturmodell (2.1.5*a*) eingebaut.

**Tabelle 3.1 ADF-Einheitswurzeltest**

| Regressor | t-Statistik ($\rho$) | Kritischer Wert | Regressor | t-Statistik ($\rho$) | Kritischer Wert |
|---|---|---|---|---|---|
| *Innovational Outlier* | | 5% Signifikanzniveau | *Additive Outlier* | | 1%- (5%-) Signifikanzniveau |
| $Ltot_{t-1}$ | -3.680 | -3.39 | $\hat{e}_{t-1}$ | -4.328 | -4.14 (-3.39) |

Anmerkung: Die kritischen Werte stammen aus Perron (1990: S. 158). Sie richten sich nach dem Verhältnis Zeitraum vor dem Strukturbruch / Beobachtungszeitraum ($\lambda$=0,3). Der den kritischen Werten zugrundeliegende Beobachtungszeitraum ist $T$=50. Die Tests wurden unter Berücksichtigung des Modellselektionskriteriums von Schwarz mit einer Verzögerung der endogenen Variablen durchgeführt.

#### 3.2.2.4 Schätzung des Zusammenhangs zwischen der *Terms of Trade*-Entwicklung und wirtschaftlichem Wachstum

Um die Parameter von Gleichung (3.10) zu schätzen, wird die Variable $\Delta LY_t$ regressiert auf $LY_{t-1}$, $LX_{t-1}$, die Differenzen dieser beiden Variablen bis zum ersten *Lag*, $k$=1, und $Ltot_t$ ebenfalls bis zum ersten *Lag*. Das vollspezifizierte Fehlerkorrekturmodell hat die folgende Form:

$$\Delta LY_t = \delta_0 - \delta_1 LY_{t-1} + \Phi_1 LX_{t-1} + \sum_{i=0}^{k} \psi_i Ltot_{t-i} + \sum_{i=0}^{k} \phi_i \Delta LX_{t-i} + \sum_{i=1}^{k} \theta_i \Delta LY_{t-i} + \varepsilon_1 \quad (3.14)$$

Es handelt sich dabei um das in Abschnitt 2.4.6 bereits geschätzte Fehlerkorrekturmodell (2.1.5*a*), erweitert um $Ltot_t$.

Wie aus Abschnitt 2.4.6 bekannt, bedeutet Kointegration zwischen $LY_t$ und $LX_t$, dass der Fehlerkorrekturterm in (3.14), der sich durch ausklammern von $\delta_1$ als

$$LY_{t-1} + \frac{\Phi}{\delta_1} LX_{t-1} = z_{t-1} \quad (3.15)$$

ergibt, einen signifikanten Einfluss auf $\Delta LY_t$ haben muss. Dementsprechend hat der Ladungskoeffizient $\delta_1$ des Fehlerkorrekturterms

$$\delta_1 (LY_{t-1} + \Phi LX_{t-1}) = \delta_1 z_{t-1} \quad (3.16)$$

negativ und signifikant von Null verschieden zu sein.[16] Die Kleinst-Quadrate-Schätzung von (3.14) liefert dann für den Kointegrationsparameter $\alpha = \Phi/\delta_1$ und für $\beta = \psi_i / \delta_t$.

Zwei Impulsdummies *i*75 und *i*82 werden in (3.14) eingefügt, um die Effekte der Rezessionen der Jahre 1975 und 1982 zu modellieren, die sich in der Schätzung als große Residuen bemerkbar machen. Die Dummy-Variablen nehmen in den angegebenen Jahren den Wert Eins an und sind sonst Null. Die Anzahl der *Lags* wird vor dem Hintergrund der relative kurzen Schätzperiode von 1960 bis 2001 unter Berücksichtigung des Modellselektionskriteriums von Schwarz auf $k = 1$ begrenzt. Ausgehend von (3.14) erfolgt dann im Sinne des "*General-to-specific*"-Ansatzes (HENDRY 1995) eine Modellreduktionsprozedur durch schrittweises Entfernen der Variablen mit den kleinsten t-Werten, bis alle verbleibenden Variablen mindestens auf dem 10%-Signifikanzniveau von Null verschieden sind. Nach Eliminierung aller insignifikanten Koeffizienten resultiert Gleichung (3.17) in Abbildung 3.6 (t-Werte in Klammern).

Der Ladungskoeffizient in (3.17) ist mit einem absoluten t-Wert von 4.141 signifikant negativ. Damit ist die Hypothese fehlender Kointegration auf dem 1%-Niveau abzulehnen, so dass aus den geschätzten Parametern in Gleichung (3.17) die gesuchte Beziehung (3.10) entnommen werden kann. Dazu wird auf den Koeffizienten von $LY_{t-1}$ normalisiert. Man erhält zunächst den Kointegrationsvektor

$$LY_t = 0{,}591 LX_t. \qquad (3.10a)$$

Dieser Beziehung werden die *Terms of Trade* hinzugefügt. Normalisiert auf 0,232 ergibt sich für $\beta$=0,084/0,232 ein Wert von 0,362. Damit resultiert als geschätzter Zusammenhang zwischen der *Terms of Trade*-Entwicklung, den Exporten und dem wirtschaftlichen Wachstum in Chile (t-Werte der jeweiligen Parameter aus Abbildung 3.6 in Klammern)

$$\underset{}{LY_t} = \underset{(3.896)}{0{,}591 LX_t} + \underset{(2.469)}{0{,}362 Ltot_t}. \qquad (3.10b)$$

Die Regressionsergebnisse lassen sich wie folgt interpretieren.

16 Die kritischen Werte zur Überprüfung der Signifikanz des negativen Ladungskoeffizienten sind ERICSSON/MACKINNON (2002) zu entnehmen bzw. auf Basis dort geschätzter *Response Surfaces* in Abhängigkeit von der Regressorenzahl und der *Adjusted Sample Size* zu berechnen.

**Abbildung 3.6 Regressionsergebnisse für den Zusammenhang zwischen der *Terms of Trade*-Entwicklung und wirtschaftlichem Wachstum**

$$\Delta LY_t = 1.44^{**} - 0.232^{**} LY_{t-1} + 0.137^{**} LX_{t-1}$$
$$(4.013) \quad (-4.141) \quad (3.896)$$
$$+1.125^{*} \Delta LX_t + 0.245^{**} \Delta LY_{t-1} + 0.084^{*} Ltot_{t-1} - 0.179^{**} i75 - 0{,}175^{**} i82 \qquad (3.17)$$
$$(2.219) \quad (2.787) \quad (2.469) \quad (-6.246) \quad (-6.008)$$
$$R^2 = 0.80;\ SER = 0.027;\ JB = 0.752;\ LM(2) = 0.434;\ ARCH(1) = 0.594$$

Anmerkung: **(*) Signifikant auf dem Niveau von 1% (5%). Für den Test auf Kointegration ist der t-Wert der verzögerten endogenen Niveau-Variablen relevant. Bei einem stochastischen Regressor und einer Adjusted Sample Size von 40 Beobachtungen ergibt sich bei ERICSSON/MACKINNON (2002) auf dem 0.01-Niveau einen Wert von –3.597. *SER*=Standardfehler der Regression; *JB*=Jarque-Bera-Test auf Normalität der Residuen ($p$-Wert). $LM(k)$=Test auf Autokorrelation $k$-ter Ordnung ($p$-Wert); ARCH($q$)=Test auf bedingte Heteroskedastizität $q$-ter Ordnung ($p$-Wert).

#### 3.2.2.5 Interpretation der Regressionsergebnisse

Die Schätzwerte aus (3.10*b*) bzw. (3.17) sind hoch signifikant und haben das erwartete Vorzeichen. Werden die geschätzten Koeffizienten als Elastizitäten interpretiert, so besagt Gleichung (3.10*b*), dass eine Erhöhung der Exporte um 1% den aggregierten Output um 0,591% erhöht. Die hier geschätzte „Exportelastizität" von 0,591 ist damit etwas geringer als die in Abschnitt 2.4.6 geschätzte Elastizität von 0,64 (vgl. Gleichung (2.1.7*a*)). Für die geringere Elastizität ist die Einbeziehung der *Terms of Trade* in den Zusammenhang zwischen Exportexpansion und Wirtschaftswachstum verantwortlich, da es sich bei den *Terms of Trade* um eine weitere bedeutsame Erklärungsvariable für das chilenische BIP handelt. Die geschätzte Elastizität der *Terms of Trade* deutet darauf hin, dass eine einprozentige Verbesserung der *Terms of Trade* eine Outputsteigerung von 0,362% induziert. Umgekehrt wird das wirtschaftliche Wachstum um 0,362% vermindert, wenn sich die *Terms of Trade* um 1% verschlechtern.

Dies ist die allgemeine Interpretation des Zusammenhangs (3.10*b*). Die ökonomische Erklärung für diesen statistisch signifikanten (Kausal-) Zusammenhang versteckt sich allerdings in der *Black Box* des empirischen Modells. Folgt man PÉREZ/MORENO-BRID (1999) oder JAYME JR. (2001), dann kann die gefundene Beziehung zwischen der *Terms of Trade*-Entwicklung, den Exporten und dem wirtschaftlichem Wachstum als empirische Bestätigung des BPC-Modells interpretiert werden. Das BPC-Modell erklärt den gefundenen Zusammenhang über die Verbesserung der Versorgung mit entwicklungsnotwendigen Importvolumina wie folgt:

Im Zuge des Entwicklungsprozesses steigt insbesondere der Bedarf an importierten Zwischenprodukten und importierten Kapitalgütern. Die mit steigendem Einkommen verbundene Erhöhung der Importausgaben wird durch die Exporte finanziert, wobei *Terms of Trade*-Verbesserungen die Verfügbarkeit von Importen ebenfalls verbessern. Die gestiegene Verfügbarkeit von Importgütern fördert einmal die Kapitalakkumulation.[17] Darüber hinaus induziert der verstärkte Einsatz von importierten Zwischenprodukten und Kapitalgütern wachstumsstimulierende *Learning-by-Doing*-Effekte im Umgang mit den eingeführten Produkten sowie einen Technologietransfer aus den Industrieländern. Allerdings wird die Expansion des aggregierten Outputs an eine Grenze stoßen, wenn die Versorgung mit entwicklungsfördernden Importvolumina nicht mehr sichergestellt ist. Langfristiges Wachstum ist demzufolge nur bei Aufrechterhaltung des langfristigen Zahlungsbilanzgleichgewichts möglich.[18] Im langfristigen Zahlungsbilanzgleichgewicht wird die Wachstumsrate des Einkommens durch die Wachstumsrate der Exporte und die Wachstumsrate der *Terms of Trade* determiniert. Dies erklärt möglicherweise, weshalb gemäß Gleichung (3.10*b*) ein statistisch signifikanter Zusammenhang zwischen der *Terms of Trade*-Entwicklung, den Exporten und dem wirtschaftlichem Wachstum besteht.[19]

Angesichts des signifikant positiven Zusammenhangs zwischen den *Terms of Trade* und dem wirtschaftlichen Wachstum in Chile ist die Frage, ob die *Terms of Trade* langfristig steigen oder fallen von eminenter wirtschaftspolitischer Bedeutung. Deshalb soll im nächsten Abschnitt die chilenische *Terms of Trade*-Entwicklung im Hinblick auf folgende Fragestellung untersucht werden:

---

17 Sofern es sich dabei um Importe von Kapitalgütern handelt.

18 Kurzfristig kann ein Leistungsbilanzdefizit durch ausländische Kapitalzuflüsse finanziert werden.

19 An dieser Stelle sei kurz eine andere Erklärungsmöglichkeit diskutiert: Wenn die Entwicklung des Anteils industrieller Erzeugnisse am Gesamtexport (bzw. die vertikale Exportdiversifizierung) sich ziemlich genau in der *Terms of Trade*-Entwicklung widerspiegelt, dann fungieren die *Terms of Trade* als mögliche Proxivariable für den Industriegüteranteil. In diesem Fall könnte der statistisch signifikante Kausalzusammenhang zwischen den *Terms of Trade* und der Höhe des chilenischen BIP auch bedeuten, dass die *Terms of Trade*-Entwicklung (für sich genommen) keinen Einfluss auf das Wachstum hat. Vielmehr gehen die statistisch signifikanten Wachstumsimpulse direkt von der vertikalen Exportdiversifizierung (gemessen durch die *Terms of Trade*) aus. Diese Hypothese ist jedoch zurückzuweisen, da sie implizit voraussetzt, dass die *Terms of Trade* und der Anteil industrieller Erzeugnisse am Gesamtexport einer nahezu identischen zeitlichen Entwicklung folgen. Dies ist faktisch nicht der Fall. Wie im folgenden noch zu zeigen sein wird, ist der Industriegüteranteil ein trendstationärer Prozess, während die *Terms of Trade* keinem Trend folgen.

Sind die chilenischen *Terms of Trade* einer säkulären Verschlechterung unterworfen oder besteht eine Tendenz zur Verbesserung?

## 3.3 Die Entwicklung der chilenischen *Terms of Trade*: Säkuläre Verschlechterung oder säkuläre Verbesserung?

Unter dem Begriff der säkulären Verschlechterung (Verbesserung) soll eine trendhafte Entwicklung verstanden werden, im Sinne einer negativen (positiven) Tendenz, die über einen sehr langen Zeitraum anhält. Vor dem Hintergrund dieses Begriffsverständnisses wird in Abschnitt 3.3.1 die Entwicklung der chilenischen *Terms of Trade* im Zeitraum von 1960 bis 2001 dargestellt. In diesem Zusammenhang werden die Ergebnisse der empirischen Untersuchung aus Abschnitt 3.2 aufzugreifen und im Kontext mit der chilenische *Terms of Trade*-Entwicklung zu diskutieren sein. Der folgende Abschnitt 3.3.2 beschäftigt sich mit den Methoden der Trendanalyse. Darauf aufbauend erfolgt in Abschnitt 3.3.3 die Schätzung des Trendverlaufs der chilenischen der *Terms of Trade*.

### 3.3.1 Betrachtung der chilenischen Terms of Trade-Entwicklung vor dem Hintergrund der bisherigen Untersuchungsergebnisse

Betrachtet man die Entwicklung der chilenischen *Terms of Trade* in Abbildung 3.7 vor dem Hintergrund der Ergebnisse der empirischen Untersuchung über den Zusammenhang zwischen Wirtschaftswachstum und der *Terms of Trade*-Entwicklung, so ist zunächst folgendes zu konstatieren.

Die *Terms of Trade* haben sich im Zeitraum von 1960 bis 2001 im Jahresdurchschnitt etwa um 5.6 Prozentpunkte verschlechtert. Gemäß den Ergebnissen der vorangegangenen Untersuchung wird das wirtschaftliche Wachstum um 0,362 Prozentpunkte vermindert, wenn die *Terms of Trade* um 1% sinken. Dies würde implizieren, dass das tatsächlich realisierte Bruttoinlandsprodukt im Beobachtungszeitraum durchschnittlich etwa um 2% niedriger war, als ein Bruttoinlandsprodukt bei hypothetisch konstant gehaltenen *Terms of Trade*. Demnach kann mit einiger Vorsicht gesagt werde, dass infolge der durchschnittlichen *Terms of Trade*-Verschlechterung von 5.6% das wirtschaftliche Wachstum in Chile im Jahresdurchschnitt etwa um 2% gebremst wurde.

Gleichwohl sollte die durchschnittliche *Terms of Trade*-Verschlechterung nicht mit einer säkulären *Terms of Trade*-Verschlechterung gleichgesetzt werden. Denn die durchschnittliche Verschlechterung im Beobachtungszeitraum lässt sich ausschließlich auf den Einbruch der *Terms of Trade* nach 1974 zurückführen. Im Zeitraum von 1960 bis 1974 ist die durchschnittliche Wachstumsrate der *Terms of Trade* mit 0.66% positiv; nach 1974 bzw. im Zeitraum von 1975 bis

2001 haben sich die *Terms of Trade* mit 0.3% im Jahresdurchschnitt ebenfalls verbessert.[20] Demnach hat die einmalige Verschlechterung der *Terms of Trade* im Jahre 1975 (die im hohen Maße durch den Einbruch der Kupferpreise zu erklären ist) eine durchschnittliche Verschlechterung der *Terms of Trade* im gesamten Beobachtungszeitraum bewirkt.[21] Da es sich aber bei diesem Ereignis um ein einmaliges Phänomen handelt, besteht kein Grund zu der Annahme, wonach eine Tendenz zur Verschlechterung der *Terms of Trade* über einen längeren Zeitraum besteht (CUDDINGTON/URZÚA 1989). Wenn man den durch die Weltwirtschaftskrise ausgelösten Einbruch im Jahre 1975 ausklammert, wäre es angesichts der positiven Wachstumsraten vor und nach 1974/75 sogar denkbar, dass die chilenischen *Terms of Trade* einer säkulären Verbesserung unterworfen sind. Diese Hypothese soll im Rahmen einer Trendanalyse empirisch überprüft werden. Dazu müssen zunächst die potenziellen Untersuchungsmethoden vorgestellt werden.

**Abbildung 3.7 Die Entwicklung der *Terms of Trade*, 1960-2001**

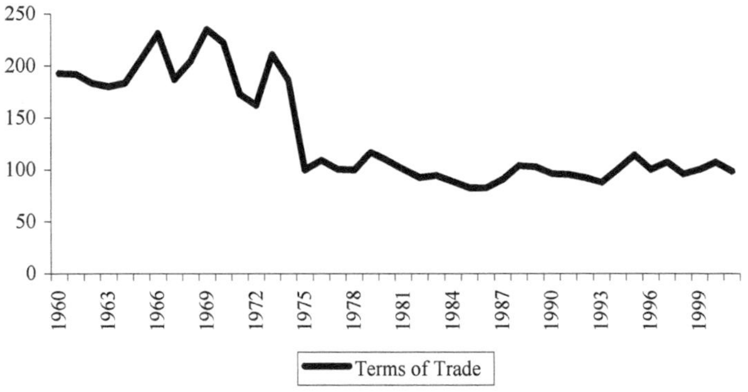


Anmerkung: Für die realen *Terms of Trade* gilt 1996=100.
Quelle: *Terms of Trade*: CHUMACERO/FUENTES (2002), BANCO CENTRAL DE CHILE, eigene Berechnungen.

### 3.3.2 Methoden der Trendanalyse

Üblicherweise werden langfristige *Terms of Trade*-Trends entweder auf Basis eines *Difference Stationary-* (DS) Modells oder auf Grundlage eines *Trend Stationary-* (TS) Modells geschätzt (CUDDINGTON/URZÚA 1989, OCAMPO/PARRA 2003). Die Anwendung des jeweiligen Modells ist davon abhängig, ob den

20 Quelle: CHUMACERO/FUENTES (2002), BANCO CENTRAL DE CHILE, eigene Berechnungen.

21 Zur Interdependenz zwischen den chilenischen *Terms of Trade* und der Kupferpreisentwicklung vgl. Abschnitt 3.4.1.

*Terms of Trade* ein *I*(1)- oder ein *I*(0)-Prozess zugrunde liegt. Ist *ex ante* nicht bekannt, ob die *Terms of Trade* einem *I*(1)-oder einem *I*(0)-Prozess folgen, dann lassen sich langfristige *Terms of Trade*-Trends auch mit Hilfe der von BLEANEY/GREENAWAY (1993) vorgeschlagenen Methode schätzen, wie die folgenden Ausführungen zeigen.

#### 3.3.2.1 Das *Difference Stationary*- (DS) Modell

Die Anwendung des *DS-Modells* der Form

$$\Delta Ltot_t = c + \varepsilon_t \quad mit \quad Ltot_t - Ltot_{t-1} = \Delta Ltot_t \tag{3.3.1}$$

ist angemessen, wenn es sich bei den *Terms of Trade* um einen *I*(1)-Prozess handelt.[22] Die Konstante bzw. der Driftparamer *c* repräsentiert in diesem Fall die jährliche Veränderungsrate der *Terms of Trade*. Ist *c* signifikant positiv (negativ), so besteht eine langfristige Tendenz zur Verbesserung (Verschlechterung). In diesem Fall spricht man von einem "*Random Walk with Drift*", wobei der "*Drift*" als deterministische Komponente zu interpretieren ist. Ist *c* dagegen gleich Null, bzw. ist *c* nicht signifikant kleiner oder größer Null, dann handelt es sich bei den *Terms of Trade* um einen "*Pure Random Walk*". Beim "*Pure Random Walk*" neigen die *Terms of Trade* zwar zu trendhaften Bewegungen. Aussagen über eine Tendenz, die über einen längeren Zeitraum anhält, sind *a priori* jedoch nicht möglich. Beobachtungen aus der Vergangenheit erlauben keinerlei Aussagen über die zukünftige Entwicklung, denn ein "*Pure Random Walk*" ist ein rein stochastischer Prozess (PATTERSON 2000: S. 209ff).

#### 3.3.2.2 Das *Trend Stationary*- (TS) Modell

Im Gegensatz zu einem "*Random Walk*" kann bei einem *I*(0)-Prozess eine Langfristprognose erstellt werden, bei der die Unsicherheit begrenzt bleibt. Ein *I*(0)-Prozess lässt sich um einen deterministischen Trend modellieren (*I*(0)+Trend). Das *TS-Modell* der Form

$$Ltot_t = a + bt + \varepsilon_t \quad mit \quad 0 < t < 43 \tag{3.3.2}$$

ist daher der geeignete Schätzansatz, wenn es sich bei den *Terms of Trade* um einen trendstationären *I*(0)-Prozess handelt. Die Trendrate *b* gibt in diesem Fall an, wie sich die *Terms of Trade* im Jahresdurchschnitt verändern. Sofern *b* signifikant positiv (negativ) ist, lässt sich auf eine trendmäßige Verbesserung (Verschlechterung) der *Terms of Trade* schließen. Ist umgekehrt *b* nicht signifikant (kleiner oder größer Null), dann folgen die *Terms of Trade* keinem Trend und die *Terms of Trade* sind ein stationärer *I*(0)-Prozess, der um die Konstante *a* fluktuiert.

---

22 Das *Difference Stationary*-Modell verdankt seinen Namen der Tatsache, dass *I*(1)-Prozesse nur durch Bildung von Differenzen stationär werden.

Der Schätzer von $b$ ist dabei nur dann konsistent und unverzerrt, solange die *Terms of Trade* stationär (um einen deterministischen Trend) sind. Andernfalls besteht auch hier eine Art "*Spurious Regressions*"-Problem (ATHUKORALA 2000). Folglich setzt die Anwendung des "richtigen" Modells voraus, dass die Eigenschaften der *Terms of Trade*, $I(1)$ oder $I(0)$, bekannt sind.

### 3.3.2.3 Die Methode von BLEANEY und GREENAWAY

Ist *ex ante* nicht bekannt, ob die *Terms of Trade* ein $I(1)$- oder ein $I(0)$-Prozess sind, dann lässt sich der Trend der *Terms of Trade* auch nach der Methode von BLEANEY/GREENAWAY (1993) gemäß

$$\Delta Ltot_t = a + b_1 t + b_2 Ltot_{t-1} + \sum_{j=1}^{k} \gamma \Delta Ltot_{t-j} + \varepsilon_t \qquad (3.3.3)$$

schätzen. Hierin (mit $k$ = Anzahl der berücksichtigten Verzögerungen) wird die langfristige Trendrate $b_0$ mittels Division des Trendkoeffizienten durch den Koeffizienten der um eine Periode verzögerten Niveauvariablen ermittelt:

$$b_0 = -b_1 / b_2 . \qquad (3.3.4)$$

Das ausschließliche Ziel der Aufnahme der verzögerten Differenzen, $\Delta Ltot_{t-j}$, besteht dabei darin, die gegebenenfalls vorliegende Autokorrelation in den Residuen zu beseitigen.

Bei der Methode von BLEANEY/GREENAWAY (1993) handelt es sich um einen für die Trendanalyse besonders geeigneten Ansatz. Denn er berücksichtigt potenziell stochastisches, $I(1)$-, und "deterministisches" $I(0)$-Verhalten gleichzeitig, wie die folgenden vier Fälle zeigen (PATTERSON 2000: S. 209ff).[23]

- Fall 1: Wenn in der Schätzung von (3.3.3) sowohl $b_1$ als auch $b_2$ signifikant von Null verschieden sind ($b_1 \neq 0$; $b_2 < 0$), dann folgen die *Terms of Trade* einem deterministischen Trend. Die langfristige Trendrate berechnet sich nach Gleichung (3.3.4). Dieser Fall entspricht einer Schätzung nach dem TS-Modell.
- Fall 2: Wenn in der Schätzung von (3.3.3) $b_1$ signifikant von Null verschieden ist, aber $b_2$ nicht signifikant von Null verschieden ist ($b_1 \neq 0$; $b_2 = 0$) dann

23 Die folgende Beschreibung der vier Fälle korrespondiert nicht mit der Darstellung von BLEANEY/GREENAWAY (1993) und auch nicht mit der Darstellung von ATHUKORALA (2000). Der Grund liegt darin, dass die genannten Autoren die vier Fälle *de facto* falsch dokumentieren. So handelt es sich bei Fall 2 nicht um einen 24 "*Random Walk with Drift*", wie die genannten Autoren behaupten. Sondern es handelt sich dabei um einen "*Random Walk with Drift and Deterministic Trend*" (vgl. PATTERSON 2000: S. 226).

folgen die *Terms of Trade* einem „*Random Walk with Drift and Deterministic Trend*". Die Langfristige Trendrate ist zwar nicht definiert. Allerdings ist es für $b_1>0$ ($b_1<0$) wahrscheinlich, dass der zukünftige Wert der *Terms of Trade* über (unter) den in der Vergangenheit stattgefundenen Ereignissen liegt. Mit anderen Worten: Es besteht eine langfristige Tendenz zur Verbesserung, wenn $b_1>0$ und $b_2=0$ bzw. es besteht eine langfristige Tendenz zur Verschlechterung, wenn $b_1<0$ und $b_2=0$.

- Fall 3: Wenn in der Schätzung von (3.3.3) sowohl $b_1$ als auch $b_2$ nicht signifikant von Null verschieden sind ($b_1=0$, $b_2=0$), dann handelt es bei den *Terms of Trade* um einen „*Random Walk with Drift*", sofern $a\neq0$. Für $a=0$ sind die Terms of Trade als „*Pure Random Walk*" zu charakterisieren. Dementsprechend lässt sich der Fall 3 mit $b_1=0$ und $b_2=0$ auch mit Hilfe des DS-Modells schätzen.
- Fall 4: Wenn in der Schätzung von (3.3.3) $b_2$ signifikant kleiner Null ist und $b_1$ nicht signifikant von Null verschieden ist ($b_1=0$, $b_2<0$), dann handelt es bei den Terms of Trade um einen stationären Prozess. Die *Terms of Trade* folgen weder einem stochastischen noch einem deterministischen Trend. Oder anders ausgedrückt: der deterministische Trend ist Null. Fall 4 lässt sich folglich ebenfalls mittels Schätzung des TS-Modells überprüfen.

Dabei deklarieren BLEANEY/GREENAWAY (1993: S. 351) für den Fall 1 und den Fall 4 die Schätzgleichung (3.3.3) als ein Fehlerkorrekturmodell, in dem die Abweichungen vom langfristigen deterministischen Trend bzw. die Abweichungen von $a$ durch ein negatives $b_2$ korrigiert werden. Dahinter steht die einfache Überlegung, wonach unter Berücksichtigung von

$$Ltot_t - Ltot_{t-1} = \Delta Ltot_t = a + b_1 t + b_2 Ltot_{t-1} \quad \big| + Ltot_{t-1} \qquad (3.3.5)$$

$$\Rightarrow \quad Ltot_t = a + b_1 t + b_2 Ltot_{t-1} + Ltot_{t-1} \qquad (3.3.6)$$

$Ltot_t$ umso schneller gegen seinen langfristigen Trend $b_1$ bzw. $a$ konvergiert, je näher $b_2$ dem Wert –1 ist. Deshalb kann Gleichung (3.3.3) als ein Fehlerkorrekturmodell interpretiert werden. Faktisch entspricht Gleichung (3.3.3) jedoch der ADF-Testregressionsgleichung, in dem die Nullhypothese eines nichtstationären Prozesses gegen die Alternative eines trendstationären Prozesses getestet wird (vgl. Abschnitt 2.4.4.1). Daher müssen bei der Schätzung von Gleichung (3.3.3) folgende Faktoren berücksichtigt werden (PATTERSON 2000: S. 237ff):

Unter der Nullhypothese eines integrierten Prozesses bzw. eines $I(1)$-Prozesses mit

$$H_{01}: b_2 = 0$$

gilt nicht mehr die übliche t-Verteilung, weder für $b_1$, für $b_2$ noch für $a$. Kritische Werte für $b_2$ können MACKINNON (1991) entnommen werden. Die kritischen Werte für $b_1$ und $a$ sind beispielsweise bei HALDRUP (1991) und PATTERSON (2000: S. 235, 238) tabelliert.

**Tabelle 3.2 Die vier Fälle der BLEANEY/GREENAWAY-Methode**

| | $b_1 \neq 0$ | $b_1 = 0$ |
|---|---|---|
| $b_2 \neq 0$ | Fall 1: Deterministischer Trend<br>$I(0)$<br>Verbesserung: $b_1 > 0$<br>Verschlechterung: $b_1 < 0$ | Fall 4: Stationärer Prozess<br>$I(0)$<br>Deterministischer Trend ist Null<br>Weder Verbesserung, noch Verschlechterung |
| $b_2 = 0$ | Fall 2: Random Walk with Drift and Deterministic Trend<br>$I(1)$<br>Verbesserung: $b_1 > 0$<br>Verschlechterung: $b_1 < 0$ | Fall 3: Random Walk with Drift<br><br>$I(1)$<br>Verbesserung: $a > 0$<br>Verschlechterung: $a < 0$<br><br>Pure Random Walk<br>$I(1)$<br>Weder Verbesserung, noch Verschlechterung: $a = 0$ |

Anmerkung: Eine ähnliche Darstellung findet sich bei PATTERSON 2000: S. 226

Wird die Nullhypothese $H_{01}$ allerdings verworfen und es besteht keine Evidenz für einen $I(1)$-Prozess, dann gilt die übliche t-Verteilung für $b_1$ und $a$. Mit anderen Worten: Nur wenn ein $I(0)$-Prozess vorliegt, behalten die Teststatistiken ihre gewohnten asymptotischen Verteilungen.

Dies bedeutet: Wird Gleichung (3.3.3) geschätzt, dann zeigt zunächst der Blick auf den t-Wert der verzögerten Niveauvariablen $Ltot_{t-1}$, ob es sich
a) um einen $I(0)$-Prozess (Fall 1 oder Fall 4) oder
b) um einen $I(1)$-Prozess (Fall 2 oder Fall 3) handelt.
Für a) übersteigt der t-Wert der verzögerten Niveauvariablen seinen bei MACKINNON (1991) ausgewiesenen kritischen Wert. Dies wird als $\underline{b_2 \neq 0}$ bzw. $\underline{b_2 < 0}$ interpretiert. Somit gilt die Nullhypothese $H_{01}$ eines $I(1)$-Prozesses als verworfen und die übliche t-Statistik zeigt, ob $b_1$ signifikant von Null verschieden ist [$\underline{b_1 \neq 0}$ (Fall 1)] oder ob $b_1$ nicht signifikant von Null verschieden ist [$\underline{b_1 = 0}$ (Fall 4)].

Für b) liegt der t-Wert der verzögerten Niveauvariablen unter seinem kritischen Wert. Dies ist als $\underline{b_2 = 0}$ zu werten. Folglich kann die Nullhypothese, $H_{01}$, eines integrierten Prozesses, beispielsweise $I(1)$, nicht abgelehnt werden. In diesem Fall wird auf den t-Wert von $b_1$ abgestellt: Kann die Nullhypothese

$$H_{02} : b_1 = 0$$

- verworfen werden ($\underline{b_1 \neq 0}$), weil die (bei PATTERSON (2000) tabellierten) kritischen Werte überschritten werden, dann handelt es sich um einen "*Random Walk with Drift and Deterministic Trend*" (Fall 2).

- Kann $H_{02}$ jedoch nicht verworfen werden, weil die kritischen Werte nicht überschritten werden ($b_1$=0), dann liegt kein "*Random Walk with Drift and Deterministic Trend*" vor. Es kann sich folglich nur um einen "*Random Walk with Drift*" handeln, sofern $a$ signifikant von Null verschieden ist. Ist $a$ hingegen nicht signifikant von Null verschieden, dann liegt ein "*Pure Random Walk*" vor (siehe Fall 3).

### 3.3.3 Schätzung und Schätzergebnisse

Im folgenden soll die Trendentwicklung der chilenischen *Terms of Trade* geschätzt werden. Für Schätzung des langfristigen *Terms of Trade*-Trends sind die Ergebnisse sowie die Annahmen der Einheitswurzeltests des Abschnitts 3.2.2.3 von Bedeutung:

Nach den Ergebnisse dieser Einheitswurzeltests folgen die chilenischen *Terms of Trade* keinem stochastischen Trend, da die Hypothese der Nichtstationarität, $I(1)$, sowohl im Rahmen des *Innovaional-Outlier-* als auch im Rahmen des *Additive-Outlier*-Modells abgelehnt wurde. Folglich ist das DS-Modell nichtstationärer bzw. integrierter *Terms of Trade* kein geeigneter Schätzansatz.

Allerdings wurde ein trendstationärer Prozess für die Einheitswurzeltests in Abschnitt 3.2.2.3 *ex ante* ausgeschlossen. Somit liegt den Einheitswurzeltests die Annahme zugrunde, wonach die chilenischen *Terms of Trade* keinem deterministischen Trend folgen. Ob die chilenischen Terms of Trade tatsächlich keinem deterministischen Trend folgen, soll mittels Schätzung des BLEANEY/GREENAWAY-Modells und mittels Schätzung des TS-Modells überprüft werden.

In den Regressionen werden verzögerte endogenen Variablen aufgenommen, um die Probleme gegebenenfalls vorliegender Residuenautokorrelation zu beseitigen. Desweiteren muss der Einbruch im Jahre 1975 berücksichtigt werden. Andernfalls besteht die Gefahr, dass die Schätzung von Gleichung (3.3.2) und die Schätzung von Gleichung (3.3.3) eine negative Tendenz in der Entwicklung der *Terms of Trade* aufdeckt, die tatsächlich nicht vorhanden ist (CUDDINGTON/URZÚA 1989, OCAMPO/PARRA 2003). Der einmalige Sprung im Jahre 1975 wird durch Einbeziehung der Dummy-Variable *DU*75 thematisiert. Sie nimmt in den Regressionsgleichungen (3.3.2) und (3.3.3) einheitlich ab 1975 den Wert 1 und sonst den Wert Null an. Die so konstruierte Dummy-Variable entspricht dabei dem Modell, das von PERRON (1989) als Modell A bezeichnet wird. Im Modell A sind für den t-Wert der verzögerten Niveauvariablen, $Ltot_{t-1}$, der Schätzgleichung (3.3.3) die kritischen Werte von PERRON (1989) relevant. Sie werden bei der Interpretation der Regressionsergebnisse berücksichtigt. Die Resultate der Schätzungen sind Abbildung 3.8 zu entnehmen. Sie lassen sich wie folgt interpretieren (t-Werte in Klammern):

Der Blick auf den t-Wert der verzögerten endogenen Niveau-Variablen ($Ltot_{t-1}$) in (3.3.7) zeigt, dass es sich bei den *Terms of Trade* um einen $I(0)$-Prozess handelt. Der t-Wert übersteigt mit –5.674 den bei PERRON (1989) für das 1%-Niveau ausgewiesenen kritischen Wert von –4,39. Dies wird als $b_2 \neq 0$ bzw. $b_2 < 0$ interpretiert. Somit gilt die Nullhypothese $H_{01}$ eines $I(1)$-Prozesses als verworfen und mit Hilfe der üblichen t-Statistik lässt sich prüfen, ob $b_1$ signifikant von Null verschieden ist [$b_1 \neq 0$ (Fall 1)] oder ob $b_1$ nicht signifikant von Null verschieden ist [$b_1 = 0$ (Fall 4)]. Da $b_1$ mit einem t-Wert von 0.296 nicht signifikant von Null verschieden ist, liefert die Schätzung von Gleichung (3.3.3) empirische Evidenz für Fall 4 ($b_1 = 0$, $b_2 < 0$): Danach handelt sich bei den chilenischen *Terms of Trade* um einen stationären $I(0)$-Prozess. Folglich gibt es weder eine langfristige Tendenz zur Verschlechterung der *Terms of Trade* noch eine langfristige Tendenz zur Verbesserung der *Terms of Trade*.

**Abbildung 3.8 Schätzung des langfristigen *Terms of Trade*-Trends**

Gleichung (3.3.3) nach der BLEANEY/GREENAWAY-Methode:

$$\Delta Ltot_t = \underset{(5.587)}{3.982^{**}} + \underset{(0.296)}{0.0008t} - \underset{(-5.674)}{0.755^{**}} Ltot_{t-1}$$

$$+ \underset{(0,380)}{0.046 \Delta Ltot_{t-1}} - \underset{(-1,120)}{0.136 \Delta Ltot_{t-2}} - \underset{(-6,015)}{0.545^{**}} DU75_t \qquad (3.3.7)$$

$R^2 = 0.620$; $SER = 0.097$; $LM(2) = 0.118$; $ARCH(1) = 0.814$; $JB = 0.381$

Gleichung (3.3.2) nach dem TS-Modell:

$$Ltot_t = \underset{(7.047)}{4.190^{**}} + \underset{(0.354)}{0.0008t} + \underset{(-1.830)}{0.205^{+}} Ltot_{t-1} - \underset{(-6.697)}{0.545^{**}} DU75_t \qquad (3.3.8)$$

$R^2 = 0.930$; $SER = 0.094$; $LM(2) = 0.121$; $ARCH(1) = 0.573$; $JB = 0.590$

Anmerkung: ** (*) ($^{+}$) Signifikant auf dem Niveau von 1% (5%) (10%). Bei der BLEANEY/GREENAWAY-Methode ist für $H_{01}$: $b_2 = 0$ der t-Wert der verzögerten Niveau-Variablen, $Ltot_{t-1}$, relevant. Bei $\lambda = 0{,}3$ weist PERRON (1989) auf dem 0,01-Niveau einen Wert von –4,39 nach (Modell A). *SER*=Standardfehler der Regression; *JB*=Jarque-Bera-Test auf Normalität der Residuen (*p*-Wert). *LM*(*k*)=Test auf Autokorrelation *k*-ter Ordnung (*p*-Wert); ARCH(*q*)=Test auf bedingte Heteroskedastizität *q*-ter Ordnung (*p*-Wert).

Dafür sprechen ebenfalls die Ergebnisse der Schätzung nach dem TS-Modell, (3.3.8): Die Trendrate *b* ist mit einem t-Wert von 0.354 nicht signifikant. Somit folgen die *Terms of Trade* keinem Trend. Sie sind ein stationärer $I(0)$-Prozess, dessen Konstante sich infolge einer Strukturverschiebung nach 1974 bzw. ab 1975 geändert hat. Die anfangs gestellte Frage nach der säkulären Verschlechterung oder einer säkulären Verbesserung der chilenischen *Terms of Trade* lässt sich daher wie folgt beantworten:

Die chilenischen *Terms of Trade* sind im Beobachtungszeitraum 1960-2001 - bis auf einen einmaligen massiven Bruch, der eine Niveauverschiebung in der Konstanten ausgelöst hat - weder einer säkulären Verbesserung noch einer säkulären Verschlechterung unterworfen.

Die soeben diskutierte Entwicklung der chilenischen *Terms of Trade* wurde möglicherweise durch die vertikale Exportdiversifizierung determiniert. Vor dem Hintergrund der in Abschnitt 1.1.2.4 vorgestellten Prebisch-Singer-These könnte man sich vorstellen, dass die vertikale Exportdiversifizierung säkuläre *Terms of Trade*-Verschlechterungen verhindert hat. Dies ist Thema der folgenden Analyse. Darin geht es um die Frage nach einem möglichen Zusammenhang zwischen steigenden Anteilen industrieller Erzeugnisse am Gesamtexport und dem Verlauf der chilenischen *Terms of Trade*.

## 3.4 Vertikale Exportdiversifizierung und die Entwicklung der Terms of Trade

Die Analyse gliedert sich in drei Abschnitte.

- In Abschnitt 3.4.1 wird die chilenische *Terms of Trade*-Entwicklung in Beziehung zur Kupferpreisentwicklung gesetzt. In diesem Kontext wird zu diskutieren sein, inwieweit sich die Entwicklung der chilenischen *Terms of Trade* infolge der vertikalen Exportdiversifizierung von der Entwicklung der Kupferpreise abgekoppelt hat.
- In Abschnitt 3.4.2 geht es um die Disaggregation der chilenischen *Terms of Trade*, indem die Preisindizes der Industriegüterexporte, der Bergbauexporte und der Agrarexporte einheitlich durch den Importpreisindex dividiert werden. In diesem Zusammenhang werden die resultierenden Preisverhältnisse im Hinblick auf ihre Trendentwicklung zu untersuchen sein.
- Abschnitt 3.4.3 ist dem klassischen Test auf Granger-Kausalität gewidmet. Mit diesem Test wird zu prüfen sein, inwieweit man die vertikale Exportdiversifizierung in Chile als "verursachend" für eine potenzielle *Terms of Trade*-Verbesserung ansehen kann.

### 3.4.1 Vertikale Exportdiversifizierung und die Reduzierung der Abhängigkeit von der Kupferpreisentwicklung

In Abschnitt 2.2.2 wurde konstatiert, dass der Industriegüteranteil am Gesamtexport von etwa 7,4% (1960) auf 36% (2001) zugenommen hat. Analysiert man das Wachstum des Industriegüteranteils mit Hilfe der von BLEA-

NEY/GREENAWAY (1993) vorgeschlagenen Methode, so erhält man die in Abbildung 3.9 präsentierten Ergebnisse. Sie dokumentieren eine statistisch signifikante Tendenz zur Erhöhung des Industriegüteranteils. Nach der vorliegenden Schätzung folgt der Industriegüteranteil im Beobachtungszeitraum einem deterministischen Trend mit einer jährlichen Zuwachsrate von rund 2%.

Der Anteil des Kupferexports am Gesamtexport ging dagegen seit 1974 deutlich von etwa 70% (1974) auf etwa 30% (2001) zurück. Folglich wurde die vertikale Exportdiversifizierung in eine stärker vom Industriegüterexport beherrschten Exportstruktur zu Lasten der Kupferexporte vorangetrieben. Mit anderen Worten: Kupferexporte wurden zunehmend durch den Export industrieller Erzeugnisse ersetzt. Dies ist bekannt aus Abschnitt 2.2.2. Diese Tendenzen haben beträchtliche Auswirkungen auf den Verlauf der chilenischen *Terms of Trade*. Die Konsequenzen für die *Terms of Trade*-Entwicklung können unter Berücksichtigung der folgenden Faktoren konkretisiert werden.

**Abbildung 3.9 Schätzung des Trends der vertikalen Exportdiversifizierung nach der BLEANEY/GREENAWAY-Methode**

$$\Delta LIndustriegüteranleil_t = -2.040^{**} + 0.016^{**} t - 0.821^{**} LIndustriegüteranteil_{t-1}$$
$$\quad (-5.414) \quad (3.149) \quad (-5.611)$$

$$+ 0.244^{+} \Delta LIndustriegüteranteil_{t-1} + 0.571^{**} DU75$$
$$(1.823) \quad (4.263)$$

$R^2 = 0.481$; $SER = 0.154$; $LM(1) = 0.807$; $LM(2) = 0.347$; $ARCH(1) = 0.103$

$ARCH(4) = 0.112$; $JB = 0.232$

Anmerkung: Der Industriegüteranteil am Gesamtexport wird in Prozent gemessen; t-Werte in Klammern; **(+) signifikant bei einem Niveau von 1% (10%). *L* gibt an, dass es sich um logarithmierte Werte handelt; t ist der deterministische Zeittrend mit $0<t<43$. *DU75* ist eine Stufendummy-Variable mit *DU75* = 0 vor 1975 und sonst *DU75* = 1; *SER*=Standardfehler der Regression; *LM*(*k*)=Test auf Autokorrelation *k*-ter Ordnung (*p*-Wert); ARCH(*q*)=Test auf bedingte Heteroskedastizität *q*-ter Ordnung (*p*-Wert); *JB*=Jarque-Bera-Test auf Normalität der Residuen (*p*-Wert).

Erläuterung: Da sowohl der Koeffizient von $LIndustriegüteranteil_{t-1}$ signifikant ist (d.h. der t-Wert -4.611 ist betragsmäßig größer als der kritische Wert -4.39 nach PERRON[1989; S. 1376; Modell A: λ=0.3; 1%-Niveau]) und der Koeffizient von *t* signifikant ist, handelt es sich um einen trendstationären Prozess (Fall 1 der BLEANEY/GREENAWAY-Methode).

Die langfristige Trendrate berechnet sich gemäß Gleichung (3.3.4), indem der mit einem negativen Vorzeichen zu versehende Trendkoeffizient durch den Koeffizient der um eine Periode verzögerten Niveauvariablen dividiert wird. Dementsprechend ist die langfristige Trendrate: 0.016/0.821=0,0195.

Die jeweiligen Güterpreise, die in die *Terms of Trade*-Berechnung eingehen, werden mit ihren zugehörigen Gütermengen gewichtet.[24] Kupferpreisänderungen schlagen daher um so deutlicher auf die chilenischen *Terms of Trade* durch, je höher der Anteil des Kupferexports am Gesamtexport ist. Umgekehrt beeinträchtigen die Kupferpreise um so weniger die *Terms of Trade*-Entwicklung, je geringer das Verhältnis zwischen Kupferexport und Gesamtausfuhr ausfällt. Angesichts des rückläufigen Kupferanteils am Gesamtexport, muss daher die Intensität des Zusammenhangs zwischen der Kupferpreisentwicklung und dem Verlauf der chilenischen *Terms of Trade* an Stärke verloren haben. Dies geht aus Abbildung 3.10 hervor.

**Abbildung 3.10 Die Entwicklung der *Terms of Trade* und des Kupferpreises, 1960-2001**

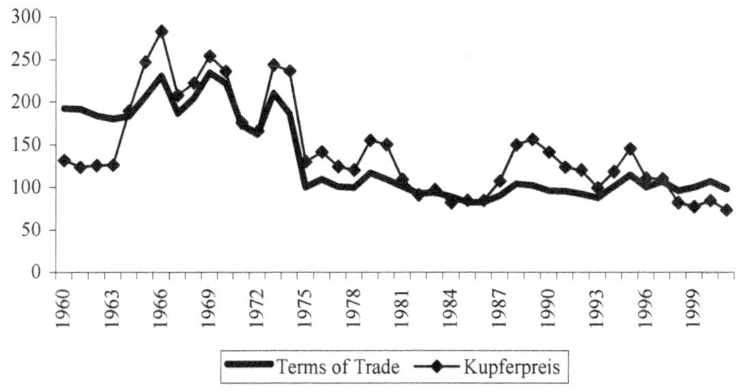


Anmerkung: Der reale Kupferpreis pro Pfund lautet auf US-Cents des Jahres 2000 (2000=100). Für die realen *Terms of Trade* gilt 1996=100.
Quelle: *Terms of Trade*: CHUMACERO/FUENTES (2002), BANCO CENTRAL DE CHILE: *Indicadores Económicos y Sociales 1969-2000, Cuentas Nacionales 1960-1980, Economic and Financial Report 2000-2003*, eigene Berechnungen. Kupferpreis: BANCO CENTRAL DE CHILE: *Indicadores Económicos y Sociales de Chile 1960-2000* (S. 347); *Economic and Financial Report 2000-2003.*

Abbildung 3.10 zeigt, dass die Kupferpreise die chilenischen *Terms of Trade* insbesondere in der ersten Hälfte des Beobachtungszeitraums dominieren. Die erste Hälfte im Zeitraum von 1960 bis 2001 zeichnet sich durch einen verhältnismäßig hohen Kupferanteil am Gesamtexport aus. Demgegenüber können die letzten beiden Dekaden im Zeitraum von 1960 bis 2001 durch eine geringere

24 Die Chilenische Zentralbank ermittelt den Export- und Importpreisindex nach Paasche gemäß $p=\Sigma q_t\, p_t \,/\, \Sigma p_0\, q_t$ mit $p_0$ ($p_t$)= Durchschnittspreis im Berichtszeitraum (im Basisjahr) und $q_t$ = Menge im Berichtszeitraum.

Konzentration auf den Kupferexport charakterisiert werden (vgl. dazu auch Abbildung 2.3 in Abschnitt 2.2.2). Dabei schlägt in der zweiten Hälfte des Beobachtungszeitraums die Kupferpreisentwicklung weniger stark auf die *Terms of Trade* durch. Aus der Struktur der *Terms of Trade*- und der Kupferpreisentwicklung in Abbildung 3.10 lässt sich daher die triviale Schlussfolgerung ableiten: mit sinkendem Kupferanteil bzw. mit steigendem Industriegüteranteil haben sich die chilenischen *Terms of Trade* zunehmend von der Entwicklung der Kupferpreise abgekoppelt.

Zur Illustrierung dieses Sachverhalts sind auch die Korrelationskoeffizienten berechnet worden. Die Korrelationskoeffizienten dienen hier als methodisches Instrument zur Quantifizierung der Interdependenz zwischen der Kupferpreisentwicklung und der *Terms of Trade*-Entwicklung.[25] Spaltet man die Korrelationskoeffizienten nach einzelnen Perioden auf, wie es in Abbildung 3.11 vorgenommen wurde, so stellt man in Abhängigkeit vom Kupferanteil am Gesamtexport erhebliche Unterschiede in der Stärke des Zusammenhangs zwischen den Kupferpreisen und den *Terms of Trade* fest.

In der Periode zwischen 1965 und 1985 beläuft sich der Korrelationskoeffizient beispielsweise auf 0.94. Der korrespondierende Kupferanteil am Gesamtexport zählt durchschnittlich etwa 50%. Im Zeitraum von 1990 bis 2001 wird dagegen ein Korrelationskoeffizient von nur 0.14 gemessen. Der zugehörige Kupferanteil am Gesamtexport liegt durchschnittlich bei etwa 0.31%. Demnach korrespondieren hohe Kupferanteile mit hohen Korrelationskoeffizienten bzw. mit starken Interdependenzen zwischen der Kupferpreisentwicklung und der *Terms of Trade*-Entwicklung. Niedrige Kupferanteile korrespondieren mit niedrigen Korrelationskoeffizienten bzw. mit niedrigen Zusammenhangsmaßen. Der Anteil der Kupferausfuhr an der Gesamtausfuhr ist dabei seit 1974 rückläufig. Daraus kann folgende Kausalkette abgeleitet werden:

Die vertikale Exportdiversifizierung Chiles folgt einem positiven deterministischen Trend. Im Zuge der trendmäßigen Erhöhung des Industriegüteranteils wurden die Kupferexporte zunehmend aus dem Gesamtexportsortiment verdrängt. Mit steigender Verdrängung der Kupferexporte durch industrielle Erzeugnisse haben sich die chilenischen *Terms of Trade* zunehmend von den Kupferpreisen abgekoppelt.

Als Zwischenfazit kann daher festgehalten werden, dass sich infolge der vertikalen Exportdiversifizierung die Anfälligkeit der chilenischen *Terms of Trade*-Entwicklung gegenüber der Kupferpreisentwicklung reduziert hat. Massive

---

25 Der Korrelationskoeffizient variiert zwischen –1 und +1. Er wird betragsmäßig um so größer, je stärker diejenigen Wertepaare überwiegen, bei denen große x- mit großen y-Werten bzw. kleine x- mit kleinen y-Werten gekoppelt sind.

Kupferpreiseinbrüche, wie beispielsweise Fall der Kupferpreise im Jahre 1975, dürften zukünftig daher weniger stark auf die chilenischen *Terms of Trade* durchschlagen.

Die Reduzierung der Abhängigkeit von der Kupferpreisentwicklung durch die Erhöhung des Industriegüteranteils sagt allerdings noch nichts darüber aus, ob die vertikale Exportdiversifizierung säkuläre *Terms of Trade*-Verschlechterungen verhindert hat. Mit dieser Thematik beschäftigen sich die Abschnitte 3.4.2 und 3.4.3.

**Abbildung 3.11 Korrelation zwischen Kupferpreisentwicklung und *Terms of Trade*-Entwicklung unter Berücksichtigung des Kupferanteils am Gesamtexport (1965-1985; 1970-1990; 1975-2001; 1990-2001)**

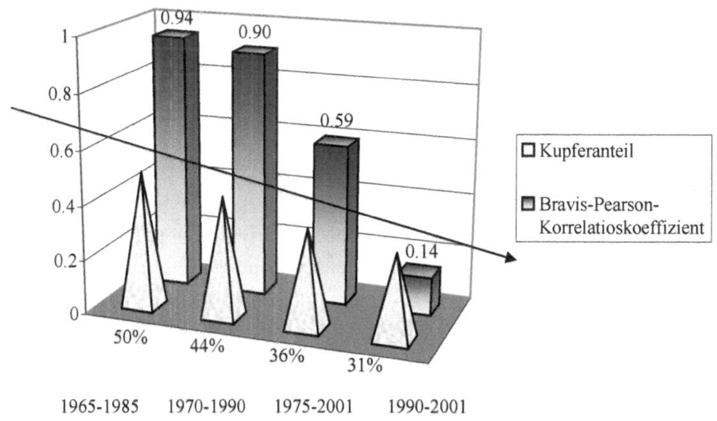


Anmerkung: Der Kupferanteil am Gesamtexport wurde berechnet auf Basis von Pesos des Jahres 1996; Quelle: BANCO CENTRAL DE CHILE, eigene Berechnungen

Der Korrelationskoeffizient *r* wurde berechnet gemäß

$$r = \frac{\sum_{t=1}^{n}(Ltot_t - \overline{Ltot_t})(LKupferpreis_t - \overline{LKupferpreis_t})}{\sqrt{\sum_{t=1}^{n}(Ltot_t - \overline{Ltot_t})^2 \sum_{t=1}^{n}(LKupferpreis_t - \overline{LKupferpreis_t})^2}} \quad \left(\begin{array}{l} mit\ \overline{Ltot_t}, \overline{LKupferpreis_t}\ als \\ arithmetische\ Mittel;\ n = Zahl \\ der\ Beobachtungen \end{array}\right)$$

Quelle: *Terms of Trade*: CHUMACERO/FUENTES (2002), BANCO CENTRAL DE CHILE; eigene Berechnungen. Kupferpreis: BANCO CENTRAL DE CHILE: *Indicadores Económicos y Sociales de Chile 1960-2000* (S. 347); *Economic and Financial Report 2000-2003.*

### 3.4.2 Analyse der Auswirkungen der vertikalen Exportdiversifizierungauf die *Terms of Trade*-Entwicklung durch Offenlegung relevanter Preistrends

#### 3.4.2.1 Vorbemerkungen

In diesem Abschnitt soll der Frage nachgegangen werden, ob die vertikale Exportdiversifizierung säkuläre *Terms of Trade*-Verschlechterungen verhindert hat. Eine Möglichkeit, diese Frage zu beantworten besteht darin, die *Terms of Trade* Chiles zu disaggregieren, indem die Preisindizes für die Industriegüterexporte, der Bergbauexporte und der Agrarexporte einheitlich durch den Importpreisindex dividiert werden. Man erhält drei partielle *Terms of Trade*-Indizes: das Industriegüterexport/Import-Preisverhältnis, das Bergbauexport/Import-Preisverhältnis und das Agrarexport/Import-Preisverhältnis. Aus der Gegenüberstellung der Entwicklung dieser partiellen *Terms of Trade*-Indizes lassen sich Schlussfolgerungen bezüglich der Wirkung auf die aggregierten *Terms of Trade* ziehen. Folgt das Bergbauexport/Import-Preisverhältnis und das Agrargüterexport/Import-Preisverhältnis beispielsweise einem negativen Trend, wohingegen der Trendverlauf des Industriegüterexport/Import-Preisverhältnisses eindeutig positiv ist, dann wäre vor dem Hintergrund der Ergebnisse aus Abschnitt 3.3.3 zu folgern:

- Der positive Trend des Industriegüterexport/Import-Preisverhältnisses kompensiert in seiner Wirkung auf die „trendlosen" chilenischen *Terms of Trade* den negativen *Terms of Trade*-Trend der beiden anderen Gütergruppen.

Bei einer positiven Trendentwicklung des Industriegüterexport/Import-Preisverhältnisses, bei trendmäßig sinkenden Bergbauexport/Import- und Agrargüterexport/Import-Preisverhältnissen, ließe sich weiter schlussfolgern:

- Die vertikale Exportdiversifizierung wirkt positiv auf den Verlauf der aggregierten *Terms of Trade*, weil durch die Erhöhung des Industriegüteranteils am Gesamtexport

a) die aggregierten *Terms of Trade* immer weniger durch die trendmäßig sinkenden Bergbauexport/Import- und Agrargüterexport/Import-Preisverhältnisse beeinträchtigt werden und gleichzeitig
b) das trendmäßig steigende Industriegüterexport/Import-Preisverhältnis immer mehr auf die aggregierten *Terms of Trade* durchschlägt.

#### 3.3.2.2 Datenlage und Methode

Es fehlen allerdings zuverlässige Daten für den Zeitraum von 1960 bis 2001. Daher können die Industriegüterexport/Import-Preisverhältnisse, die Bergbauexport/Import-Preisverhältnisse und die Agrarexport/Import-Preisverhältnisse nur für der Zeitraum von 1980 bis 2001 berechnet werden. Den Berechnungen liegen Daten aus den folgenden Quellen zugrunde: BANCO CENTRAL DE CHILE:

*"Indicadores Económicos y Sociales de Chile 1960-2000"*; *"Boletin Mensual"* (1988; S. 2240), *"Indicadores Económicos y Sociales de Chile 1960-1988"*; *"Economic and Financial Report (2003) 2000-2003"*. Die Resultate der Berechnungen sind in Abbildung 3.12 grafisch veranschaulicht.

Mit Blick auf Abbildung 3.12 resultiert allerdings die Erkenntnis, dass durch die Visualisierung der einzelnen Entwicklungsverläufe noch keine Aussagen über (wie auch immer geartete) Trendverläufe getroffen werden können. Mit bloßem Auge lässt sich bei der Entwicklung aller abgebildeten Preisverhältnisse weder ein eindeutig positiver noch ein eindeutig negativer Trend diagnostizieren. Die Trends der jeweiligen Preisverhälnisse sollen daher mit Hilfe der von BLEANEY/GREENAWAY (1993) vorgeschlagenen Methode zur Trendanalyse offengelegt werden.

**Abbildung 3.12 Industriegüterexport/Import-Preisverhältnisse, Bergbauexport/Import-Preisverhältnisse und Agrargüterexport/Import-Preisverhältnisse; 1980-2001**

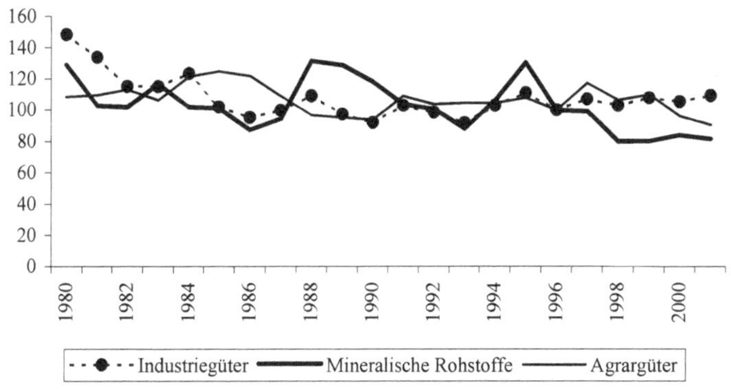


Anmerkung: *Terms of Trade* mit Basisjahr1996=100
Quelle: BANCO CENTRAL DE CHILE: eigene Berechnungen.

### 3.4.2.3 Schätzung und Schätzergebnisse

Dazu wird Gleichung (3.3.3) für die jeweiligen (logarithmierten) Preisverhältnisse geschätzt. Zusätzlich zur Entwicklung des Bergbauexport/Import-, des Agrargüterexport/Import- und des Industriegüterexport/Import-Preisverhältnisses wird mit Hilfe von Regressionsgleichung (3.3.3) auch der Trend der (aggregierten) *Terms of Trade* für den Zeitraum von 1980 bis 2001 offengelegt. Zur Beseitigung von Autokorrelation in den Residuen werden in allen Schätzungen verzögerte Differenzen berücksichtigt. Man erhält die in Tabelle 3.3 präsentierten Ergebnisse.

#### 3.4.2.4 Interpretation der Regressionsergebnisse

Die Interpretation der Ergebnisse ist von mehreren Faktoren abhängig und damit mit einer Reihe von Problemen behaftet. Wie aus dem Unterabschnitt 3.4.2.4.1 noch hervorgehen wird, bieten sich nämlich zwei unterschiedliche Interpretationsmöglichkeiten an. Diese sind Gegenstand der Unterabschnitte 3.4.2.4.2 und 3.4.2.4.3.

**Tabelle 3.3 Trendschätzungen, 1980-2001: BLEANEY/GREENAWAY-Methode (Gleichung 3.3.3)**

| Regressor | *Terms of Trade* | Bergbauexport/ Import-Preisverhältnis | Agrargüterex-port/ Import-Preisverhältnis | Industriegüterexport/ Import-Preisverhältnis |
|---|---|---|---|---|
| *Kritische Werte für $Ltot_{t-1}$: -3.659 (5%);* | | *-3,268 (10%)* | | |
| $a$ | 3.655** | 3.630 | 4.296 | 1.896 |
| | (3.420) | (2.863) | (3.093) | (1.935) |
| $(b_1)t$ | 0.006+ | -0.010 | -0.006 | 0.006 |
| (1980 = 1) | (2.008) | (-1.764) | (-1.864) | (1.853) |
| $(b_2)Ltot_{t-1}$ | -0.817+ | -0.719 | -0.905 | -0.426 |
| | (-3.436) | (-2.821) | (-3.086) | (-2.057) |
| $\Delta Ltot_{t-1}$ | 0.231 | 0.289 | 0.384 | -0.252 |
| | (1.077) | (1.229) | (1.400) | (-1.379) |
| $\Delta Ltot_{t-2}$ | | | 0.566 | -0.570 |
| | | | (2.285) | (-3.424) |
| **Trendrate $b_0$** | **+0.007** | | | |
| $R^2$ | 0.430 | 0.345 | 0.464 | 0.644 |
| *SER* | 0.070 | 0.130 | 0.707 | 0.057 |
| *LM*(2) | 0.378 | 0.852 | 0.868 | 0.195 |
| *ARCH*(1) | 0.703 | 0.421 | 0.768 | 0.838 |
| *JB* | 0.541 | 0.717 | 0.472 | 0.657 |

Anmerkung: t-Werte in Klammern; (+) Signifikant auf dem Niveau von 10%. Bei der BLEANEY/GREENAWAY-Methode ist für $H_{01}$: $b_2$=0 der t-Wert der verzögerten Niveau-Variablen, $Ltot_{t-1}$, relevant. Unter der $H_{01}$ gelten die Kritische Werte nach MACKINNON (1991); *SER*=Standardfehler der Regression; *LM*($k$)=Test auf Autokorrelation $k$-ter Ordnung ($p$-Wert); ARCH($q$)=Test auf bedingte Heteroskedastizität $q$-ter Ordnung ($p$-Wert); *JB*=Jarque-Bera-Test auf Normalität der Residuen ($p$-Wert).

##### 3.4.2.4.1 Bemerkungen zur *Terms of Trade*-Schätzung und zur Aussagekraft der Regressionsergebnisse

Bei der Interpretation der Regressionsergebnisse in Tabelle 3.3 muss - wie bereits erwähnt - zunächst berücksichtigt werden, dass unter der Nullhypothese eines integrierten Prozesses nicht mehr die übliche t-Verteilung für den Koeffizienten von $Ltot_{t-1}$ gilt. Anstelle der üblichen Teststatistik sind die kritischen Werte relevant, die beispielsweise bei MACKINNON (1991) tabelliert sind. Unter

Berücksichtigung der kritischen Werte, die MACKINNON durch Simulation gewonnen hat, zeigt sich für die (aggregierten) *Terms of Trade* in Spalte 2 von Tabelle 3.3:

Die Nullhypothese eines integrierten Prozesses, $I(1)$, kann auf einem Signifikanzniveau von 10% verworfen werden, denn die kritischen Werte werden überschritten. Wie aus Abschnitt 3.3.2.3 bekannt, ist dies in

$$\Delta Ltot_t = a + b_1 t + b_2 Ltot_{t-1} + \sum_{j=1}^{k} \gamma \Delta Ltot_{t-j} + \varepsilon_t \qquad (3.3.3)$$

als $\underline{b_2 \neq 0}$ bzw. $\underline{b_2 < 0}$ zu werten. Demnach ist $Ltot_t$ ein $I(0)$-Prozess. In diesem Fall zeigt die übliche Teststatistik, ob $b_1$ signifikant von Null verschieden ist [$\underline{b_1 \neq 0}$ (Fall 1)] oder ob $b_1$ nicht signifikant von Null verschieden ist [$\underline{b_1 = 0}$ (Fall 4)]. Da der Koeffizient $b_1$ signifikant von Null verschieden (t-Wert = 2,008) ist, handelt es sich bei $Ltot_t$ um einen trendstationären $I(0)$-Prozess (Fall 1). Die langfristige Trendrate $b_0$ wird nach Gleichung (3.3.4) berechnet. Man erhält für den Zeitraum von 1980 bis 2001 eine langfristigen Trendrate von 0,7%. Folglich besteht zwischen 1980 und 2001 eine geringfügige Tendenz zur Verbesserung der *Terms of Trade*.

Dieses Ergebnis steht nicht notwendigerweise im Widerspruch zu dem Ergebnis der vorliegenden *Terms of Trade*-Schätzung für den Zeitraum von 1960 bis 2001. Nach den Resultaten aus Abschnitt 3.3.3 sind die chilenischen *Terms of Trade* seit 1960 weder einer säkulären Verbesserung noch einer säkulären Verschlechterung unterworfen, denn $Ltot_t$ ist ein stationärer $I(0)$-Prozess. Dabei ist es durchaus denkbar, dass bei Zugrundelegung des kürzeren Beobachtungszeitraums, seit 1980 eine Tendenz zur säkulären Verbesserung der Terms of Trade besteht.

Im Zusammenhang mit dem kurzen Beobachtungszeitraum gilt es allerdings auf eine zentrale Schwäche der BLEANEY/GREENAWAY-Methode hinzuweisen, bevor die restlichen Regressionsergebnisse interpretiert werden: Die gefundenen Eigenschaften [$I(0)$ oder $I(1)$] und damit die gefundenen Trends hängen in hohem Maße von der Länge der zugrundeliegenden Zeiträume ab. Entsprechend JUSELIUS (1999) besteht bei Einheitswurzeltests für kurze Zeitreihen die Tendenz einen höheren Integrationsgrad aufzuzeigen als bei längeren Zeitreihen. Dies gilt selbstverständlich auch für die BLEANEY/GREENAWAY-Methode, da sie in ihrer Anwendung faktisch dem ADF-Test entspricht. Das Problem wird offensichtlich, wenn man die Signifikanz des Koeffizienten von $Ltot_{t-1}$ in (3.3.7) der Abbildung 3.8 mit der Signifikanz des Koeffizienten von $Ltot_{t-1}$ in Tabelle 3.3 (Spalte 2) vergleicht. In Abhängigkeit von der Länge des Beobachtungszeitraums ergeben sich für die "selben" *Terms of Trade* erhebliche Unterschiede bei den Ergebnissen hinsichtlich der Signifikanz der Koeffizienten von $Ltot_{t-1}$:

In (3.3.7) zählt der t-Wert von $b_1$ –5.674. Da für das 1%-Signifikanzniveau ein kritischer Wert von –4.39 ausgewiesen ist, wird der kritische Wert betragsmäßig überschritten. Folglich wird die Nullhypothese eines integrierten Prozesses im verhältnismäßig langen Beobachtungszeitraum (1960 bis 2001) auf dem 1% Signifikanzniveau verworfen.

Dies ist für den verhältnismäßig kurzen Zeitraum (1980 bis 2001) nicht der Fall. Denn in Tabelle 3.3 (Spalte 2) liegt der t-Wert des Koeffizienten von $Ltot_{t-1}$ bei –3.436. Für das 5%-Signifikanzniveau ist nun ein kritischer Wert von –3,659 und für das 10% Signifikanzniveau ist ein kritischer Wert von –3.268 relevant. Daher wird nicht der 5%-Wert, sondern lediglich der 10%-Wert betragsmäßig überschritten und die Nullhypothese eines integrierten Prozesses im verhältnismäßig kurzen Zeitraum (1980-2001) kann nur auf dem 10%-Signifikanzniveau verworfen werden. Auf dem 5%-Niveau kann die $H_0$ hingegen nicht abgelehnt werden.

Dieses Beispiel illustriert die Gefahr, dass bei kürzeren Zeiträumen die Nullhypothese eines integrierten Prozesses fälschlicherweise beibehalten wird. Die Gefahr besteht nur dann nicht, wenn die t-Werte der Koeffizienten von $Ltot_{t-1}$ entsprechend hoch sind, also wenn sie ihre kritischen Werte betragsmäßig überschreiten. Bei t-Werten, die ihre kritischen Werte *nicht* überschreiten, aber nach der üblichen t-Verteilung auf Signifikanz hindeuten, befindet man sich aber in einer Sackgasse. Es resultieren zwei Interpretationsmöglichkeiten, von denen keine befriedigen kann:

- Die erste folgt der allgemein üblichen Vorgehensweise, wonach unter der $H_0$ eines integrierten Prozesses die durch Simulation gewonnenen kritischen Werte zu verwenden sind. Bei entsprechend niedrigen t-Werten besteht für kurze Zeiträumen dann die Gefahr, dass die Nullhypothese eines $I(1)$-Prozesses fälschlicherweise nicht verworfen wird.

- Die zweite Interpretationsmöglichkeit folgt der Vorgehensweise von ATHUKORALA (2000). ATHUKORALA stützt sich bei seiner Interpretation auf die übliche t-Verteilung und ignoriert die durch Simulation gewonnenen kritischen Werte. Da allerdings unter der $H_0$ *de facto* nicht mehr die übliche t-Verteilung gilt, besteht bei entsprechend niedrigen t-Werten das Problem, dass die Nullhypothese eines $I(1)$-Prozesses fälschlicherweise verworfen wird.

Bei kurzen Zeitreihen kann daher die Interpretation von t-Werten, die ihre kritischen Werte betragsmäßig nicht überschreiten, aber nach der üblichen t-Verteilung auf Signifikanz hindeuten, erhebliche Probleme aufwerfen. Es existiert immer ein schwer quantifizierbares Risiko einer Fehlinterpretation. Diese Schwierigkeiten bestehen bei der Interpretation der Ergebnisse der Trendschätzungen der restlichen Preisverhältnisse (Bergbauexport/Import-, Agrargüterexport/Import, Industriegüterexport/Import-Preisverhältnis), wie in den folgenden Unterabschnitten zu zeigen ist.

#### 3.4.2.4.2 Interpretationsmöglichkeit 1

Stellt man gemäß der ersten Interpretationsmöglichkeit der Ergebnisse in Tabelle 3.3 streng auf die kritischen Werte ab, dann muss $H_{01}$: $b_2$=0 für alle Preisverhältnisse beibehalten werden. Es kommen daher die Fälle 2 ($b_1 \neq 0$; $b_2$=0) und 3 ($b_1$=0, $b_2$=0) der BLEANEY/GREENAWAY-Methode in Betracht. Wie bereits bekannt, verlieren hier sämtliche Teststatistiken ihre gewohnte asymptotische Verteilung. Kritische Werte für $b_1$ und $a$ sind bei PATTERSON (2000, S. 238) tabelliert. Für $H_{02}$: $b_1$=0 führt PATTERSON bei einem 10%-Signifikanzniveau und 25 Beobachtungen einen kritischer Wert von ±2,85 auf. Dieser Wert wird in keiner Regression überschritten. Dies muss als $b_1$=0, $b_2$=0 (Fall 3) interpretiert werden. Die Konstante $a$ ist ebenfalls nicht signifikant von Null verschieden, denn in keiner Schätzung wird der für $a$ ausgewiesene kritische 10%-Wert von ±3.20 überschritten. Demnach handelt es sich bei allen Preisverhältnissen um rein stochastische $I(1)$-Prozesse ("*Pure Random Walk*").

Stochastische bzw. $I(1)$-Variablen neigen zwar zu trendhaften Bewegungen. Aufgrund von Beobachtungen aus der Vergangenheit können jedoch keinerlei Prognosen über ihre zukünftige Entwicklung erstellt werden. Insofern wird der Annahme, wonach ein langfristig steigendes Industriegüterexport/Import-Preisverhältnisses den Verlauf der *Terms of Trade* positiv beeinflusst, jegliche Grundlage entzogen. Denn langfristige Preisentwicklungen lassen sich nach dieser Interpretation der Regressonsergebnisse zu keinem Zeitpunkt abschätzen. Daraus lässt sich folgern:

*A priori* können keinerlei Aussagen darüber getroffen werden, welche Effekte die vertikale Exportdiversifizierung auf den Verlauf der aggregierten *Terms of Trade* hat.

Wie bereits erwähnt, existiert bei dieser Schlussfolgerung das Risiko einer Fehlinterpretation der Ergebnisse. Denn Einheitswurzeltests neigen dazu, für kurze Zeitreihen einen höheren Integrationsgrad aufzuzeigen als für längere Zeitreihen (JUSELIUS 1999). Daher ist es bei hinreichend großen t-Werten durchaus denkbar, dass die partiellen *Terms of Trade*-Indizes $I(0)$-Prozesse sind. Diese Hypothese wird durch folgendes Argument gestützt:

Kein einziges Ergebnis der durchgeführten Testverfahren für den längeren Zeitraum (1960 bis 2001) widerspricht der $I(0)$-Eigenschaft der aggegierten *Terms of Trade*, weder die Resultate der Einheitswurzeltests nach dem *Innovational-Outlier-*, nach dem *Additive Outlier*-Modell, noch die Ergebnisse der BLEANEY/GREENAWAY-Methode. Die aggregierten *Terms of Trade* sind daher eindeutig ein $I(0)$-Prozess. Wenn aber den aggregierten *Terms of Trade* kein stochastischer Prozess zugrundeliegt, dann ist das Ergebnis, wonach die disaggregierten *Terms of Trade* jeweils rein stochastischen Prozessen folgen, intuitiv kaum plausibel. Es bestehen daher Zweifel an der Richtigkeit der Interpretation der Regressionsergebnisse, auch wenn die kritische Werte in Tabelle 3.3 deutlich unterschritten werden. Vor diesem Hintergrund empfiehlt es sich, zur Interpretation der Regressionsergebnisse anstelle der kritischen Werte (vorsichtig) die übliche t-Verteilung heranzuziehen.

#### 3.4.2.4.3 Interpretationsmöglichkeit 2

Folgt man ATHUKORALA (2000), so erhält man bei Zugrundelegung der gewöhnlichen Verteilungstheorie das in Tabelle 3.4 präsentierte Ergebnis. Danach ist in allen Schätzungen der Koeffizient $b_1$ von $t$ auf dem 10%-Niveau signifikant von Null verschieden. Weil der Koeffizient $b_2$ von $Ltot_{t-1}$ ebenfalls in allen Regressionen signifikant von Null verschieden ist, liegt Fall 1 der BLEANEY/GREENAWAY-Methode vor ($b_1 \neq 0$; $b_2 < 0$): Die jeweiligen Preisverhältnisse folgen einem deterministischen Trend und die langfristigen Trendraten $b_0$ berechnen sich nach Gleichung (3.3.4). Sie sind in der achten Zeile von Tabelle 3.4 aufgeführt.

**Tabelle 3.4 Trendschätzungen, 1980-2001: BLEANEY/GREENAWAY-Methode (Gleichung 10.3); "normale" t-Werte**

| Regressor | Bergbauexport/ Import-Preisverhältnis | Agrargüterexport/ Import-Preisverhältnis | Industriegüterexport/ Import-Preisverhältnis |
|---|---|---|---|
| *Übliche t-Verteilung* | | | |
| $a$ | 3.630** | 4.296** | 1.896+ |
| | (2.863) | (3.093) | (1.935) |
| $(b_1)t$ | -0.010+ | -0.006+ | 0.006+ |
| (1980 = 1) | (-1.764) | (-1.864) | (1.853) |
| $(b_2)Ltot_{t-1}$ | -0.719** | -0.905** | -0.426+ |
| | (-2.821) | (-3.086) | (-2.057) |
| $\Delta Ltot_{t-1}$ | 0.289 | 0.384 | -0.252 |
| | (1.229) | (1.400) | (-1.379) |
| $\Delta Ltot_{t-2}$ | | 0.566** | -0.570** |
| | | (2.285) | (-3.424) |
| **Trendrate $b_0$** | **-0.013** | **-0.007** | **+0.014** |
| $R^2$ | 0.345 | 0.464 | 0.644 |
| *SER* | 0.130 | 0.707 | 0.057 |
| *LM*(2) | 0.852 | 0.868 | 0.195 |
| *ARCH*(1) | 0.421 | 0.768 | 0.838 |
| *JB* | 0.717 | 0.472 | 0.657 |

Anmerkung: t-Werte in Klammern; ** (*) (+) Signifikant auf dem Niveau von 1% (5%) (10%); *SER*=Standardfehler der Regression; *LM*($k$)=Test auf Autokorrelation $k$-ter

Ordnung ($p$-Wert); ARCH($q$)=Test auf bedingte Heteroskedastizität $q$-ter Ordnung ($p$-Wert); $JB$=Jarque-Bera-Test auf Normalität der Residuen ($p$-Wert).

Die Trendraten $b_0$ deuten auf eine positive Trendentwicklung beim Industriegüterexport/Import-Preisverhältnis hin, bei trendmäßig sinkenden Bergbauexport/Import- und Agrargüterexport/Importpreisverhältnissen. Daher lässt sich nach dieser Interpretation der Regressionsergebnisse schlussfolgern:

Mit steigendem Industriegüteranteil am Gesamtexport überkompensiert der positive Trend des Industriegüterexport/Importpreisverhältnisses zunehmend den negativen Trend der anderen beiden Preisverhältnisse. Das Resultat des Ausgleichs der negativen Trendentwicklungen sind gleichbleibende, oder ab 1980 sogar steigende chilenische *Terms of Trade*. Folglich wirkt die vertikale Exportdiversifizierung positiv auf den Verlauf der chilenischen *Terms of Trade*. Es ist daher durchaus plausibel anzunehmen, dass die vertikale Exportdiversifizierung in Chile *Terms of Trade*-Verschlechterungen verhindert bzw. *Terms of Trade*-Verbesserungen herbeigeführt hat.

Diese Schlussfolgerung erscheint möglicherweise plausibler als die Schlussfolgerung gemäß Interpretationsmöglichkeit 1, weil sie eher mit der $I(0)$-Eigenschaft der aggregierten *Terms of Trade* vereinbar ist. Gleichwohl kann sie trotz der Plausibilitätsbekundung nur bei Zugrundelegung der üblichen t-Verteilung abgeleitet werden. Bei Zugrundelegung der durch Simulation gewonnenen kritischen Werte, sind *de facto* keinerlei Aussagen über die Auswirkungen der vertikalen Exportdiversifizierung möglich. Da sowohl die Zugrundelegung der üblichen t-Verteilung (gemäß Interpretationsmöglichkeit 2) als auch die Berücksichtigung der kritischen Werte (gemäß Interpretationsmöglichkeit 1) ihre statistische Berechtigung hat, verkommen jedoch beide Schlussfolgerung gewissermaßen zu einem Ausdruck purer Willkür. Welche der beiden Schlussfolgerungen die richtige ist, kann daher nur mit Hilfe einer zusätzlichen Analyse herausgearbeitet werden. Basierend auf der Granger-Definition der Kausalität soll daher im nächsten Abschnitt untersucht werden, ob eine Granger-kausale Beziehung zwischen der Erhöhung des Industriegüteranteils und der Verbesserung der *Terms of Trade* existiert.

### 3.4.3 Analyse der Auswirkungen der vertikalen Exportdiversifizierung auf die *Terms of Trade* mit Hilfe eines Testverfahrens zur Aufdeckung kausaler Strukturen

#### 3.4.3.1 Einführung

Unterstellt man gemäß den Regressionsergebnissen in Tabelle 3.4 einen positiven Trend des Industriegüterexport/Importpreisverhältnisses bei trendmäßig sinkenden Bergbauexport/Import- und Agrargüterexport/Importpreisverhältnissen, dann muss eine vertikale Exportdiversifizierung zu einer Verbesserung der chilenischen *Terms of Trade* führen. Denn mit steigendem Industriegüteranteil am

Gesamtexport wird der positive Trend des Industriegüterexport/Importpreisverhältnisses zunehmend auf die *Terms of Trade* durchschlagen und den negativen Trend der anderen beiden Preisverhältnisse überkompensieren. Das Ziel der folgenden empirischen Analyse ist es daher zu überprüfen, ob die Erhöhung des Industriegüteranteils als „kausal" verantwortlich für eine Verbesserung der chilenischen *Terms of Trade* angesehen werden kann.

Diese Zielsetzung erfordert zunächst eine Festlegung des hier zugrundeliegenden Kausalitätsbegriffs. Basierend auf der Granger-Definition der Kausalität wird in Abschnitt 3.4.3.2 das verwendete Testverfahren vorgestellt. Im Zusammenhang mit dem verwendeten Testverfahren wird das Problem der Scheinkorrelation und das Problem der Scheinunabhängigkeit diskutiert (Abschnitt 3.4.3.3). In der Diskussion wird sich zeigen, dass eine der verwendeten Zeitreihen mit einer "kausalitätserhaltenden" Transformation gefiltert werden sollte, um Stationarität zu erreichen (Abschnitt 3.4.3.4). Die Ergebnisse des Testverfahrens zur Aufdeckung kausaler Strukturen werden in Abschnitt 3.4.3.5 präsentiert. Vor dem Hintergrund der Ergebnisse des Testverfahrens zur Aufdeckung kausaler Strukturen wird in Abschnitt 3.4.3.6 eine Schlussfolgerung über die Auswirkungen der vertikalen Exportdiversifizierung auf das Wirtschaftswachstum in Chile gezogen.

#### 3.4.3.2 Das GRANGER-Verfahren

Granger-Kausalität basiert auf dem zentralen Axiom, dass die Ursache zeitlich früher erfolgt als die Wirkung (GRANGER 1969). Daraus folgt, dass Kausalität nur in der Vergangenheit auftreten kann. Dementsprechend wird eine Variable $x$ nur dann als "verursachend" für eine andere Variable $y$ angesehen, wenn unter Zuhilfenahme vergangener Werte von $x$, eine bessere Prognosen für $y$ erstellt werden kann, als ohne Verwendung der vergangenen Werte von $x$. Umgekehrt ist eine Variablen $x$ im Sinne von Granger nicht kausal zu der anderen Variablen $y$, wenn die erste nicht die Prognose der anderen verbessert.

Bezogen auf die geäußerte Hypothese, wonach eine Erhöhung des Industriegüteranteils als verursachend für eine Verbesserung der *Terms of Trade* betrachtet wird, kann eine Granger-kausale Beziehung zwischen dem Industriegüteranteil und den *Terms of Trade* mit Hilfe der folgenden Schätzgleichung spezifiziert werden:

$$Ltot_t = a + \sum_{j=1}^{k} a_j Ltot_{t-j} + \sum_{j=1}^{k} b_j LIndustriegüteranteil_{t-j} + e_t, \qquad (3.4.1)$$

mit $e_t$ als ein stationärer Störterm, den Koeffizienten $a_j$, $b_j$ als die zu schätzenden Elastizitäten und der Konstanten $a$. Die Variable $Ltot_t$ bezeichnet die logarithmierten *Terms of Trade* pro Zeitperiode $t$. $LIndustriegüteranteil_{t-j}$ steht für den logarithmierten prozentualen Anteil des Industriegüterexports am Gesamtexport

zur Zeit *t-j*. Die Anzahl der berücksichtigten Verzögerungen wird durch den Kleinbuchstaben *k* repräsentiert.
Basierend auf der Granger-Definition der Kausalität wird in Gleichung (3.4.1) die abhängige Variable ($Ltot_t$) zum Zeitpunkt *t* durch vergangene Werte derselben und der anderen Variablen ($LIndustriegüteranteil_t$) erklärt. Folglich wird in (3.4.1) implizit unterstellt, dass der Effekt der Erhöhung des Industriegüteranteils erst dann in den *Terms of Trade* spürbar wird, wenn *k* Perioden vergangen sind. Dahinter könnte die Überlegung stehen, wonach eine einprozentige Erhöhung des Industriegüteranteils zum Zeitpunkt *t-j*, eine Verbesserung der *Terms of Trade* um $b_j$ Prozent zum Zeitpunkt *t* verursacht, wenn zwischen *t* und *t-j* das Industriegüterexport/Import-Preisverhältnis steigt (bei konstanten oder sinkenden Bergbauexport/Import- und Agrarexport/Importpreisverhältnissen). Sofern $b_j$ signifikant von Null verschieden ist, existiert daher eine Granger-kausale Beziehung zwischen dem Industriegüteranteil und den *Terms of Trade*. Umgekehrt gilt für alle *k* die Nullrestriktion $b_j$=0, wenn in Gleichung (3.4.1) die Variable $LIndustriegüteranteil_t$ nicht Granger-kausal zu *Ltot* ist. Im letzteren Fall wird die Nullhypothese "$LIndustriegüteranteil_t$ ist nicht Granger-kausal zu $Ltot_t$",

$$H_0 : b_j = 0 \quad \textit{für} \quad j = 1,...k\,,$$

nicht verworfen, wobei die Zahl der verzögerten unabhängigen und abhängigen Variablen, *k*, unter Berücksichtigung der üblichen Informationskriterien festzulegen ist.

Der Test auf Kausalität erfolgt nun dadurch, dass Gleichung (3.4.1) einmal mit und einmal ohne Nullrestriktion geschätzt wird. Auf diese Weise wird überprüft, ob die Variable *Ltot* zum Zeitpunkt *t* mit den vergangenen Werten von *LIndustriegüteranteil* besser prognostizierbar ist, als ohne die vergangenen Werte von *LIndustriegüteranteil*. Um zu überprüfen, ob die verzögerten Werte von *LIndustriegüteranteil* unter der $H_0$: $b_j$ = 0 neben den verzögerten Werten von *Ltot* einen signifikanten Einfluss auf *Ltot* ausüben, wird ein F-Test und ein auf der $\chi^2$-Verteilung basierender Likelihood-Quotienten- (LQ-) Test durchgeführt. Dies ist der erste Schritt. Liegt Kausalität im Sinne von Granger vor (weil die $H_0$ abgelehnt werden kann), dann können die Parameter $b_j$ in Gleichung (3.4.1) auch einzeln geschätzt werden. Dadurch wird sichtbar, mit welcher Verzögerung und mit welchem Vorzeichen *LIndustriegüteranteil* auf *Ltot* wirkt.[26]

Im folgenden soll der hier beschriebene Test auf Kausalität durchgeführt werden. Ob und wie das Testverfahren angewendet werden kann, hängt allerdings von den Eigenschaften der Variablen $LIndustriegüteranteil_t$ und $Ltot_t$ ab. Im nächsten Abschnitt müssen daher einige Überlegungen zur Vermeidung von

26 Vgl. zu dieser Vorgehensweise beispielsweise auch die empirische Studie von LEWER (2000).

Fehlern erster Art (Scheinkorrelationen) und zweiter Art (Scheinunabhängigkeiten) angestellt werden.

#### 3.4.3.3 Zeitreihenanalytische Überlegungen und Methode

Auch bei der Anwendung des Tests auf Kausalität ist die Gefahr des Auftauchens von Scheinkorrelationen gegeben. Man spricht in diesem Kontext auch von Fehlern erster Art, die bei der Anwendung von trendbehafteten $I(0)$- oder $I(1)$-Zeitreihen auftreten können. Zur Vermeidung von Fehlern erster Art bzw. von Scheinkorrelationen müssen die Zeitreihen (in der Regel) so transformiert werden, dass sich stationäre $I(0)$-Prozesse bzw. rein nichtdeterministische $I(0)$-Prozesse ergeben. Dies gilt allerdings nicht notwendigerweise für integrierte, beispielsweise $I(1)$-, Prozesse. Arbeitet man bei Granger-Kausalitätstests mit entsprechend transformierten bzw. mit differenzierten stationären Variablen, dann können nämlich Fehler zweiter Art zum Problem werden und es werden fälschlicherweise keine Abhängigkeiten festgestellt.

Scheinunabhängigkeiten sind bei differenzierten integrierten Prozessen im Rahmen von Granger-Kausalitätstests dann zu erwarten, wenn die involvierten Variablen kointegriert sind. Liegen nämlich Kointegrationsbeziehungen vor, so ist der übliche Ansatz zum Test auf Granger-Kausalität und damit Gleichung (3.4.1) fehlspezifiziert. Denn stellt man auf das Representationstheorem von GRANGER ab, wonach Kointegration, beispielsweise zwischen zwei $I(1)$-Variablen $x$ und $y$, eine Fehlerkorrekturdarstellung impliziert und *vice versa* (ENGLE/GRANGER 1987), dann darf der Fehlerkorrekturterm ($y_{t-1}$-$\beta x_{t-1}$) im bivariaten Fehlerkorrekturmodell der Form

$$\Delta x_t = a + \gamma(y_{t-1} - \beta x_{t-1}) + \sum_{j=1}^{k} a_j \Delta x_{t-j} + \sum_{j=1}^{k} b_j \Delta y_{t-j} + e_t \tag{3.4.2}$$

bei der Schätzung eines Granger-kausalen Zusammenhangs nicht fehlen (GRANGER 1988). Ansonsten besteht die Gefahr, dass das Testverfahren keinen Granger-kausalen Zusammenhang aufdeckt, obwohl ein solcher Zusammenhang tatsächlich existiert. Mit anderen Worten, nur wenn es keine Kointegrationsbeziehung, beispielsweise zwischen den $I(1)$-Variablen $x$ und $y$, gibt, kann der Fehlerkorrekturterm ($y_{t-1}$-$\beta x_{t-1}$) vernachlässigt werden und man hat den üblichen Ansatz zum Testen auf Granger-Kausalität gemäß Gleichung (3.4.1). Im Rahmen von Kausalitätstests besteht daher bei der einfachen Differenzenbildung zur Vermeidung von Fehlern erster Art nur dann nicht das Problem von Scheinunabhängigkeiten, wenn die betreffenden $I(1)$-Variablen nicht kointegriert sind.

Weiterhin sieht man anhand des einfachen Fehlerkorrekturmodells (3.4.2), dass es im Falle von Kointegration zwei Quellen für Granger-Kausalität geben kann, entweder über die $b_j$-Koeffizienten oder durch den Fehlerkorrekturkoeffizienten $\gamma$ von $(y_{t-1} - \beta x_{t-1})$. Dieser ($\gamma$) misst die langfristige Granger-Beziehung, während die $b_j$'s - bei Signifikanz - auf kurzfristige Granger-Beziehungen hindeuten (GRANGER 1988).

Dabei gilt für die hier zugrundeliegenden Zeitreihen, dass Fehler zweiter Art *a priori* auszuschließen sind. Denn *LIndustriegüteranteil*$_t$ und *Ltot*$_t$ sind keine $I(1)$-Prozesse und daher definitionsgemäß nicht kointegriert.[27] Gemäß den Ergebnissen der Einheitswurzeltests und der BLEANEY/GREENAWAY-Methode handelt es sich bei *Ltot*$_t$ um einen stationären $I(0)$-Prozess; die Variable *LIndustriegüteranteil*$_t$ ist nach den Ergebnissen der Trendschätzung in Abbildung 3.9 ein trendstationärer $I(0)$-Prozess ($I(0)$ + Trend). Dies heißt allerdings: nicht *beide* Variablen, *Ltot*$_t$ und *LIndustriegüteranteil*$_t$, sind als stationäre $I(0)$-Prozesse zu charakterisieren. Deshalb können Fehler erster Art zum Problem bei der Schätzung von Gleichung (3.4.1) werden. Mitunter sind die *Causality*-Teststatistiken bei Regressionen mit Regressoren, die einen deterministischen Trend aufweisen, nicht standardnormalverteilt (STOCK/WATSON 1989). Damit ist das in Tabelle 3.5 ausgewiesene Ergebnis der soeben durchgeführten Kausalitätstests mit gebührender Vorsicht zu genießen, denn die Ablehnung der Nullhypothese fehlender Granger-Kausalität ist möglicherweise das Resultat einer Scheinkorrelation.

**Tabelle 3.5 F-Test und Likelihood-Quotienten-Test auf Granger-Kausalität**

| Nullhypothese | F-Statistik | $\chi^2_{(1)}$ |
|---|---|---|
| *Lindustriegüteranteil*$_t$ ist nicht Granger-kausal zu *Ltot*$_t$ | 5.98* | 5.98* |

Anmerkung: * signifikant bei einem Niveau von 5%. Die Lag-Länge wurde auf Basis der Informationskriterien von Schwarz, Hannan-Quinn und Akaike auf Eins festgelegt. Da Granger-Kausalitätstests in Folge von (unmodellierten) Strukturbrüchen zu irreführenden Ergebnissen führen können (SALMAN/SHUKUR 2004), wurde eine Stufendummy-Variable *DU*75 in Gleichung (3.4.1) aufgenommen, um den Einbruch der Kupferpreise im Jahre 1975 zu modellieren. *DU*75 ist 1 ab 1975 und davor Null. Zusätzlich wurde aufgrund großer Residuen im Jahre 1972 eine Impulsdummy-Variable *i*72 berücksichtigt (mit Eins im Jahre 1972 und sonst Null).

### 3.4.3.4 Transformation der Variable *LIndustriegüteranteil*$_t$

Um das Risiko potenzieller Scheinkorrelationen zu reduzieren, wird *LIndustriegüteranteil*$_t$ "kausalitätserhaltend" in einen stationären $I(0)$-Prozess transformiert. Eine Möglichkeit zur Transformation der Variable *LIndustriegüteranteil*$_t$ in einen stationären Prozess besteht darin, erste Differenzen zu bilden. Dieses Verfahren führt bei trendstationären Prozessen jedoch zu Autokorrelationen in

27 Zwei Zeitreihen sind nur dann kointegriert, wenn i) beide integriert der Ordnung d, $I(d)$, sind und es eine Linearkombination gibt, die $I(d\text{-}b)$ ist mit $b>0$ (vgl. Abschnitt 2.4.3).

den neuen, differenzierten Residuen. Dementsprechend werden die "*White Noise*" Eigenschaften der ursprünglichen Residuen des Prozesses

$$LIndustriegüteranteil_t = a + bt + u_t \tag{3.4.3}$$

zerstört. Bei trendstationären Prozessen ist die Differenzenbildung daher weniger geeignet, als eine Trendbereinigung gemäß der Vorgehensweise, wie sie ähnlich beispielsweise von STOCK/WATSON (1989) oder VILASUSO (2000) verwendet wird.

Danach wird im ersten Schritt Gleichung (3.4.3) geschätzt. Der Schätzung liegt der Beobachtungszeitraum 1960 bis 2001 zugrunde. Aufgrund großer Residuen im Jahre 1975 - die mit der rigorosen Außenhandelsliberalisierung von 1974/75 und/oder der 75er Rezession zu tun haben können - wird in (3.4.3) die Stufendummy-Variable *DU75* aufgenommen. Sie nimmt ab 1975 den Wert 1 und sonst den Wert Null an. Die durch Gleichung (3.4.3) geschätzten OLS-Residuen $\hat{u}_t$ spiegeln den Informationsgehalt von $LIndustriegüteranteil_t$ ohne den Zeittrend und ohne den Strukturbruch nach 1974 wider. Sie sind stationär, wie die Ergebnisse des ADF-Tests in Tabelle 3.6 für die Variable $\hat{u}_t$ zeigen. Im zweiten Schritt kann $\hat{u}_t$ daher anstelle von $LIndustriegüteranteil_t$ in Gleichung (3.4.1) eingehen. Die Regressionsanalyse mit den "trendfreien" Residuen $\hat{u}_t$ minimiert den Fehler erster Art und führt zu asymptotisch standardnormalverteilten Teststatistiken (VILASUSO 2000).

**Tabelle 3.6 Augmented-Dickey-Fuller-Test**

| Variable | ADF Teststatistik | Kritischer Wert (1%) | Testergebnis |
|---|---|---|---|
| $\hat{u}_t$ | -4.523** | -2.627 | stationär |

Anmerkung: ** signifikant auf dem Niveau von 1%. Die ADF-Testgleichung enthält weder einen Trend noch eine Konstante. Keine Verzögerung der differenzierten Variablen hat sich als signifikant erwiesen. Kritische Werte bezüglich der ADF Teststatistik aus MACKINNON (1991). (Sie werden bei E-Views mitangegeben.)

#### 3.4.3.5 Schätzung des Granger-kausalen Zusammenhangs zwischen der vertikalen Exportdiversifizierung und der Verbesserung der Terms of Trade

Da es sich bei $\hat{u}_t$ und bei $Ltot_t$ um stationäre Prozesse handelt, kann $Ltot_t$ auf die vergangenen Werte von $\hat{u}_t$ gemäß

$$Ltot_t = a + \sum_{j=1}^{k} a_j Ltot_{t-j} + \sum_{j=1}^{k} b_j \hat{u}_{t-j} + e_t \tag{3.4.4}$$

regressiert werden. GILLMAN/NAKOV (2004) folgend wird obiger Gleichung eine Stufendummy-Variable, *DU75*, hinzugefügt. Sie modelliert den Effekt des massiven Verfalls der Kupferpreise im Jahre 1975. Außerdem wird in (3.4.4) eine Impulsdummy-Variable *i72* eingefügt, um die Effekte eines Ausreißers zu berücksichtigen, der sich in der Schätzung als ein großes Residuum bemerkbar macht. Die Anzahl der verzögerten Variablen wird unter Berücksichtigung der Informationskriterien von Schwarz und Hannan-Quinn auf Eins festgelegt, $k = 1$. Im Anbetracht der Tatsache, dass die Ergebnisse von Granger-Kausalitätstests sehr sensitiv bezüglich der Wahl der korrekten *Lag*-Länge sind, wird der Test zusätzlich zu $k = 1$ außerdem für $k = 2$, $k = 3$ und $k = 4$ *Lags* durchgeführt.

Als Teststatistik für die Nullhypothese "$\hat{u}_t$ ist nicht Granger-kausal zu $Ltot_t$", $H_0 : b_j = 0$ (mit $j = 1,...k$), wird die F- und die LQ-Statistik benutzt. Die Testergebnisse für $k = 1, 2, 3, 4$ sind Tabelle 3.7 zu entnehmen. Abbildung 3.13 enthält die Ergebnisse der Parameterschätzung von Gleichung (3.4.4), gesetzt $k = 1$. Die Resultate lassen sich wie folgt interpretieren:

**Tabelle 3.7 F-Tests und Likelihood-Quotienten-Tests auf Granger-Kausalität**
**Null-Hypothese: $\hat{u}_t$ ist nicht Granger-kausal zu *Ltot***

| *Lags* $k$ | F-Statistik (mit $p = k$ Freiheitsgraden) | $\chi^2$ (mit $r = k$ Freiheitsgraden) |
|---|---|---|
| 1 | 4.60* | 4.60* |
| 2 | 3.69* | 7.39* |
| 3 | $2.58^{+}$ | $7.75^{+}$ |
| 4 | 4.60** | 18.42** |

Anmerkung: **(*)(+) signifikant bei einem Niveau von 1% (5%) (10%). *r* bzw. *p* ist die Zahl der Nullrestriktionen bzw. die Zahl der Freiheitsgrade. Damit ist im vorliegenden Test $k = r$.

**Abbildung 3.13 Schätzergebnisse der Parameterschätzung (t-Werte in Klammern)**

$$Ltot_t = \underset{(8.52)}{4.801^{**}} + \underset{(0.088)}{0.094 Ltot_{t-1}} + \underset{(2.15)}{0.201^{*} \hat{u}_{t-1}} - \underset{(-8.21)}{0.647^{**} DU75} - \underset{(-2.52)}{0.238^{*} i72} \qquad (3.4.5)$$

$$R^2 = 0.943; SER = 0,086; JB = 0.899; LM(1) = 0.175; LM(2) = 0.154;$$
$$LM(4) = 0.435; ARCH(1) = 0.603; ARCH(4) = 0.723$$

Anmerkung: ** (*) Signifikant auf dem Niveau von 1% (5%). $DU75_t$ nimmt ab 1975 den Wert 1 an und sonst den Wert Null. *i72* ist 1 nur im Jahre 1972. *SER*=Standardfehler der Regression; *JB*=Jarque-Bera-Test auf Normalität der Residuen (*p*-Wert). *LM*(*k*)=Test auf Autokorrelation *k*-ter Ordnung (*p*-Wert); ARCH(*q*)=Test auf bedingte Heteroskedastizität *q*-ter Ordnung (*p*-Wert).

Die Nullhypothese, wonach der Industriegüteranteil nicht Granger-kausal zu den *Terms of Trade* ist, kann für $k = 1, 2$ auf dem 5%-Niveau, für $k = 3$ auf dem 10%-

Niveau und für $k = 4$ auf dem 1%-Niveau verworfen werden. Die vertikale Exportdiversifizierung kann vor diesem Hintergrund als verursachend im Sinne von Granger für eine Veränderung der *Terms of Trade* angesehen werden.

Der Koeffizient von $\hat{u}_{t-1}$ in Abbildung 3.13 hat außerdem das erwartete positive Vorzeichen. Insofern besteht Evidenz für einen positiven Einfluss der vertikalen Exportdiversifizierung auf die chilenischen *Terms of Trade*. Aufbauend auf den Ergebnissen der Analyse der disaggregierten *Terms of Trade* lässt sich vor dem Hintergrund der Resultate der Kausalitätstests vorsichtig folgern:

- Durch die Erhöhung des Industriegüteranteils wird ein positiver Trend beim Industriegüterexport/Importpreisverhältnisses offensichtlich in der Folgeperiode in den chilenischen *Terms of Trade* spürbar bzw.
- die der vertikalen Exportdiversifizierung geschuldete Abkopplung vom negativen Trend des Agrargüterexport/Import- und des Bergbauexport/Import-Preisverhältnisses macht sich mit einer Wirkungsverzögerung von einer Periode in den *Terms of Trade* bemerkbar.

Dies dürfte die statistisch signifikant positive Granger-Wirkung der vertikalen Exportdiversifizierung auf die chilenischen *Terms of Trade* erklären. Insgesamt wird man mit einiger Vorsicht die im folgenden genannte Kausalkette als empirisch hinreichend bestätigt betrachten können.

#### 3.4.3.6 Schlussfolgerung

Die Exportdiversifizierung in eine stärker vom Industriegüterexport beherrschten Exportstruktur hat sich positiv auf die chilenischen *Terms of Trade* ausgewirkt. Die Verbesserung *Terms of Trade* hat wiederum einen positiven Einfluss auf das wirtschaftliche Wachstum. Folglich muss die vertikale Exportdiversifizierung indirekt - über ihre positive Wirkung auf die *Terms of Trade* - den chilenischen Wachstumsprozess gefördert haben.

## 3.5 Zusammenfassung und Diskussion von Kapitel 3

Im einzelnen lassen sich die Ergebnisse und Implikationen von Kapitel 3 dieser Arbeit wie folgt zusammenfassen:

1. Die theoretischen Erwartungen, nach denen *Terms of Trade*-Verbesserungen mit positiven Wachstumseffekten bzw. *Terms of Trade*-Verschlechterungen mit negativen Wachstumseffekten einhergehen, werden durch eine ökonometrische Studie bestätigt.
2. Die *Terms of Trade* Chiles haben sich im Zeitraum von 1960 bis 2001 durchschnittlich verschlechtert.

3. Vor dem Hintergrund der Ergebnisse der empirischen Analyse über die Auswirkungen von *Terms of Trade*-Veränderungen auf das Wirtschaftswachstum kann die durchschnittliche *Terms of Trade*-Verschlechterung in Zahlen - mit gebührender Vorsicht - wie folgt bewertet werden: Die Verschlechterung der chilenischen *Terms of Trade* (von etwa 5,6% im Jahresdurchschnitt) hat im Zeitraum von 1960 bis 2001 den chilenischen Wachstumsprozess durchschnittlich etwa um 2% gebremst. Bei hypothetisch konstanten *Terms of Trade* wäre ein um 2% höheres Bruttoinlandsprodukt realisierbar gewesen.
4. Trotz der durchschnittlichen *Terms of Trade*-Verschlechterung im Zeitraum von 1960 bis 2001 kann eindeutig keine säkuläre *Terms of Trade*-Verschlechterung diagnostiziert werden. Die Untersuchungsergebnisse sprechen sogar für eine leicht positive Trendentwicklung bei den chilenischen *Terms of Trade* ab 1980.
5. Der augenscheinliche Widerspruch zwischen durchschnittlich gesunkenen *Terms of Trade*, langfristig aber konstanten bzw. langfristig leicht steigenden *Terms of Trade* löst sich unter Berücksichtigung des Einbruchs der Kupferpreise im Jahre 1974/75 auf: Der Einbruch bei den Kupferpreisen hat sich im Jahre 1975 unmittelbar auf die chilenischen *Terms of Trade* ausgewirkt, denn Kupferpreise und *Terms of Trade* sind in Chile aufgrund des hohen Kupferanteils am Gesamtexport hoch korreliert. Im Ergebnis hat daher eine einzige, dem Kupferpreiseinbruch geschuldete massive *Terms of Trade*-Verschlechterung im Jahre 1975, die durchschnittliche Verschlechterung der chilenischen *Terms of Trade* herbeigeführt. Die massive *Terms of Trade*-Verschlechterung im Jahre 1975 kann aber als einmaliges, ungewöhnliches Phänomen gewertet werden und steht daher nicht unbedingt im Widerspruch zu einer Tendenz, die über einen längeren Zeitraum anhält. Somit steht die gemessene Durchschnittsverschlechterung zwischen 1960 und 2001 nicht notwendigerweise im Widerspruch zu tendenziell konstanten oder sogar steigenden *Terms of Trade*.
6. Im Zuge der vertikalen Exportdiversifizierung wurde Kupfer zunehmend aus dem Gesamtexportsortiment verdrängt. Dadurch hat sich die Anfälligkeit der chilenischen *Terms of Trade*-Entwicklung gegenüber der Kupferpreisentwicklung reduziert. Kupferpreiseinbrüche werden sich daher zukünftig weniger stark in den chilenischen *Terms of Trade* bemerkbar machen.
7. Mit Vorsicht lässt sich ab 1980 ein tendenziell steigendes Verhältniss zwischen Industriegüterexportpreisen und Importpreisen diagnostizieren. Die Relation zwischen Bergbauexportpreisen und Importpreisen sowie das Verhältnis zwischen Agrarexportpreisen und Importpreisen ist demgegenüber eher als trendmäßig sinkend einzustufen.
8. Eine Exportdiversifizierung in Richtung einer zunehmend vom Industriegüterexport beherrschten Exportstruktur führt zu *Terms of Trade*-Verbesserungen. Dafür sprechen die Ergebnisse der Granger-Kausalitätstests. Der statistisch signifikant positive Zusammenhang zwischen der Erhöhung des Industriegüteranteils und der Verbesserung der *Terms of Trade* ist mut-

maßlich mit dem Rückgriff auf Punkt 7 zu erklären: Danach schlägt mit steigendem Industriegüteranteil am Gesamtexport der positive Trend des Industriegüterexport/Importpreisverhältnisses zunehmend auf die chilenischen *Terms of Trade* durch und kompensiert den negativen Trend der anderen beiden Preisverhältnisse. Daraus lässt sich mit einiger Vorsicht folgern:

9. Die vertikale Exportdiversifizierung hat bzw. hatte einen positiven Effekt auf die chilenischen *Terms of Trade*. *Terms of Trade*-Verbesserungen stimulieren wiederum das Wirtschaftswachstum in Chile. Folglich fördert die vertikale Exportdiversifizierung - zumindest im Beobachtungszeitraum - indirekt, über ihre positive Wirkung auf die *Terms of Trade*, den chilenischen Wachstumsprozess.

# Kapitel 4
# Der Einfluss der Diversifizierung von Exportmärkten auf das wirtschaftliche Wachstum in Chile

## 4.1 Einführung

Folgt man CHUANG (1998), dann wird technologisches Wissen durch ein *Learning-by-Exporting* generiert und verbreitet, indem die im Kontakt mit ausländischen Abnehmerindustrien erworbenen Kenntnisse über Produktionsprozesse in die heimische Produktentwicklung einfließen. Mit anderen Worten, Exporteure lernen von ihren ausländischen Abnehmerindustrien, wie man effizienter produziert. Die Folge des technologischen Lernprozesses, der durch den internationalen Konkurrenzdruck noch beschleunigt wird, sind Innovationen im Bereich der Arbeitsorganisation, der Vermarktung und/oder der Produktentwicklung. Unter dieser Prämisse hat das verstärkte Vordringen in nicht-traditionelle Absatzmärkte einen Einfluss auf das wirtschaftliche Wachstum, weil durch zusätzliche Kontakte zu Abnehmerindustrien die Chancen für produktivitätssteigernde *Learning-by-Exporting*-Effekte erhöht werden. Die Hypothese der Entwicklungsbeschleunigung durch die Diversifizierung von Exportmärkten soll im folgenden empirisch überprüft werden. Die Analyse erfolgt in fünf Schritten:

- Im ersten Schritt werden die wesentlichen Elemente im Wandel der chilenischen Marktstruktur herausgearbeitet. In diesem Kontext wird der Verlauf der chilenischen Exportmarktdiversifizierung mit Hilfe eines geeigneten Indikators abgebildet (**Abschnitt 4.2**).
- Im zweiten Schritt wird der Einfluss der Diversifizierung der Exportmärkte auf die totalen Faktorproduktivität diskutiert. Sowohl theoretisch als auch empirisch wird die totale Faktorproduktivität als ein möglicher Wirkungskanal zwischen Exportmarktdiversifizierung und Wirtschaftswachstum identifiziert (**Abschnitt 4.3**).
- Im dritten Schritt geht es um die ökonometrische Bestimmung des kausalen Zusammenhangs zwischen der Diversifizierung der Exportmärkte und dem Niveau der totalen Faktorproduktivität unter Einbeziehung zusätzlicher, potenziell bedeutsamer Erklärungsvariablen. Dazu wird eine umfangreiche Kointegrations- und Kausalitätsanalyse durchgeführt, mit dem Ergebnis, dass das Niveau der totalen Faktorproduktivität Granger-kausal durch den Grad der Diversifizierung der Exportmärkte determiniert wird (**Abschnitt 4.4**).
- Vor dem Hintergrund des statistisch signifikanten Kausaleinflusses wird im vierten Schritt eine Produktionsfunktion spezifiziert, mit der ein Zusammenhang zwischen der Diversifizierung und dem wirtschaftlichen Wachstum offengelegt werden kann. Auf Grundlage dieser Produktionsfunktion erfolgt

die empirische Quantifizierung der Wachstumseffekte der Exportmarktdiversifizierung im Rahmen einer Kointegrationsanalyse (**Abschnitt 4.5**).

- Im fünften Schritt werden die Ergebnisse der empirischen Untersuchung zusammengefasst (**Abschnitt 4.6**).

## 4.2 Die Diversifizierung der Exportmärkte

Die Exportdiversifizierung Chiles zeigt sich nicht allein in der signifikanten Erhöhung des Industriegüteranteils am Gesamtexport. Im Zuge der in Abschnitt 2.2 beschriebenen Exportexpansion wurden ebenfalls die Exportmärkte erheblich diversifiziert. Betrachtet man das weltmarktorientierte Entwicklungsmuster Chiles im Zeitablauf, so stechen zwei Phänomene heraus, die für die Diversifizierung der Exportmärkte zentral sind. Im einzelnen handelt es sich dabei

1. um einen Verschiebung der Exportströme in Richtung einer gleichmäßigeren Verteilung der Exporte auf die wichtigsten chilenischen Absatzregionen USA, Lateinamerika, Europa und Asien, ausgelöst durch
2. die kontinuierliche Erschließung nicht-traditioneller Absatzländer.

Beide Phänomene sollen in Abschnitt 4.2.1 und 4.2.2 zunächst getrennt voneinander diskutiert werden. In Abschnitt 4.2.3 wird schließlich ein Indikator konstruiert, der das Phänomen der zunehmenden Gleichverteilung der Exportströme gemeinsam mit dem Phänomen des Vordringens in neue Absatzländer abbilden kann.

### 4.2.1 Zunehmende Gleichverteilung der Exportströme

Zur Illustrierung der zunehmenden Gleichheit der Verteilung der Exporte auf die wichtigsten chilenischen Absatzregionen USA, Lateinamerika, Europa und Asien werden die jeweiligen Exportströme in den Jahren 1960 und 2001 in Relation zur Gesamtausfuhr gesetzt. Auf diese Weise lässt sich vor dem Hintergrund des starken Exportwachstums zwischen 1960 und 2001 mit Blick auf Abbildung 4.1 folgendes diagnostizieren:

Im Jahre 1960 entfallen etwa 53% der gesamten Exporte auf Europa und 37% der Ausfuhr auf die Vereinigten Staaten. Die Großregion Lateinamerika spielt mit 8% lediglich eine untergeordnete Rolle. Marginal ist der Exportanteil Asiens von etwa 2%, wobei 95% der Exporte in die Großregion Asien nach Japan fließen. Demnach sind die Exporte Chiles mit 90% stark auf Europa und die Vereinigten Staaten konzentriert.

Im Jahr 2001 wird das Bild der Marktstruktur dagegen von einer gleichmäßigeren Verteilung der Exportanteile auf die wichtigsten chilenischen Absatzregionen beherrscht. Asien hat mit einem Exportanteil von etwa 31% Europa auf

Platz 2 verdrängt. Der Exportanteil Europas liegt mit 26% nur knapp über dem Exportanteil Lateinamerikas (22%). Die USA belegen im Jahr 2001 mit einem Exportanteil von 17% den vierten Platz unter den Großregionen. Sie sind damit auch heute noch das wichtigste Absatzland, obschon die chilenisch-japanischen Exportströme in den Jahren zwischen 1960 und 2001 stark an Bedeutung gewonnen haben.

**Abbildung 4.1 Geographische Verteilung der Exporte auf Großregionen, (Exportanteile am Gesamtexport in %)**

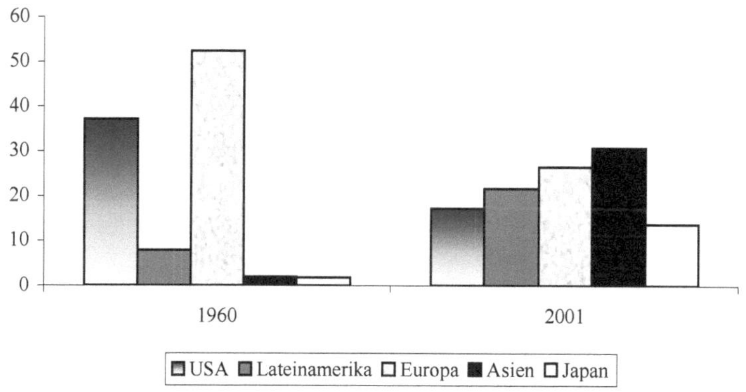


Quelle: BANCO CENTRAL DE CHILE: *Indicadores Económicos y Sociales de Chile 1960-2000*; *Indicadores de Comercio Exterior* (mehrere Ausgaben); eigene Berechnungen

Die zunehmende Gleichverteilung kommt ebenfalls in Abbildung 4.2 zum Ausdruck. Abbildung 4.2 zeigt die trendmäßige Angleichung der Exportanteile der Vereinigten Staaten, Lateinamerikas, Europas und Asiens ab 1960. Man erkennt insbesondere den Aufwärtstrend des Exportanteils Asiens bei trendmäßig rückläufigem Marktanteil Europas.

**Abbildung 4.2 Wandel der Marktstruktur; Exportanteile in %**

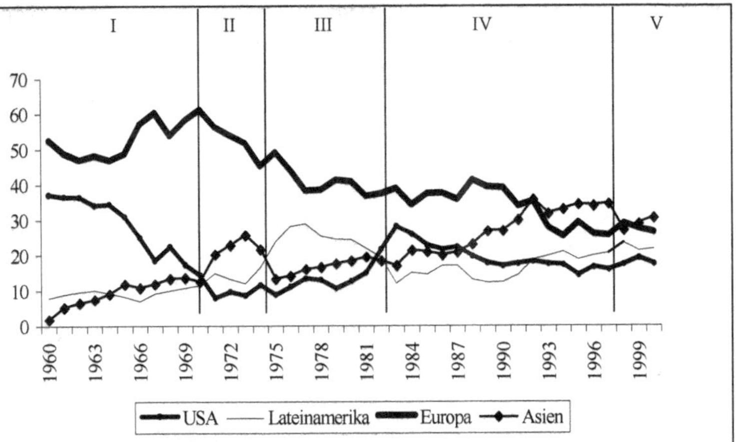


Anmerkung: Exportanteile in %; Quelle: BANCO CENTRAL DE CHILE: *Indicadores Económicos y Sociales de Chile 1960-2000*; *Indicadores de Comercio Exterior* (mehrere Ausgaben); eigene Berechnungen (auf Basis laufender US$)

Allerdings liefert Abbildung 4.2 den Hinweis darauf, dass die relativen Exportströme phasenweise von ihren langfristigen Trendwerten abweichen. Beim Versuch die wesentlichen Elemente des Diversifizierungsprozesses zusammenzufassen, empfiehlt es sich deshalb fünf Entwicklungsphasen im Wandel der Marktstruktur zu unterscheiden, die um folgenden kurz skizziert werden:[1]

- In der ersten Phase von *1960-1970* dominiert der chilenisch-europäische Export, der im Jahr 1970 etwa 61% der gesamten Exporte auf sich vereint. Platz zwei belegen die USA. Allerdings ist der Exportanteil der USA (im Gegensatz zum Exportanteil Europas) in der ersten Entwicklungsphase rückläufig. Ein Grund für den stark sinkenden Marktanteil der Vereinigten Staaten ist die relative Häufung der Exportströme nach Asien sowie das moderate Nachrücken Lateinamerikas.

- Die zweite Phase beginnt *1970* mit dem sozialistischen Experiment der Allende-Regierung, welche die Süd-Süd-Kooperation insbesondere mit den asiatisch-pazifischen Entwicklungsländern als strategische Möglichkeit betrachtete, die Abhängigkeit von den USA zu reduzieren. Infolge des Ausbaus der Beziehungen zu den asiatisch-pazifischen Entwicklungsländern, steigt ihr Exportanteil auf Kosten der USA und Europa. Auch die Länder Lateinamerikas verzeichnen einen Bedeutungsgewinn mit dem Ergebnis, dass die Verei-

1 Vgl. dazu auch FFRENCH-DAVIS (2002).

nigten Staaten mit einem Exportanteil von 8% im Jahre 1971 von Platz zwei auf Platz vier hinter Asien (20%) und Lateinamerika (11,5%) zurückfallen.

- Mit der Außenöffnung Chiles *1974/75* verändert sich in der dritten Phase die geographische Verteilung unter der Militärregierung Pinochets wieder zugunsten der USA. Auch die Anbindung Chiles an die lateinamerikanischen Partnerländer steigt im Verhältnis zu der Verflechtung Chiles mit Europa und Asien, wobei der Exportanteil Asiens nach einem kurzen Einbruch im Jahre *1975* wieder durch einen leichten Aufwärtstrend gekennzeichnet ist. Bis zur schweren Finanzkrise am Anfang der 80er Jahre, von der viele lateinamerikanischen Länder betroffen sind, dominieren Europa auf Platz eins und Lateinamerika auf Platz zwei das Bild der Marktstruktur in den Jahren *1974-1982*.

- Infolge der Schuldenkrise im Jahre *1982* und der dadurch induzierten rückläufigen Exportanteile Lateinamerikas nimmt die Bedeutung Asiens in der vierten Entwicklungsphase derart zu, bis Asien im Jahre 1992 schließlich vor Europa mit einem Exportanteil von 35% zur wichtigsten Handelsregion für Chile wird.

- Aufgrund der Asien-Krise sinkt *1997* jedoch der Exportanteil der Region Asien als Resultat der Abwertungen vieler asiatischer Währungen und der wirtschaftlichen Stagnation bzw. Rezession in vielen asiatischen Staaten von etwa 35% auf 27%. Die Exportströme nach Europa steigen dagegen kurzfristig im Verhältnis zur chilenisch-asiatischen Ausfuhr mit dem Ergebniss, dass Europa im Jahre 1998 erneut Platz eins unter den Großregionen einnimmt. Bereits im Jahre 1999 wird Europa jedoch wieder von Asien auf Platz zwei verwiesen. Lateinamerika belegt (seit 1992) den dritten Platz vor den USA (vgl. Abbildung 4.2).

Die fünf Entwicklungsphasen im Wandel der Marktstruktur dokumentieren, dass sich die Rangfolge der wichtigsten chilenischen Absatzregionen USA, Lateinamerika, Europa und Asien phasenweise verändert hat, wobei die geographische Verteilung der Exporte auf die Absatzregionen durch eine zunehmende Gleichheit der Exportanteile gekennzeichnet ist. Das Phänomen der zunehmenden Angleichung der Großregionen bezüglich ihrer Exportanteile steht angesichts des verstärkten Vordringens in die Großregionen Asien und Lateinamerika bei verhältnismäßig geringfügig steigender Ausfuhr in die Absatzmärkte Europas in einem engen Zusammenhang mit dem zweiten zentralen Phänomen der chilenischen Marktdiversifizierung. Konkret handelt es sich dabei um die Erschließung nicht-traditioneller Absatzländer, wie der folgende Abschnitt zeigt.

### 4.2.2 Die Erschließung nicht-traditioneller Absatzländer

Vergleicht man anhand von Abbildung 4.3 die wichtigsten chilenischen Absatzländer im Jahre 1960 mit den bedeutendsten chilenischen Exportländern im Jahre 2001, so ist folgendes zu konstatieren:

Die wichtigsten chilenischen Absatzländer (definiert als die Länder mit einem Exportanteil von mehr als 5%) sind im Jahre 1960 die USA, Großbritannien, die Bundesrepublik Deutschland und die Niederlande. Dementsprechend liegt 1960 die Zahl bedeutender chilenischer Exportmärkte bei vier. Auf sie entfallen 78% der gesamten chilenischen Ausfuhr. Darin kommt die bereits im vorherigen Abschnitt beschriebene Konzentration auf die Absatzregionen Europa und USA zum Ausdruck.

**Abbildung 4.3 Bedeutende chilenische Absatzländer (1960 und 2001, Anteile am Gesamtexport in %)**

**1960**

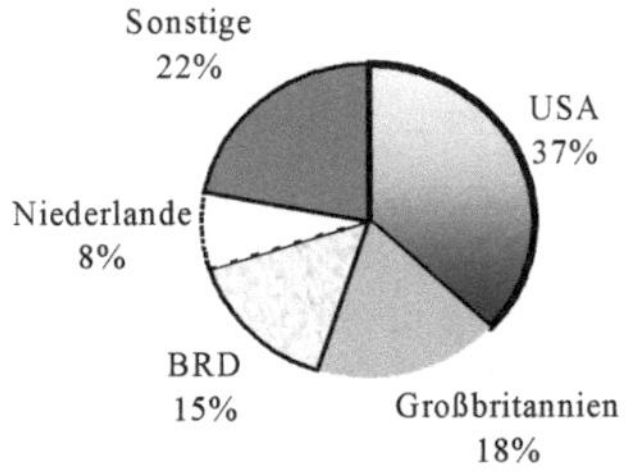


**2001**

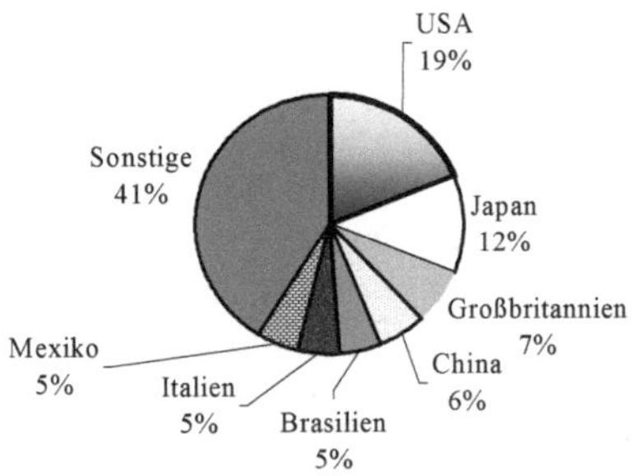


Anmerkung: Exportanteile in %; Quelle: BANCO CENTRAL DE CHILE: *Indicadores Económicos y Sociales de Chile 1960-2000*; *Indicadores de Comercio Exterior* (mehrere Ausgaben); eigene Berechnungen (auf Basis laufender US$).

Im Jahre 2001 sind dagegen sieben Absatzmärkte mit einem Exportanteil von mehr als 5% zu diagnostizieren. Zu den bedeutendsten Exportmärkten zählen 2001 die USA, Japan, Großbritannien, China, Brasilien, Italien und Mexiko. Auf sie entfallen 59% des gesamten Exportvolumens. Folglich hat sich einmal die Abhängigkeit Chiles von einigen wenigen Exportmärkten reduziert. Neben der Zahl der wichtigsten chilenischen Absatzländer hat sich auch die Struktur der bedeutendsten chilenischen Absatzländer zwischen 1960 und 2001 stark verändert. Diese Entwicklung kann im wesentlichen auf die kontinuierliche Erschließung nicht-traditioneller Absatzländer in den Großregionen Asien und Lateinamerika bei unterproportional steigender Ausfuhr in die USA und die Absatzmärkte Europas zurückgeführt werden. Dies lässt sich Abbildung 4.4 entnehmen.

**Abbildung 4.4 Verteilung des gesamten Exportvolumens auf die wichtigsten chilenischen Absatzländer 1960 und 2001**

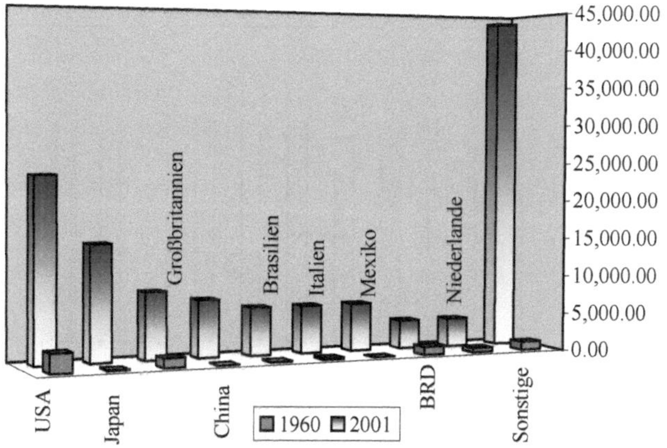


Anmerkung: Quelle: BANCO CENTRAL DE CHILE: *Indicadores Económicos y Sociales de Chile 1960-2000; Indicadores de Comercio Exterior* (mehrere Ausgaben); eigene Berechnungen: Zunächst wurden die Exportanteile der ausgewiesenen Länder auf Basis von US$ des laufenden Jahres berechnet. Anschließend wurden die Anteile mit den realen Exporten multipliziert. Die realen Exporte lauten auf Millionen Peso des Jahres 1996 (vgl. Anhang ).

Aus Abbildung 4.4 geht hervor, dass die Exportexpansion in die asiatischen und lateinamerikanischen Länder Japan und China sowie Brasilien und Mexiko zwischen 1960 und 2001 sichtlich stärker ausfällt als das Vordringen in die Länder, die 1960 noch zu den wichtigsten chilenischen Absatzmärkten zählten (Großbritannien, BRD, Niederlande). Die außenwirtschaftliche Expansion Chiles manifestiert sich dementsprechend in einer Erschließung nicht-traditioneller Absatzländer.

Die Erschließung nicht-traditioneller Absatzländer wird ebenfalls anhand von Abbildung 4.5 deutlich. Danach hat Chile im Jahre 1970 in 31 Länder exportiert. Demgegenüber liegt die Zahl der Absatzgebiete im Jahre 2001 bei 174. Folglich hat sich um Zuge der Exportexpansion die Zahl der Absatzmärkte in den letzten drei Jahrzehnten mehr als verfünffacht. Im Anbetracht des verstärkten Vordringens in die Länder Asiens und Lateinamerikas - bei unterproportional steigender Ausfuhr in die Absatzregion Europa und USA - besteht zwischen dem Phänomen der kontinuierlichen Erschließung nicht-traditioneller Absatzländer und dem Phänomen der zunehmenden Gleichverteilung der Exporte auf die wichtigsten chilenischen Absatzregionen ein kausaler Zusammenhang. Beide Phänomene sind konstituierend für die chilenische Diversifizierung der Absatzmärkte.

**Abbildung 4.5 Zahl der Absatzländer, 1970-2001**

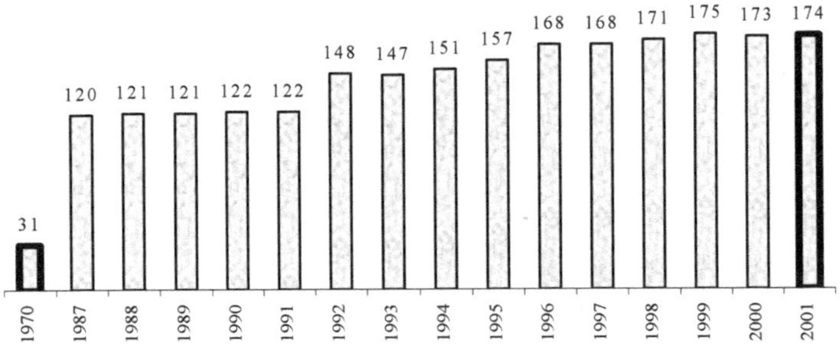


Quelle: FFRENCH-DAVIS (2002: S. 155); PRO CHILE, Santiago de Chile 2003
Anmerkung: Für die Zeiträume von 1960 bis 1969 und 1971 bis 1986 sind keine Daten über die genaue Zahl der Absatzländer verfügbar. Selbst in den Statistiken der chilenischen Zentralbank sind nicht alle Exportländer aufgelistet. Beispielsweise sind Exportländer, in die weniger als 0,1 Millionen Dollar fließen, nicht in den Statistiken der chilenischen Zentralbank aufgeführt.

Im Anschluss an den nächsten Abschnitt sollen die Auswirkungen dieser Phänomene auf den chilenischen Wachstumsprozess analysiert werden. Unterstellt man einen möglichen Technologietransfer aus den Absatzländern, so wäre es denkbar, dass die Diversifizierung der Exportmärkte in einer engen Verbindung mit der Entwicklung der totalen Faktorproduktivität steht. Die Analyse der Diversifizierung der Exportmärkte im Zusammenhang mit der Entwicklung der totalen Faktorproduktivität und dem wirtschaftlichen Wachstum in Chile verlangt die Konstruktion eines geeigneten Indikators, um den Grad der Exportmarktdiversifizierung genau abbilden zu können. Der Indikator sollte sowohl mit wachsender Zahl der Exportmärkte, als auch mit einer Verschiebung in Richtung Gleichverteilung der Marktanteile - als Resultat des Vordringens in nicht-traditionelle Absatzgebiete - zunehmen. Der vom INTERNATIONAL TRADE CENTRE (ITC) verwendete *Equivalent Number Index* (*EN*) zur Analyse der Wettbewerbsfähigkeit von Nationen sowie ihrer Performanz im internationalen Güterhandel erfüllt diese Bedingungen, wie der folgende Abschnitt zeigt.

### 4.2.3 Die Abbildung der Diversifizierung der Exportmärkte mit Hilfe des *Equivalent Number Index*

Der *Equivalent Number Index* (*EN*) zur Messung des Grads der Exportmarktdiversifizierung wird mit Hilfe des reziproken Wertes des Herfindahl-Konzentrationsindex (*HI*) bestimmt.[2] Der Herfindahl-Konzentrationsindex ist nach folgender Formel zu berechnen:

$$HI_t = \sum_{k=1}^{n} X_{k,t}^2 \Big/ \left( \sum_{k=1}^{n} X_{k,t} \right)^2 , \tag{4.1}$$

wobei $n$ die Gesamtzahl der einzelnen Absatzmärkte $k$ repräsentiert, denen eine wertmäßige Ausfuhr von jeweils $X_k$ zum Zeitpunkt $t$ zuzurechnen ist.

Der Herfindahl-Index variiert zwischen 0 und 1, wobei die Obergrenze 1 die extremste Ausprägung (absolute Konzentration) angibt. Die Untergrenze (Nichtkonzentration) nähert sich mit $1/n$ asymptotisch gegen Null.

Der Herfindahl-Konzentrationsindex erfüllt alle notwendigen Anforderungen, die üblicherweise an ein Konzentrationsmaß gestellt werden, denn erstens ist er wegen $\partial HI/\partial(X_k/\sum X_k)>0$ eine zunehmende Funktion der Anteile der Merkmalsträger. Dies bedeutet, je ungleicher die Verteilung, desto größer *ceteribus paribus* die Konzentration und dementsprechend $HI_t$. Und zweitens ist der Herfindahl-Index eine abnehmende Funktion der Anzahl der Merkmalsträger, da $\partial HI/\partial n<0$. Das bedeutet, je größer die Zahl der Exportmärkte, desto geringer *ceteribus paribus* die Konzentration bzw. $HI_t$ (MARFELS 1971).[3] Definiert man den *Equivalent Number Index* (*EN*) nun als Reziprokwert des Herfindahl-Index mit

---

2 Vgl. zur Berechnung des *Equivalent Number Index* auch ITC (2000).

3 Der Herfindahl-Konzentrationsindex ist damit einem Gini-Koeffizienten überlegen, weil letzterer bei Gleichverteilung nicht mit der steigenden Zahl der Merkmalsträger abnimmt, sondern bei Gleichverteilung stets den Wert Null annimmt.

$$EN_t = \frac{1}{\sum_{k=1}^{n} X_{k,t}^2 \Big/ \left(\sum_{k=1}^{n} X_{k,t}\right)^2}, \qquad (4.2)$$

dann gilt umgekehrt, dass *EN* eine abnehmende Funktion der Anteile und eine zunehmende Funktion der Anzahl der Merkmalsträger ist. Mit anderen Worten: Da $\partial EN/\partial(X_k/\sum X_k)<0$ und $\partial EN/\partial n>0$, steigt *EN* im vorliegenden Fall entweder

- als Resultat einer Verschiebung in Richtung Gleichverteilung der Märkte und/oder
- mit wachsender Zahl der Exportmärkte.

Das so konstruierte Maß ist daher gut geeignet, den Grad der Exportmarktdiversifizierung abbilden zu können. Es entspricht genau der Zahl von Exportmärkten mit identischer Größe, die eine hypothetische Diversifizierung entsprechend der real existierenden ergeben würde. Ist in Chile beispielsweise *HI* = 0,207 im Jahre 1960, so entspricht das einer hypothetischen Marktstruktur mit *EN* = 4,83 gleich großen Exportmärkten.

Die Anzahl der gleich großen Exportmärkte bzw. der *Equivalent Number Index* im Zeitraum von 1960 bis 2001 ist in Abbildung 4.6 dargestellt. Hier wird deutlich, wie sich die Diversifizierung der Exportmärkte erhöht hat:

**Abbildung 4.6 Die Diversifizierung der Exportmärkte; *Equivalent Number Index*, 1960-2001**

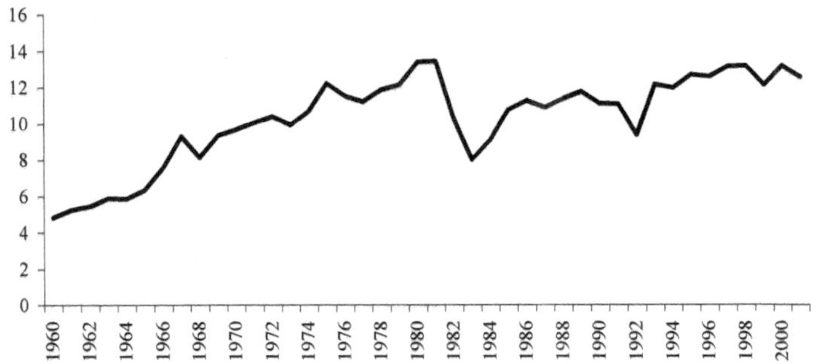


Quelle: BANCO CENTRAL DE CHILE: *Indicadores Económicos y Sociales de Chile 1960-2000*; *Indicadores de Comercio Exterior* (mehrere Ausgaben); eigene Berechnungen.
Anmerkung: Kleine und bedeutungslose Exportmärkte mit einem Exportanteil von weniger als 0,01% wurden nicht in die Berechnung einbezogen.
(Die Originaldaten sind in Anhang A aufgelistet.)

Bis auf den durch die Finanzkrise von 1981 ausgelösten massiven Bruch von 13 auf 10 äquivalenten Exportmärkten ist ein kontinuierlicher Anstieg des Indexes zu verzeichnen. Der Sprung im Jahre 1992 kann auf eine kurzfristig starke Konzentration auf die Absatzregionen Asien zurückgeführt werden. Mit einem Wert von 9,3 zwischen etwa 11 gleich großen Absatzmärkten im Jahre 1991 und etwa 12 äquivalenten Exportmärkten im Jahre 1993 ist $EN_{1992} = 9{,}3$ als ein Ausreißer zu werten. Unter Berücksichtigung dieser Faktoren ergibt die Schätzung der Trendentwicklung der Exportmarktdiversifizierung gemäß der von BLEANEY/GREENAWAY (1993) vorgeschlagenen Methode zur Trendanalyse, dass sich die Zahl der gleich großen Exportmärkte trendmäßig, im Sinne einer statistisch signifikanten Langfristtendenz, erhöht hat (vgl. Abbildung 4.7).[4]

**Abbildung 4.7 Schätzung des langfristigen Diversifizierungstrends**

$$\Delta LEN_t = 1{,}089^{*} + 0{,}025^{*}t - 0{,}605 LEN_{t-1} + 0{,}679 \Delta LEN_{t-1}$$
$$(5{,}106) \quad (4{,}114) \quad (-4{,}908) \quad (0{,}092)$$
$$- 0{,}319^{**} DU82_t - 0{,}142^{*} DU92_t \qquad (14.3)$$
$$(-4{,}13) \quad (-2{,}297)$$
$$R^2 = 0{,}458; SER = 0{,}085; LM(1) = 0{,}783; ARCH(1) = 0{,}919$$

Anmerkung: t-Werte in Klammern; $^{**}$ ($^{*}$) signifikant bei einem Niveau von 1% (5%); $L$ gibt an, dass es sich um logarithmierte Werte handelt; $t$ ( $0<t<43$) ist der deterministische Trend; $DU82_t$ und $DU92_t$ sind Dummy-Variablen mit $DU82_t$=0 bis 1981 sonst 1; $DU92_t$=0 bis 1991 sonst 1; *SER*=Standardfehler der Regression, $LM(k)$ = Test auf Autokorrelation $k$-ter Ordnung (Signifikanzniveau bzw. p-Wert); ARCH($q$) = Test auf bedingte Heteroskedastizität $q$-ter Ordnung (Signifikanzniveau bzw. $p$-Wert).

Erläuterung: Es liegt Fall 2 der BLEANEY/GREENAWAY-Methode vor (vgl. Abschnitt 3.3.2.3), denn: $LEN_{t-1}$ ist nicht signifikant von Null verschieden. Der kritische Werte für zwei Strukturbrüche lautet $-5{,}685^{*}$ (KAPETANIOS 2005, Modell A). Er wird durch –4,908 nicht überschritten. Daher handelt es sich bei $LEN_t$ um einen integrierten Prozess. Für den Koeffizienten von $t$ wird bei PATTERSON (2000, S. 238) ein kritische Wert von ±3,47* (50 Beobachtungen) tabelliert. Dieser wird durch 4,114 überschritten. Folglich muss ein *„Random Walk with Drift and Deterministic Trend"* vorliegen. (Dabei wird unterstellt, dass der kritische Wert von ±3,47* trotz Aufnahme der Dummy-Variablen nicht seine Gültigkeit verliert).

Ob die signifikante Diversifizierung der Exportmärkte einen positiven Einfluss auf die totale Faktorproduktivität in Chile ausgeübt hat, soll im nächsten Abschnitt diskutiert werden.

4 Eine ausführliche Beschreibung der Methoden zur Berechnung langfristiger Trendraten (im Zusammenhang mit der *Terms of Trade* Entwicklung Chiles) befindet sich in Abschnitt 3.3.2.

## 4.3 Totale Faktorproduktivität und die Diversifizierung der Exportmärkte

### 4.3.1 Theoretische Überlegungen

Die Wachstumsrate der totale Faktorproduktivität stellt den Teil des Wachstums der Produktion dar, der nicht durch ein Wachstum der explizit erfassten Inputfaktoren wie beispielsweise Arbeit und Kapital erklärbar ist. Dieser unerklärbare Rest des Wachstums, das *Solow*-Residual bzw. das Wachstum der totalen Faktorproduktivität, wird mit dem Stand des technologischen Wissens assoziiert, weil infolge technischer Neuerungen mit gleichem Einsatz an Arbeit und Kapital ein höheres Sozialprodukt erzeugt werden kann.[5] Technische Neuerungen werden möglich, wenn beispielsweise die über ein *Learning-by-Exporting* erworbenen Kenntnisse aus den spezifischen Absatzmärkten in die heimische Produktentwicklung einfließen. Neben dem *Know-How*-Transfer kann die Akzeleration des technischen Fortschritts zum Beispiel auch aus dem verstärkten Wettbewerb der Exporteure mit ausländischen Konkurrenzunternehmen abgeleitet werden, wenn der Wettbewerb zu Produkt- und Prozessinnovationen sowie zu einer Verringerung von Ineffizienzen zwingt.[6]

Empirische Evidenz für das Vorliegen derartiger Effekte in Chile liefern die *Firm-Level*-Studien von MACARIO (1999, 2000), ALVAREZ (2001) und ALVAREZ/ROBERTSON (2004). MACACRIO kommt nach zahlreichen Unternehmensbefragungen zu dem Ergebnis, dass "*export companies have greater learning opportunities than non export ones due to contacts with traders and foreign clients...These enhanced learning opportunities allow companies to get on a steeper learning curve, accumulate greater kowledge, and thus have acces to dynamic economies of scale*" (2000: S. 64).

Die Resultate der *Firm-Level*-Untersuchungen von ALVAREZ (2001) und ALVAREZ/ROBERTSON (2004) bestätigen die These von exportinduzierten Innovationsaktivitäten im chilenischen Industriesektor. Sie zeigen, dass chilenische Exporteure signifikant innovativer als ihre binnenorientierten Konkurrenten sind (vgl. Abbildung 4.8), wobei ALVAREZ die Beschleunigung innovativer Tätigkeit sowohl mit einen möglichen Transfer von Technologie aus dem Ausland, als auch

5 Theoretisch kann die total Faktorproduktiveität ebenfalls durch einen effizienteren Ressouceneinsatz sowie durch (statische und dynamische) Skaleneffekte beinflusst werden. Demzufolge ist von einer Fülle potenzieller wirtschaftlicher, politischer und sozialer Einflussfaktoren auszugehen.

6 Vgl. zu dieser Argumentation beispielsweise auch DELGADO/FARINAS/RUANO (2002).

mit einem gesteigerten Konkurrenzdruck auf dem Weltmarkt begründet (2001: S. 66, 67).[7]

Die auf einzelwirtschaftlicher Ebene beobachtete Akzeleration der innovativen Tätigkeit, sowie die Beschleunigung des Technologietransfers via *Learning-by-Exporting*, dürfte gesamtwirtschaftlich durch die Diversifizierung der Exportmärkte beeinflusst werden. Dahinter stehen folgende Überlegungen:

Technologisches Wissen wird offensichtlich durch den direkten Kontakt der Exporteure zu ausländischen Abnehmerfirmen gebildet, indem über Lieferanten-Abnehmer-Beziehungen Informationen über effizientere Produktionsprozesse gewonnen werden.[8] In einem einzigen Absatzmarkt können diese Kontakte mit steigender Exportexpansion nur bis zu einer gewissen Grenze ausgedehnt werden. Diese Grenze wird durch die Zahl der im betreffenden Absatzmarkt ansässigen Unternehmen und Kunden definiert. Ab dieser Grenze wäre das Potenzial für Technologietransfer- bzw. *Learning-by-Exporting*-Effekte ausgeschöpft, weil keine zusätzlichen Lieferanten-Abnehmer-Beziehungen mehr möglich sind oder der Markt vollständig erforscht ist. Folglich fallen die Grenzerträge des *Learning-by-Exporting* mit zunehmender Exportexpansion irgendwann auf Null. Durch das Vordringen in neue Absatzmärkte kann dem Prozess sinkender Grenzerträge entgegengewirkt werden. Denn mittels Erhöhung der Zahl der Absatzmärkte lässt sich *ceteris paribus* eine Ausweitung der Beziehungen zu ausländischen Abnehmerindustrien herbeiführen. Dadurch wird das Potential für Wissensadaptions- bzw. *Learning-by-Exporting*-Effekte erhöht. Dementsprechend kann die Diversifizierung der Exportmärkte über den Transfer spezifischer ausländischer Technologien (theoretisch) den Stand des technologischen Wissens positiv beeinflussen.[9]

---

7 ALVAREZ (2001) kommt zwar zu dem Ergebnis, dass Exporte kausal für Innovationen verantwortlich sind. Gleichzeitig stellt er fest, dass "*a high intensity in technological innovation is required to export. But the evidence suggests a kind of virtuous circle, since the exports are an important incentive to innovate*" (S: 67).

8 Vgl. zu derartigen Lerneffekten beispielsweise auch die Fallstudie von PEREZ-ALEMAN (2000) zur technologische Entwicklung der chilenischen Agro-Industrie.

9 Obiger Argumentation folgend fallen die Grenzerträge des *Learning-by-Exporting* in kleinen Absatzmärkten tendenziell schneller auf Null als in großen. Somit dürfte für die nachhaltige Generierung exportinduzierter Lerneffekte auch die Absatzmarktgröße eine Rolle spielen. Daneben werden die Möglichkeiten des *Learning-by-Exporting* vermutlich durch das Technologieniveau der jeweiligen Absatzländer determiniert. CHUANG (1998) unterstellt beispielsweise, dass der Handel mit technologisch fortgeschrittenen Ländern höhere Lerneffekte hervorbringt als der Handel mit technologisch rückständigen Ländern. Insofern dürfte eine Diversifizierung in Richtung (großer) Industrieländermärkte einen stärkeren Technologietransfer - und damit einen stärkeren Einfluss auf die totale Faktorproduktivität - generieren als eine Diversifizierung in Richtung (kleine) Entwicklungsländer.

Über den Technologietransfer hinaus ist zu erwarten, dass sich bei einem verstärkten Vordringen in ausländische Absatzmärkte auch der Wettbewerbsdruck erhöht, sofern sich die Exporteure in jedem neuen Absatzmarkt gegenüber ihren ausländischen Konkurrenten behaupten müssen. Mit zunehmendem Wettbewerbsdruck dürfte wiederum die Effizienz sowie die Innovationstätigkeit steigen und damit *ceteris paribus* die totale Faktorproduktivität.

Vor dem Hintergrund dieser Hypothesen soll im nächsten Abschnitt die Entwicklung des *Solow*-Residuals im Kontext mit der Steigerung der Diversifizierung der Exportmärkte untersucht werden.

**Abbildung 4.8 Innovative Exportunternehmen und innovative Nicht-Exportunternehmen (in %)**

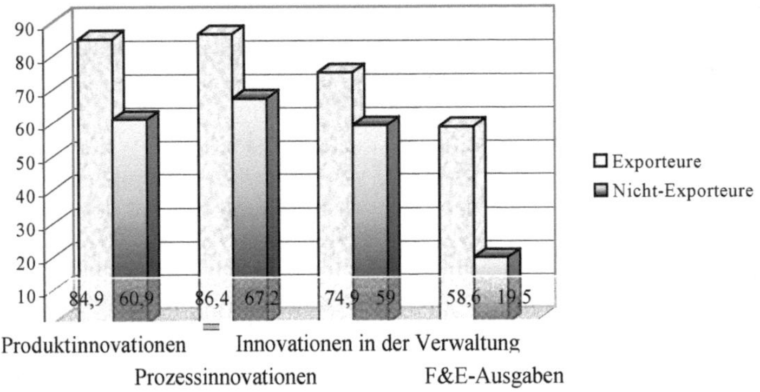


Anmerkung: Innovative Exporteure in Relation zur Gesamtzahl der Exporteure und innovative Nicht-Exporteure in Relation zur Gesamtzahl der Nicht-Exporteure. Die Zahlen beziehen sich nur auf den Industriesektor. Quelle: ALVAREZ (2001: S. 57)

Diese Hypothese wird hier jedoch nicht weiter verfolgt, da ihre Überprüfung einen größeren Untersuchungsaufwand erfordern würde. Um den Umfang dieser Arbeit nicht zu sprengen, werden sich die nachfolgenden Untersuchungen auf die Gesamteffekte der Marktdiversifizierung beschränken (müssen). Dies bedeutet, in dieser Arbeit findet empirisch-methodisch *keine* Trennung zwischen der Marktdiversifizierung im Hinblick auf Entwicklungsländer und der Marktdiversifizierung im Hinblick auf Industrieländer statt, obschon solch eine Aufspaltung der chilenischen Exportmarktdiversifizierung interessante Erkenntnisse versprechen würde.

### 4.3.2 Der Beitrag des Wachstums der totalen Faktorproduktivität zum wirtschaftlichem Wachstum in Chile unter Berücksichtigung des Wachstums der Marktdiversifizierung

Um den Zusammenhang zwischen der Diversifizierung der Exportmärkte, dem technologischen Fortschritt und wirtschaftlichem Wachstum zu analysieren, wird das Wachstum der chilenischen Faktorproduktivität (*TFP*) CHUMACERO/FUENTES (2002) folgend mit einer partiellen Produktionselastizität $\alpha=1/3$ gemäß folgender Formel bestimmt:[10]

$$_{g}TFP_t = {}_{g}Y_t - \alpha\,{}_{g}K_t - (1-\alpha)\,{}_{g}L_t, \tag{4.3.1}$$

wobei *g* die Wachstumsrate der totalen Faktorproduktivität (*TFP*), des aggregierten Outputs (*Y*)[11], des Kapitalstocks (*K*) und der Arbeitsbevölkerung (*L*) zur Zeit *t* bezeichnet.

Der oben aufgeführten Formel (4.3.1) entsprechend, lässt sich sowohl der Beitrag des Wachstums der totalen Faktorproduktivität als auch der Beitrag der fundamentalen Produktionsfaktoren Arbeit und Kapital zum Wachstum des aggregierten Outputs berechnen. Die der Berechnung zugrundeliegenden Daten beruhen auf Informationen aus dem MINISTERIO DE HACIENDA (Santiago de Chile, 2003).[12] Tabelle 4.1 gibt die Ergebnisse der Berechnung wider, wobei in Anlehnung an CHUMACERO/FUENTES (2002) im Untersuchungszeitraum von 1960 bis 2001 zwischen drei Perioden kontinuierlich starken Wachstums unterschieden wird. Diese Perioden umfassen die Zeiträume 1960-1971, 1975-1981 und 1985-1998. Zwecks Aktualitätsbezug sind für den Zeitraum von 1999-2001 ebenfalls Werte ausgewiesen, wenngleich diese Periode nicht als Phase hohen Wirtschaftswachstums zu deklarieren ist. Tabelle 4.1 enthält somit die durchschnittlichen Wachstumsraten des Kapitalstocks, der Beschäftigung und der totalen Faktorproduktivität für die Phasen der wirtschaftlichen Erholung vor bzw. nach den schweren Wirtschaftskrisen am Anfang der 70er und 80er Jahre.

Sie zeigt, dass die hohe Wachstumsdynamik des Bruttoinlandsprodukts in den Perioden 1960 bis 1971, 1975 bis 1981 und 1985 bis 1998 in hohem Maße durch die Wachstumsrate der totalen Faktorproduktivität zu erklären ist. Der absolute Wachstumsbeitrag der Faktorproduktivität liegt in allen Subperioden des Beo-

---

10 $\alpha = 1/3$ wurde von CHUMACERO/FUENTES (2002) im Rahmen ihrer empirischen Untersuchung der Wachstumsdeterminanten Chiles geschätzt.

11 Zur Berechnung der totalen Faktorproduktivität wurde *Y* in Form des Bruttoinlandsprodukts in realen Größen herangezogen.

12 Die der Berechnung zugrundeliegenden Originaldaten sind im Anhang aufgelistet.

bachtungszeitraums 1960-2001 durchschnittlich höher als der Wachstumsbeitrag der originären Produktionsfaktoren Arbeit und Kapital.[13]

**Tabelle 4.1 Growth Accounting: BIP-Wachstums und Komponenten des BIP-Wachstums in Zeiten starken Wirtschaftswachstums**

| Perioden starken Wachstums | Wachstum des BIP in % | Beitrag Arbeit in % | Beitrag Kapitalstock in % | Beitrag TFP In % | Relativer Beitrag des TFP-Wachstums (%) |
|---|---|---|---|---|---|
| 1. 1960-1971 | 4,69 | 1,29 | 1,47 | 1.93 | 41,15 |
| 2. 1975-1981 | 6,79 | 2,85 | 0,54 | 3,40 | 50,07 |
| 3. 1985-1998 | 7.26 | 2,15 | 2,29 | 2,82 | 38,84 |
| 1999-2001 | 2,07 | -0.20 | 1,82 | 0,45 | 21,74 |

Anmerkung: Die ausgewiesenen Werte für die totale Faktorproduktivität stimmen bis auf geringfügige Abweichungen mit denen von CHUMACERO/FUENTES (2002) überein. Quelle: MINISTERIO DE HACIENDA, Santiago 2003; eigene Berechnungen. (Für eine ausführliche Beschreibung der Originaldaten und deren Berechnung, siehe Anhang).

Insbesondere in der Periode der außenwirtschaftlichen Öffnung (1975-1981) ist die totale Faktorproduktivität mit einem relativen Beitrag von etwa 50% als Hauptbestimmungsfaktor des Inlandsproduktswachstums zu identifizieren. Nach der längsten Periode kontinuierlich starken Wirtschaftswachstums (1985-1998), in der das Wachstum der Faktorproduktivität noch etwa 39% des Produktionswachstums erklärt, fällt allerdings die Wachstumsrate des technologischen Fortschritts überproprtional zur Wachstumsrate des Bruttoinlandsprodukts. Der durchschnittliche Wachstumsbeitrag des Faktors Arbeit ist infolge steigender Unterbeschäftigung ab 1999 mit –0,2 Prozentpunkten negativ. In der verhältnismäßig wachstumsschwachen Periode 1999-2001, in der eine durchschnittliche Wachstumsrate von 2,07% diagnostiziert werden kann, ist demzufolge die Kapitalakkumulation der Hauptbestimmungsfaktor des chilenischen Wachstums. Sie kompensiert mit 1,82 Prozentpunkten den negativen Wachstumsbeitrag des Faktors Arbeit und den gesunkenen Wachstumsbeitrag der totalen Faktorproduktivität.

Vergleicht man an Hand von Abbildung 4.9 die Entwicklung der totalen Faktorproduktivität mit der Steigerung der Diversifizierung der Exportmärkte in den betreffenden Wachstumsperioden, so ist folgendes zu konstatieren:

13 Zu ähnlichen Ergebnissen kommen COEMANS (1999), DE GREGORIO/LEE (1999), JADRESIC/ZAHLER (2000), BERGOING/KEHOE/KEHOE/SOTO (2001), CORBO/TESSADA (2001) und HOFFMAN (2001). Die genannten Autoren identifizieren ebenfalls die TFP als Hauptbestimmungsfaktor des chilenischen Wirtschaftswachstums.

In den Phasen hohen chilenischen Wirtschaftswachstums (1960-1971, 1975-1981, 1985-1998) geht der Anstieg der durchschnittlichen Wachstumsrate der Faktorproduktivität mit einem Zuwachs der durchschnittlichen Wachstumsrate der Exportmarktdiversifizierung einher. Demnach kann der Anstieg der totalen Faktorproduktivität mit sehr großer Vorsicht auf die wachsende Diversifizierung der Exportmärkte zurückgeführt werden. Umgekehrt kann das erheblich geringere Produktivitätswachstum im Zeitraum von 1999 bis 2001 möglicherweise mit dem Hinweis auf die negative Wachstumsrate der Marktdiversifizierung (mit –1,3) begründet werden.

**Abbildung 4.9 Diversifizierung der Exportmärkte und totale Faktorproduktivität in Zeiten starken Wirtschaftswachstums**

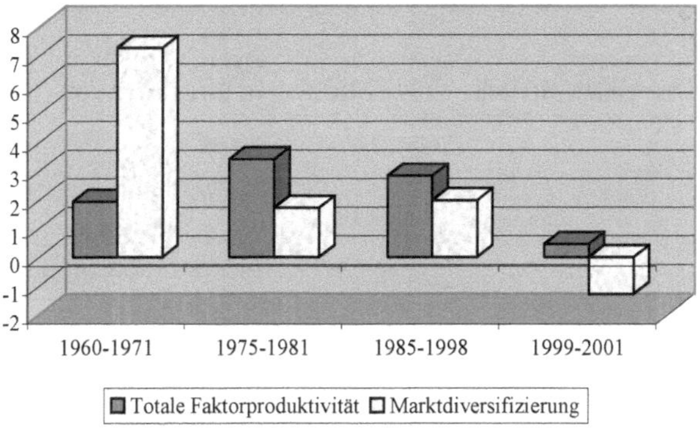


Anmerkung: durchschnittliche Wachstumsraten in %; die Marktdiversifizierung wird durch den *Equivalent Number Index* abgebildet. Quellen: BANCO CENTRAL DE CHILE: *Indicadores Económicos y Sociales de Chile 1960-2000; Indicadores de Comercio Exterior* (mehrere Ausgaben); MINISTERIO DE HACIENDA, Santiago 2003; eigene Berechnungen. (Für eine ausführliche Beschreibung der Originaldaten und deren Berechnung, siehe Anhang).

Auffällig ist in diesem Kontext allerdings die äußerst dynamische Entwicklung der Exportmarktdiversifizierung im Zeitraum 1960-1971. Die Wachstumsrate der Diversifizierung der Exportmärkte übersteigt in der betreffenden Subperiode deutlich das Produktivitätswachstum. In den darauffolgenden Perioden starken Wachstums (1975-1981, 1985-1998) sowie in der Periode schwächeren Wachstums (1999-2001) liegt hingegen die Wachstumsrate der Faktorproduktivität über der Wachstumsrate der Marktdiversifizierung. Dafür bieten sich unter der Ausgangsannahme einer positiven Korrelation zwischen der Erhöhung der Diversifizierung der Exportmärkte und der Entwicklung der totalen Faktorproduktivität zwei eng miteinander zusammenhängende Erklärungsmöglichkeiten an.

Die erste Erklärungsmöglichkeit besagt, dass die Marktdiversifizierung in der Subperiode 1960-1971 unterproportional wenig Innovations- oder *Learning-by-Exporting*-Effekte ausgelöst hat. Nach der zweiten Erklärungsmöglichkeit sind die aus den spezifischen Absatzmärkten erworbenen Kenntnisse nicht vollständig in die heimische Produktentwicklung eingeflossen. Beide Erklärungsmöglichkeiten scheinen im Zusammenhang mit der geringen durchschnittlichen Schulbildung der Bevölkerung im Zeitraum von 1960 bis 1971 plausibel (vgl. Abbildung 4.10). Denn es ist zu unterstellen, dass sowohl die Bildung als auch die Adaption von Wissen ein hinreichend hohes Bildungsniveau erfordert. Die geringe Schulbildung von durchschnittlich 5.5 Schuljahren in der Periode 1960 bis 1971 war daher möglicherweise ein diskriminierender Faktor, erstens für das Entstehen von Innovations- und *Learning-by-Exporting*-Effekten und zweitens für die Anwendung diversifizierungsinduziertern Wissens im heimischen Produktionsprozess.[14]

**Abbildung 4.10 Durchschnittliche Schulbildung in Jahren, 1960-2001**

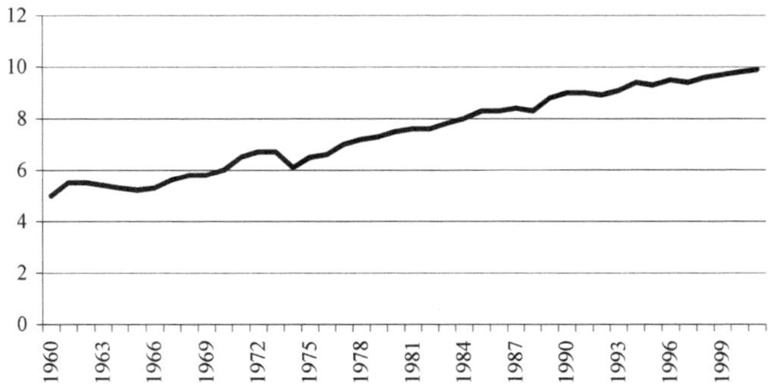


Quelle: MINISTERIO DE HACIENDA, Santiago 2003; die Originaldaten sind in Anhang A.1 aufgelistet.

Dieser Argumentation entsprechend, hat mit steigender Schulbildung eine (geringere) Diversifizierung wahrscheinlich eine größere Wirkung auf die totale Faktorproduktivität. Dies erklärt möglicherweise,

- warum trotz starkem Wachstum der Diversifizierung der Exportmärkte das Produktivitätswachstum 1960 bis 1971 vergleichsweise gering ausfällt und

14 Als diskriminierend für die Generierung von Innovations- und *Learning-by-Exporting*-Effekten kommen - neben der geringen Schulbildung - auch andere Faktoren, wie etwa das in den 60er Jahren noch wenig entwickelte chilenische Institutionengefüge, in Betracht. Auf den Aufbau und die Entwicklung von Institutionen der Wirtschafts- und der Exportförderung wird in Abschnitt 6.4 noch zurückzukommen sein.

- warum in den darauffolgenden Perioden starken Wirtschaftswachstums (1975-1981, 1985-1998) trotz der niedrigeren Wachstumsrate der Diversifizierung der Exportmärkte die durchschnittliche Wachstumsrate der totalen Faktorproduktivität verhältnismäßig hoch ist.

Gleichwohl ist die bisherige Interpretation des ähnlichen Musters in der Entwicklung der Faktorproduktivität und der Diversifizierung der Exportmärkte als positive Korrelation zwischen beiden Größen äußerst gefährlich. Angesichts der Fülle potentieller wirtschaftlicher sowie politischer, sozialer und institutioneller Einflussfaktoren auf die totale Faktorproduktivität kann das gemeinsame Entwicklungsmuster auch rein zufällig sein. Im folgenden Abschnitt soll daher der Frage nachgegangen werden, ob zwischen der Wachstumsrate der Faktorproduktivität und der Wachstumsrate der Marktdiversifizierung ein statistisch signifikanter Zusammenhang besteht.

### 4.3.3 Schätzung des Zusammenhangs zwischen der Wachstumsrate der Faktorproduktivität und dem Wachstum der Marktdiversifizierung

Die Frage lässt sich beantworten, indem die Wachstumsrate der Diversifizierung der Exportmärkte auf die Wachstumsrate der Faktorproduktivität regressiert wird. Die Schätzgleichung lautet dementsprechend mit $\varepsilon_t$ als ein stationärer Störterm, der Konstanten $c$ und dem zu schätzenden Koeffizienten $\eta$:

$$ {}_gTFP_t = c + \eta\, {}_gMD_t + \varepsilon_{t\ g}, \tag{4.3.2} $$

wobei ${}_gTFP_t$ für die Wachstumsrate der totalen Faktorproduktivität und ${}_gMD_t$ für die Wachstumsrate der Marktdiversifizierung zum Zeitpunkt $t$ steht. Die Wachstumsrate der Marktdiversifizierung wird durch die Wachstumsrate des *Equivalent Number Index* gemessen. Die Wachstumsrate der Faktorproduktivität wurde mit Hilfe von Gleichung (4.3.1) berechnet[15]. Der Beobachtungszeitraum $T$ erstreckt sich von 1960-2001.

Die Schätzung von Gleichung (4.3.2) erfordert, dass die verwendeten Zeitreihen $gTFP_t$ und $gMD_t$ stationär sind.[16] Andernfalls sind Scheinkorrelationen zwischen der Wachstumsrate der Faktorproduktivität und der Wachstumsrate der Marktdiversifizierung nicht auszuschließen. Bevor die Schätzung von Gleichung (4.3.2) erfolgt, muss daher jede Zeitreihe in Hinblick auf Stationarität untersucht werden. Dies erfolgt mit Hilfe des gewöhnlichen ADF-Tests, der bereits in Ab-

15 Die Originaldaten der verwendeten Zeitreihen sind in Anhang A.1 aufgelistet.

16 Im Fall der Nichtstationarität erfordert die Analyse des Zusammenhangs gemäß Gleichung (4.3.2) entweder eine Schätzung in ersten Differenzen oder den Einsatz des kointegrationsanalytischen Instrumentariums (vg. dazu auch die Ausführungen des Abschnitts 2.4.3).

schnitt 2.4.4.1 beschrieben wurde. Die Ergebnisse dieses Einheitswurzeltests sind Tabelle 4.2 zu entnehmen. Sie zeigen, dass die Variablen stationär sind, denn die Werte der ADF-Teststatistik übersteigen die kritischen Werte auf dem 1%-Signifikanzniveau.[17] Dies war zu erwarten, denn ökonomische Zeitreihen von Wachstumsraten sind gewöhnlich stationär.

**Tabelle 4.2 Augmented-Dickey-Fuller-Test**

| Variable | ADF Teststatistik | Kritischer Wert (1%) | Testergebnis | Integrationsordnung d |
|---|---|---|---|---|
| ${}_gTFP_t$ | -4,020 | -3,607 | Stationär | 0 |
| ${}_gMD_t$ | -5,033 | -3,607 | Stationär | 0 |

Anmerkung: Dem ADF-Test liegt die Annahme „Konstante (ohne Trend)" zugrunde. Er wurde einheitlich mit einer Verzögerung der endogenen Variablen durchgeführt. Kritische Werte bezüglich der ADF-Teststatistik aus MACKINNON (1991). (Sie werden bei EViews mit angegeben)

Die Stationaritätsannahme der klassischen linearen Regressionsmethode ist demnach erfüllt. Somit kann Gleichung (4.3.2) geschätzt werden. In der Schätzung machen sich allerdings Strukturbrüche in Form großer Residuen in den Jahre 1975 und 1992 bemerkbar. Deshalb werden in Schätzgleichung (4.3.2) die Impulsdummy-Variablen *i*75 und *i*92 aufgenommen, um ungewöhnliche Ereignisse in der Wirtschaftsgeschichte Chiles zu thematisieren, die für den Zusammenhang zwischen der Wachstumsrate der Faktorproduktivität und der Wachstumsrate der Marktdiversifizierung relevant sind. Die Dummy-Variable *i*75 modelliert den Strukturbruch, der auf die Rezession von 1975 zurückzuführen ist. Die Dummy-Variable *i*92 berücksichtigt den in Abschnitt 4.2.3 als Ausreißer deklarierten Wert in der Entwicklung der Diversifizierung der Exportmärkte. Die Dummy-Variablen nehmen in den betreffenden Jahren (1975 und 1992) den Wert Eins und sonst den Wert Null an. Abbildung 4.11 enthält die Resultate der Schätzung bei Aufnahme der so definierten Dummy-Variablen in Schätzgleichung (4.3.2).

Wie aus Abbildung 4.11 hervorgeht, hat der Koeffizient der Wachstumsrate der Exportmarktdiversifizierung das aus den theoretischen Überlegungen abgeleitete Vorzeichen und ist statistisch hoch signifikant (1%-Signifikanzniveau). Demnach sind die Wachstumsrate der Faktorproduktivität und die Wachstumsrate der Marktdiversifizierung positiv miteinander korreliert. Daraus kann man schlussfolgern, dass die Diversifizierung der Exportmärkte einen Einfluss auf

17 Auf die Berücksichtigung von Strukturbrüchen in der originären ADF-Testregression ist hier verzichtet worden, denn die Variablen sind stationär. Nur für den Fall, dass die Ergebnisse des ADF-Tests auf Nichtstationarität hindeuten, müssen Strukturbrüche in Form von Dummy-Variablen in der ADF-Testregressionsgleichung thematisiert werden (vgl. Abschnitt 2.4.4.2).

die totale Faktorproduktivität hat. Diese Schlussfolgerung ist jedoch aus zwei Gründen äußerst problematisch.

**Abbildung 4.11 Regressionsergebnisse für den Zusammenhang zwischen dem Wachstum der Diversifizierung der Exportmärkte und dem Wachstum der totalen Faktorproduktivität**

$$\underset{g}{}TFP_t = \underset{(1{,}666)}{0{,}874^{+}} + \underset{(3{,}200)}{0{,}156^{**}}\, \underset{g}{}MD_t - \underset{(-4{,}061)}{13{,}090^{**}}\, i75 + \underset{(2{,}540)}{8{,}391^{**}}\, i92 \qquad (4.3.3)$$

$R^2 = 0.416; DW = 1.906; JB = 0.389; LM(1) = 0.78; LM(2) = 0.96;$

$ARCH(1) = 0{,}945; ARCH(2) = 0.90$

Anmerkung: ** (+) signifikant bei einem Niveau von 1% (10%), *DW*=Durbin-Watson-Statistik, *JB*= Jarque-Bera-Test auf Normalität der Residuen (Signifikanzniveau bzw. *p*-Wert); *LM(k)* = Test auf Autokorrelation *k*-ter Ordnung (Signifikanzniveau bzw. p-Wert); *ARCH(q)* = Test auf bedingte Heteroskedastizität *q*-ter Ordnung (Signifikanzniveau bzw. *p*-Wert).

Wie aus Abbildung 4.11 hervorgeht, hat der Koeffizient der Wachstumsrate der Exportmarktdiversifizierung das aus den theoretischen Überlegungen abgeleitete Vorzeichen und ist statistisch hoch signifikant (1%-Signifikanzniveau). Demnach sind die Wachstumsrate der Faktorproduktivität und die Wachstumsrate der Marktdiversifizierung positiv miteinander korreliert. Daraus kann man schlussfolgern, dass die Diversifizierung der Exportmärkte einen Einfluss auf die totale Faktorproduktivität hat. Diese Schlussfolgerung ist jedoch aus zwei Gründen äußerst problematisch.

Zum einen sagt der gefundene Zusammenhang faktisch nichts über die unterstellte Richtung der Kausalität aus. Mit anderen Worten, die positive Korrelation impliziert nicht notwendigerweise eine Kausalität von der Wachstumsrate der Marktdiversifizierung zur Wachstumsrate der totalen Faktorproduktivität, sondern der Pfeil der Kausalität führt möglicherweise von der Wachstumsrate der totalen Faktorproduktivität zur Wachstumsrate der Diversifizierung der Exportmärkte. Darüber hinaus leidet das Regressionsergebnis unter dem Vorbehalt erheblicher Verzerrungen aufgrund ausgelassener Variablen (*Omitted Variable Bias*). Die Ergebnisse und Schlussfolgerungen dieses Abschnitts sind daher auf ihre Robustheit hin zu überprüfen, indem

1. explizit auf Granger-Kausalität getestet wird, wobei
2. zusätzliche Variablen zur Erklärung der TFP in die Regressionsanalyse aufzunehmen sind.

## 4.4 Determinanten der totalen Faktorproduktivität: Kointegration und Kausalität

In den folgenden Abschnitten geht es um die Bestimmung des kausalen Zusammenhangs zwischen der Diversifizierung der Exportmärkte und dem Niveau der totalen Faktorproduktivität unter Einbeziehung zusätzlicher Erklärungsvariablen. Abschnitt 4.4.1 ist der Formulierung einer Schätzgleichung für das Niveau der totalen Faktorproduktivität sowie der Beschreibung des Datenmaterials gewidmet. Der Abschnitt 4.4.2 befasst sich mit der zeitreihenanalytischen Vorgehensweise. Die ökomometrische Analyse einschließlich der Präsentation der Ergebnisse ist Gegenstand von Abschnitt 4.4.3.

### 4.4.1 Formulierung des Schätzansatzes und Datenbasis

Der Stand des technologischen Wissens einer Volkswirtschaft und damit das Niveau der totalen Faktorproduktivität hängt von einer Menge an Einflussfaktoren ab. Davon sind viele, insbesondere soziale Faktoren, schwer quantifizierbar. Zu den fundamentalen und tendenziell quantifizierbaren Erklärungsvariablen der totalen Faktorproduktivität gehören nach den Modellen der endogenen Wachstumstheorie der Bestand an Humankapital, *H*, sowie der Umfang an Forschung und Entwicklung, *FE*, in einer Volkswirtschaft.[18] Wie in Abschnitt 1.1.5 bereits diskutiert, liefern importierte Kapitalgüter, *CM*, Möglichkeiten für *Learning-by-Doing-* sowie *Reverse-Engineering*-Prozesse und damit ebenfalls einen potenziellen Beitrag zur volkswirtschaftlichen Wissensgenerierung. Vor diesem Hintergrund kann man langfristig folgende log-lineare Funktion für die totale Faktorproduktivität, *TFP*, unterstellen:

$$LTFP_t = c + a_1 LH_t + a_2 LFE_t + a_3 LCM_t + e_t, \qquad (4.4.1)$$

wobei *L* für der natürlichen Logarithmus der Variablen steht, *c* eine Konstante und *t* der Zeitindex ist, die Koeffizienten $a_1$, $a_2$, $a_3$ die Elastizitäten von $H_t$, $FE_t$ und $CM_t$ in Bezug auf $TFP_t$ darstellen und der Störterm $e_t$ den Einfluss aller anderen (politischen, sozialen, institutionellen und wirtschaftlichen) Faktoren auf die $TFP_t$ abbildet.

Nach den Ausführungen des Abschnitts 4.3 ist mit Vorsicht davon auszugehen, dass die Diversifizierung der Exportmärkte, *MD*, ebenfalls einen kausalen Einfluss auf das Niveau des technischen Fortschritts hat. Für die empirische Analyse der Determinanten der totalen Faktorproduktivität wird daher folgende Funktion zugrunde gelegt:

$$LTFP_t = c + a_1 LH_t + a_2 LFE_t + a_3 LCM_t + a_4 LMD_t + e_t \qquad (4.4.2)$$

18 Vgl. dazu die Ausführungen des Abschnitts 1.5.

Diese wird als langfristig geltende Gleichgewichtsbeziehung interpretiert, wobei die Variablen (logarithmiert) wie folgt in die Analyse eingehen.

**Abbildung 4.12 Die Entwicklung der Variablen im Beobachtungszeitraum**

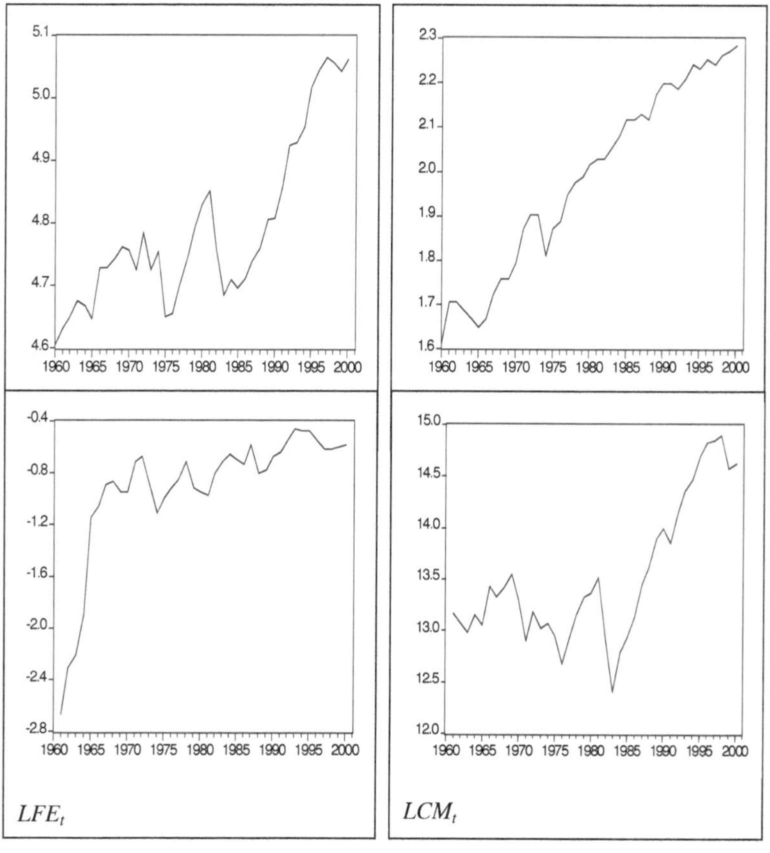


In Anlehnung an CHUMACERO/FUENTES (2002) wird das Niveau der totalen Faktorproduktivität mit Hilfe von Gleichung (4.3.1) in Abschnitt 4.3.2 berechnet, normiert auf 100 ($TFP$ = 100) im Jahre 1960. Das Humankapital $H$ wird approximiert durch die durchschnittlichen Schuljahre der chilenischen Bevölkerung. Die Forschungs- und Entwicklungstätigkeit $FE$ wird abgebildet durch den prozentualen Anteil der Forschungs- und Entwicklungsausgaben am chilenischen BIP. Die Kapitalgüterimporte lauten auf Millionen Pesos des Jahres 1996. Die Diversifizierung der Exportmärkte wird gemessen durch den *Equivalent Number Index* aus Abschnitt 4.2.3. Der Beobachtungszeitraum ($T$ = 40 mit $1 \leq t \leq 40$) erstreckt sich von 1961 bis 2000, wobei den Variablen im Beobachtungszeitraum unterschiedliche Quellen zugrundeliegen: BANCO CENTRAL DE CHILE: *In-*

*dicadores Económicos y Sociales de Chile 1960-2000, Indicadores de Comercio Exterior* (mehrere Ausgaben); MINISTERIO DE HACIENDA (2003), CONICYT (2001).[19] Die Entwicklung der verwendeten Zeitreihen von 1961 bis 2000 ist in Abbildung 4.12 dargestellt.[20]

### 4.4.2 Zeitreihenanalytische Vorgehensweise

Wie aus Abbildung 4.12 hervorgeht sind die verwendeten Zeitreihen trendbehaftet und damit nichtstationär. Wie bereits aus Abschnitt 2.4.3 bekannt, müssen bei Regressionen mit (integrierten) nichtstationären Variablen mehrere Faktoren berücksichtigt werden. Sie lauten zusammengefasst wie folgt:

Der Trendverlauf der verwendeten Zeitreihen kann von stochastischen oder determistischen Trends bestimmt sein. Nichtstationäre Zeitreihen mit einem stochastischen Trend werden auch als integriert der Ordnung d, $I(d)$, bezeichnet. Die Untersuchung von Zusammenhängen mit integrierten Zeitreihen ist im Rahmen der Kointegrationsanalyse möglich, wobei eine Kointegrationsbeziehung und damit eine Gleichgewichtsbeziehung zwischen mehreren $I(d)$-Variablen vorliegt, wenn

i) die Reihen (beispielsweise $LTFP_t$, $LH_t$, $LFE_t$, $LCM_t$, $LMD_t$) der (gleichen) Ordnung d = 1, $I(1)$, integriert sind und
ii) eine Linearkombination der $I(1)$-Zeitreihen existiert, die stationär, $I(0)$, ist (ENGLE/YOO 1987).

Sind diese Bedingungen erfüllt, dann sind die $I(1)$-Variablen kointegriert. Kointegration impliziert mindestens eine Granger-kausale Beziehung. Der Test auf Kointegration, die Bestimmung der Richtung der Kausalität sowie die Schätzung der Langfristelastizitäten ($a_1$, $a_2$, $a_3$, $a_4$) kann im Rahmen des von JOHANSEN (1988, 1995) entwickelten Verfahrens erfolgen. Dementsprechend gilt für den Gang der folgenden ökonometrischen Analyse:

In einem ersten Schritt ist die Integrationsordnung der vorliegenden Zeitreihen durch Einheitswurzeltests zu bestimmen. Sind die Reihen integriert der Ordnung d = 1, dann besteht der zweite Schritt darin, auf Kointegration und Kausalität zu testen sowie $a_1$, $a_2$, $a_3$, und $a_4$ zu schätzen (Abbildung 4.13).

19 Eine Beschreibung der Daten, einschließlich ihrer Herkunft und Berechnung befindet sich im Anhang.

20 Die Entwicklung des *Equivalent Number Index* zwischen 1960 und 2001 findet sich in Abbildung 4.6. Auf eine zusätzliche Darstellung der zeitlichen Entwicklung von *LMD* in Abbildung 4.12 ist daher verzichtet worden.

**Abbildung 4.13 Zeitreihenanalytische Vorgehensweise**

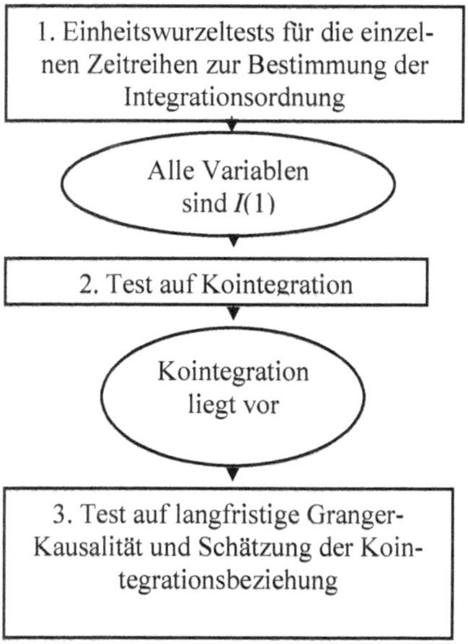


## 4.4.3 Ökonometrische Analyse: Tests und Testergebnisse

### 4.4.3.1 Einheitswurzeltests

An erster Stelle steht die Bestimmung der Integrationsordnung der Variablen $LTFP_t$, $LH_t$, $LFE_t$, $LK_t$, $LMD_t$ mit Hilfe von Einheitswurzeltests. Wie aus Abschnitt 2.4.4 bekannt, kann der gewöhnliche ADF-Test allerdings einem "*Spurious Unit Roots*"-Problem ausgesetzt sein, wenn Strukturbrüche in den Reihen präsent sind. Die Integrationsordnung wird deshalb mit Hilfe der Methode von KAPETANIOS (2005) ermittelt. Die Prozedur von KAPETANIOS erlaubt die Berücksichtigung von einem oder mehreren Strukturbrüchen, indem verschieden konstruierte Dummy-Variablen in die originäre ADF-Testregressionsgleichung aufgenommen werden:

$$\Delta x_t = a_0 + a_1 t + \rho x_{t-1} + \Delta x_{t-1} + \sum_{i=1}^{m} DU_{i,t} + \sum_{i=1}^{m} DT_{i,t} + \mu_t \,, \qquad (4.4.3)$$

wobei $t$ die Variable für den deterministischen Trend ist (mit $0<t<40$),
$\mu_t$ für den „White Noise-"Störterm steht,
$m$ die Anzahl der Strukturbrüche ($T_B$) bezeichnet und
$DU_t$, $DT_t$ Dummy-Variablen repräsentieren,
mit $DU_t = 1 \; \textit{für} \; t > T_B$ und $DU_t = 0 \; \textit{für} \; t \leq T_B$; $DT_t = t \; \textit{für} \; t > T_B$ und $DT_t = 0 \; \textit{für} \; t \leq T_B$.

Das Datum der Brüche wird nun modellendogen ermittelt, indem die Summe quadrierten Residuen,

$$SSR = \sum_{t}^{T} (\hat{\mu}_t)^2 , \tag{4.4.4}$$

in Abhängigkeit aller potenziellen Strukturbrüche minimiert wird. Dies bedeutet, für jeden potenziellen Strukturbruch wird die Testgleichung erneut geschätzt. Das Minimum der Summe der quadrierten Residuen in Abhängigkeit von $DU_t$ bzw. $DT_t$ liefert das Datum des ersten Strukturbruchs. Dieser wird durch die entsprechende (fixe) Dummy-Variable modelliert, um im nächsten Schritt den zweiten Bruchpunkt durch Minimierung der Summe der quadrierten Residuen in Abhängigkeit von weiteren "gleitenden" Dummy-Variablen zu bestimmen.

Hat man den Zeitpunkt der Brüche ermittelt, dann lässt sich die Nullhypothese eines integrierten Prozesses mit $m$ Verschiebungen im Niveauverlauf (*Chrash Model*, $DU_t$) und/oder mit $m$ permanenten Änderungen im Driftparameter (*Changing Growth Model*, $DT_t$), $H_0 : \rho = 0$, gegen die Alternative ($H_1$) eines trendstationären Prozesses testen, dessen Absolutglied und/oder dessen Steigungsparameter sich $m$ mal geändert haben mag, $H_1 : \rho < 0$. Kann die Nullhypothese eines (integrierten) nichtstationären Prozesses nicht abgelehnt werden, so ist im nächsten Schritt zu prüfen, ob die erste Differenz ebenfalls nichtstationär ist. Bei Verwerfung dieser These wird auf das Vorliegen eines $I(1)$-Prozesses geschlossen.

Tabelle 4.3 zeigt die Ergebnisse des Einheitswurzeltests gemäß der Methode von KAPETANIOS. Sämtliche Tests wurden im Rahmen von *Crash*-Modellen durchgeführt.[21] Die Ergebnisse lassen sich wie folgt zusammenfassen.

Die Nullhypothese der Nichtstationarität kann für die Niveaus der Variablen $LTFP_t$, $LH_t$, $LFE_t$, $LCM_t$ und $LMD_t$ auf dem Signifikanzniveau von 5% nicht abgelehnt werden. Die kritischen Werte werden betragsmäßig nicht überschritten. Somit ist $\rho$ nicht signifikant von null verschieden. Dagegen kann die $I(1)$-Hypothese für die ersten Differenzen auf dem 5%-Signifikanzniveau abgelehnt werden. Die vorliegenden Zeitreihen können daher als integriert vom Grade d = 1 betrachtet werden.

Im Rahmen der Kointegrationsanalyse soll deshalb untersucht werden, ob die Variablen durch eine langfristige Gleichgewichtsbeziehung gemäß Gleichung (4.4.2) miteinander verbunden sind. Ein langfristiger Zusammenhang zwischen den Variablen ist dann möglich, wenn eine stationäre Linearkombination zwischen $LTFP_t$, $LH_t$, $LFE_t$, $LCM_t$ und $LMD_t$ existiert. Mit Hilfe der Johansen-Prozedur kann dies überprüft werden. Darüber hinaus erlaubt das Johansen-

21 Die von PERRON (1989) auch als *Crash Model* bezeichnetete Regression wird bei KAPETANIOS (2005) als Modell A bezeichnet.

Verfahren eine Granger-Kausalitätsprüfung sowie die Schätzung des gesuchten Zusammenhangs.

**Tabelle 4.3 Kapetanios-Einheitswurzeltest bei Strukturbrüchen**

| Variable | Dummy | Dummy | t-Statistik für $\rho$ | Kritischer Wert (5%) | Ergebnis |
|---|---|---|---|---|---|
| *LTFP* | $DU_t75$ | $DU_t82$ | -4.99 | -5,69 (K) | nichtstationär $I(1)$ |
| *LH* | - | - | -3.02 | -3,53 (MC) | nichtstationär $I(1)$ |
| *LFE* | $DU_t73$ | - | -4.60 | -4.94 (K) | nichtstationär $I(1)$ |
| *LCM* | $DU_t71$ | $DU_t81$ | -3.69 | -5,69 (K) | nichtstationär $I(1)$ |
| *LMD* | $DU_t82$ | $DU_t92$ | -4,908 | -5,69 (K) | nichtstationär $I(1)$ |
| $\Delta LTFP$ | *i75* | *i82* | -6.95 | -3,53 (MK) | stationär |
| $\Delta LH$ | - | - | -4,939 | -3,53 (MK) | stationär |
| $\Delta LFE$ | *i73* | - | -5.35 | -3,53 (MK) | stationär |
| $\Delta LCM$ | *i*71 | *i*81 | -6.82 | -3,53 (MK) | stationär |
| $\Delta LMD$ | $DU_t82$ | $DU_t82$ | -5,418 | -3,53 (MK) | stationär |

Anmerkung: Die kritischen Werte mit dem Symbol (K) sind KAPETANIOS (2005) entnommen; kritische Werte mit dem Symbol (MC) sind aus MACKINNON (1991). Die Dummy-Variablen nehmen in den angegebenen Jahren und danach den Wert Eins und sonst den Wert Null an. *i* ist Eins im angegebenen Jahr und sonst Null. Die Einheitswurzeltests wurden einheitlich zunächst mit vier verzögerten differenzierten Variablen durchgeführt ($k = 4$). Anschließend wurden im Sinne der t-sig-Methode die insignifikanten *Lags* der differenizierten Variablen (beginnend mit $k = 4$) sukzessive eliminiert (vgl. dazu beispielsweise HERZER/NOWAK-LEHMAN D. 2005). Für die Variable *LH* hat sich keine Dummy-Variable als signifikant erwiesen. Die ADF-Testregression für *LH* wurde deshalb ohne die Thematisierung möglicher Strukturbrüche durchgeführt. Für *LFE* hat sich lediglich eine Dummy-Variable als signifikant herausgestellt.

#### 4.4.3.2 Die Johansen-Prozedur

Die Johansen-Prozedur basiert auf einer Fehlerkorrekturdarstellung, ähnlich der in Abschnitt 2.4.5, mit folgendem Unterschied: In Abschnitt 2.4.5 wurde eine einzige Gleichung betrachtet. Beim Johansen-Verfahren wird ein Gleichungssystem zwecks Prüfung auf Kointegration untersucht.

Ausgangspunkt der Johansen-Methode ist ein allgemeines vektorautoregressives Modell der Ordnung *p*, (VAR(*p*)), ausgedrückt durch Gleichung (4.4.5):

$$y_t = A_1 y_{t-1} + A_2 y_{t-2} ... + A_p y_{t-p} + \Psi D_t + \omega_t . \qquad (4.4.5)$$

Darin stellt $y_t$ einen Vektor von *n* endogenen $I(1)$-Variablen zur Zeit *t* dar.[22] Konkret setzt sich der Vektor $y_t$ in der vorliegenden Analyse aus den Variablen

22 In einem VAR-Modell gibt es keine *a priori* Einteilung in endogene und exogene Variablen.

$LTFP_t$, $LH_t$, $LFE_t$, $LCM_t$ und $LMD_t$ zusammen ($y_t = LTFP_t, LH_t, LFE_t, LCM_t$ und $LMD_t$). Die Matrizen $A_1 \ldots A_p$ der Dimension $n \times n$ enthalten die Koeffizienten der $n$ Variablen. Die Ordnung $p$ des VAR($p$)-Modells gibt an, wie viele verzögerte Vektoren $y_{t-i}$ im Modell vorkommen; $D_t$ ist der Vektor der deterministischen Terme (beispielsweise Dummy-Variablen, Zeittrend) und $\Psi$ die zugehörige Koeffizientenmatrix; $\omega_t$ bezeichnet den Fehlertermvektor, von dem angenommen wird, dass er multivariat normalverteilt ist.

Aus Gleichung (4.4.5) ist ersichtlich, dass im VAR($p$)-Modell der Vektor $y_t$ durch

- die nicht systematischen Einflüsse $\omega_t$,
- die deterministische Terme $D_t$ (und deren Koeffizienten),
- die Position der Variablen in den vorangegangenen Perioden und
- deren zugehörigen Koeffizientenmatrizen $A_i$

erklärt wird, wobei jede Variable von den vergangenen Entwicklungen aller Variablen abhängig ist.

Durch Subtraktion von $y_{t-1}$ auf beiden Seiten der Gleichung (4.4.5) lässt sich das VAR($p$)-Modell nach einigen Umformungen als ein Vektorfehlerkorrekturmodell (VECM) schreiben:[23]

$$\Delta y_t = \Pi y_{t-1} + \sum_{k=1}^{p-1} \Gamma_k \Delta y_{t-k} + \Psi D_t + \varepsilon_t, \qquad (4.4.6)$$

mit $\Pi$, $\Gamma_k$, $\Psi$ als n-dimensionale Koeffizientenmatrizen.

JOHANSEN (1988; 1995) definiert nun die Matrix $\Pi$ als das Produkt aus der Kointegrationsmatrix $\beta'$ und einer Koeffizientenmatrix $\alpha$, der sogenannten *Loading Matrix*:

$$\Pi = \alpha_{(n \times r)} \beta'_{(r \times n)}, \qquad 0 \leq r \leq n. \qquad (4.4.7)$$

Die Kointegrationsmatrix $\beta'$ der Dimension $r \times n$ enthält die Kointegrationsvektoren und damit die Anzahl der langfristigen Gleichgewichtsbeziehungen $r$.[24] Die Anzahl der Kointegrationsgleichungen bzw. die Anzahl der Kointegrationsvektoren $r$ wird mit dem Rang der Kointegrationsmatrix gleichgesetzt, der wiederum dem Rang von $\Pi$ entspricht:

$$Rg(\beta') = r = Rg(\Pi). \qquad (4.4.8)$$

23 Für Details zur Umformung, siehe beispielsweise REIMERS (1991: Kapitel 3).

24 Bei den Kointegrationsvektoren handelt es sich folglich nicht um Spaltenvektoren, sondern um Zeilenvektoren, symbolisiert durch das Transponierzeichen ' bei $\beta'$.

In (4.4.7) setzt sich die auch als *Feedback*-Matrix bezeichntete Koeffizientenmatrix $\alpha$ der Dimension $n \times r$ aus den Ladungs- bzw. Fehlerkorrekturkoeffizienten zusammen. Die *Feedback*-Matrix bzw. *Loading*-Matrix enthält die Gewichtung jedes Kointegrationsvektors und gibt (wie der aus Abschnitt 2.4.5.2 bekannte Ladungskoeffizient) an, wie schnell die Anpassung zum jeweiligen Gleichgewicht erfolgt.

Nun sind drei Fälle zu unterscheiden.

1. Gibt es keine Kointegrationsbeziehungen, so ist die Anzahl der Kointegrationsgleichungen, der Rang $r$, gleich Null ($Rg(\Pi) = 0$) und die Kointegrationsmatrix $\beta'$ und somit auch Matrix $\Pi$ wird zur Nullmatrix. In diesem Fall verschwindet der Ausdruck $\Pi y_{t-1}$ von Gleichung (4.4.6) und Gleichung (4.4.6) wird zu einem vektorautoregressiven Prozess in ersten Differenzen.
2. Ist der Rang der Matrix $\Pi$ gleich der Anzahl der Variablen des Vektors $y_t$, dann besitzt die Kointegrationsmatrix $\beta'$ und somit auch die Matrix $\Pi$ den vollen Rang ($Rg(\Pi) = n$). In diesem Fall (der hier auszuschließen ist, weil die vorliegenden Variablen $I(1)$-Prozesse sind) handelt es sich um ein System von $n$ stationären Variablen und die Variablen können als einfaches VAR($p$) der Form (4.4.5) geschätzt werden.
3. Da $y_t$ ein Vektor von $I(1)$-Variablen ist, sind die $\Delta y_{t-p+1}$ in Gleichung (4.4.6) definitionsgemäß stationär. Damit Gleichung (4.4.6) eine sinnvolle Regressionsbeziehung liefert, muss $\Pi y_{t-1}$ ebenfalls stationär sein. Dies impliziert wiederum, dass mindestens eine stationäre Linearkombination bzw. mindestens eine Kointegrationsbeziehung zwischen den Komponenten von $y_t$ existieren muss. Der Rang der Matrix $\Pi$ muss folglich $0 < r < n$ sein. Für diesen Fall ist die Langfristmatrix $\Pi y_{t-1} \sim I(0)$ und kann - wie oben beschrieben - zerlegt werden in die $(r \times n)$-Matrizen $\alpha$ und $\beta$, so dass $\Pi = \alpha\beta'$ entsprechend (4.4.7).

Die Komponenten der Kointegrations- und der Loading Matrix ($\alpha\beta'$) können mit Hilfe einer *Maximum-Likelihood*-Schätzung ermittelt werden. Um den Rang $r$ der geschätzten Matrix $\hat{\Pi}$ zu bestimmen, sind zunächst die Eigenwerte $\lambda_i$ dieser Matrix zu berechnen. Die Anzahl der signifikant von Null verschiedenen Eigenwerte gibt den Rang der Matrix $\hat{\Pi}$ an und lässt sich mit zwei Tests bestimmen:

a) Mit der *Trace*-Statistik $Tr = -T \sum_{k=r_0+1}^{n} \ln(1-\lambda_i)$ testet man auf höchstens $r$ von Null verschiedene Eigenwerte. Die Nullhypothese lautet daher $H_0 : r \leq r_0$, die Alternativhypothese $H_1 : r_0 < r \leq n-1$. Dies bedeutet, es wird $H_0^1 :\ r = 0$ *vs.* $H_1^1 :\ 0 < r$, $H_0^2 :\ r = 1$ *vs.* $H_1^2 :\ 1 < r$, ... $H_0^n :\ r = n-1$ *vs.* $H_1^n :\ n < r$ getestet. Die Testprozedur beginnt bei $r = 0$ und wird so lange durchgeführt, bis die Nullhypothese $H_0$ zum ersten mal nicht verworfen werden kann.

b) Der *Maximum Eigenvalue*-Test basiert auf der selben Nullhypothese wie der *Trace*-test. Dagegen lautet die Alternativhypothese $H_1 : r = r_0 + 1$. Die Teststatistik errechnet sich wie folgt: $\lambda_{\max} = -T \ln(1 - \lambda_{r_0+1})$.

Allerdings sind die Testwerte nicht wie üblich $\chi^2$-verteilt. Die entsprechenden kritischen Werte sind beispielsweise bei OSTERWALD/LENUM (1992) tabelliert.

Liefern nun die Tests eine Evidenz für $0 < r < n$, so dass $\Pi = \alpha\beta'$, dann lässt sich Gleichung (4.4.6) auch schreiben als

$$\Delta y_t = \alpha(\beta' y_{t-1}) + \sum_{k=1}^{p-1} \Gamma_k \Delta y_{t-k} + \Psi D_t + \varepsilon_t . \tag{4.4.9}$$

Wie aus dieser Gleichung hervorgeht, bestimmt der die langfristigen Kointegrationsbeziehungen darstellende Term $\beta' y$ aus der Periode $t$-1 die Werte von $\Delta y$ in der Periode $t$. Gleiches gilt für die Kurzfristdynamik: $\Delta y_t$ hängt von verzögerten Werten von $\Delta y_t$ ab. Folglich gibt es bei Vorliegen von Kointegration zwei mögliche Quellen für die in Abschnitt 3.4.3 diskutierte Granger-Kausalität: Die Fehlerkorrekturkoeffizienten der *Feedback*-Matrix $\alpha$ messen die langfristige Granger-Beziehung, während die Elemente der Koeffizientenmatrix $\Gamma_k$ bei Signifikanz auf kurzfristige Granger-Beziehungen hindeuten.

In der vorliegenden Analyse interessiert, ob $LH_t$, $LFE_t$, $LCM_t$ und $LMD_t$ dauerhaft $LTFP_t$ determinieren. Deshalb wird (nur) auf langfristige Granger-Kausalität bzw. langfristige Granger-Nichtkausalität getestet. Entsprechend HALL/MILNE (1994) sind langfristige Granger-Nichtkausalität und schwache Exogenität äquivalent.[25] Welche Variablen schwach exogen in Bezug auf die zu erklärende sind lässt sich überprüfen, indem den Koeffizienten der Matrix $\alpha$ Nullrestriktionen auferlegt werden, $\alpha = 0$ (JOHANSEN 1995). Schwache Exogenität der erklärenden Variablen $y_i$, $\alpha_i = 0$, impliziert langfristige Granger-Nichtkausalität von der zu erklärenden auf die erklärenden Variable. Dagegen impliziert die Ablehnung der Nullhypothese der schwachen Exogenität der Variablen $y_j$, $\alpha_j \neq 0$, langfristige Granger-Kausalität von den erklärenden auf die zu erklärende Variable $y_j$.[26] Die Nullhypothese $\alpha = 0$ lässt sich mit Hilfe eines standard *Likelihood Ratio* Tests testen. Abschnitt 4.4.3.3 enthält die Ergebnisse der soeben beschriebenen Verfahren.

25 Exogenität bedeutet allgemein, dass eine Variable mit der anderen nicht rückgekoppelt ist. Wenn ein *Feedback* über die Langfrist- und über die Kurzfrisbeziehungen ausgeschlossen werden kann, dann heißen die Regressoren streng Exogen in bezug auf den Regressanden.

26 Kurzfristige Granger-Kausalität ließe sich prüfen, indem den Koeffizienten der Kurzfristparameter (der Matrix $\Gamma_k$) Nullrestriktionen auferlegt werden.

#### 4.4.3.3 Testergebnisse

Die Ordnung des VAR($p$)-Modells wird auf Basis der Modellselektionskriterien von Schwarz und Hannan-Quinn auf Eins festgelegt, $p = 1$. Als deterministische Terme werden eine unrestringierte Konstante sowie die Interventionsdummies $D75$, $D83$, $D71$ mit in das Modell aufgenommen.[27] Wie aus Tabelle 4.4 hervorgeht, beschreibt das so spezifizierte Modell die Daten adäquat. Die durchgeführten Tests deuten weder auf Nichtnormalität noch auf Autokorrelation in den Residuen hin. Keine der berechneten Teststatistiken ist signifikant auf dem 5%.-Niveau ($p$-Werte sind größer als 5%).

**Tabelle 4.4 Tests auf Fehlspezifikation**

| Multivariate Tests | | | | | |
|---|---|---|---|---|---|
| $LM$(1)-Test auf Residuenautokorrelation | $\chi^2_{(25)} = 27.821$ | | $p$-Wert = 0.316 | | |
| $LM$(4)-Test auf Residuenautokorrelation | $\chi^2_{(25)} = 21.434$ | | $p$-Wert = 0.668 | | |
| Normalität, Jarque Bera | $\chi^2_{(10)} = 10.431$ | | $p$-Wert = 0.404 | | |
| **Univariate Tests** | | | | | |
| | $\Delta LTFP_t$ | $\Delta LH_t$ | $\Delta LFE_t$ | $\Delta LCM_t$ | $\Delta LMD_t$ |
| Normalität, Jarque Bera, $\chi^2_{(2)}$ | 1.559 | 2.2904 | 0.9256 | 2.852 | 2.8032 |
| ($p$-Wert) | (0.459) | (0.318) | (0.630) | (0.240) | (0.246) |
| Schiefe $\chi^2_{(2)}$ | 0.8178 | 0.0259 | 0.7524 | 1.0136 | 0.0721 |
| ($p$-Wert) | (0.365) | (0.872) | (0.386) | (0.314) | (0.788) |
| Wölbung $\chi^2_{(2)}$ | 0.7416 | 2.2645 | 0.1732 | 1.8383 | 2.7311 |
| ($p$-Wert) | (0.389) | (0.132) | (0.677) | (0.1751) | (0.098) |
| $R^2$ | 0.518 | 0.256 | 0.281 | 0.491 | 0.357 |

Die Ergebnisse des Johansen-*Trace*-Test und des Johansen-*Maximum-Eigenvalue*-Tests zur Bestimmung der Anzahl linear unabhängiger Kointegrationsvektoren sind in Tabelle 4.5 aufgeführt. Sie sprechen sehr deutlich dafür, dass genau eine Kointegrationsbeziehung zwischen den Variablen existiert: In der ersten Zeile von Tabelle 4.5 sind die Teststatistiken größer als die kritischen Werte. Daher kann die Hypothese, dass keine Kointegrationsbeziehung vorliegt auf dem 1%-Signifikanzniveau verworfen werden.[28] In der darunter liegenden Zeile sind die Teststatistiken kleiner als die kritischen Werte. Deshalb liegt ge-

27 Die Interventionsdummies kontrollieren die großen Außreißer im empirischen Modell, die sich auf die Rezessionen der Jahre 1975 und 1982/83 sowie auf den Beginn der sozialistischen Allende-Ära 1970 zurückführen lassen. Die Dummy-Variablen $D$xx nehmen den Wert 1 im Jahre 19*xx* an und -1 im Jahre 19*xx* +1. Sonst sind sie Null.

28 Die kritischen Werte verlieren bei Aufnahme von Impuls- und Interventionsdummies nicht ihre Gültigkeit. Impuls- und Interventionsdummies haben im Gegensatz zu Stufendummy-Variablen keine langfristigen Effekte und dürften nicht die Verteilung der LQ-Teststatistik beeinflussen (HANSEN/JUSELIUS 1995).

nau eine Kointegrationsbeziehung vor. Nach einem *Long-Run Exclusion*-Test, bei dem der Kointegrationsmatrix Nullrestriktionen auferlegt werden, kann aus dieser Kointegrationsbeziehung keine der Variablen ausgeschlossen werden (Tabelle 4.6).

**Tabelle 4.5 Kointegrationstest**

| Trace Test | | | Maximum-Eigenvalue-Test | |
|---|---|---|---|---|
| Statistik | Kritischer Wert 0.01% (0.05%) | $H_0$ | Statistik | Kritischer Wert 0.01% (0.05%) |
| 98.82** | 76.07 (68.52) | $r = 0$ | 52.03** | 38.77 (33.46) |
| 46.79 | 54.46 (47.21) | $r = 1$ | 23.32 | 32.24 (27.07) |

Anmerkung: ** 1% Signifikanzniveau; Kritische Werte sind bei OSTERWALD-LENUM (1992) tabelliert.

**Tabelle 4.6 Tests auf Long-Run Exclusion und schwache Exogenität**

| | *Lon-Run Exclusion* $\chi^2_{(1)}$ ($p$-Wert) | Schwache Exogenität $\chi^2_{(1)}$ ($p$-Wert) | Ladungskoeffizient ($\alpha$) |
|---|---|---|---|
| $LTFP_t$ | 15.144 (0.000) | 9.872 (0.002) | -0.319 |
| $LH_t$ | 5.3846 (0.020) | 2.969 (0.085) | -0.155 |
| $LFE_t$ | 6.6849 (0.010) | 4.566 (0.033) | 0.109 |
| $LCM_t$ | 7.8172 (0.005) | 7.219 (0.007) | -0.174 |
| $LMD_t$ | 5.7238 (0.017) | 1.369 (0.241) | 0.366 |

Dabei zeigen die Tests auf schwache Exogenität in Tabelle 4.6, dass die Hypothese der schwachen Exogenität für $LTFP_t$ mit Irrtumswahrscheinlichkeit von 0.002% abgelehnt werden kann. Darüber hinaus hat der Ladungskoeffizient $\alpha$ = -0.319 das korrekte negative Vorzeichen.[29] Somit besteht empirische Evidenz für die Endogenität von $LTFP_t$. Dies impliziert, dass die Variablen $LH_t$, $LFE_t$, $LCM_t$, $LMD_t$ langfristig Granger-kausal zu $LTFP_t$ sind, wobei entsprechend Tabelle 4.6 die Variablen $LH_t$, $LFE_t$, $LCM_t$ ebenfalls als endogen betrachtet werden können. Dies bedeutet, langfristig bestehen zwischen $LH_t$, $LFE_t$, $LCM_t$ und $LTFP_t$ *Feedback*-Beziehungen. Dagegen kann die Hypothese der schwachen Exogenität für die Diversifizierung der Exportmärkte mit einem $p$-Wert von 0.241 nicht abgelehnt werden. Daraus lässt sich (vorsichtig) folgern, dass die totale Faktorproduktivität die Diversifizierung der Exportmärkte langfristig nicht Granger-kausal beeinflusst.

29 Wie aus Abschnitt 2.4.5.2 bekannt, stellt der Ladungskoeffizient sicher, dass Abweichungen von der langfristigen Gleichgewichtsbeziehung in der darauf folgenden Periode in einem bestimmten Maße korrigierte werden. Der Ladungskoeffizient muss negativ sein, damit diese Abweichungen korrigiert werden.

Normalisiert auf den Koeffizienten von *LTFP* ergibt sich aus der Johansen-Prozedur schließlich folgende Kointegrationsbeziehung (t-Werte in Klammern, ** (*) Signifikant auf einem Niveau von 1% (5%)):

$$\underset{}{TFP} = 2.644 + \underset{(2.532)}{0.144^{*}} LH + \underset{(3.229)}{0.080^{**}} LFE + \underset{(9.380)}{0.118^{**}} LCM + \underset{(2.800)}{0.146^{**}} LMD \,. \qquad (4.4.10)$$

Wie man sieht, haben alle Schätzwerte das erwartete Vorzeichen und sind hoch signifikant: Ein Anstieg
- der durchschnittlichen Schulbildung,
- des Anteils der Forschungs- und Entwicklungsausgaben am chilenischen BIP,
- der Kapitalgüterimporte und
- der Diversifizierung der Exportmärkte

führt *ceteris paribus* zu einer Steigerung der totalen Faktorproduktivität. Somit halten die in Abschnitt 1.1 zusammengefassten Kernaussagen der endogenen Wachstumstheorie einer empirischen Überprüfung stand. Auch die Schlussfolgerung des Abschnitts 4.3, nach der eine Diversifizierung der Exportmärkte kausal für eine Steigerung der totalen Faktorproduktivität verantwortlich ist, kann hiermit als bestätigt betrachtet werden.

Angesichts des hohen Beitrags der totalen Faktorproduktivität zum chilenischen wirtschaftlichen Wachstum (insbesondere in den Perioden starken Wirtschaftswachstums), impliziert dieses Ergebnis, dass von der Diversifizierung der Exportmärkte - über ihre Wirkung auf die totale Faktorproduktivität - positive Wachstumseffekte ausgegangen sind. Diese Hypothese soll im folgenden empirisch überprüft werden.

## 4.5 Der Einfluss der Diversifizierung der Exportmärkte auf das Wirtschaftswachstum

Zur Offenlegung des Zusammenhangs zwischen Marktdiversifizierung und Wirtschaftswachstum wird in Abschnitt 4.5.1 ein Schätzansatz hergeleitet. Abschnitt 4.5.2 beschreibt die Datenbasis sowie die verwendeten Methoden. Im Anschluss daran erfolgt die Schätzung des langfristigen Zusammenhangs zwischen der Diversifizierung der Exportmärkte und dem wirtschaftlichen Wachstum sowie die Präsentation der Ergebnisse (Abschnitt 4.5.3).

### 4.5.1 Ableitung des Schätzansatzes

Unterstellt sei, dass die Produktionstechnologie Chiles durch eine Produktionsfunktion vom Typ Cobb-Douglas beschrieben werden kann. Anstelle des üblicherweise berücksichtigten Produktionsfaktors Arbeit wird jedoch in Anlehnung an LUCAS (1988) der Faktor Humankapital verwendet. Folglich ist der Zusammenhang zwischen den Produktionsfaktoren Humankapital $H$, Kapital $K$ und dem Output $Y$ zur Zeit $t$ wie folgt zu spezifizieren:

$$Y_t = A_t H_t^{\alpha} K_t^{\beta}, \tag{4.5.1}$$

wobei $\alpha$ und $\beta$ die partiellen Produktionselastiziäten der Faktoren bezeichnen und $A_t$ den Stand des technologischen Wissens bzw. den technischen Fortschritt repräsentiert.

Um den Einfluss der Diversifizierung der Exportmärkte auf das Wachstum des aggregierten Outputs abzubilden, werden die bereits diskutierten Annahmen getroffen.

Erstens sei angenommen, die verstärkte Eingliederung in die internationale Arbeitsteilung in Form der Erhöhung der Zahl der Absatzmärkte geht mit einem steigenden Wettbewerbsdruck einher, der eine Ausweitung innovativer Tätigkeit erzwingt. Der technische Fortschritt wird somit von der Diversifizierung der Exportmärkte positiv beeinflusst, weil die Exportmarktdiversifizierung indirekt auf die Innovationsrate wirkt.

Zweitens sei unterstellt, dass technologisches Wissen in hohem Maße durch ein *Learning-by-Exporting* generiert und verbreitet wird, indem die erworbenen Kenntnisse über Produktionsprozesse und Produkteigenschaften aus den spezifischen Absatzmärkten in die heimische Produktentwicklung einfließen. Unter dieser Prämisse hat die Erweiterung der Zahl der Absatzmärkte einen Einfluss auf den Stand des technologischen Wissens, weil durch eine Erhöhung der Lieferanten-Abnehmer-Beziehungen das Potential für *Learning-by-Exporting*-Effekte erhöht wird. Eine Exportmarktdiversifizierung verschafft somit über den verstärkten Kontakt zu ausländischen Abnehmerindustrien einen Zugang zu neuen Technologien, die im heimischen Produktionsprozess eingesetzt werden. Bezieht man nun die Idee des *Bounded-Learning-by-Doing* nach YOUNG (1991) in die Überlegungen mit ein, dann ließe sich außerdem mit dem Hinweis auf begrenzte Lernmöglichkeiten in einem (einzigen) die aus Abschnitt 4.3.1 bekannte Argumentation vorbringen:

Bei Erschließung eines (neuen) Absatzmarktes ist die marktspezifische Lernrate entsprechend hoch, denn der Absatzmarkt ist vergleichsweise unerforscht. Die Produktivität verbessert sich mit zunehmender Exportexpansion nach der Erschließung des Absatzmarktes, weil die Exporteure mit den marktspezifischen Bedingungen immer besser umzugehen lernen. Daneben lernen sie auch von den

Abnehmerindustrien des Absatzlandes, indem wichtige Informationen über Produktqualität, Lieferstandards sowie effizientere Produktionsprozesse in die Produktentwicklung einfließen (MACARIO 2000: S. 64). Gleichwohl stößt die Möglichkeit des *Learning-by-Exporting* und damit auch das Potential für Produktivitätserhöhungen an eine natürliche Grenze, wenn der Markt vollständig erforscht ist. Mit anderen Worten, die Grenzerträge des *Learning-by-Exporting* fallen bei steigender Exportexpansion irgendwann auf Null. Diesem Prozess kann durch das kontinuierliche Vordingen in neue Absatzmärkte entgegengewirkt werden, weil die Erschließung neuer Exportmärkte zusätzliche Chancen für ein *Learning-by-Exporting* und damit zusätzlichen Spielraum für die Adaption spezifischer ausländischer Technologien kreiert. Dies impliziert, dass die Diversifizierung der Exportmärkte einen Transfer von weltweiter Technologie in den heimischen Produktionsprozess herbeizuführen vermag. Folglich hat die Diversifizierung der Exportmärkte - neben einer Vielzahl anderer Faktoren - einen Einfluss auf den Stand des technologischen Wissens $A_t$.[30] Dies wird durch folgende Funktion zum Ausdruck gebracht:

$$A_t = \overline{C}_t MD_t^{\delta}, \qquad (4.5.2)$$

wobei $MD_t$ für die Diversifizierung der Exportmärkte und $\overline{C}_t$ für alle anderen Faktoren steht.

In einem wachstumstheoretischen Kontext, der die internationale Diffusion von Technologie zum Argument für die Weltmarktorientierung macht, resultiert aus der Kombination der Funktionen (4.5.1) und (4.5.2) die Produktionsfunktion, auf deren Grundlage die Beziehung zwischen der Marktdiversifizierung und wirtschaftlichem Wachstum empirisch überprüft werden soll:

$$Y_t = \overline{C}_t MD_t^{\delta} H_t^{\alpha} K_t^{\beta}. \qquad (4.5.3)$$

Die Diversifizierung der Exportmärkte geht demnach als ein weiterer Inputfaktor in die Produktionsfunktion ein. Die Verwendung des Faktors Humankapitals in Funktion (4.5.1) anstelle des Produktionsfaktors Arbeit ist für die Untersuchung des Zusammenhangs zwischen der Diversifizierung der Exportmärkte und der Erhöhung des aggregierten Outputs insofern von Bedeutung, als einmal unterstellt werden muss, dass die Adaption von Wissen lokale Fähigkeiten erfordert. Darüber hinaus dürfte ein höheres Bildungsniveau die Fähigkeit positiv beeinflussen, weiteres Wissen durch das Vordringen in ausländische Absatzmärkte zu bilden. Insofern ist die Kombination des Faktors Humankapital mit dem Faktor „Exportmarktdiversifizierung“ plausibel.

---

30 Dies deckt sich mit den empirischen Ergebnissen des vorherigen Abschnitts (Abschnitt 4.4).

Der produktionstheoretische Zusammenhang gemäß (4.5.3) wird durch Logarithmierung linearisiert, damit die üblichen Schätzverfahren anwendbar sind. Man erhält die Schätzfunktion

$$LY_t = c + \delta LMD_t + \alpha LH_t + \beta LK_t + \varepsilon_t, \tag{4.5.4}$$

mit dem Störterm $\varepsilon_t$, den Koeffizienten $\delta$, $\alpha$, $\beta$ als die zu schätzenden Elastizitäten und der Konstante $c$.

### 4.5.2 Datenbasis und Methode

Die Variable $LY_t$ wird in der empirischen Analyse durch das logarithmierte chilenische Einkommen pro Zeitperiode $t$ nach der Bruttoinlandsdefinition in realen Größen gemessen. Die logarithmierte Marktdiversifizierung, $LMD_t$, wird abgebildet durch den logarithmierten *Equivalent Number Index*. $LH_t$ steht für das logarithmierte Humankapital, wobei das Humankapital über die durchschnittlichen Schuljahre in der Bevölkerung zur Zeit $t$ approximiert wird. Der Kapitalstock, $K_t$, wird nach der international üblichen perpetual-inventory Methode durch die Summe der bis zum Zeitpunkt $t$ getätigten Investitionen mit einer jährlichen Abschreibung von 5% repräsentiert. Die Variable $LK$ bezeichnet den logarithmierten Kapitalstock. Der Beobachtungszeitraum ($T$= 42 mit $0<t<43$) erstreckt sich von 1960-2001. Die Entwicklung der Variablen im Beobachtungszeitraum $T$ ist in Abbildung 4.14 dargestellt, wobei den Variablen Daten aus unterschiedlichen Quellen zugrunde liegen: BANCO CENTRAL DE CHILE: *Indicadores Económicos y Sociales de Chile 1960-2000, Indicadores de Comercio Exterior* (mehrere Ausgaben), MINISTERIO DE HACIENDA.[31]

Abbildung 4.14 zeigt, dass die verwendeten Zeitreihen trendbehaftet sind. Wie aus den Abschnitten 2.4 und 4.4.3.1 bekannt, folgen die Variablen $LY_t$, $LMD_t$, $LH_t$ einem stochastischen Trend. Sie sind integriert der Ordnung d = 1, $I(1)$. Für die Variable $LK_t$ ist die Integrationsordnung ist auf der Basis von Einheitswurzeltests aufzudecken. Dazu wird das bereits bekannte Verfahren von KAPETANIOS (2005) verwendet. Ist die Integrationsordnung bekannt und enthält Regression (4.5.4) eine Gruppe von integrierten Variablen derselben Integrationsordnung, $I(1)$, dann besteht der nächste Schritt darin, auf Kointegration zu testen. Der Test auf Kointegration erfolgt auf Basis der *Trace-* und der *Maximum-Eigenvalue*-Statistik des Johansen-Verfahrens (1988, 1995). Neben der Prüfung auf Kointegration liefert das Johansen-Verfahren *Maximum-Likelihood*-Schätzer für $\delta$, $\alpha$, $\beta$. Darüber hinaus bietet das Verfahren einen Test auf schwache Exogenität bzw. langfristige Granger-Kausalität. Allerdings sind in kleinen Stichproben die Ergebnisse der Johansen-Prozedur sensitiv bezüglich der Spezifikation des vektorautoregressiven Modells einschließlich der Anzahl der aufzunehmenden Verzö-

31 Eine Beschreibung der Daten, einschließlich ihrer Herkunft und Berechnung befindet sich im Anhang.

gerungen. Zur Bestimmung von $\delta$, $\alpha$, $\beta$ wird daher zusätzlich eine Einzelgleichungsschätzung mit der *Dynamic Ordinary Least Square-* (DOLS-) Methode durchgeführt (SAIKKONEN 1991). Diese Methode führt zu asymptotisch effizienten Schätzern, selbst bei Endogenität der Erklärungsvariablen und in kleinen Stichproben (STOCK/WATSON 1993).[32]

**Abbildung 4.14 Die Entwicklung der Variablen im Beobachtungszeitraum**

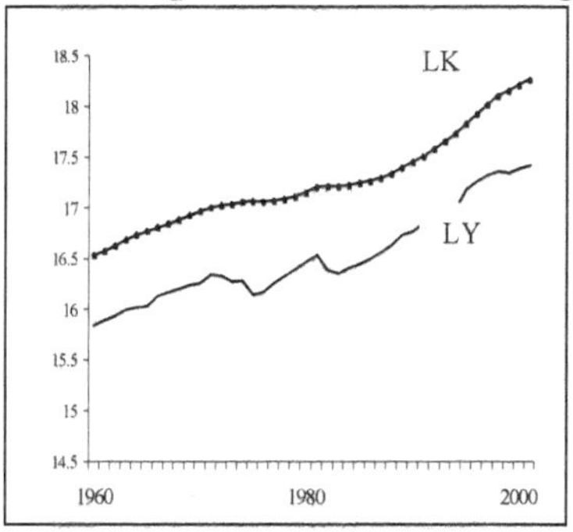


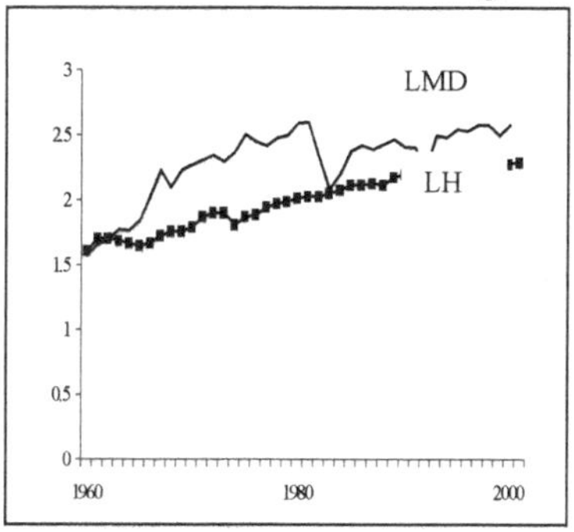


## 4.5.3 Ergebnisse der empirischen Untersuchung

### 4.5.3.1 Einheitswurzeltests

Am Beginn der Analyse steht die Prüfung der Integrationsordnung für die Variable $LK_t$. Dazu wird das Verfahren von KAPETANIOS (2005) angewendet, mit dem eine Thematisierung von Strukturbrüchen in der originären ADF-Testregression möglich ist. Da die Reihe $LK_t$ keine Anzeichen für einen Sprung und damit kaum Ansatzpunkte für ein *Crash*-Modell zeigt (siehe Abbildung 4.14), wird der Einheitswurzeltest im Rahmen eines *Changing Growth*-Modells durchgeführt. Darin lässt sich die Nullhypothese eines *Random Walk* mit einer Änderung (zwei Änderungen) im Driftparameter gegen die Alternative eines trendstationären Prozesses testen, dessen Steigungsparameter sich (einmal bzw. zweimal) geändert haben mag. Die bei KAPETANIOS (2005) als Modell B bezeichnete Testregressionen sind aus Abschnitt 4.4.3.1 bekannt. Die Ergebnisse der durchgeführten Regressionen sind Tabelle 4.7 zu entnehmen. Sie zeigen, dass $LK_t$ einen stochastischen Trend enthält. Dagegen kann die *Random-Walk*-Hypothese für $\Delta LK_t$ unter Berücksichtigung von einem Strukturbruch (zwei Strukturbrüchen) auf dem 10%- (5%-) Signifikanzniveau abgelehnt werden. Folglich kann $LK_t$ als integriert der Ordnung Eins, $I(1)$, betrachtet werden. Somit enthält Regression (4.5.4) eine Gruppe von $I(1)$-Variablen. Im folgenden wird

32 Die Schätzung der Kointegrationsparameter mit Hilfe von Einzelgleichungsfehlerkorrekturmodellen (bekannt aus Abschnitt 2.4.6) ist inkonsistent, wenn die Variablen nicht schwach exogen in Bezug auf die zu erklärende sind (BANERJEE/DOLADO/MESTRE 1998). Diesem Problem ist das Johansen-Verfahren sowie die DOLS-Prozedur nicht ausgesetzt.

daher überprüft, ob zwischen $LY_t$, $LMD_t$, $LH_t$ und $LK_t$ eine Kointegrationsbeziehung besteht.

**Tabelle 4.7 Kapetanios-Einheitswurzeltest bei Strukturbrüchen**

| Variable | Dummy | Dummy | Teststatistik | Kritischer Wert 5% (10%) | Ergebnis | |
|---|---|---|---|---|---|---|
| $LK_t$ | | $DT_t82$ | -2.52 | -5,10 (K) | nichtstationär | $I(1)$ |
| $\Delta LK_t$ | | $i_t82$ | -3.33 | (-3.19) (MK) | nichtstationär | $I(1)$ |
| $LK_t$ | $DT_t75$ | $DT_t82$ | -2.95 | -5,10 (K) | nichtstationär | $I(1)$ |
| $\Delta LK_t$ | $i_t82$ | $i_t82$ | -3,54 | -3,53 (MK) | stationär | |

Anmerkung: Die kritischen Werte mit dem Symbol (K) sind KAPETANIOS (2005) entnommen; kritische Werte mit dem Symbol (MC) sind aus MACKINNON (1991). Die Dummy-Variable $DT_t$ verhält sich ab dem Jahre nach dem Strukturbruch wie ein linearer Zeittrend und ist davor Null: $DT_t$ =1 (t<Bruchpunkt) (t-Bruchpunkt); *i* ist Eins im angegebenen Jahr und sonst Null. Die Einheitswurzeltests wurden einheitlich zunächst mit drei verzögerten differenzierten Variablen durchgeführt. Anschließend wurden im Sinne der *t-sig*-Methode die insignifikanten *Lags* der differenizierten Variablen eliminiert (vgl. zur *t-sig*-Methode beispielsweise HERZER/NOWAK-LEHMAN D. (2005)).

### 4.4.3.2 Kointegration und Kausalität: Test und Testergebnisse

Dazu werden die vier integrierten Variablen zu einem vektorautoregressiven System der Form

$$\Delta y_t = \alpha(\beta' y_{t-1}) + \sum_{k=1}^{p-1} \Gamma_k \Delta y_{t-k} + \Psi D_t + c + \varepsilon_t \tag{4.5.5}$$

zusammengefasst, mit

$$y_t' = [LY_t, LMD_t, LH_t, LK_t]. \tag{4.5.6}$$

Um die Effekte ungewöhnlicher Ereignisse (wie die Rezession des Jahres 1975, die 1982er Krise und den bereits diskutierten Ausreißer im Jahre 1992) zu berücksichtigen, werden drei Impulsdummy-Variablen *i75*, *i82*, *i92* in das Modell aufgenommen:

$$D_t' = [i75, i82, i92]. \tag{4.5.7}$$

Sie nehmen in den betreffenden Jahren (1975, 1982 und 1992) den Wert Eins und sonst den Wert Null an. Außerdem wird eine unrestringierte Konstante *c* zugelassen. Die Zahl der zu berücksichtigenden Verzögerungen wird auf Basis der Modellselektionskriterien von Schwarz und Hannan-Quinn auf Eins begrenzt. Wie aus Tabelle 4.8 hervorgeht, beschreibt das so spezifizierte Modell die Daten adäquat. Die durchgeführten Tests deuten weder auf Nichtnormalität noch auf Autokorrelation in den Residuen hin. Keine der berechneten Teststatistiken ist signifikant auf dem 5%.-Niveau (*p*-Werte sind größer als 5%).

**Tabelle 4.8 Tests auf Fehlspezifikation**

| Multivariate Tests | | | | |
|---|---|---|---|---|
| *LM*(1)-Test auf Residuenautokorrelation | $\chi^2_{(16)} = 20.339$ | | *p*-Wert = 0.205 | |
| *LM*(4)-Test auf Residuenautokorrelation | $\chi^2_{(16)} = 13.954$ | | *p*-Wert = 0.602 | |
| Normalität, Jarque Bera | $\chi^2_{(8)} = 7.7504$ | | *p*-Wert = 0.458 | |
| **Univariate Tests** | | | | |
| | $\Delta LY_t$ | $\Delta LMD_t$ | $\Delta LH_t$ | $\Delta LK_t$ |
| Normalität, Jarque Bera, $\chi^2_{(1)}$ | 1.9732 | 1.1260 | 1.3219 | 3.3294 |
| (*p*-Wert) | (0.373) | (0.570) | (0.516) | (0.189) |
| Schiefe $\chi^2_{(1)}$ | 0.0001 | 0.0001 | 1.1067 | 2.0291 |
| (*p*-Wert) | (0.991) | (0.991) | (0.293) | (0.154) |
| Wölbung $\chi^2_{(1)}$ | 1.9731 | 1.1258 | 0.2151 | 1.3002 |
| (*p*-Wert) | (0.160) | (0.289) | (0.642) | (0.254) |
| $R^2$ | 0.518 | 0.256 | 0.281 | 0.491 |

Mit Hilfe des Johansen-*Trace*-Test und des Johansen-*Maximum-Eigenvalue*-Tests wird geprüft, ob und wie viele Kointegrationsbeziehungen zwischen den Variablen existieren. Die Testergebnisse sind in Tabelle 4.9 aufgeführt. Sie sprechen dafür, dass genau eine Kointegrationsbeziehung zwischen den Variablen existiert: In der ersten Zeile sind die Teststatistiken größer als die kritischen Werte (für das 5%-Signifikanzniveau). In der darunter liegenden Zeile sind die Teststatistiken kleiner.[33] Somit besteht Evidenz für genau einen kointegrierenden Vektor, aus dem nach einem *Long-Run Exclusion*-Test keine der Variablen ausgeschlossen werden kann (Tabelle 4.10).

**Tabelle 4.9 Kointegrationstest**

| Trace Test | | | Maximum-Eigenvalue-Test | |
|---|---|---|---|---|
| Statistik | Kritischer Wert (5%) | $H_0$ | Statistik | Kritischer Wert (5%) |
| 47.935* | 47.21 | $r = 0$ | 28.300 | 27.07 |
| 19.636 | 29.68 | $r = 1$ | 13.225 | 20.97 |

Anmerkung: * 5% Signifikanzniveau; Kritische Werte sind bei OSTERWALD-LENUM (1992) tabelliert.

33 Die kritischen Werte verlieren bei Aufnahme von Impulsdummies nicht ihre Gültigkeit. Impuls- (und Interventionsdummies) haben im Gegensatz zu Stufendummy-Variablen keine langfristigen Effekte und beeinflussen daher nicht die Verteilung der LQ-Teststatistik (HANSEN/JUSELIUS 1995).

Der kointegrierende Vektor wird normalisiert auf $LY_t$, angesichts des korrekt gezeichneten und hoch signifikanten Fehlerkorrekturterms, $\alpha$ = -0.368 (Tabelle 4.10). Man erhält (t-Werte in Klammern, ** Signifikant auf einem Niveau von 1%):

$$LY = 3.553 + \underset{(2.532)}{0.171^{**}} LMD + \underset{(2.709)}{0.258^{**}} LH + \underset{(13.786)}{0.699^{**}} LK \quad (4.5.8)$$

Dieser Vektor zeigt eine positive Beziehung zwischen der Höhe der chilenischen Inlandsproduktion, dem Grad der Diversifizierung der Exportmärkte, dem Bestand an Humankapital und dem chilenischen Kapitalstock.

**Tabelle 4.10 Tests auf Long-Run Exclusion und schwache Exogenität**

| | *Lon-Run Exclusion* $\chi^2_{(1)}$ ($p$-Wert) | Schwache Exogenität $\chi^2_{(1)}$ ($p$-Wert) | Ladungskoeffizient ($\alpha$) |
|---|---|---|---|
| $LY_t$ | 11.954 (0.001) | 6.660 (0.009) | -0.368 |
| $LMD_t$ | 5.3846 (0.020) | 3.825 (0.051) | 0.765 |
| $LH_t$ | 6.6849 (0.023) | 0.358 (0.550) | -0.076 |
| $LK_t$ | 10.052 (0.002) | 0.009 (0.925) | 0.004 |

Wie aus der dritten Spalte von Tabelle 4.10 hervorgeht, kann die Diversifizierung der Exportmärkte allerdings ebenfalls als endogen betrachtet werden. Die Hypothese der schwachen Exogenität ist für $LMD_t$ mit einer Irrtumswahrscheinlichkeit von 0.051% abzulehnen. Damit spricht die Evidenz für eine langfristige *Feedback*-Beziehung zwischen dem Grad der Exportmarktdiversifizierung und der Höhe des chilenischen BIP. Dagegen kann die Hypothese der schwachen Exogenität für Humankapital und physisches Kapital nicht abgelehnt werden. Dies deutet darauf hin, dass die Höhe der Inlandsproduktion - die dauerhaft durch beide Variablen beeinflusst wird - langfristig keine Granger-kausalen Effekte auf den Bestand an Humankapital und die Höhe des Kapitalstocks hat. Insgesamt wird man sagen können, dass der Pfeil der langfristigen Granger-Kausalität von der Diversifizierung der Exportmärkte, dem Bestand an Humankapital und den chilenischen Kapitalstock zur chilenischen Inlandsproduktion führt, wobei langfristige Wechselwirkungen zwischen BIP und Exportmarktdiversifizierung existieren.

Weil das Johansen-Verfahren insbesondere in kleinen Stichproben verzerrte Ergebnisse liefern kann, sind die hier präsentierten Schätzergebnisse allerdings mit Vorsicht zu beurteilen. Zur Schätzung des Kointegrationsvektors wird daher zusätzlich die *Dynamic* OLS (DOLS-) Prozedur angewendet. Die DOLS-Prozedur ist asymptotisch äquivalent zur *Maximum-Likelihood*-Schätzung von JOHANSEN und bringt selbst in kleinen Stichproben gute Ergebnisse hervor (STOCK/WATSON 1993).

#### 4.5.3.3 Schätzung der Langfristelastizitäten mit Hilfe des DOLS-Ansatzes

Die DOLS-Prozedur von SAIKKONEN (1991) erlaubt - selbst bei Endogenität der Erklärungsvariablen - die asymptotisch unverzerrte Schätzung kointegrierter Beziehungen (STOCK/WATSON 1993). Sie berücksichtigt die dynamische Struktur der Variablen, indem *Leads* und *Lags* der differenzierten Rechthandvariablen in die statische Regressionsgleichung (4.5.4) aufgenommen werden. Als zusätzliche Regressoren werden die Dummy-Variablen *DU*75, *i*75, und *i*92 benutzt. *DU*75 und *i*75 modellieren die Rezession im Jahre 1975 und *i*92 kontrolliert einen Ausreißer im Jahre 1992.[34] Die Schätzgleichung lautet:

$$\begin{aligned} LY_t &= \gamma + \delta LMD_t + \alpha LH_t + \beta LK_t \\ &+ \sum_{i=-m}^{i=m} \Phi_1 \Delta LMD_t + \sum_{i=-k}^{i=k} \Phi_2 \Delta LH_t + \sum_{i=-l}^{i=l} \Phi_3 \Delta LK_t + DU75 + i75 + i92 + \varepsilon_t \end{aligned} \quad (4.5.9)$$

Die Anzahl der *Leads* und *Lags* wird in dieser Ausgangsgleichung auf zwei begrenzt ($i$=2). Ausgehend von dieser Spezifizierung werden sukzessive jene *Leads* und *Lags* eliminiert, die den geringsten Erklärungsbeitrag liefern bis alle verbleibenden Variablen signifikant sind. Man erhält eine sparsam parametrisierte Einzelgleichungsschätzung, dargestellt in Abbildung 4.15 (t-Werte in Klammern).

**Abbildung 4.15 Regressionsergebnisse für den Zusammenhang zwischen Marktdiversifizierung und Wirtschaftswachstum**

$$\begin{aligned} LY_t &= \underset{(7.60)}{2.54} + \underset{(5.54)}{0.13^{**}} LMD_t + \underset{(5.22)}{0.36^{**}} LH_t + \underset{(29.4)}{0.75^{**}} LK_t \\ &+ \underset{(7.18)}{2.20^{**}} \Delta LK_t + \underset{(2.48)}{0.73^{*}} \Delta LK_{t-1} - \underset{(-4.95)}{0.08^{**}} DU75 - \underset{(-3.46)}{0.09^{**}} i75 + \underset{(3.40)}{0.08^{**}} i92 \end{aligned} \quad (4.5.10)$$

$R^2 = 0.99; SER = 0.021; JB = 0.58; LM(1) = 0.28; LM(2) = 0.49;$

$LM(4) = 0.45; ARCH(1) = 0.37; ARCH(2) = 0.64; ARCH(3) = 0.71$

Anmerkung: ** (*) signifikant bei einem Niveau von 1% (5%), *SER*=Standardfehler der Regression, *JB*= Jarque-Bera-Test auf Normalität der Residuen (Signifikanzniveau bzw. *p*-Wert); *LM*($k$)=Test auf Autokorrelation $k$-ter Ordnung (Signifikanzniveau bzw. *p*-Wert); ARCH($q$)= Test auf bedingte Heteroskedastizität $q$-ter Ordnung (Signifikanzniveau bzw. *p*-Wert)

Interpretiert man die geschätzten Koeffizienten als Langfristelastizitäten, so besagt die geschätzte Beziehung in Abbildung (4.15), dass eine Erhöhung der Di-

34 DU75 ist Eins ab dem Jahre 1975 und sonst Null. *i*75 und *i*92 sind Eins im Jahre 1975 bzw. 1992 und sonst Null.

versifizierung der Exportmärkte um 1% das chilenische BIP *ceteris paribus* langfristig um 0.13% erhöht. Auch ein Anstieg des Human- und des physischen Kapitals wirkt positiv auf die Inlandsproduktion. Vergleicht man die geschätzten Koeffizienten $\hat{\delta}, \hat{\alpha}, \hat{\beta}$ aus Abbildung (4.15) mit jenen der Gleichung (4.5.8), dann zeigen sich lediglich geringfügige Unterschiede. Dementsprechend liefert die Johansen-Prozedur und der DOLS-Ansatz ähnliche Schätzwerte für die partiellen Produktionselastizitäten von $MD_t$, $H_t$ und $K_t$. Diese Beobachtung kann dahingehend interpretiert werden, dass die erzielten Ergebnisse recht robust gegenüber verschiedenen Schätzmethoden sind.

Die gewonnenen Resultate können mit Vorsicht als Evidenz für die in Abschnitt 4.5.1 getroffenen Annahmen gedeutet werden, wonach die Diversifizierung der Exportmärkte über den Zugang zu ausländischen Technologien und über die exportinduzierte Ausweitung innovativer Tätigkeit - in Verbindung mit einem gesteigerten Wettbewerbsdruck - ein wirtschaftliches Wachstum generiert. Da sich diese Annahmen *de facto* einer direkten empirischen Operationalisierung entziehen, sollten alternative Erklärungsmöglichkeiten für den gefundenen Zusammenhang zwischen Exportmarktdiversifizierung und Wirtschaftswachstum *a priori* jedoch nicht ausgeschlossen werden. Geht man plausiblerweise davon aus, dass die Exportexpansion und die beobachtete Diversifizierung der Exportmärkte Hand in Hand gehen, so kommen eine Vielzahl von Faktoren zur Erklärung der gefundenen Wachstumsimpulse in Betracht. Beispielsweise dürfte das Vordingen in nicht-traditionelle Exportmärkte - als Ausdruck der außenwirtschaftlichen Expansion Chiles - gleichsam auch steigende Exporteinnahmen (zur Finanzierung von Importen) sowie eine bessere Ausnutzung von Skalenerträgen ermöglicht haben. Insgesamt wird man sagen können, dass die Diversifizierung der Exportmärkte statistisch signifikante Wachstumseffekte hat, die man mit gebührender Vorsicht - neben anderen Faktoren - auf die internationale Diffusion von Technologie zurückführen kann

## 4.6 Zusammenfassung von Kapitel 4

Die Ergebnisse der Analyse über den Zusammenhang zwischen der Diversifizierung der Exportmärkte und dem wirtschaftlichen Wachstum in Chile lassen sich knapp wie folgt zusammenfassen:

1. Chile hat im Zuge der Exportexpansion zwischen 1960 und 2001 seine Exportmärkte erheblich diversifiziert. Die Diversifizierung der Exportmärkte äußert sich

- in einer statistisch signifikanten Erhöhung des *Equivalent Number Index* bzw. in einer signifikanten Erhöhung der Zahl „gleich großer“ Exportmärkte.

Die Erhöhung der Zahl "äquivalenter Absatzmärkte" ist zurückzuführen auf

- das permanente Vordringen in nicht-traditionelle Absatzländer mit dem Resultat einer Verschiebung der Exportströme in Richtung einer Gleichverteilung der Exporte auf die wichtigsten chilenischen Absatzregionen USA, Lateinamerika, Europa und Asien.

2. Wie die deskritiv-statistischen Datenauswertungen zeigen, geht das Wachstum der Marktdiversifizierung (insbesondere in Zeiten hohen chilenischen Wirtschaftswachstums) einher mit einem Zuwachs der chilenischen Faktorproduktivität. Eine einfache Regressionsanalyse hat ergeben, dass ein positiver, statistisch signifikanter Zusammenhang zwischen der Wachstumsrate der Diversifizierung der Exportmärkte und die Wachstumsrate der totalen Faktorproduktivität existiert.
3. Als Erklärungsmöglichkeiten für die statistisch signifikante Korrelation wurden geliefert:

(i) Der technologische Fortschritt wird durch die Exportmarktdiversifizierung positiv beeinflusst, weil das permanente Vordringen in nicht-traditionelle Absatzländer mit einem steigenden Wettbewerbsdruck einhergeht, der wiederum eine Ausweitung innovativer Tätigkeit erzwingt.

(ii) Neben der Stimulierung innovativer Tätigkeit ermöglicht die Erschließung neuer Absatzmärkte via *Learning-by-Exporting*-Aktivitäten die Adaption spezifischer ausländischer Technologien.

4. Die Hypothese, wonach das Vordringen in nicht-traditionelle Absatzmärkte das Niveau der totalen Faktorproduktivität kausal beeinflusst, hält einer ökonometrischen Überprüfung stand. Mit Hilfe einer Kointegrationsanalyse zur Bestimmung des langfristigen Kausalzusammenhangs zwischen dem Grad der Diversifizierung der Exportmärkte und dem Niveau der totalen Faktorproduktivität konnten - unter Einbeziehung potenziell bedeutsamer Erklärungsvariablen für die totale Faktorproduktivität - die folgenden Ergebnisse erzielt werden:

- Es existiert ein langfristiger Zusammenhang zwischen der Diversifizierung der Exportmärkte und dem Niveau der totalen Faktorproduktivität.
- Der Pfeil der langfristigen Granger-Kausalität führt von der Diversifizierung der Exportmärkte zur totalen Faktorproduktivität.
- Umgekehrt wird die Diversifizierung der Exportmärkte offensichtlich nicht dauerhaft Granger-kausal durch die totale Faktorproduktivität determiniert.

5. Wie bereits nach den Ergebnissen unter Punkt 4 zu erwarten war, gehen von der Diversifizierung der Exportmärkte signifikante Wachstumsimpulse aus. Die durchgeführten Schätzungen haben ergeben,

- dass ein langfristiger Zusammenhang zwischen dem Grad der Marktdiversifizierung und der Höhe der chilenischen Inlandsproduktion existiert,
- dass das Vordringen in nicht-traditionelle Exportmärkte (langfristig) Granger-kausal zu einer Erhöhung der Inlandsproduktion führt wobei,

- zwischen dem Vordringen in neue Absatzländer und dem wirtschaftlichem Wachstum langfristige *Feedback*-Beziehungen bestehen.

6. Die unter Punkt 3 aufgeführten Erklärungen für den gefundenen Kausaleinfluss der Diversifizierung der Exportmärkte auf die totale Faktorproduktivität und damit auf das wirtschaftliche Wachstum in Chile sind zwar theoretisch plausibel. Allerdings sind die gelieferten Erklärungen empirisch schwer verifizierbar. Alternative oder ergänzende Erklärungsmöglichkeiten für den (fast überraschend robusten) signifikanten Zusammenhang zwischen Exportmarktdiversifizierung und Wirtschaftswachstum sollten daher *a priori* nicht ausgeschlossen werden. Beispielsweise ließe sich anführen, dass das Vordingen in nicht-traditionelle Exportmärkte - als Ausdruck der außenwirtschaftlichen Expansion Chiles - zu steigenden Exporteinnahmen und damit zu einer Erhöhung der Importkapazität sowie zu einer besseren Ausnutzung von Skalenerträgen geführt haben mag. Insofern wird man sagen können, dass die Diversifizierung der Exportmärkte statistisch signifikante Wachstumseffekte hat, die man möglicherweise - neben anderen Faktoren - auf die internationale Diffusion von Technologie zurückführen kann.

# Kapitel 5
# Horizontale Exportdiversifizierung und Wirtschaftswachstum in Chile

## 5.1 Einführung

Im vorangegangenen Kapitel der vorliegenden Arbeit wurden die Diversifizierung der Exportmärkte und ihre Wachstumswirkungen diskutiert. Dieses Kapitel der Arbeit analysiert die potenziellen Effekte der horizontalen Exportdiversifizierung. Dazu gehören

- die Senkung der Exportkonzentration und die damit verbundene Reduzierung der Abhängigkeit vom Kupferexport,
- das Entstehen von *Backward Linkages* von Exportsektoren auf andere Bereiche der chilenischen Volkswirtschaft sowie
- die Erhöhung der Möglichkeiten für die Entfaltung von exportinduzierten Lernprozessen und intersektoralen *Spillover*-Effekten.[1]

Letzteres und damit die empirischen Überprüfung der in Abschnitt 1.2.1.3 geäußerte Hypothese, nach der eine horizontale Exportdiversifizierung über *Learning-by-Exporting*- und *Learning-by-Doing*-Externalitäten ein wirtschaftliches Wachstum herbeizuführen vermag, ist der Hauptfokus der folgenden Analyse Die Analyse erfolgt in sechs Schritten:

➢ Zuerst wird die Entwicklung der horizontalen Exportdiversifizierung anhand der Zahl exportierender Sektoren in den Jahren zwischen 1962 und 2001 dargestellt und kommentiert. Im Anschluss daran erfolgt eine kurze Übersicht über die Sektoren, die ab 1962 "neu" in die chilenische Exportproduktion aufgenommen worden sind. In diesem Zusammenhang wird die Frage zu klären sein, wie viele dieser nicht-traditionellen Exportsektoren als "industriell" bzw. als "nicht industriell" zu klassifizieren sind (**Abschnitt 5.2**).

➢ Ein steigender Diversifizierungsgrad wird üblicherweise mit einem sinkenden Konzentrationsgrad der Exporte in Verbindung gebracht. Dieses Thema wird im zweiten Schritt behandelt (**Abschnitt 5.3**). Darin geht es um die Darstellung der chilenischen Exportkonzentration im Zeitablauf sowie um die Diskussion der wesentlichen Bestimmungsfaktoren für die Entwicklung der Exportkonzentration, welche die Kupfer-, die Industriegüterquote am Gesamtexport sowie die horizontale Exportdiversifizierung umfassen. Ein an dieser Stelle vorweggenommenes Teilergebnis der Diskussion besteht in der Feststellung, dass die horizontale Exportdiversifizierung einen Beitrag zur

---

1 Wie in Abschnitt 1.2.1 konstatiert, wirken die verschiedenen Teilaspekte der Exportdiversifizierung (vertikale Exportdiversifizierung, Marktdiversifizierung und horizontale Exportdiversifizierung) teilweise über dieselben Wirkungsmechanismen auf das wirtschaftliche Wachstum (vgl. dazu auch Abbildung 1.1).

Erhöhung des Anteils industrieller Erzeugnisse am Gesamtexport - also zur vertikalen Exportdiversifizierung - geleistet hat. Aufbauend auf dieser Feststellung werden die Auswirkungen der horizontalen Exportdiversifizierung auf die Entwicklung der Exportkonzentration im chilenischen Industriesektor erörtert.

- Der dritte Schritt ist der Frage gewidmet, ob die Exporttätigkeit eines Sektors Rückkopplungseffekte auf die inländische Wirtschaft sowie technologische und organisatorische Lernprozesse auslöst und über *Spillover*-Effekte die Grundlage für Exporterfolge anderer Sektoren legt. Im Hinblick auf diese Fragestellung werden exemplarisch zwei Exportsektoren diskutiert. Konkret geht es um die *Linkage*-, Lern- und *Spillover*-Effekte des Lachs- und des Obstexports (**Anschnitt 5.4**).
- Darauf aufbauend wird im vierten Schritt der Versuch unternommen, *Spillover*-Effekte zwischen Exportsektoren ökonometrisch nachzuweisen (**Abschnitt 5.5**).
- Der fünfte Schritt ist der Schätzung der Wachstumseffekte der horizontalen Exportdiversifizierung gewidmet. Der zugrundliegende Schätzansatz thematisiert wachstumsfördernde Externalitäten der Wissensakkumulation, die infolge von *Learning-by-Exporting*- sowie *Learning-by-Doing*-Prozessen entstehen und durch den internationalen Konkurrenzdruck beschleunigt werden (**Abschnitt 5.6**).
- Im sechsten Schritt werden die Beobachtungen und Ergebnisse der vorliegenden empirischen Analyse zusammengefasst (**Abschnitt 5.7**)

## 5.2 Die horizontale Diversifizierung der Exportstruktur

### 5.2.1 Die Entwicklung der horizontalen Exportdiversifizierung im Zeitablauf

Unter horizontaler Exportdiversifizierung ist die Reduzierung der einseitigen Exportausrichtung zu verstehen. Damit ist gemeint, dass bisher nicht vorhandene bzw. nicht-traditionelle, zusätzliche Exportsektoren in die Gesamtproduktion aufgenommen werden und, dass die Anzahl der Exportgüter steigt. Dementsprechend kann man die Entwicklung der horizontalen Exportdiversifizierung im Zeitablauf anhand der Zahl exportierter Produkte und exportierender Sektoren erfassen. Die Datenlage lässt allerdings keine langfristige Betrachtung der Anzahl ausgeführter Produkte zu. Für die Zahl exportierter Produkte liegen Daten erst ab dem Jahre 1987 vor. Abbildung 5.1 zeigt diese Daten für den relativ kurzen Beobachtungszeitraum von 1987 bis 2001.

Wie aus Abbildung 5.1 hervorgeht, nahm die Anzahl der Exportgüter von 1987 bis 2001 erheblich zu. Im Jahre 2001 hat sich die Zahl ausgeführter Produkte mit 3749 im Vergleich zu 1987 um rund das 2.5 fache erhöht. Fast parallel dazu stieg die Zahl exportorientierter Unternehmen. Sie wuchs stetig von 3666 im Jahre 1987 auf rund 6000 im Jahre 2001. Insgesamt deuten diese Werte auf einen langfristig positiven Trend bei der horizontalen Exportdiversifizierung hin. Um empirisch fundierte Aussagen über den Entwicklungsverlauf der horizontalen Diversifizierung machen zu können, sollte man den Diversifizierungsgrad jedoch über einen längeren Zeithorizont beobachten. Dazu wird auf den Indikator von AL-MARHUBI (2000) zurückgegriffen.

**Abbildung 5.1 Zahl exportierender Unternehmen und Zahl exportierter Produkte, 1987 bis 2001**

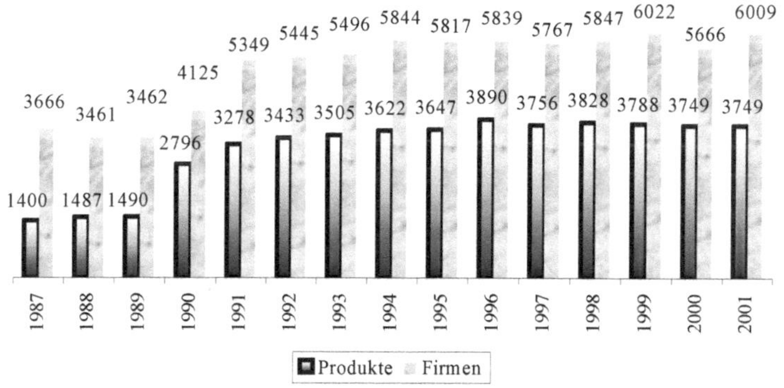


Quelle: PRO CHILE, Santiago de Chile 2003

AL-MARHUBI (2000) verwendet als Indikator für den Grad der (horizontalen) Exportdiversifizierung die Zahl exportierender Sektoren auf der dreistelligen Ebene der *Standard International Trade Classification - Revision* 1 (SITC-Rev 1). Die von den Vereinten Nationen entwickelte *Standard International Trade Classification* umfasst nach der ersten Revision insgesamt fünf Gliederungsebenen und 1312 Produktklassen, die durch einen fünfstelligen Code gekennzeichnet sind. Auf der vierten Gliederungsebene sind 625 Produktgruppen mit einem vierstelligen Code aufgelistet. Diese werden auf der dritten Gliederungsebene zu 177 Sektoren zusammengeführt, die einen dreistelligen Code aufweisen. Auf der zweistellige Ebene werden 56 Divisionen unterschieden. Die erste Ebene umfasst 10 Sektionen mit einer einstelligen Codenummer.

Mit Hilfe der Zahl exportierender Sektoren, die auf der dreistelligen Ebene der SITC-Rev.1 angesiedelt sind,[2] kann man entsprechend AL-MARHUBI (2000) den

2 Es lässt sich darüber streiten, ob die Bezeichnung "Sektor" als Synonym für die entsprechende SITC-Güterkategorie bzw. Warenklasse genutzt werden kann. Fak-

Grad der horizontalen Exportdiversifizierung für den Zeitraum von 1962 bis 2001 nachzeichnen. Wendet man dieses Verfahren an, dann zeigt sich ein kontinuierlich zunehmender Trend seit 1974. Abbildung 5.2 spiegelt diese Aufwärtsentwicklung wieder.

**Abbildung 5.2 Anzahl der Sektoren auf der 3-stelligen Ebene des Internationalen Warenverzeichnisses (SITC-Rev.1), 1962 bis 2001**

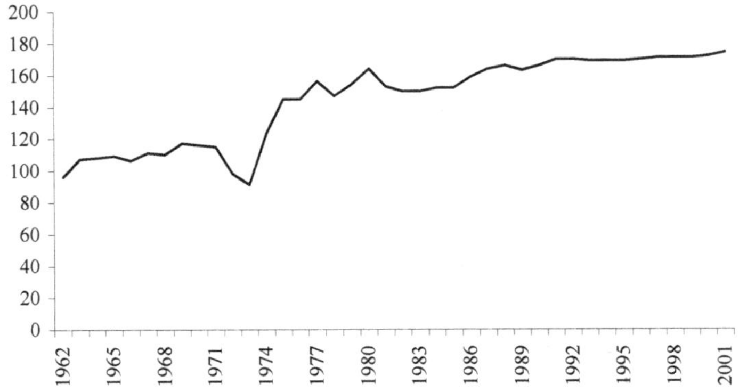


Quelle: UNITED NATIONS (2003): *Comodity Trade Statistics* (COMTRADE), eigene Berechnungen

Wie sich anhand von Abbildung 5.2 ablesen lässt, beläuft sich die Zahl exportierender Sektoren[3] (mit einer dreistelligen Codenummer) Anfang der 60er Jahre auf 96. Diese Zahl stieg kurzfristig bis zum Jahre 1971 auf 115 Sektoren. Während der ALLENDE-Ära (1970-1973) kam es jedoch innerhalb von zwei Jahren zu einem dramatischen Rückgang bei der Zahl exportierender Branchen. Mit 91 exportorientierten Wirtschaftszweigen erreichte der Grad der horizontalen Exportdiversifizierung im Jahre 1973 seinen Tiefpunkt. Erst mit der Außenhandelsliberalisierung von 1974 setzte ein kontinuierlicher Aufwärtstrend ein. Anfang der Schuldenkrise wurde dieser Trend jedoch vorübergehend unterbrochen und die Zahl exportierender Sektoren schrumpfte von 164 (1980) auf 153 (1981) und 150 (1982). Im Jahre 1984 hat sich der frühere Trend wieder fortgesetzt.

tisch ist in der Literatur häufig von ein, zwei oder dreistelligen "*Sectors*" bzw. "*Industries*" die Rede (vgl. dazu beispielsweise AMIN GUTIÉRREZ DE PIÑERES und FERRANTINO 1997). Diese Arbeit schließt sich dem an und unterstellt, dass die jeweiligen Güterkategorien vom entsprechenden "Sektor" exportiert werden.

3 Die SITC versucht (ausnahmslos) alle Waren des die Zollgrenzen überschreitenden Warenverkehrs zu erfassen. Insofern ist jeder Sektor, der überhaupt exportiert - wenn auch nur minimal - ein "Exportsektor".

Analysiert man diesen Trend mit Hilfe der von der von BLEANEY und GREENAWAY (1993) vorgeschlagenen Methode zur Trendanalyse, dann zeigt sich ab 1974 eine statistisch signifikante Tendenz zur Verbreiterung der Palette an Exportsektoren. (siehe Abbildung 5.3).[4]

**Abbildung 5.3 Schätzung des langfristigen Trends der horizontalen Exportdiversifizierung, 1974-2001**

$$\Delta LExportsektoren = \underset{(6.546)}{3.895^{**}} - \underset{(-6.457)}{0.796^{**}} LExportsektoren(-1) + \underset{(4.208)}{0.005^{**}} t \qquad (5.1)$$

$R^2 = 0.663$; $SER = 0.062$; $ARCH(1) = 0.564$; $LM(2) = 0.863$

Anmerkung: Unter Berücksichtigung der Informationskriterien von SCHWARZ und HANNAN-QUINN wurde keine Verzögerungen der endogenen Variable eingefügt. t-Werte in Klammern; ** signifikant bei einem Niveau von 1%; $L$ gibt an, dass es sich um logarithmierte Werte handelt; $t$ ($0<t<29$) ist der deterministische lineare Trend. SER= Standardfehler der Regression; ARCH($q$) = Test auf konditionale Heteroskedastizität der Ordnung $q$ mit der entsprechenden Irrtumswahrscheinlichkeit, LM($k$)=Test auf Autokorrelation $k$-ter Ordnung mit der entsprechenden Irrtumswahrscheinlichkeit.
Erläuterung: Es liegt Fall 1 BLEANEY/GREENAWAY-Methode (1993) vor (vgl. dazu Abschnitt 3.3.2.3): Der Koeffizient von $LExportsektoren_{t-1}$ übersteigt den kritischen Wert (-4,3) für das 1% Signifikanzniveau nach MACKINNON (1996). Der Zeittrend $t$ ist hoch signifikant. Damit besteht eine empirische Evidenz für die Annahme eines trendstationären Verlaufs bei der Zahl der Exportsektoren. Dies impliziert, dass sich die langfristige Trendrate berechnen lässt, indem der mit einem negativen Vorzeichen zu versehende Trendkoeffizient durch den Koeffizienten der verzögerten Niveauvariablen dividiert wird: 0.005/0,796=0.0062.

Die Schätzung der langfristigen Trendrate ergibt (für den Zeitraum von 1974 bis 2001) eine jährliche Zunahme exportierender Wirtschaftszweige von 0.62%. Insgesamt wurde die Exportproduktion zwischen 1962 und 2001 um 78 Sektoren erweitert. Im Jahre 2001 beläuft sich die Zahl exportierender Sektoren auf 174.

Vor diesem Hintergrund kann man sagen, dass in Chile eine horizontale Diversifizierung der Exportstruktur stattgefunden hat, die sich an einer stetigen Verbreiterung der Exportproduktion um nicht-traditionelle Exportbereiche festmachen lässt.

4 Vgl. Abschnitt 3.3.2 zu den Methoden der Trendanalyse sowie zur Interpretation von Ergebnissen aus Trendschätzungen.

### 5.2.2 Neu entstandene Exportzweige und ihre Klassifizierung

Zu den nicht-traditionellen Exportbranchen zählen beispielsweise die fleischverarbeitende Industrie (SITC-Nummer 013), die Tabakverarbeitung (SITC-Nummer 122), die Schuhindustrie (SITC-Nummer 851) oder die Haushaltsindustrie (SITC-Nummer 725). Zu den traditionellen Exportbereichen gehören unter anderem Kupfer (SITC-Nummer 682), Zink (SITC-Nummer 686), Lebende Tiere (SITC-Nummer 001) oder die Frischobstausfuhr (SITC-Nummer 051). Alle nicht-traditionellen Exportzweige, die einen dreistelligen SITC-Code aufweisen, sind in Tabelle 5.1 aufgelistet.[5] Bei den aufgeführten Exportzweigen handelt es sich um 78 nach 1962 entstandene Sektoren bzw. SITC-Gruppen. Ordnet man diese Sektoren nach Sektionen - so wie es in Tabelle 5.2 vorgenommen wurde - dann kann man folgendes feststellen.

Im Bereich "Verarbeitete Industrieprodukte, nach Material klassifiziert" (SITC-Nummer 6) wurden zwischen 1962 und 2001 mit 30 Sektoren die meisten Exportzweige aufgebaut. Platz zwei belegt die Sektion "Nahrungsmittel und lebende Tiere" (SITC-Nummer 0) mit 14 Sektoren, gefolgt von der Abteilung "Verschiedene Industrieprodukte" (SITC-Nummer 8) mit 9 Sektoren. Bei einer Zahl von 6 Sektoren in der Sektion "Maschinenbauerzeugnisse und Fahrzeuge" (SITC-Nummer 7) sowie einer Zahl von 5 Exportzweigen in der Sektion "Chemische Erzeugnisse" (SITC-Nummer 5) lassen die Angaben in Tabelle 5.2 vermuten, dass die meisten nicht-traditionellen Exportzweige als "verarbeitende Exportbranchen" zu klassifizieren sind.

Zur Bestätigung dieser Aussage kann man zwei unterschiedliche Klassifikationsverfahren heranziehen. Die erste Methode wird von den Vereinten Nationen benutzt. Danach werden die SITC-Abteilungen 5, 6 ohne 68 (Nichteiserne Metalle), 7 und 8 aggregiert (UNITED NATIONS 1994, S. 142). Bei Verwendung dieser Methode sind 45 und damit über die Hälfte der insgesamt 78 nicht-traditionellen Exportzweige der Kategorie "*Manufactures*" zuzuordnen.

5 Die chilenische Exportstruktur des Jahres 1962, abgebildet durch die Exportsektoren auf der dreistelligen Ebene der SITC-Rev.1, findet sich im Anhang.

**Tabelle 5.1 Ab 1962 bis 2001 entstandene Exportsektoren**

| Nummer | SITC-Warenbenennung | Nummer | SITC-Warenbenennung |
|---|---|---|---|
| 012 (31) | Fleisch: getrocknet, gepökelt oder geräuchert | 653 (32) | Textilfabrikation, Weberei ohne Wollaufbereitung |
| 013 (31) | Fleisch (nicht anderweitig genannt) in flugtauglichen Behältern und Fleischverarbeitung | 654 (32) | Tüll, Schnüre, Bänder, Streifen, Putztücher, Stickereien |
| 022 | Milch und Milchprodukte | 656 (32) | Fertige Textilwaren (beisp. Taschen, Rucksäcke, Segel) |
| 023 (31) | Butter | 657 (32) | Herstellung von Teppichen |
| 024 (31) | Käse und Quark | 663 (36) | Veredelung von Mineralien (a.n.g.) |
| 041 | Weizen einschl. Dinkel: ungemahlen | 664 (36) | Herstellung von Glas |
| 044 | Maiskörner: ungemahlen | 665 (36) | Herstellung von Glaswaren |
| 046 (31) | Weizen: gemahlen; Weizenmehl | 667 | Perlen und Edelsteine |
| 047 (31) | Getreide: gemahlen; Getreidemehl (ohne Weizen) | 672 (37) | Einfach geformtes Eisen und Stahl, darunter Eisen- und Stahlbarren |
| 071 | Kaffee | 676 (37) | Elemente für den Schienenbau aus Eisen und Stahl |
| 072 | Kakao | 677 (37) | Eisen- und Stahldraht |
| 073 (31) | Herstellung von Schokolade sowie anderweitig nicht genannte (a.n.g.) Lebensmittelherstellung: | 678 (37) | Rohre und Armaturen aus Eisen und Stahl |
| 074 | Tee und Maté | 679 (37) | Guss aus Eisen und Stahl: unbearbeitet, a.n.g. |
| 091 (31) | Margarine und Backfett | 681 (37) | Silber, Platin und andere Metalle der Platingruppe |
| 111 (31) | Nichtalkoholische Getränke | 683 (37) | Nickel |
| 121 | Tabak | 684 (37) | Aluminium |
| 122 (31) | Tabakverarbeitung (einschließlich Herstellung von Zigaretten) | 685 (37) | Blei |
| 241 | Brennholz und Holzkohle | 687 (37) | Zinn |
| 242 | Holz: unbearbeitet oder quadratisch geschlagen | 689 (37) | Erzeugung von verschiedenen nichteisernen Metallen |
| 244 | Kork und Korkabfälle | 691 (38) | Herstellung von Ausbauelementen aus Metall (a.n.g) |
| 266 (35) | Synthetische Fasern, Kunstfaserstoffe sowie durch Recycling gewonnene Fasern | 693 (37) | Drahtwaren (ohne Elektrodrähte und –leitungen) |

| | | | |
|---|---|---|---|
| 267 (32) | Abfallprodukte der Textilherstellung (einschließlich Lumpen) | 694 (37) | Herstellung von Schrauben, Muttern, Nieten, Ketten, Federn und Bolzen aus Eisen, Stahl oder Kupfer |
| 275 | Natürliche Schleifmittel (einschließlich Industriediamanten) | 696 (38) | Messerschmiedewaren |
| 282 | Eisen- und Stahlbrocken | 715 (38) | Maschinen für die Metallbearbeitung |
| 331 | Erdöl: roh und teilveredelt | 717 (38) | Maschinen für das Textil- und Ledergewerbe |
| 341 | Gas | 718 (38) | Maschinen für bestimmte Wirtschaftszweige |
| 421 (31) | Feste pflanzliche Öle | 725 (38) | Elektrische Haushaltsgeräte |
| 515 (35) | Radioaktive Materialien und damit in Verbindung stehende Produkte | 726 (38) | Elektromedizinische Geräte und Instrumente |
| 532 (35) | Färbende und bräunende Extrakte | 733 (38) | Straßenfahrzeuge (ohne Motor) |
| 554 (35) | Seifen und Reinigungspräparate | 812 (38) | Sanitär-, Installateur-, Heiz- und Lichtzubehör |
| 561 (35) | Herstellung von Düngemitteln | 831 (32) | Reiseartikel, Handtaschen und ähnliche Produkte |
| 581 (35) | Plastische Stoffe, regenerierte Zellulose und künstliches Harz | 841 (32) | Bekleidung |
| 611 (32) | Herstellung von Leder und Lederfaserstoff | 842 (32) | Pelzbekleidung und sonstige Pelzwaren |
| 612 (32) | Lederverarbeitung (a.n.g.) ohne Herstellung von Lederbekleidung | 851(35/32) | Schuhe |
| 613 (32) | Pelz, gefärbt oder gebräunt | 864 (38) | Uhren |
| 621 (35) | Herstellung von Gummimaterialien | 894 (38/39) | Spielzeug, Spiele, Kinderwagen, Sportartikel |
| 631 (33) | Sperrholzplatten, Holzfurniere und anderweitig nicht genannte Holzbearbeitung | 895 (38/39) | Büroartikel |
| 633 (33) | Verarbeitung von Kork | 899 (39) | Verschiedene Industriegüter (a.n.g.) |
| 642 (34) | Herstellung von Waren aus Papier, Karton und Pappe | 961 (39) | Münzen , ohne Goldmünzen (keine gesetzlichen Zahlungsmittel) |

Anmerkung: korrespondierende ISIC-3-Codes (*Manufacturing*) in Klammern.

Erläuterung: Bei den aufgeführten Exportsektoren handelt es sich um jene nicht-traditionellen Gütergruppen (klassifiziert nach der SITC-Rev.1), die ab 1962 zusätz-

lich in das Exportgütersortiment aufgenommen wurden. (Die traditionellen Gütergruppen, die im Jahre 1962 bereits ausgeführt wurden, sind im Anhang aufgeführt.)
Quelle: United Nations (2003): Comtrade; United Nations (1971); eigene Darstellung.

Kritisieren kann man an diesem Verfahren, dass viele der rohstoffverarbeitenden Branchen, darunter die nahrungsmittelherstellenden Industrien, von den "*Manufactures*" kategorisch ausgeschlossen werden.

**Tabelle 5.2 Anzahl der 3-stelligen Exportsektoren je Sektion der SITC-Rev.1; 1962 - 2001**

| Nummer der Sektion | Warenbezeichnung | nicht-traditionelle Sektoren |
|---|---|---|
| 0 | Nahrungsmittel und lebende Tiere | 14 |
| 1 | Getränke und Tabakprodukte | 3 |
| 2 | Nichtessbare Rohstoffe, ohne minerale Brennstoffe | 7 |
| 3 | Minerale Brennstoffe, Schmiermittel und verwandte Produkte | 2 |
| 4 | Tierische und pflanzliche Fette und Öle | 1 |
| 5 | Chemische Erzeugnisse | 5 |
| 6 | Verarbeitete Industrieprodukte, nach Material klassifiziert | 30 |
| 7 | Maschinenbauerzeugnisse und Fahrzeuge | 6 |
| 8 | Verschiedene Industrieprodukte | 9 |
| 9 | Nichtklassifizierte Güter und Transaktionen | 1 |

Anmerkung: Die Zahl der Exportsektoren je Sektion ist die Anzahl der Gütergruppen, die Chile nach der 3-stelligen Güterklassifikation des Internationalen Warenverzeichnis für den Außenhandel ausgeführt hat (UNITED NATIONS 1961). Quelle: COMTRADE (2003), eigene Berechnungen.

Die zweite Methode beruht auf der *International Standard Industrial Classification* (ISIC). Nach der ISIC wird auf der ersten Gliederungsebene zwischen den Hauptbereichen "*Agriculture, Hunting, Forestry and Fishing*" (ISIC-Nummer 1), "*Mining and Quarrying*" (ISIC-Nummer 2) sowie "*Manufacturing*" (ISIC-Nummer 3) unterschieden. Diese Wirtschaftszweige sind auf der zweiten Ebene der ISIC in Divisionen mit einem zweistelligen Code unterteilt. Die "Zweisteller" werden auf der dritten Ebene in Sektoren mit einem dreistelligen Code untergliedert und diese ihrerseits (auf der vierten Ebene) in Produktklassen mit einer vierstelligen Nummer. Für die Zuordnung der dreistelligen SITC-Sektoren in die ISIC-Hauptbereiche ist folgendes relevant.

Die ISIC und die SITC sind miteinander verwandt. Deshalb kann man anhand der Tabellen in UNITED NATIONS (1971) für viele der vorliegenden dreistelligen

SITC-Codes eine Verknüpfung zu den entsprechenden ISIC-Codes erstellen.[6] Auf diese Weise lässt sich eine Zugehörigkeit zur ISIC-Kategorie "*Manufacturing*" ermitteln, in der auch nahrungsmittelherstellende und rohstoffverarbeitende Industrien vertreten sind.

**Abbildung 5.4 Anzahl der 3-stelligen SITC-Exportsektoren, klassifiziert nach Industriegüter- und Primärgüterexporte; 1962 und 2001**

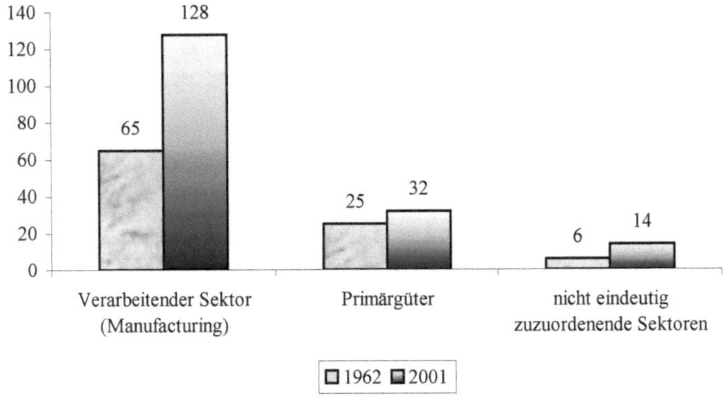


Anmerkung: Die Einteilung in Primär- und Industriegüter entspricht der *International Standard Industrial Classification* (ISIC), wie sie auch die Chilenische Zentralbank verwendet. Primärgüter umfassen die Kategorie "*Agriculture, Hunting, Forestry and Fishing*" (Code 1 der ISIC) sowie die Kategorie "*Mining and Quarrying*" (Code 2 der ISIC). Das verarbeitende Gewerbe umfasst die Kategorie "*Manufacturing*" (Code 3 der ISIC).
Bestimmte 3-ziffrige SITC-Sektoren (wie beispielsweise die Sektoren 122, 275, 282, 331, 341) lassen sich nicht eindeutig der ISIC-Kategorie " *Manufacturing* " zuordnen. D.h. theoretisch ist eine eindeutige Zuordnung von 4-ziffrigen SITC-Codes möglich (vgl. dazu UNITED NATIONS 1971). 4-stellige SITC-Exportdaten liegen jedoch nicht vor. Quelle: UNITED NATIONS (2003): COMTRADE (2003); eigene Berechnungen

Wie aus Abschnitt 2.2 bereits bekannt, wird die *International Standard Industrial Classification* unter anderem von der chilenischen Zentralbank zur Klassifikation außenwirtschaftlicher Wirtschaftszweigen verwendet. Die bereits durchgeführten Analysen zum Untersuchungskomplex "Exportdiversifizierung" basieren auf Angaben der chilenischen Zentralbank und damit auf der ISIC. Um die folgenden Analysen mit den Erkenntnissen der vorherigen Kapitel in Beziehung

6 Vgl. Tabelle 5.1 Sie enthält die dreistelligen SITC-Codes und ihre korrespondierenden zweistelligen ISIC-*Manufacturing*-Codes in Klammern.

setzen zu können, wird zur Kategorisierung von primärer und industrieller Exportproduktion die *International Standard Industrial Classification* gewählt. Die Ergebnisse dieser Klassifizierung sind in Abbildung 5.4 dargestellt.

Wie aus Abbildung 5.4 hervorgeht, sind zwischen 1962 und 2001 in der industriellen Exportproduktion 63 Sektoren entstanden. Dagegen wurden im Bereich des Primärgüterexports (bestehend aus Land-, Jagd-, Forst- und Fischwirtschaft sowie dem Bergbau) lediglich 7 Exportzweige aufgebaut. Auf Basis der Informationen aus UNITED NATIONS (1971) lassen sich 8 der neu entstandenen SITC-Sektoren, wie beispielsweise der Sektor 022 (Milch und Milchprodukte),[7] nicht eindeutig einer der ISIC-Kategorien zuordnen. Unter Vernachlässigung dieser Sektoren kann man etwa 81% der 78 nicht-traditionellen Exportzweige der Kategorie "*Manufacturing*" zuweisen. Man könnte hypothetisch sogar 91% der neu entstandenen Exportzweige der Kategorie "*Manufacturing*" zuordnen, wenn man diese 8 Sektoren vorsichtig als der "industriellen Exportproduktion zugehörig" klassifiziert. Ein wichtiges Merkmal der chilenischen Exportdiversifizierung ist damit die Erweiterung der Exportbereichs um industrielle Exportzweige und damit die Verbreiterung der Palette der Sektoren, die der industriellen Exportproduktion zuzurechnen sind.
Vor dem Hintergrund dieser Diagnose stellt sich die Frage nach einem Zusammenhang zwischen dem Grad der horizontalen Exportdiversifizierung und der Industriegüterquote am Gesamtexport. Auf diese Frage wird bei der Diskussion der chilenischen Exportkonzentration im nächsten Abschnitt noch zurückzukommen sein

## 5.3 Exportkonzentration und horizontale Exportdiversifizierung

Nach dem Befund des letzten Abschnitts hat in Chile seit 1974 die Zahl exportierender (*three-digit*) Sektoren beständig zugenommen, wobei mindestens 81% der neu entstandenen Sektoren als "industriell" zu klassifizieren sind. In diesem Abschnitt geht es um die Frage, ob der soeben beschriebene Diversifizierungsprozess zu einer spürbaren Senkung beim Konzentrationsgrad der Exporterlöse geführt hat. Der Abschnitt gliedert sich in fünf Unterabschnitte.

Im ersten Unterabschnitt wird die Konzentration der Gesamtexporterlöse zunächst getrennt von der horizontalen Exportdiversifizierung diskutiert (Unterab-

7 Frische Milch, Vollmilch, Sahne und Rahm gehört zur Kategorie 1 der ISIC, während beispielsweise pastorisierte und sterilisierte (abgepackte) Milchprodukte als Industrieprodukte klassifiziert werden (UNITED NATIONS 1971).

schnitt 5.3.1). Der zweite Unterabschnitt behandelt die wesentlichen Bestimmungsfaktoren für die Entwicklung der Exportkonzentration, darunter die horizontale Exportdiversifizierung (Unterabschnitt 5.3.2). Der dritte Unterabschnitt untersucht den Kausalzusammenhang zwischen der horizontalen Exportdiversifizierung und der Konzentration der Exporterlöse (Unterabschnitt 5.3.4). Der vierte befasst sich speziell mit den Auswirkungen der horizontalen Exportdiversifizierung auf die Entwicklung der Exportkonzentration im Industriesektor (Unterabschnitt 5.3.4). Der letzte Unterabschnitt enthält eine kurze Zusammenfassung bisheriger Ergebnisse (Unterabschnitt 5.3.5).

### 5.3.1 Die Konzentration der Exporterlöse im Zeitablauf

Die Konzentration der Exporterlöse im Zeitablauf lässt sich mit Hilfe des Herfindahl-Index bestimmen. Wie aus Abschnitt 4.2.3 bekannt, berechnet sich der Herfindahl-Konzentrationsindex (*HI*) nach der Formel

$$HI_t = \sum_{k=1}^{z} X_{k,t}^2 \Big/ \left( \sum_{k=1}^{z} X_{k,t} \right)^2, \qquad (5.3.1)$$

wobei $z$ die Gesamtzahl exportierender Sektoren und $X_{k,t}$ die Exporterlöse des Sektors $k$ zur Zeit $t$ repräsentiert. Der Index liegt innerhalb des Intervalls [0,1], dessen Obergrenze bei vollständiger Konzentration ($z = 1$) erreicht wird. Die Untergrenze wird bei $z \to \infty$ mit $1/z$ asymptotisch nur angenähert. Dabei sinkt $HI_t$

- mit zunehmender Gleichheit von $X_k/\Sigma X_k$ sowie
- mit steigendem $z$.

Steigt jedoch fortlaufend der Anteil einer Einheit $k$ an allen $z$ Einheiten bzw. steigt die Ungleichheit der Verteilung von $\Sigma X_k$ auf $k$, dann erhöht sich $HI_t$ trotz steigendem $z$. Somit kann eine Konzentrationszunahme trotz der beobachteten Erhöhung der Zahl exportierender Sektoren nicht ausgeschlossen werden. Umgekehrt kann man sich vorstellen, dass bei Verminderung der Zahl exportierender Wirtschaftszweige der Konzentrationsgrad ebenfalls sinkt. Daraus folgt: Eine Zunahme (Abnahme) des an der Zahl der Exportzweige gemessenen Diversifizierungsgrades schlägt sich nicht zwangsläufig in einer Abnahme (Zunahme) des Konzentrationsgrades nieder. Ob die chilenische Exportkonzentration im Zuge der horizontalen Exportdiversifizierung abgenommen hat, soll im folgenden analysiert werden.

Allerdings können für die Berechnung der Exportkonzentration nicht die Exportzweige mit einem dreistelligen SITC-Code verwendet werden. Dies hat folgenden Grund: Die entsprechenden Exportvolumina werden in der *UN Commodity Trade Statistics Database* (2003) nicht einheitlich in Geldeinheiten sondern meistens in metrischen Tonnen ausgedrückt. Ohne Informationen zu den sektorspezifischen Preisen je Gewichtseinheit, lassen sich die Exporterlöse und damit die Erlösanteile $X_k/\Sigma X_k$ der einzelnen Sektoren $k$ nicht berechnen. Auf der zweistelligen Gliederungsebene sind die notwendigen Informationen zu den Exporterlösen jedoch vorhanden. Anstelle der dreistelligen Klassifizierung wird deshalb die zweistellige SITC-Klassifizierung angewendet, mit $z = 56$ Warenpositionen. Die Ergebnisse der Berechnungen sind in Abbildung 5.5 dargestellt.

**Abbildung 5.5 Herfindahl-Konzentrationsindex für die Gesamtausfuhr (1962-2001)**

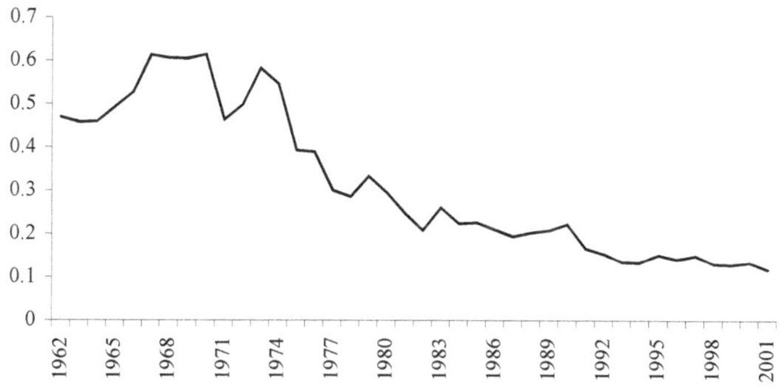


Quelle: United Nations (2003): COMTRADE, eigene Berechnungen

Anhand von Abbildung 5.5 wird deutlich, wie sich der Konzentrationsgrad der Exporterlöse vermindert hat. Seit 1974 lässt sich eine sinkende Tendenz des Herfindahl-Indexes erkennen. Zwar ist in der Zeit vor 1974 ist kein Trendverlauf sichtbar, bemerkenswert ist aber die abrupte Verringerung der Erlöskonzentration zu Beginn der Allende-Ära 1970/1971. Dieses Phänomen ist vermutlich jedoch nicht auf wirtschaftspolitische Maßnahmen der Allende-Regierung, sondern eher auf externe Ursachen zurückzuführen:

Bedingt durch einen Fall der Kupferpreise um ca. 25% kann man zwischen 1970 und 1971 einen deutlichen Einbruch bei den Kupferexporterlösen beobachten.[8] Die Einnahmen aus dem Kupferexport fielen von etwa 640.000 auf ca. 600.000 Millionen Pesos (des Jahres 1996), während die gesamten Exporteinnahmen von etwa 960.000 auf ca. 970.000 Millionen Pesos wuchsen. Infolgedessen sank der Anteil der Kupferausfuhr am Gesamtexport von etwa 67% auf ca. 62% und da-

8 Auf der zweistelligen Gliederungsebene der SITC wird die Ausfuhr fast ausschließlich von SITC 68 bestimmt, was den Export von Kupfer (SITC 682) wiedergibt.

mit die Konzentration der Exporte auf Kupfer.[9] Dies erklärt sehr einfach die abrupte Senkung des Herfindahl-Indexes zu Beginn der Allende-Ära 1970/1971.

In den darauffolgenden Jahren 1972 und 1973 stieg der Konzentrationsgrad der Erlöse als Folge einer günstigen Kupferpreisentwicklung jedoch wieder fast auf das Niveau von 1970. Erst mit der 1974 einsetzenden Außenhandelsliberalisierung beginnt ein kontinuierlicher Abstieg des Herfindahl-Indexes von 0.583 im Jahre 1973 auf 0.117 im Jahre 2001. Damit verminderte sich die Konzentration der Exporterlöse seit 1974 und rund 80%. Diese ab 1974 einsetzende Senkung der Exportkonzentration kann man mit drei eng miteinander zusammenhängenden Faktoren in Verbindung bringen. Schlagwortartig zusammengefasst, handelt es sich bei den bestimmenden Faktoren für den Abstieg des Herfindahl-Indexes um

(1) die Senkung der Kupferquote am Gesamtexport,
(2) die Steigerung der Industriegüterquote am Gesamtexport - also die vertikale Exportdiversifizierung - und
(3) die Verbreiterung der Exportbasis um vorwiegend industrielle Exportzweige.

### 5.3.2 Bestimmende Faktoren für die Senkung Exportkonzentration

(1) Sinkende Kupferanteile am Gesamtexport

Wie aus Abschnitt 2.2.2 bekannt, schrumpfte der Anteil der Kupferexporterlöse an den gesamten Exporteinnahmen seit 1974 kontinuierlich von etwa 70% auf etwa 30% (2001). Vor diesem Hintergrund ist zu vermuten, dass die Senkung des Herfindahl-Indexes primär auf die Verringerung der Kupferexportquote an der Gesamtausfuhr zurückzuführen ist. Diese Vermutung wird durch die Berechnung des Korrelationskoeffizienten zwischen der Kupferexportquote und dem Herfindahl-Index untermauert.[10] Im Zeitraum von 1962 und 2001 beläuft sich der Korrelationskoeffizient auf

$$corr\ (\text{Kupferexportquote/Herfindahl-Index}) = 0.97.$$

Daraus folgt, dass der Herfindahl-Index und der Kupferexportanteil einer nahezu identischen zeitlichen Entwicklung folgen, aus der man auf eine äußerst starke Interdependenz zwischen den beiden Größen schließen kann. Offenbar spiegelt sich die Abhängigkeit der chilenischen Volkswirtschaft vom Kupferexport ziemlich genau im Herfindahl-Index wider.

(2) höhere Industriegüteranteile am Gesamtexport

Angesichts der Tatsache, dass der Anteil der Kupferausfuhr an der Gesamtausfuhr zu Gunsten höherer Industriegüteranteile gesunken ist, kann man ebenfalls von einer hohen Korrelation zwischen Industriegüterquote und Herfindahl-Index

9 Die Angaben beruhen auf Informationen aus BANCO CENTRAL DE CHILE: *Indicadores Económicos 1960 bis 2001*, eigene Berechnungen.

10 Die Formel zur Berechnung des Korrelationskoeffizienten findet sich in Abschnitt 3.4.1.

ausgehen.[11] Die Berechnung des Korrelationskoeffizienten zwischen Industriegüterquote und HERFINDAHL-Index ergibt für die Jahre von 1962 bis 2001 einen Wert von

*corr* (Industriegüterquote/Herfindahl-Index) = -0.94.

Hinter diesem Wert verbirgt sich ein fast identischer, spiegelverkehrter Entwicklungsverlauf von Industriegüterquote und Herfindahl-Index. Dieser Verlauf kann als Negativzusammenhang interpretiert werden, der besagt, dass der HERFINDAHL-Konzentrationsindex im so kleiner (größer) wird, je höher (niedriger) der an Industriegüterquote gemessene Grad der vertikalen Exportdiversifizierung ist. Diese Feststellung lässt sich zu den Beobachtungen über den Prozess der horizontalen Expordiversifizierung wiederum wie folgt in Beziehung setzen.

(3) Steigende Industriegüteranteile infolge der Verbreiterung der Exportbasis um industrielle Exportzweige

Entsprechend den Ausführungen des vorherigen Abschnitts, kennzeichnet sich die horizontale Exportdiversifizierung Chiles durch eine kontinuierliche Verbreiterung der Palette an Exportsektoren, wobei mindestens 81% der neu entstandenen Sektoren als "industriell" zu klassifizieren sind. Zwischen der signifikanten Erweiterung der Exportproduktion um vorwiegend verarbeitende Exportbereiche und der kontinuierlichen Erhöhung der Industriegüterexportquote am Gesamtexport dürfte ein sehr starker Zusammenhang bestehen.[12] Diese Einschätzung stützt sich auf die hohe Korrelation zwischen der Zahl exportierender Sektoren und dem Industriegüteranteil am Gesamtexport. Die Berechnung des Korrelationskoeffizienten liefert einen Wert von

*corr* (Zahl exportierender Sektoren/Industriegüteranteil) = 0.96.

Insofern lässt sich als ein wichtiges Zwischenergebnis festhalten, dass die horizontale Ausweitung der Exportproduktion einen hohen Beitrag zur Erhöhung des vertikalen Diversifizierungsgrades geleistet hat.[13] Ausgehend von diesem Ergebnis ergibt sich schließlich die folgende Kausalkette.

---

11 Vgl. dazu die Abschnitte 2.2.2 und 3.4.1. In diesen Abschnitten wurde konstatiert, dass der Industriegüteranteil am Gesamtexport von etwa 7,4% (1960) auf ca. 36% (2001) zugenommen hat.

12 Nach den Ergebnissen aus Abschnitt 3.4.1 folgt der Industriegüteranteil am Gesamtexport (zwischen 1960 und 2001) einem (gebrochenen) deterministischen Trend mit einer jährlichen Zuwachsrate von rund 2% (vgl. Abbildung 3.9).

13 Dieses Ergebnis wird durch einen einfachen Granger-*Causality*-Test für den Zeitraum von 1962 bis 2001 untermauert. Der Test basiert auf einem VAR-Model der Ordnung 1 sowie auf einem VAR-Model der Ordung 2. HAFER/KUTAN (1997) folgend wird den Vekrorautoregressionen ein linearer Zeittrend hinzugefügt, da es sich beim logarithmierten Industriegüteranteil sowie bei der logarithimerten Zahl der Exportsektoren um trendstationäre Prozesse handelt (vgl. Abschnitt 3.4.1 und Abschnitt 5.6.4.1). Basierend auf dem VAR(2)-Modell, verwirft der Chi-Quadrat-Test die Nullhypothese, wonach die Zahl der Exportsektoren nicht Granger-kausal zum Industriegüteranteil ist, auf dem 1%-Signifikanzniveau (Chi-Quadrat-Wert

Im Zuge der horizontalen Erweiterung der Exportproduktion um vorwiegend industrielle Exportzweige stieg die Industriegüterquote am Gesamtexport.[14] Infolgedessen sank die Kupferexportquote und damit die Konzentration der Exporte auf Kupfer. Auf den Abbau der Konzentration der Exporte auf Kupfer reagierte der Herfindahl-Index mit einem kontinuierlichen Abstieg.

Folglich kann man die horizontale Exportdiversifizierung als ursächlich für die Senkung der Exportkonzentration ansehen, wobei die Reduzierung der Abhängigkeit von der Kupferausfuhr vermutlich nicht allein das Ergebnis einer wachsenden industriellen Exportbasis ist, sondern auch das Resultat einer breiteren Palette an Primärsektoren. Diese Vermutung lässt sich ökonometrisch überprüfen.

### 5.3.3 Ökonometrische Überprüfung des Kausalzusammenhangs zwischen der Zahl exportierender Sektoren und der Konzentration der Exporterlöse

Aufbauend auf dem in Abschnitt 3.4.3 diskutierten Konzept der GRANGER-Kausalität kann eine kausale Beziehung zwischen der Zahl exportierender Sektoren und dem HERFINDAHL-Konzentrationsindex mit Hilfe der folgenden Schätzgleichung spezifiziert werden

$$LHI_t = a + \sum_{j=1}^{k} b_j LHI_{t-j} + \sum_{j=1}^{k} c_j LZ_{t-j} + e_t, \tag{5.3.2}$$

mit $e_t$ als ein stationärer Störterm, den zu schätzenden Elastizitäten $b_j$, $c_j$ und der Konstanten $a$. Die Variable $LHI_t$ bezeichnet den logarithmierten Herfindahl-Index und $LZ_t$ ist die logarithmierte Zahl der Exportsektoren pro Zeitperiode $t$, wobei insgesamt $k$ Verzögerungen der endogenen und exogenen Variablen in Regressionsgleichung (5.3.2) aufgenommen werden.

Aufgrund der Strukturbruchproblematik zwischen 1962 und 1974 wird zur Vereinfachung der Analyse als Untersuchungszeitraum 1974 bis 2001 gewählt. In diesen Zeitraum können $LHI_t$ und $LZ_t$ nicht als integriert, $I(d>0)$, betrachtet werden, denn beide Variablen zeigen nach den Ergebnissen der ADF-Einheitswurzeltests in Tabelle 5.3 ein trendstationäres Verhalten, ($I(0)$ + Trend).

---

beträgt 10.739). Im VAR(1)-Modell wird die Nullhypothese fehlender Granger-Kausalität auf dem 5%-Niveau verworfen (Chi-Quadrat-Wert beträgt 4.661). Dagegen wird die Nullhypothese, nach der der Industriegüteranteil nicht Granger-kausal zur Zahl exportierender Sektoren ist, im VAR(2)- und im VAR(1)-Modell *nicht* verworfen (Im VAR (2) Modell beträgt der Chi-Qudrat-Wert 2.49 und der entsprechende *p*-Value 0.28; im VAR (1) Modell beträgt der Chi-Qudrat-Wert 0.02 und der entsprechende *p*-Value 0.89).

14 Die wachsenden Industriegüteranteile dürften natürlich (neben den Auswirkungen der horizontalen Exportdiversifizierung) auch überproportional steigende Exporte traditioneller Industriezweige widerspiegeln.

Daher kann Regression (5.3.2) unter Berücksichtigung eines linearen Zeittrends $t$ ($t$ = 1, 2 ..., 28) durchgeführt werden.[15] Die Laglänge $k$ wird entsprechend den Modellselektionskriterien von Schwarz und Hannan-Quinn auf $k$ = 1 festgelegt. Die Ergebnisse der so durchgeführten Schätzung sind in Abbildung (5.6) aufgeführt (t-Werte in Klammern).

**Tabelle 5.3 ADF-Einheitswurzeltest**

| Variable | ADF Teststatistik | Kritischer Wert (1%) | t-Wert des Zeittrends | Testergebnis | Integrationsordnung |
|---|---|---|---|---|---|
| *LHI* | -4.57 | -4.34 | -3.88** | trendstationär | $I(0)$+trend |
| *LZ* | -6.46 | -4.34 | 4.21** | trendstationär | $I(0)$+trend |

Anmerkung: Der Test wurde unter Berücksichtigung der Modellselektionskriterien von Schwarz und Hannan-Quinn einheitlich mit keiner Verzögerung durchgeführt. Zur Offenlegung von trendstationärem Verhalten enthielt die ADF-Testgleichung einen linearen Trend. Der Kritische Wert stammt aus MACKINNON (1991).** 1%-Signifikanzniveau.

Abbildung 5.6 ist zu entnehmen, dass die um eine Periode verzögerte logarithmierte Zahl exportierender Sektoren ($LZ_{t-1}$) einen statistisch signifikanten Einfluss auf den logarithmierten Konzentrationsindex ($LHI_t$) hat. Daher kann die Nullhypothese, wonach die Zahl der Exportsektoren nicht Granger-kausal zur Exportkonzentration ist, (nach dem t-Test) auf dem 1%-Signifikanzniveau verworfen werden.

**Abbildung 5.6 Schätzergebnisse**

$$LHI_t = 3.14^{*} + 0.19 LHI_{t-1} - 0.72^{**} LZ_{t-1} - 0.028^{**} t$$
$$(2.59) \quad (1.14) \quad (-2.78) \quad (-3.94) \qquad (5.3.3)$$
$$R^2 = 0.95;\ SER = 0.09;\ JB = 0.97;\ LM(2);\ ARCH(1) = 0.76$$

Anmerkung: ** (*) Signifikant bei einem Niveau von 1% (5%). SER= Standardfehler der Regression. *LM(k)*=Test auf Autokorrelation *k*-ter Ordnung (Irrtumswahrscheinlichkeit bei Bestätigung der Hypothese "Autokorrelation in den Residuen"); *ARCH(q)*= Test auf bedingte Heteroskedastizität (*q*-ter Ordnung). *JB*= Jarque-Bera-Test auf Normalität (Probability).

Wie erwartet, ist der Beitrag der Verbreiterung der Exportbasis zur Konzentrationssenkung recht beachtlich. Entsprechend Gleichung (5.3.3), Abbildung 5.6, senkt die Erhöhung der Zahl exportierender Wirtschaftszweige um 1 Prozent

15 Vgl. zu dieser Vorgehensweise der Einbeziehung eines linearen Zeittrends beim Testen auf Granger-Kausalität unter der Annahme trendstationären Verhaltens auch HAFER/KUTAN (1997, 2002).

(zum Zeitpunkt *t*-1) den Konzentrationsgrad der Exporterlöse in der Folgeperiode durchschnittlich um 0,72 Prozent. Somit kann für Chile als nachgewiesen betrachtet werden, dass die horizontale Erweiterung der Exportproduktion um (nicht-traditionelle Exportsektoren) zu einer Abnahme des Herfindahl-Konzentrationsindex geführt hat. Da man den Herfindahl-Index als Gradmesser für die Abhängigkeit der Chilenischen Volkswirtschaft vom Kupferexport ansehen kann, hat diese Ergebnis eine äußerst wichtige Implikation. Sie lässt sich wie folgt ableiten.

Nach den Erkenntnissen der bisher durchgeführten Analysen haben sich durch die starke Abhängigkeit von der Kupferausfuhr negative Auswirkungen auf den chilenischen Entwicklungsprozess ergeben. Schlagwortartig seien hier zwei Problemfelder genannt, die in Abschnitt 2.3.1 und 3.4.1 bereits ausführlich diskutiert worden sind: die Instabilität der Exporterlöse sowie die Anfälligkeit der chilenischen *Terms of Trade* gegenüber der Kupferpreisentwicklung. Unter Berücksichtigung dieser wachstumshemmenden Faktoren ist die Reduzierung der Abhängigkeit vom Kupferexport *ceteris paribus* als entwicklungsfördernd zu beurteilen. Nach den Ergebnissen der soeben durchgeführten Schätzung, resultierte aus der kontinuierlichen Erhöhung der Zahl exportierender Wirtschaftszweige eine Senkung dieser Abhängigkeit. Dies impliziert, dass man von einer Beschleunigung der chilenischen Wirtschaftsentwicklung in Folge der horizontalen Exportdiversifizierung ausgehen kann.

Dabei erstreckt sich die Wirkung der horizontalen Exportdiversifizierung vermutlich nicht auf die Reduzierung der Abhängigkeit vom schwankungsanfälligen Kupferexport. Wie in den Abschnitten 5.4 bis 5.6 noch ausführlich zu untersuchen sein wird, dürfte die horizontale Exportdiversifizierung – neben der Konzentrationssenkung – auch wachstumsfördernde Lern- und *Spillover*-Effekte ausgelöst haben. Bevor diese Wachstumseffekte diskutiert und quantifiziert werden, soll im nächsten Abschnitt ein Blick auf die Struktur und die Konzentration der industrieller Exporte zwischen 1960 und 2001 geworfen werden.

### 5.3.4 Struktur und Konzentration der industriellen Exportproduktion

Da die gesamte chilenische Exportproduktion zwischen 1962 und 2001 um insgesamt 63 industrielle Exportzweige erweitert wurde, hat sich die industrielle Exportbasis erheblich verbreitert. Es kann vermutet werden, dass eine derartige Expansion nicht ohne Auswirkung auf Struktur und Konzentration innerhalb der verarbeitenden Exportindustrie blieb. Ob die Verbreiterung der industriellen Exportbasis Veränderungen der Struktur und Konzentration ausgelöst hat, soll im folgenden untersucht werden. Abschnitt 5.3.4.1 ist der Darstellung der Struktur und Strukturverschiebungen innerhalb der verarbeitenden Exportindustrie gewidmet. Der darauf folgende Abschnitt 5.3.4.2 befasst sich mit der Entwicklung der industriellen Exportkonzentration.

#### 5.3.4.1 Industrielle Exportstruktur und horizontale Exportdiversifizierung

Zur Analyse von Struktur und Strukturverschiebungen wird die industrielle Exportstruktur der Jahre 1960, 1970, 1980, 1990, und 2001 auf dem Aggregationsniveau der zweistelligen Ebene der *International Standard Industrial Classification* in Tabelle 5.4 abgebildet. Tabelle 5.4 enthält außerdem den Zuwachs nicht-traditioneller Exportsektoren (mit einem dreistelligen Code der SITC) innerhalb der einzelnen Industriebereiche (entsprechend der ISIC) zwischen 1962 und 2001.

Wie aus Tabelle 5.4 hervorgeht, haben sich in der industriellen Exportstruktur signifikante Strukturverschiebungen ergeben. Die stärksten Veränderungen werden in der Metallerzeugung und -bearbeitung (ISIC-Nummer 37) sichtbar. Der Anteil der Metallerzeugung und -bearbeitung an den Gesamtexporten der verarbeitenden Industrie schrumpfte trotz einer Verbreiterung dieses Exportbereichs um 13 nicht-traditionelle Exportsektoren kontinuierlich von 45% (1960) auf 3.4% (2001). Im gleichen Zeitraum erhöhte sich sowohl die Zahl als auch der Anteil der Nahrungs- und Genussmittelindustrien (Nahrungsmittel-, Getränke und Tabakherstellung) am industriellen Export (ISIC-Nummer 31). Während die Anteil der Nahrungs- und Genussmittelindustrien im Jahre 1960 bei etwa 20% lag, betrug er im Jahre 2001 rund 40% (32.3% + 7.5%). Dabei wurden die Nahrungs- und Genussmittelindustrien um 11 nicht-traditionelle Exportsektoren erweitert. Der Zuwachs innerhalb der chemischen Industrie (ISIC Nummer 35) belief sich auf 7 neue Exportzweige.[16] Die Gesamtexporte der chemischen Industrien stiegen dabei ebenfalls kontinuierlich überproportional. Ihre Quote am Gesamtexport der verarbeitenden Industrien erhöhte sich trendmäßig von 7.4% (1960) auf 18.1% (2001).

Dagegen lassen die anderen Anteile der verarbeitenden Industriebereiche kein eindeutiges Trendverhalten erkennen. Gleichwohl übersteigen die in 2001 gemessenen Anteile von ISIC 33 (Holz und Möbel), ISIC 34 (Papierindustrien) und ISIC 38 (Maschinenbau, Elektrotechnik) ihre Vergleichswerte des Jahres 1960. Innerhalb dieser Industriebereiche variiert der Zuwachs an nicht-traditionellen Exportsektoren zwischen 10 (ISIC 38) und 1 (ISIC 34).

Als Zwischenergebnis lässt sich festhalten, dass man in der industriellen Exportproduktion signifikante Strukturverschiebungen beobachten kann. Im Zuge dieser Strukturverschiebungen schrumpfte deutlich der Anteil der Metallerzeu-

16 Hier ergeben sich Unterschiede zwischen der Klassifizierung entsprechend der SITC und der ISIC: Während die Sektoren "Synthetische Fasern, Kunstfaserstoffe sowie durch Recycling gewonnene Fasern" (SITC 266) und "Herstellung von Gummimaterialien" (SITC 621) nicht der "Herstellung von chemischen Erzeugnissen" (SITC 5) zugeordnet werden, werden diese Exportzweige nach der ISIC als der Chemieindustrie zugehörig (ISIC 5) klassifiziert.

gung und -bearbeitung am industriellen Export, während der Anteil der Nahrungs- und Genussmittelindustrien beträchtlich wuchs. Obigen Ausführungen zufolge signalisieren die Daten in Tabelle 5.4 allerdings keinen Zusammenhang zwischen der Erweiterung der Exportbereiche um nicht-traditionelle Exportsektoren und einer Erhöhung der Anteile der einzelnen Industriebereiche (am Gesamtexport der verarbeitenden Exportindustrien). Der augenscheinlich fehlende Zusammenhang ist natürlich darauf zurückzuführen, dass die zeitliche Entwicklung der Branchenanteile stark durch anderen Faktoren determiniert wird.

**Tabelle 5.4 Produktionsstruktur innerhalb der Verarbeitenden Exportindustrie, (Sektoranteile in % der Exporterlöse der verarbeitenden Industrie)**

| ISIC-Industriebereiche bzw. ISIC-Branchen | 1960 | 1970 | 1980 | 1990 | 2001 | *nicht-traditionelle Sektoren* |
|---|---|---|---|---|---|---|
| 31 Herstellung von Nahrungsmitteln | 19.2 | 22.3 | 24.1 | 41.0 | 32.3 | *11* |
| Getränkeherstellung, Tabak | 0.8 | 1.4 | 1.4 | 2.9 | 7.5 | |
| 32 Herstellung von Textilien, Bekleidung, Schuhe | k. A. | k. A. | k. A. | 3.7 | 2.2 | *12* |
| 33 Herstellung von Holz und Möbeln | 4.4 | 6.9 | 18.8 | 13.0 | 11.3 | *2* |
| 34 Herstellung von Papier, Pappe, Zellulose, Verlags- und Druckerzeugnissen | 14.6 | 25.9 | 18.7 | 15.0 | 17.4 | *1* |
| 35 Herstellung von chemischen Erzeugnissen | 7.4 | 8.5 | 10.5 | 14.4 | 18.1 | *7* |
| 36 Herstellung von Porzellan, Glas, Nichteisernen Mineralien | k. A. | k. A. | k. A. | 0.8 | 0.6 | *3* |
| 37 Metallerzeugung und -bearbeitung | 44.9 | 18.3 | 17.9 | 4.2 | 3.4 | *13* |
| 38 Maschinenbau, Herstellung von Erzeugnissen aus Metall, Elektrotechnik, Feinmechanik, Kontrollinstrumente | 3.8 | 6.0 | 4.1 | 2.3 | 4.6 | *10* |
| Ausrüstungsgüter | 0.0 | 4.1 | 2.8 | 2.2 | 2.4 | |
| 39 Sonstige Industrien | 4.9 | 6.5 | 1.9 | 0.3 | 0.2 | *4* |
| | 100 | 100 | 100 | 100 | 100 | *63* |

Erläuterung: k. A. = keine Angaben. Bei den nicht-traditionellen Exportsektoren handelt es sich um nach 1962 entstandene Exportsektoren mit einem dreistelligen SITC-Code.

Anmerkung: Alle Anteile der ISIC-Industriebereiche stiegen kontinuierlich in % der Gesamtexporte. Eine Ausnahme ist ISIC 37. Hier schrumpfte der Anteil von ca. 3.3% (1960) auf etwa 1.5% (2001).

Quelle: Exportanteile: BANCO CENTRAL DE CHILE: *Indicadores Económicos y Sociales de Chile 1960-2000*; *Boletín Mensual 2002*; Eigene Berechnungen; Zahl der Exportsektoren: UNITED NATIONS (2003).

So entscheidet über die Höhe der Anteile ($EX_i/XI$) der Exporte ($EX_i$) der einzelnen Industriebereiche ($i = 1,...11$) an den Gesamtexporten der verarbeitenden Industrien ($XI$) nicht primär die Zahl ($z_{NT}$), sondern hauptsächlich das Exportvolumen ($X_{NT}$) der nicht-traditionellen Sektoren ($k_{NT}$). Diese Beziehung wird anhand von Definitionsgleichung (5.3.4) leicht deutlich:

$$\frac{EX_i}{XI} = \frac{\sum_{k_{NT}=1}^{z_{NT}} X_{k_{NT}}}{XI} + \frac{\sum_{k_T=1}^{z_T} X_{k_T}}{XI}. \qquad (5.3.4)$$

Darüber hinaus ist aus Gleichung (5.3.4) ersichtlich, dass die Anteile der einzelnen Industriebereiche ($EX_i/XI$) auch eine Funktion der Anteile ihrer traditionellen Exportsektoren, $\sum X_{k_T} / XI$, sind. Insofern können sinkende (steigende) Branchenanteile, maßgeblich auf kleinere (größere) Anteile traditioneller Sektoren zurückgeführt werden. Dies erklärt sehr einfach, weshalb beispielsweise die Anteile von ISIC 37 an den Gesamtexporten der verarbeitenden Industrie, trotz der überdurchschnittlich hohen Zahl nicht-traditioneller Sektoren, so stark rückläufig sind (Tabelle 5.4).

Da die Datenlage keine Betrachtung der Exportanteile auf sektoraler (*three-digit*) Ebene zulässt,[17] kann der Einfluss der sektoralen Verbreiterung auf die Entwicklung der Branchenanteile jedoch nicht exakt quantifiziert werden. Aus diesem Grund ist es auch schwer zu beurteilen, wie sich die Verbreiterung der einzelnen Industriebereiche auf die Verteilung bzw. Konzentration der Industriegüterausfuhr ausgewirkt hat.

### 5.3.4.2 Exportkonzentration im Industriesektor und horizontale Exportdiversifizierung

Ein langfristiger Trend zu einer gleichmäßigeren Verteilung ist anhand von Tabelle 5.4 jedenfalls nicht zu erkennen. Berechnet man den Herfindahl-Konzentrationsindex für die industriellen Ausfuhr auf Basis der ISIC-Klassifizierung in Tabelle 5.4, so zeigt sich eine Tendenz zu einer insgesamt ausgewogeneren Ausfuhrstruktur erst ab dem Jahre 1985 (Abbildung 5.7). Ab 1985 verringerte sich der Herfindahl-Konzentrationsindex von 0.314 im Jahre 1985 kontinuierlich auf 0.196 im Jahre 2001. Auffällig ist ferner die Verringerung der Exportkonzentration nach der Außenhandelsliberalisierung von 1974. Während der Index im Jahre 1974 noch bei 0.226 lag, lautet der Index im Folgejahr nur noch 0.179. Dieser Wert reduzierte sich jahresdurchschnittlich um wei-

17 Wie bereits erwähnt, werden die Exportvolumina auf der dreistelligen Ebene der SITC in der *UN Commodity Trade Statistics Database* (2003) nicht einheitlich in Geldeinheiten sondern meistens in metrischen Tonnen ausgedrückt. Ohne Informationen zu den sektorspezifischen Preisen je Gewichtseinheit, lassen sich die Exportanteile der einzelnen Sektoren nicht berechnen.

tere 3.9% bis zum Jahre 1981. Infolge der Schuldenkrise von 1982 kam es jedoch zu einer drastischen Zunahme bei der Exportkonzentration im Industriesektor.[18] Zwischen 1982 und 1985 stieg der Herfindahl-Index vorübergehend von ca. 0.201 auf etwa 0.314. Seit 1985 zeichnet sich schließlich ein möglicher Trend in Richtung einer gleichmäßigeren Verteilung der Exporte auf die einzelnen Industriebereiche ab.

**Abbildung 5.7 Herfindahl-Konzentrationsindex für die Industriegüterausfuhr (1960-2001)**

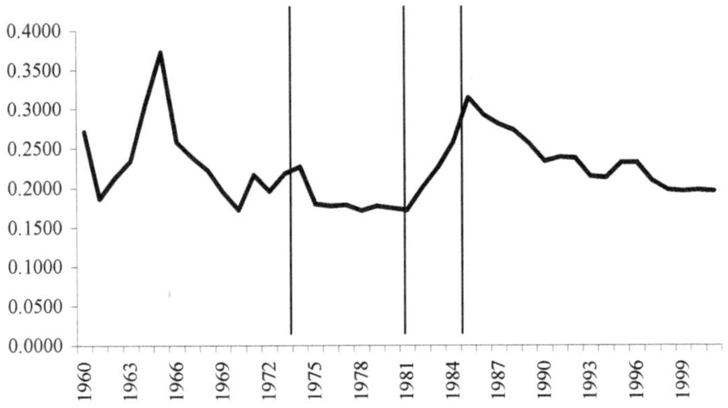


Quelle: eigene Berechnungen auf Grundlage von Daten aus: BANCO CENTRAL DE CHILE: *Indicadores Económicos y Sociales de Chile 1960-2000*; *Boletín Mensual 2002*.

Wie stark diese Abschwächung der Konzentration auf die Verbreiterung der industriellen Exportbasis zurückzuführen ist, bleibt jedoch unklar. Eindeutig zu konstatieren ist lediglich die unwesentliche Senkung des Konzentrationsindex in 2001 im Vergleich zum Jahre 1962. Wie aus Abschnitt 5.3.2 bekannt, wurde in

18 Ein mitverursachender Faktor für die tiefe Rezession der Jahre 1982/83 war die chilenische Wechselkurspolitik zwischen 1979 und 1982. Darauf wird in Abschnitt 6.2.2.2 noch zurückzukommen sein. Vorweggenommen sei hier, dass der reale Wechselkurs zwischen 1979 und 1981 um ca. 30% fiel. Infolge der Wechselkursaufwertung verlor die chilenische Exportwirtschaft - insbesondere der nicht-traditionelle Industriebereich - an Wettbewerbsfähigkeit. Nach Angaben von FFRENCH DAVIS *et al.* (2000) realisierten im Jahre 1982 nur vier von 29 industriellen Sektoren noch bedeutende Exporte (Holz, Papier, Nahrungsmittel und Chemie). Die Konzentration erhöhte sich noch, als der Wechselkurs zwischen 1982 und 1989 (real) abgewertet wurde, da infolgedessen die traditionellen Industrieexporte zunächst (bis 1985) schneller wuchsen als die nicht-traditionellen. Dies erklärt die Zunahme der Konzentration im Industriesektor zwischen 1982 und 1985.

diesem Zeitraum aber die industrielle Exportbasis von 65 (1962) auf 128 (2001) Sektoren verbreitert (siehe Abbildung 5.4). Insofern wird man sagen können:

Obschon die Verbreiterung der industriellen Exportbasis um zusätzliche Sektoren naturgemäß einen Einfluss auf die industrielle Konzentration besitzt, hat sich die Konzentration der industriellen Ausfuhr im Zuge der horizontalen Exportdiversifizierung nicht signifikant abgeschwächt, sondern sie verlagerte sich (entsprechend dem empirische Befund in Tabelle 5.4) von der Metallbearbeitung auf die Herstellung von Nahrungs- und Genussmitteln.

### 5.3.5 Zusammenfassung

Fasst man die bisherigen Ausführungen zusammen, so ergibt sich das folgende Bild von der horizontalen Exportdiversifizierung in Chile.

- Die gesamte chilenische Exportproduktion wurde auf dem Aggregationsniveau der dreistelligen Ebene der *Standard International Trade Classification* zwischen 1962 und 2001 um insgesamt 78 Sektoren verbreitert.
- Mindestens 63 dieser 78 Sektoren sind entsprechend der *International Standard Industrial Classification* als „industriell" einzustufen.
- Die Verbreiterung der Exportbasis um vorwiegend verarbeitende Exportsektoren hat sowohl einen bedeutenden Beitrag zur Erhöhung der Industriegüterexportquote am Gesamtexport geleistet, als auch die Konzentration der Exporterlöse nachhaltig reduziert.
- Trotz Verbreiterung der industriellen Exportbasis ist keine signifikante Konzentrationssenkung in der industriellen Exportproduktion zu diagnostizieren (wenngleich es Anzeichen für einen seit 1985 einsetzenden Trend zu einer ausgewogeneren Industriegüterstruktur gibt). Vielmehr zeigt sich eine Konzentrationsverlagerung von der Metallbearbeitung auf die Herstellung von Nahrungs- und Genussmitteln.

Ob und wie sich die soeben beschriebene horizontale Exportdiversifizierung auf die chilenische Wachstumsdynamik ausgewirkt hat, soll vor dem Hintergrund der in Abschnitt 1.2.1.3 geäußerten Hypothesen analysiert werden. Dabei geht es neben den *Backward*-Linkages der Exportsektoren mit der inländischen Wirtschaft insbesondere um die Frage nach exportinduzierten Lerneffekten und möglichen Externalitäten dieser Wissensakkumulation. Im Hinblick auf diese Frage werden im folgenden Abschnitt 5.4 zwei ausgewählte Exportsektoren diskutiert. Darauf aufbauend wird in den darauffolgenden Abschnitten der Versuch unternommen, intersektorale Externalitäten ökonometrisch nachzuweisen sowie die Wachstumseffekte der horizontalen Exportdiversifizierung zu quantifizieren.

## 5.4 Ausgewählte Sektoren und deren *Linkage-*, *Learning-* und *Spillover*-Effekte

In diesem Abschnitt soll anhand von zwei Fallbeispielen gezeigt werden, dass die erfolgreiche Exporttätigkeit eines Sektors

- Rückkopplungseffekte auf die inländische Wirtschaft sowie
- technologischen und organisatorischen Lernprozesse (*Learning-by-Exporting*-Effekte) auslösen und
- über *Spillover*-Effekte die Grundlage für die Exporterfolge anderer Sektoren schaffen kann.

Dazu wird die in Abschnitt 5.2 vorgenommene Abgrenzung zwischen traditioneller und nicht-traditioneller sowie zwischen industrieller und nicht-industrieller Exportproduktion aufgegriffen. Exemplarisch wird ein nicht-traditioneller Sektor gewählt, der von der Chilenischen Zentralbank als der "industriellen Exportproduktion zugehörig" klassifiziert wird. Konkret geht es in Unterabschnitt 5.4.1 um die Exportentwicklung sowie die *Linkage-*, Lern- und *Spillover*-Effekte der industriellen Lachszucht.[19] Als zweites Fallbeispiel dient die Frischobstausfuhr. Dieser traditionelle, nicht-industrielle Exportsektor soll in Unterabschnitt 5.4.2 im Hinblick auf die soeben genannten Aspekte diskutiert werden.

### 5.4.1 Industrielle Lachszucht

Die chilenische Lachsindustrie ist ein Beispiel für einen äußerst dynamischen nicht-traditionellen Exportsektor. Die Exporterlöse der Lachsindustrie konnten seit 1988 wertmäßig um rund 2500% gesteigert werden und erreichten im Jahre 2001 fast 1 Billion US$. Obwohl Lachs als ein für Entwicklungs- und Schwellenländer untypisches Exportprodukt bezeichnet werden kann, avancierte Chile im Jahre 1992 zum zweitgrößte Exporteur von Zuchtlachs hinter Norwegen.[20] Analysten gehen sogar davon aus, dass Chile bis zum Jahre 2010 zum weltweit größten Lachsexporteur (vor Norwegen) aufsteigen wird (PHYNE/MANSILLA 2003).[21] Verantwortlich für die Auslösung dieser Exportdynamik war nach Ansicht mehrerer Autoren die Entwicklung innovativer Programme durch die *Fundación Chile.*[22]

19 Lachs wird von der BANCO CENTRAL DE CHILE als Industrieprodukt geführt (vgl. dazu *Indicadores Económicos y Sociales de Chile 1960-2000*: S. 690).

20 Nach Angaben von PHYNE/MANSILLA (2003) ist die industrielle Lachsproduktion mit Ausnahme von Chile nahezu ausschließlich in Industrieländern lokalisiert.

21 Nach Angaben des deutschen Auswärtigen Amtes hat Chile Norwegen als größten Exporteur von Zuchtlachs inzwischen abgelöst (Auswärtiges Amt 2005).

22 Vgl. dazu beispielsweise AGOSIN (1997), FISCHER (2001) und PHYNE/MANSILLA (2003).

Die *Fundación Chile*, eine halbstaatliche Technologietransferinstitution (auf die in Abschnitt 6.4.1.2 noch zurückzukommen sein wird) experimentierte im Jahre 1981 mit einer komplexeren Zuchttechnologie. Die Technologie sah vor, den natürlichen Lebenszyklus der Lachse in Frischwassergehegen nachzuempfinden. Nach erfolgreicher Technologieentwicklung und -erprobung gründete die *Fundación* im Jahre 1986 schließlich das erste Unternehmen der industriellen Lachszucht in Chile (*Salmones Antártica*). Die einsetzenden Exporterfolge des Demonstrationsunternehmens und die vielversprechenden Gewinnmöglichkeiten aus der Exporttätigkeit lösten starke Nachahmungseffekte aus. Zahlreichen Anschlussunternehmen gelang mit technischer Hilfe der *Fundación* der Einstieg in den Export.[23] Der Exportdruck erzwang wiederum eine Intensivierung der zwischenbetrieblichen Kooperation und führte zwecks Verbesserung der internationalen Wettbewerbsfähigkeit zur Gründung des Technologieinstituts *Instituto Tecnológico del Salmón* (*INTESAL*). Zu den Zielen von *INTESAL* gehört die Vermittlung von internationalen Qualitätsstandards sowie die Verbesserung von Fähigkeiten und Kompetenzen im Rahmen von Trainingskursen und Seminaren zu neuen Produktionstechnologien oder technisch-organisatorischen Problemen der Weltmarktorientierung.[24] Als Folge ergab sich ein steigendes Qualifikationsniveau der gesamten Branche.

Daneben erzeugte die zunehmende Exportexpansion einen wachsenden Vorleistungsbedarf und damit die Voraussetzung für die Bildung von Zuliefernetzwerken. Als Beispiel für einen *Backward Linkage*-Effekt nennt AGOSIN (1997) die gestiegene Nachfrage nach lokal hergestelltem Lachsfutter, welches mittlerweile auch exportiert wird. Neben Lachsfutter erstreckt sich der Bedarf an Vorleistungen inländischer Branchen beispielsweise auch auf Lachsgehege, Fischnetze, Transportdienstleistungen und Verpackungsmaterialien. Zusätzliche Rückkoppelungseffekte ergaben sich durch die geografische Entfernung Chiles zu den Hauptabsatzmärkte USA, Kanada und Japan. Sie zwang zu Innovationen im Transportwesen und machte die Entwicklung spezieller Kühltechniken erforderlich.

Ein weiterer wichtiger Faktor für die außerordentlichen Exporterfolge der Lachsindustrie war das Heranwachsen von Expertengruppen sowie die Bündelung von Fachwissen in Chemie, Biologie und Medizin. Entsprechend FISCHER (2001) führte die Schaffung von Expertenwissen zu einer außerordentlichen Steigerung der Produktivität und Wettbewerbsfähigkeit in der Lachsindustrie. Die Produktivität nahm seit 1987 etwa um das 40fache zu und der Weltmarktanteil der chilenischen Lachsproduktion wuchs von etwa 2% (1988) auf rund 28% (1998).

---

23 vgl. FFRENCH-DAVIS (2002).

24 vgl. dazu beispielsweise PHYNE/MANSILLA (2003).

Insgesamt entstand seit 1987 ein exportorientiertes *Cluster*, in dem Zuchtunternehmen, Dienstleistungsfirmen (Diagnostik von Fischkrankheiten, Produktion von Zuchtanlagen, Transportunternehmen) und Technologieinstitute (*Instituto Tecnológico del Salmón/INTESAL*) eng zusammenarbeiten. Diese Vernetzung ermöglichte nach den Ergebnissen der Fallstudien von FISCHER (2001) und PHYNE/MANSILLA (2003) kumulative Lernprozesse und positive *Spillover*-Effekte, die zum Entstehen zusätzlicher Exportfelder beitrugen. Beispielsweise wurden die im Zusammenhang mit dem Lachsexport entwickelten Zucht-, Kühl- und Transporttechnologien in der Produktion und Ausfuhr von anderen Fischarten eingesetzt (FISCHER 2001), oder die von der Lachswirtschaft geschaffenen Absatzkanäle wurden für den Export von Fischkonserven und Tiefkühlprodukten genutzt (PHYNE/MANSILLA 2003).

Summa summarum lässt sich daher festhalten, dass die Exporttätigkeit der Lachsindustrie mit Rückkopplungseffekten auf die inländische Wirtschaft sowie mit technologischen und organisatorischen Lernprozessen einherging. Von der Diffusion des technischen und organisatorischen Wissens der Lachsindustrie haben offenbar andere Produktions- bzw. Exportsektoren profitiert. Insofern wird man sagen können, dass durch die horizontale Ausweitung des Exportsortiments um Lachs signifikanten Wachstumsimpulse auf binnen- und exportorientierte Sektoren ausgegangen sind. Ähnlich starke Impulse ergaben sich durch den Export von Frischobst, wie die folgenden Ausführungen zeigen.

### 5.4.2 Obst

Obst ist seit längerem Bestandteil des chilenischen Exportsortiments und daher als traditionelles Exportprodukt zu bezeichnen. Äußerst dynamisch entwickelte sich der Obstexport allerdings erst ab der Außenhandelsliberalisierung von 1974/75. In den ersten zwanzig Jahren nach der Außenöffnung 1974/1975 stieg das Volumen der Obstausfuhr um das 15fache, bis sich Chile zum größten Fruchtexporteur der südlichen Hemisphäre entwickelte.[25] Der Grundstein für die Exporterfolge wurde nach Ansicht von JARVIS (1992) schon in den frühen 60er Jahren durch den Import und die Anpassung ausländischer Technologien gelegt.[26] Bei der Entwicklung der technologischen Basis hatte *CORFO* einen hohen Anteil:

Die staatliche Wirtschaftsförderungsgesellschaft *CORFO* (auf die in Abschnitt 6.4.1.1 noch zurückzukommen sein wird) war bis Mitte der 70er Jahre für den finanziellen Aufbau von neuen Unternehmen zuständig.[27] Zur technologischen

---

25 Vgl. dazu CASABURI (1999, S. 28 ff).

26 Ein kurzer Überblick über die Entwicklung des chilenischen Obstsektors findet sich bei DE FERRANTI et al. (2002: S. 80).

27 Heute unterstützt *CORFO* Klein- und Mittelunternehmen durch gezielte Innovationsförderung, Erleichterung des Zugangs zu Krediten und durch den Ausbau der zwischenbetrieblichen Kooperation.

Verbesserung des Fruchtanbaus lancierte sie den *Plan Nacional de Desarollo Fruticola.* Dieser Plan sah die Bereitstellung von Krediten für den Import von Technologien und Zuchtpflanzen vor. Ferner bemühte sich *CORFO* um die Generierung schädlingsresistenter Anbaumethoden, den Aufbau von Kühlketten, sowie um eine gezielte Informationssammlung- und Auswertung, die sich auf potenzielle Absatzmärkte erstreckte. In enger Zusammenarbeit mit der *Universidad de Chile*, der *Universidad Catolica* und dem *Instituto Nacional de Investigación Agropecuaria* wurden F&E-Projekte zur Verbesserung des Obstbaus und der Fruchtlagerung durchgeführt. Darüber hinaus verabschiedete *CORFO* im Jahre 1965 ein 10-Jahres-Programm mit dem US-Bundesstaat Kalifornien, das die Aus- und Weiterbildung von chilenische Studenten und Wissenschaftlern sowohl an der *University of California* als auch an der *Universidad de Chile* (Santiago) zum Inhalt hatte. Durch diese Maßnahmen wurden die technologischen Voraussetzungen für die 1974/75 einsetzende Weltmarktorientierung geschaffen (CASABURI 1999: S. 34 ff).

Entsprechend PEREZ-ALEMAN (2000) ging die Orientierung an internationalen Effizienz- und Qualitätskriterien einher mit organisatorischen und technologischen Lernprozessen. Export-*Know-How* zu den spezifischen Erfordernissen auf den Industrieländermärkten wurde vor allem im Bereich neuer *Marketing*-Techniken, Verbesserung der Arbeitsorganisation und im Hinblick auf Qualitätsgarantien akkumuliert. Die internationalen Qualitätsstandards erforderten ein systematisches Qualitätsmanagement für die gesamte Produktionskette. Um den internationalen Qualitätsanforderungen zu genügen waren die Obstexporteure auch zur Finanzierung von Aus- und Fortbildungsmaßnahmen der Pflanzenzüchter gezwungen. Zur Ausweitung der Exportaktivität des Obstsektors war außerdem die Gewinnung, Aufbereitung und Bereitstellung von Informationen über Absatzchancen, neue Fruchtarten und deren Anbau erforderlich. Bei der Einführung neuer Fruchtarten sowie bei der Verbesserung der Ernte- und Nach-Erntemethoden hat die *Fundación Chile* als Technologietransferstelle - ähnlich wie in der Lachsindustrie - eine wichtige Rolle gespielt. Mit Hilfe der *Fundación* konnte das Diversifizierungspotenzial auch innerhalb des Obstsektors voll ausgeschöpft werden. Die Frischobstausfuhr erstreckt sich heute auf 55 Fruchtarten, darunter Weintrauben, Äpfel, Pflaumen, Kiwis, Pfirsiche, Nektarinen, Kirschen, Aprikosen und Erdbeeren.

Nach Ansicht von JARVIS (1992) hat die kumulative Exporterfahrung der Obstexporteure über positive *Spillover*-Effekte die Grundlage für die Exporterfolge anderer Sektoren gelegt:

- Beispielsweise wurden die Marketing-, Verpackungs-, Transport- sowie Kühltechniken für die Ausfuhr von Gemüse adaptiert.
- Oder mit Hilfe von gemeinsamen Kommerzialisierungskanälen (wie beispielsweise die Gründung von *Export Committees* und *Trading Companies*)

konnten die bereits bestehenden Absatzstrukturen im Bereich des Exports von verarbeitetem Obst- und Gemüse genutzt werden.
- Ferner führte laut GWYNNE (1999) der Erwerb von Weinbergen durch die chilenischen Obstexporteure in den 90er Jahren zu Synergien aus der Produktion und Vermarktung von Frischobst und Wein.[28] Auf der Grundlage bestehender Kontakte zwischen Exporteuren, Exportorganisationen und Supermarktketten konnte gleichsam die Weinausfuhr zwischen 1991 und 1999 um rund 550% gesteigert werden.[29] Ähnliches gilt für die Produktion und Ausfuhr von Fruchtsäften.

Fasst man die Ausführungen über die Exportentwicklung der Obst- und der Lachsbranche zusammen, so kann man sagen,
- dass die erfolgreiche Exporttätigkeit beider Sektoren mit technologischen und organisatorischen Lernprozessen einherging und,
- dass die Exportexpansion beider Sektoren signifikante *Spillover*-Effekte auf andere Sektoren ausgelöst hat.

Ausführungen von Fischer (2001) zufolge, kann man solche Lern- und *Spillover*-Effekte auch bei anderen Exportsektoren beobachten. Es heißt bei Fischer (2001: S. 22):

"*...successful exports in one sector create knowledge that can be used to develop other export lines...An interesting point to note is the interaction (in terms of knowledge, and of resources) between the newly appearing industries and mature export-oriented industries...*".

Aufbauend auf diesem Ergebnis soll im folgenden der Versuch unternommen werden, *Spillover*-Effekte zwischen Exportsektoren ökonometrisch zu analysieren.

## 5.5 Ökonometrische Analyse von *Spillover*-Effekten zwischen Exportsektoren

Im vorangegangenen Abschnitt wurden speziell die Lern- und *Spillover*-Effekte des Lachs- und des Obstexports diskutiert. Das Ziel dieses Abschnitts ist es, *Spillover*-Effekte zwischen Exportsektoren allgemein nachzuweisen. Die Wahl der Exportsektoren bzw. die Wahl des Disaggregationsniveaus richtet sich nach

---

28 Nach Ansicht von GWYNNE (1999) haben die Exporterfolge in der Agroindustrie allerdings gleichsam zu einer Vergrößerung der Ungleichheit der Einkommens- und Landverteilung in Chile geführt.

29 Vgl. zur Entwicklung der chilenischen Weinproduktion und -ausfuhr auch FISCHER (2001).

folgenden Gesichtspunkten: Ein sehr niedriges Disaggregationsniveau - bei dem das Aggregat "Exportsektor" gemäß den Statistiken der Chilenischen Zentralbank in die Sektoren "*Agriculture, Forestry and Fishing*" (ISIC-Nummer 1), "*Mining and Quarrying*" (ISIC-Nummer 2) sowie "*Manufacturing*" (ISIC-Nummer 3) zerlegt wird - ist nicht ausreichend für die Analyse von Externalitäten zwischen mehreren Exportsektoren. Dagegen würde ein hohes Disaggregationsniveau - etwa das von der chilenischen Zentralbank vorgegebene nächst höhere Disaggregationsniveau mit 19 Sektoren - den Umfang dieses Abschnitts sprengen. Die folgende Untersuchung erstreckt sich daher auf 10 Sektoren bzw. Güterkategorien. Basierend auf der Klassifizierung der SITC handelt es sich dabei um

- Nahrungsmittel und lebende Tiere (SITC-Numer 0),
- Getränke und Tabakprodukte (SITC-Nummer 1),
- Minerale Brennstoffe, Schmiermittel und verwandte Produkte (SITC-Nummer 2),
- Tierische und pflanzliche Fette und Öle (SITC-Nummer 4),
- Chemische Erzeugnisse (SITC-Nummer 5),
- Verarbeitete Industrieprodukte (nach Material klassifiziert), ohne Bergbauerzeugnisse (SITC-Nummer 6 ohne 68),
- Bergbauerzeugnisse (SITC-Nummer 68),[30]
- Maschinenbauerzeugnisse und Fahrzeuge (SITC-Nummer 7) und
- verschiedene Industrieprodukte (SITC-Nummer 8).[31]

In der Untersuchung wird unterstellt, dass diese 10 SITC-Gütergruppen von einem entsprechenden Exportsektor exportiert werden. Die Daten für die Untersuchung stammen aus der *UN Commodity Trade Statistics Database* (2003). Bei den vorliegenden Daten handelt es sich um die wertmäßige Ausfuhr der oben aufgeführten Gütergruppen bzw. Sektoren, bewertet zu laufenden Preisen in US$. Der Untersuchungszeitraum (mit $T$= 40 Beobachtungen) erstreckt sich von 1962 bis 2001. Die Untersuchung gliedert sich in drei Abschnitte.

Abschnitt 5.5.1 ist der Herleitung des empirischen Modells und der methodischen Vorgehensweise gewidmet. In Abschnitt 5.5.2 werden die Eigenschaften der vorliegenden Zeitreihen mit Hilfe von Einheitswurzeltests überprüft. In Abschnitt 5.5.3 werden die Ergebnisse der Analyse präsentiert. Der Abschnitt 5.5.4 interpretiert die Regressionsergebnisse und fasst sie zusammen.

---

30 Der Bereich „Bergbauerzeugnisse“ (SITC-Nummer 68) wird explizit und getrennt vom Bereich „Verarbeitete Industrieprodukte“ betrachtet, da es sich bei diesem Sektor um den größten chilenischen Sektor handelt.

31 Der Bereich „Nichtklassifizierte Güter und Transaktionen“ (SITC-Nummer 9) wird aus der Untersuchung ausgeschlossen, weil nicht bekannt ist, welche Sektoren und Produkte in diesen Bereich fallen.

### 5.5.1 Empirisches Model und Vorgehensweise

Zur Offenlegung von *Spillover*-Effekten zwischen Exportsektoren wird angenommen, dass vom Exportsektor $x_i$ (mit der SITC-Sektionsnummer 0, 1, 2, 3, 4, 5, 6 ohne 68, 68, 7 und 8) eine positive Externalität auf den Exportsektor $y_i$ (mit der SITC-Sektionsnummer 0, 1, 2, 3, 4, 5, 6 ohne 68, 68, 7 und 8) ausgeht.[32] Das Ausmaß der Externalität sei abhängig vom Output des *Externality-Generating* Sektors $x_{it}$. Unter dieser Prämisse ist der Output des Exportsektors $y_{it}$ zum Zeitpunkt $t$ nicht unabhängig vom Output des Sektors $x_{it}$, so dass sich $y_{it}$ als Funktion von $x_{it}$ sowie dem Inputvektor $v_{it}$ schreiben lässt:

$$y_{i_t} = f(x_{i_t}) f(v_{i_t}). \tag{5.5.1}$$

Unterstellt man einen linearen Zusammenhang zwischen der zu erklärenden Variablen $y_{it}$ und der mit $b$ gewichteten erklärenden Variablen $x_{it}$ ($y_{it}=bx_{it}$), dann lässt sich Beziehung (5.5.1) auch als Regressionsgleichung

$$y_{i_t} = c + bx_{i_t} + u_t \tag{5.5.2}$$

formulieren. Hierin ist $u_t$ die Restgröße in $t$. Sie entspricht jenem Teil von $y_{it}$, der nicht durch den Bestimmungsfaktor $x_{it}$ - sondern beispielsweise durch die in Sektor $y_i$ genutzten Inputs $v_{it}$ - erklärt werden kann. Durch logarithmische Transformation ($L$) von $y_{it}$ und $x_{it}$ lässt sich der Koeffizient $\beta$ in Spezifikation

$$Ly_{i_t} = c + \beta Lx_{i_t} + u_t \tag{5.5.3a}$$

als Elastizität der Funktion $f(x_{it})$ interpretieren. Dies bedeutet, in Gleichung (5.5.3$a$) gibt der Koeffizient $\beta$ an, um wieviel Prozent der Output von $y_{it}$ steigt, wenn sich die $x_{it}$ um 1% erhöht. Daraus folgt: Falls der Regressionskoeffizient in (5.5.3$a$) signifikant größer Null ist, $\beta > 0$, so verfügt der Sektor $x_{it}$ über eine positive Externalität. Seien jetzt beide Variablen $Ly_{it}$ und $Lx_{it}$ nichtstationäre, integrierte Prozesse der Ordnung $d$=1, $I(1)$, dann liefert die lineare Regression (5.5.3$a$) nur dann sinnvolle Ergebnisse, wenn die Linearkombination

$$z_t = Ly_{i_t} - \beta Lx_{i_t} \tag{5.5.3b}$$

bzw. der aus (5.5.3$a$) geschätzte Restgrößenprozess

$$\hat{u}_t = Ly_{i_t} - \beta Lx_{i_t} - cz_t \tag{5.5.3c}$$

32 Anmerkung: Im Folgenden wird der Sektor „6 ohne 68“ als „6“ bezeichnet. Mit anderen Worten: Wenn im Folgenden von Sektor „6“ die Rede ist, so ist stets „6 ohne 68“ gemeint.

stationär bzw. $I(0)$ ist. In diesem Fall heißen die beiden $I(1)$-Prozesse, $Ly_{it}$ und $Lx_{it}$, kointegriert. Kointegration impliziert immer (mindestens) eine GRANGER-kausale Beziehung (zwischen $Ly_{it}$ und $Lx_{it}$). Deshalb kann man einer Studie von FIESS und VERNER (2001) folgend eine Kointegrationsbeziehung zwischen der endogenen Variablen $Ly_{it}$ und der exogenen Variablen $Lx_i$ auch als intersektorale Produktionsexternalität interpretieren, die vom Exportsektor $x_i$ auf den Exportsektor $y_i$ ausgeht. Entsprechend gilt für den Gang der folgenden empirischen Untersuchung:

Im nächsten Abschnitt (Abschnitt 5.5.2) ist die Integrationsordnung der Variablen $L0$, $L1$, $L2$, $L3$, $L4$, $L5$, $L6$, $L68$, $L7$ und $L8$ mit Hilfe von Einheitswurzeltest zu bestimmen, wobei $L0$, $L1$, $L2$, $L3$, $L4$, $L5$, $L6$, $L68$, $L7$ und $L8$ die Variablen für die logarithmierten Exporte mit der SITC-Sektionsnummer 0, 1, 2, 3, 4, 5, 6, 68, 7, 8 sind.[33] Ist die Integrationsordnung für alle Variablen d=1, dann besteht der nächste Schritt darin, paarweise auf Kointegration zwischen $L0$, $L1$, $L2$, $L3$, $L4$, $L5$, $L6$, $L68$, $L7$ und $L8$ zu testen (Abschnitt 5.5.3).

### 5.5.2 Einheitswurzeltests

Ein Blick auf Abbildung 5.8 lässt vermuten, dass die Zeitreihen $L0$, $L1$, $L2$, $L3$, $L4$, $L5$, $L6$, $L68$, $L7$, $L8$ nichtstationär sind. Um zu überprüfen, ob die Modellierung ihres langfristigen Trendverlaufs durch stochastische Trends der angemessene Ansatz ist, wird für jede Variable ($Lx_{it}$, mit $x_i$ = 0, 1, 2, 3, 4, 5, 6, 68, 7, 8) die bereits bekannte ADF-Testgleichung[34]

$$\Delta Lx_{i_t} = a_0 + a_1 t + aLx_{i_{t-1}} + \sum_{j=k}^{k} \gamma \Delta Lx_{i_{t-j}} + \mu_t, \qquad t = 1,\dots,T, \tag{5.5.4}$$

geschätzt, wobei $k$ (=Anzahl der berücksichtigten verzögerten Differenzen) so gewählt wird, dass $\mu_t$ ein empirisch ein reiner Zufallsprozess ist. Unter $H_0$: $a$=0 und $a_1$=0 handelt es sich um einen $I(1)$-Prozess, während unter $H_1$: $a$<0 ein trendstationärer Prozess vorliegt. Als Teststatistik wird der t-Wert von $\hat{a}$ benutzt. Allerdings gilt, da es sich unter $H_0$ um einen nichtstationären Prozess handelt, nicht die übliche t-Verteilung. Die durch Simulation gewonnen kritischen Werte finden sich bei MACKINNON (1991). Die Ergebniss des ADF-Tests sind Tabelle 5.5 zu entnehmen. Sie dokumentieren, dass die $I(1)$-Hypothese nicht verworfen werden kann, denn die kritischen Werte von MACKINNON (1991) werden auf dem 5%-Signifikanz nicht überschritten.

Allerdings besteht beim gewöhnlichen ADF-Test die Gefahr, dass die Nullhypothese der Nichtstationarität, $I(1)$, fälschlicherweise beibehalten wird, wenn Strukturbrüche in den Reihen präsent sind (*Spurious Unit Roots*). In den Ein-

33 Den Variablen liegen Daten aus COMTRADE (2003) zugrunde. Die Originaldaten der Variablen sind im Anhang aufgelistet.

34 Vgl. dazu auch Abschnitt 2.4.4.1.

heitswurzeltests müssen daher gegebenenfalls vorliegende Strukturbrüche thematisiert werden. Bei der Festlegung der Zeitpunkte der jeweiligen Strukturbrüche spielen die folgenden Überlegungen eine Rolle.

**Abbildung 5.8 Die Entwicklung der Variablen im Beobachtungszeitraum**

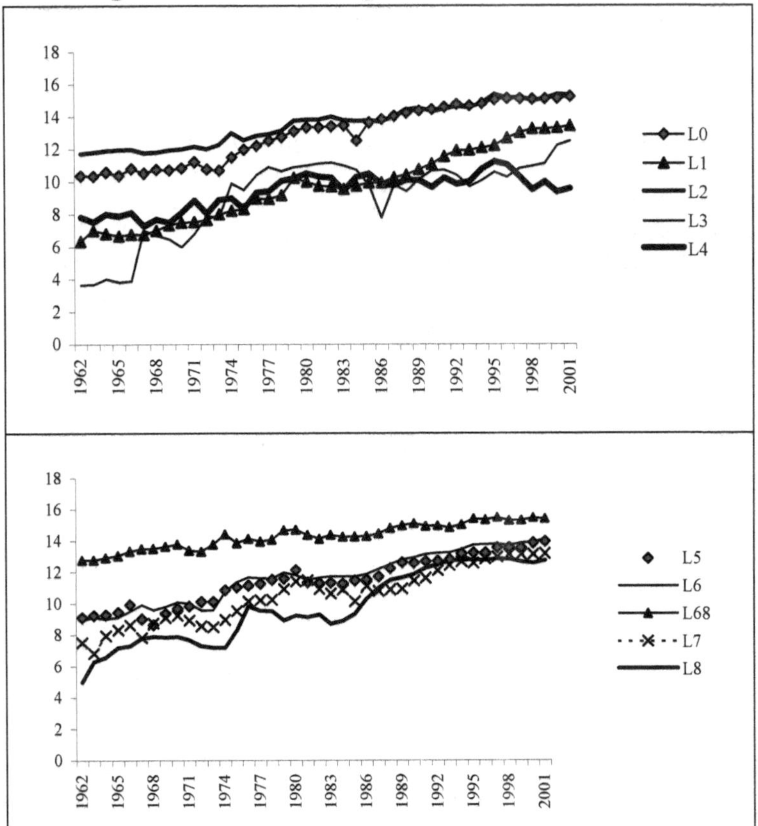


Quelle: COMTRADE (2003); eigene Berechnungen; (Die Originaldaten der verwendeten Zeitreihen sind in Anhang A.1 aufgelistet.)

In den Analysen der vorangegangen Kapitel wurden die Brüche in den Reihen auf Ereignisse wie beispielsweise die Krise im Jahre 1982 oder die rigorose Außenhandelsliberalisierung von 1974 zurückgeführt. Vor dem Hintergrund derartiger Ereignisse wird das Datum vorliegender Strukturbrüche üblicherweise als *ex ante* bekannt und damit als exogen gegeben vorausgesetzt. Diese Annahme macht das in der vorliegenden Arbeit bereits mehrfach durchgeführte Verfahren von PERRON (1989) anwendbar.[35] In diesem Abschnitt kann die Exogenitätsan-

35 Vgl. dazu die Einheitswurzeltests in Abschnitt 2.4.4.2.

nahme für einige der Zeitreihen allerdings nicht ohne weiteres aufrechterhalten werden. Abbildung 5.8 ist zu entnehmen, dass einige Zeitreihen nach 1973 und 1982 nicht abrupt ihre Werte ändern. Demzufolge ist bei einigen der datengenerierenden Prozesse möglicherweise von keinen Strukturverschiebungen durch die 82ger Krise oder die rigorose Außenhandelsliberalisierung von 1974 auszugehen. Gleichwohl kann man mit Blick auf Abbildung 5.8 nicht ausschließen, dass die vorliegenden Zeitreihen einem Strukturbruch unterworfen sind. Das Datum der potenziellen Strukturbrüche lässt sich *a priori* jedoch nicht festlegen.

**Tabelle 5.5 ADF-Test**

| Regressand | ADF-Teststatistik (t-Wert für $\hat{a}$) | Kritischer Wert | Regressand | ADF-Teststatistik (t-Wert für $\hat{a}$) | Kritischer Wert |
|---|---|---|---|---|---|
| $\Delta(L0)$ | -1.369 | -3.531* | $\Delta(L5)$ | -2.862 | -3.531* |
| $\Delta(L6)$ | -2.499 | -3.531* | $\Delta(L6)$ | -2.480 | -3.531* |
| $\Delta(L2)$ | -2.948 | -3,531* | $\Delta(L68)$ | -2.973 | -3.531* |
| $\Delta(L3)$ | -2.680 | -3.531* | $\Delta(L7)$ | -3.103 | -3.531* |
| $\Delta(L4)$ | -2.358 | -3.531* | $\Delta(L8)$ | -2.927 | -3.531* |

Anmerkung: * 5%-Signifikanzniveau. Die kritischen Werte finden sich bei MACKINNON (1991).

Auf die vorliegenden Zeitreihen wird daher das Verfahren von PERRON (1997) angewendet, welches endogen einen Strukturbruch bestimmt, dessen Zeitpunkt *a priori* nicht bekannt ist.[36] Zu diesem Zweck wird das folgende *Innovational-Outlier*-Modell für alle potenziellen Strukturbrüche $T_B \in T = 40$ geschätzt:

$$\Delta Lx_{i_t} = a_0 + a_1 t + \delta DU_t + dD(TB)_t + aLx_{i_{t-1}} + \sum_{j=1}^{k} \gamma \Delta Lx_{i_{t-j}} + \mu_t\,, \tag{5.5.5}$$

mit $t = 1,...T$, wobei die Variablen $DU_t$ und $D(TB)_t$,

$$DU_{t=1,...T} = 1 \quad \text{für} \quad t > T_B \quad \text{und} \quad DU_t = 0 \quad \text{für} \quad t \le T_B\,,$$
$$D(TB)_{t=1,...T} = 1 \quad \text{nur für} \quad t = 1 + T_B, \quad \text{sonst} \quad D(TB)_t = 0\,,$$

Dummy-Variablen repräsentieren, welche alle hypothetisch möglichen Strukturbrüche $T_B$ in der originären ADF-Testregression modellieren. Konkret bedeutet dies, dass jedes Jahr im Zeitraum von 1962 und 2001 als potenzieller Bruchpunkt in Regression (5.5.5) thematisiert wird. Wird $k$ so gewählt, dass $\mu_t$ ein empirisch ein reiner Zufallsprozess („*White Noise*“) ist, dann ergibt sich das Datum des gesuchten Strukturbruchs $T_B$* durch Minimierung des t-Werts von $\hat{a}$ in Ab-

36 Alternativ ließe sich auch das bereits mehrfach durchgeführte Verfahren von KAPETANIOS (2005) anwenden, welches das Datum des bzw. der potenziellen Strukturbrüche ebenfalls endogen bestimmt. (Vgl. zum KAPETANIOS-Verfahren beispielsweise Abschnitt 4.4.3.1)

hängigkeit der potenziellen Strukturbrüche $T_B \in T$ bzw. in Abhängigkeit von $DU_t$, $D(TB)_t$:[37]

**Tabelle 5.6 Einheitswurzeltests – Innovational Outlier Model**

| Variable | t-Wert von $\hat{a}$ | Kritischer Wert | Bruchpunkt $T_B^* \in T = 40$ | Jahr des Strukturbruchs | Testergebnis | d |
|---|---|---|---|---|---|---|
| $L0$ | -2.687 | -5.23* (P) | $T_B^* = 12$ | 1973 | nichtstationär | 1 |
| $L1$ | -4.038 | -5.23* (P) | $T_B^* = 19$ | 1980 | nichtstationär | 1 |
| $L2$ | -3.864 | -5.23* (P) | $T_B^* = 13$ | 1974 | nichtstationär | 1 |
| $L3$ | -3.565 | -5.23* (P) | $T_B^* = 22$ | 1983 | nichtstationär | 1 |
| $L4$ | -4.136 | -5.23* (P) | $T_B^* = 13$ | 1974 | nichtstationär | 1 |
| $L5$ | -4.297 | -5.23* (P) | $T_B^* = 18$ | 1979 | nichtstationär | 1 |
| $L6$ | -3.027 | -5.23* (P) | $T_B^* = 12$ | 1973 | nichtstationär | 1 |
| $L68$ | -3.628 | -5.23* (P) | $T_B^* = 12$ | 1973 | nichtstationär | 1 |
| $L7$ | -3.628 | -5.23* (P) | $T_B^* = 22$ | 1983 | nichtstationär | 1 |
| $L8$ | -4.414 | -5.23* (P) | $T_B^* = 21$ | 1982 | nichtstationär | 1 |
| Erste Differenzen | | | | | | |
| $\Delta (L0)$ | -3.672 | -2.94* (MK) | $T_B^* = 12$ | 1973 | stationär | 0 |
| $\Delta (L1)$ | -4.538 | -2.94* (MK) | $T_B^* = 19$ | 1980 | stationär | 0 |
| $\Delta (L2)$ | -4.287 | -2.94* (MK) | $T_B^* = 13$ | 1974 | stationär | 0 |
| $\Delta (L3)$ | -4.546 | -2.94* (MK) | $T_B^* = 22$ | 1983 | stationär | 0 |
| $\Delta (L4)$ | -6.366 | -2.94* (MK) | $T_B^* = 13$ | 1974 | stationär | 0 |
| $\Delta (L5)$ | -5.639 | -2.94* (MK) | $T_B^* = 18$ | 1979 | stationär | 0 |
| $\Delta (L6)$ | -5.469 | -2.94* (MK) | $T_B^* = 12$ | 1973 | stationär | 0 |
| $\Delta (L68)$ | -5.069 | -2.94* (MK) | $T_B^* = 12$ | 1973 | stationär | 0 |
| $\Delta (L7)$ | -4.496 | -2.94* (MK) | $T_B^* = 22$ | 1983 | stationär | 0 |
| $\Delta(L8)$ | -3.490 | -2.94* (MK) | $T_B^* = 21$ | 1982 | stationär | 0 |

Anmerkung: Kritische Werte mit dem Symbol (MK) sind aus MACKINNON (1991); kritische Werte mit dem Symbol (P) sind PERRON (1997: S. 362, Modell 1, $T$=60) entnommen. Der Test wurde unter Berücksichtigung der Modellselektionskriterien von Schwarz und Hannan-Quinn einheitlich mit einer Verzögerung der endogenen Variablen ($k$=1) durchgeführt. * 5%-krititischer-Wert.

37 Vgl. zur PERRON-Prozedur auch HERZER/NOWAK-LEHMANN D. (2006).

$$Min\ t_{\hat{a}}(T_B, j, k), \quad für \quad T_B = 1, 2, ...40. \tag{5.5.6}$$

Man erhält die in Tabelle 5.6 ausgewiesenen Bruchpunkte. Erwartungsgemäß liegen sie bei mehreren Variablen, darunter die logarithmierten Exporte mit dem durchschnittlich größten Exportvolumen (bei den Exporten mit den SITC-Sektionsnummern 0 und 68), im Jahr vor der Handelsliberalisierung von 1974 bzw. im Jahre 1973.[38]

Bei Zugrundelegung des kleinsten t-Werts von $\hat{a}$ ($Min\ t_{\hat{a}}$) bzw. unter Berücksichtigung der in Tabelle 5.6 ausgewiesenen Bruchpunkte $T_B$* wird nun anhand von Regression (5.5.5) die $H_0$-Hypothese eines $I(1)$-Prozesses mit einer einmaligen Verschiebung im Niveauverlauf,

$H_0 : a = 0$,

gegen die Alternative,

$H_1 : a < 0$,

eines trendstationären Prozesses getestet, dessen Absolutglied sich infolge des Strukturbruchs $T_B$* dauerhaft geändert haben mag. Kritische Werte zur Prüfung auf Signifikanz von $\hat{a}$ unter der $H_0$ sind bei PERRON (1997) tabelliert. Werden die kritischen Werte nicht überschritten (so dass die Nullhypothese eines $I(1)$-Prozesses nicht abgelehnt werden kann), dann wird im nächsten Schritt geprüft, ob die erste Differenz stationär ist. Ist die erste Differenz stationär, dann kann auf die Integrationsordnung $d$=1, $I(1)$, geschlossen werden.

Tabelle 5.6 zeigt die Ergebnisse des Einheitswurzeltests für die vorliegenden Zeitreihen nach der Methode von PERRON (1997). Sie lassen sich wie folgt zusammenfassen:

Die $I(1)$-Hypothese kann für die Niveaus der Zeitreihen auf dem 5%-Signifikanzniveau nicht abgelehnt werden, während sie für die ersten Differenzen abgelehnt werden kann. Daraus lässt sich schließen, dass die Variabeln $L0$, $L1$, $L2$, $L3$, $L4$, $L5$, $L6$, $L68$, $L7$, $L8$ integriert der Ordnung 1 bzw. $I(1)$ sind. Im folgenden kann daher untersucht werden, ob zwischen den Variablen paarweise Kointegrationsbeziehungen bestehen, die man entsprechend FIESS/VERNER (2001) als intersektorale Produktionsexternalitäten interpretieren kann.

### 5.5.3 Kointegrationstest und Testergebnisse

Aus dem Repräsentationstheorem von Granger folgt, dass eine Kointegrationsbeziehung ein Fehlerkorrekturmodell impliziert und *vice versa*.[39] Ein zu der langfristigen Niveaubeziehung $Ly_{it} = \beta Lx_{it}$ korrespondierendes Fehlerkorrekturmodell lautet (BANERJEE/DOLADO/MESTRE 1998)

---

38 Das Jahr 1973 wurde bereits in Abschnitt 2.4.4 als Bruchpunkt in der Reihe der aggregierten Exporte identifiziert.

39 Vgl. dazu beispielsweise ENGLE/GRANGER (1987).

$$\Delta Ly_{i_t} = \delta_1 + \delta_2 \Delta Lx_{i_t} + \gamma(Ly_{i_{t-1}} - \beta Lx_{i_{t-1}}) + e_t, \qquad (5.5.7a)$$

wobei $Ly_{i_t}, Lx_{i_t} \in (L0; L1; L2; L3; L4; L5; L6; L68; L7; L8)$.

Hierbei ist der Störterm $e_t$ ein reiner Zufallsprozess, $\delta_2$ bezeichnet den Kurzfristparameter und der Fehlerkorrekturterm ($Ly_{i\text{-}1t}$ - $\beta Lx_{it\text{-}1}$) ist die Gleichgewichtsabweichung der Vorperiode. Der Ladungskoeffizient $\gamma$ stellt sicher, dass die um eine Periode verzögerte Abweichung von der Langfristbeziehung $Ly_{it} = \beta Lx_{it}$ im Zeitablauf korrigiert wird. Kointegration liegt vor, wenn $\gamma$ negativ und statistisch signifikant von Null verschieden ist. Dies bedeutet, es wird $\gamma = 0$ versus $\gamma < 0$ getestet. Der Test auf Kointegration wird mit dem t-Wert für $\gamma = 0$ durchgeführt, wobei die kritischen Werte aus BANERJEE/DOLADO/MESTRE (1998) oder ERICCSON/MACKINNON (2002) zu verwenden sind.[40]

Zum Testen von paarweisen Kointegrationsbeziehungen zwischen den logarithmierten Exporten (mit den SITC-Sektionsnummern 0, 1, 2, 3, 4, 5, 6, 68, 7, 8) wird für die folgende Analyse allerdings das Bewley-transformierte Fehlerkorrekturmodell[41]

$$\Delta Ly_{i_t} = \delta_1 + \delta_2 \Delta Lx_{i_t} + \gamma Ly_{i_{t-1}} - \theta Lx_{i_{t-1}} + e_t \quad (\text{mit } \beta = \theta / \gamma) \qquad (5.5.7b)$$

verwendet, da die Nichtlinearen Kleinst-Quadrate Schätzung von Gleichung (5.5.7*a*) die restriktive Annahme der strengen Exogenität erfordert (BANERJEE/DOLADO/MESTRE 1998). Konkret bedeutet dies: Zur Aufdeckung kausaler Strukturen wird Regression (5.5.7*b*) neunzig mal durchgeführt, da die interessierenden Größen sowohl als abhängige als auch als erklärende Variablen berücksichtigt werden. Sobald die Residuen aus den Schätzungen Anzeichen von Autokorrelation zeigen, werden - dem Vorschlag von BANERJEE/DOLADO/MESTRE (1998) folgend - *Leads* der Variablen $\Delta Lx_{i_t}$ in die betroffenen Modelle aufgenommen. Gegebenenfalls werden Dummy-Variablen eingefügt, um ungewöhnliche Ereignisse zu modellieren, die sich in Form großer Residuen in den Schätzungen bemerkbar machen.

40 ERICCSON/MACKINNON (2002) liefern eine auf sog. *Response Surfaces* basierende Formel, mit der sich dann - in Abhängigkeit der Regressorenzahl und der den Modellen zugrundeliegenden *Adjusted Sample Size* - die entsprechenden kritischen Werte berechnen lassen. Bei BANERJEE/DOLADO/MESTRE (1998) finden sich dagegen kritische Werte in Abhängigkeit der Regressorenzahl und der (dort schon vorgegebenen) Beobachtungszahl von 25, 50, 100, 500 und $\infty$ Beobachtungen.

41 Vgl. zur Bewley-Transformation Abschnitt 2.4.6.

Die Ergebnisse sind in Tabelle 5.7 dargestellt. Sie enthält die Ladungskoeffiztienten, $\gamma$, die Kointegrationsparameter, $\beta$, und ihre t-Werte (in Klammern).[42] Die Eigenschaften der durchgeführten Schätzungen sind durch entsprechende Tests auf Normalverteilung der Residuen, auf Residuenautokorrelation und auf bedingte Heteroskedastizität überprüft worden. Sie deuten weder auf Nichtnormalität, Autokorrelation noch auf konditionale Heteroskedastizität in den Residuen hin.[43] Die Angaben in Tabelle 5.7 können daher wie folgt interpretiert werden:

### 5.5.4 Interpretation und Zusammenfassung der Regressionsergebnisse

Die fettgedrukten t-Werte der negativen Ladungskoeffizienten, $\gamma$, überschreiten betragsmäßig den bei BANERJEE/DOLADO/MESTRE (1998) ausgewiesenen kritischen Wert von -3,94 (1%-Signifikanzniveau) bzw. -3,28 (5%-Signifikanznivau). Insgesamt spricht die empirische Evidenz für 56 (GRANGER-kausale) Langfristbeziehungen zwischen den einzelnen Exportsektoren, die man entsprechend FIESS/VERNER (2001) als intersektorale Produktionsexternalitäten interpretieren kann. Dabei scheinen von den Sektoren mit den SITC-Sektionsnummern 1 (Getränke und Tabakprodukte), 2 (Nichtessbare Rohmaterialien, ohne Brennstoffe), 68 (Nichteiserne Metalle) und 6 ohne 68 (Verarbeitete Industrieprodukte ohne nichteiserne Metalle) mit acht Kointegrationsbeziehungen die meisten Externalitäten auszugehen. Es folgen die Sektoren 0 (Lebensmittel und Lebende Tiere) mit sieben Verknüpfungen und 5 (Chemische Produkte) mit sechs Langfristbeziehungen zu anderen Exportsektoren. Die Sektoren 7 (Maschinen und Transportausrüstung) und 8 (Verschiedene Industrieprodukte) weisen jeweils fünf Kointegrationsbeziehungen auf. Der Sektor 3 (Minerale Brennstoffe, Schmiermittel und verwandte Produkte) strahlt lediglich einen externen Effekt aus. Vom Sektor 4 (Tierische und pflanzliche Fette und Öle) geht nach den Ergebnissen in Tabelle 5.7 kein externer Effekt aus.

Dabei scheinen von den Sektoren mit den SITC-Sektionsnummern 1 (Getränke und Tabakprodukte), 2 (Nichtessbare Rohmaterialien, ohne Brennstoffe), 68 (Nichteiserne Metalle) und 6 ohne 68 (Verarbeitete Industrieprodukte ohne nichteiserne Metalle) mit acht Kointegrationsbeziehungen die meisten Externalitäten auszugehen. Es folgen die Sektoren 0 (Lebensmittel und Lebende Tiere) mit sieben Verknüpfungen und 5 (Chemische Produkte) mit sechs Langfristbeziehungen zu anderen Exportsektoren. Die Sektoren 7 (Maschinen und Transportausrüstung) und 8 (Verschiedene Industrieprodukte) weisen jeweils fünf Kointegrationsbeziehungen auf. Der Sektor 3 (Minerale Brennstoffe, Schmiermittel und verwandte Produkte) strahlt lediglich einen externen Effekt aus. Vom Sektor 4 (Tierische und pflanzliche Fette und Öle) geht nach den Ergebnissen in Tabelle 5.7 kein externer Effekt aus.

---

42 Die t-Werte unterhalb der $\beta$s sind die t-Werte der $\theta$-Koeffizienten in Gleichung (5.5.7*b*).

43 Die Ergebnisse der durchgeführten Test (Jarque-Bera-, Breusch-Godfrey-, Arch-Test) sind in der Übersichtlichkeit halber nicht in Tabelle 5.7 dokumentiert.

**Tabelle 5.7 Regressionsergebnisse, bivariate Fehlerkorrekturmodelle**

| abhängige<br>($\Delta Ly_{it}$) | erklärende ($Lx_{it}$)<br>$L0_{t-1}$ | $L1_{t-1}$ | $L2_{t-1}$ | $L3_{t-1}$ | $L4_{t-1}$ |
|---|---|---|---|---|---|
| $\Delta L0$ | | **$\gamma$=-0,27/$\beta$=0,36<br>(-4,37$^{**}$)/(-3,54$^{**}$)** | **$\gamma$=-0,33/$\beta$=0,91<br>(-4,08$^{**}$)/(-5,71$^{**}$)** | $\gamma$=-0,07/$\beta$=0,64<br>(-2,67)/(-3,86$^{**}$) | $\gamma$=-0,08/$\beta$=0,22<br>(-2,59)/(-0,51) |
| $\Delta L1$ | **$\gamma$=-0,38/$\beta$=2,17<br>(-5,44$^{**}$)/(-14,3$^{**}$)** | | **$\gamma$=-0,40/$\beta$=2,55<br>(-4,36$^{**}$)/(-14,2$^{**}$)** | $\gamma$=0,04/$\beta$=0,91<br>(0,92)/(0,61) | $\gamma$=0,02/$\beta$=-6,73<br>(0,65)/(0,58) |
| $\Delta L2$ | **$\gamma$=-0,65/$\beta$=0,84<br>(-3,71$^{*}$)/(-14,3$^{**}$)** | **$\gamma$=-0,47/$\beta$=0,48<br>(-3,45$^{*}$)/(-9,77$^{**}$)** | | $\gamma$=-0,07/$\beta$=0,36<br>(-1,47,)/(-0,55) | $\gamma$=-0,07/$\beta$=-0,06<br>(-1,21)/(-0,07) |
| $\Delta L3$ | **$\gamma$=-0,34/$\beta$=0,57<br>(-3,42$^{*}$)/(-2,36$^{*}$)** | **$\gamma$=-0,31/$\beta$=0,44<br>(-3,52$^{*}$)/(-2,25$^{*}$)** | **$\gamma$=-0,35/$\beta$=0,87<br>(-4,01$^{**}$)/(-3,10$^{*}$)** | | $\gamma$=-0,26/$\beta$=0,43<br>(-2,95)/(-0,95) |
| $\Delta L4$ | **$\gamma$=-0,61/$\beta$=0,50<br>(-5,43$^{**}$)/(-6,49$^{**}$)** | **$\gamma$=-0,62/$\beta$=0,32<br>(-5,25$^{**}$)/(-3,70$^{**}$)** | **$\gamma$=-0,56/$\beta$=0,63<br>(-5,38$^{**}$)/(-5,11$^{**}$)** | **$\gamma$=-0,65/$\beta$=0,35<br>(-6,25$^{**}$)/(-5,70$^{**}$)** | |
| $\Delta L5$ | $\gamma$=-0,39/$\beta$=1,19<br>(-2,82)/(-8,08$^{**}$) | **$\gamma$=-0,60/$\beta$=0,67<br>(-4,27$^{**}$)/(-20,1$^{**}$)** | **$\gamma$=-0,70/$\beta$=1,51<br>(-4,96$^{**}$)/(-15,0$^{**}$)** | $\gamma$=0,17/$\beta$=0,93<br>(2,12)/(-3,09$^{**}$) | $\gamma$=-0,06/$\beta$=0,06<br>(-1,14)/(0,05) |
| $\Delta L6$ | $\gamma$=-0,26/$\beta$=0,89<br>(-2,12)/(-10,5$^{**}$) | **$\gamma$=-0,70/$\beta$=0,59<br>(-5,83$^{**}$)/(-17,0$^{**}$)** | **$\gamma$=-0,36/$\beta$=1,26<br>(-3,61$^{*}$)/(-15,8$^{**}$)** | $\gamma$=-0,06/$\beta$=0,44<br>(-1,21)/(-1,31) | $\gamma$=0,26/$\beta$=3,16<br>(-0,56)/(-0,81) |
| $\Delta L68$ | **$\gamma$=-0,56/$\beta$=0,56<br>(-3,43$^{*}$)/(-6,65$^{**}$)** | **$\gamma$=-0,86/$\beta$=0,32<br>(-5,47$^{**}$)/(-19,3$^{**}$)** | **$\gamma$=-0,51/$\beta$=0,57<br>(-3,74$^{*}$)/(-12,3$^{**}$)** | $\gamma$=-0,13/$\beta$=0,17<br>(-1,32)/(-1,12) | $\gamma$=-0,14/$\beta$=0,36<br>(-1,62)/(-1,38) |
| $\Delta L7$ | **$\gamma$=-0,48/$\beta$=1,28<br>(-4,10$^{**}$)/(-8,91$^{**}$)** | **$\gamma$=-0,67/$\beta$=0,75<br>(-5,50$^{**}$)/(-21,6$^{**}$)** | **$\gamma$=-0,54/$\beta$=1,62<br>(-4,47$^{**}$)/(-9,40$^{**}$)** | $\gamma$=-0,11/$\beta$=0,39<br>(-2,10)/(-1,69) | $\gamma$=-0,13/$\beta$=1,15<br>(-2,14)/(-2,97) |
| $\Delta L8$ | **$\gamma$=-0,36/$\beta$=1,89<br>(-5,24$^{**}$)/(-10,8$^{**}$)** | $\gamma$=-0,18/$\beta$=0,98<br>(-1,77)/(-6,33$^{**}$) | $\gamma$=-0,20/$\beta$=1,70<br>(-2,75)/(-7,96$^{**}$) | $\gamma$=-0,09/$\beta$=0,89<br>(-2,37)/(-3,12$^{**}$) | $\gamma$=-0,07/$\beta$=1,50<br>(-1,70)/(-2,11$^{*}$) |
| | 7 | 8 | 8 | 1 | 0 |
| | $L5_{t-1}$ | $L6_{t-1}$ | $L68_{t-1}$ | $L7_{t-1}$ | $L8_{t-1}$ |
| $\Delta L0$ | $\gamma$=-0,16/$\beta$=1,04<br>(-2,70)/(-8,93$^{**}$) | **$\gamma$=-0,54/$\beta$=0,83<br>(-4,27$^{**}$)/(-15,7$^{**}$)** | **$\gamma$=-0,26/$\beta$=1,13<br>(-5,95$^{**}$)/(-4,61$^{**}$)** | $\gamma$=-0,18/$\beta$=0,27<br>(-3,26)/(-1,23) | **$\gamma$=-0,30/$\beta$=0,36<br>(-5,45$^{**}$)/(-5,41$^{**}$)** |
| $\Delta L1$ | $\gamma$=-0,33/$\beta$=1,67<br>(-3,11)/(-9,26$^{**}$) | **$\gamma$=-0,42/$\beta$=1,38<br>(-5,18$^{**}$)/(-29,5$^{**}$)** | **$\gamma$=-0,21/$\beta$=3,92<br>(-3,31$^{*}$)/(-7,08$^{**}$)** | $\gamma$=-0,08/$\beta$=2,46<br>(-0,69)/(-1,30) | $\gamma$=-0,10/$\beta$=1,51<br>(-1,53)/(-2,61$^{*}$) |
| $\Delta L2$ | **$\gamma$=-0,43/$\beta$=0,82<br>(-3,29$^{*}$)/(-15,8$^{**}$)** | **$\gamma$=-0,43/$\beta$=0,77<br>(-3,84$^{*}$)/(-17,8$^{**}$)** | $\gamma$=-0,21/$\beta$=1,77<br>(-2,50)/(-8,97$^{**}$) | **$\gamma$=-0,35/$\beta$=1,02<br>(-4,10$^{**}$)/(-8,11$^{**}$)** | **$\gamma$=-0,33/$\beta$=0,37<br>(-3,47$^{*}$)/(-5,67$^{**}$)** |
| | | | | | |
| $\Delta L3$ | **$\gamma$=-0,40/$\beta$=0,85<br>(-4,72$^{**}$)/(-4,53$^{**}$)** | **$\gamma$=-0,31/$\beta$=1,45<br>(-3,75$^{*}$)/(-2,67$^{**}$)** | **$\gamma$=-0,32/$\beta$=0,68<br>(-3,72$^{*}$)/(-2,81$^{**}$)** | $\gamma$=-0,29/$\beta$=0,53<br>(-3,23)/(-1,95) | $\gamma$=-0,27/$\beta$=0,02<br>(-3,10)/(-0,10) |
| $\Delta L4$ | **$\gamma$=-0,63/$\beta$=0,54<br>(-5,35$^{**}$)/(-5,12$^{**}$)** | **$\gamma$=-0,61/$\beta$=0,09<br>(-4,51$^{**}$)/(-4,95$^{**}$)** | **$\gamma$=-0,59/$\beta$=1,05<br>(-5,47$^{**}$)/(-4,95$^{**}$)** | **$\gamma$=-0,68/$\beta$=0,47<br>(-5,52$^{**}$)/(-5,36$^{**}$)** | $\gamma$=-0,26/$\beta$=0,35<br>(-2,22)/(-2,26$^{*}$) |
| $\Delta L5$ | | $\gamma$=-0,29/$\beta$=0,81<br>(-2,45)/(-10,3$^{**}$) | **$\gamma$=-0,30/$\beta$=1,71<br>(-4,56$^{**}$)/(-14,9$^{**}$)** | **$\gamma$=-0,21/$\beta$=0,58<br>(-3,49$^{*}$)/(-2,80$^{**}$)** | **$\gamma$=-0,42/$\beta$=0,48<br>(-3,40$^{*}$)/(-7,64$^{**}$)** |
| $\Delta L6$ | **$\gamma$=-0,42/$\beta$=1,01<br>(-4,17$^{**}$)/(-18,3$^{**}$)** | | **$\gamma$=-0,37/$\beta$=2,05<br>(-5,67$^{**}$)/(-22,3$^{**}$)** | $\gamma$=-0,43/$\beta$=0,68<br>(-2,99)/(-6,14$^{**}$) | **$\gamma$=-0,76/$\beta$=0,53<br>(-6,89$^{**}$)/(-20,5$^{**}$)** |
| $\Delta L68$ | **$\gamma$=-0,62/$\beta$=0,47<br>(-4,17$^{**}$)/(-13,7$^{**}$)** | **$\gamma$=-0,83/$\beta$=0,45<br>(-4,37$^{**}$)/(-20,6$^{**}$)** | | **$\gamma$=-0,17/$\beta$=1,96<br>(-3,44$^{*}$)/(-8,84$^{**}$)** | **$\gamma$=-0,71/$\beta$=0,24<br>(-4,93$^{**}$)/(-8,30$^{**}$)** |

| | | | | | |
|---|---|---|---|---|---|
| $\Delta L7$ | **$\gamma$=-0,44/$\beta$=1,20 (-5,03$^{**}$)/(-12,2$^{**}$)** | **$\gamma$=-0,57/$\beta$=0,98 (-5,27$^{**}$)/(-17,0$^{**}$)** | **$\gamma$=-0,41/$\beta$=2,32 (-4,67$^{**}$)/(-10,8$^{**}$)** | | $\gamma$=-0,30/$\beta$=0,71 (-3,04)/(-7,40$^{**}$) |
| $\Delta L8$ | $\gamma$=-0,23/$\beta$=1,40 (-3,12)/(-8,64$^{**}$) | **$\gamma$=-0,65/$\beta$=0,98 (-5,17$^{**}$)/(-11,2$^{**}$)** | **$\gamma$=-0,28/$\beta$=2,83 (-3,76$^{*}$)/(-11,5$^{**}$)** | **$\gamma$=-0,25/$\beta$=0,38 (-4,92$^{**}$)/(-5,20$^{**}$)** | |
| | 6 | 8 | 8 | 5 | 5 $\sum$=56 |

Anmerkungen: ** (*) Signifikant bei einem Niveau von 1% (5%). Für den Test auf Kointegration ist der t-Wert von $\gamma$ relevant. Bei einem stochastischen Regressor und 50 Beobachtungen weisen BANERJEE/DOLADO/MESTRE (1998: S. 76) auf dem 0.01-Niveau (0.05-Niveau) einen Wert von -3,94 (-3,28) nach. Für jede Regression wurden Tests auf Normalverteilung der Residuen, autokorrelierte Residuen und bedingte Heteroskedastizität in den Residuen durchgeführt. Keine der Residuen aus den Schätzungen zeigen Anzeichen von Nichtnormalität, Autokorrelation und konditionaler Heteroskedastizität

Bei der Interpretation der Regressionsergebnisse ist jedoch sehr große Vorsicht geboten. Sie leiden nämlich unter dem Problem, dass weitere erklärende Variablen, wie beispielsweise die für die Exportproduktion notwendigen Inputfaktoren, nicht berücksichtigt werden. Insofern stehen alle Schätzergebnisse unter dem Vorbehalt erheblicher Verzerrungen aufgrund ausgelassener Variablen (*Omitted Variable Bias*).
Vor diesem Hintergrund soll eine tiefergehende Interpretation der Regressionsergebnisse hier nicht erfolgen. Als Resultat der Analyse kann man aber folgendes festhalten: Bei 56 gefundenen Kausalzusammenhängen kann man hinreichend stark von intersektoralen Externalitäten oder Verflechtungen in der Exportproduktion ausgehen. Möglicherweise handelt es sich bei diesen *Spillover*-Effekten um Externalitäten einer exportinduzierten Wissensakkumulation (*Learning-by-Exporting*). *De facto* entziehen sich derartige *Learning-by-Exporting*-Externalitäten aber einer empirischen Operationalisierung, so dass die vorliegenden Ergebnisse als Hinweise und nicht als Nachweise für derartige Effekte zu interpretieren sind.

Insgesamt wird man mit gebührender Vorsicht sagen können, dass die empirischen Befunde dieses Kapitels zusammen mit den Ergebnissen des vorangegangenen Kapitels auf exportinduzierte Wissens-*Spillover*-Effekte hindeuten.[44] Mit der Aufnahme zusätzlicher Exportsektoren dürfte daher das Potenzial für exportinduzierte *Learning Spillover*-Effekte steigen. Bei Richtigkeit dieser Aussagen führt die horizontale Exportdiversifizierung zu langfristigen Wachstumseffekten. Der Versuch einer Quantifizierung dieser Wachstumseffekte ist Gegenstand des folgenden Untersuchung.

44 Ob es sich dabei tatsächlich um Wissens-*Spillover*-Effekte handelt, kann nicht mit Sicherheit gesagt werden. Als alternative Erklärungsmöglichkeit sind ebenso *Linkage*-Effekte denkbar.

## 5.6 Der Einfluss der horizontalen Exportdiversifizierung auf das Wirtschaftswachstum

### 5.6.1 Einleitung

Der empirische Befund der vorangegangenen Abschnitte 5.4 und 5.5 ist kompatibel mit der Hypothese aus Abschnitt 1.2.1.3, wonach Wissen infolge der Exporttätigkeit in den Exportsektoren einer Volkswirtschaft entsteht und über Wissens-Spillover den übrigen Sektoren der Volkswirtschaft zugute kommt. Bei Richtigkeit dieser Hypothese impliziert eine wachsende Zahl exportierender Sektoren ein erhöhtes Potenzial für exportinduzierte *Learning*-Externalitäten. Eine steigende Zahl exportierender Sektoren bzw. eine diversifiziertere Exportstruktur kann sich daher positiv auf das Wachstum einer Volkswirtschaft auswirken.

Der Zusammenhang zwischen Exportdiversifizierung und Wirtschaftswachstum wurde am Fallbeispiele Chile (wie aus Abschnitt 1.1.5.8 bekannt) bereits in der Studie von AMIN GUTIÉRREZ DE PIÑERES und FERRANTINO (1997) untersucht. Die genannten Autoren behaupten, die Ergebnisse ihrer Zeitreihenanalyse seien „*...consistent with the possibility that in the long run, export diversification enhanced Chilean growth performance...*“(S.390). *De facto* ist aber die Korrelation zwischen dem verwendeten Indikator für den Grad der Exportdiversifizierung und der Höhe des Bruttoinlandsprodukts in der Studie von AMIN GUTIÉRREZ DE PIÑERES und FERRANTINO nicht signifikant. Der Konzentrationsgrad der Exporte weist sogar einen signifikant positiven Zusammenhang mit der chilenischen Inlandsproduktion auf, so dass die oben zitierte Behauptung eher als nicht zutreffend angesehen werden muss.[45] Allerdings lassen sich gegen das methodische Vorgehen von AMIN GUTIÉRREZ DE PIÑERES und FERRANTINO mehrere Kritikpunkte vorbringen.[46]

Zum einen testen AMIN GUTIÉRREZ DE PIÑERES und FERRANTINO den Zusammenhang zwischen Exportdiversifizierung und Wirtschaftswachstum weitgehend theorielos. Theoretische Modelle möglicher Wirkungsmechanismen werden bei der empirischen Modellformulierung nur unzureichend berücksichtigt. Zum anderen ist das ökonometrische Vorgehen wenig befriedigend. So besteht bei den von AMIN GUTIÉRREZ DE PIÑERES und FERRANTINO angewendeten Integrationstests das Problem von *Spurious Unit Roots* (PERRON 1989), da Strukturbrüche in den chilenischen Zeitreihen nicht auszuschließen sind. Damit ist die von den Autoren als Eins ausgewiesene Integrationsordnung der verwendeten Zeitreihen anzuzweifeln. Die zweifelsfreie Beurteilung der Integrationsordnung

45 Der Konzentrationsgrad der Export wird in der Studie von AMIN GUTIÉRREZ DE PIÑERES und FERRANTINO (1997) durch den Herfindahl-Konzentrationsindex gemessen.

46 Vgl. zu den folgenden Kritikpunkten auch HERZER ( 2005).

ist jedoch dringend notwendig, um datenkongruente konsistente empirische Modellformulierungen zu erhalten.

Ein weiterer Einwand betrifft die vorgenommene Schätzung in ersten Differenzen: Sofern (tatsächlich) eine Evidenz für die Annahme integrierter Prozesse der Ordnung Eins besteht, ist eine Kointegrationsanalyse der angemessenere Ansatz. Die Kointegrationsanalyse liefert Aussagen über Niveaubeziehungen und langfristige Zusammenhänge. Da AMIN GUTIÉRREZ DE PIÑERES und FERRANTINO auf eine Kointegrationsanalyse verzichten, lassen sich auf Basis ihrer empirischen Ergebnisse keinerlei Aussagen darüber treffen, ob ein langfristiger Zusammenhang zwischen dem Grad der Exportdiversifizierung und der Höhe der chilenischen Inlandsproduktion existiert oder nicht.

In diesem Abschnitt wird unter Berücksichtigung der soeben vorgebrachten Kritikpunkte erneut untersucht, ob die *Diversification-led Growth*-Hypothese für Chile gerechtfertigt werden kann. Der Abschnitt gliedert sich wie folgt: In Unterabschnitt 5.6.2 wird ein Schätzansatz zur Offenlegung des Zusammenhangs zwischen horizontaler Exportdiversifizierung und Wirtschaftswachstum hergeleitet. Unterabschnitt 5.6.3 beschreibt die Datenbasis sowie die verwendeten Methoden. Im Anschluss daran erfolgt die Schätzung des langfristigen Zusammenhangs zwischen der horizontalen Exportdiversifizierung und dem wirtschaftlichen Wachstum im Rahmen einer Kointegrationsanalyse (Unterabschnitt 5.6.4). Die wesentlichen Ergebnisse der Analyse werden in Unterabschnitt 5.6.5 zusammengefasst.

### 5.6.2 Herleitung des Schätzansatzes[47]

Das Ziel der folgenden empirischen Analyse ist es, den Einfluss der horizontalen Exportdiversifizierung auf die chilenische Inlandsproduktion zu untersuchen. Zur Herleitung des Schätzansatzes, mit dem die Wirkung der Exportdiversifizierung offengelegt werden kann, wird eine Modellökonomie mit $n$ Sektoren und $Z \in n$ Exportsektoren betrachtet. In der Modellwirtschaft produziert ausnahmslos jeder Sektor $f \in [1, n]$ unter Einsatz der Produktionsfaktoren Arbeit und Kapital im Zeitpunkt t ein homogenes Gut mit der Cobb-Douglas Produktionstechnologie

$$Y_{f_t} = F_{f_t}(K_{f_t}, L_{f_t}, W_t) = K_{f_t}^{\alpha} L_{f_t}^{\beta} W_t^{\delta} . \qquad (5.6.1)$$

Hierin bezeichnen $Y_f$, $K_f$ und $L_f$ den Output, den Kapitalbestand und den Arbeitseinsatz im repräsentativen Sektor $f$. Die Parameter $\alpha$, $\beta$, $\delta$ stellen die Elastizitäten dar. Der Vektor $W$ steht für einen effizienzsteigernden Effekt,

47 Vgl. zu den folgenden Ausführungen auch HERZER (2005) oder HERZER/NOWAK-LEHMANN D. (2005).

$$\frac{\partial F_f}{\partial W} > 0, \qquad (5.6.2)$$

der mit dem frei verfügbaren Wissensstand der Volkswirtschaft gleichzusetzen ist. Dieser Wissensstand entsteht, quasi automatisch und ungeplant, in den Exportsektoren und kommt über Wissens-Spillovers den übrigen Sektoren der Volkswirtschaft zugute. Die Grundidee für die Wissensproduktion durch die Exportbranchen ist, dass sich sowohl Lerneffekte durch die Exporttätigkeit (*Learning-by-Exporting*), als auch durch die Produktion (*Learning-by-Doing*) einstellen. *Learning-by-Exporting*-Effekte ergeben sich beispielsweise, weil im direkten Kontakt der Exporteure zu ausländischen Export- und Abnehmerindustrien Informationen über effizientere Arbeits-, Organisations- und Managementprozesse gewonnen werden (MACARIO 1999, 2000). *Learning-by-Doing*-Effekte hängen von der kumulierten Produktionsmenge ab. Sie werden durch die exportinduzierte Ausdehnung des Produktionsvolumens erzeugt. Durch den verstärkten Wettbewerbsdruck, der die Exporteure zur Orientierung an internationalen Effizienz- und Qualitätskriterien zwingt, werden die technologischen und organisatorischen Lernprozesse zusätzlich beschleunigt.[48] Dabei ist annahmegemäß das Ausmaß des in den einzelnen Exportsektoren generierten Wissen, $W_e$, stets gleich groß. Es kann als öffentliches Gut grundsätzlich von allen anderen Sektoren genutzt werden. Daher ist der *Spillover*-Effekt des Wissens,

$$W_t = \sum_{1}^{z} W_{z e_t} = Z_t W_{e_t}, \qquad (5.6.3)$$

der sich aus dem akkumulierten Wissen in jedem Exportsektor zusammen setzt, für alle Sektoren $f \in [1, n]$ identisch.[49] Wenn nun der Anteil der Produktionsmenge der Sektoren an der Gesamtproduktionsmenge der Volkswirtschaft hinreichend klein ist, wird $W$ in den einzelnen Sektoren als exogen gegeben betrachtet. Damit gelten auf sektoraler Ebene konstante Skalenerträge, so dass Produktionsfunktion (5.6.1) linear homogen ist. Bei vollständiger Konkurrenz

48 Außerdem haben die *Firm-Level*-Studien von MACARIO (1999: S. 111) erbracht, dass chilenische Exporteure häufiger als ihre binnenorientieretn Konkurrenten in die Ausbildung ihrer Mitarbeitarbeiter investieren.

49 Die Annahme einer stets gleichen Wissensproduktion in jedem Exportsektor ist sehr restriktiv. Eine Alternative bestünde in einer unterschiedlichen Gewichtung der $z$ Exportsektoren in Abhängigkeit von der jeweiligen Produktionstechnologie. Dies setzt jedoch zusätzlich genaue Informationen insbesondere über den technologischen *Content* in jedem Exportsektor voraus. Diese Größen sind jedoch nicht vollständig beobachtbar, so dass eine Gewichtung immer einer gewissen Willkür unterliegt. Insofern bietet eine Gewichtung keinen echten Vorteil gegenüber der Annahme einer stets gleichen Wissensproduktion.

auf den Faktormärkten berechnet sich dann die gesamtwirtschaftliche Produktionsfunktion aus der Aggregation der sektoralen Produktionsfunktionen zu

$$Y_t = \sum_f^n Q_{f_t} = F_t(\sum_f^n K_{f_t}^{\alpha}, \sum_f^n L_{f_t}^{\beta}, (Z_t W_{et})^{\delta}) = K_t^{\alpha} L_t^{\beta} (Z_t W_{et})^{\delta}, \qquad (5.6.4)$$

wobei $K$ bzw. $L$ die Summe der Faktoreinsatzmengen aller Sektoren der Volkswirtschaft ist und $ZW_e$ den Wissensbestand darstellt, der von der Zahl der Exportsektoren abhängt. Steigen diese im Zuge einer als exogen angenommenen horizontalen Exportdiversifizierung, bei stets gleichem exportspezifischem $W_e$, dann nimmt bei Vorliegen von Wissens-*Spillovers* ($\delta > 0$) die Produktivität zu, es entsteht ein Wachstumseffekt.[50] Für die empirische Analyse ist Funktion (5.6.4) daher ein geeigneter Ansatz, um die Wachstumseffekte der horizontalen Exportdiversifizierung offenzulegen. Da die Erklärungsvariable $W_e$ in Funktion (5.6.4) als konstant vorausgesetzt wird, können die Wachstumswirkungen der horizontalen Exportdiversifizierung auch anhand von Gleichung

$$Y_t = K_t^{\alpha} L_t^{\beta} Z_t{}^{\delta} W_t \qquad (5.6.5)$$

empirisch überprüft werden. Durch die Bildung von Logarithmen ($L$) wird der Produktionszusammenhang (5.6.5) linearisiert, so dass die üblichen Schätzmethoden anwendbar sind. Man erhält Spezifikation

$$LY_t = \mu + \alpha LK_t + \beta LL_t + \delta LZ_t + \varepsilon_t, \qquad (5.6.6)$$

mit den zu schätzenden Koeffizienten bzw. Elastizitäten $\alpha$, $\beta$ und $\delta$, der Konstanten $\mu$ sowie dem Störterm $\varepsilon_t$.

### 5.6.3 Datenbasis und Methode

In Funktion (5.6.6) geht der logarithmierte Faktor Arbeit, $LL_t$, mit dem Logarithmus der Zahl der Beschäftigten pro Periode ein. $LK_t$ ist der logarithmierte Kapitalstock in t, wobei sich der Kapitalstock, $K_t$, nach der international üblichen *Perpetual-Inventory* Methode durch die Summe der bis zum Zeitpunkt t getätigten Investitionen mit einer jährlichen Abschreibungsrate von 5% berechnet. $LZ_t$ ist der Logarithmus der Zahl der Exportsektoren, über die Chile entsprechend der 3-stelligen Klassifikation des Internationalen Warenverzeichnisses (SITC-Rev.1) verfügt. Der logarithmierte Output $LY_t$ wird in der empirischen Analyse durch den Logarithmus des realen chilenischen Bruttoinlandsprodukts erfasst. Mit Ausnahme der Zahl der Exportsektoren, die aus der COMTRADE-Datenbank (2003) stammen, werden die zugrundeliegenden Daten vom MI-

50 Mögliche Auswirkungen der exogen angenommenen Exportdiversifizierung auf die Allokation der Produktionsfaktoren werden völlig ausgeblendet.

NISTERIO DE HACIENDA (2003) berichtet. Der komplette Datensatz findet sich im Anhang. Die Entwicklung der Variablen für die Zeit von 1962 bis 2001 ist in Abbildung 5.9 dargestellt.

**Abbildung 5.9 Die Entwicklung der Variablen im Beobachtungszeitraum**

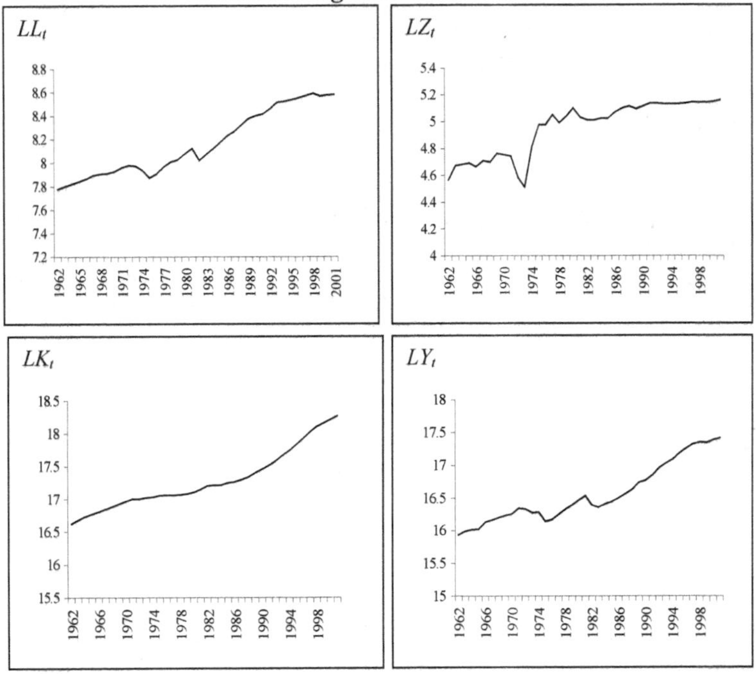


Sämtliche Variablen zeigen einen langfristig trendmäßigen Verlauf. Ihre Entwicklung kann von deterministischen oder stochastischen Trends bestimmt sein. Nach den Ergebnissen der Einheitswurzeltests der Abschnitte 2.4 und 4.5.3.1 handelt es sich bei $LY_t$ und $LK_t$ um stochastische Prozesse der Integrationsordnung d=1, $I(1)$. Für die verbleibenden Reihen $LL_t$ und $LZ_t$ muss im einzelnen abgeklärt werden, ob sie trendstationär oder integriert sind. Davon hängt die adäquate Schätzung von $\alpha$, $\beta$ und $\delta$ ab, denn:

- 1. Falls $LL_t$ und $LZ_t$ und damit alle Variablen integriert der Ordnung d=1, $I(1)$, ist zu prüfen, ob sie kointegriert sind. Ist dies nicht der Fall (a), so ist eine Regression in ersten Differenzen durchzuführen. Liegt Kointegration vor (b), dann ist die Schätzung im Rahmen eines Fehlerkorrekturmodells und/oder mit Hilfe der DOLS-Methode (SAIKKONEN 1991, STOCK/WATSON 1993) adäquat.[51]
- 2. Falls die Variablen $LL_t$ und/oder $LZ_t$ trendstationär sind, dann enthält Regression (5.6.6) eine Gruppe von integrierten und trendstationären Prozessen. In diesem Fall besteht der nächste Schritt darin auf Kointegration zwischen den $I(1)$-Variablen zu testen. Besteht keine Kointegrationsbeziehung (a), dann ist eine Schätzung mit trendbereinigten Variablen sinnvoll. Dabei ist die richtige Trendbereinigung durchzuführen: Differenzstationäre Prozesse, $I(1)$, sind durch Bildung von ersten Differenzen in stationäre Zeitreihen zu transformieren. Trendstationären Prozesse, $z_t$, werden durch Schätzung der Residuen einer Regression von $z_t$ auf eine Konstante und einen Zeittrend in stationäre Zeitreihen überführt. Liegt Kointegration zwischen den $I(1)$-Variablen vor (b), so kommt ein Fehlerkorrekturmodell in Betracht. Darin besteht der Fehlerkorrekturterm aus den $I(1)$-Variablen. Die Kurzfristdynamik enthält zusätzlich die $I(0)$-Prozesse,[52] wobei die trendstationären $I(0)$-Prozesse in stationäre $I(0)$-Prozesse zu transformieren sind. Das Fehlerkorrekturmodell liefert Schätzwerte für $\alpha$, $\beta$ und $\delta$ und bietet einen zusätzlichen Test auf Kointegration. Alternativ kann die Beziehung (5.6.6) beispielsweise auch mit Hilfe der DOLS-Prozedur effizient und unverzerrt geschätzt werden, indem in Gleichung (5.6.6) *Leads* und *Lags* der differenzierten $I(1)$-Variablen aufgenommen werden (STOCK/WATSON 1993).
- Möglicherweise ist die statistische Signifikanz von $\alpha$, $\beta$ und $\delta$ jedoch nicht invariant gegenüber der Aufnahme zusätzlicher Regressoren, so dass die Robustheit der Regressionsergebnisse bezweifelt werden kann. Gleichung (5.6.6) ist daher um zusätzliche Erklärungsvariablen (vertikale Exportdiversifizierung, Diversifizierung der Exportmärkte) zu erweitern Unter Berücksichtigung der oben gemachten Angaben zur Methodik ist die erweiterte Gleichung erneut zu schätzen.

Die zuletzt genannten Schritte sind formal in Abbildung 5.10 skizziert. Sie liefert einen Überblick über den Gang der folgenden empirischen Analyse.

51 Vgl. dazu Abbildung 2.11, Abschnitt 2.4.3.

52 Vgl. dazu beispielsweise die empirische Untersuchung von LÜTKEPOHL/WOLTERS (1998).

**Abbildung 5.10 Zeitreihenanalytische Vorgehensweise**

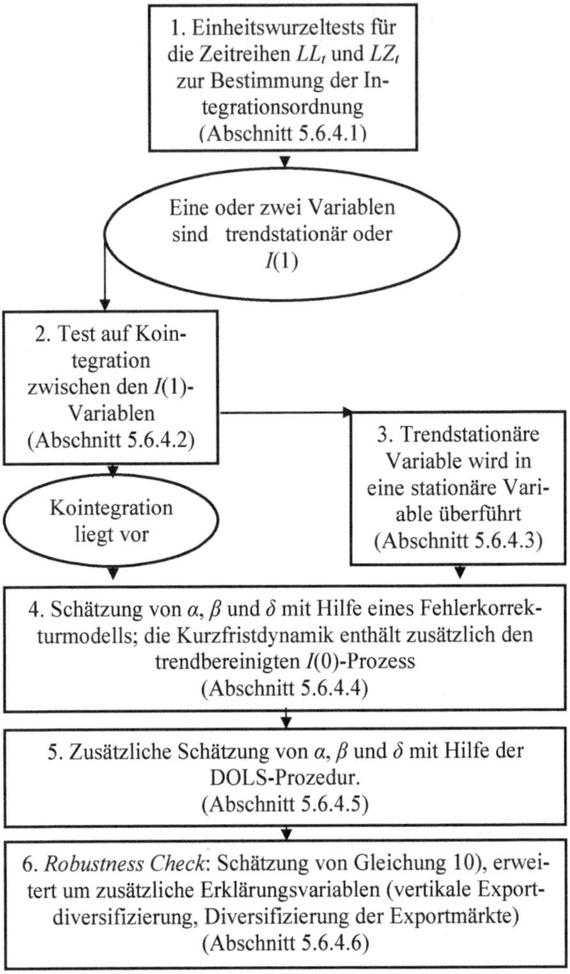


### 5.6.4 Ergebnisse der empirischen Untersuchung

#### 5.6.4.1 Einheitswurzeltests

Zunächst müssen die Variablen $LL_t$ und $LZ_t$ auf ihre Integrationsordnung hin untersucht werden. Dazu werden die Verfahren von PERRON (1997) und KAPETANIOS (2005) angewendet, welche auch bei einem bzw. zwei oder mehreren Strukturbrüchen eine Entscheidung zwischen differenzstationärem und trendstationärem Verhalten erlauben. Die Einheitswurzeltests werden im Rahmen sogenannter *Crash*-Modelle durchgeführt. Darin wird die Nullhypothese eines *Random Walk* mit einer möglichen einmaligen Verschiebung im Niveauverlauf gegen die Alternative eines trendstationären Prozesses getestet, dessen Absolutglied sich infolge des Strukturbruchs dauerhaft geändert haben mag (PERRON 1989). Das *Innovational Outlier*-Modell von PERRON (1997) macht den ADF-Test allerdings nur im Falle eines Strukturbruchs anwendbar.[53] Desweiteren thematisiert das *Innovational Outlier*-Modell ein graduelle Verschiebung der Trendfunktion (PERRON 1989: S. 1380). Deshalb werden die Zeitreiheneigenschaften zusätzlich mit dem Verfahren von KAPETANIOS (2005) beurteilt. Die Methode von KAPETANIOS (2005) erlaubt die Berücksichtigung von zwei plötzlichen Strukturverschiebungen in der originären ADF-Testregression.[54]

In beiden Verfahren werden die Zeitpunkte der Strukturbrüche a priori nicht als bekannt vorausgesetzt, sondern modellendogen unter Verwendung von gleitenden Dummy-Variablen ermittelt. Für jeden potenziellen Bruchpunkt wird die um die Dummy-Variablen erweiterte ADF-Testregression erneut geschätzt. Bei PERRON (1997) ergibt sich das Datum des Strukturbruchs durch Minimierung des t-Werts des Koeffizienten der verzögerten Niveauvariablen in Abhängigkeit aller potenziellen Strukturbrüche bzw. gleitenden Dummy-Variablen. Nach der Methode von Kapetanios ist die Summe der quadrierten Residuen in der um die gleitenden Dummy-Variablen erweiterten ADF-Testregression zu minimieren. Dies bedeutet, für jede Regression wird die Summe der quadrierten Residuen berechnet. Die Minimierung der Summe der quadrierten Residuen in Abhängigkeit aller potenziellen Strukturbrüche bzw. Dummy-Variablen liefert das Datum des ersten Strukturbruchs. Dieser wird durch die entsprechende (fixe) Stufendummy-Variable in der erweiterten ADF-Testregression modelliert, um im nächsten Schritt den zweiten Bruchpunkt durch Minimierung der Summe der quadrierten Residuen in Abhängigkeit von weiteren gleitenden Stufendummies zu bestimmen. Der zweite Bruch wird wiederum durch die korrespondierende Dummy-Variable in der ADF-Gleichung thematisiert, um am Ende die $H_0$ eines *Random Walk* mit zwei Niveauverschiebungen gegen die $H_1$ eines trendstationären Prozesses mit zwei Änderungen im Absolutglied zu testen.

Die kritischen Werte zur Überprüfung der Nullhypothese hängen vom jeweiligen Testverfahren ab. Die durch Simulation gewonnenen kritischen Werte für die Niveaus der Zeitreihen sind bei PERRON (1997) und bei KAPETANIOS (2005) aufgelistet. Für die ersten Differenzen werden lediglich Impulsdummy-Variablen in die originäre ADF-Testgleichung eingefügt. Der Test für die ersten Differenzen kann unter der Annahme durchgeführt werden, dass die Impulsdummy-Variablen die Verteilung der ADF-Teststatistik nach MACKINNON (1991) nicht verändern. Tabelle 5.8 liefert die Ergebnisse dieser Einheitswurzeltests sowie die ermittelten Bruchpunkte.

53 Vgl. zur Methode von PERRON (1997) die Ausführungen in 5.5.2.
54 Vgl. zum Verfahren von KAPETANIOS (2005) die Ausführungen in 4.4.3.1.

**Tabelle 5.8 Einheitswurzeltests**

| Variable | Teststatistik | Kritischer Wert | t-Wert des Zeittrends | Jahr des Strukturbruchs | Testergebnis | d |
|---|---|---|---|---|---|---|
| *Einheitswurzeltests – Innovational Outlier Model, PERRON (1997)* | | | | | | |
| $LL_t$ | -3.70 | $-5.21^{*}$ (P) | 2.32 | 1981 | nichtstationär | 1 |
| $LZ_t$ | -8.11 | $-5.70^{**}$ (P) | $3.02^{**}$ | 1972 | trendstationär | 0 |
| Erste Differenzen | | | | | | |
| $\Delta(LL_t)$ | -4.57 | $-4.21^{**}$ (MK) | 0.26 | 1972 | stationär | 0 |
| *Einheitswurzeltests – KAPETANIOS (2005)* | | | | | | |
| Variable | Teststatistik | Kritischer Wert | t-Wert des Zeittrends | Jahr der Strukturbrüche | Testergebnis | d |
| $LL_t$ | -3.03 | $-5.685^{*}$ (K) | 2.01 | 1972, 1981 | nichtstationär | 1 |
| $LZ_t$ | -11.90 | $-6.16^{**}$ (K) | $4.68^{**}$ | 1971, 1973 | trendstationär | 0 |
| Erste Differenzen | | | | | | |
| $\Delta(LL_t)$ | -4.90 | $-4.21^{**}$ (MK) | 0.12 | 1972, 1981 | stationär | 0 |

Anmerkung: **(*) 1%-(5%)-krititischer-Wert. Der Untersuchungszeitraum für die Analyse der Zeitreiheneigenschaften von *LL* umfasst die Periode von 1960 bis 2001; der Untersuchungszeitraum für die Analyse der Zeitreiheneigenschaften von *LZ* umfasst die Periode von 1962 bis 2001. Kritische Werte mit dem Symbol (P) sind PERRON (1997: S. 362, Modell 1, $T$=60) entnommen; kritische Werte mit dem Symbol (K) sind KAPETANIOS (2005: Modell A) entnommen; kritische Werte mit dem Symbol (MK) sind aus MACKINNON (1991); dabei wird unterstellt, dass sich die Verteilung der ADF-Teststatistik für die ersten Differenzen nicht ändert. Unter der Nullhypothese eines $I(1)$-Prozesses gilt nicht die übliche t-Verteilung für den Koeffizienten des Zeittrends; kritische Werte finden sich zum Beispiel bei PATTERSON (2000: S. 237). Die Einheitswurzeltest wurden einheitlich mit einer verzögerten differenzierten Variablen durchgeführt.

Die in Tabelle 5.8 ausgewiesenen Brüche in der Reihe $LL_t$ können auf die Schuldenkrise im Jahre 1982 sowie auf die wirtschaftspolitischen Schwächen der Regierung Allende zurückgeführt werden, die ab 1972 zunehmend spürbar wurden. Beide Testverfahren, entsprechend der Vorgehensweise von PERRON (1997) und (KAPETANIOS 2005), identifizieren das Jahr 1981 als Datum des potenziellen Strukturbruchs in der Reihe $LL_t$. Bei der logarithmierten Zahl der Exportsektoren, $LZ_t$, liefern die Einheitswurzeltests allerdings keine einheitlichen Ergebnisse: Unter der Annahme einer graduellen Strukturverschiebung wird im Rahmen des *Innovational Outlier*-Modells von PERRON (1997) ein Bruch im Jahre 1972 ermittelt. Nach der Methode von KAPETANIOS (2005) liegen die Sprünge in den Jahren 1971 und 1973. Vor dem Hintergrund der hohen Handelshemmnisse und dem daraus resultierenden Export *Bias* zwischen 1971 und 1973 sind jedoch beide Ergebnisse plausibel. Die Berücksichtigung zweier Strukturbrüche nach der Methode von KAPETANIOS (2005) dürfte aber der angemessenere Ansatz sein, um die binnenorientierte Politik der Regierung Allende zwischen 1971 und 1973 zu modellieren.

Was die Prüfung der Integrationsordnung angeht, zeigt sich in beiden Tests eine Evidenz für die Annahme eines trendstationären Verlaufs der Variablen $LZ_t$. Die Hypothese der Nichtstationarität kann für $LZ_t$ sogar auf dem 1%-Signifikanzniveau abgelehnt werden. Die kritischen Werte werden betragsmäßig überschritten und der Koeffizient des Zeittrends ist hoch signifikant. Dagegen zeigen die Ergebnisse der Einheitswurzeltests in Tabelle 5.8, dass die Variable $LL_t$ einen stochastischen Trend enthält. Die ersten Differenzen sind jedoch stationär. Folglich kann $LL_t$ als integriert der Ordnung Eins, $I(1)$, betrachtet werden. Zusammenfassend lässt sich daher festhalten: $LZ_t$ ist eine trendstationäre Variable, während $LL_t$ (ebenso wie $LY_t$ und $LK_t$) einem $I(1)$-Prozess folgt.

#### 5.6.4.2 Kointegrationstest und Testergebnisse

Im Rahmen einer Kointegrationsanalyse kann nun untersucht werden, ob zwischen den $I(1)$-Variablen $LY_t$, $LK_t$ und $LL_t$ eine Kointegrationsbeziehung besteht. Dazu werden die drei Variablen zu einem vektorautoregressiven System zusammengefasst. Die Anzahl der in diesem System berücksichtigten Verzögerungen wird auf Basis des Modellselektionskriteriums von Hannan-Quinn auf zwei festgelegt.[55] Mit Hilfe des Johannsen-Trace-Tests (JOHANSEN 1988, 1995) wird geprüft, ob und wie viele Kointegrationsbeziehungen zwischen den Variablen existieren.[56] Sowohl für die Kointegrationsbeziehung als auch für das vektorautoregressive Modell der Ordnung $p$=2 wird als deterministischer Bestandteil ein Absolutglied zugelassen. Die Ergebnisse des Johansen-Trace-Tests zur Bestimmung des Kointegrationsranges $r$ bzw. zur Bestimmung der Anzahl der linear unabhängigen Kointegrationsvektoren, sind in Tabelle 5.9 aufgeführt. Die Testergebnisse sprechen deutlich dafür, dass genau eine Kointegrationsbeziehung zwischen den Variablen besteht: In der ersten Zeile von Tabelle 5.9 sind die Teststatistiken größer als die kritischen Werte. Die Hypothese $r = 0$ kann sogar auf dem 1%-Signifikanzniveau verworfen werden. In den Zeilen zwei und drei sind die Teststatistiken kleiner als ihre kritischen Werte. Somit liegt genau eine Kointegrationsbeziehung vor.

---

55 Das Akaike-Informationskriterium liefert eine Lag-Länge von 3, während das Schwarz-Kriterium eine Länge von 1 liefert. Bei nichtstationären Zeitreihen überschätzt das Akaike-Kriterium allerdings asymptotisch die wahre Ordnung des Prozesses zu oft (LÜTKEPOHL 1985). Bei einer Lag-Länge von 3 ist das Modell daher möglicherweise überparametrisiert, während bei einer Lag-Länge von 1 möglicherweise eine Unterparametrisierung vorliegt. Deshalb wird das Hannan-Quinn-Kriterium mit einer Lag-Länge von 2 als „goldene Mitte“ gewählt.

56 Zum Johansen-Verfahren vgl. Abschnitt 4.4.3.2.

**Tabelle 5.9 Trace-Test auf Kointegration zwischen *LY*, *LK* und *LL***

| Teststatistik | Kritische Werte | $H_0$ | $H_1$ |
|---|---|---|---|
| 36.172 | 29.68* / 35.65** | $r$=0 | $r$>0 |
| 14.770 | 15.41* / 20.04** | $r$=1 | $r$>1 |
| 0.074 | 3.76* / 6.65** | $r$=2 | $r$>2 |

Anmerkung: * 5%-Signifikanzniveau,** 1%-Signifikanzniveau; das Modell erlaubt einen Trend in den Daten aber nicht aber in der Kointegrationsbeziehung. Kritische Werte werden von EViews geliefert. Sie sind auch bei OSTERWALD-LENUM (1992) aufgelistet.

#### 5.6.4.3 Trendbereinigung

Die Variable $LZ_t$ wird trendbereinigt durch eine Regression von $LZ_t$ auf eine Konstante, $c$, und einen linearen Zeittrend, $t$. Da der Einheitswurzeltest nach der Methode von KAPETANIOS (2005) zwei Strukturbrüche in den Jahren 1971 und 1973 identifiziert, sollten diese ebenfalls in der Regression thematisiert werden. Technisch wird dies durch Einbeziehung der Stufendummy-Variablen $DU72_t$ und $DU74_t$ in

$$LZ_t = c + at + e_t \tag{5.6.7}$$

erreicht.[57] Die resultierende Schätzgleichung ist

$$LZ_t = c + at + DU72_t + DU74_t + e_t . \tag{5.6.8}$$

**Tabelle 5.10 Augmented-Dickey-Fuller-Test**

| Variable | ADF Teststatistik | Kritischer Wert (1%) | Testergebnis |
|---|---|---|---|
| $\hat{e}_t$ | -5.165** | -2.627 | stationär |

Anmerkung: ** signifikant auf dem Niveau von 1%. Die ADF-Test-Gleichung enthält weder eine Konstante noch einen Trend. Keine der Verzögerung der differenzierten Variablen hat sich als signifikant erwiesen. Kritische Werte bezüglich der ADF Teststatistik aus MACKINNON (1991).

Im folgenden können die Residuen, $\hat{e}_t$, der Regression (5.6.8) anstelle der logarithmierten Zahl der Exportsektoren zur Schätzung von $\alpha$, $\beta$ und $\delta$ in Funktion (5.5.6) verwendet werden.

Hierin weisen die geschätzten Residuen $\hat{e}_t$ keinen Zeittrend und keine Strukturverschiebungen mehr auf. Sie sind stationär, wie die Ergebnisse des ADF-Tests in Tabelle 5.10 zeigen.

57 Die Dummy-Variablen $DU72_t$ und $DU74_t$ nehmen ab 1972 bzw. ab 1974 den Wert 1 und sonst den Wert Null an.

### 5.6.4.4 Einzelgleichungsschäzung mit Hilfe eines Fehlerkorrekurmodells.

Das von STOCK (1987) entwickelte Fehlerkorrekturmodell ist ein geeignetes Verfahren zur Schätzung von $\alpha$, $\beta$ und $\delta$. Es dient darüber hinaus als zusätzlicher Test, ob Kointegration zwischen $LY_t$, $LK_t$ und $LL_t$ vorliegt. Dazu wird $\Delta LY_t$ regressiert auf $LY_{t-1}$, $LK_{t-1}$, $LL_{t-1}$, den Differenzen dieser Variablen bis zum ersten *Lag* und die (trendbereinigte) Zahl der Exportsektoren, $\hat{e}_t$, ebenfalls bis zum ersten *Lag*.[58] Dementsprechend hat das vollspezifizierte Fehlerkorrekturmodell die Form[59]

$$\Delta LY_t = a_0 - a_1 LY_{t-1} + a_2 LK_{t-1} + a_3 LL_{t-1} + \sum_{j=0}^{1} a_4 \Delta LK_{t-j} + \sum_{j=0}^{1} a_5 LL_{t-j} + \sum_{J=1}^{1} a_6 \Delta LY_{t-j} + \sum_{j=0}^{1} a_7 \hat{e}_{t-j} + \varepsilon_t \tag{5.6.9}$$

mit

$$\hat{\alpha} = \hat{a}_2 / |\hat{a}_1|, \tag{5.6.9a}$$

$$\hat{\beta} = \hat{a}_3 / |\hat{a}_1|, \tag{5.6.9b}$$

$$\hat{\delta} = \sum \hat{a}_7 / |\hat{a}_1|, \tag{5.6.9c}$$

wobei die Koeffizienten von $\hat{e}_t$ entsprechend (5.6.9*c*) aufzuaddieren sind, um den langfristigen Effekt der Exportdiversifizierung zu erfassen. In (5.6.9) wird die Sufendummy-Variable *DU75* eingefügt, um die Effekte der Rezession im Jahre 1975 zu modellieren, die sich in der Schätzung als große Residuen bemerkbar machen.[60] Ausgehend von (5.6.9) erfolgt dann im Sinne des „*General-to-specific*"-Ansatzes (Hendry 1995) eine Modellreduktionsprozedur durch schrittweises Entfernen der Variablen mit den kleinsten t-Werten, bis alle verbleibenden Variablen mindestens auf dem 10%-Signifikanzniveau von Null verschieden sind. Eine Kointegrationsbeziehung zwischen $LY_t$, $LK_t$ und $LL_t$ existiert, wenn der Ladungskoeffizient bzw. der Koeffizient von $LY_{t-1}$ signifikant

---

58 Die *Lag*-Länge wurde unter Berücksichtigung der Informationskriterien von Schwarz und Hannan-Quinn festgelegt.

59 Der Fehlerkorrekturterm ergibt sich als $LY_{t-1}+\alpha LK_{t-1}+\beta LL_{t-1}$ durch Ausklammern von $a_1$ und enthält nur die $I(1)$-Variabeln, während die Kurzfristdynamik neben den differenzierten $I(1)$-Variablen, $\Delta$, zusätzlich die Variable $\hat{e}_t$ enthält.

60 *DU75* nimmt ab 1975 den Wert 1 und sonst den Wert Null an; *d82* nimmt ab 1982 den Wert 1 und sonst den Wert Null an.

negativ ist.[61] Nach Eliminierung aller insignifikanten Koeffizienten resultiert Gleichung (5.6.10) (t-Werte in Klammern).[62]

$$\begin{aligned} \Delta LY_t = {} & \underset{(1.269)}{0.388} - \underset{(-4.048)}{0.582^{*}} LY_{t-1} + \underset{(3.939)}{0.428^{**}} LK_{t-1} + \underset{(2.492)}{0.222^{*}} LL_{t-1} \\ & + \underset{(6.190)}{2.667^{**}} \Delta LK_t - \underset{(-2.131)}{0.923^{*}} \Delta LK_{t-1} + \underset{(2.327)}{0.429^{*}} \Delta LL_t \\ & + \underset{(2.937)}{0.341^{**}} \hat{e}_{t-1} - \underset{(-1.916)}{0.029^{+}} DU75, \end{aligned} \tag{5.6.10}$$

wobei

$R^2$=0.865; *SER*=0.023; *JB*=0.711; *LM*(1)=0.730; *LM*(2)=0.229; *LM*(3)=0.245; *ARCH*(1)=0.310; *ARCH*(2)=0.570 und *ARCH*(3)=0.263.[63]

Der Ladungskoeffizient in (5.6.10) ist mit einem absoluten t-Wert von 4.048 signifikant negativ. Damit ist die Hypothese fehlender Kointegration auf dem 1%-Niveau abzulehnen, so dass aus den geschätzten Parametern in Gleichung (5.6.10) die gesuchte Beziehung (5.6.6) entnommen werden kann. Dazu wird entsprechend (5.6.9*a*) und (6.5.9*b*) auf den Koeffizienten von $LY_{t-1}$ normalisiert. Man erhält zunächst den Kointegrationsvektor

$$LY_t = 0.74LK_t + 0.38LL_t. \tag{5.6.11}$$

Da die logarithmierte Zahl der Exportsektoren, ausgedrückt durch $\hat{e}_t$, trendbereinigt und somit stationär ist, kann sie zur Gleichung (5.6.11) hinzugefügt werden. Dabei hat sich in (5.6.10) lediglich $\hat{e}_t$ der Vorperiode als signifikant erwiesen. Dies deutet darauf hin, dass die Exportdiversifizierung eine Periode Zeit benötigt, um auf die chilenische Inlandsproduktion einzuwirken. Normalisiert auf den Koeffizienten von $LY_{t-1}$ resultiert gemäß (6.5.9*c*) für $\delta$ ein Wert von 0.59

61 Zum Testen auf Signifikanz des (negativen) Ladungskoeffizienten ist nicht die übliche t-Statistik heranzuziehen. Anstelle der üblichen t-Statistik sind die kritischen Werte von ERICSSON/MACKINNON (2002).

62 Anmerkung: ** (*) ($^{+}$) Signifikant bei einem Niveau von 1% (5%) (10%). Für den Test auf Kointegration ist der t-Wert der verzögerten endogenen Niveauvariablen relevant. Bei zwei stochastischen Regressoren und einer *Adjusted Sample Size* von 39 ergibt sich bei ERICSSON/MACKINNON (2002) auf dem 0.01-Niveau ein kritischer Wert von -3.999.

63 *SER*= Standardfehler der Regression; *JB*=Jarque-Bera-Test auf Normalität der Residuen (Signifikanzniveau bzw. *p*-Wert); *LM*(*k*) = Test auf Autokorrelation *k*-ter Ordnung (Signifikanzniveau bzw. *p*-Wert); *ARCH*(*q*) = Test auf bedingte Heteroskedastizität *q*-ter Ordnung (Signifikanzniveau bzw. *p*-Wert).

(0.341 / 0.582 = 0.59). Unter Einbeziehung der Zahl der Exportsektoren ergibt sich der gesuchte Zusammenhang (5.6.6) schließlich als

$$LY_t = 0.74LK_t + 0.38LL_t + 0.59LZ_t. \qquad (5.6.12)$$

Die geschätzte Beziehung besagt, dass eine Zunahme der Zahl der Exportsektoren bzw. eine Exportdiversifizierung um jeweils 1% das BIP ceteris paribus langfristig um 0.59% erhöht.[64] Dies spricht für die Annahme, wonach eine Exportdiversifizierung über *Learning-by-Exporting-* und *Learning-by-Doing-*Externalitäten ein wirtschaftliches Wachstum herbeizuführen vermag. Allerdings besteht in (5.6.12) ein Endogenitätsproblem, wenn die Einsätze an Kapital und Arbeit nicht unabhängig vom realisierten Output gewählt werden. Die Variablen $LK_t$ und $LL_t$ sind daher möglicherweise nicht streng exogen in Bezug auf $LY_t$, wodurch die Gefahr einer verzerrten Schätzung der Kointegrationsparameter $\alpha$ und $\beta$ sowie $\delta$ besteht.[65] Zur Schätzung von $\alpha$, $\beta$ und $\delta$ wird daher zusätzlich die DOLS-Prozedur angewendet, die selbst bei Endogenität der Erklärungsvariablen zu asymptotisch effizienten Schätzern führt (STOCK/WATSON 1993).

### 5.6.4.5 Schätzung mit Hilfe des DOLS-Ansatzes

Die DOLS- (*Dynamic* OLS) Prozedur erlaubt die asymptotisch unverzerrte Schätzung einer aus $I(1)$- und $I(0)$-Variablen bestehenden Gleichung (sofern die $I(1)$-Variable kointegriert sind). Sie berücksichtigt die dynamische Struktur der $I(1)$-Variablen, indem *Leads* und *Lags* der exogenen differenzierten $I(1)$-Variablen in die statische Kointegrations-Regressionsgleichung

$$LY_t = \mu + \alpha LK_t + \beta LL_t + \varepsilon_t \qquad (5.6.13)$$

aufgenommen werden (SAIKKONEN 1991). Als zusätzliche Regressoren werden die (trendbereinigte) stationäre Variable $\hat{e}_t$ sowie die Stufendummy-Variable *DU75* benutzt.[66] Die Laglänge wird unter Berücksichtigung der Informationskri-

---

64 Neben der Zunahme der Zahl der Exportsektoren dürften die sektoralen Exportvolumen die Größe des Wachstumseffekts maßgeblich mitdeterminieren. Aus Gründen der Operationalisierbarkeit blieben die jeweiligen Exportvolumen – unter Zuhilfenahme der Annahme *einer stets gleichen sektoralen Wissensproduktion* (Abschnitt 5.6.2) – jedoch unberücksichtigt.

65 Die Analyse im Rahmen von Einzelgleichungs-Fehlerkorrekturmodellen erweist sich als zulässig, wenn die Regressoren schwach exogen in Bezug auf die zu erklärende variable sind. Andernfalls haben die Standardfehler der Kointegrationsparameter (selbst bei Vorliegen von Kointegration) asypmtotisch keine Normalverteilung (Patterson 2000: S. 384 ff). Auf umfangreiche Exogenitätstests soll an dieser Stelle allerdings verzichtet werden. Statt dessen wird die DOLS-Prozedur angewendet, die selbst bei Endogenität der Erklärungsvariablen aymptotisch effiziente Schätzer hervorbringt.

66 Die Dummy-Variable nimmt ab 1975 den Wert 1 und sonst den Wert 0 an.

terien von Schwarz und Hannan-Quinn auf Eins begrenzt. Die resultierende Schätzgleichung lautet:

$$LY_t = \mu + \alpha LK_t + \beta LL_t + \delta e_t + \sum_{i=-1}^{i=1} \Phi_1 \Delta LK_{t+i} + \sum_{i=-1}^{i=1} \Phi_2 \Delta LL_{t+i} + d75 + \varepsilon_t . \tag{5.6.14}$$

Sie liefert die in Tabelle 5.11 dargestellten Schätzwerte für $\alpha$, $\beta$ und $\delta$ und damit den gesuchten Zusammenhang als (** signifikant bei einem Niveau von 1%)

$$LY_t = 0{,}76^{**} LK_t + 0{,}38^{**} LL_t + 0{,}40^{**} LZ_t . \tag{5.6.15}$$

**Tabelle 5.11 Schätzung von $\alpha$, $\beta$ und $\delta$ mit Hilfe der DOLS-Prozedur (t-Werte in Klammern)**

| $\alpha$ | $\beta$ | $\delta$ |
|---|---|---|
| 0.756** (13.191) | 0.380** (3.692) | 0.403** (2.777) |
| $R^2$=0.997; *SER*=0.028; *JB*= 0.706; *LM*(1)=0.161; *LM*(2)= 0.379; *LM*(3)=0.399; *ARCH*(1)=0.872; *ARCH*(2)=946; *Arch*(3)=0.719 | | |

Anmerkung: **(*) Signifikant bei einem Niveau von 1% (5%). *JB*=Jarque-Bera-Test auf Normalität der Residuen (Signifikanzniveau bzw. *p*-Wert); *LM* (*k*) = Test auf Autokorrelation *k*-ter Ordnung (Signifikanzniveau bzw. *p*-Wert); *ARCH*(*q*) = Test auf bedingte Heteroskedastizität *q*-ter Ordnung (Signifikanzniveau bzw. *p*-Wert).

Die Eigenschaften von (5.6.14) bzw. (5.6.15) werden durch Tests auf Normalverteilung der Residuen (*JB*), auf Residuenautokorrelation (*LM*) und konditionale Heteroskedastizität (*ARCH*) untersucht. Die durchgeführten Tests deuten weder auf Nichtnormalität, auf Autokorrelation noch auf bedingte Heteroskedastizität in den Residuen der Funktion (5.6.14) hin. Keine der berechneten *JB*-, *LM*- und *ARCH*-Teststatistiken in Tabelle 5.11 ist signifikant auf dem 5%-Niveau.

Die Stabilität des Zusammenhangs (5.6.15) bzw. der Schätzfunktion (5.6.14) wird mit Hilfe der *CUSUM of square*-Teststatistik überprüft. Die Ergebnisse der Stabilitätsanalyse sind aus Abbildung 5.11 ersichtlich. Die Werte der *CUSUM of square*-Tests liegen innerhalb der Signifikanzbänder. Somit kann die Hypothese konstanter Parameter auf dem 5%-Niveau nicht verworfen werden. Daraus lässt sich folgern, dass die geschätzte Gleichung (5.6.14) und damit der gesuchte Zusammenhang (5.6.15) stabil ist.[67]

67 Die rekursiven Residuen, die auf Basis von Gleichung (5.614) berechnet worden sind, zeigen bis auf einen Ausreißer im Jahre 1984 ebenfalls keine Anzeichen von Instabilität. Die rekursiven Residuen sind im vorliegenden Beitrag allerdings nicht abgebildet. Auf Anfrage sind sie verfügbar.

**Abbildung 5.11: Stabilitätsanalyse**

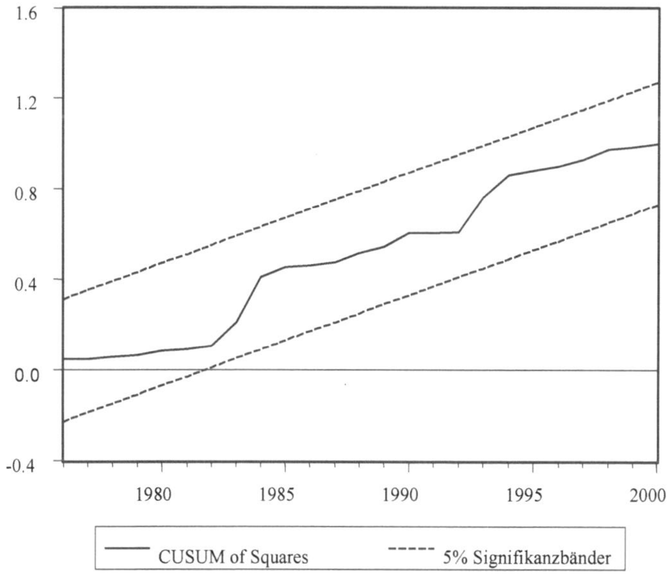


Die Schätzwerte aus (5.6.15) haben das erwartete Vorzeichen: Ein Anstieg der Faktoreinsätze führt zu einem erhöhten Output. Auch eine zunehmende horizontale Exportdiversifizierung wirkt positiv auf die Inlandsproduktion. Bemerkenswert ist, dass das Fehlerkorrekturmodell und der DOLS-Ansatz nahezu die gleichen Schätzwerte für die partiellen Produktionselastizitäten von $K_t$ und $L_t$ liefern.[68] Lediglich der aus Regression (5.6.14) resultierende Schätzwert für die Elastizität der Exportdiversifizierung fällt etwas geringer aus, als die nach dem

68 Dabei ist die Summe der geschätzten partiellen Produktionselastizitäten bzw. die geschätzte Skalenelastizität signifikant größer als Eins. Restringiert man die Summe der geschätzten partiellen Produktionselastizitäten auf Eins, so ist die Nullhypothese $\alpha+\beta=1$ nach einem Wald-Test auf dem 1%-Signifikanzniveau abzulehnen. Dies kann für sich genommen dahingehend gedeutet werden, dass auf gesamtwirtschaftlicher Ebene steigende Skalenerträge wirksam sind. Es ist aber genauso gut möglich, dass bei Vorliegen von konstanten Skalenerträgen - also bei einer Summe der *tatsächlichen* Produktionselastizitäten gleich Eins - ein nicht unerheblicher Teil der totalen Faktorproduktivität in den Schätzern von $\alpha$ und $\beta$ mit aufgefangen wird. Mit anderen Worten, ein präzise Schätzung der (tatsächlichen) partiellen Produktionselastizitäten kann aufgrund der Simultanität zwischen den Produktionsfaktoren und der totalen Faktorproduktivität nur schwer bis gar nicht erreicht werden. Damit widersprechen die Regrssionergebnisse nicht notwendigerweise der in Abschnitt 4.3.2 implizit getroffenen Annahme einer Skalenelastizität von Eins.

Fehlerkorrekturmodell geschätzte Elastizität. Die Höhe der geschätzten Elastizitäten lässt darauf schließen, dass man von einem starken Einfluss der Exportdiversifizierung auf die chilenische Inlandsproduktion ausgehen kann. Sowohl in Spezifikation (5.6.14) als auch im Fehlerkorrekturmodell (5.6.10) erweist sich der Schätzwert für den Koeffizienten von $\hat{e}_t$ als signifikant bei einem Niveau von 1%.

Diese Ergebnisse können mit Vorsicht als Evidenz für die Annahe gedeutet werden, wonach eine Exportdiversifizierung über *Learning-by-Exporting-* und *Learning-by-Doing*-Externalitäten ein wirtschaftliches Wachstum herbeizuführen vermag. *De facto* entziehen sich *Learning-by-Exporting-* und *Learning-by-Doing*-Externalitäten jedoch einer sauberen empirischen Quantifizierung. Insofern kann man davon ausgehen, dass der statistisch signifikante Einfluss der horizontalen Exportdiversifizierung auf das chilenische Wirtschaftswachstum nicht einzig das Ergebnis von *Learning-by-Exporting-* und *Learning-by-Doing*-Externalitäten ist, sondern vermutlich auch das Resultat anderer Wirkungskanäle. Schlagwortartig seien als mögliche Wirkungsmechanismen genannt: die Reduzierung der Abhängigkeit vom schwankungsanfälligen Kupferexport, exportinduzierte Skalengewinne sowie die Entstehung von *Backward-linkages* auf andere Bereiche der Volkswirtschaft.

Ein weiterer grundsätzlicher Vorbehalt gegen die Regressionsergebnisse besteht im Hinblick auf das Fehlen von weiteren potenziell erklärungsrelevanten Variablen. Möglicherweise ist die statistische Signifikanz von $\delta$ ist nicht invariant gegenüber der Aufnahme zusätzlicher Regressoren, so dass die Robustheit der Regressionsergebnisse und damit der gefundene Zusammenhang zwischen der horizontalen Exportdiversifizierung und dem chilenischen Wirtschaftswachstum angezweifelt werden kann. Im folgenden Abschnitt soll daher überprüft werden, ob $\delta$ im Kontext zusätzlicher Regressoren an Signifikanz verliert.

#### 5.6.4.6 Erweiterung der Analyse: Horizontale Exportdiversifizierung, Vertikale Exportdiversifizierung und die Diversifizierung der Exportmärkte

Damit die Hypothese von der Entwicklungsbeschleunigung durch eine horizontale Exportdiversifizierung als empirisch hinreichend bestätigt betrachtet werden kann, soll Schätzansatz (5.6.6) um zusätzliche Wachstumsdeterminanten erweitert werden. Im Rahmen der vorangegangenen empirischen Untersuchungen wurden die vertikale Exportdiversifizierung sowie die Diversifizierung der Exportmärkte als Triebkräfte des chilenischen Wirtschaftswachstums identifiziert. Diese Einflussfaktoren werden in Modell (5.6.6) eingebaut. Die resultierende Schätzgleichung lautet

$$LY_t = \mu + \alpha LK_t + \beta LL_t + \delta_1 LZ_t + \delta_2 LMD_t + \delta_3 LIndustriegüteranteil_t + \varepsilon_t. \qquad (5.6.16)$$

Hierin steht $LMD_t$ für den Logarithmus der Diversifizierung der Exportmärkte und $LIndustriegüteranteil_t$ symbolisiert die logarithmierte vertikale Exportdiversifizierung. Die Diversifizierung der Exportmärkte wird wie in Abschnitt 4.2.3 durch den *Equivalent Number Index* abgebildet. Die vertikale Exportdiversifizierung wird in der empirischen Analyse durch den Industriegüteranteil am Gesamtexport gemessen.

Anhand von Gleichung (5.6.16) lässt sich die Robustheit der bisherigen Regressionsergebnisse überprüfen. Darüber hinaus erlaubt die Schätzung der Koeffzienten von $LZ_t$, $LMD_t$, $LIndustriegüteranteil_t$ ($\delta_1$, $\delta_2$, $\delta_3$) einen möglichen Vergleich zwischen den Wachstumswirkungen der vertikalen, der horizontalen Exportdiversifizierung sowie der Diversifizierung der Absatzmärkte.

**Abbildung 5.12 Trace-Test auf Kointegration zwischen *LY*, *LK*, *LMD* und *LL* und Wald-Test auf schwache Exogenität**

Trace-Test

| Teststatistik | Kritische Werte | $H_0$ | $H_1$ |
|---|---|---|---|
| 48.85 | 47.21* | $r$=0 | $r$>0 |
| 27.45 | 29.68* | $r$=1 | $r$>1 |
| 13.07 | 15.41* | $r$=2 | $r$>2 |

Anmerkung: Im vektorautoregressiven System wird unter Berücksichtigung des Modellselektionskriteriums von Schwarz nur eine Verzögerung zugelasssen. Das Modell erlaubt ein Absolutglied in der Kointegrationsbeziehung und im vektorautoregressiven System. In das vektorautoregressive System wurde eine Impulsdummy-Variable aufgenommen. Sie ist Eins im Jahre 1975 und sonst Null. Kritische Werte sind bei OSTERWALD-LENUM (1992) aufgelistet. Sie werden bei E-Views automatisch mitgeliefert. Dabei wird unterstellt, dass sie trotz Impulsdummy gültig sind (HANSEN/JUSELIUS 1995). *Sample* (*adjusted*) = 1960 - 2001, (1962 - 2001)* 5%-Signifikanzniveau..

Test auf schwache Exogenität-Test

| Nullhypothese | $\chi 2_{(3)}$ | *p*-Wert |
|---|---|---|
| [Die Ladungskoeffizienten (*a*, *b*, *c*) der als exogen angenommenen Variablen *LL*, *LK*, *LMD* sind (im Vektorfehlerkorrekurmodell von JOHANSEN) unter der Nullhypothese der schwachen Exogenität gemeinsam Null (URBAIN 1992)] $H_0$:a=b=c=0 | 5.944 | 0.429 |

**Tabelle 5.12 Korrelationsmatrix**

| | $\hat{u}_t$ | $\hat{e}_t$ |
|---|---|---|
| $\hat{u}$ | 1 | 0,0719 |
| $\hat{e}_t$ | 0.0719 | 1 |

Die Zeitreiheneigenschaften der Variablen in (5.6.16) können als bekannt vorausgesetzt werden: Nach den durchgeführten Einheitswurzeltests handelt es sich bei $LY_t$, $LK_t$, $LL_t$, $LMD_t$ um integrierte Prozesse, während die Variablen $LZ_t$ und $LIndustriegüteranteil_t$ als trendstationär zu charakterisieren sind.[69] Zur Vermeidung von Multikollinearitätsproblemen werden anstelle der trendstationären Prozesse $LZ_t$ und $LIndustriegüteranteil_t$ ihre trend- (und bruchfreien) Residuen $\hat{e}_t$ und $\hat{u}_t$ zur Schätzung von $\delta_1$ und $\delta_3$ verwendet,[70] so dass Regression

$$LY_t = \mu + \alpha LK_t + \beta LL_t + \delta_1 \hat{e}_t + \delta_2 LMD_t + \delta_3 \hat{u}_t + \varepsilon_t \qquad (5.6.17)$$

eine Gruppe von stationären und integrierten Prozessen enthält. Dabei besteht zwischen den integrierten Prozessen $LY_t$, $LK_t$, $LL_t$, $LMD_t$ genau eine Kointegrationsbeziehung, wie die Ergebnisse des Johannsen-*Trace-Test* in Abbildung 5.12 zeigen. Abbildung 5.12 ist ebenfalls zu entnehmen, dass die Variablen $LK_t$, $LL_t$, $LMD_t$ *gleichzeitig* schwach exogen in Bezug auf $LY_t$ sind. Der im Rahmen eines Wald-Tests ermittelte *p*-Wert liegt deutlich über dem 10%-Niveau.

Ferner lassen die niedrigen Korrelationskoeffizienten in Tabelle 5.12 darauf schließen, dass $\hat{e}_t$ und $\hat{u}_t$ nicht von Multikollinearität betroffen sind. Dem Ansatz von STOCK (1987) folgend kann daher eine Regression von $\Delta LY_t$ auf $LY_{t-1}$, $LK_{t-1}$, $LL_{t-1}$, $LMD_{t-1}$, den Differenzen dieser Variablen bis zum zweiten *Lag,* sowie auf $\hat{u}_t$ und $\hat{e}_t$, ebenfalls bis zum zweiten *Lag*, durchgeführt werden.[71] Eine Stufendummy-Variable, $DU75_t$ wird hinzugefügt, um die Rezession im Jahre 1975 zu modellieren. Nach schrittweiser Eliminierung aller insignifikanten Koeffizienten ergeben sich die in Abbildung 5.13 dargestellten Schätzergebnisse (t-Werte in Klammern).

Nach dem t-Test liegt Kointegration zwischen $LY_t$, $LK_t$, $LL_t$, $LMD_t$ auf dem 1%-Niveau vor. Der t-Wert des Ladungskoeffizienten von –7.457 übersteigt dem Betrage nach den kritischen Wert, der sich bei ERICCSON/MACKINNON (2002)

69 *LY* wurde in 2.2.4 auf Stationarität getestet. *LL* und *LZ* wurden in Abschnitt 5.6.4.1 auf Stationarität getestet. Die Einheitswurzeltests für *LK* und *LMD* finden sich in 4.4.3.1 und 4.5.3.1. Die Zeitreiheneigenschaften des Industriegüteranteils wurden in Abschnitt 3.4.1 offengelegt.

70 Zur Trendbereinigung von *LZ* siehe Abschnitt 5.6.4.3. Zur Transformation von *LIndustriegüteranteil* siehe Abschnitt 3.4.3.4.

71 Vgl. zu dieser Vorgehensweise beispielsweise HERZER/NOWAK-LEHMANN D. (2005).

für das 1%-Niveau auf –4.326 berechnet. Bei Normalisierung auf $LY_t$ lautet der Kointegrationsvektor [**(*)Signifikant bei einem Niveau von 1% (5%)]:

$$LY_t = 0.684^{**} LK_t + 0.485^{**} LL_t + 0.074^{*} \delta LMD_t \,. \tag{5.6.19}$$

Die horizontale sowie die vertikale Exportdiversifizierung werden dem Kointegrationsvektor hinzugefügt. Dabei sind die Koeffizienten von $\hat{e}_t$ und $\hat{u}_t$ aufzusummieren, um die langfristigen Effekte zu erfassen. Bei Normalisierung auf den Ladungskoeffizenten von –0.914 ergibt sich die gesuchte Beziehung (5.6.17) als [**(*)Signifikant bei einem Niveau von 1% (5%)][72]

$$\begin{aligned} LY_{t-1} &= 0.684^{**} LK_t + 0.485^{**} LL_t + 0.651^{**} LZ_t \\ &\quad + 0.074^{*} \delta LMD_t + 0.163^{**} LIndustriegüteranteil \end{aligned} \,. \tag{5.6.20}$$

**Abbildung 5.13 Schätzergebnisse**

$$\begin{aligned} \Delta LY_t &= \underset{(2.039)}{0.515^{+}} + \underset{(6.141)}{2.061^{**}} \Delta LK_t + \underset{(5.042)}{0.669^{**}} \Delta LL_t \\ &\quad - \underset{(-7.457)}{0.914^{**}} LY_{t-1} + \underset{(6.267)}{0.625^{**}} LK_{t-1} + \underset{(6.004)}{0.443^{**}} LL_{t-1} + \underset{(2.667)}{0.068^{*}} \delta LMD_{t-1} \\ &\quad + \underset{(2.888)}{0.307^{**}} \hat{e} + \underset{(3.105)}{0.288^{**}} \hat{e}_{t-2} + \underset{(3.059)}{0.077^{**}} \hat{u} + \underset{(3.539)}{0.072^{**}} \hat{u}_{t-2} - \underset{(-4.833)}{0.069^{**}} DU75_t \end{aligned} \tag{5.6.18}$$

$R^2 = 0.94; SER = 0.02; LM(2) = 0.401; ARCH(1) = 0.861; JB = 0.802$

Anmerkung: ** (*) ($^+$) Signifikant bei einem Niveau von 1% (5%) (10%). Für den Test auf Kointegration ist der t-Wert des Ladungskoeffizienten –0,914 relevant. Bei drei stochastischen Regressoren und 39 Beobachtungen (*adjusted*) ergibt sich bei Ericsson/MacKinnon (2002) auf dem 0,01-Niveau ein kritischer Wert von –4.326. SER= Standardfehler der Regression; LM($k$)=Test auf Autokorrelation $k$-ter Ordnung; ARCH($q$)=Test auf bedingte Heteroskedastizität in den Residuen ($q$-ter Ordnung); JB=Jarque-Bera-Test auf Normalität der Residuen (Signifikanzniveau bzw. $p$-Wert).

Die geschätzte Beziehung besagt, dass eine Zunahme der Zahl der Exportsektoren bzw. eine horizontale Exportdiversifizierung um jeweils 1% das BIP *ceteris paribus* langfristig um 0.651% erhöht. Auch die Diversifizierung der Exportmärkte sowie die vertikale Exportdiversifizierung bzw. die Erhöhung des Industriegüteranteils am Gesamtexport wirken positiv auf das Chilenische BIP. Eine

72 Die Koeffizienten ($\delta_1$ und $\delta_3$) der (logarithmierten) horizontalen und vertikalen Exportdiversifizierung berechnen sich konkret: $\delta_1$= (0.307+0.288)/0.914=0.651; $\delta_3$=(0.077+0.072)/0.914=0.163.

Steigerung von $LMD_t$ um 1% bewirkt eine Zunahme des BIP um 0.074%. Eine Zunahme von $LIndustriegüteranteil_t$ um 1% hat ein Wachstum des BIP von 0.163% zur Folge. Die Höhe der geschätzten Koeffizienten lässt darauf schließen, dass die horizontale Exportdiversifizierung stärker auf die chilenische Inlandsproduktion wirkt, als die vertikale Exportdiversifizierung und die Diversifizierung der Exportmärkte. Allerdings sollte man bei der Gegenüberstellung der Wachstumswirkungen von horizontaler und vertikaler Exportdiversifizierung zusätzlich noch folgendes berücksichtigen.

Wie aus Abschnitt 5.2 bekannt, kennzeichnet sich die horizontale Exportdiversifizierung in Chile durch eine Verbreiterung der Exportbasis um vorwiegend industrielle Sektoren. Dementsprechend ist von einem kausalen Zusammenhang zwischen dem Grad der horizontalen und dem Grad der vertikalen Exportdiversifizierung in Chile ausgehen.[73] Mit anderen Worten, eine Veränderung von $LZ_t$ impliziert (zumindest im Jahresdurchschnitt des gesamten Beobachtungszeitraums) eine Veränderung von $LIndustriegüteranteil_t$.[74] Deshalb ist zu vermuten, dass die Wachstumswirkungen der Verbreiterung der Exportbasis teilweise schon im Koeffizienten von $LIndustriegüteranteil_t$ enthalten sind. Die Betonung liegt auf "teilweise", denn steigende Industriegüteranteile sind natürlich nicht nur das Resultat einer verbreiterten Exportbasis, sondern auch das Ergebnis der Exportexpansion traditioneller Industriezweige. Insgesamt kann man aus der Höhe der geschätzten Koeffizienten die folgende Schlussfolgerung ableiten:

Der Aufbau von nicht-traditionellen Sektoren im industriellen Exportbereich war für das chilenische Wirtschaftswachstum möglicherweise wichtiger als die Exportexpansion traditioneller Industriezweige und das Vordringen in neue Absatzländer. Ein derartiges Urteil ist aufgrund der Interdependenzen zwischen der Verbreiterung der Exportbasis, Exportexpansion industrieller Sektoren, steigenden Anteilen industrieller Erzeugnisse am Gesamtexport und der Erschließung nicht-traditioneller Absatzländer jedoch mit gebührender Vorsicht zu genießen. Wahrscheinlich ergeben sich die positive Wachstumseffekte erst durch die Interaktion zwischen horizontaler Exportdiversifizierung, vertikaler Exportdiversifizierung und der Diversifizierung der Exportmärkte.

### 5.6.5 Schlussfolgerungen

In der vorliegenden Analyse wurde untersucht, ob eine horizontale Exportdiversifizierung zu wirtschaftlichem Wachstum führt. Der für die Zeitreihenanalyse zugrundeliegende Schätzansatz thematisiert wachstumsfördernde Externalitäten der Wissensakkumulation, die in Folge von *Learning-by-Exporting*- sowie

73 Anzumerken sei an dieser Stelle, dass die beiden (trendbereinigten) Variablen gemäß der berechneten Korrelationsmatrix nicht von Multikollinearität betroffen sind. Dennoch ist von einem gewissen Zusammenhang zwischen den Variablen auszugehen.

74 vgl. dazu auch die Ausführungen in Abschnitt 5.3.2.

*Learning-by-Doing*-Prozessen entstehen und durch den internationalen Konkurrenzdruck beschleunigt werden. Nach den durchgeführten Schätzungen zeigte sich, dass die horizontale Exportdiversifizierung einen starken Einfluss auf die chilenische Inlandsproduktion hat. Genauer gesagt induziert eine Erhöhung der Zahl exportierender Sektoren ein statistisch signifikantes Wachstum des BIP. Dieses Ergebnis ist robust gegenüber verschiedenen Schätzmethoden und robust gegenüber der Aufnahme von zusätzlichen Regressoren. Die Schätzergebnisse können mit Vorsicht als Evidenz für die Annahme gedeutet werden, wonach eine Steigerung der horizontalen Exportdiversifizierung über *Learning-by-Doing-* und *Learning-by-Exporting*-Externalitäten zu wirtschaftlichem Wachstum führt. Die Voraussetzung für das Entstehen und die Diffusion des exportinduzierten Wissens dürfte nach den Fallstudien von Abschnitt 5.4 ein effektives Institutionengefüge sein, in dem eine dialogorientierte Vernetzung von Unternehmen in Innovation, Produktion und Export möglich ist. Darauf wird in Abschnitt 6.4 noch zurückzukommen sein.

Insgesamt stehen die Untersuchungsergebnisse im Einklang mit den bisherigen Ergebnissen dieser Arbeit. Nach den Untersuchungen der Kapitel 2 und 3 gehen von der Exportproduktion industrieller Erzeugnisse sowie von der Erhöhung der Anteile industrieller Erzeugnisse am Gesamtexport signifikante Wachstumsimpulse auf die chilenische Wirtschaft aus. Die Nicht-Industriegüterausfuhr hat dagegen keine langfristigen Wachstumseffekte. Daraus wurde auf deutliche Wachstumseffekte in Folge der vertikalen Exportdiversifizierung geschlossen. Diese Ergebnisse stehen nicht im Widerspruch zum Resultat signifikant positiver Wachstumswirkungen der horizontalen Exportdiversifizierung. Denn die horizontale Exportdiversifizierung kennzeichnet sich durch eine Verbreiterung der Exportbasis um vorwiegend industrielle Sektoren. Diese weisen vermutlich starke *Learning-by-Doing-* und *Learning-by-Exporting*-Externalitäten auf. Hinweise auf wachstumsfördernde *Learning-by-Exporting*-Effekte finden sich bereits in der Studie zu den Wachstumswirkungen der Marktdiversifizierung in Kapitel 4 der vorliegenden Arbeit. Beim Versuch die Wachstumswirkungen von horizontaler Exportdiversifizierung, vertikaler Exportdiversifizierung und der Diversifizierung der Exportmärkte vergleichend zu beurteilen hat sich jedoch gezeigt:

Der Aufbau von nicht-traditionellen Sektoren im industriellen Exportbereich war für das chilenische Wirtschaftswachstum möglicherweise wichtiger als die Exportexpansion traditioneller Industriezweige und das Vordringen in neue Absatzländer. Wahrscheinlicher ist jedoch, dass sich die positiven Wachstumseffekte der einzelnen Diversifizierungsrichtungen erst aus dem Zusammenspiel derselben ergeben, sprich aus der Interaktion zwischen horizontaler Exportdiversifizierung, vertikaler Exportdiversifizierung und der Diversifizierung der Exportmärkte.

## 5.7 Zusammenfassung von Kapitel 5

Die Beobachtungen und Ergebnisse von Kapitel 5 dieser Arbeit lassen sich knapp wie folgt zusammenfassen:

1. Die chilenische Exportstruktur hat (auch) auf horizontaler Ebene eine starke Diversifizierung erfahren, die sich an einer gestiegenen Zahl jährlich exportierter Produkte und exportierender Sektoren festmachen lässt: die Zahl ausgeführter Produkte stieg von 1400 im Jahre 1987 auf 3749 im Jahre 2001 und die Zahl exportierender Sektoren (nach der dreistelligen Systematik der *Standard International Trade Classification*, SITC) wuchs von 96 im Jahre 1962 auf 174 im Jahre 2001. Was die Zahl exportierender Sektoren anbelangt, so zeigt sich ab 1974 ein statistisch signifikanter Langfristtrend zur Verbreiterung der Exportbasis um nicht-traditionelle Sektoren.
2. Die überragende Mehrheit (mindestens 81%) der 78 Exportsektoren, die zwischen 1962 und 2001 "neu" in die Exportproduktion aufgenommen worden sind, gehört nach der *International Standard Industrial Classification* (ISIC) bzw. nach der Klassifizierung der Chilenischen Zentralbank in die Kategorie "*Manufacturing*". In dieser Kategorie sind auch Nahrungsmittel herstellende und Rohstoff verarbeitende Sektoren vertreten.
3. Die deskriptiv-statistischen Datenauswertungen und ökonometrischen Untersuchungen haben erbracht, dass die Verbreiterung der Exportbasis (um vorwiegend verarbeitende Exportsektoren) einen signifikanten Beitrag

- zur Erhöhung der Industriegüterquote am Gesamtexport und damit zur vertikalen Exportdiversifizierung,
- zur Senkung der Konzentration der Exporterlöse und
- zur Reduzierung der Abhängigkeit der chilenischen Volkswirtschaft vom Kupferexport geleistet hat. Nach den Ergebnissen der bisher durchgeführten Analysen haben sich durch die starke Abhängigkeit von der Kupferausfuhr negative Auswirkungen auf den chilenischen Entwicklungsprozess ergeben. Die Reduzierung der Abhängigkeit von der Kupferausfuhr in Folge der horizontalen Exportdiversifizierung ist daher als entwicklungsfördernd zu beurteilen.

4. Weil die Palette an Exportsektoren um vorwiegend industrielle Sektoren erweitert wurde, hat sich *uno actu* die industrielle Exportbasis verbreitert. Trotz der erheblichen Verbreiterung der industriellen Exportbasis ist keine signifikante Konzentrationssenkung in der industriellen Exportproduktion zu diagnostizieren. Vielmehr zeigt sich eine Verlagerung der Konzentration von der Metallbearbeitung auf die Herstellung von Nahrungs- und Genussmitteln.
5. Die kurzen Fallstudien zur Exportentwicklung der Lachs- und der Obstbranche haben ergeben,

- dass die Exporttätigkeit beider Sektoren mit technologischen und organisatorischen Lernprozessen einherging und,

- dass die Exporttätigkeit der Sektoren *Linkage*- und *Spillover*-Effekte auf andere Wirtschaftssektoren hervorgebracht hat.

6. Beim Versuch *Spillover*-Effekte zwischen Exportsektoren ökonometrisch nachzuweisen hat sich ergeben: Eine Kointegrationsbeziehung zwischen zwei Sektoren kann (mit Vorsicht) als intersektorale Produktionsexternalität interpretiert werden. Zum Testen von paarweisen Kointegrations- und Kausalbeziehungen zwischen insgesamt 10 SITC-Sektoren wurde ein bivariater Fehlerkorrekturansatz verwendet. Die Evidenz spricht für 56 kausale Langfristbeziehungen von maximal 90 möglichen Kausalbeziehungen. Dieses Ergebnis leidet zwar unter dem Vorbehalt *eines Omitted Variable Bias*. Bei 56 gefundenen Kausalbeziehungen kann man aber hinreichend stark von intersektoralen Externalitäten in der Exportproduktion ausgehen. Eine mögliche Erklärung für die Evidenz von *Spillover*-Effekten sind Externalitäten einer exportinduzierten Wissensakkumulation. Denkbar sind aber auch gewöhnliche *Linkage*-Effekte der industriellen Verflechtung exportierender Sektoren.
7. Die Hypothese, nach der eine horizontale Exportdiversifizierung wirtschaftliches Wachstum fördert, hält einer ökonometrischen Überprüfung stand: Der zugrundeliegende Schätzansatz thematisiert wachstumsfördernde Externalitäten der Wissensakkumulation, die in Folge von *Learning-by-Exporting*- sowie *Learning-by-Doing*-Prozessen entstehen. Nach den durchgeführten Schätzungen zeigte sich, dass die horizontale Exportdiversifizierung einen starken Einfluss auf die chilenische Inlandsproduktion hat. Dieses Ergebnis ist robust gegenüber verschiedenen Schätzmethoden und robust gegenüber der Aufnahme von zusätzlichen Regressoren. Es kann mit Vorsicht als Evidenz für die Annahme gedeutet werden, wonach eine Exportdiversifizierung über *Learning-by-Exporting*- und *Learning-by-Doing*-Externalitäten ein wirtschaftliches Wachstum herbeizuführen vermag. *De facto* entziehen sich *Learning-by-Exporting*- und *Learning-by-Doing*-Externalitäten jedoch einer sauberen empirischen Quantifizierung. Insofern ist zu vermuten, dass der statistisch signifikante Einfluss der horizontalen Exportdiversifizierung auf das chilenische Wirtschaftswachstum nicht einzig das Ergebnis von *Learning-by-Exporting*- und *Learning-by-Doing*-Externalitäten ist, sondern vermutlich auch das Resultat anderer Wirkungskanäle (Reduzierung der Abhängigkeit vom schwankungsanfälligen Kupferexport, exportinduzierte Skalengewinne, Entstehung von *Backward-linkages* auf andere Bereiche der Volkswirtschaft).
8. Der ökonometrische Vergleich der Wachstumswirkungen von horizontaler Exportdiversifizierung, vertikaler Exportdiversifizierung und der Diversifizierung der Exportmärkte hat gezeigt: Die Verbreiterung der Exportbasis um zusätzliche Sektoren war für das chilenische Wirtschaftswachstum möglicherweise wichtiger als die Exportexpansion traditioneller Industriezweige bzw. die Erhöhung der Anteile industrieller Erzeugnisse am Gesamtexport und das Vordringen in neue Absatzländer. Der empirisch saubere Vergleich der Wachstumswirkungen der jeweiligen Diversifizierungsrichtungen schei-

tert jedoch an den Interdependenzen zwischen der Verbreiterung der Exportbasis um vorwiegende industrielle Sektoren, Expansion der industriellen Exportproduktion, steigenden Anteilen industrieller Erzeugnisse am Gesamtexport und dem Vordringen in neue Absatzgebiete. Man kann vermuten, dass sich die positiven Wachstumseffekte der einzelnen Diversifizierungsrichtungen erst aus dem Zusammenspiel derselben ergeben, sprich aus der Interaktion zwischen horizontaler Exportdiversifizierung, vertikaler Exportdiversifizierung und der Diversifizierung der Exportmärkte.

# Kapitel 6
# Wirtschaftspolitische Maßnahmen zur Beschleunigung der Exportdiversifizierung

## 6.1 Einführung

In den vorangegangenen Kapiteln 2 bis 5 wurde empirisch der ersten zentrale Frage dieser Arbeit nachgegangen, der Frage, ob die Effekte der Exportdiversifizierung ein wirtschaftliches Wachstum auslösen. Diese Frage konnte mit Hilfe von deskriptiv-statistischen Analysen sowie mit Hilfe von zeitreihenökonometrischen Studien für den Fall Chile mit einem eindeutigen "Ja" beantwortet werden. Nun stellt sich unmittelbar die zweite Kernfrage dieser Arbeit, die Frage nach wirtschaftspolitischen Maßnahmen und Handlungsansätzen zur Beschleunigung der Exportdiversifizierung. Ihre Beantwortung soll auf der Grundlage einer Analyse außenhandelspolitischer Initiativen des chilenischen Staates im Zusammenhang mit der Diversifizierung der chilenischen Exportstruktur erfolgen.

Die gleich folgende Analyse hat drei Zielsetzungen:

(i) Als grundlegendes Ziel soll der Einfluss verschiedener Politikmaßnahmen auf die Diversifizierung der Exportstruktur erarbeitet werden.

(ii) Darauf aufbauend sollen wirtschaftspolitische Empfehlungen für Chile selbst abgeleitet werden.

(iii) Gleichzeitig - sozusagen als Metaziel - sollen Hinweise für eine möglichst erfolgreiche Exportdiversifizierungsstrategie in anderen Entwicklungs- und Schwellenländern hergeleitet werden (wobei derartige Übertragungen der Erfahrungen Chiles auf andere Länder im Anbetracht unterschiedlicher länderspezifischer Strukturbedingungen natürlich mit großer Vorsicht unternommen werden sollten).

Was die empirische Analysemethode anbelangt, so sei vorweg gesagt, dass mehr oder weniger deskriptiv-statistisch vorgegangen wird. Dies hat zwei Gründe. Zum einen würden detaillierte ökonometrische Studien zu jeder einzelnen staatlichen Aktivität den Umfang dieser Arbeit sprengen. Zum anderen ist die Verwendung ökonometrischer Verfahren aufgrund der mangelnden Verfügbarkeit von Daten zu Politikmaßnahmen im Bereich Exportdiversifizierung nur eingeschränkt bis gar nicht möglich.

Das Fehlen von Daten erlaubt außerdem keine genaue Beurteilung jeder einzelnen Maßnahme im Hinblick auf ihre Wirkung auf alle drei Dimensionen der Exportdiversifizierung (vertikale Exportdiversifizierung, Marktdiversifizierung, horizontale Exportdiversifizierung). In ihren Aussagen wird sich die Analyse daher in weiten Teilen auf einen bestimmten Aspekt der Exportdiversifizierung oder auf die allgemeine Veränderung der Exportstruktur beschränken (müssen). Die Analyse gliedert sich in fünf Schritte:

- Am Anfang steht die Diskussion der Handelsliberalisierung, der Wechselkurspolitik und der Politik bilateraler Handelsabkommen in ihren Auswirkungen auf die chilenische Exportdiversifizierung (**Abschnitt 6.2**).
- Im zweiten Schritt geht es um Direktinvestitionen und Direktinvestitionspolitiken (**Abschnitt 6.3**).
- Der dritte Schritt widmet sich den für die Exportdiversifizierung wichtigen Institutionen (**Abschnitt 6.4**).
- Im vierten Schritt geht es um die Darstellung und allokative Begründung von staatlichen Exportförderungsmaßnahmen (**Abschnitt 6.5**).
- Der fünfte Schritt fasst die erarbeiteten Resultate zu einem kurzen Fazit zusammen und interpretiert die Ergebnisse vor dem Hintergrund der theoretischen Kernaussagen des 1. Kapitels (**Abschnitt 6.6**).

## 6.2 Handelsliberalisierung, Wechselkurspolitik und Handelsabkommen

### 6.2.1 Handelsliberalisierung

Eine Handelsliberalisierung korrigiert mittels Abbau von tarifären und nichttarifären Importbeschränkungen die Preisverzerrung international handelbarer Güter. Infolgedessen werden importsubstituierende Industrien mit komparativen Außenhandelsnachteilen durch Importe verdrängt, während sich für Wirtschaftszweige mit komparativen Kostenvorteilen Expansionspotenziale für den Export eröffnen. Da der Abbau von Importbeschränkungen *uno actu* die Vorleistungskosten pro importierter Inputeinheit reduziert, wird die Exportproduktion solcher Wirtschaftszweige zusätzlich bevorteilt. Insofern generiert eine Handelsliberalisierung Exportanreize für Industrien mit komparativen Vorteilen, so dass eine Beschleunigung der Exportdiversifizierung möglich wird.

Die folgenden Abschnitte sind der Frage gewidmet, ob und wie sich die Diversifizierung der chilenischen Exportstruktur, als Resultat der rigorosen Handelsliberalisierung der Pinochet-Regierung beschleunigt hat. Abschnitt 6.2.1.1 behandelt den raschen Abbau von Zöllen und sonstigen Handelshemmnissen seit Ende 1973. In Abschnitt 6.2.1.2 geht es um die Analyse des Protektionsabbaus pro Produkteinheit für den gesamten Verarbeitungsvorgang mit Hilfe von effektiven Protektionsraten, in Abschnitt 6.2.1.3 um den Einfluss dieser Faktoren auf die chilenische Exportdiversifizierung.

#### 6.2.1.1 Der Abbau von Zöllen und sonstigen Handelshemmnissen

Betrachtet man die außenpolitische Situation vor der Handelsliberalisierung in Chile, so findet man während der Regierungszeit Allendes eine komplexe Struktur von massiven Importbeschränkungen, die sowohl tarifäre als auch nicht-tarifäre Handelshemnisse einschloss. Die Zollsätze beliefen sich bei einem durchschnittlichen Nominalzolltarif von ca. 105% auf bis zu 750%. Über die Hälfte der Zölle lag bei einem Niveau von über 80%, während lediglich 4% der Zollpositionen Raten unter 25% aufwiesen. Die nicht-tarifären Beschränkungen umfassten Importgenehmigungen, Importquoten sowie eine dreimonatige Zwangseinlage bei der chilenischen Zentralbank, die 10000% des Importwerts betrug (ALVAREZ/FUENTES 2003).

Diese Situation änderte sich grundlegend nach der Machtübernahme der Militärs um General Pinochet vom 11. September 1973. Zunächst wurden die Zölle auf 200% reduziert und die wichtigsten nicht-tarifären Handelshemmnissen abgeschafft, darunter die Zwangseinlage bei den chilenischen Zentralbank. Anfang 1974 gaben die Behörden schließlich offiziell bekannt, dass eine umfangreiche Zollreform geplant war. Die Reform sah zunächst einen Abbau der Maximalzölle auf 60% bis zum Jahre 1977 vor. Bereits im Jahre 1975 wurde jedoch angekündigt, dass die Zölle im ersten Halbjahr des Jahres 1978 die 35%-Grenze nicht übersteigen würden. Dieses Ziel wurde (entgegen der Ankündigung) schon im Jahre 1977 erreicht. Im selben Jahr gab die Regierung Pinochets eine Erweiterung des Zollreform bekannt, die eine Vereinheitlichung der Zollsätze auf 10% bis zum Jahre 1979 beinhaltete. Mit Ausnahme von Zöllen auf Automobilerzeugnisse und Molkereierzeugnisse aus der Europäischen Gemeinschaft wurde der angestrebte Einheitszoll bereits Mitte 1979 durchgesetzt (AGOSIN 1997).

Abbildung 6.1 illustriert diese drastischen Liberalisierungsmaßnahmen anhand der Entwicklung der durchschnittlichen Zolltarife. Aus ihr geht hervor, dass die Zollsätze von 105% im Jahre 1973 auf ca. 75% im Jahre 1974, 44% im Jahre 1975 und schließlich durchschnittlich auf etwa 10% im Jahre 1979 fielen. Dieses Niveau konnte bis zur 82/83er Rezession gehalten werden, deren Ursachen unter anderem in der lateinamerikanischen Schuldenkrise sowie der Weltwirtschaftskrise und dem damit in Zusammenhang stehenden Preisverfall beim chilenischen Hauptexportprodukt Kupfer – gekoppelt mit einer massiven realen Wechselkursaufwertung, einem gewaltigen Handelsbilanzdefizit, einer hohen Auslandsverschuldung sowie einem schwachen Bankensystem – lagen (ALVAREZ/FUENTES 2003). Um dem Druck der schwer angeschlagenen importkonkurrierenden Industrie nachzugeben, sah sich die chilenische Regierung gezwungen, die Zölle von 10% auf 20% im Jahre 1983 und auf maximal 35% im Jahre 1984 zu erhöhen. Sie berief sich dabei auf den im Rahmen des GATT 1979 vereinbarten *Anti-Dumping*-Kodex, der Chile die Erhebung von *Anti-Dumping*-Zöllen gestattete (FFRENCH-DAVIS 2002: S. 146). Bereits im Jahre 1991 kehrte die chilenische Regierung jedoch wieder zu einem durchschnittlichen Zollniveau von 11% zurück, das im Jahre 2000 schließlich auf ca. 9% gesenkt wurde.

**Abbildung 6.1 Durchschnittlicher Zolltarif**

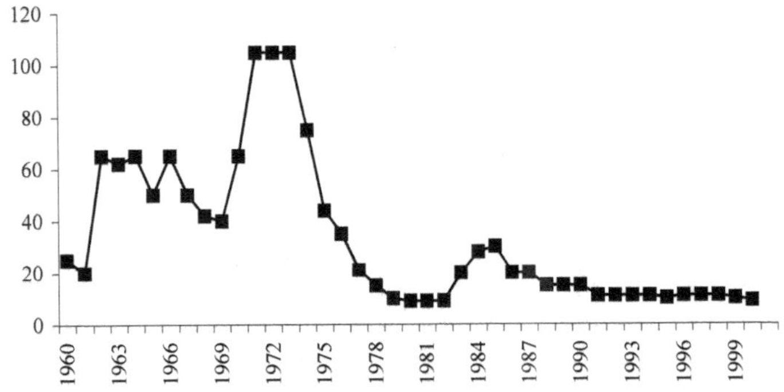


Quelle: AGOSIN (1999); ALVAREZ/CRESPI (2000)

### 6.2.1.2 Die Senkung der Effektiven Protektion

Neben dem durchschnittlichen Zolltarif lässt sich die Entwicklung der rigorosen Handelsliberalisierung zwischen 1974 und 1979 auch mit Hilfe von effektiven Protektionsraten (*EPR*) nachzeichnen. Effektiven Protektionsraten zeigen das Ausmaß der Protektion pro Produkteinheit für den gesamten Verarbeitungsvorgang bei dem ein bestimmtes Endprodukt hergestellt wird. Sie berechnet sich aus dem Verhältnis (*i*) der Wertschöpfung ($ws^{Inland}$) beim Verarbeitungsvorgang, wenn alle Vorprodukte ebenso wie das Endprodukt zu den tatsächlichen Inlandspreisen bewertet werden, die protektionsbedingt über dem Weltmarktniveau liegen, zu (*ii*) der Wertschöpfung bei Bewertung zu Weltmarktpreisen ($ws^{Weltmarkt}$):

$$EPR = \frac{ws^{Inland}}{ws^{Weltmarkt}} = \frac{p^{Inland} - \sum a_i * b_i^{Inland}}{p^{Weltmarkt} - \sum a_i * b_i^{Weltmarkt}}, \tag{6.1}$$

wobei $p$ der Produktpreis ist und die $a_i$ und $b_i$ die per Produkteinheit notwendigen Vorleistungsmengen und jeweiligen Vorleistungspreise sind.[1]

1 Aus Gleichung (6.1) geht außerdem folgendes hervor: Wenn der Produktzoll den Vorleistungszoll übersteigt, dann übersteigt die effektive die nominale Protektion in einem Ausmaß, das (*i*) vom Unterschied zwischen Produkt- und Vorleistungszoll und (*ii*) dem Kostenanteil der Vorleistungen an dem Produktionswert abhängt. Je größer der Kostenanteil der Vorleistung ist, desto geringer ist der Anteil der Wertschöpfung und desto größer ist der "Hebel" mit dem eine Protektion des Endprodukts auf die Wertschöpfung übertragen wird. Bei einem prozentual gleichen

Tabelle 6.1 enthält diese Berechnungen sowohl aggregiert für den gesamten chilenischen Gütersektor als auch disaggregiert für den chilenischen Agrar,- Bergbau-, Industriesektor. Aus ihr geht hervor, dass die effektive Protektion zwischen 1974 und 1979 gewaltig abnahm. Darüber hinaus fällt sofort der enorm hohe Effektivschutz für den Industriesektor im Vergleich zu den restlichen Sektoren im Jahre 1974 ins Auge. Unschwer erkennen lässt sich auch, dass der industrielle Bereich (gemessen in effekiven Protektionsraten) mit Abstand am meisten vom Abbau der Handelshemmnise betroffen war. Zwischen 1974 und 1975 sank seine effektive Protektion um rund 40%, von 1975 bis 1976 um etwa 46% und danach um ca. 38%, 38.5% und schließlich um knapp 30%. Insgesamt fielen die effektiven Protektionsraten für die Industrie zwischen 1974 und 1979 etwa um 91%. Dagegen nahmen die Raten für Agrarsektor in diesem Zeitraum um rund 67% ab; diejenigen für den Bergbau stiegen sogar kurzfristig bis zum Jahre 1976, sanken dann aber kontinuierlich bis zum Jahre 1979.

**Tabelle 6.1 Effektive Protektionsraten, (%)**

| | 1974 | 1975 | 1976 | 1977 | 1978 | 1979 |
|---|---|---|---|---|---|---|
| Agrar | 30 | 27 | 19 | 11 | 10 | 10 |
| Bergbau | 7 | 18 | 24 | 17 | 13 | 14 |
| Industrie | 156.5 | 93.2 | 50.1 | 31.2 | 19.2 | 13.5 |
| Gesamt | 64.5 | 44.1 | 31 | 19.7 | 14.1 | 12.5 |

Quelle: Agrar-, Bergbau und Industrie: ALVAREZ/FUENTES (2003), Gesamt (approximiert durch den Durchschnitt aus den Protektionsraten im Agrar-, Bergbau- und Industriebereich): eigene Berechnungen

### 6.2.1.3 Die Rolle der Handelsliberalisierung für die Diversifizierung der chilenischen Exportstruktur: Empirische Beobachtungen und theoretische Erklärung

Was nun den Einfluss des Protektionsabbaus auf die Diversifizierung der chilenischen Exportstruktur anbelangt, so lässt sich anhand der Abbildungen 6.2 und 6.3 deutlich erkennen, wie stark der Anteil industrieller Erzeugnisse am Gesamtexport sowie die Zahl exportierender Sektoren (auf der dreistelligen ebene der *Standard International Trade Classification*) in Folge der Handelsliberalisierung von 1974/75 stieg.

Die Modellierung der Entwicklung dieser beiden (logarithmierten) Indikatoren durch trendstationäre Prozesse mit einer bzw. zwei Strukturverschiebungen zeigt statistisch signifikante Strukturbrüche in den Jahren 1974 (*DU75*) und 1973

Zoll auf In- und Output hat die effektive Protektion die gleiche Höhe wie die nominale. Übersteigt der Vorleistungszoll den Zoll auf das Endprodukt, so übersteigt die nominale Protektion die effektive Protektion. Ist der Zoll auf das Vorprodukt sehr viel höher als auf das Endprodukt oder ist der Anteil des Vorproduktes an den Gesamtkosten sehr hoch, dann sind auch negative Raten der effektiven Protrektion möglich. Vgl. dazu CORDEN (1971).

(*DU*74).[2] Plausiblerweise wird man diese positiven Strukturverschiebungen und damit die erhebliche Beschleunigung der chilenischen Exportdiversifizierung auf die drastischen Liberalisierungsmaßnahmen in den Jahren 1974 und 1975 zurückführen können. Infolgedessen stieg die Industriegüterquote am Gesamtexport sprunghaft von 7% im Jahre 1973 auf 13% im Jahre 1974 und auf 22% im Jahre 1975; die Zahl exportierender Sektoren wuchs - wie aus Abschnitt 5.2.1 bekannt - rasch von 91 im Jahre 1973 auf 123 im Jahre 1974 und auf 145 im Jahre 1975. Ebenfalls bemerkenswert erhöhte sich auch der durch den *Equivalent Number Index* gemessene Grad der Marktdiversifizierung von etwa 9.9 (1973) auf 10.7 (1974) und 12.2 (1975) (wenn auch nicht so beeindruckend wie die Industriegüterquote und die Zahl exportierender Sektoren).[3]

Diese soeben beobachteten Diversifizierungseffekte lassen sich im Rahmen der traditionellen Zolltheorie recht einfach begründen. Wie am Anfang dieses Kapitels schon vorweggenommen lautet die Begründung:

**Abbildung 6.2 Modellierung des Industriegüteranteils**

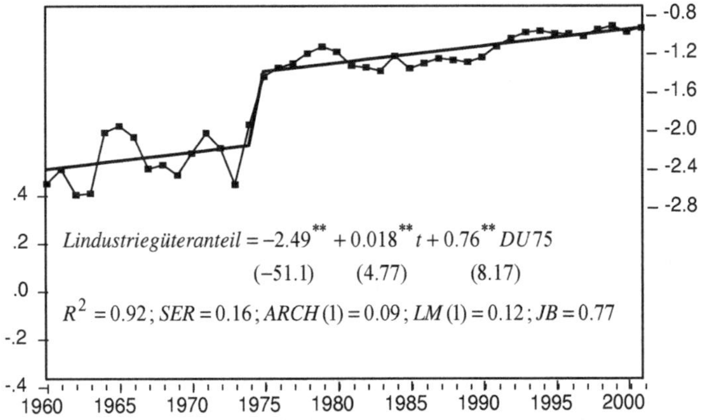


Anmerkung: ** Signifikant bei einem Niveau von 1%; t - Werte in Klammern; *SER* = Standardfehler der Regression; *ARCH(q)* = Test auf bedingte Heteroskedastizität *q*-ter Ordnung; *LM(k)* = Test auf Autokorrelation *k*-ter Ordnung; *JB* = Jarque Bera-Test auf Normalität.

---

2 Beim Anteil industrieller Erzeugnisse am Gesamtexport, sowie bei der Zahl exportierender Sektoren handelt es sich nach den Ergebnissen der Tests in den Abschnitten 3.4.1 und 5.6.4.1 trendstationäre Prozesse mit einer bzw. zwei Strukturverschiebungen.

3 Vgl. zum *Equivalent Number Index* einschließlich seiner Entwicklung im Zeitablauf Abschnitt 4.2.3.

**Abbildung 6.3 Modellierung der Zahl exportierender Sektoren**

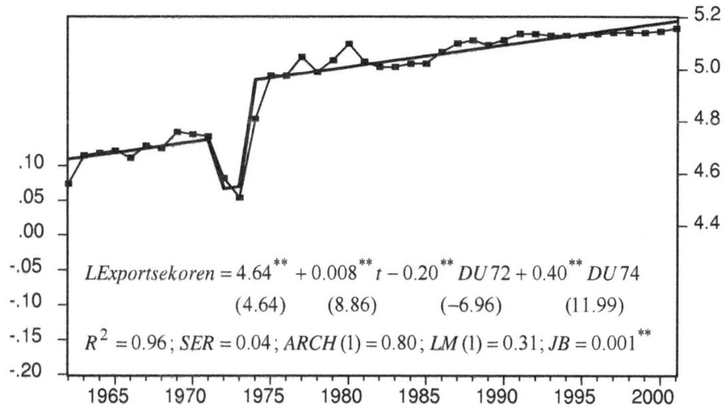


Anmerkung: ** Signifikant bei einem Niveau von 1%; t - Werte in Klammern; *SER* = Standardfehler der Regression; *ARCH(q)* = Test auf bedingte Heteroskedastizität *q*-ter Ordnung; *LM(k)* = Test auf Autokorrelation *k*-ter Ordnung; *JB* = Jarque Bera-Test auf Normalität.
Die Hypothese normalverteilter Residuen muss aufgrund des Jarque-Bera-Tests abgelehnt werden. Ein derartiges Resultat ist nicht sonderlich ungewöhnlich und wird daher nicht als ernsthaftes Spezifikationsproblem betrachtet (LÜTKEPOHL/WOLTERS 1998).

- Der Abbau von tarifären und nicht-tarifären Importbeschränkungen entzerrt die relativen Preise, und zwar zu Lasten von zollgeschützten Importsubstitutionszweigen und zu Gunsten von Exportaktivitäten der Wirtschaftszweige mit komparativen Kostenvorteilen, die in Chile im Bereich natürlicher Ressourcen lagen bzw. liegen.
- Darüber hinaus senkt der Abau von Zöllen auf die Einfuhr von Vorprodukten insbesondere die Kosten der verarbeitenden Exportproduktion (die ihre protektionsbedingt höheren Vorleistungskosten nicht auf die weltmarktbestimmten Exportpreise abwälzen kann, während die durch Importbeschränkungen geschützten inländischen Hersteller Abwälzungsmöglichkeiten auf die Inlandspreise besitzen).

In Folge des Zollabbaus expandierte daher theoriegemäß die (ressoucen-) verarbeitende Exportproduktion. Gleichzeitig verbreiterte sich der gesamte chilenische Exportbereich um zusätzliche Sektoren mit komparativen Vorteilen in der Gewinnung und Verarbeitung von Rohstoffen. Insofern wird man sagen können, dass der Abbau der protektionsbedingten Verzerrung der Relativpreise zwischen Export- und Importgütern einen erheblichen Beitrag zur Diversifizierung der chilenischen Exportstruktur geleistet hat.

Allerdings weisen mehrere Autoren darauf hin, dass die Handelsliberalisierung als notwendiger, keinesfalls aber als hinreichender Faktor für die erhebliche Beschleunigung der chilenischen Exportdiversifizierung angesehen werden kann. So erachtet AGOSIN (1999: S. 94) als wesentlich mitbestimmend für die Exporterfolge, dass Chile zur Zeit der Handelsliberalisierung über eine im Entwicklungsländervergleich enorm leistungsstarke Infrastruktur verfügte (Häfen, Flughäfen, Nord-Süd-Autobahn). Die *Economic Commission for Latin America and the Caribbean* sieht die bereits 1974 einsetzende Reprivatisierung der zuvor verstaatlichten Industriebetriebe sowie die Privatisierung des im Zuge der Agrarreform verstaatlichten Landes als einen ganz wesentlichen Faktor für die massive Zunahme von (inländischen und ausländischen) Investitionen in die chilenischen Exportaktivitäten.[4] FFRENCH-DAVIS (2002: S. 145) nennt als einen mitbestimmenden Faktor für die spektakuläre Exportdiversifizierung ab 1974/75 die in der Allende-Zeit schon vorhandenen aber politikbedingt unausgelasteten Exportkapazitäten. Und schließlich betonen die soeben genannten Autoren die Rolle des realen Wechselkurses und damit die Rolle der Wechselkurspolitik für die Exportdiversifizierung.[5] Mit dieser Thematik befassen sich die nachfolgenden Abschnitte.

### 6.2.2 Der reale Wechselkurs, die Wechselkurspolitik und die Diversifizierung der chilenischen Exportstruktur

Neben dem Relativpreis zwischen *Exportables* und *Importables* hatte die rigorose Handelsliberalisierung auch einen Einfluss auf das Preisverhältnis zwischen handelbaren und nicht-handelbaren Gütern, *ergo* auf den realen Wechselkurs, und damit (indirekt) maßgebliche Auswirkungen auf die chilenische Exportdiversifizierung. Dies wird in Abschnitt 6.2.2.1 theoretisch erläutert und empirisch erhärtet. Darauf aufbauend geht es im Abschnitt 6.2.2.2 um die chilenische Wechselkurspolitik.

#### 6.2.2.1 Realer Wechselkurs, Handelsliberalisierung und Exportdiversifizierung: Theoretische Hintergründe und empirische Evidenz

Der reale Wechselkurs, *RER*, wird definiert als der Quotient aus dem (*i*) Weltmarktpreis handelbarer Güter, $P_T^*$, multipliziert mit dem nominalen Wechselkurs *E*, und (*ii*) dem Preis nicht-handelbarer Güter $P_N$:

$$RER = \frac{EP_T^*}{P_N}, \tag{6.2}$$

4 Vgl. dazu ECLAC (2001).

5 Dementsprechend erklärt sich die starke Zunahme der Industriegüterexportanteile und der Zahl der Exportsektoren nach 1973/74 (nur) aus der Kombination der eben genannten Faktoren. Allein auf die drastischen Zollsenkungen lässt sich die starke Exportdiversifizierung nicht zurückführen.

wobei die Preisentwicklung der nicht-handelbaren (handelbaren) Güter üblicherweise mit der Entwicklung des inländischen (ausländischen) Preisniveaus identifiziert wird. Bei Abwesenheit von Handelshemmnissen ist $EP_T^*$ gleich dem inländischen Preis handelbarer Güter in Inlandswährung, $P_T$:

$$EP_T^* = P_T, \tag{6.3}$$

so dass

$$RER = \frac{P_T}{P_N}. \tag{6.4}$$

Dabei wird innerhalb der handelbaren Güter zwischen Exportgütern, *X*, und Importgütern, *M* unterschieden, mit den entsprechenden *Tradables*-Anteilen α bzw. (1- α),

$$P_T = P_M{}^{\alpha} P_X{}^{1-\alpha}. \tag{6.5}$$

Entsprechend gilt

$$RER = \frac{P_M{}^{\alpha} P_X{}^{1-\alpha}}{P_N}. \tag{6.6}$$

Wie sich nun aus Gleichung (6.2), (6.4) und (6.6) ergibt, bedeutet ein sinkender realer Wechselkurs (reale Aufwertung) steigende Opportunitätskosten bei der Produktion von handelbaren Gütern, gemessen durch den entgangenen Output nicht-handelbarer Güter, wodurch die Produktion nicht-handelbarer Güter attraktiver wird. Umgekehrt ist ein Anstieg des realen Wechselkurses (reale Abwertung) ein Ausdruck wachsender Anreize nationaler Firmen zur Produktion international konkurrierender Güter, weil die Produktion handelbarer Güter relativ profitabler wird. Dabei kann $P_N$ alternativ auch als Indikator für die inländischen Produktionskosten interpretiert werden. Aus dieser Sicht impliziert ein Anstieg des realen Wechselkurs, dass die erzielten Preise für Exporte und Importsubstitute schneller zunehmen als die Produktionskosten. Insofern reflektiert eine reale Wechselkursabwertung eine erhöhte internationale Wettbewerbsfähigkeit eines Landes, während eine reale Wechselkursaufwertung eine Minderung der Wettbewersbfähigkeit anzeigt (EDWARDS 1989).

Wie theoretische und empirische Untersuchungen zeigen, steigt der reale Wechselkurs als Resultat einer Handelsliberalisierung tendenziell an.[6] Knapp zusammengefasst besagt die theoretische Erklärung dieses Sachverhalts, dass die durch

6 Vgl. dazu DORNBUSCH (1974), EDWARDS (1989), KHAN/OSTRY (1992), SORSA (1999), LI (2004).

den Zollabbau hervorgerufenen Importpreissenkung (kurzfristiger Aufwertungseffekt) zu einer relativen Erhöhung des Preises für *Exportables* sowie zu einer Substitution der relativ teurer gewordenen *Non-Tradables* durch *Importables* führt. Letzteres mündet sowohl in einer verstärkten Importnachfrage als auch in einen Angebotsüberschuss auf dem Markt für *Non-Tradables*. Um das resultierende Handelsbilanzdefizit und den Angebotsüberschuss auf dem Markt für *Non-Tradables* zu beseitigen, muss der Preis der *Non-Tradables* sinken und (bei flexiblen Kursen) der nominale Wechselkurs steigen. Dies bedeutet, dass der inländische *Importables*-Preis - bedingt durch die nominale Abwertung steigt - und der inländische Preis für *Non-Tradables* gegenüber dem weltmarktbestimmten *Exportables*-Preis sinkt.[7] Infolgedessen steigt *ceteris paribus* der reale Wechselkurs (LI 2004).

Ein Anstieg des realen Wechselkurses verursacht wiederum eine Reallokation von Ressourcen vom Nicht-Handelssektor hin zum Exportsektor, dessen Produktion relativ zum Nicht-Handelssektor profitabler wird (SORSA 1999).[8] Diese abwertungsbedingten Exportinitiativen beschleunigen AGOSIN (1999) und SORSA (1999) zufolge die Diversifizierung der Exportstruktur. Vor diesem Hintergrund ist für Chile ist zu vermuten,

1. dass sich der Wechselkurs als Resultat der Handelsliberalisierung real aufwertete und,
2. dass der Anstieg des realen Wechselkurses Exportanreize ausgelöst hat, die sich in einer beschleunigten Diversifizierung der Exportstruktur niederschlagen.

Diese Vermutung wird durch die empirischen Angaben in Tabelle 6.2 bestätigt. Aus ihr geht hervor, dass sich der Wechselkurs zwischen 1973 und 1974 im Zuge der Zollsenkungen von 105% auf 75% real um rund 220% abwertete (vgl. auch Abbildung 6.5). Gleichzeitig beschleunigte sich - wie im vorangegangenen Abschnitt bereits beschrieben - enorm die chilenische Exportdiversifizierung. Bei diesen Entwicklungen spielte die chilenische Wechselkurspolitik eine gewichtige Rolle, wie der folgende Abschnitt zeigt.

---

7 Der Preis für *Importables* wird auch bei festen Wechselkursen sinken, da im allgemeinen Gleichgewicht weder der Angebotsüberschuss auf dem Markt für *Non-Tradables* noch das Handelsbilanzdefizit von Dauer sein können.

8 Durch die Senkung der Importpreise wird die Exportproduktion auch profitabler relativ zum importkonkurrierenden Sektor.

**Tabelle 6.2 Realer Wechselkurs, Zollsätze, und Indikatoren der Exportdiversifizierung**

| Jahr | Realer Wechselkurs | Durchschnittlicher Zollsatz in % | *Equivalent Number Index* | Zahl exportierender Sektoren | Industrielle Erzeugnisse/ Gesamtexport |
|---|---|---|---|---|---|
| 1972 | 0.31 | 105 | 10.43 | 98 | 10.1% |
| 1973 | 0.31 | 105 | 9.93 | 91 | 7.1% |
| 1974 | 1.00 | 75 | 10.70 | 123 | 13.4% |
| 1975 | 0.83 | 44 | 12.23 | 145 | 22.2% |

Quelle: Realer Wechselkurs: BANCO CENTRAL DE CHILE, eigene Berechnungen von FELICITAS NOWAK-LEHMANN D.; Berechnung: Realer Wechselkurs = nominaler Wechselkurs multipliziert mit dem Großhandelspreisindex der 14 wichtigsten chilenischen Handelspartner dividiert durch den chilenischen Konsumentenpreisindex gewichtet mit den Exportanteilen der 14 wichtigsten Handelspartner. Vgl. zur Berechnung NOWAK-LEHMANN D. (2004: S. 1559). Zölle: ALVAREZ/CRESPI (2000); Zahl exportierender Sektoren nach der dreistelligen Klassifikation der SITC: COMTRADE, eigene Berechnungen; Industrielle Erzeugnisse/Gesamtexport, *Equivalent Number Index*: BANCO CENTRAL DE CHILE, eigene Berechnungen.

### 6.2.2.2 Die chilenische Wechselkurspolitik seit Ende 1973

Die Geschichte der chilenische Wechselkurspolitik seit Ende 1973 lässt sich je nach praktiziertem Wechselkursregime in fünf Phasen unterteilen (Tabelle 6.3). Diese werden im Folgenden mit Blick auf drei wesentliche Bezugspunkte diskutiert. Im einzelnen handelt es sich dabei (*i*) um die Entwicklung des realen Wechselkurses, (*ii*) die Inflationsentwicklung sowie (*iii*) um die Entwicklung der chilenischen Exportdiversifizierung.

*1. Die Phase 1973 bis 1976*

Wie aus Tabelle 6.3 hervorgeht, bestanden die Maßnahmen der Militärregierung nach der Machtübernahme zunächst in der Vereinheitlichung der unter der Allende-Regierung existierenden multiplen Wechselkurse. Kurz darauf wurde der nominale Wechselkurs kräftig abgewertet,[9] um das durch die Importsteigerungen verursachte Handelsbilanzdefizit zu reduzieren. Dies trug maßgeblich zur Abwertung des realen Wechselkurses und damit erheblich zur oben beschriebenen Exportdiversifizierung bei (AGOSIN 1999).

Wie sich aus dieser Darlegung bereits schließen lässt, lag das Ziel der Wechselkurspolitik nach 1973 in der Schaffung eines stabilen, wettbewerbsfähigen Wechselkurses. Infolgedessen sah sich die chilenische Regierung gezwungen, die heimische Währung in Reaktion auf die Inflationsentwicklung im Rahmen eines passiven *Crawling-Peg*-Regimes diskretionär abzuwerten. Im Anbetracht

9 Der offizielle Wechselkurs stieg in den Jahren zwischen 1973 und 1975 jeweils um rund 730%. Quelle: World Bank (2004), eigene Berechnung.

dreistelliger Inflationsraten (343.3% im Jahre 1975) blieben die Abwertungsraten jedoch bereits 1975 hinter der Inflationsentwicklung zurück, so dass sich der Wechselkurs real aufwertete (Tabelle 6.2).[10] Um der hohen Inflation Herr zu werden (ausgelöst durch die expansive Haushaltspolitik der Allende-Regierung), änderte die Militärregierung im Jahre 1976 kurzfristig ihre wechselkurspolitische Strategie und wertete den chilenischen Peso gegenüber dem US-Dollar massiv auf (AGOSIN 1999).

Die Idee hinter einer solchen Strategie besteht darin, mittels nominaler Aufwertung eine reale Aufwertung und damit eine Produktionssteigerung sowie eine Nachfragesenkung von relativ teurer gewordenen *Non-Tradables* zu Gunsten des Konsums von relativ billiger gewordenen *Tradables* herbeizuführen, deren Produktion aufwertungsbedingt sinkt. Der resultierende Angebotsüberschuss an *Non-Tradables* soll wiederum eine Preissenkung derselben und damit eine Verringerung der Inflationsrate auslösen.

Wie aus Abbildung 6.4 hervorgeht, ging diese Strategie (gekoppelt mit einer restriktiven Geld- und Fiskalpolitik sowie mit Lohn- und Preisindexierungen) erfolgreich auf. Während sich der reale Wechselkurs zwischen 1976 und 1977 um ca. 16% aufwertete (Abbildung 6.5), sank die Inflation erheblich von 197.9% im Jahre 1976 auf 84.2% im Jahre 1977 und schließlich auf 37.2% im Jahre 1978. Allerdings war der Preis dieser Inflationsbekämpfung eine gewaltige Importsteigerung, die sich in einem Handelsbilanzdefizit im Jahre 1977 niederschlug. Dieser starke aufwertungs- und importliberalisierungsbedingte Anstieg der Importe führte zu einer drastischen Verdrängung importkonkurrierender Industrien. Infolgedessen blieb das Wachstum des handelbaren Sektors zwischen 1977 und 1979 hinter dem des nicht-handelbaren Sektors zurück.[11]

Auf die einmalige Aufwertung des Peso im Jahre 1976 folgten bis Anfang des Jahres 1978 monatliche Abwertungen in Höhe der Inflationsrate des Vormonats mit dem Ziel, den realen Wechselkurs zu stabilisieren. Durch das so praktizierte passive *Crawling-Peg* konnte die Abwertungsrate einen Monat vorher antizipiert werden. Nachdem die Zinsobergrenzen im Zuge der Liberalisierung des Kapital-

10 Die reale Wechselkursaufwertung im Jahre 1975 ist nicht zuletzt auch auf den massiven Preisverfall beim chilenischen Hauptexportprodukt Kupfer zurückzuführen

11 In der chilenischen Literatur wird oftmals behauptet, der *Tradables*-Sektor sei in Folge der Aufwertung von 1976 und der drastischen Importliberalisierung geschrumpft (AGOSIN 1999: S. 89). Dies Behauptung steht im Widerspruch zu den vorliegenden Zentralbankdaten (BANCO CENTRAL DE CHILE: *Cuentas Nacionales de Chile 1960-1980*: S. 31). Danach wuchs der handelbare Sektor 1976 um 5.3%, 1977 um 7.8%, 1978 um 4,5% und 1979 um 7.0%. Die Vergleichszahlen für den nicht-handelbaren Sektor belaufen sich auf 1.6% (1976), 9.4% (1977), 9.6% (1978), und 10% (1979).

und Finanzmarktes von 1974/75 abgeschafft wurden, lag die Abwertungsrate unter dem nominalen Zinssatz für kurzfristige Kapitaleinlagen. Daraufhin entwickelte sich ein starker Zustrom kurzfristigen Auslandskapitals, das die Arbitragemöglichkeiten ausnutzte und das soeben genannte Handelsbilanzdefizit finanzierte.

**Tabelle 6.3 Wechselkursregime in Chile**

| | | |
|---|---|---|
| 1970 - 1973 | Multiple Wechselkurse | verschiedene Wechselkurse für 15 Warengruppen |
| *1. 1973 - 1976* | passives *Crawling-Peg* | Vereinheitlichung der Wechselkurse und diskretionäre Abwertungen in Reaktion auf die Inflationsentwicklung zur Schaffung eines stabilen, wettbewerbsfähigen Wechselkurses |
| 1976 | einmalige Aufwertung des chilenischen Peso gegenüber dem US-Dollar zur Inflationsbekämpfung | |
| *2. 1976 - 1978* | passives *Crawling-Peg* | Monatliche Abwertungen in Reaktion auf die Inflationsentwicklung im Ausmaß der Inflationsrate des Vormonats zur Schaffung eines stabilen, wettbewerbsfähigen Wechselkurses |
| *3. 1978 - 1979* | aktives *Crawling-Peg* | Auf lange Frist festgelegte Abwertungsschritte mit der doppelten Zielsetzung der Schaffung eines stabilen, wettbewerbsfähigen Wechselkurses bei Dämpfung der Inflationserwartungen |
| *4. 1979 - 1982* | Wechselkursfixierung | Feste Ankerbindung an den US$ zur Inflationsbekämpfung |
| 1982 | Diskrete nominale Abwertungen mit dem Ziel einer realen Abwertung zur Verbesserung der chilenischen Wettbewerbsfähigkeit | |
| *5. 1983 - 1990*<br>*1991 - 1999* | Flexibles *Crawling-Peg* mit Preisband | Festlegung einer Parität zum Dollar mit flexiblem Preisband; tägliche Abwertungen in Höhe der Inflation; zusätzliche diskrete Abwertungen zur Schaffung von Exportanreizen<br>Festlegung einer Parität zum Währungskorb aus Dollar, Yen und DM mit Preisband |
| *Seit 1999* | Flexible Kurse | |

Quelle: vgl. AGOSIN (1999), FFRENCH-DAVIS (2002), NOWAK-LEHMAN D. (2004); eigene Darstellung

**Abbildung 6.4 Inflationsraten in % (Konsumentenpreisindex)**

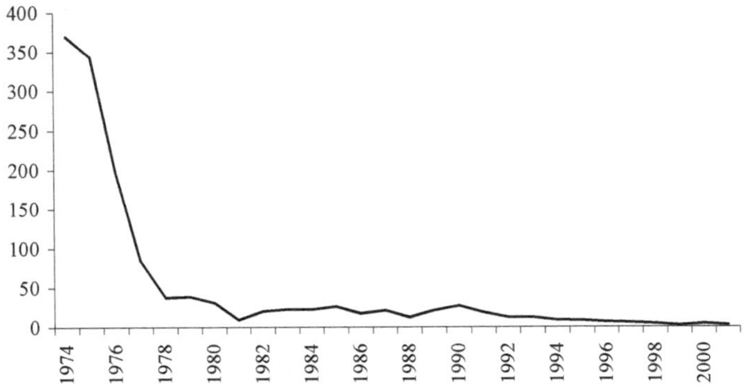


Quelle: BANCO CENTRAL DE CHILE: *Indicadores Económicos y Sociales de Chile 1960-2000*; *Economic and Financial Report 2000-2003.*

*3. Die Phase von 1978 bis 1979*

Anfang 1978 ging man schließlich zu einem aktiven *Crawling-Peg*-Regime über, bei dem die Abwertungen nicht mehr als Reaktion auf die Inflationsentwicklung erfolgten, sondern die Abwertungsschritte wurden im Sinne einer Inflationsantizipation auf lange Frist festgelegt. Damit verfolgte die chilenische Regierung eine doppelte Zielsetzung: Mittels vorher angekündigten Abwertungen sollten die Inflationserwartungen gedämpft werden. Gleichzeitig war eine Entwicklung des realen Wechselkurses zugunsten des *Tadables*-Sektors angestrebt (CORBO 1993). In der Tat erholte sich der reale Wechselkurs von seiner bis zum Jahre 1977 dauernden Talfahrt und stieg kurzfristig bis zum Jahre 1979 (Abbildung 6.5).

In Reaktion auf diese Abwertung beschleunigte sich die chilenische Exportdiversifizierung. Der Anteil industrieller Erzeugnisse am Gesamtexport wuchs von ca. 24% (1976) auf 30.1% (1979), der *Equivalent Number Index* von 11.53 (1976) auf 12.15 (1979) und die Zahl exportierender Sektoren von 145 auf 154.

**Abbildung 6.5 Realer Wechselkurs, 1960-1996**

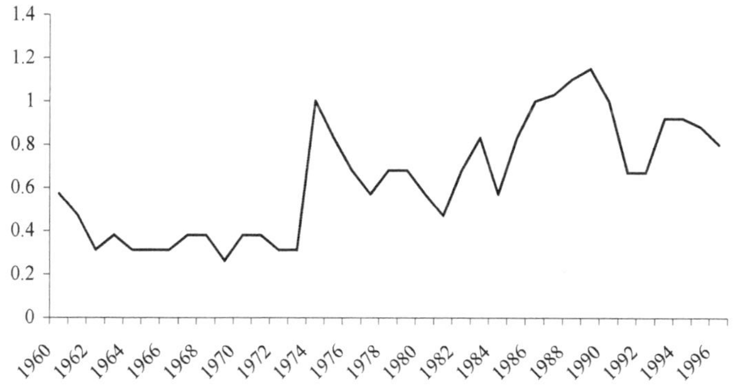


Anmerkung: Der reale Wechselkurs wurde aufgrund fehlender Daten für die Preise für *Tradables* und *Non-Tradables* wie üblich approximiert durch das Verhältnis zwischen Großhandelspreisindex und Konsumentenpreisindex, multipliziert mit dem nominalen Wechselkurs (Basisjahr 1990, 1990=100); Dieses Preisverhältnis ist insofern ein recht adäquater Indikator, weil der Großhandelspreisindex in der Mehrzahl handelbare Güter umfasst, wohingegen beim Konsumentenpreisindex nicht-handelbare Güter ein großes Gewicht einnehmen.
Quelle: BANCO CENTRAL DE CHILE, eigene Berechnungen von FELICITAS NOWAK-LEHMANN D.,
Berechnung: Realer Wechselkurs = nominaler Wechselkurs multipliziert mit dem Großhandelspreisindex der 14 wichtigsten chilenischen Handelspartner dividiert durch den chilenischen Konsumentenpreisindex gewichtet mit den Exportanteilen der 14 wichtigsten Handelspartner. Vgl. zur Berechnung NOWAK-LEHMANN D. (2004: S. 1559).

*4. Die Phase von 1979 bis 1982*

Als die chilenische Regierung im Jahre 1979 den nominalen Wechselkurs an den US-Dollar koppelte, setzte jedoch ein grundlegender Richtungswechsel in der chilenischen Wechselkurspolitik ein. Das wechselkurspolitische Ziel bestand nun in der Stabilisierung des Preisniveaus. Theoretisch funktioniert die Senkung der Inflation mittels Kopplung an eine Ankerwährung (ähnlich der oben beschriebenen Inflationsreduktion mittels nominaler Wechselkursaufwertung) wie folgt:

Die Fixierung des nominalen Wechselkurses bei gleichzeitig hoher Inflationsrate führt *ceteris paribus* zu einer realen Aufwertung, da die Inflationsrate des Inlands über der des Leitwährungslandes liegt. Dadurch werden *Non-Tradables* für die Produzenten relativ profitabler, so dass die Produktion von *Non-Tradables* zu Lasten der Produktion von *Tradables* steigt. Gleichzeitig sinkt die

Nachfrage nach relativ teurer gewordenen *Non-Tradables* zu Lasten des Konsums von *Tradables*. Das dabei entstehende Handelsbilanzdefizit wird theoretisch abgebaut, indem die Zentralbank - zwecks Beibehaltung der staatlich fixierten Parität - die Überschussnachfrage nach Devisen befriedigt. Der Verkauf von Währungsreserven bewirkt wiederum ein Rückgang der Geldmenge, wodurch die reale Absorbtion sinkt. Als Konsequenz dieser Anpassungsrezession wird die Handelsbilanz wieder ausgeglichen. Dabei soll der aufwertungsbedingte Angebotsüberschuss an *Non-Tradables* idealtypischerweise - wie schon gesagt - eine Preissenkung derselben und damit eine Verringerung der Inflationsrate bewirken.

In der Tat fiel der reale Wechselkurs zwischen 1979 und 1981 um ca. 30%. Theoriegemäß verringerte sich auch die Rate der Inflation von 38.9% im Jahre 1979 auf 9.5% im Jahre 1981, bevor sie sich ab 1982 bei etwa 22% einpendelte (Abbildung 6.4). Bezogen auf die Inflationsbekämpfung kann der chilenischen Wechselkurspolitik daher ein gewisser Erfolg zugesprochen werden. Allerdings hatte die Wechselkursfixierung schwerwiegende Folgewirkungen (CORBO 1993).

Da ein Dollar ab dem Jahre 1979 für unbestimmte Zeit 39 Pesos kosten sollte, sanken *uno actu* die Kosten für Dollarkredite bei ausländischen Banken im Vergleich zur vorherigen Situation nominaler Abwertungsschritte. Infolgedessen nahm die Aufnahme ausländischer Dollarkredite *vis-a-vis* inländischer Pesokredite enorm zu. Daraufhin sanken die inländischen Zinssätze für Pesokredite, wodurch wiederum die Nachfrage nach inländischen Krediten angeheizt wurde. Beschleunigt durch die fehlende staatliche Kontrolle bei der bankenmäßigen Kreditvergabe, wuchs die Bereitstellung von Krediten mit hohem Risikogehalt gemeinsam mit der Verschuldung der Privatwirtschaft dramatisch an. Gleichzeitig stiegen die inländischen Ausgaben in Folge der enormen Kreditaufnahmen, insbesondere solche für relativ billiger gewordene *Tradables*. Bedingt durch die reale Wechselkursaufwertung schrumpfte dagegen die gesamte inländische *Tradables*-Produktion. Infolgedessen nahmen die Importe zwischen 1980 und 1981 um ca. 13% zu, während die chilenische Exportproduktion in dieser Zeit um rund 10% sank. Das Resultat war ein gewaltiges Handelsbilanzdefizit, mitverursacht durch einen massiven Verfall der Kupferpreise um ca. 37%.

In dieser wirtschaftlich stark angeschlagenen Situation, wurde Chile durch international stark angestiegene Zinssätze (ausgelöst durch den restriktiven Kurs der amerikanischen Zentralbank) schließlich 1982/83 in die Lateinamerikanische Schuldenkrise hineingezogen. Daraufhin nahm auch die staatliche Auslandsverschuldung dramatisch zu. Denn die finanzielle Rettung zahlreicher Finanzinstitutionen mit Hilfe staatlicher Finanzspritzen und somit die Verhinderung eines vollkommenen Zusammenbruch des Bankensystems zwang die chilenische Regierung selbst zur Aufnahme ausländischer Kredite. Als Konsequenz der Ban-

kenkrise blieben die oben genannten kurzfristigen ausländische Kapitalzuflüsse aus. Statt dessen kam es zu einer Kapitalflucht ins Ausland.
Alles in allem hatten diese wechselkurspolitisch mitbedingten Entwicklungen eine enorme Schrumpfung der aggregierten Nachfrage und damit eine drastische Schrumpfung des chilenischen Bruttoinlandsprodukts um etwa 13.5% von 1981 auf 1982 und 3.5% von 1982 auf 1983 zur Folge. Bedingt durch den massiven Rückgang des Volkseinkommens sanken schließlich die Importausgaben zwischen 1981 und 1982 um ca. 34% Prozent, so dass die stark negative Handelsbilanz im Zuge der schmerzhaften Anpassungsrezession wieder in einen annähernd ausgeglichenen Zustand zurückkehrte.

Was nun den Einfluss der Wechselkursfixierung auf die chilenische Exportdiversifizierung anbelangt, so erlebten alle Indikatoren in Folge der reale Wechselkursaufwertung - gekoppelt mit der soeben beschriebenen Rezession - einen tiefen Einbruch: Der Anteil industrieller Erzeugnisse am Gesamtexport schrumpfte von ca. 30.1% (1979) auf 23.3% (1983), der *Equivalent Number Index* von 12.15 (1979) auf 8.00 (1983) und die Zahl exportierender Sektoren von 154 auf 150.

*5. Die Phase von 1983 bis 1999*

Die schlechte Situation in der Entwicklung der chilenischen Exportdiversifizierung änderte sich erst, als die chilenische Regierung - nachdem der nominale Wechselkurs im Jahre 1982 mehrmals abgewertet wurde - im Jahre 1983 zu einem *Crawlig-Peg*-Regime zurückkehrte. Das praktizierte Regime bestand darin, eine Parität zum Dollar mit einem sehr flexiblen Preisband festzulegen und den offiziellen Kurs täglich in Höhe der Inflationsrate abzuwerten. Zusätzliche diskretionäre Abwertungen trugen entscheidend dazu bei, dass sich der Wechselkurs zwischen 1982 und 1989 real um rund 145% abwertete.[12]

Wie sich daraus schließen lässt, lag die wechselkurspolitische Zielsetzung wieder in der Schaffung von Anreizen für die Produktion von *Tradables* insbesondere von *Exportables* mittels Änderung der Relativpreise zugunsten des handelbaren Sektors. Nach Ansicht von mehreren Autoren wurde dieses Ziel erfolgreich umgesetzt. Bei CORBO (1997: S. 34) heißt es beispielsweise: "*This new policy changed incentives drastically in favor of export oriented activities initiating a period of export-led growth.*" Nach Angaben von AGOSIN (1997: S. 20) expandierte dabei insbesondere der nicht-traditionelle Exportbereich. Infolgedessen stiegen die Indikatoren der chilenischen Exportdiversifizierung deutlich an. Die Industriegüterquote am Gesamtexport wuchs in der Zeit der realen Wechselkursaufwertung von 23.3% (1983) auf 26% (1989), die Zahl exportierender Sektoren von 150 (1983) auf 163 (1989) und der *Equivalent Number Index* von 8.00 (1983) auf 11.8% (1989).

12 Vgl. dazu auch FFRENCH-DAVIS (2002: S. 147).

Im Jahre 1991 wurde der chilenische Wechselkurs im Rahmen des *Crawling-Pegs* an einen Währungskorb aus Dollar, Yen und DM gekoppelt, wobei zehnprozentige Abweichungen von der Parität zugelassen wurden (NOWAK-LEHMAN D. 2004). In Folge der strikten Beibehaltung dieses Wechselkursbandes sackte der reale Wechselkurs inflationsbedingt zwar wieder ab (Abbildung 6.5). Die Indikatoren der chilenische Exportdiversifizierung erlebten jedoch keinen Einbruch, sondern stiegen fast stetig bis zum Jahre 2001. Eine der Ursachen für die kontinuierliche Fortentwicklung der chilenischen Exportdiversifizierung liegt in der Strategie bilateraler Handelsabkommen, die Chile seit seiner Rückkehr zur Demokratie im Jahre 1990 verfolgt. Darauf wird im nächsten Abschnitt eingegangen.

Zuvor sei noch erwähnt, dass der chilenische Peso seit September 1999 frei floated. Da sich die Inflation im Zuge einer sehr disziplinierten Geld- und Fiskalpolitik nennenswert verringerte und im Jahre 1999 einen historischen Tiefstand von 2.3% erreichte, wurde im selben Jahr ein flexibles Wechselkursregime eingeführt.

### 6.2.3 Handelsabkommen

In den folgenden beiden Abschnitten wird der Einfluss bilateraler Handelsabkommen auf die chilenische Exportdiversifizierung diskutiert. Abschnitt 6.2.3.1 gibt einen Überblick über wichtigsten Handelsverträge seit der Redemokratisierung im Jahre 1990. Abschnitt 6.2.3.2 widmet sich dem Einfluss dieser Initiativen auf die Diversifizierung der chilenischen Exportstruktur.

#### 6.2.3.1 Überblick über die wichtigsten chilenischen Handelsabkommen

Wie am Anfang dieser Arbeit bereits angerissen (Abschnitt 1.2.3.1), war Chile aufgrund von Menschenrechtsverletzungen während der Militärdiktatur zunehmend in die internationale Isolation geraten. Infolgedessen war der Weg bilateraler Handelsabkommen versperrt, so dass die wirtschaftspolitischen Träger in dieser Regierungszeit lediglich über das Instrument der unilateralen Handelsöffnung verfügten. Nach den Ausführungen des vorherigen Abschnitts 6.2.1 wirkten sich diese Maßnahmen zwar deutlich positiv auf die Diversifizierung der chilenische Exportstruktur aus. Aufgrund der fehlenden Reziprozität war die Reichweite solcher Maßnahmen jedoch begrenzt. Die Zollsätze der chilenischen Haupthandelspartner blieben weiterhin hoch (AGOSIN 1997: S. 30).

Möglichkeiten für reziproke Zugeständnisse in Form von bilateralen Handelsabkommen ergaben sich erst mit der Rückkehr zur Demokratie im Jahre 1990. Dabei konzentrierte sich die chilenischen Außenhandelspolitik zunächst auf die lateinamerikanische Region. So wurde im Jahre 1991 das erste Freihandelsabkommen mit Mexiko geschlossen. Diesem folgten Abkommen mit Bolivien (1993), Venezuela (1993), Kolumbien (1994), Ecuador (1994), Peru (1998), Cuba (1998), Costa Rica (2002) und El Salvador (2002).[13] Darüber hinaus ist Chile seit 1996 assoziiertes Mitglied des *Mercado de Común del Cono Sur* (MERCOSUR).[14] Im Jahre 1999 trat außerdem ein Freihandelsabkommen mit dem *Central American Common Market* in Kraft.[15]

Bilaterale Handelsabkommen mit einzelnen Ländern und Handelsblöcken außerhalb Lateinamerikas gab es dagegen erst ab 1994. In diesem Jahr wurde Chile Mitglied der *Asian-Pacific Economic Cooperation* (APEC).[16] Kurze Zeit später, im Jahre 1996, wurde ein Rahmenabkommen mit der Europäischen Union geschlossen, das 2002 in ein weitreichendes Assoziierungsabkommen mündete und schließlich im Jahre 2003 in Kraft trat. In Ergänzung zum Abkommen mit der EU schloss Chile im Jahre 2003 ein Abkommen mit der Europäischen Freihandelsassoziation (EFTA).[17] Daneben unterzeichnete Chile im Jahre 1996 ein Freihandelsabkommen mit Kanada, welches seit 1997 in Kraft ist. Es folgten die Freihandelsverträge von 2003 mit Südkorea und den USA (in Kraft seit 2004).[18]

#### 6.2.3.2 Der Einfluss der Handelsabkommen auf die Exportdiversifizierung

Was den Einfluss dieser Handelsabkommen auf die chilenische Exportdiversifizierung anbelangt, so wird man angesichts ihrer großen Zahl nur mit erheblichem Aufwand differenzierte quantitative Schlussfolgerungen ableiten können. Einige qualitative Aussagen lassen sich dagegen schon aus der Betrachtung von Abbildung 6.6 und 6.7 sowie aus Tabelle 6.4 gewinnen.

Anhand von Abbildung 6.6 wird deutlich, dass der Marktanteil Lateinamerikas am chilenischen Export um fast das doppelte von etwa 12% im Jahre 1990 auf ca. 22% im Jahre 2001 wuchs. Nach Ansicht von Ffrench-Davis (2002: S. 155) lässt sich dieses Phänomen auf die soeben aufgeführten Handelsabkommen in der lateinamerikanischen Region zurückführen. Leicht zulegen konnte auch der

---

13 Vgl. dazu WTO (1997) und WTO (2003) oder auch CHUMACERO ET. AL. (2004)

14 Mitlieder des Mercosur sind Argentinien, Brasilien, Paraguay und Uruguay. Seit 1997 ist Bolivien genau wie Chile assoziiertes Mitglied des Mercosur. Dieser Status fordert den freien Handel für eine große Zahl von Produkten, schließt aber keinen gemeinsamen Außenzoll ein, wie er von Argentinien, Brasilien, Paraguay und Uruguay gegenüber Viertstaaten erhoben wird (WTO 1997).

15 Mitglieder des *Central American Common Market* sind Costa Rica, El Salvador, Guatemala, Honduras, und Nicaragua.

16 Die Mitglieder der APEC sind neben Chile: Australien, Brunei, Kanada, China, Hong Kong, Taiwan, Indonesien, Japan, Korea, Malaysia, Neu Seeland, Neu Guinea, die Philippinen, Singapur, Thailand und die USA.

17 Zur EFTA gehören Island, Liechtenstein, Norwegen und die Schweiz.

18 Außerdem ist Chile seit dem ersten Januar 1995 Mitglied der WTO. Folgerichtig hat Chile seitdem auch aktiv im Rahmen multilateraler Handelsrunden mitgearbeitet.

Marktanteil Asiens von etwa 27% (1990) auf 31% (2001), was man dem Beitritt Chiles zur APEC zuschreiben kann. Stark rückläufig ist demgegenüber der Anteil Europas. Er schrumpfte von rund 40% (1990) auf etwa 27% (2001). Im Anbetracht der Tatsache, dass das Handelsabkommen zwischen Chile und der Europäischen Union faktisch erst im Jahre 2003 wirksam wurde, ist der europäische Gewichtsverlust zwischen 1990 und 2001 wenig erstaunlich. Angesichts der Handelsabkommen zwischen den USA, Mexiko und Kanada im Rahmen der *North American Free Trade Area* (NAFTA) gelang Chile dagegen eine indirekte Integration die USA - über die Handelsabkommen Chiles mit Mexiko und Kanada. Infolgedessen konnten die USA ihren Marktanteil von rund 17% halten. Kaum verändert hat sich auch der Anteil Japans, das handelspolitisch über die APEC mit Chile verbunden ist. Er belief sich im Jahre 1990 auf ca. 16% und 2001 auf etwa 14%.

**Abbildung 6.6 Geografische Verteilung der Exporte auf Großregionen**

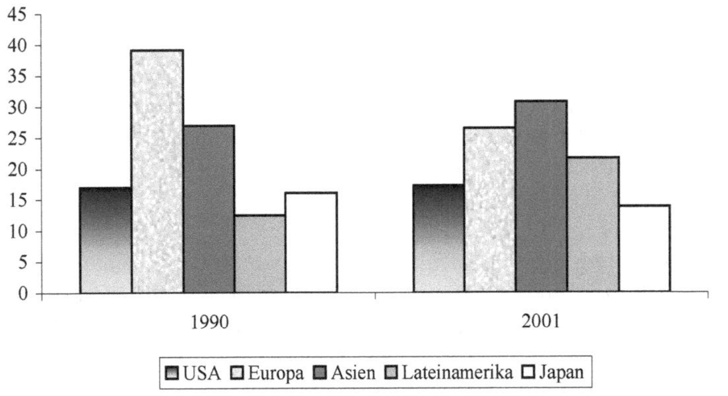


Quelle: BANCO CENTRAL DE CHILE: *Indicadores Económicos y Sociales de Chile 1960-2000, Indicadores de Comercio Exterior*, eigene Berechnungen

In Folge dieser
- recht konstanten Marktanteile Japans und der USA
- bei rückläufigen Anteilen Europas,
- moderat wachsenden Anteilen Asiens (ohne Japan) und
- stark steigenden Anteilen Lateinamerikas

ergibt sich die in Abbildung 6.6 erkennbare Zunahme der Gleichverteilung der Exportströme. Das bereits in Abschnitt 4.2.1 beobachtete Phänomen der gleichmäßigeren Marktverteilung der chilenischen Exporte ist daher mitbedingt durch die bilateralen Initiativen der chilenischen Regierung in der lateinamerikanischen Region.[19]

**Tabelle 6.4 Geografische Verteilung der Exportströme auf Großregionen nach technologischem Inhalt, 1989 und 1998**

| Jahr | Produktart | *Anteile am Export* | Europäische Union | USA | Japan | Lat. Amerika | Asien | Andere |
|---|---|---|---|---|---|---|---|---|
| 1989 | Unverarbeitete Rohstoffe | *26.3* | 27.4 | 20.9 | 19.3 | 13.2 | 15.4 | 3.8 |
| | Verarbeitete Rohstoffe | *66.3* | 43.6 | 14.2 | 12.7 | 10.8 | 13.5 | 5.2 |
| | Industrielle Erzeugnisse | *7.5* | 20.2 | 36.8 | 3.6 | **21.2** | 3.5 | 14.7 |
| | Gesamt | *100* | 37.6 | 17.7 | 13.7 | 12.2 | 13.2 | 5.6 |
| 1998 | Unverarbeitete Rohstoffe | *30.5* | 19.1 | 21.8 | 27.4 | 17.2 | 11.4 | 3.1 |
| | Verarbeitete Rohstoffe | *55.5* | 36.0 | 13.1 | 10.0 | 19.4 | 18.7 | 2.8 |
| | Industrielle Erzeugnisse | *14.0* | 17.3 | 14.2 | 0.6 | **55.7** | 1.1 | 11.1 |
| | Gesamt | *100* | 28.2 | 15.9 | 14.0 | 23.8 | 14.0 | 4.1 |

Quelle: *Base de datos del comercio de America Latina y el Cariabe* nach FFRENCH-DAVIS (2002: S. 155). Anmerkung: Die hier von FFRENCH-DAVIS vorgenommene Klassifikation weicht ab von der Klassifikation der chilenischen Zentralbank. FFRENCH-DAVIS's Angaben für die Kategorie "industrielle Erzeugnisse" stimmen daher nicht überein mit den übrigen Angaben zum industriellen Export in dieser Arbeit.

Aufbauend auf diesen Ergebnissen hat RICARDO FFRENCH-DAVIS (2002) die chilenischen Gesamtexporte prozentual unterteilt in unverarbeitete und verarbeitete Rohstoffe sowie industrielle Erzeugnisse und anschließend ihren jeweiligen Absatzregionen zugeordnet. Tabelle 6.4 zeigt diese Zuweisungen. Leider lassen sie sich nicht direkt in Beziehung zu den Informationen der chilenischen Zentralbank setzen, die ihren Exportbereich in "Obst, Fisch-, Forst- und Landwirtschaft", "Bergbau" und "Industrie" gliedert. Wie schon in Abschnitt 5.5.2 gesagt, fallen in die Kategorie "*Manufacturing*" der chilenischen Zentralbank auch nahrungsmittelherstellende und rohstoffverarbeitende Industrien. Solche Bereiche werden von FFRENCH-DAVIS (2002) nicht als der "industriellen Exportproduktion zugehörig" klassifiziert, weil der genannte Autor für industrielle Erzeugnisse eine von der *Economic Commission for Latin America and the Caribbean* verwendete Klassifikation heranzieht.[20] Infolgedessen weichen seine Zah-

19 Vgl. dazu auch AGOSIN (1997) und FFRENCH-DAVIS (2002).

20 Vgl. Danach sind der industriellen Exportproduktion Maschinen, Instrumente, elektronische und elektrotechnische Geräte sowie chemische Erzeugnisse zuzu-

len von den Zentralbankdaten dieser Arbeit ab. Dies im Hinterkopf, lassen sich folgende Aussagen treffen.

Wie aus Tabelle 6.4 hervorgeht, stieg der Anteil industrieller Erzeugnisse am Gesamtexport von 7.5% im Jahre 1989 auf 14% im Jahre 1998. Bemerkenswert ist, dass die lateinamerikanische Region im Jahre 1989 21.2% der industriellen Ausfuhr auf sich vereinte, während im Jahre 1998 rund 56% der chilenischen Industriegüterexporte nach Lateinamerika flossen. Folglich hat sich Lateinamerika zwischen 1989 und 1998 zum Hauptabsatzmarkt für chilenische Industriegüterexporte entwickelt. Im Anbetracht der in dieser Zeit in Kraft getretenen Handelsabkommen zwischen Chile und seinen regionalen Nachbarn, schließt FFRENCH-DAVIS (2002) auf einen kausalen Zusammenhang zwischen der bilateralen Aktivität, den steigenden Marktanteilen Lateinamerikas und der vertikalen Exportdiversifizierung in Chile. Es heißt bei FFRENCH-DAVIS (2002: S. 156):

"*Somit liefern die lateinamerikanischen Länder einen steigenden Beitrag zur Diversifizierung der chilenischen Exporte in Richtung industrieller Erzeugnisse. Dieser Prozess steht in einem engen Zusammenhang mit der Handelsliberalisierung der Region einschließlich der regionalen Integrationsabkommen.*"[21]

Vor dem Hintergrund der in Abschnitt 5.3.2 festgestellten Interdependenz zwischen dem Wachstum der Zahl exportierender (Industrie-) Zweige und der Steigerung der Quote industrieller Produkte an der Gesamtausfuhr kann darüber hinaus vermutet werden, dass die Handelsabkommen Chiles mit den Ländern Lateinamerikas gleichsam einen Beitrag zur horizontalen Erweiterung der Exportproduktion um industrielle Exportzweige geleistet haben. Daten zu Zielmärkten neu entstandener Exportindustrien zwischen 1990 und 2001 sind leider nicht vorhanden. Konstatieren lässt sich aber eine Erhöhung der Zahl exportierender Sektoren (die auf der dreistelligen Ebene der SITC angesiedelt sind) von 170 (1990) auf 174 (2001).

Bemerkenswert ist auch, dass die Zahl der Exporteure ab 1989 sprunghaft zunahm. Sie stieg von 3462 im Jahre 1989 auf 4125 im Jahre 1990, dann rasch auf 5349 im Jahre 1991 und danach weitgehend kontinuierlich auf 6009 im Jahre 2001 (vgl. dazu Abbildung 5.1 in Abschnitt 5.2.1). Inwieweit dieses Phänomen auf die bilateralen Initiativen der chilenischen Regierung oder möglicherweise auf die Redemokratisierung von 1990 selbst zurückführen ist, kann nicht genau

---

ordnen. Die Kategorie "unverarbeitete Rohstoffe" umfasst unverarbeitete Agrar-, Mineral- und Petroleumprodukte. Die Kategorie "verarbeitete Rohstoffe" bzw. ressourcenbasierte Industrie umfasst im Wesentlichen Holz und Möbel, Textilien, Bekleidung, Nahrungsmittel, Papier und Druckerzeugnisse, Leder und Schuhe, sowie Werkstoffe aus Stahl, Kupfer, Glas etc. Vgl. dazu ECLAC (1996: S. 217-225).

21 Übersetzung des Autors aus dem Spanischen.

gesagt werden. Man wird aber kaum bezweifeln können, dass die bilateral erwirkten reziproken Zollsenkungen für viele Firmen den Weg in den Export erleichtert haben.

### 6.2.4 Zusammenfassung und Ausblick

Fasst man die bisherigen Ausführungen zusammen, so ergibt sich, dass der chilenische Außenhandel nach der Machtübernahme der Militärs drastisch liberalisiert wurde. In sofortiger Reaktion auf den rigorosen Abbau protektionsbedingter Verzerrungen beschleunigte sich die chilenische Exportdiversifizierung. Allerdings war die Handelsliberalisierung ein notwendiger, nicht aber ein hinreichender Faktor für die spektakulären Diversifizierungserfolge ab 1974/75. Solche Erfolge wurden erst möglich durch eine leistungsstarke Verkehrsinfrastruktur sowie durch bereits vorhandene Exportkapazitäten, die politikbedingt während der Allende-Zeit nicht ausgelastet waren. Wesentlich mitbestimmend für die ausgesprochen dynamischen Exportentwicklungen war darüber hinaus die Reprivatisierung der zuvor verstaatlichten Industriebetriebe sowie die chilenische Wechselkurspolitik.

Die Wechselkurspolitik der Pinochet-Regierung bestand (nach der Vereinheitlichung der unter der Allende-Regierung existierenden multiplen Wechselkurse) zunächst in kräftigen nominalen Abwertungen. Dies trug maßgeblich zur Abwertung des realen Wechselkurses bei und lieferte damit starke Anreize zur Aufnahme und Expansion der Exportproduktion. Insofern war die chilenische Wechselkurspolitik ein entscheidender Faktor bei der im Jahre 1974/75 einsetzenden Exportdiversifizierung. Bis zum Jahre 1979 oszillierte die chilenische Wechselkurspolitik allerdings zwischen Inflationsbekämpfung mittels nominaler Aufwertung und Stabilisierung des realen Wechselkurses mittels Abwertung in Höhe der Inflation. Zwischen 1979 und 1982 wurde der nominale Wechselkurs zwecks Preisstabilisierung schließlich an den US-Dollar gekoppelt. Daraufhin wertete sich der Wechselkurs real auf mit verheerenden Folgen für die chilenische Wirtschafts- und Exportentwicklung. Erst nach der wechselkurspolitisch mitbedingten Rezession von 1982/83 wurde die Dollarkopplung aufgehoben und der Wechselkurs nominal abgewertet. Dabei führten tägliche Abwertungen in Höhe der Inflationsrate zusammen mit zusätzlichen diskretionären Abwertungen zu einer realen Wechselkursabwertung, woraufhin sich die Exportdiversifizierung enorm beschleunigte. Die durch die reale Wechselkursabwertung ausgelöste Exportdiversifizierung hat sich nahezu ungebremst fortgesetzt, obschon sich der reale Wechselkurs - als Resultat der strikten Beibehaltung eines neu festgesetzten Wechselkursbandes - erneut inflationsbedingt aufwertete. Eine der Ursachen für die positive Fortentwicklung der Exportdiversifizierung ist auch in der Strategie bilateraler Handelsabkommen zu sehen, die Chile seit seiner Rückkehr zur Demokratie verfolgt.

Während in den 2000er Jahren die überregionalen Abkommen Chiles mit der EU, Südkorea und den USA hervorstechen, besteht die Mehrzahl der in den 90er Jahren in Kraft getretenen Verträge zwischen Chile und seinen regionalen Nachbarn. Im Zuge dieser bilateralen Aktivität Chiles in der eigenen Region hat Lateinamerika enorme Marktanteile am chilenischen Gesamtexport gewonnen und avancierte dabei zum Hauptabsatzmarkt für chilenische Industrieprodukte. Dies deutet auf einen starken Einfluss der regionalen Handelsabkommen auf die Diversifizierung der chilenischen Exportstruktur hin. Neben steigenden Anteilen industrieller Erzeugnisse, verbuchte die chilenische Exportstruktur auch eine Verbreiterung um zusätzliche Exportunternehmen.

Was einen Ausblick auf die Rolle bilateraler Abkommen anbelangt, so dürfte das bilaterale Engagement auf regionaler Ebene im Anbetracht der wachsenden Bedeutung lateinamerikanischer Märkte für die chilenische Industriegüterausfuhr auch zukünftig ein entscheidender Faktor für die Diversifizierung der chilenischen Exportstruktur sein. Insbesondere der MERCOSUR, der über 70% des chilenischen Außenhandels mit Lateinamerika repräsentiert und 2006 in eine Freihandelszone münden soll, gewinnt voraussichtlich an Wichtigkeit für den Absatz chilenischer Industrieprodukte.[22] Inwieweit die überregionalen Freihandelsabkommen zur chilenischen Exportdiversifizierung beitragen werden, bleibt abzuwarten. Vorliegende Studien zum Einfluss der Handelsabkommen Chiles mit der EU und den USA sagen zumindest signifikante Exportsteigerungen voraus.[23] Angesichts der Beobachtung in dieser Arbeit, dass die Exportsteigerung und die Exportdiversifizierung in Chile bislang Hand in Hand gingen, wird man auch von einer (wie auch immer gearteten) Diversifizierung der Exportstruktur ausgehen können. Insgesamt dürfte die chilenische Strategie der Weltmarktintegration durch bilaterale Handelsabkommen dem Land auch in Zukunft eine weitere Exportdiversifizierung sichern. Die geplanten Verhandlungen über den Abschluss weiterer Handelsverträge mit Neu Seeland, Singapur, China und Japan könnten dazu einen Beitrag leisten.

Allerdings weisen mehrere Autoren darauf hin, dass die chilenische Infrastruktur bezüglich Fernverkehrsstraßen, See- und Flughäfen, Tunnelanlagen heute kaum noch den Erfordernissen einer zukunftsfähigen Exportwirtschaft entspricht.[24] Insofern bedarf es intensiver Anstrengungen zur Verbesserung der Verkehrsinfrastruktur damit auch in Zukunft die Voraussetzungen für eine nachhaltige Exportdiversifizierung gegeben sind.

---

22 Vgl. dazu auch AGOSIN (1997) und FFRENCH-DAVIS (2002).

23 Vgl. dazu beispielsweise CHUMACERO ET. AL. (2004) oder NOWAK-LEHMANN D./ HERZER/VOLLMER (2005).

24 Vgl. dazu beispielsweise AGOSIN (1999), MACARIO (2000).

## 6.3 Direktinvestitionen und Direktinvestitionspolitiken

Eines der Motive für ausländische Direktinvestitionen in Entwicklungs- und Schwellenländer ist die dortige Nutzung und Mobilisierung natürlicher Ressourcen für den Export. Die Erschließung sonst brachliegender Ressourcen (relativ) kapitalarmer Länder durch exportorientierte Direktinvestitionen generiert in der Regel zusätzliche Exporte von Rohstoffen und rohstoffnahen Produkten. Im Anbetracht des ressourcenbasierten Musters der chilenischen Exportdiversifizierung stellt sich damit die Frage nach der chilenischen Direktinvestitionspolitik einschließlich dem Beitrag ausländischer Direktinvestitionen zur Diversifizierung der chilenischen Exportstruktur. Sie soll anhand der Entwicklung der ausländischen Direktinvestitionen zwischen 1974 und 2000 behandelt werden. In diesem Zeitraum lassen sich drei Perioden sichtbar voneinander abgrenzen. Die erste Periode beginnt im Jahre 1974 mit der Verabschiedung des Investitionsgesetzes Nummer 600. Ihr widmet sich Abschnitt 6.3.1. Die zweite Periode startet im Jahre 1985 mit der gesetzlichen Verankerung eines *Dept-Equity-Swap*-Programms im neunzehnten Kapitel des Gesetzes zur Behandlung ausländischen Kapitals. Damit befasst sich Abschnitt 6.3.2. Mit der Rückkehr zur Demokratie im Jahre 1990 und der damit in Verbindung stehenden Verbesserung des Investitionsklimas wird die dritte Periode im Beobachtungszeitraum eingeleitet. Sie ist Gegenstand von Abschnitt 6.3.3. Der Abschnitt 6.3.4 fasst die Beobachtungen zusammen und leitet wirtschaftspolitische Schlussfolgerungen ab.

### 6.3.1 Das *Decreto Ley 600* und die Direktinvestitionen zwischen 1974 und 1985

Die außenwirtschaftliche Öffnung der chilenischen Volkswirtschaft für ausländische Direktinvestitionen erfolgte zeitgleich mit der Liberalisierung des Güterverkehrs. Weil ausländische Investitionen in Folge der Enteignung von ausländischen Großunternehmen (insbesondere der Verstaatlichung großer Bergbauunternehmen) und der Einführung von Kapitaleinfuhrbeschränkungen zur Zeit der Allende-Regierung ausblieben, wollte das Pinochet-Regime die Voraussetzungen für Direktinvestitionen grundlegend ändern. Das dafür im Jahre 1974 geschaffene Gesetz Nummer 600 basiert deshalb auf den drei Grundprinzipien

- rechtliche Gleichstellung ausländischer mit inländischen Investoren,
- freier Zugang zu den chilenischen Märkten und
- Nichteinmischung des Staates in die Aktivitäten der Investoren (ALVAREZ/ROBERTSON 2004).

Konkrete Inhalte des bis heute geltenden *Decreto Ley 600* sind:[25]

Anträge für Investitionen können nur für einen Mindestwert von 100 000 US$ gestellt werden. Allerdings verpflichtet der Antrag nicht, tatsächlich zu investieren. Die Frist, innerhalb der das ausländische Kapital einzubringen ist, darf für

25 Vgl. zu den Inhalten des *Decreto Ley 600* WTO (1997: S. 34).

Investitionen im Bergbau acht Jahre (gegebenenfalls auch zwölf Jahre) und bei allen anderen Investitionen drei Jahre nicht überschreiten. Bezüglich der Repatriierung von Kapital und Gewinnen gilt, dass die Rückführung von Kapital erst drei Jahre nach der Realisierung der Investition erlaubt ist, während für Gewinne keine gesetzliche Mindestfrist besteht.[26]
Nach Inkrafttreten des Investitionsgesetzes erlebte Chile im Vergleich zur Situation vor 1974 einen signifikanten Zufluss ausländischer Investitionen. Das Volumen ausländischer Direktinvestitionen wuchs von annähernd Null im Jahre 1974 auf 188 Millionen US$ im Jahresdurchschnitt des Zeitraums von 1975 bis 1980 (ECLAC 2001: S. 91). Was die sektorale Verteilung der Investitionen in diesem Zeitraum anbelangt, so sticht allerdings die starke Konzentration auf den Bergbau ins Auge. Wie aus Tabelle 6.5 hervorgeht, floss fast die Hälfte des Investitionsvolumens zwischen 1974 und 1979 in diesen Bereich. Die verarbeitende Industrie konnte dagegen nur rund 28% der Direktinvestitionen attrahieren. Davon entfielen mit einem Anteil von 9.6% etwa ein Drittel auf die mineralverarbeitende Industrie. Platz zwei im industriellen Gewerbe belegte die Nahrungs- und Genussmittelindustrie mit einem Anteil am gesamten Investitionsvolumen von ca. 7.13%, Platz drei die chemische Industrie mit rund 6%.

Etwas anders sieht es dagegen aus, wenn man die Anzahl der Investitionsprojekte berücksichtigt:[27] In diesem Fall war die verarbeitende Industrie mit 33 von insgesamt 77 Projekten deutlich an der Spitze, während der Bergbaubereich lediglich 9 Investitionsprojekte anzog.[28] Dabei wurden die ausländischen Investitionen im Industriesektor vornehmlich in arbeits- und ressourcenbasierte Sparten gelenkt. Platz eins belegt mit 10 Investitionsprojekten die chemische Industrie, gefolgt von der Nahrungs- und Genussmittelindustrie, der Textilindustrie sowie der mineralverarbeitenden Industrie mit jeweils 5 Investitionsprojekten.

---

26 Neben dem *Decreto Ley 600* existiert das *Capitulo XIV* . Das 14. Kapitel des Kompendiums für die Regelung des Devisenverkehrs legt fest, dass ausländische Währung frei in Chile eingeführt und in Geschäftsbanken gegen inländische Währung getauscht werden darf (UNCTAD 2003: S. 50). Die Bedeutung des *Capitulo XIV* für ausländische Direktinvestitionen ist eher gering (ECLAC 2001).

27 Die Anzahl der durchgeführten Investitionsprojekte ist die Zahl der von der chilenischen Zentralbank genehmigten und tatsächlich umgesetzten Investitionsanträge ausländischer Investoren.

28 Natürlich handelt es sich bei den Direktinvestitionen nicht ausschließlich um Firmenneugründungen, sondern vornehmlich um Ankäufe bereits existierender Betriebe.

**Tabelle 6.5 Sektorale Verteilung ausländischer Direktinvestitionen mit einem Wert über eine Million US$, 1974-1979**

| Sektor | Zahl durchgeführter Investitionsprojekte | Anteil am Gesamtinvestitionsvolumen |
|---|---|---|
| Landwirtschaft | - | - |
| Fischerei | 4 | 2.82 % |
| Bergbau | 9 | 49.64 % |
| Verarbeitendes Gewerbe (gesamt) | 33 | 27.82 % |
| Herstellung von Nahrungsmitteln, Getränken und Tabak | 5 | 7.13 % |
| Herstellung von Textilien, Bekleidung, Schuhe | 5 | 1.83 % |
| Herstellung von Holz und Möbeln | 1 | 0.36 % |
| Herstellung von Papier, Pappe, Zellulose, Verlags- und Druckerzeugnissen | 2 | 1.66 % |
| Herstellung von chemischen Erzeugnissen | 10 | 5.77 % |
| Herstellung von Porzellan, Glas, Nichteisernen Metallen | 5 | 9.60 % |
| Metallerzeugzung und -bearbeitung | 1 | 0.25 % |
| Maschinenbau, Herstellung von Erzeugnissen aus Metall, Elektrotechnik, Kontrollinstrumente | 3 | 1.03 % |
| Herstellung von Transportmaterial | 1 | 0.19 % |
| Sonstige Wirtschaftszweige | 31 | 19.72 % |

Quelle: COMITÉ DE INVERSIONES EXTRANJERAS nach LAHERA (1981), eigene Berechnungen.

Wie die Angaben über die sektorale Verteilung des Investitionsvolumens und der Investitionsprojekte bereits vermuten lassen, war das vorherrschende Motiv für ausländischen Investoren die Ausbeutung lokaler Ressourcen (insbesondere die Ausbeutung mineralischer Rohstoffe) und damit die Ausschöpfung standortspezifischer komparativer Vorteile für den Export (UNCTAD 2003: S. 71). Nach Angaben von LEHERA (1981) belief sich der Beitrag ausländischer exportierender Firmen zum chilenischen Gesamtexport im Jahre 1979 auf 7.5%.[29] Davon entfielen fast 40% auf den Bergbauexport.

Diesem Wert muss man allerdings den Anteil der Mineralexporte am Gesamtexport gegenüberstellen. Er belief sich im Jahre 1979 auf etwa 48%. Insofern wird man sagen können, dass sich die Exportkonzentration auf den Bergbau in Folge des ausländischen Engagements nicht erhöht, sondern im Gegenteil leicht vermindert hat. Wie sich aus den obigen Angaben ergibt, belief sich die Beteiligung der ausländischen Exporteure von mineralischen Rohstoffen am Gesamtexport 1979 auf ca. 3%, während der Beitrag ausländischer Unternehmen am Export von Nicht-Bergbauerzeugnisse etwa 4.5% war. Im Anbetracht dessen herrscht in der vorliegenden Literatur Einigkeit darüber, dass die ausländische Bereitstellung von Exportkapital und *Know How* bereits früh zur Diversifizierung der chilenischen Exportbasis beitrugen.[30]

Wie bereits mehrfach berichtet, stürzte Chile in Folge der weltweiten Rezession von 1981/82 (in Verbindung mit einem starken Preisverfall beim chilenischen Hauptexportprodukt Kupfer, einer massiven realen Wechselkursaufwertung, einer hohen Auslandsverschuldung sowie einem gewaltigen Handelsbilanzdefizit) in eine tiefe Krise. Wirtschaftlich stark angeschlagen wurde Chile 1982/83 aufgrund des deutlich gestiegenen internationalen Zinsniveaus schließlich in die allgemeine Verschuldungskrise Lateinamerikas hineingezogen. Infolgedessen schrumpften die Direktinvestitionen ab 1982 (Abbildung 6.7). Bereits im Jahre 1985 erzeugte die Verabschiedung des *Capitulo XIX* jedoch wieder bedeutende Investitionsanreize, wie der folgende Abschnitt zeigt.

### 6.3.2 Das *Capitulo XIX* und die ausländischen Direktinvestitionen zwischen 1985 und 1990

1985 wurde im neunzehnten Kapitel des Gesetzes zur Behandlung ausländischen Kapitals ein *Dept-Equity-Swap*-Programm verankert. Mit der Verabschiedung dieses Programms verfolgte die chilenische Regierung eine doppelte Zielsetzung: die Verringerung der chilenischen Auslandschuld bei gleichzeitiger Attrahierung ausländischer Direktinvestitionen (AGOSIN 1997: S. 24). Dazu sah das *Capitulo XIX* den Tausch von Länderkrediten gegen Beteilungskapital an öffentlichen und privaten Unternehmen vor. Kurzgefasst funktionierte das System wie folgt.

29 LEHARA (1981) schätzt allerdings die Rolle ausländischer Firmen für die chilenische Exportaktivität als eher gering ein. So behauptet der genannte Autor, dass der Export derzeit nicht das Hauptziel für die große Mehrheit ausländischer Investoren war. Dies ist nach den Erkenntnissen von ECLAC (2001) und UNCTAD (2003) zu bestreiten.

30 Vgl. dazu beispielsweise (UNCTAD 2003: S. 70-73).

Der Gläubiger, zum Beispiel eine US-Bank, verkauft ein Dollar-Forderung gegen Chile zum deutlich unter dem Nennwert liegenden Sekundärmarktpreis an einen Investor, zum Beispiel ein norwegisches Fischzuchtunternehmen. Der Investor verkauft die Dollarforderung gegen Chile an die chilenische Zentralbank. Die Einlösung erfolgt natürlich nicht in Dollar, sondern *al pari* oder nach Abzug eines gewissen Abschlags in Pesos, wobei der Investor die erhaltene Landeswährung für die von der chilenischen Zentralbank genehmigte Direktinvestition einsetzt. Die Direktinvestition besteht wiederum im Ankauf von Unternehmen oder Unternehmensbeteiligungen, die ein chilenischer Schuldner der chilenischen Zentral- bzw. Gläubigerbank als Zahlungsersatz anbietet. Dabei kommt die Tatsache, dass der ausländische Investor sowohl die Dollar-Forderung als auch das Unternehmen bzw. die Unternehmensbeteiligung in der Regel nicht zum Nennwert erwirbt, einer massiven Subventionierung ausländischer Direktinvestitionen gleich (AGOSIN 1997).

**Tabelle 6.6 Sektorale Verteilung ausländischer Direktinvestitionen basierend auf dem *Capitulo XIX*, 1985 - 1989**

| Sektor | Investitionsvolumen (in laufenden US$) | Anteil am Gesamtinvestitionsvolumen |
|---|---|---|
| Bergbau | 355 144 | 11.00 % |
| Industrie | 1 299 565 | 40.23 % |
| Agrarsektor | 665 799 | 20.61 % |
| Baugewerbe | 1 013 | 0.03 % |
| Transport und Kommunikation | 123 201 | 3.81 % |
| Handel | 235 253 | 7.28 % |
| Energie | 62 220 | 1.93 % |
| andere Dienstleistungen | 487 875 | 15.10 % |

Quelle: ECLAC/CEPAL (1992: S. 149)

Nach Angaben der *Economic Commission for Latin America and the Caribbean* (ECLAC 2001: S. 91) beliefen sich die Einsparungen der Investoren im Vergleich zum Nennwert auf bis zu 46%. Allerdings wurde die Bewilligung für Investitionsprojekte seitens der chilenischen Zentralbank sehr restriktiv gehandhabt, insbesondere bei Investitionen in traditionelle Sektoren wie den Bergbau. Bevorzugt behandelt wurden dagegen sämtliche Investitionen in nicht-traditionelle Bereiche zur Erschließung neuer Exportpotenziale (AGOSIN 1999: S.94). Daraufhin wurden die meisten Direktinvestitionen in den Industriesektor gelenkt.

Wie aus Tabelle 6.6 hervorgeht, vereinigte der Industriesektor in den Jahren von 1985 bis 1989 rund 40% des gesamten Investitionsvolumens basierend auf dem *Capitulo XIX* auf sich, wobei fast ausschließlich die ressourcenbasierten Industrien, darunter stark die Holz- und Papierindustrien, ausländische Direktinvestitionen anzogen (ECLAC 2001). Platz zwei belegte der Agrarsektor mit einem Anteil von ca. 20.6%. Davon floss der Großteil in den Obst- und in den Fischereisektor. Auf Platz drei lagen die Dienstleistungen, unter denen insbesondere die Telekommunikation, die Elektrische Energie, das Bankwesen und der Tourismus profitierten. Lediglich 11% des Investitionsvolumens wurde für den Bergbau verwendet. Insgesamt wuchs die Zahl der bewilligten Investitionsprojekte basierend auf dem *Capitulo XIX* von 8 im Jahre 1985 auf 110 im Jahre 1989 (Tabelle 6.7).

**Tabelle 6.7 Jährlich bewilligte Investitionsprojekte basierend auf dem *Capitulo XIX*, 1985 - 1989**

| | 1985 | 1986 | 1987 | 1988 | 1989 |
|---|---|---|---|---|---|
| Zahl | 8 | 53 | 63 | 98 | 110 |

Quelle: ECLAC/CEPAL (1992: S. 146). Die Zahl der bewilligten Investitionsprojekte ist die Zahl der von der chilenischen Zentralbank genehmigten Investitionsanträge ausländischer Unternehmen.

**Abbildung 6.7 Ausländische Direktinvestitionen, 1974 - 1999**

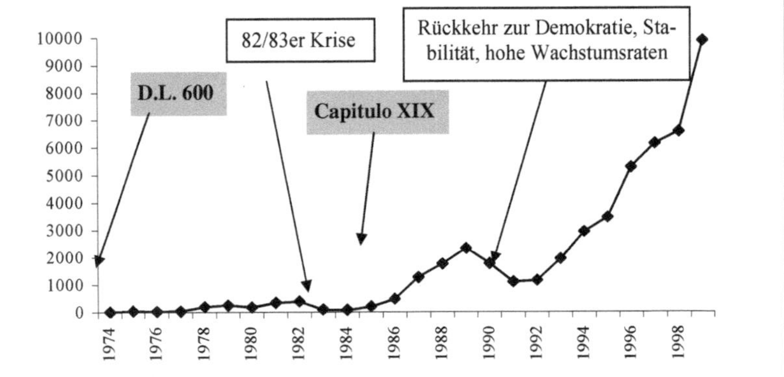


Anmerkung: in Millionen US$; Quelle: Daten vor 1985: BANCO CENTRAL DE CHILE nach ALVAREZ/ROBERTSON (2004); Daten ab 1985: CHILE FOREIGN INVESTMENT COMMITTEE (2005): http://www.foreigninvestment.cl/

Diese Projekte ausländischer Investoren leisteten einen enormen Beitrag zum Exporterfolg nicht-traditioneller Wirtschaftszweige und damit zur Diversifizierung der chilenischen Exportstruktur (ECLAC 2001). Im Zeitraum von 1985 bis 1990, in dem das *Capitulo XIX* wirksam war, generierte es fast 80% der gesamten Zuflüsse an Direktinvestitionen, während dem *D.L. 600* nur etwa 20% der Investitionen zuzurechnen waren.[31] Dabei belief sich die gesamte Summe aus-

31 Vgl. dazu ECLAC (2001: S. 91).

ländischer Direktinvestitionen auf rund 1300 Millionen US Dollar in Jahresdurchschnitt des Zeitraums von 1985 bis 1990.[32]

Im Zuge des ab 1990 einsetzten schnellen Wirtschaftswachstums verlor das *Dept-Equity-Swap*-Programm durch steigende Sekundärmarktpreise für chilenische Auslandsschuldtitel jedoch an Attraktivität für ausländische Investoren bis die *Swap*-Geschäfte im Jahre 1992 schließlich zum Erliegen kamen.[33] Daraufhin war das gesamte Investitionsvolumen zwischen 1990 und 1992 rückläufig. Ab 1992 löste die mit der Redemokratisierung einsetzende Verbesserung des Investitionsklimas jedoch einen gewaltigen Investitionsboom aus (Abbildung 6.7). Die ausländischen Direktinvestitionen in den 90ger Jahren sind Gegenstand des nächsten Abschnitts.

### 6.3.3 Die Verbesserung des Investitionsklimas und die Direktinvestitionen zwischen 1990 und 2000

In den frühen 90ger Jahren verbesserte sich das Klima für ausländische Investoren im Zuge der guten wirtschaftlichen Performance (mit spektakulären Wachstumsraten von bis zu 12.3 %) und des Aufbaus einer stabilen Demokratie. Infolgedessen stiegen die Zuflüsse ausländischer Direktinvestitionen von rund 1100 Millionen US$ im Jahre 1992 auf ca. 9900 Millionen US$ im Jahre 1999. Betrachtet man die sektorale Verteilung der Investitionen, dann fällt allerdings wieder die starke Konzentration auf den Bergbau ins Auge. Wie aus Tabelle 6.8 hervorgeht, vereinigte der Bergbau in der ersten Hälfte der 90ger Jahre fast 60% des Investitionsvolumens auf sich. Der Industriesektor lag mit einem Anteil am Investitionsvolumen von 15% weit abgeschlagen auf Platz zwei. Den dritten Platz belegten die Finanzdienstleistungen mit 11%.

Trotz dieser starken Konzentration auf den traditionellen Bergbaubereich richtete sich das ausländischem Engagement zwischen 1990 und 1995 auch auf nichttraditionelle Exportbereiche, wie beispielsweise den Export von Qualitätswein (AGOSIN 1997). Was den Agrarsektor anbelangt, so lässt sich außerdem konstatieren, dass ausländische Direktinvestitionen stark zur Steigerung und Diversifizierung der Frischobstausfuhr beitrugen. So machten vier der größten ausländischen Exporteure etwa 27% der gesamten chilenischen Frischobstausfuhr aus.[34] Vor diesem Hintergrund wird man sagen können, dass sich die ausländischen Direktinvestitionen in der ersten Hälfte der 90ger Jahre förderlich auf die Diversifizierung der chilenischen Exportstruktur ausgewirkt haben. Dabei bestand das Hauptmotiv für ausländischen Investoren etwa bis zum Jahre 1995 - wie *Economic Commission for Latin America and the Caribbean* (ECLAC 2001) mehr-

---

32 Quelle: CHILE FOREIGN INVESTMENT COMMITTEE (2005): http://www.foreigninvestment.cl/, eigene Berechnungen

33 Im Jahre 1996 wurde das *Dept-Equity-Swap*-Programm schließlich formal abgeschafft (AGOSIN 1997: S. 224).

34 Vgl. ECLAC (2001: S. 112).

fach konstatiert - in der Ausbeutung natürlicher Ressourcen und damit in der Ausschöpfung standortspezifischer komparativer Vorteile für den Export.

**Tabelle 6.8 Sektorale Verteilung ausländischer Direktinvestitionen, 1990 - 1995 und 1996 - 2000**

| Sektor | Anteil am Gesamtinvestitionsvolumen (1990-1995) | Anteil am Gesamtinvestitionsvolumen (1996-2000) |
|---|---|---|
| Bergbau | 58% | 24% |
| Industrie | 15% | 11% |
| Agrar | 3% | 1% |
| Finanzdienstleistungen | 11% | 20% |
| Telekommunikation | 6% | 7% |
| Elektrizität, Gas, Wasser | 1% | 27% |
| andere Dienstleistungen | 6% | 10% |

Quelle: ECLAC (2001: S. 94 ), eigene Berechnungen.

Ab 1995 lässt sich hingegen ein Richtungswechsel in der Hauptmotivation der Investoren diagnostizieren. Betrachtet man anhand von Tabelle 6.8 die sektorale Verteilung ausländischer Direktinvestitionen zwischen 1996 und 2000, dann fällt auf, dass die Bereiche Bergbau, Industrie und Agrar im Vergleich zu den vorherigen Jahren deutlich an Gewicht einbüßten. Der Anteil des Bergbaus am Investitionsvolumen belief sich nur noch auf 24%, der des Industriesektors auf 11% und der des Agrarbereichs auf marginale 1%. Dagegen legten die Dienstleistungen deutlich zu. Sie vereinigten zwischen 1996 und 2000 insgesamt 64% der Direktinvestitionen auf sich. Davon entfielen etwa 42% der Investitionen auf den Energiesektor (Elektrizität, Gas, Wasser), 31% auf das Finanzgewerbe und 10% auf den Telekommunikationsbereich.

Der *Economic Commission for Latin America and the Caribbean* (ECLAC 2001: S. 90) zufolge, lag der vorherrschende Beweggrund für ausländische Investitionen in solche bedingt handelbaren Dienstleistungen[35] nicht im Export, sondern im Zugang zum lokalen und regionalen Markt. Dieser war faktisch überhaupt erst vollständig mit dem Abschluss der Liberalisierungs- und Deregulierungsprozesse im Energie- und Telekommunikationsbereich der zweiten Hälfte der 90ger Jahre möglich. Was die starken Zuflüsse in den Bankensektor anbelangt, so ergaben sich diese in Folge von Fusionen und Übernahmen einiger we-

35 Diese Dienstleistungen sind insofern nur bedingt handelbar, als sie Personen mit Wohnsitz außerhalb Chiles (aufgrund der ungenügenden oder fehlenden Infrastruktur für ihre Bereitstellung) schlecht oder nicht zugänglich sind.

niger multinationaler Banken beim Wettbewerb um die Vorherrschaft auf dem chilenischen Markt.

### 6.3.4 Zusammenfassung und wirtschaftspolitische Schlussfolgerungen

Fasst man die bisherigen Ausführungen zusammen so ergibt sich, dass die Direktinvestitionen in den Jahren von 1974 bis 1995 fast ausschließlich in Bereiche geflossen sind, in denen Chile über natürliche komparative Exportvorteile verfügt. Vor diesem Hintergrund wird in der vorliegenden Literatur als Bestimmungsgrund für die Investitionstätigkeit die Nutzung lokaler Ressourcen für den Export angeführt. Daraus kann man auf einen Zusammenhang zwischen ausländischen Investitionen und der ressourcenbasierten Exportdiversifizierung schließen, der auch durch die empirischen Beobachtungen der *Economic Commission for Latin America and the Caribbean* (ECLAC 2001) sowie der *United Nations Conference on Trade and Development* (2003) bestätigt wird.

Wie aus Tabelle 6.9 hervorgeht, dürfte die Stärke dieses Zusammenhangs jedoch je nach Investitionsregelung und damit periodisch verschieden sein. Während das mit dem Ziel der Förderung nicht-traditioneller Exportbereiche gehandhabte *Capitulo XIX* zwischen 1985 und 1990 einen hohen Beitrag zur Diversifizierung geleistet hat, ist die Bedeutung des *Decreto Ley* 600 in der Vorperiode von 1974 bis 1985 als etwas geringer einzuschätzen. Ab 1990 scheint der Einfluss ausländischer Direktinvestitionen auf die Exportdiversifizierung trotz der Verbesserung des Investitionsklimas jedoch kontinuierlich abzunehmen.[36]

Dies gibt Anlass zu der Vermutung, dass sich die Optionen für exportorientierte Direktinvestitionen bei der traditionellen Nutzung natürlicher Ressourcen allmählich erschöpfen. Bei Richtigkeit dieser Vermutung sollte der chilenische Staat zur Aufrechterhaltung eines kontinuierlichen Diversifizierungsprozesses eine aktivere Rolle bei der Förderung von Direktinvestitionen in nicht-traditionelle Hochtechnologiebereiche spielen, in die bislang kaum ausländische Investitionen geflossen sind. Aufgrund der chilenischen Wirtschaftsstruktur mit seiner Fokussierung auf Industrien, die auf dem Einsatz von natürlichen Ressourcen basieren, könnte ein Ansatzpunkt die Attrahierung von Direktinvestitionen in den Biotechnologiesektor sein.

36 Angemerkt sei, dass die Gesamtexporte bereits existierender Branchen (insbesondere des Bergbaus) in Folge ausländischer Direktinvestitionen zwischen 1990 und 2000 beachtlich zugenommen haben (ECLAC 2001, UNCTAD 2003). Diese Diagnose für die Gesamtexporte trifft allerdings nicht auf die Exportdiversifizierung zu.

**Tabelle 6.9 Muster ausländischer Direktinvestitionen zwischen 1974 und 2000**

| Periode | FDI-Wachstum | Investitionsregelung und andere maßgebende (politische) Faktoren | Motivation ausländischer Investoren | FDI-Einfluss auf die Exportdiversifizierung und neue Sektoren |
|---|---|---|---|---|
| 1974 - 1985 | niedrig | *Decreto Ley 600* | Ausbeutung lokaler Ressourcen für den Export | FDI-Einfluss: mittel bis hoch<br><br>Gewinnung und Verarbeitung von Rohstoffen |
| 1985 - 1990 | mittel | *Capitulo XIX* | Ausbeutung lokaler Ressourcen für den Export | FDI-Einfluss: hoch<br><br>Holz- und Papierindustrie, Nahrungsmittelindustrie, Obst, Fischerei |
| 1990 - 2000 | mittel bis hoch | | | |
| 1990 - 1995 | | Verbesserung des Investitionsklimas (Rückkehr zur Demokratie wirtschaftliche Stabilität) | Ausbeutung lokaler Ressourcen für den Export | FDI-Einfluss: mittel<br><br>Wein, Frischobst |
| 1996 - 2000 | hoch | Abschluss der Liberalisierungs- und Deregulierungsprozesse im Energie- und Telekommunikationsbereich | Zugang zum lokalen und regionalen Markt | FDI-Einfluss: niedrig,<br><br>Elektizität, Wasser, Telekommunikation, Banken |

Anmerkung: FDI, *Foreign Direct Investment*; eigene Darstellung; eine ähnliche aber in einigen Punkten abweichende Darstellung findet sich in UNCTAD (2003: S. 71-73).

Zu den Anwendungsgebieten der Biotechnologie gehören die Gewinnung von Chemikalien und Medikamenten auf der Basis natürlich nachwachsender Rohstoffe sowie die Entwicklung neuartiger, mit speziellen Eigenschaften ausgestatteten Pflanzenarten, die zudem höhere Erträge mit einem geringeren Einsatz von Pestiziden ermöglichen. Im Anbetracht erheblicher Umweltprobleme, die im Verlauf des exportinduzierten Wachstums entstanden sind,[37] verspricht die Bio-

37 Einige Studien sehen einen direkten Zusammenhang zwischen Exportorientierung und Umweltverschmutzung bzw. Umweltzerstörung in Chile (UNEP 1999, BEGHIN *et. al.* 2002, OECD 2005). In der Tat sind ist die chilenische Umweltsituation

technologie ein enormes Potenzial für eine weitere aber weitaus umweltverträglichere Exportdiversifizierung.

## 6.4 Institutionen

Wie schon in Abschnitt 5.6.5 kurz angerissen, stehen hinter der Erfolgsgeschichte der chilenischen Exportdiversifizierung bestimmte Institutionen. Sie werden im folgenden behandelt. Während Abschnitt 6.4.1 die für die Exportdiversifizierung wichtigen Institutionen der allgemeinen Wirtschaftsförderung diskutiert, widmet sich Abschnitt 6.4.2 speziell den Institutionen der Exportförderung. Abschnitt 6.4.3. fasst die Ergebnisse zusammen und leitet wirtschaftspolitische Schlussfolgerungen ab.

### 6.4.1 Institutionen der Wirtschaftsförderung

In diesem Abschnitt werden wirtschaftsfördernde Institutionen vorgestellt und im Hinblick auf ihren Einfluss auf die chilenische Exportdiversifizierung beurteilt. Namentlich geht es hier um

(1) die *Corporación de Fomento de la Producción* (*CORFO*)
(2) die *Fundación Chile* sowie um
(3) Universitäten und andere staatliche Forschungs- und Bildungseinrichtungen.

---

durch eine erhebliche Verschmutzung von Luft, Böden und Gewässern gekennzeichnet. Nach Kenntnis des Autors liegen jedoch keine ökonometrischen Studien zum Einfluss der Exportorientierung auf die chilenische Umweltsituation vor. Wie stark die Umweltverschmutzungen (tatsächlich) auf die chilenische Exportorientierung zurückzuführen sind, kann daher nicht genau gesagt werden. Der Zusammenhang zwischen Exportorientierung bzw. Exportdiversifizierung und Umweltverschmutzung in Chile war nicht Thema der vorliegenden Arbeit.

#### 6.4.1.1 Die *Corporación de Fomento de la Producción*[38]

Die in Abschnitt 5.4.2 bereits angesprochene *Corporación de Fomento de la Producción* (*CORFO*) wurde 1939 als staatliches Dienstleistungsunternehmen gegründet und war bis Mitte der 70er Jahre für den finanziellen Aufbau von neuen sowie für die Kontrolle staatseigener Unternehmen zuständig.[39] Mit der Liberalisierung der chilenischen Wirtschaft 1974/75 änderte sich der Aufgabenbereich der (in den 90er Jahren dem Wirtschaftsministerium untergeordneten) *Corporación*. Zunächst bestand er in der Abwicklung der Privatisierung von Staatsunternehmen. Heute liegt die Hauptaktivität in der Förderung von Klein- und Mittelunternehmen und gliedert sich in die Bereiche *Förderung der zwischenbetrieblichen Kooperation*, *Innovations-* und *Investitionsförderung*. Dazu gibt es Vielzahl von Programmen und Projekten. Einige der wichtigsten seien im Folgenden kurz beschrieben.

- Die zwischenbetriebliche Kooperation wird unter anderem durch sogenannte *Proyectos de Fomento* (*PROFO*) gefördert. Diese Projekte sind auf den Ausbau gemeinsamer Zuliefer- und Vertriebsstrukturen ausgerichtet. Dazu erhält ein Zusammenschluss von mindestens fünf Klein- und Mittelunternehmen Zuschüsse für Beratungsleistungen. Seit 1998 des gibt es in Form des *Programa de Desarollo de Proveedores* (*PDP*) auch ein Programm zum Ausbau von Zuliefernetzwerken großer Unternehmen.
- Im Bereich der Innovationsförderung ist *CORFO* u.a. für den Technologiefond *FONTEC* verantwortlich. Dieser finanziert Projekte der technologischen Innovation sowie den innerbetrieblichen Aufbau technologischer Infrastrukturen. Außerdem werden private Forschungszentren und technologieorientierte Unternehmerreisen ins Ausland gefördert. Ein weiterer Fonds, der *CORFO* in diesem Zusammenhang untersteht, ist der *Fondo de Asistencia Técnica* (*FAT*). Er unterstützt Beratungsleistungen für Klein- und Mittelunternehmen in den Bereichen Qualitäts- und Produktivitätsverbesserung.
- Was die Förderung privater Investitionen angeht, so vermittelt *CORFO* langfristige Kredite zwischen Unternehmen und Banken und übernimmt Kreditbürgschaften in Höhe von bis zu 80% des Kreditrisikos.

Bei den soeben beschriebenen Maßnahmen handelt es sich um allgemein zugängliche Instrumente der Wirtschaftsförderung, die insbesondere von Exportunternehmen intensiv genutzt werden (MACARIO 2000). Daneben bietet *CORFO* auch ein spezielles Angebot an Maßnahmen der aktiven Exportförderungspolitik. Sie sollen im Einzelnen in Abschnitt 6.5 behandelt werden. Hier sei bereits vermerkt, dass die Maßnahmen *CORFOs* insgesamt einen deutlich positiven Einfluss auf die Chilenische Wirtschafts- und Exportentwicklung hatten. BIAN-

38 Vgl. zur *Corporación de Fomento de la Producción* beispielsweise MACARIO (2000), PEREZ-ALEMAN (2000) und BIANCHI/PARRILLI (2002).

39 Vgl. Abschnitt 5.4.2 zur Rolle von CORFO beim Aufbau des chilenischen Obstsektors.

CHI/PARRILLI (2002) sprechen von *CORFO* sogar als dem "*main promoter of development in production and export*" (S. 16).

Allerdings identifizieren die genannten Autoren zwei Schwachstellen in der Politik *CORFO*s. Eine davon sehen BIANCHI und PARRILLI (2002) in einem Defizit an Effizienz, welches auf ein Überangebot an einzelnen Programmen zurückzuführen sei. Dies verhindere die Erzielung von Skaleneffekten, wie sie bei einer Zusammenlegung von Programmen mit größeren Unternehmenskooperationen (durch Bündelung von Ressourcen und Kompetenzen) entstünden. Hinzu komme, dass die Programme - wegen ihrer kaum überschaubaren Zahl - von nur etwa 3% aller Firmen genutzt werden. Als zweite Schwachstelle beklagen die Autoren in diesem Kontext das Fehlen von Konzepten für eine zukunftsorientierte Politik zur Intensivierung industrieller Verflechtungen zwischen rein binnenwirtschaftlich und stark weltmarktorientierten Sektoren.

#### 6.4.1.2 Die *Fundación Chile*

Neben *CORFO* hat insbesondere die in Abschnitt 5.4.1 bereits genannte *Fundación Chile* den Entwicklungsverlauf der chilenischen Exportdiversifizierung mitbestimmt. Die *Fundación Chile*, eine halbstaatliche Technologietransferinstitution, entstand 1976 als *Joint Venture* zwischen der chilenischen Regierung und dem US-Konzern ITT (AGOSIN 1997). Ihr Ziel ist die Entwicklung neuartiger Geschäftsfelder und innovativer Projekte, die zu einer effizienteren Ausnutzung natürlicher Ressourcen, zur Stärkung der Humankapitalbasis sowie zur Entwicklung der produktiven Kapazität des Landes beitragen. Zur Verwirklichung dieses Ziels verfolgt sie zwei Strategien:

- Mittels Schaffung von Kommunikations- und Informationsstrukturen zwischen privaten und öffentlichen Akteuren, wie auch zwischen Unternehmen (durch Seminare zu neuen Produktionstechnologien, "Runde Tische" zu technisch-organisatorischen Problemen) sollen technologische Lernprozesse gezielt gefördert und kompetitive Kooperationsstrukturen aufgebaut werden. Damit fungiert die *Fundación* als wichtige Schnittstelle zwischen der privaten und öffentlichen Hand bei der Einführung neuer Technologien zum Aufbau wettbewerbsfähiger Branchen.
- Daneben tritt die *Fundación Chile* (selbst) als Gründer von Unternehmen in bislang brachliegenden Spezialisierungsfeldern mit technologischen Potenzialen auf. Die Rentabilität dieser innovativen Pionierunternehmen soll Demonstrationseffekte für Investoren und damit Nachahmungseffekte in Form weiterer Unternehmensgründungen auslösen, bei denen die *Fundación* dann beratend tätig wird. Auf diese Weise kommt ihr bei der Etablierung von neuen technologischen Standards sowie bei der Humankapitalbildung eine wichtige Rolle zu. Das wohl erfolgreichste Projekt der *Fundación Chile* war (wie aus Abschnitt 5.4.1 bekannt) *Salmones Antártica*, das Pionierunternehmen der industriellen Lachszucht, dessen Erfolge entscheidend dazu beitrugen,

dass Chile 1992 zum weltweit zweitgrößten Exporteur von Zuchtlachs avancierte.

Wenngleich die Politik der *Fundación Chile* zweifellos die Diversifizierung der chilenischen Exportstrukur gefördert hat, so weisen mehrere Autoren darauf hin, dass Chile zukünftig deutlich stärkere Anstrengen für die Entwicklung neuer Technologien unternehmen muss. Dies wird im nächsten Abschnitt noch einmal zur Sprache kommen. Bei AGOSIN (1999) heißt es, "*... that the sustained growth and diversification of exports in the future will require the allocation of much greater resources for applied research and that (...) institutions like Fundación Chile will continue to be absolutely insufficient.*"(S. 94).

#### 6.4.1.3 Universitäten und andere staatliche Forschungs- und Bildungseinrichtungen

Neben Institution wie *CORFO* und *Fundación Chile* hat der frühe Aufbau von Forschung und Humankapital durch staatliche Forschungs- und Bildungseinrichtungen eine maßgebliche Rolle bei der 1974/75 einsetzenden Exportdiversifizierung gespielt (AGOSIN 1997, 1999).[40] So wurden bereits in den in den 50er Jahren an den Universitäten Chiles hochqualifizierte Ingenieure ausgebildet und systematische Forschungsanstrengungen unternommen. Die universitären Forschungsbemühungen wurden unterstützt durch eine Reihe von Institutsgründungen im Bereich staatlich geförderter Forschung.[41]

Eines der ersten Institute war das im Jahre 1962 zur Förderung technologischer Innovationen im Agrarsektor geschaffene Institut für Landwirtschaftliche Entwicklung (*Instituto Nacional de Desarrollo Agropecuario*, *INDAP*). Im Jahre 1964 folgte der Aufbau des bis heute für die Landwirtschaft wichtigsten Forschungsinstitut *Instituto de Investigacón Agropcuaria* (*INIA*). Im Jahre 1965 wurde das Forschungsinstitut des Forstsektors (*Instituto Forestal de Chile*, *INFOR*) gegründet. Im selben Jahr verabschiedete die chilenische Regierung ein 10-Jahres-Programm mit dem US-Bundesstaat Kalifornien, welches die Aus- und Weiterbildung chilenischer Forscher an der *Universidad de Chile* und an der *University of California* zum Inhalt hatte.[42] Im Jahre 1968 wurde das chilenische Technologieinstitut (*Instituto Technológico de Chile*, *INTEC*) geschaffen. Ebenfalls im Jahre 1967 etablierte sich *Comisión Nacional de Investigacón Cientifica* (*CONICYT*) und ist seitdem die wichtigste staatliche Institution zur Förderung von Wissenschaft und Technologie an den Universitäten des Landes. Im Jahre 1970 folgte schließlich die Gründung des Forschungsinstitut für den Bergbau (*Centro de Investigación Minera y Metalúrgica*, *CIMM*).

40 Eine umfangreiche Arbeit zum Thema "Weltmarktintegration, Wachstum und Innovationsverhalten in Schwellenländern" liefert BLUM (2002).

41 Vgl. dazu FFRENCH-DAVIS/MUÑOZ/BENNAVENTE/CRESPI (2000).

42 Vgl. zu diesem Programm auch die Ausführungen zur Entwicklung des Obstsektors in Abschnitt 5.4.2.

Die Expansion der Zahl der Forschungsinstitute ging einher mit einem sprunghaften Anstieg staatlicher Forschungsausgaben, so dass die F&E-Quote am chilenischen BIP von 0.07 im Jahre 1961 auf 0.41% in den Jahren 1965 - 1971 wuchs (Tabelle 6.10). Das staatliche Engagement hatten zwei Effekte: erstens, die Bildung eines Pools an hochqualifizierten Fachkräften und zweitens, die Schaffung eines Potenzials an Innovation und technologischer Kompetenz. Beides hat entscheidend zum Aufbau einer international wettbewerbsfähigen Exportbasis samt ihrer Diversifizierung beigetragen.

**Tabelle 6.10 Durchschnittliche Anteile staatlicher F&E-Ausgaben an den gesamten F&E-Aufwendungen (in %)**

| Jahre | Universitäten | Institute | staatliche F&E-Ausgaben / aggregierte F&E-Ausgaben | R&D / GDP |
|---|---|---|---|---|
| 1961 | - | - | - | 0.07 |
| 1965 - 1971 | 68.1 | 26.9 | 95.0 | 0.41 |
| 1972 - 1978 | 48.3 | 51.7 | 100 | 0.42 |

Quelle: *CONICYT* (1993) nach FFRENCH-DAVIS/MUÑOZ/BENNAVENTE/CRESPI (2000: S. 129), eigene Berechnungen.

Heute investiert Chile jährlich ca. 0.6% bis 0.7% des BIPs in Forschung und Entwicklung. Dieser Wert ist im lateinamerikanischen Vergleich recht hoch, liegt aber sehr deutlich unter den Werten der Industrieländer (Tabelle 6.11). Außerdem ist die Beteiligung der Privatwirtschaft an Forschung und Entwicklung mit ca. 16% verhältnismäßig schwach ausgeprägt. Die F&E-Ausgaben der Privatwirtschaft in Prozenten der aggregierten F&E-Ausgaben belaufen sich (zum Vergleich) in Industrieländern auf mehr als 50% (ALVAREZ/ROBERTSON 2004). Vor dem Hintergrund dieser schwachen privatwirtschaftlichen Investitionsneigung wird es dringend notwendig sein, dass der chilenische Staat stärker als bisher die Anstrengungen der Unternehmen in diesem Bereich (durch Förderprogramme und Steuererleichterungen) unterstützt, damit weitere Potenziale zur Diversifizierung von Binnen- und Exportwirtschaft geschaffen werden.

**Tabelle 6.11 F&E-Quote am BIP ausgewählter Länder (in %)**

| Industrieländer | R&D / GDP | Entwicklungs- und Schwellenländer | R&D / GDP |
|---|---|---|---|
| Deutschland | 2.27 (1995) | Chile | 0.65 (1997) |
| USA | 2.45 (1995) | Mexiko | 0.44 (1994) |
| Japan | 2.90 (1994) | Argentinien | 0.38 (1996) |
| Frankreich | 2.38 (1994) | Brasilien | 0.60 (1995) |

Quelle: *CONICYT* (1998) nach ALVAREZ/ROBERTSON (2004).

### 6.4.2 Institutionen der Exportförderung

Im vorangegangenen Abschnitt wurden die Exportdiversifizierung beeinflussenden Institutionen und Initiativen der allgemeinen Wirtschaftsförderung diskutiert. In diesem Abschnitt geht es speziell um Institutionen und Programme der chilenischen Exportförderung. Dazu gehören

(1) die staatliche Exportförderungsagentur *ProChile*
(2) die verbandliche Exportförderungsagentur *ASEXMA* (*Asociación de Exportadores de Manufacturas*) und
(3) das zwischen *ProChile* und dem privaten Sektor geschaltete Programm der Organisationen *ASEXMA*, *FEPACH* (*Federación de Procesadores de Alimentos y Agroindustriales de Chile*) und *INTECH* (*Instituto de Textil de Chile*).

### 6.4.2.1 *ProChile*

Im Jahre 1975 wurde die dem Außenministerium unterstellte Exportförderungsagentur *ProChile* gegründet mit dem Ziel, die Intensivierung und Diversifizierung der Exporte insbesondere durch Förderung nicht-traditioneller Exportprodukte voranzutreiben. Das Programm *ProChiles* gliedern sich in die Bereiche *Wirtschaftliche Positionierung*, *Exportförderung* und *Informationsbereitstellung*, deren Inhalte sich wie folgt darstellen lassen (ALVAREZ/CRESPI 2000).

- *ProChile* erarbeitet Konzeptionen und Strategien für die Generierung eines allgemein positiven Images chilenischer Exportprodukte bei ausländischen Handelspartnern. Die *Image*-Kampagnen konzentriert sich zur Zeit auf die USA, Spanien, Großbritannien, Japan sowie Singapur und werden auf 3.8 Millionen US-Dollar veranschlagt (MACARIO 2000).
- Daneben fördert *ProChile* die Gründung von Exportkomitees, die aus mindestens fünf Exportunternehmen einer Branche bestehen, deren gemeinsame Aktivitäten von *ProChile* koordiniert und gefördert werden. Solche Aktivitäten sind die Erstellung von Marktanalysen und Handelsstrategien, der Aufbau gemeinsamer Vertriebsbüros und Distributionszentren sowie die Organisation von Messen und Seminaren, um den Austausch untereinander und mit ausländischen Importeuren zu fördern.
- Darüber hinaus obliegt *ProChile* der Aufbau eines frei verfügbaren Informationsnetzes mit spezifischen Informationen zu ausländischen Absatzmärkten (Preise, Transportkosten, Handelsbarrieren, etc.), um deren Markterschließung zu beschleunigen.

Wie eine empirische Untersuchung von ALVAREZ/CRESPI (2000) ergeben hat, gingen von den soeben beschriebenen Programme statistisch signifikant positive Effekte auf die Diversifizierung der Exportmärkte und Exportprodukte aus. Die zitierte Untersuchung zeigt außerdem, dass die Initiativen *ProChile*s sich fördernd auf folgende Faktoren ausgewirkt haben (S. 235): die Bildung strategischen Allianzen, den Aufbau externer Distributionsnetzwerke, die Einstellung und Ausbildung von Experten, die Beschaffung technologischer Informationen von ausländischen Klienten, die Anwendung kommerzieller Informationssysteme sowie generelle Fortschritte und Neuerungen in den jeweiligen Exportabteilungen. Zur Zeit unterhält *ProChile* neben drei Regionalbüros weltweit ein Netz von 69 Auslandsbüros (WTO 2003: S. 48). Die Diskussion exportgerichteter Politikmaßnahmen des Abschnitts 6.5.1.8 wird *ProChile* noch einmal zur Sprache bringen.

#### 6.4.2.2 Die *Asociación de Exportadores de Manufacturas*[43]

Exportförderung wird neben *ProChile* auch durch die *Asociación de Exportadores de Manufacturas* betrieben. Im Gegensatz zu *ProChile* ist die Vereinigung der Exporteure verarbeiteter Produkte (*ASEXMA*) eine verbandliche Organisation des privaten Sektors. Sie stellt ihren Mitgliedern Informationen über tarifäre und nichttarifäre Handelsbarrieren sowie im Rahmen von Handelsabkommen vereinbarte Handelspräferenzen zur Verfügung. Darüber hinaus informiert sie über bürokratische Formalitäten des Exportgeschäfts und fördert in Zusammenarbeit mit *ProChile* die Erstellung von Marktanalysen sowie die Teilnahme an Messen und Seminaren.

Im Rahmen des *Proyecto Fomento a la Pequeña y Medina Empresa* (*PROPYME*) wird darüber hinaus versucht, die Exportfähigkeit von Klein- und Mittelunternehmen zu stärken. Das (unter deutscher Beteiligung durchgeführte) *Proyecto Fomento a la Pequeña y Medina Empresa* leistet technische Hilfe für etwa vierzig teilnehmende Unternehmen, beispielsweise in Form von Zuschüssen für die Entsendung von Experten. Daneben beteiligt sich *ASEXMA* in Treffen mit Regierungsvertretern und in Presseerklärungen intensiv an Diskussionen zu exportrelevanten Politikentscheidungen der chilenischen Regierung (Exportfördermaßnahmen, Wechselkurspolitik).

Unternehmensbefragungen von MACARIO (2000) zufolge hatten diese Aktivitäten einen bedeutenden Einfluss auf die Diversifizierung der chilenischen Exportstruktur. Dank der Unterstützung von *ASEXMA* - insbesondere in den Bereichen Informationsbereitstellung, Exportorganisation, Messepolitik, Kontaktvermittlung zu ausländischen Abnehmerindustrien - konnten zahlreiche Unternehmen in den Export einsteigen oder diesen (durch Erschließung neuer Absatzmärkte) steigern.

#### 6.4.2.3 Zwischen *ProChile* und dem privaten Sektor geschaltete Organisationen

Neben der staatlichen und der privaten Exportförderung erlaubt ein im Jahre 1997 geschaffenes Arrangement *ProChile* die Auslagerung von Programmen und Projekten an drei Organisationen des privaten Sektors, anstatt selbst tätig zu werden. Bei den Organisationen handelt es sich um die soeben beschriebene *ASEXMA*, den Verband der Nahrungsmittel- und Agroindustrie (*Federación de Procesadores de Alimentos y Agroindustriales, FEPACH*) und um das Chileni-

43 Vgl. zu diesen Ausführungen MACARIO (2000).

sche Textilinstitut (*Instituto de Textil de* Chile, *INTECH*). Diese Organisationen beteiligen sich mit einer Einlage von 2.5 Millionen US-Dollar an einem Exportförderungsfonds mit insgesamt 5 Millionen US-Dollar, dessen Verwaltung dem *Zentrum für industrielle Produktivität* (*Centro de Productividad Industrial, CEPRI*) obliegt.

### 6.4.3 Zusammenfassung und wirtschaftspolitische Schlussfolgerungen

Fasst man die bisherigen Ausführungen zusammen, so wird man sagen können, dass der Aufbau institutioneller Kapazitäten ein Schlüsselfaktor für die Erfolgsgeschichte der chilenischen Exportdiversifizierung war, und zwar in zweierlei Hinsicht:
Mittels Entwicklung technologischer und innovativer Kompetenzen durch Institutionen wie *CORFO*, die *Fundación Chile* sowie staatliche Technologieinstitute wurden erstens wichtige Voraussetzung für international wettbewerbsfähige Branchenstrukturen und damit bedeutende Potenziale im Bereich Exportdiversifzierung geschaffen. Die systematische Potenzialausschöpfung wurde wiederum stark vorangetrieben durch Institutionen wie *ProChile* und *ASEXMA*, bzw. deren Beratungsleistungen in den Segmenten *Planung und Organisation des Exports*, *Auswahl von Exportmärkten*, *Erstellung von Marktanalysen*, *Wahl der Distributionswege und Distributionspartner*, *Zollprobleme*, *Preisgestaltung* etc. Zusammenfassend bleibt daher festzuhalten, dass die hier diskutierten Institutionen einen bedeutenden Einfluss auf die Entwicklung der chilenische Exportdiversifizierung hatten.

Zweitens lieferten die Programme Anreize für horizontale Unternehmenskooperationen (durch Förderangebote für Unternehmenszusammenschlüsse) sowie vertikale Verflechtungen (durch Förderangebote für Kooperationen mit Zulieferunternehmen). Auf diese Weise entstand eine dialogorientierte Vernetzung von staatlichen und privaten Akteuren in Innovation, Produktion und Export. Man wird kaum bezweifeln können, dass diese auf persönlichen Kontakten basierenden Netzwerke zur Mobilisierung der in dieser Arbeit stark thematisierten Wissens-*Spillovers* beitrugen. Die auf Externalitäten basierenden Wachstumseffekte der Exportdiversifizierung sind daher wesentlich mitbestimmt durch das soeben beschriebene Institutionengefüge.
Diese allgemein positive Diagnose darf jedoch nicht darüber hinweg täuschen, dass das institutionelle Modell Chiles unter schwerwiegenden, systemisch miteinander verknüpften Defiziten leidet. Die schwerwiegendsten sind die geringe Innovationsneigung der privaten Wirtschaft sowie die geringen F&E-Ausgaben des chilenischen Staates. Zukünftig wird es daher unabdingbar sein, das unterstützende institutionelle Umfeld aus Bildung, F&E und Technologieinstituten zu verbessern, um zusätzliche Exportpotentiale zu erschließen. Dringend notwendig ist außerdem die gezielte Nutzung bereits vorhandener Exportpotenziale. Probleme bestehen nach wie vor in der geringen Kenntnis vieler Unternehmen

hinsichtlich der existierenden Förderprogramme sowie in der hohen Fluktuation exportierender Betriebe.[44] Längerfristige und auf einzelne Unternehmen individuell zugeschnittene Programme in Verbindung mit einer Stärkung der finanziellen Autonomie *ProChile*s könnten zur Vergrößerung der Zahl stabiler Exporteure beitragen. Eine bessere Kooperation zwischen *ProChile* und öffentlichen sowie privaten Institutionen dürfte darüber hinaus die Erfassung und damit die Förderung von potenziell exportfähigen Unternehmen optimieren.

## 6.5 Maßnahmen der Exportförderung

Im letzten Abschnitt wurden die für die Exportdiversifizierung wichtigen Institutionen der allgemeinen Wirtschaftsförderung und speziell die Institutionen der Exportförderung diskutiert. Hier geht es um die Darstellung und Begründung von staatlichen Exportförderungsmaßnahmen im Blick auf Allokationseffekte. Nicht ausführlicher behandelt wird hingegen der Einfluss jeder einzelnen Maßnahme auf die chilenische Exportdiversifizierung. Dazu fehlen Daten sowie geleistete empirische Vorarbeiten, aus denen man eine quantitative Beurteilung jeder Maßnahme im Hinblick auf ihre Diversifizierungswirkung ableiten könnte (WTO 1997: S. xxviii). Konstatieren kann man aber, dass einzelne chilenische Maßnahmen explizit nur nicht-traditionelle Exporte fördern. Solchen Maßnahmen wird man zweifellos einen Einfluss auf die Veränderung der strukturellen Zusammensetzung der chilenischen Exporte attestieren können. Die meisten exportgerichteten Politiken sind jedoch horizontal auf den gesamten Exportbereich gerichtet. Eine Beurteilung, inwieweit solche Politiken im Einzelnen die Struktur der Exporte verändert haben mögen, ist aus den genannten Gründen leider nicht möglich. Die weiteren Ausführungen gliedern sich wie folgt:

Abschnitt 6.5.1 erörtert die horizontalen Maßnahmen der Exportförderung, Abschnitt 6.5.2 die Instrumente zur Förderung nicht-traditioneller Exporte. Der Abschnitt 6.5.3 fasst die Ergebnisse zu einer abschließenden Beurteilung zusammen.

### 6.5.1 Horizontale Maßnahmen der Exportförderung

Dieser Abschnitt widmet sich staatlichen Maßnahmen zur Förderung des gesamten chilenischen Exportbereichs und dabei im Besonderen der Begründung sol-

44 Bei 35% der Exporteure handelt es sich um jährlich wechselnde Exporteure (MACARIO 2000). Nach dem hier mehrfach diskutierten Konzept des *Learning-by-Exporting* ist zu vermuten, dass die exportinduzierten Lerneffekte der sporadischer Exporteur erheblich geringer sind als die der stabilen.

cher Initiativen im Blick auf Allokationseffekte. Konkret werden hier zur Sprache gebracht und im Hinblick auf allokative Aspekte diskutiert

(1) die Rückerstattung von Einfuhrzöllen (das *Drawback*-System),
(2) die Einrichtung von Zolllagern,
(3) die Befreiung importierter Inputgüter von Zöllen,
(4) die Errichtung von Freihandelszonen,
(5) die Versicherung von Exportrisiken,
(6) die Subventionierung von Beratungsdiensten für das Exportmanagement und
(7) der Aufbau eines positiven Images für chilenische Exportprodukte einschließlich der Bereitstellung von Marktinformationen.

#### 6.5.1.1 Die Rückerstattung von Einfuhrzöllen: Das *Drawback*-System

Die in Abschnitt 6.2.2 beschriebenen Zollsenkungen haben den *Bias* gegen den Export massiv vermindert, im Anbetracht bestehender Zollschranken allerdings nicht vollständig beseitigt. Um Kostennachteile zu kompensieren, die Exportunternehmen aus der protektionsbedingten Verteuerung importierter Vor- und Zwischenprodukte (nach wie vor) entstehen, wurde in Chile 1988 ein *Drawback*-System eingeführt. Dieses erlaubt die Erstattung von Zöllen auf importierte Inputs für die Herstellung von Exportprodukten sobald diese exportiert werden. Von der Rückerstattung ausgeschlossen sind *Anti-Dumping*-Zölle sowie Ausgleichszölle auf exportsubventionierte Importe. Angaben von MACARIO (2000) zufolge belief sich der Umfang der gesamten *Drawback*-Zahlungen im Jahre 1997 auf etwa 30 Millionen US$, im Jahre 2002 auf 46 Millionen US$ (WTO 2003: S. 47). Davon entfallen etwa 43% auf die petrochemische Industrie, gefolgt vom Bergbau mit 26%.

Wenngleich das System der Zollerstattung die Kostenstruktur der Exporteure von protektionsbedingten Verzerrungen bereinigt, so ist es nicht allokationsneutral. Die Allokationsverzerrung ergibt sich als Resultat der zollbedingten Erhöhung des inländischen Preisniveaus, das die Exporteure dazu anreizt, den Einsatz importierter Inputgüter (die zu Weltmarktpreisen beschafft werden können) zu Lasten inländischer Vorprodukte (die protektionsbedingt teurer sind) auszudehnen.

Problematisch ist außerdem der formale Nachweis des Importgehalts der Exportproduktion, der einen gewaltigen gewaltige bürokratische Aufwand nach sich zieht (AGOSIN 1999). Für die Bewältigung der Formalitäten fehlt kleinen und mittleren Unternehmen oft die notwendige Erfahrung sowie das erforderliche Personal. Im Anbetracht der ohnehin recht niedrigen Zollsätze bestehen für Klein- und Mittelunternehmen daher kaum Anreize für die Nutzung des *Drawback*-Systems. Infolgedessen wird es fast ausschließlich von Großunternehmen in Anspruch genommen (MACARIO 2000). Bestimmte Klein- und Mittelunternehmen sind allerdings zum Erhalt von Zahlungen im Rahmen eines vereinfachten *Drawback*-Systems berechtigt. Darauf wird in Abschnitt 6.5.2.1 noch zurückzukommen sein.

#### 6.5.1.2 Die Einrichtung von Zolllagern

Ein weiterer Nachteil von *Drawback*-Systemen ist die Vorfinanzierung von Zollabgaben. Zum Ausgleich dieses Nachteils erlaubt ein bereits im Jahre 1976 erlassenes Gesetz die Errichtung von sog. *Export Warehouses*, in denen importierte Inputgüter bis zu 180 Tage zoll- und steuerfrei gelagert werden können (MACARIO 2000). Die Zolllager haben den zusätzlichen Vorteil, dass die Waren ohne Zollformalitäten auf ihre Eignung für den Be- oder Verarbeitungszweck hin überprüft werden können. Auf diese Weise lassen sich neben Fehlbestellungen (mit allen Schwierigkeiten einer Auftragsstornierung) auch die Kosten einer sonst notwendigen Lagerhaltung reduzieren.

#### 6.5.1.3 Die Befreiung importierter Kapitalgüter von Zöllen

Neben dem *Drawback*-System (ergänzt um die Zollfreie Lagerung von Inputs) wird eine Kompensation für protektionsbedingte Kostennachteile gegenüber Wettbewerbern auf dem Weltmarkt durch eine komplette Zollbefreiung für Inputgüter erreicht. Dabei ist das System der Zollbefreiung einem *Drawback*-System insofern überlegen, als es administrativ einfacher zu handhaben ist. Außerdem vermeidet die Zollbefreiung den oben beschriebenen Liquiditätsnachteil, da (wie bei Zolllagern auch) die Notwendigkeit zur Vorfinanzierung von Zollabgaben entfällt.

In Chile fallen Vor- und Zwischenprodukte unter die soeben beschriebene *Drawback*-Regelung und sind daher grundsätzlich *nicht* zollbefreit. Von 1987 bis 2002 galt allerdings eine Zollbefreiung auf importierte Kapitalgüter. Voraussetzung für ihre Gewährung war, dass ein Unternehmen mindestens 10% seiner Produktion während der ersten zwei Jahre und mindestens 60% seiner Produktion in den darauffolgenden fünf Jahren einer siebenjährigen Zeitperiode exportiert. Rein binnenorientierte Unternehmen waren von der Zollbefreiung folglich ausgeschlossen (MACARIO 2000).
Faktisch kam dies einer indirekten Subventionierung der Exportindustrie im Vergleich mit rein binnenorientierten Branchen gleich. Denn die Erlös-Kosten-Relation der Exportindustrie war durch die Gewährung der Zollfreiheit auf Kapitalgüter (die zur Herstellung von Gütern für den Binnen- *und* den Exportmarkt eingesetzt wurden) deutlich günstiger als die Erlös-Kosten-Relation der Zolllast tragenden Binnenindustrie. Daraus ergaben sich AGOSIN (1999) zufolge erhebliche Anreize für Investitionen in Exportaktivitäten.[45]

Derartige Exportanreize lassen sich - wie aus Kapitel 1 bekannt - ökonomisch bei Vorliegen exportspezifischer Externalitäten rechtfertigen. Das Vorliegen

45 Vgl. dazu auch UNCTAD (2003: S. 55).

solcher Effekte wird gestützt durch die empirischen Ergebnisse dieser Arbeit. Positive externe Effekte aus der Exporttätigkeit haben zur Folge, dass der gesellschaftliche Nutzen dem Exporteur nicht vollständig entgolten wird. Infolgedessen bleiben seine Investitionen unter dem sozial erwünschten Niveau. Durch eine Gewährung der oben beschriebenen Zollfreiheit kann theoretisch das optimale Niveau solcher Investitionen angenähert werden. Eine abschließende Beurteilung, inwieweit eine effizientere Allokation von Ressourcen mittels Zollbefreiung von Kapitalgütern herbeigeführt wurde, scheitert jedoch an der praktischen Unmöglichkeit, externe Effekte aus der Exporttätigkeit genau zu quantifizieren. Ende des Jahres 2002 wurde die Zollbefreiung als nicht WTO-konforme Exportsubvention abgeschafft (WTO 2003).

#### 6.5.1.4 Die Errichtung von Freihandelszonen

Weitreichender als die soeben beschriebenen Kompensationsformen war die Errichtung von Freihandelszonen in den Hafenstädten *Iquique* und *Punta Arenas* insofern, als Freihandelszonen im allgemeinen durch die dort herrschende Aufhebung von Importzöllen voll in die Weltwirtschaft integriert sind. Dementsprechend erfolgt der Import in die *Zonas Francas de Iquique e Punta Arenas* seit 1975 komplett zoll- als auch mehrwertsteuerfrei. Von Produkten, die von den Freihandelszonen nach Chile eingeführt werden, werden nur die ausländischen Komponenten besteuert. Außerdem zahlen die in den Freihandelszonen angesiedelten Unternehmen keine Körperschaftssteuer (WTO 1997).[46]

Ein Vorteil von Freihandelszonen gegenüber den Systemen der allgemeinen Zollbefreiung oder der Zollrückerstattung kann darin liegen, dass dort (aufgrund der steuerlichen Vorteile in Kombination mit der Zollfreiheit) zusätzlich ausländische Direktinvestitionen angelockt werden. Darüber hinaus geht die Errichtung von Freihandelszonen üblicherweise einher mit einer verstärkten Ansiedlung von Exportunternehmen. Eine sich daraus ergebende geografische Konzentration von Industrien begünstigt - wie aus Abschnitt 1.1.4.3 bekannt - das Entstehen von pekuniären und technologischen Externalitäten. Leider liegen keine empirischen Untersuchungen zu dieser Thematik am Beispiel *Iquique*s oder *Punta Arenas* vor. Konstatieren lässt sich aber, dass die Chilenischen *Zonas Francas* mittlerweile wichtige Zentren des internationalen Handels für ganz Südamerika sind.

#### 6.5.1.5 Die Versicherung von Exportrisiken

Über kompensatorische Vergünstigungen und die Errichtung von Freihandelszonen hinaus unterstützt Chile seine Exportaktivitäten durch staatliche Exportversicherungen. Eine Exportversicherung dient der Absicherung von Exportrisiken. Mit Hilfe einer Exportversicherung kann ein Exporteur vermeiden, dass

---

46 Im Jahre 2001 wurde außerdem die Freihandelszone von *Tocopilla* errichtet, in der ähnliche Regelungen wie in *Iquique* und *Punta Arenas* gelten (WTO 2003).

potenzielle Schadensfälle seine Unternehmung durch unerwartete Zahlungsausfälle in finanzielle Schwierigkeiten bringen.

Vor dem Hintergrund, dass für die Absicherung von politischen Exportrisiken (Kriege, staatliche Maßnahmen im Ausland) in Chile - wie in anderen Entwicklungs- und Schwellenländern auch - trotz Nachfrage kein privatwirtschaftliches Angebot besteht, bietet die aus Abschnitt 6.4.1.1 bekannte staatliche Förderinstitution *CORFO* eine Exportversicherung für Exporteure mit einem Exportwert von bis zu 10 Millionen US$ an (MACARIO 2000). *CORFO* steht folglich nicht in Konkurrenz zur Privatwirtschaft, die politische Risiken wegen ihrer Unwegbarkeiten nicht versichert. Ohne *CORFO* hätten die Chilenischen Exporteure dagegen einen entscheidenden Nachteil im internationalen Wettbewerb, denn in allen Industrieländern sichern ebenfalls staatliche Institutionen Exporte nationaler Unternehmen ab.[47]

Neben der staatlichen Exportversicherung gibt es zur Absicherung von kommerziellen Risiken (Insolvenz des Kunden, Vertragsverstöße, Zahlungsverzögerungen) auch Abkommen zwischen der in Abschnitt 6.4.2.2 diskutierten Vereinigung der Exporteure industrieller Erzeugnisse (*Asociación de Exportadores de Manufacturas, ASEMAX*) und privaten Versicherungsgesellschaften.

#### 6.5.1.6 Die Subventionierung von Beratungsdiensten für das Exportmanagement

Mit dem *Programa de Apoyo a la Gestión de Empresas Exportadoras* (*PREMEX*) stellt *CORFO* ein Programm bereit, das die Planung und Durchführung von Qualitätsverbesserungen und Produktivitätssteigerungen im Management von exportierenden Unternehmen fördert. In den Genuss des Programms kommen Klein- und Mittelunternehmen, deren Exporte (der letzten zwei) Jahre die 200 000 US$-Grenze übersteigen und deren Jahresumsatz weniger 10 Millionen US$ beträgt. Für diese Unternehmen subventioniert *CORFO* bis zu 50% der Kosten für Beratungsleistungen (MACARIO 2000).

Die Subventionierung lässt sich ähnlich wie in Unterabschnitt 6.5.1.3 mit dem Vorliegen von externen Effekten aus der Exporttätigkeit rechtfertigen: Exportierende Klein- und Mittelunternehmen investieren zu wenig in Beratungsleitungen zur Steigerung ihrer Wettbewerbsfähigkeit. Infolgedessen können sich insgesamt zu wenig Klein- und Mittelunternehmen am Weltmarkt durchsetzen. Die Folge sind zu wenig *Learning-by-Exporting-* und *Learning-by-Doing-*

47 Erwähnt sei in diesem Zusammenhang, dass *CORFO* auch Kredite zwischen ausländischen Importeuren chilenischer Produkte und ausländischen Kreditinstituten vermittelt, wobei die Bereitstellung der Kredite zu Marktkonditionen erfolgt (MACARIO 2000). Dadurch reduziert *CORFO* - institutionenökonomisch betrachtet als Intermediär - die gesamtwirtschaftlichen Transaktionskosten der ansonsten unkoordinierten Suche nach spezialisierten Kreditgebern.

Externalitäten, die gesamtwirtschaftlich wünschenswert sind. Eine subventionsbedingter Anstieg der Inanspruchnahme von Beratungsleitungen ist vor diesem Hintergrund allokativ nützlich (gesetzt, dass die volkswirtschaflichen Gewinne der Subventionierung über die Zeit hinweg größer sind als die gesamtwirtschaftlichen Subventionskosten).

Daneben diskriminiert die Subventionierung von exportierenden Unternehmen ihre rein binnenorientierten Wettbewerber (auf dem Binnenmarkt), wodurch für letztere ein Anreiz zu Aufnahme von Exportaktivitäten erwachsen könnte. Auch dies kann bei Vorliegen von exportspezifischen Externalitäten allokativ vorteilhaft sein. Dabei fällt die derzeit praktizierte Subventionierung von Beratungsleistungen solch geringen Umfanges nicht unter den Subventionskodex des Allgemeinen Zoll- und Handelsabkommens, GATT (MACARIO 2000).

#### 6.5.1.7 Der Aufbau eines positive Images für Chilenische Exportprodukte und die Bereitstellung von Marktinformationen

Eine besondere Form der Exportsubventionierung besteht darin, dass der Staat durch eigene Aktivitäten den Unternehmen das Eindringen in ausländische Absatzmärkte erleichtert, indem er Imagekampagnen durchführt oder frei zugängliche Marktinformationsdienste einrichtet. Wie aus Abschnitt 6.4.2.1 bekannt, obliegen der staatlichen Exportförderungsagentur *ProChile* (in Zusammenarbeit mit *ASEXMA*) diese Aufgaben. Solche lassen sich allokativ mit dem Stichwort "öffentliche Güter" begründen.

Bekanntermaßen sind öffentliche Güter gekennzeichnet durch Nicht-Ausschließbarkeit und Nicht-Rivalität. Als klassisches Beispiel für solche kann ein positives Image für chilenische Exportprodukte angeführt werden (beisp. Chilenischer Wein). Denn ist ein positives Images aufgebaut, dann prägt dieses Image ausnahmslos jeden (potenziellen) Exporteur, auch den, der für die Imagekampagne nichts bezahlt. (Kein Exporteur kann vom "Konsum" des Gutes ausgeschlossen werden.) Gleichzeitig profitieren beliebig viele vom positiven Image gleichermaßen. (Der "Konsum" des Gutes durch eine Person reduziert nicht die Menge, die durch eine andere Person konsumiert werden kann). Wegen der Nicht-Ausschließbarkeit und der damit verbundenen *Free-Rider*-Problematik kommt es zu keiner privatwirtschaftlich organisierten Imagekampagne (obwohl sie allgemein erwünscht ist), so dass der Staat für ihre Bereitstellung sorgen muss.

Ähnlich verhält es sich mit frei verfügbaren Informationen für die Markterschließung (beisp. über das Internet). Hinzu kommt, dass das staatliche Engagement die gesamtwirtschaftlichen Kosten der Informationsbereitstellung reduziert. Denn die Informationsbasis kommt allen (potenziellen) Exporteuren gleichermaßen zugute. Infolgedessen müssen nicht in jedem Exportunternehmen Produktivkräfte für ein und dieselbe Aufgabe gebunden werden.

### 6.5.2 Instrumente zur Förderung nicht-traditioneller Exporte

In Chile ist der Großteil der Politikmaßnahmen auf die Förderung aller Exporte gerichtet. Nur wenige Instrumente fördern explizit nicht-traditionelle Exporte. Sie seien im folgenden kurz dargestellt und im Hinblick auf ihre allokative Berechtigung diskutiert. Konkret geht es um

(1) die Implementierung eines vereinfachten *Drawback*-Systems (*Simplified Drawback*) sowie um

(2) die Finanzierung nicht-traditioneller Exporte.

#### 6.5.2.1 Das vereinfachte *Drawback-System*[48]

Im Jahre 1985 wurde in Chile ein "*Simplified Drawback*"-System eingeführt. Bis zum Jahre 2001 gewährte dieses System eine gestaffelten Subvention von 10, 5 und 3% auf den FOB-Wert[49] nicht-traditioneller Exporte:[50] Der einzelne Exporteur bekam eine Barsubvention von 10 Prozent seines Exportwerts, wenn die wertmäßige Ausfuhr aller Exporteure (desselben Produkts) insgesamt 11.6 Millionen US$ nicht überstieg. Exporte zwischen 11.6 und 17.4 Millionen US$ erhielten 5%, solche zwischen 17.4 und 20.9 Millionen US$ wurden mit 3% gefördert.[51]

Diese Regelung wurde zwecks Kompensation für Zölle auf importierte Inputs eingeführt und verfolgt daher dieselbe Zielsetzung wie ein gewöhnliches *Drawback*-System. Wie aus Abschnitt 6.5.1.1 bekannt, erlaubt ein gewöhnliches *Drawback*-System die Erstattung von Zöllen auf importierte Inputs, sobald das verarbeitete Endprodukt ausgeführt wird. Da sich der formale Nachweis, dass die eingeführten Vorprodukte tatsächlich in die Exporte eingegangen sind, für Klein- und Mittelunternehmen als ausgesprochen schwierig gestaltet, nehmen solche Unternehmen das System der Rückerstattung kaum in Anspruch. Klein- und Mittelunternehmen werden daher mit Hilfe des *Simplified Drawback*-Systems für protektionsbedingte Kostennachteile kompensiert.

Faktisch lief die oben skizzierte *vereinfachte Drawback*-Regelung der Jahre 1985 bis 2001 jedoch auf eine Exportförderung hinaus, die die Kompensation von Importzöllen überstieg. Angaben von AGOSIN (1999) zufolge, wäre der Zollerstattung eine rund vierprozentige Subvention für Exporte bis 11.6 Millionen US$ äquivalent gewesen. Die Regelung von 10% hatte damit eine reine Subventionskomponente in Höhe von 6%.[52] In Folge einer Beschwerde der

48 Vgl. dazu MACARIO (2000).

49 FOB = *Free on Board*, Bezeichnung für die Transportkosten und Risikoverteilung in Ausland.

50 Alle "nicht-traditionellen" Exporte werden vom Wirtschaftsministerium jährlich als subventionsgeförderte Exportprodukte gelistet (MACARIO 2000).

51 Exporte über 20.9 Millionen US$ erhalten keine Subvention.

52 Beim einem Zolltarif von 11% hätte das *Simplified Drawback* nur dann einer Zollkompensation entsprochen, wenn der Anteil importierter Vorprodukte am

WTO wurde die zehnprozentige Subvention daher auf 6% im Jahre 2001 und auf 3% im Jahre 2003 reduziert (WTO 2003).

Beim *Simplified Drawback*-System besteht in der chilenischen Literatur Einigkeit darüber, dass es sich deutlich positiv auf die Diversifizierung der chilenischen Exportstruktur ausgewirkt hat (UNCTAD 2003: S. 54). Es heißt beispielsweise bei AGOSIN (1999: S. 93): "*Although no detailed econometric studies have been made of the impact of simplified drawback on the appearance of new exports, it cannot be a mere coincidence that since the introduction of that system the number and value of manufactured products exported have grown rapidly.*" Dabei kann in Anbetracht der zahlreichen empirischen Hinweise in dieser Arbeit, nach denen von der chilenischen Exportdiversifizierung wachstumsfördernde Externalitäten ausgegangen sind, die Subventionierung zur Beschleunigung der Diversifizierung als ökonomisch sinnvoll angesehen werden. Eine genaue Beurteilung des Erfolgs solcher Subventionen scheitert jedoch an der praktischen Unmöglichkeit, die Externalitäten aus der Exporttätigkeit zu quantifizieren und diese mit der effektiven Subventionswirkung (bzw. der subventionsbedingten Exportdiversifizierung) einschließlich der gesamtwirtschaftlichen Subventionskosten zu vergleichen.[53]

#### 6.5.2.2 Exportfinanzierung nicht-traditioneller Exporte

Neben dem "*Simplified Drawback*"-System werden nicht-traditionelle[54] Exporte mit Hilfe eines staatlichen Garantiefonds sowie durch staatliche Investitionskredite gefördert. Der Garantiefonds übernimmt Kreditbürgschaften für 50% eines Bankkredits zur Finanzierung nicht-traditioneller Exportgeschäfte, wobei die maximal geleistete Sicherheit 200 000 US$ beträgt. Somit bietet der staatliche Garantiefonds keine direkte Exportfinanzierung. Dagegen gewährt die staatliche Wirtschaftsförderungsinstitution *CORFO* langfristige Kreditlinien im Umfang von 3 Millionen US$. Diese dienen der Finanzierung von Inputs für die Exportproduktion oder der Deckung von Ausgaben für den Aufbau von Vertriebs- und Marketingstrukturen (MACARIO 2000).

---

Endprodukt bei etwa 90% gewesen wäre. Der Importanteil liegt jedoch etwa zwischen 30% und 40% (AGOSIN 1999).

53 Eine Subventionierung lässt sich streng genommen nur dann rechtfertigen, wenn ihre aggregierten und abdiskontierten Gewinne (beisp. in Form von wachstumsfördernder Externalitäten) über die Zeit hinweg größer sind als die aggregierten und aufdiskontierten Subventionskosten ("MILL-BASTABLE-Kriterium"). Dabei stößt die Qantifizierung gesamtwirtschaftlicher Subventionskosten auf erhebliche Schwierigkeiten. Denn Subventionsmittel sind üblicherweise steuerfinanziert, wobei Steuern im allgemeinen nicht allokationsneutral sind. Je nach Steuerart ergeben sich mehr oder minder starke Allokationsverzerrungen und damit kaum quantifizierbare volkswirtschaftliche Folgekosten.

54 Als nicht-traditionell gelten hier alle Exporte mit Ausnahme von Kupfer, Zellulose, Eisen, Fischmehl und Früchte. Vgl. dazu WTO (1997: S. 67).

Derartige Maßnahmen der staatlichen Exportförderung (ebenfalls angeboten in allen Industrieländern) sind im Anbetracht unvollkommener Kapitalmärkte allokativ gerechtfertigt: Unvollkommene Information und Unsicherheit auf Seiten des Kreditgebers – beispielsweise über Absatzchancen von neuen Produkten, potenzielle und bereits existierende Wettbewerber, ausländische Abnehmer, Wettbewerbsfähigkeit und Kreditwürdigkeit des Kreditnehmers, etc. – können aufgrund von *Adverse Selection* und *Moral Hazard* zu einer Rationierung der privatwirtschaftlich bereitgestellten Kreditmenge führen. Eine solche Situation – in der zu gegebenem Zinssatz die Kreditnachfrage das Angebot übersteigt, ohne dass der Kreditgeber bereit wäre, gegen einen höheren Zinssatz die Kreditmenge auszudehnen – impliziert eine zu geringe Investitionstätigkeit der Unternehmen bzw. der potenziellen Exporteure.[55] Deshalb ist ein staatliches Engagement in Form von Bürgschaften oder Krediten ein allokativ sinnvoller Ansatz. Dies gilt insbesondere für Entwicklungs- und Schwellenländer, in denen extrem hohe Informationskosten und damit entsprechend hohe Risikoprämien insbesondere bei Klein- und Mittelunternehmen ein private Kreditvergabe gänzlich verhindern können.

### 6.5.3 Zusammenfassende Beurteilung

Zusammenfassend lässt sich festhalten, dass in Chile eine Reihe von Maßnahmen der staatlichen Exportförderung zum Einsatz kamen oder nach wie vor zum Einsatz kommen. Für eine abschließenden Beurteilung soll der chilenische Maßnahmenkatalog in drei Kategorien aufgeteilt werden.

- Der ersten Kategorie lassen sich rentabilitätspolitische Maßnahmen zur Neutralisierung protektionsbedingter Kostennachteile gegenüber Wettbewerbern auf dem Weltmarkt zuordnen. Solche Politiken zur Bereinigung protektionsbedingter Verzerrungen sind die Implementierung von *Drawback*-Systemen, die Einrichtung von Zolllagern sowie die Errichtung von Freihandelszonen.
- Die zweite Kategorie umfasst Instrumente zur Verhinderung von Marktversagen durch Unsicherheit und unvollkommene Information oder Nicht-Ausschließbarkeit und Nicht-Rivalität mit dem Ziel, die konkrete Durchführung des Exportgeschäfts zu erleichtern oder zumindest nicht zu erschweren. Hierzu gehören die Versicherung von Exportrisiken, die Gewährung von Exportkrediten, der Aufbau eines positiven Images für chilenische Exportprodukte sowie die Einrichtung von Marktinformationsdiensten.
- Während die ersten beiden Maßnahmenkategorien tendenziell nicht die relativen Preise zu Gunsten exportierender Unternehmen und damit zu Lasten der ausschließlich für den lokalen Markt produzierenden Unternehmen verändern, hat die dritte Maßnahmenkategorie einen Einfluss auf die Relativpreise. Die dritte Maßnahmenkategorie umfasst direkte Exportsubventionen

---

55 Vgl. Zur Kreditrationierung den bahnbrechenden Artikel von STIGLITZ/WEIß (1981).

über das *Simplified Drawback*-System, die Subventionierung von Beratungsdiensten für das Management von exportierenden Unternehmen, sowie den subventionsähnlichen Tatbestand der Befreiung exportierender Unternehmen von Zöllen auf importierte Kapitalgüter. Diese Maßnahmen bieten einen starken Anreiz zum Export, weil sich in Folge der Aufnahmen von Exportaktivitäten *uno actu* die Erlös-Kosten-Relation der Unternehmen verbessert. Ökonomisch rechtfertigen lassen sich solche Maßnahmen bei Vorliegen exportspezifischer Externalitäten, für die diese Arbeit zahlreiche empirische Hinweise liefert.

Wie bereits betont, scheitert eine Beurteilung des Erfolgs solcher Subventionen jedoch an der praktischen Unmöglichkeit, die Externalitäten der Exportdiversifizierung zu quantifizieren und diese mit der effektiven Subventionswirkung einschließlich der gesamtwirtschaftlichen Subventionskosten zu vergleichen. Was die effektive Subventionswirkung und damit die Frage anbelangt, ob die subventionsbedingte Beschleunigung der Exportdiversifizierung möglicherweise über das volkswirtschaftlich "sinnvolle" Niveau hinausging, wird man aber folgendes sagen können.

Die Exportsubventionen oder subventionsähnlichen Tatbestände in Chile sind im Vergleich zu den durchgreifenden Maßnahmen anderer Länder nicht als besonders schwerwiegende - die Allokationsentscheidung der Wirtschaftssubjekte für den Export massiv beeinflusse und dadurch die Exportdiversifizerung aggressiv fördernde - Eingriffe einzustufen. Solche Politiken anderer Länder, die im Sinne des Artikels XVI des GATT-Abkommens 1994 als unerlaubte Handelspraktiken verboten werden (Entwicklungsländern aber durch Ausnahmeregelungen nach wie vor offen stehen), waren/sind beispielsweise

- die Befreiung exportierender Unternehmen von der Einkommenssteuerpflicht,
- die Gewährung von Steuervergünstigungen in Bezug auf Inputs für die Exportindustrie,[56]
- die Zahlung mengenabhängiger direkter Exportsubventionen,
- die Bereitstellung von subventionierten Inputs für die Exportindustrie,
- die Bereitstellung von Exportkrediten zu subventionierten Zinssätzen sowie
- die Bereitstellung von Kreditgarantien und Exportversicherungen zu bevorzugten Konditionen.

---

56 Zur Vermeidung von wettbewerbsverzerrenden Doppelbesteuerungen infolge von Umsatzsteuern im In- und Ausland wird in Chile - wie an anderen Ländern auch - die Mehrwertsteuer für die in der Exportproduktion eingesetzten (importierten und lokal hergestellten) Inputs rückerstattet (MACARIO 2000). Dabei wird die Exportindustrie gegenüber der für den Binnenmarkt produzierenden Industrie nicht bevorteilt, insofern als beide Industrien der inländischen Mehrwertsteuerpflicht unterliegen.

Vor dem Hintergrund dieser Politiken wird man die chilenische Exportförderung der vergangenen Jahrzehnte als vergleichsweise moderat und mutmaßlich nicht über das volkswirtschaftlich effiziente Niveau hinaus schießend betrachten können.

Die derzeit praktizierte (GATT-konforme) Exportförderung verzichtet auf "reine" Exportsubventionen über das *Simplified Drawback*-System[57] und die Befreiung exportierender Unternehmen von Zöllen auf importierte Kapitalgüter. Infolgedessen erübrigt sich zwar ihre allokative Rechtfertigung mit den Verweis auf exportspezifische externe Effekte. Die Nutzung von wachstumsfördernden Externalitäten der Exportdiversifizierung verlangt theoretisch aber Politiken zur Beschleunigung derselben. Ein möglicher und gleichzeitig GATT-konformer Ansatz könnte beispielsweise an der Bezuschussung von exportbezogenen Aus- und Fortbildungsmaßnahmen ansetzen. Vorteilhaft wären sicherlich auch stärkere Anreize für die Inanspruchnahme von Beratungsleistungen.

## 6.6 Fazit

Kurzgefasst wird man die chilenischen Diversifizierungserfolge im Wesentlichen auf das Zusammenspiel von folgenden wirtschaftspolitischen Maßnahmen zurückzuführen können:

1. die Bereitstellung einer leistungsstarken Verkehrsinfrastruktur,
2. die Privatisierung staatseigener Betriebe,
3. den (uni- und bilateralen) Abbau von Zöllen und sonstigen Handelshemmnissen,
4. die Schaffung eines stabilen, wettbewerbsfähigen Wechselkurses (Anfang der 80er Jahre nach der fehlgeschlagenen Wechselkursfixierung),
5. den Abbau von Barrieren gegenüber Direktinvestitionen,
6. die Förderung von Direktinvestitionen zur Erschließung nicht-traditioneller Exportpotenziale,
7. den Aufbau exportfördernder Institutionen, sowie auf
8. verschiedene Maßnahmen der Exportförderung
   (a) zur Neutralisierung protektionsbedingter Kostennachteile gegenüber Wettbewerbern auf dem Weltmarkt (wie Drawback-Systeme, die Einrichtung von Zolllagern und die Errichtung von Freihandelszonen),
   (b) zur Verhinderung von Marktversagen durch Unsicherheit und unvollkommene Information oder Nicht-Ausschließbarkeit und Nicht-Rivalität (wie

57 Damit ist gemeint, dass das *Simplified Drawback*-System seit 2003 keine Subventionskomponente hat, die über die Kompensation für protektionsbedingte Kostennachteile hinausgeht. Vgl. Abschnitt 6.5.2.1.

die Versicherung von Exportrisiken, den Aufbau eines positiven Images für Exportprodukte und die Einrichtung von Marktinformationsdiensten) sowie

(c) zur Internalisierung exportspezifischer (*Learning-by-Doing*- und *Learning-by-Exporting*-) Externalitäten (wie Subventionszahlungen für nicht-traditionelle Exporte, die Subventionierung von Beratungsleistungen für das Exportmanagement und die Befreiung exportierender Unternehmen von Zöllen auf importierte Kapitalgüter).

Ein wesentliches Merkmal ist hierbei der Verzicht auf aggressive, den komparativen Vorteilen widersprechende Staatseingriffe. Sondern im Gegenteil, die chilenische Politik setzte unterstützend auf eine den komparativen Vorteilen entsprechende Diversifizierung mittels Liberalisierung.

Vor diesem Hintergrund sei abschließend an die theoretischen Aussagen des Kapitels 1 erinnert. Darin wurde festgehalten, dass eine Exportdiversifizierungsstrategie über eine Stabilisierung der Exporterlöse, eine Verbesserung der *Terms of Trade*, über *Linkage*-Effekte, *Economies of Scale*, *via Learning-by-Exporting*, über technologische Externalitäten, *via Learning-by-Doing*, als Ergebnis innovativer Tätigkeit und schließlich über die Finanzierung des Imports von innovativen Kapitalgütern ein wirtschaftliches Wachstums auslösen kann. Wie in der Erörterung der Implikationen der traditionellen Außenhandelstheorie und der neoklassischen Wachstumstheorie hervorgehoben wurde, drohen allerdings auch volkswirtschaftliche Kosten, und zwar im Falle einer den komparativen Vorteilen zuwiderlaufenden Exportdiversifizierungsstrategie. In Chile wurde auf eine solche Strategie verzichtet. Dieser Verzicht ist bzw. war vermutlich ein ausschlaggebender Faktor für die deutlichen Wachstumseffekte der chilenischen Exportdiversifizierung.

Insgesamt lässt sich daher festhalten, dass die in dieser Arbeit erbrachten Belege für Wachstum durch Exportdiversifizierung keinesfalls als Rechtfertigung für eine den komparativen Vorteilen widersprechende Politikintervention mit dem Ziel der Beschleunigung der Exportdiversifizierung verstanden werden sollten. Der Fall Chile demonstriert vielmehr für andere ressourcenreiche Entwicklungsländer, dass eine Exportdiversifizierung gemäß dem komparativen Vorteil auf Basis natürlicher Produktionsbedingungen als Chance zu einem selbsttragenden Entwicklungsprozess begriffen werden kann. Offensichtlich kann ein ressourcenbasiertes Exportmuster in einer liberalisierten funktionierenden Marktwirtschaft wachstumsfördernde Struktur- und Lernprozesse auslösen. Eine wesentliche Voraussetzung für das Entstehen und die Diffusion von exportinduziertem Wissens dürfte - wie schon gesagt - ein effektives Institutionengefüge sein, in dem eine dialogorientierte Vernetzung von Unternehmen in Innovation, Produktion und Export möglich ist.

Als allgemeine politische Schlussfolgerung aus den Erfahrungen Chiles sei zuguterletzt festgehalten, dass eine erfolgreiche Exportdiversifizierungsstrategie sich offensichtlich nur als Summe vieler wirtschaftspolitischer Faktoren erreichen lässt. Vereinzelte Maßnahmen ohne Komplementärmaßnahmen und rahmenhafte Perspektive werden vermutlich erfolglos bleiben.

# Schlussbetrachtung

Das Ziel dieser Arbeit war die empirische Überprüfung der These "Exportdiversifizierung führt zu Wirtschaftswachstum". Mit dieser Zielsetzung war die Suche nach Antworten auf folgende Fragen verknüpft:

1. Lösen die Effekte der Exportdiversifizierung ein wirtschaftliches Wachstum aus und - wenn ja -
2. welche wirtschaftspolitischen Maßnahmen können zur Beschleunigung der Exportdiversifizierung eingesetzt werden, damit Wachstum entsteht?

Um Antworten auf diese Fragen zu finden, wurde zunächst anhand wirtschaftstheoretischer Ansätze erörtert, welche Mechanismen für den Zusammenhang zwischen Exportdiversifizierung und Wirtschaftswachstum eine Rolle spielen und (damit eng zusammenhängend) welche Argumente staatliche Eingriffe zur Beschleunigung der Exportdiversifizierung rechtfertigen. Darauf aufbauend wurden empirisch überprüfbare Hypothesen zusammengestellt, wobei bei der Hypothesenformulierung differenziert wurde zwischen den potenziellen Wachstumseffekten

- einer Errichtung einer Ausfuhrstruktur mit höheren Industriegüteranteilen (vertikale Exportdiversifizierung),
- einer Vergrößerung der Zahl der Exportmärkte (Exportmarktdiversifizierung) und
- einer Erhöhung der Zahl exportierender Sektoren (horizontale Exportdiversifizierung).

Mit Hilfe von deskriptiv-statistischen Analysen und zeitreihenökonometrischen Verfahren wurde dann am Fallbeispiel Chile untersucht, ob sich die formulierten Hypothesen empirisch rechtfertigen lassen. Die wesentlichen Ergebnisse der durchgeführten Untersuchungen zeigen, dass ein kausaler Zusammenhang zwischen der Errichtung einer Ausfuhrstruktur mit höheren Industriegüteranteilen, der Erschließung nicht-traditioneller Absatzgebiete sowie der Erhöhung der Zahl exportierender Sektoren und dem chilenischen Wirtschaftswachstum existiert.
Vor diesem Hintergrund wurde der zweiten zentralen Frage dieser Arbeit empirisch nachgegangen, der Frage nach wirtschaftspolitischen Maßnahmen und Handlungsansätzen zur Beschleunigung der Exportdiversifizierung. Ihre Beantwortung erfolgte auf der Grundlage einer Analyse außenhandelspolitischer Initiativen des chilenischen Staates im Zusammenhang mit der Diversifizierung der chilenischen Exportstruktur. Erörtert wurden Aspekte wie die Liberalisierung des Außenhandels, die chilenische Wechselkurspolitik, die Politik bilateraler Handelsabkommen, Direktinvestitionspolitiken, die für die Exportdiversifizierung wichtigen Institutionen sowie verschiedene staatliche Exportförderungsmaßnahmen. Als konstituierend für die chilenischen Politiken erwies sich der Verzicht auf aggressive, den komparativen Vorteilen widersprechende

Staatseingriffe. Die chilenische Politik setzte vielmehr unterstützend auf eine den komparativen Vorteilen entsprechende Diversifizierung mittels Liberalisierung.

Die wichtigsten Inhalte und Ergebnisse der einzelnen Teile dieser Arbeit werden nun noch einmal kurz wiedergegeben und in den Gesamtzusammenhang eingeordnet: In **Kapitel 1** stand zur Diskussion, ob und wie Exportdiversifizierung und Wirtschaftswachstum theoretisch miteinander verknüpft sind. Hier wurden die Implikationen

- der traditionellen Außenhandelstheorie,
- der neoklassischen Wachstumstheorie,
- der neueren Außenhandelstheorie und
- der endogenen Wachstumstheorie

zur Sprache gebracht und zu empirisch überprüfbaren Hypothesen zusammengefasst.

Im Bewusstsein, dass durchaus volkswirtschaftliche Kosten anfallen können, wenn Staatseingriffe zur Veränderung der Exportstruktur den komparativen Vorteilen eines Landes zuwiderlaufen, wurde von folgenden Hypothesen ausgegangen:

(1) Eine vertikale Exportdiversifizierung induziert direkt ein wirtschaftliches Wachstum, da die exportbedingte Expansion der industriellen Produktion im Vergleich zum Primärgüterexport

- starke *Linkage*-Effekte auf andere Bereiche der Volkswirtschaft kreiert,
- kräftige *Learning-by-Doing*-Effekte sowie *Learning-by-Doing*-Externalitäten auslöst,
- eine Ausschöpfung von internen Skalenerträgen erlaubt und darüber hinaus
- zu einem Abbau von wachstumshemmenden Exportinstabilitäten führt.

(2) Gemäß der Prebisch-Singer-These - d.h. bei langfristig sinkenden Primärgüterpreisen und langfristig konstanten oder steigenden Industriegüterpreisen - ist damit zu rechnen, dass eine vertikale Exportdiversifizierung auch indirekt ein Wirtschaftswachstum generiert, nämlich über die Verbesserung der *Terms of Trade* (und dadurch *ceteris paribus* über die Erhöhung der Importkapazität, wodurch wiederum Kapital- und Wissensakkumulationseffekte hervorgerufen werden).

(3) Neben der vertikalen Exportdiversifizierung hat ebenfalls das verstärkte Vordringen in neue Exportmärkte einen Einfluss auf das wirtschaftliche Wachstum, unter anderem weil in Folge der außenwirtschaftlichen Expansion – durch zusätzliche Kontakte zu ausländischen Abnehmer- und weltwirtschaftlich führenden Exportindustrien sowie durch den beschleunigten internationalen Wettbewerbsdruck – sowohl Zwänge zu innovativem Verhalten als auch Möglichkeiten für produktivitätssteigernde *Learning-by-Exporting*-Effekte entstehen.

(4) Und schließlich induziert eine horizontale Exportdiversifizierung ein wirtschaftliches Wachstum, u.a. weil mit einer Erhöhung der Zahl exportierender

Sektoren das Potenzial für *Linkage*-Effekte sowie das Potenzial für *Learning-by-Doing-* und *Learning-by-Exporting*-Effekte steigt, die über Externalitäten der Wissensakkumulation der gesamten Volkswirtschaft zugute kommen.

Nach der Formulierung dieser Hypothesen folgte die Hypothesenprüfung. In **Kapitel 2** ging es zunächst um die vertikale Exportdiversifizierung und um die empirische Untersuchung ihrer direkten Wachstumseffekte am Fallbeispiel Chile (Hypothese 1). Schlagwortartig zusammengefasst, waren die wichtigsten Ergebnisse von Kapitel 2:

2.I Chile verbuchte in den vergangenen drei Dekaden ein anhaltend kräftiges Exportwachstum sowie eine kontinuierliche vertikale Exportdiversifizierung. Diese Diversifizierung äußert sich in einer stetigen Zunahme der Anteile industrieller Erzeugnisse bei Abnahme der Kupferquote am Gesamtexport. Dabei wurde die industrielle Exportproduktion - den komparativen Außenhandelsvorteilen Chiles entsprechend - als vorwiegend ressourcennah eingestuft.

2.II Eine ökonometrische Analyse zum Einfluss der Exporte industrieller Erzeugnisse auf die chilenische Binnenwirtschaft kam zu folgendem Resultat: Vom Export industrieller Erzeugnisse gehen sowohl lang- als auch kurzfristig positive (Granger-kausale) Effekte auf den chilenischen Binnensektor aus. Zur Begründung für dieses Ergebnis wurden folgende Beobachtungen aus einer zuvor vorgenommenen deskriptiv-statistsichen Analyse angeführt:

- Durch die exportbedingte Ausdehnung der Industriegüterproduktion hat der Bedarf an Vorleistungen inländischer Branchen und damit die binnenwirtschaftliche Vorleistungsproduktion stark zugenommen. Dabei sind die *Backward-Linkages* bei der Produktion und beim Export von agrarischen und mineralischen Rohstoffen wesentlich geringer als die der Industriegüterproduktion.
- Die industrielle Arbeitsproduktivität ist trendmäßig gewachsen, wobei sich das industrielle Produktivitätswachstum mit äußerster Vorsicht - neben anderen Faktoren - mit der Expansion der Industriegüterausfuhr und ihren potenziellen *Learning-by-Doing*-Effekten erklären lässt.
- Die chilenischen Industriegüterexporte sind erheblich stabiler als die Exporte von agrarischen und mineralischen Rohstoffen. In Folge der überproportionalen Expansion der industriellen Ausfuhr reduzierte sich daher die Fluktuation der chilenischen Gesamtexporte, wobei diese Arbeit empirische Belege für die Annahme wachstumshemmender Instabilitäten durch Erlösfluktuationen (insbesondere bei Kupfer) vorgebracht hat.

2.III Weitere Resultate der durchgeführten ökonometrischen Analyse waren: Langfristig hatte die Expansion der Nicht-Industriegüterausfuhr keine (statistisch signifikanten) Effekte auf der chilenischen Binnensektor. Kurzfristig wurde die wirtschaftliche Aktivität der Binnenwirtschaft durch den Export nicht-industrieller Produkte sogar geschwächt. Als Begründung für die langfristig insignifikante Wachstumsübertragung durch nicht-industrielle Exportbranchen wurde auf die Beobachtung verwiesen, dass die Produktion und der Export von agrarischen und mineralischen Rohstoffen in verhältnismäßig geringem Umfang den Einsatz von lokal hergestellten Vorprodukten erfordert. Zum anderen verfügen Nicht-Industriegüterexporte möglicherweise über recht geringe *Learning-by-Doing*-Externalitäten. Deshalb wurde das Wachstum des Binnensektors durch die Exportproduktion nicht-industrieller Produkte wahrscheinlich langfristig nicht signifikant begünstigt. Die kurzfristig signifikante Verminderung der wirtschaftlichen Aktivität im Nicht-Exportsektor wurde mit der gefundenen Evidenz für wachstumshemmende Erlösschwankungen der Nicht-Industriegüterausfuhr (speziell mit den heftigen Erlösfluktuationen bei Kupfer) erklärt.

2.IV Summa summarum zeigten sich deutliche Wachstumseffekte durch die vertikale Exportdiversifizierung in Chile, die sich auf die Stabilisierung der Exporterlöse, die Erzeugung von *Backward-Linkages* sowie auf die Generierung von dynamischen Lerneffekten zurückführen lassen.[1]

In **Kapitel 3** ging es um die systematische Untersuchung der Hypothese, nach der eine vertikale Exportdiversifizierung indirekt - über die Verbesserung der *Terms of Trade* - ein wirtschaftliches Wachstum generiert (Hypothese 2). Dies waren die wesentlichen Inhalte und Resultate von Kapitel 3:

3.I Die Überprüfung der soeben genannten Hypothese setzte zunächst voraus, dass eine nachweisbare Beziehung zwischen der *Terms of Trade*-Entwicklung und dem wirtschaftlichen Wachstum in Chile existiert. Zweckmäßigerweise wurde daher der Zusammenhang zwischen der *Terms of Trade*-Entwicklung und dem wirtschaftlichen Wachstum in Chile analysiert. Die Ergebnisse einer ökonometrischen Analyse entsprachen den theoretischen Erwartungen, nach denen *Terms of Trade*-Verbesserungen mit positiven Wachstumseffekten bzw. *Terms of Trade*-Verschlechterungen mit negativen Wachstumseffekten einhergehen.

3.II Eine anschließenden Analyse der langfristigen *Terms of Trade*-Entwicklung im Hinblick auf mögliche *Terms of Trade*-Verschlechterungen kam zu folgenden Resultaten:

- Die chilenischen *Terms of Trade* haben sich im Zeitraum von 1960 bis 2001 durchschnittlich verschlechtert.
- Trotz der durchschnittlichen *Terms of Trade*-Verschlechterung im Zeitraum von 1960 bis 2001 konnte eindeutig keine säkuläre *Terms of Trade*-Verschlechterung diagnostiziert werden. Die Untersuchungsergebnisse sprachen sogar für eine leicht positive Trendentwicklung ab 1980.
- Der augenscheinliche Widerspruch zwischen durchschnittlich gesunkenen *Terms of Trade*, langfristig aber konstanten, ab 1980 möglicherweise sogar

1 Die Hypothese, wonach eine exportbedingte Expansion der industriellen Produktion im Vergleich zum Primärgüterexport starke interne Skaleneffekte erzielt, scheint für Chile dagegen eher von geringer empirischer Relevanz. Die hohen Fixkosten in der Produktion von mineralischen Rohstoffen legen sogar nahe, dass interne *Economies of Scale* (durch Fixkostendegressionseffekte) im chilenischen Bergbausektor tendenziell stärker als im Industriesektor auftreten.

leicht steigenden *Terms of Trade* löste sich unter Berücksichtigung des Einbruchs der Kupferpreise im Jahre 1974/75 auf: Der Einbruch bei den Kupferpreisen hat sich im Jahre 1975 unmittelbar auf die chilenischen *Terms of Trade* ausgewirkt, denn Kupferpreise und *Terms of Trade* sind in Chile aufgrund des hohen Kupferanteils am Gesamtexport hoch korreliert. Im Ergebnis hat daher eine einzige, dem Kupferpreiseinbruch geschuldete massive *Terms of Trade*-Verschlechterung eine durchschnittliche Verschlechterung der chilenischen *Terms of Trade* herbeigeführt. Diese einmalige *Terms of Trade*-Verschlechterung steht nicht im Widerspruch zu tendenziell konstanten oder tendenziell leicht steigenden *Terms of Trade*.

3.III Im Rahmen einer anschließenden Analyse zum Zusammenhang zwischen der vertikalen Exportdiversifizierung und der eben skizzierten *Terms of Trade*-Entwicklung wurden zunächst einige relevante Preistrends offengelegt. Darüber hinaus wurde auf Granger-Kausalität zwischen der vertikalen Exportdiversifizierung und den chilenischen *Terms of Trade* getestet. Die wesentlichen Ergebnisse dieser Analyse waren:

- Es lässt sich ein tendenziell steigendes Verhältniss zwischen Industriegüterexportpreisen und Importpreisen diagnostizieren. Die Relation zwischen Bergbauexportpreisen und Importpreisen sowie das Verhältnis zwischen Agrarexportpreisen und Importpreisen ist demgegenüber eher als trendmäßig sinkend einzustufen.
- Eine Exportdiversifizierung in Richtung einer zunehmend vom Industriegüterexport beherrschten Exportstruktur führt Granger-kausal zu *Terms of Trade*-Verbesserungen. Der statistisch signifikant positive (Granger-kausale) Zusammenhang zwischen der Erhöhung des Industriegüteranteils und der Verbesserung der *Terms of Trade* lässt sich mit dem Rückgriff auf das vorherige Resultat erklären: Danach schlägt mit steigendem Industriegüteranteil am Gesamtexport der positive Trend des Industriegüterexport/Importpreisverhältnisses zunehmend auf die chilenischen *Terms of Trade* durch und kompensiert den negativen Trend der anderen beiden Preisverhältnisse. Daraus wurde sich mit einiger Vorsicht gefolgert:

3.IV Die vertikale Exportdiversifizierung hat bzw. hatte einen positiven Effekt auf die chilenischen *Terms of Trade*. *Terms of Trade*-Verbesserungen stimulieren wiederum das Wirtschaftswachstum in Chile. Folglich förderte die vertikale Exportdiversifizierung indirekt, über ihre positive Wirkung auf die *Terms of Trade*, den chilenischen Wachstumsprozess.

**Kapitel 4** war der Untersuchung der Marktdiversifizierung und ihrem potenziellen Einfluss auf das chilenische Wirtschaftswachstum gewidmet (Hypothese 3). Folgende Kernergebnisse konnten erzielt werden.

4.I Chile hat seine Exportmärkte erheblich diversifiziert. Diese Diversifizierung der Exportmärkte äußert sich unter anderem in einer statistisch signifikanten Erhöhung des *Equivalent Number Index* (der Zahl „gleich großer" Exportmärkte).

4.II Wie die deskriptiv-statistischen Datenauswertungen zeigen, geht das Wachstum der Marktdiversifizierung einher mit einem Zuwachs der chilenischen Faktorproduktivität. Eine ökonometrische Analyse hat in diesem Zusammenhang erbracht, dass ein langfristiger Zusammenhang zwischen der Diversifizierung der Exportmärkte und dem Niveau der totalen Faktorproduktivität existiert, wobei der Pfeil der langfristigen Granger-Kausalität von der Diversifizierung der Exportmärkte zur totalen Faktorproduktivität führt. Unter Bezugnahme auf Evidenz aus den Studien von ALVAREZ (2001) und MACARIO (1999, 2000) für exportinduzierte Innovations- und *Learning-Exporting*-Effekte in Chile, wurden als mögliche Erklärungen für den gefundenen Kausalzusammenhang (neben anderen) die folgenden in Betracht gezogen.

- Der technologische Fortschritt bzw. die totale Faktorproduktivität wird durch die Exportmarktdiversifizierung positiv beeinflusst, weil das permanente Vordringen in nicht-traditionelle Absatzländer mit einem steigenden Wettbewerbsdruck einhergeht, der wiederum eine Ausweitung innovativer Tätigkeit erzwingt.
- Neben der Stimulierung innovativer Tätigkeit ermöglicht die Erschließung neuer Absatzmärkte via *Learning-by-Exporting*-Aktivitäten die Adaption spezifischer ausländischer Technologien.

4.III Vor dem Hintergrund des statistisch signifikanten Kausaleinflusses der Marktdiversifizierung auf die totale Faktorproduktivität wurde nun der Zusammenhang zwischen der Diversifizierung und dem wirtschaftlichen Wachstum auf der Basis einer Produktionsfunktion geschätzt. Die durchgeführten Schätzungen ergaben, dass ein langfristiger Kausalzusammenhang zwischen dem Grad der Marktdiversifizierung und der Höhe der chilenischen Inlandsproduktion existiert, wobei das Vordringen in nicht-traditionelle Exportmärkte sehr wahrscheinlich über die totale Faktorproduktivität auf das Wachstum wirkt.

In **Kapitel 5** ging es schließlich um den Zusammenhang zwischen der horizontalen Exportdiversifizierung und dem wirtschaftlichen Wachstum im Chile (Hypothese 4). Als wichtigste Resultate von Teil V lassen sich festhalten:

5.I Die chilenische Exportstruktur hat auch auf horizontaler Ebene eine starke Diversifizierung erfahren, die sich unter anderem an einer gestiegenen Zahl exportierender Sektoren festmachen lässt. Die überragende Mehrheit der Exportsektoren, die zwischen 1962 und 2001 "neu" in die Exportproduktion aufgenommen worden sind, gehört nach der *International Standard Industrial Classification* (ISIC) bzw. nach der Klassifizierung der Chilenischen Zentralbank in die Kategorie "*Manufacturing*".

5.II Die deskriptiv-statistischen Datenauswertungen und ökonometrischen Untersuchungen haben zunächst erbracht, dass die Verbreiterung der Exportbasis (um vorwiegend (ressourcen-)verarbeitende Exportsektoren) einen signifikanten Beitrag

- zur Erhöhung der Industriegüterquote am Gesamtexport und damit zur vertikalen Exportdiversifizierung,

- zur Senkung der Konzentration der Exporterlöse und
- zur Reduzierung der Abhängigkeit der chilenischen Volkswirtschaft vom Kupferexport geleistet hat.

5.III Zwei Fallstudien und eine ökonometrische Untersuchung sprachen hinreichend stark für intersektorale Externalitäten in der Exportproduktion. Eine der möglichen Erklärungen für die Evidenz von *Spillover*-Effekten sind Externalitäten einer exportinduzierten Wissensakkumulation.

5.IV Die Hypothese, nach der eine horizontale Exportdiversifizierung wirtschaftliches Wachstum fördert, hielt einer ökonometrischen Überprüfung stand: Der zugrundeliegende Schätzansatz thematisierte wachstumsfördernde Externalitäten der Wissensakkumulation, die in Folge von *Learning-by-Exporting*- sowie *Learning-by-Doing*-Prozessen entstehen. Nach den durchgeführten Schätzungen zeigte sich, dass die horizontale Exportdiversifizierung einen starken Einfluss auf die chilenische Inlandsproduktion hat. Die Ergebnisse können mit Vorsicht als Evidenz für die Annahme gedeutet werden, wonach eine horizontale Exportdiversifizierung über *Learning-by-Exporting*- und *Learning-by-Doing*-Externalitäten zu wirtschaftlichem Wachstum führt.

Als Fazit ergab sich aus den durchgeführten deskriptiv-statistischen Analysen und ökonometrischen Studien der Kapitel 2 bis 5, dass die erste zentrale Frage dieser Arbeit - die Frage, ob die Effekte der Exportdiversifizierung ein wirtschaftliches Wachstum auslösen - mit einem eindeutigen "Ja" beantwortet werden konnte. Vor diesem Hintergrund wurde in **Kapitel 6** die zweite zentrale Frage dieser Arbeit erörtert, die Frage nach wirtschaftspolitischen Maßnahmen und Handlungsansätzen zur Beschleunigung der Exportdiversifizierung. Die empirische Erörterung erfolgte anhand der außenhandelspolitischen Initiativen des chilenischen Staates im Zusammenhang mit der Diversifizierung der chilenischen Exportstruktur. Wie diese Erörterung zeigte, ergaben sich die Erfolge im Bereich Exportdiversifizierung im Wesentlichen durch das Zusammenwirken zwischen

- der Bereitstellung einer leistungsstarken Verkehrsinfrastruktur,
- der Privatisierung staatseigener Betriebe,
- dem (uni- und bilateralen) Abbau von Zöllen und sonstigen Handelshemmnissen,
- der Schaffung eines stabilen, wettbewerbsfähigen Wechselkurses,
- dem Abbau von Barrieren gegenüber Direktinvestitionen,
- der Förderung von Direktinvestitionen zur Erschließung nicht-traditioneller Exportpotenziale,
- dem Aufbau exportfördernder Institutionen sowie
- verschiedenen Exportförderungsmaßnahmen.

Kennzeichnend war hierbei der Verzicht auf aggressive, den komparativen Vorteilen widersprechende Staatseingriffe. Denn die chilenische Politik baute mittels Liberalisierung unterstützend auf eine den komparativen Vorteilen entsprechende Nutzung und Mobilisierung von natürlichen Ressourcen für den Export.

Welche allgemeinen Politikempfehlungen sind schließlich aus dieser Untersuchung abzuleiten? Die Regierung eines Entwicklungs- oder Schwellenlandes sollte im Anbetracht drohender volkswirtschaftliche Kosten auf aggressive den komparativen Vorteilen widersprechende Politikinterventionen verzichten. Der Fall Chile zeigt vielmehr für andere ressourcenreiche Entwicklungs- und Schwellenländer, dass eine Exportdiversifizierung gemäß dem komparativen Vorteil auf Basis natürlicher Produktionsbedingungen als Chance zu einem selbsttragenden Entwicklungsprozess begriffen werden kann. Offensichtlich kann ein ressourcenbasiertes Exportmuster in einer liberalisierten Marktwirtschaft wachstumsfördernde Struktur- und Lernprozesse auslösen. Neben der Liberalisierung des Außenhandels und des Abbaus von Investitionshindernissen sind allerdings auch komplementäre Maßnahmen zur Stärkung der Exportdiversifizierung notwendig. So demonstriert das Beispiel Chile, dass der Abbau von Zöllen und sonstigen Handelshemmnissen durch eine entsprechende Wechselkurspolitik flankiert werden muss, um zu hohe exporthemmende reale Aufwertungen zu vermeiden. Stark mitbestimmend für den Erfolg einer Exportdiversifizierung sind außerdem Institutionen und Maßnahmen der Exportförderung, die das Lern-, Technologie-, und Exportpotenzial von Unternehmen erschließen sowie ihre zwischenbetriebliche Kooperation unterstützen.

Was die wichtigsten Politikempfehlungen für Chile selbst anbelangt, so ist es wichtig zu betonen, dass die chilenische Infrastruktur bezüglich Fernverkehrsstraßen, See- und Flughäfen, Tunnelanlagen heute kaum noch den Anforderungen einer zukunftsfähigen Exportwirtschaft genügt. Insofern bedarf es intensiver Anstrengungen zur Verbesserung der Verkehrsinfrastruktur damit auch in Zukunft die Voraussetzungen für eine nachhaltige Exportdiversifizierung gegeben sind. Zu wünschen bleibt ferner die Verbesserung und finanzielle Stärkung des institutionellen Umfelds aus Bildung, F&E und Technologieinstituten. Außerdem sollte der chilenische Staat eine aktivere Rolle bei der Förderung von ausländischen Investitionen in Hochtechnologiebereiche (wie die Biotechnologie) spielen. Darüber hinaus könnte die Kooperation zwischen den verschiedenen Förderinstitutionen zur Ermittlung und Förderung von potenziell exportfähigen Unternehmen forciert werden. Und schließlich sollten exportfähige Unternehmen besser an eine dauerhafte Exportfähigkeit herangeführt werden, beispielsweise durch die Setzung von Anreizen für die Inanspruchnahme von exportbezogenen Aus- und Fortbildungsmaßnahmen oder Beratungsleitungen.

Wie lassen sich diese Untersuchung und ihre Ergebnisse nun in den Stand der Forschung zum Thema "Exportdiversifizierung und Wirtschaftswachstum" einordnen? Die vorliegende Untersuchung ist nach Kenntnis des Autors die erste Studie, die

(i) die möglichen Zusammenhänge zwischen Exportdiversifizierung und Wirtschaftswachstum anhand von vier Theoriesträngen - unter Betonung der Implikationen der endogenen Wachstumstheorie - erörtert und
(ii) die Zusammenhänge zwischen Exportdiversifizierung und Wirtschaftswachstum - unter Berücksichtigung theoretischer Modelle möglicher Wirkungsmechanismen - zeitreihenökonometrisch mit Hilfe von Kointegrationstechiken untersucht.

Bisherige theoretische Erläuterungen zu den entwicklungsfördernden Effekten der Exportdiversifizierung beschränkten sich in der Regel auf die Aussagen der traditionellen Außenhandelstheorie, in diesem Zusammenhang insbesondere auf die Argumente der Exporterlösinstabilität und der säkulären Verschlechterung der *Terms of Trade*. Wenig bis gar nicht beachtet wurden dagegen die Implikationen der endogenen Wachstumstheorie, nach denen eine Exportdiversifizierung *via Learning-by-Exporting*, über technologische Externalitäten, *via Learning-by-Doing* und als Ergebnis innovativer Tätigkeit ein langfristiges Wachstums auslösen kann.

Was die ökonometrische Forschung anbelangt, so wurde der Zusammenhang zwischen Exportdiversifizierung und Wirtschaftswachstum nicht ausreichend untersucht. Die wenigen vorliegenden Querschnittsstudien fanden einen positiven Einfluss der Exportdiversifizierung auf das Wachstum. Ähnlich zeigte die einzig existierende Panelstudie einen signifikant positiven Zusammenhang zwischen dem Diversifizierungsgrad der Exportstruktur und der Höhe des Pro-Kopf-Einkommens. Dagegen konnte die *Diversification-led Growth*-Hypothese durch die bis zu dieser Untersuchung einzige Zeitreihenstudie nicht bestätigt werden. Auf jene Studien und auf die Kritik an ihnen wurde im Rahmen der Diskussion der empirischen Befunde zur die *Diversification-led Growth*-Hypothese bereits eingegangen: Zum einen testeten sie die gesuchten Zusammenhänge weitgehend ad-hoc. Theoretische Modelle möglicher Wirkungsmechanismen wurden bei den empirischen Modellformulierungen nur unzureichend berücksichtigt. Zum anderen war das ökonometrische Vorgehen der bis zu dieser Untersuchung einzigen Zeitreihenstudie methodisch nicht korrekt. So wurde auf eine Kointegrationsanalyse verzichtet. Ohne eine Kointegrationsanalyse sind jedoch streng genommen keinerlei Aussagen über Niveaubeziehungen und langfristige Zusammenhänge möglich. Hier setzte die vorliegende Arbeit an. Mit Hilfe von Kointegrationstechniken hat sie - unter besonderer Bezugnahme auf die endogene Wachstumstheorie - versucht, den langfristigen Zusammenhang zwischen Exportdiversifzierung und Wirtschaftswachstum zu überprüfen. Eine derartige Untersuchung, ob und wie eine Exportdiversifizierung das Wachstum eines Landes langfristig beeinflusst, ist nach Kenntnis des Autors bislang nicht durchgeführt worden.

Abschließend sei allerdings daran erinnert, dass sich die abgeleiteten Aussagen der endogenen Wachstumstheorie zu potenziellen Externalitäten einer exportinduzierten Wissensakkumulation einer sauberen empirischen Quantifizierung entziehen. Dieses Problem gilt insbesondere für Untersuchungen auf Basis von Makrodaten wie die vorliegende. Insofern konnten in dieser Arbeit nur methodisch fundierte und theoretisch plausibilisierte Vermutungen zu solchen Wirkungsmechanismen zwischen Exportdiversifizierung und Wirtschaftswachstum angestellt werden. Bisher nicht vorliegende Untersuchungen auf Basis von Mikrodaten wären daher wünschenswert, um die hier getroffenen Aussagen über die Zusammenhänge zwischen Exportdiversifizierung und Wirtschaftswachstum empirisch abzusichern. Hier liegt ein fruchtbares Forschungsfeld für die Zukunft.

# Anhänge

## Anhang A.1 Die Originaldaten der verwendeten Zeitreihen

| | *Y* | *I* | *X* | *Xi* | *NXi* | *Xagr* | *Xk* |
|---|---|---|---|---|---|---|---|
| 1960 | 7560031 | 1107859.17 | 675059 | 49320.5339 | 625738.4661 | 30477.56 | 406578.2 |
| 1961 | 7921585 | 1197083.60 | 708427 | 59947.9312 | 648479.0688 | 36716.44 | 408019.8 |
| 1962 | 8296960 | 1258271.94 | 726916 | 47257.2241 | 679658.7759 | 34706.53 | 423778.2 |
| 1963 | 8821839 | 1416794.48 | 765283 | 50397.6457 | 714885.3543 | 34779.63 | 445966.7 |
| 1964 | 9018132 | 1378476.08 | 835925 | 104120.091 | 731804.9090 | 33224.56 | 448840.3 |
| 1965 | 9091026 | 1339371.31 | 828796 | 110470.486 | 718325.5140 | 24382.64 | 458244.0 |
| 1966 | 10104779 | 1437277.93 | 861987 | 102407.304 | 759579.6960 | 18804.10 | 528457.0 |
| 1967 | 10432839 | 1485863.25 | 890208 | 75675.8172 | 814532.1828 | 21156.68 | 588860.9 |
| 1968 | 10806354 | 1593256.22 | 908282 | 80336.8426 | 827945.1574 | 22198.34 | 571078.7 |
| 1969 | 11208437 | 1602325.65 | 940527 | 74781.9633 | 865745.0367 | 19055.02 | 665487.6 |
| 1970 | 11438913 | 1716819.09 | 959932 | 95541.8813 | 864390.1187 | 25090.26 | 642402.5 |
| 1971 | 12463292 | 1815819.17 | 967801 | 119247.823 | 848553.1770 | 33095.96 | 603233.6 |
| 1972 | 12312091 | 1611186.89 | 821579 | 86349.6296 | 735229.3704 | 17856.77 | 518265.5 |
| 1973 | 11626919 | 1490110.80 | 844504 | 60739.9403 | 783764.0597 | 14785.77 | 620233.5 |
| 1974 | 11740218 | 1990105.45 | 1232559 | 165616.551 | 1066942.449 | 30844.87 | 872308.1 |
| 1975 | 10181813 | 1801335.82 | 1262935 | 279990.641 | 982944.3590 | 59754.96 | 615412.3 |
| 1976 | 10509082 | 1393969.39 | 1569795 | 380584.211 | 1189210.789 | 72992.35 | 809479.9 |
| 1977 | 11377821 | 1516120.25 | 1757564 | 445626.571 | 1311937.429 | 106371.5 | 774544.6 |
| 1978 | 12259786 | 1800440.03 | 1963527 | 551574.088 | 1411952.912 | 134651.3 | 806386.0 |
| 1979 | 13133789 | 1956223.61 | 2244055 | 676052.306 | 1568002.694 | 127780.4 | 912047.4 |
| 1980 | 14149128 | 2354563.75 | 2568551 | 733687.272 | 1834863.728 | 146281.3 | 914397.8 |
| 1981 | 15093823 | 2772599.97 | 2337351 | 578165.949 | 1759185.051 | 170523.7 | 810991.0 |
| 1982 | 13067946 | 1831258.80 | 2442310 | 592095.879 | 1850214.121 | 197260.1 | 886381.2 |
| 1983 | 12611997 | 1573070.84 | 2443913 | 571258.394 | 1872654.606 | 172924.6 | 989973.5 |
| 1984 | 13380300 | 1875989.96 | 2497499 | 680404.857 | 1817094.143 | 247846.1 | 928135.2 |
| 1985 | 13845925 | 2332378.50 | 2806044 | 672324.923 | 2133719.077 | 321405.6 | 1116091 |
| 1986 | 14620775 | 2505875.02 | 3089267 | 779105.440 | 2310161.56 | 403189.1 | 1037253 |
| 1987 | 15584908 | 3026005.71 | 3297492 | 873742.407 | 2423749.593 | 454894.5 | 1160713 |
| 1988 | 16724365 | 3395643.99 | 3678540 | 958030.292 | 2720509.708 | 421309.3 | 1543129 |
| 1989 | 18490498 | 4358738.60 | 4271189 | 1089532.37 | 3181656.63 | 358423.9 | 1786522 |
| 1990 | 19174198 | 4437302.16 | 4639245 | 1242992.88 | 3396252.12 | 451366.1 | 1729306 |
| 1991 | 20702363 | 4126643.62 | 5216060 | 1562485.30 | 3653574.70 | 572053.6 | 1704662 |
| 1992 | 23244204 | 5212066.60 | 5942492 | 1937367.93 | 4005124.07 | 602102.3 | 1867632 |
| 1993 | 24868105 | 6197049.49 | 6152512 | 2130883.59 | 4021628.41 | 612876.6 | 1706241 |
| 1994 | 26287606 | 6119178.35 | 6867901 | 2431900.17 | 4436000.83 | 617235.2 | 2017034 |
| 1995 | 29081342 | 6942344.55 | 7622246 | 2601725.16 | 5020520.84 | 616707.8 | 2695946 |
| 1996 | 31237289 | 7779164.97 | 8520525 | 2898943.10 | 5621581.9 | 712412.4 | 2694216 |
| 1997 | 33300693 | 8485667.74 | 9474818 | 3148450.91 | 6326367.09 | 743017.4 | 3120217 |
| 1998 | 34376598 | 8938140.96 | 9970434 | 3551281.43 | 6419152.57 | 829321.6 | 2805413 |
| 1999 | 34040584 | 7438136.66 | 10631426 | 3918112.73 | 6713313.27 | 837979.5 | 3225969 |
| 2000 | 35533416 | 7929692.94 | 11428320 | 3963525.42 | 7464794.58 | 842139.1 | 3623486 |
| 2001 | 36533011 | 7818064.35 | 12531169 | 4521420.94 | 8009748.06 | 848117.4 | 3788198 |

*Y* = BIP, *I* = Netto-Investitionen, *X* = Exporte, *Xi* = Industriegüterexporte, *Xni* = Nicht-Industriegüterexporte, *Xagr* = Agrargüterexporte, *Xk* = Kupferexporte; in Millionen Pesos des Jahres 1996

| | K | L | H | MD | TFP | tot | pKupfer |
|---|---|---|---|---|---|---|---|
| 1960 | 15120061 | 2323 | 5.0 | 4.83603996 | 100.0000 | 192.6 | 131.707 |
| 1961 | 15793502 | 2343 | 5.5 | 5.24494154 | 102.7238 | 191.7 | 123.447 |
| 1962 | 16608669 | 2387 | 5.5 | 5.45399363 | 104.5381 | 183.6 | 125.466 |
| 1963 | 17620028 | 2440 | 5.4 | 5.88741946 | 107.4821 | 179.9 | 125.927 |
| 1964 | 18475856 | 2495 | 5.3 | 5.86936685 | 106.5183 | 183.3 | 189.222 |
| 1965 | 19183931 | 2554 | 5.2 | 6.34104726 | 104.3393 | 206.3 | 247.010 |
| 1966 | 19909077 | 2605 | 5.3 | 7.58454984 | 113.2706 | 230.9 | 283.004 |
| 1967 | 20633967 | 2687 | 5.6 | 9.28468671 | 113.1963 | 186.6 | 207.723 |
| 1968 | 21485365 | 2717 | 5.8 | 8.14921382 | 114.8495 | 204.3 | 222.383 |
| 1969 | 22389197 | 2730 | 5.8 | 9.32470056 | 117.1460 | 234.5 | 253.784 |
| 1970 | 23375529 | 2776 | 6.0 | 9.65606227 | 116.5187 | 221.8 | 236.077 |
| 1971 | 24263705 | 2868 | 6.5 | 10.0699507 | 112.0030 | 172.6 | 175.432 |
| 1972 | 24263705 | 2922 | 6.7 | 10.4255236 | 119.8693 | 161.9 | 165.588 |
| 1973 | 24694162 | 2907 | 6.7 | 9.93254358 | 112.8999 | 210.5 | 234.449 |
| 1974 | 25004041 | 2796 | 6.1 | 10.7049454 | 116.4018 | 185.8 | 236.653 |
| 1975 | 25593588 | 2625 | 6.5 | 12.2341435 | 104.7817 | 99.80 | 129.951 |
| 1976 | 25758311 | 2725 | 6.6 | 11.5394084 | 105.2637 | 109.1 | 141.200 |
| 1977 | 25704119 | 2884 | 7.0 | 11.2153935 | 109.9445 | 100.5 | 124.018 |
| 1978 | 25892543 | 3013 | 7.2 | 11.8787530 | 114.9199 | 99.40 | 120.070 |
| 1979 | 26324526 | 3070 | 7.3 | 12.1541748 | 121.0241 | 116.6 | 154.842 |
| 1980 | 26991093 | 3225 | 7.5 | 13.4139391 | 125.2851 | 109.1 | 149.851 |
| 1981 | 28154381 | 3372 | 7.6 | 13.4331060 | 128.0430 | 100.6 | 109.238 |
| 1982 | 28723947 | 3044 | 7.6 | 10.2724048 | 116.7811 | 92.20 | 90.9810 |
| 1983 | 30001125 | 3203 | 7.8 | 8.00156306 | 108.2769 | 94.00 | 96.7820 |
| 1984 | 29972996 | 3370 | 8.0 | 9.08714966 | 111.1432 | 88.50 | 81.7260 |
| 1985 | 30897223 | 3561 | 8.3 | 10.7880966 | 109.6609 | 82.10 | 84.5590 |
| 1986 | 31385809 | 3752 | 8.3 | 11.2543088 | 111.3068 | 82.20 | 84.3910 |
| 1987 | 32508224 | 3896 | 8.4 | 10.8973726 | 114.4718 | 90.30 | 107.029 |
| 1988 | 33847043 | 4123 | 8.3 | 11.3732481 | 116.8233 | 103.6 | 149.670 |
| 1989 | 36008180 | 4352 | 8.8 | 11.7722250 | 122.3480 | 102.6 | 156.111 |
| 1990 | 38158240 | 4450 | 9.0 | 11.1077833 | 122.6000 | 95.80 | 141.064 |
| 1991 | 40193769 | 4518 | 9.0 | 11.0912131 | 128.9422 | 95.40 | 123.522 |
| 1992 | 43074991 | 4724 | 8.9 | 9.37710206 | 137.7733 | 92.40 | 119.941 |
| 1993 | 46690390 | 4992 | 9.1 | 12.1692880 | 138.3332 | 87.70 | 98.660 |
| 1994 | 50481896 | 5029 | 9.4 | 11.9770429 | 141.8014 | 100.5 | 118.190 |
| 1995 | 55523468 | 5095 | 9.3 | 12.7188578 | 150.9103 | 114.1 | 144.938 |
| 1996 | 60987721 | 5182 | 9.5 | 12.6006843 | 155.4296 | 100.0 | 110.417 |
| 1997 | 67047912 | 5281 | 9.4 | 13.1596313 | 158.5688 | 107.0 | 109.779 |
| 1998 | 72975859 | 5375 | 9.6 | 13.1631383 | 157.1370 | 95.70 | 81.7620 |
| 1999 | 76902180 | 5255 | 9.7 | 12.1417917 | 155.1218 | 100.0 | 77.1970 |
| 2000 | 81274388 | 5311 | 9.8 | 13.2000063 | 157.8828 | 106.9 | 84.2070 |
| 2001 | 85589237 | 5326 | 9.9 | 12.5624228 | 159.2329 | 98.20 | 73.3610 |

*K* = Kapital (in Millionen Pesos des Jahres 1996), *L* = Arbeit (in tausenden Beschäftigten pro Jahr), *H* = Humankapital (Durchschnittliche Schulbildung in Jahren), *TFP* = Totale Faktorproduktivität (1960 = 100), *tot* = Terms of Trade (1996=100), *pKupfer* = realer Kupferpreis [UScts pro Pfund in Preisen des Jahres 2000 (Dezember)].

| | SITC-0 | SITC-1 | SITC-2 | SITC-3 | SITC-4 | SITC-5 | SITC-6 | SITC-68 | SITC-7 | SITC-8 |
|---|---|---|---|---|---|---|---|---|---|---|
| 1962 | 62890 | 1672 | 257912 | 77 | 4342 | 19060 | 16918 | 705325 | 2767 | 698 |
| 1963 | 93817 | 2773 | 391753 | 116 | 6144 | 29261 | 26229 | 1057705 | 3689 | 1247 |
| 1964 | 133715 | 3692 | 542803 | 172 | 9138 | 39889 | 34623 | 1464859 | 6517 | 2040 |
| 1965 | 165945 | 4477 | 700315 | 218 | 11773 | 52233 | 43858 | 1931193 | 10590 | 3341 |
| 1966 | 214568 | 5350 | 859687 | 266 | 15124 | 72641 | 57121 | 2552720 | 16146 | 4800 |
| 1967 | 251835 | 6198 | 988440 | 1446 | 16561 | 80840 | 77311 | 3257593 | 18630 | 7245 |
| 1968 | 298278 | 7299 | 1122617 | 2322 | 18734 | 86509 | 91726 | 3979738 | 24827 | 9884 |
| 1969 | 342858 | 8849 | 1276387 | 3014 | 20540 | 98026 | 109832 | 4796671 | 33726 | 12456 |
| 1970 | 392981 | 10689 | 1440628 | 3431 | 23791 | 114070 | 134218 | 5755637 | 43919 | 15141 |
| 1971 | 467015 | 12569 | 1631347 | 4365 | 30750 | 132491 | 156456 | 6391887 | 51432 | 17415 |
| 1972 | 514382 | 14714 | 1795480 | 7171 | 33880 | 157223 | 170646 | 6982040 | 56682 | 18912 |
| 1973 | 558514 | 17711 | 2009632 | 9767 | 34027 | 182241 | 185204 | 7921493 | 61609 | 20293 |
| 1974 | 657734 | 21472 | 2448751 | 29719 | 42011 | 234029 | 232205 | 9722745 | 69421 | 21661 |
| 1975 | 818779 | 25591 | 2733407 | 43991 | 46181 | 295964 | 317766 | 10737803 | 82985 | 25987 |
| 1976 | 1020158 | 33509 | 3103655 | 78630 | 57639 | 365353 | 434829 | 12090140 | 108007 | 44810 |
| 1977 | 1296652 | 41268 | 3515837 | 137236 | 70075 | 442398 | 545433 | 13224111 | 135020 | 58762 |
| 1978 | 1642178 | 51000 | 4021208 | 179064 | 93588 | 542828 | 652295 | 14494246 | 162823 | 72583 |
| 1979 | 2138000 | 78998 | 4971775 | 233938 | 120705 | 649999 | 811809 | 16838373 | 217052 | 80184 |
| 1980 | 2762154 | 101352 | 5977591 | 293351 | 157612 | 833637 | 945364 | 19228805 | 306180 | 90617 |
| 1981 | 3385811 | 118661 | 6981349 | 360787 | 187672 | 917039 | 1045524 | 20930882 | 402095 | 99935 |
| 1982 | 4048027 | 135174 | 8190447 | 432148 | 215843 | 997508 | 1159560 | 22257010 | 457123 | 110960 |
| 1983 | 4750228 | 149298 | 9153482 | 491818 | 228195 | 1079963 | 1283597 | 24013370 | 498215 | 117049 |
| 1984 | 5501620 | 166601 | 10080096 | 536860 | 257646 | 1158172 | 1407934 | 25527673 | 550594 | 124414 |
| 1985 | 6333883 | 187370 | 11019645 | 554246 | 294210 | 1252212 | 1529683 | 27074108 | 575729 | 135763 |
| 1986 | 7366125 | 208014 | 11920987 | 556691 | 313537 | 1352317 | 1674795 | 28669327 | 642063 | 166075 |
| 1987 | 8606461 | 236474 | 13107933 | 563494 | 331195 | 1472086 | 1875006 | 30541766 | 690329 | 230954 |
| 1988 | 10138765 | 270087 | 14977414 | 575543 | 355830 | 1677958 | 2139301 | 33194517 | 743481 | 328490 |
| 1989 | 11867189 | 316373 | 17067821 | 600771 | 379840 | 1977344 | 2498282 | 36382729 | 799196 | 443838 |
| 1990 | 13750677 | 380682 | 18703350 | 644251 | 395528 | 2263007 | 2913797 | 39984271 | 892246 | 582635 |
| 1991 | 15936089 | 484459 | 20628180 | 689554 | 423513 | 2579377 | 3420120 | 42957367 | 1002666 | 792901 |
| 1992 | 18511146 | 634928 | 22894679 | 722978 | 442359 | 2908697 | 3960583 | 46089758 | 1181441 | 1056832 |
| 1993 | 20877006 | 788360 | 25007914 | 739601 | 464322 | 3268619 | 4521168 | 48824162 | 1428921 | 1388982 |
| 1994 | 23606490 | 962143 | 27757567 | 763410 | 512847 | 3790422 | 5206265 | 52105866 | 1741572 | 1734170 |
| 1995 | 27078411 | 1165676 | 32258246 | 803328 | 588903 | 4332023 | 6115755 | 57034497 | 2028097 | 2090538 |
| 1996 | 30812017 | 1485570 | 36043451 | 832148 | 651386 | 4878404 | 7049904 | 61601462 | 2399992 | 2435360 |
| 1997 | 34446691 | 1937668 | 40055985 | 882318 | 680352 | 5641735 | 8015736 | 66885027 | 2828600 | 2813825 |
| 1998 | 38011029 | 2504786 | 43300468 | 940370 | 693762 | 6408176 | 8901456 | 71207281 | 3320963 | 3184207 |
| 1999 | 41694992 | 3074073 | 47051310 | 1008510 | 716131 | 7159317 | 9920892 | 75604521 | 3816531 | 3502771 |
| 2000 | 45483188 | 3681290 | 51852979 | 1212348 | 727839 | 8175221 | 11028981 | 80786354 | 4312255 | 3793462 |
| 2001 | 49680187 | 4360326 | 56465194 | 1485545 | 742443 | 9334553 | 12338143 | 85724498 | 4835959 | 4133535 |

Exporte in laufenden US-Dollar, basierend auf der SITC-Rev. 1: Nahrungsmittel und lebende Tiere: SITC-0 / Getränke und Tabakprodukte: SITC-1 / Minerale Brennstoffe, Schmiermittel und verwandte Produkte: SITC-2 / Tierische und pflanzliche Fette und Öle: SITC-4 / Chemische Erzeugnisse: SITC-5 / Verarbeitete Industrieprodukte nach Material klassifiziert SITC-6, hier ohne Bergbauerzeugnisse / Bergbauerzeugnisse: SITC-68 / Maschinenbauerzeugnisse und Fahrzeuge SITC-7 / verschiedene Industrieprodukte: SITC-8.

| | pXi/pM | pMin/pM | pAgr/pM | Z | HI | CM | FE |
|---|---|---|---|---|---|---|---|
| 1960 | | | | | | 415174.9 | |
| 1961 | | | | | | 521527.2 | 0.07 |
| 1962 | | | | 96 | 0.469 | 473968.9 | 0.10 |
| 1963 | | | | 107 | 0.457 | 432592.2 | 0.11 |
| 1964 | | | | 108 | 0.459 | 515240.8 | 0.15 |
| 1965 | | | | 109 | 0.492 | 464913.6 | 0.32 |
| 1966 | | | | 106 | 0.526 | 678222.5 | 0.35 |
| 1967 | | | | 111 | 0.613 | 615876.8 | 0.41 |
| 1968 | | | | 110 | 0.606 | 671578.8 | 0.42 |
| 1969 | | | | 117 | 0.604 | 765972.4 | 0.39 |
| 1970 | | | | 116 | 0.614 | 596964.3 | 0.39 |
| 1971 | | | | 115 | 0.462 | 398834.1 | 0.49 |
| 1972 | | | | 98 | 0.497 | 530337.2 | 0.51 |
| 1973 | | | | 91 | 0.583 | 449830.3 | 0.41 |
| 1974 | | | | 123 | 0.545 | 477569.3 | 0.33 |
| 1975 | | | | 145 | 0.392 | 420473.7 | 0.37 |
| 1976 | | | | 145 | 0.389 | 319764.3 | 0.40 |
| 1977 | | | | 156 | 0.299 | 418406.1 | 0.43 |
| 1978 | | | | 147 | 0.285 | 515352.4 | 0.49 |
| 1979 | | | | 154 | 0.332 | 611346.4 | 0.40 |
| 1980 | 148.277 | 129.053 | 108.662 | 164 | 0.295 | 635514.8 | 0.39 |
| 1981 | 133.632 | 102.418 | 109.372 | 153 | 0.247 | 739960.6 | 0.38 |
| 1982 | 115.290 | 101.560 | 113.150 | 150 | 0.208 | 403461.0 | 0.45 |
| 1983 | 115.068 | 116.569 | 106.325 | 150 | 0.260 | 243794.2 | 0.49 |
| 1984 | 123.373 | 101.705 | 121.617 | 152 | 0.223 | 357782.3 | 0.52 |
| 1985 | 102.030 | 100.963 | 124.838 | 152 | 0.225 | 412617.0 | 0.50 |
| 1986 | 95.269 | 87.2170 | 122.074 | 159 | 0.209 | 506258.7 | 0.48 |
| 1987 | 99.5791 | 94.1180 | 109.067 | 164 | 0.194 | 690219.0 | 0.56 |
| 1988 | 109.053 | 131.350 | 96.5722 | 166 | 0.203 | 815508.2 | 0.45 |
| 1989 | 97.3666 | 128.840 | 95.0922 | 163 | 0.208 | 1081983 | 0.46 |
| 1990 | 91.9039 | 117.922 | 93.5688 | 166 | 0.221 | 1196584 | 0.51 |
| 1991 | 102.816 | 103.680 | 108.988 | 170 | 0.166 | 1037413 | 0.53 |
| 1992 | 98.4821 | 100.674 | 103.663 | 170 | 0.153 | 1394351 | 0.58 |
| 1993 | 91.7075 | 87.8118 | 104.465 | 169 | 0.135 | 1715721 | 0.63 |
| 1994 | 103.014 | 106.168 | 104.682 | 169 | 0.133 | 1918495 | 0.62 |
| 1995 | 110.931 | 130.129 | 107.732 | 169 | 0.151 | 2411851 | 0.62 |
| 1996 | 100.000 | 100.000 | 100.000 | 170 | 0.140 | 2745125 | 0.68 |
| 1997 | 106.956 | 99.3283 | 117.080 | 171 | 0.149 | 2801284 | 0.54 |
| 1998 | 103.032 | 79.8048 | 106.213 | 171 | 0.130 | 2944971 | 0.54 |
| 1999 | 107.760 | 79.9088 | 109.819 | 171 | 0.129 | 2137445 | 0.55 |
| 2000 | 105.210 | 83.6554 | 96.0847 | 172 | 0.134 | 2249167 | 0.56 |
| 2001 | 109.148 | 81.2495 | 90.3455 | 174 | 0.117 | 2300047 | |

*pXi/pM* = Industriegüterexportpreisindex/Importpreisindex (1996=100); *pMin/pM* = Bergbauexportpreisindex/Importpreisindex (1996=100); *pAgr/pM* = Agrarexportpreisindex/Importpreisindex (1996=100); *Z* = Zahl der Sektoren nach der 3-stelligen Klassifikation der SITC-Rev.1; *HI* = Herfindahl-Index für die Exportkonzentration; *CM* = Kapitalgüterimporte (in Millionen Pesos des Jahres 1996); *FE* = prozentualer Anteil der Forschungs- und Entwicklungsausgaben am chilenischen BIP

## Anhang A.2 Beschreibung der Daten

| **Daten** | | **Quellen und Beschreibung eigener Datenberechnungen** |
|---|---|---|
| Output | *Y* | Der Output wird durch das chilenische Einkommen nach der Bruttoinlandsdefinition (BIP) in realen Größen erfasst. Er lautet in Millionen Peso des Jahres 1996.<br>Quelle: MINISTERIO DE HACIENDA, Santiago de Chile 2003. |
| Netto-Investitionen | *I* | Die realen Nettoinvestitionen lauten auf Pesos des Jahres 1996<br>Quelle: Universidad de Chile, (Prof. RÓMULO A. CHUMACERO), Santiago de Chile 2003. |
| Gesamtexporte | *X* | Die Exporte in realen Größen sind aus BANCO CENTRAL DE CHILE: "*Indicadores Económicos y Sociales de Chile 1960-2000*", "*Cuentas Nacionales de Chile 1960-1980*" sowie aus http://www.bcentral.cl/Indicadores/htm/Gasto_PIP_real.htm (AUFRUF VOM 05.04.2003). Die realen Gesamtexporte setzen sich aus Güter- und Dienstleistungsexporten (ohne Finanzdienstleistungen) zusammen. In allen Quellen sind die Gesamtexporte bereits in realen Größen angegeben. Allerdings lauten die realen Exporte<br>- in den "*Cuentas Nacionales de Chile 1960-1980*" auf Millionen Pesos des Jahres 1977,<br>- in den "*Indicadores Económicos y Sociales de Chile 1960-2000*" auf Millionen Pesos das Jahres 1986 und<br>- auf http://www.bcentral.cl/Indicadores/htm/Gasto_PIP_real. htm auf Millionen Pesos des Jahres 1996.<br>Aufgrund von Überschneidungen in den Zeitreihen der jeweiligen Quellen lassen sich alle Daten durch einfache Dreisatzrechnung in Millionen Pesos des Jahres 1996 transformieren, indem die realen Exporte mit Basisjahr 1986 (bzw. 1977) im Jahr *t* mit dem Umrechnungsfaktor $a = X_t^{1996}/X_t^{1986}$ (bzw. $b = X_t^{1986}/X_t^{1977} * X_t^{1996}/X_t^{1986}$) multipliziert werden. |
| Industriegüterexporte | *Xi* | Die Industriegüterexporte sind in realen Größen, d.h. in Millionen Pesos des Jahres 1996 ausgedrückt. Ihre Berechnung erfolgt auf Grundlage der Berechnung der Gesamtexporte sowie auf Grundlage von zusätzlichen Informationen der chilenischen Zentralbank aus den "*Indicadores Económicos y Sociales de Chile 1960-2000*" und "*Boletín Mensual*" (mehrere Ausgaben):<br>Industriegüterexporte sind in sämtlichen Quellen in laufenden US$ angegeben. Um die Industriegüterexporte (die in laufenden US$ angegeben sind) in reale Peso des Jahres 1996 zu transformieren, wird der Anteil der Industriegüter am Gesamtexport auf Basis der laufenden US$ berechnet und anschließend mit dem realen Peso-Gesamtexport multipliziert. Die Berechnung des Industriegüteranteils am Gesamtexport auf Basis der laufenden US$ erfolgt dabei in **drei** |

| | | |
|---|---|---|
| | | Schritten. In einem **ersten** Schritt wird der Industriegüteranteil am *Güterexport* berechnet, weil in den Statistiken in Boletin Mensual nur die disaggregierten Güterexporte (ohne Dienstleistungen) in laufenden US$ verzeichnet sind. In einem **zweiten** Schritt wird mit Hilfe von Informationen aus "*Indicadores Económicos y Sociales de Chile 1960-2000*" (S.667) und "*Boletín Mensual*" der *Güteranteil* am *Gesamtexport* berechnet [weil sich der reale Gesamtexport aus Güter- und Dienstleistungsexporten (ohne Finanzdienstleistungen) zusammensetzt]. Im **dritten** Schritt wird der *Güterexportanteil* mit dem *Anteil der Industriegüter am Güterexport* multipliziert. Das Resultat ist der Anteil der Industriegüter am Gesamtexport. Der Anteil der Industriegüter am Gesamtexport, multipliziert mit dem realen Gesamtexport in Millionen Peso (1996) ergibt den realen Industriegüterexport in Millionen Peso des Jahres 1996. |
| Nicht-Industriegüterexporte | *NXi* | Die realen Nicht-Industriegüterexporte umfassen den Gesamtexport abzüglich der Industriegüterexporte (*NX*i = *X* – *Xi*). Sie lauten auf Millionen Pesos des Jahres 1996 und setzen sich aus agraischen und mineralischen Rohstoffen sowie aus den Dienstleistungsexporten zusammen. Die Berechnung erfolgt auf Grundlage von Informationen der chilenischen Zentralbank aus "*Indicadores Económicos y Sociales de Chile 1960-2000*", "*Boletín Mensual*" (mehrere Ausgaben) "*Cuentas Nacionales de Chile 1960-1980*" und http:www.bcentral.cl/Indicadores/htm/Gasto_PIP_real.htm (AUFRUF VOM 05.04.2003). |
| Export agrarischer Rohstoffe | *Xagr* | Die Exporte agraischer Rohstoffe sind auf Grundlage von Informationen der chilenische Zentralbank aus "*Indicadores Económicos y Sociales de Chile 1960-2000*", "*Boletín Mensual*" (mehrere Ausgaben) und http:www.bcentral.cl/Indicadores/htm/Gasto_PIP_real.htm (AUFRUF VOM 05.04.2003) berechnet. Sie umfassen die Kathegorie "Ackerbau, einschließlich Früchte, Viehzucht, Forstwirtschaft und Fischerei".<br>Ihre Berechnung (in Millionen Peso des Jahres 1996) erfolgt wie die Berechnung der Industriegüterexporte: 1. Berechnung des Anteils des Exports agraischer Rohstoffe am Güterexport auf Basis laufender US$. 2. Multiplikation dieses Anteils mit dem Güteranteil am Gesamtexport. Man erhält den Anteil der agraischen Rohstoffe am Gesamtexport auf Grundlage laufender US$. 3. Multiplikation des Anteils agraischer Rohstoffe am Gesamtexport mit dem realen Peso-Gesamtexport. |
| Kupferexporte | *Xk* | Die Kupferexporte sind auf Grundlage von Informationen der chilenische Zentralbank aus "*Indicadores Económicos y Sociales de Chile 1960-2000*", "*Boletín Mensual*" (mehrere Ausgaben) und |

| | | |
|---|---|---|
| | | http:www.bcentral.cl/Indicadores/htm/Gasto_PIP_real.htm (AUFRUF VOM 05.04.2003) berechnet. Ihre Berechnung (in Millionen Peso des Jahres 1996) erfolgt wie die Berechnung der Industriegüterexporte bzw. der Exporte agrarischer Rohstoffe:<br>1. Berechnung des Anteils der Kupferexporte am Güterexport auf Basis laufender US$. 2. Multiplikation des Kupferanteils am Güterexport mit dem Güteranteil am Gesamtexport. Man erhält den Kupferanteil am Gesamtexport auf Grundlage laufender US$. 3. Multiplikation Kupferanteils am Gesamtexport mit dem realen Peso-Gesamtexport. |
| Kapitalstock | *K* | Quelle: MINISTERIO DE HACIENDA, Santiago de Chile 2003. (In Millionen Pesos des Jahres 1996). |
| Arbeit | *L* | Der Faktor Arbeit wird mit der Anzahl der Beschäftigten in Tausenden abgebildet.<br>Quelle: MINISTERIO DE HACIENDA, Santiago de Chile 2003. |
| Humankapital | *H* | Der Faktor Humankapital wird abgebildet durch die durchschnittliche Schulbildung pro Arbeitskraft in Schuljahren.<br>Quelle: MINISTERIO DE HACIENDA, Santiago de Chile 2003. |
| Marktdiversifizierung | *MD* | Der Indikator der Marktdiversifizierung repräsentiert die Zahl der Exportmärkte mit identischer Größe, die sich bei hypothetischer Gleichverteilung der Exportströme auf die durch den Indikator abgebildete Zahl von Absatzmärkten ergeben würde. Er wurde nach der in Abschnitt 14.3 ausgewiesenen Formel berechnet, auf Grundlage von Informationen aus:<br><br>BANCO CENTRAL DE CHILE: "*Indicadores Económicos y Sociales de Chile 1960-2000*", "*Indicadores de Comercio Exterior*" (mehrere Ausgaben), wobei bedeutungslose Exportmärkte mit einem Exportanteil von weniger als 0,01% nicht in die Berechnung einbezogen wurden. |
| Totale<br><br>Faktorproduktivität | *TFP* | Die Berechnung der Totalen Faktorproduktivität erfolgt in zwei Schritten.<br>In einem **ersten** Schritt wird auf die Wachstumsrate der totalen Faktorproduktivität ($_{g}TFP$) gemäß der in Abschnitt 15.2 ausgewiesenen Formel berechnet.<br>Im **zweiten** Schritt wird das Jahr 1960 auf 100 normiert. Mit Hilfe der berechnteten Zuwachsraten ($_{g}TFP$) lässt sich dann das Niveau der Faktorproduktivität in jedem Jahr approximieren CHUMACERO/FUENTES (2002). |

| | | |
|---|---|---|
| *Terms of Trade* | *tot* | Die *Terms of Trade* (1996=100) stammen aus den Quellen: BANCO CENTRAL DE CHILE: "*Indicadores Económicos y Sociales de Chile 1960-2000*", "*Cuentas Nacionales de Chile 1960-1980*", "*Economic and Financial Report 2000-2003*", "*Sintesis Estadistica de Chile*" (mehrere Ausgaben); und CHUMACERO/FUENTES (2002).<br>In den jeweiligen Quellen befinden sich *Terms of Trade*-Reihen für kürzere Zeiträume, denen unterschiedliche Basisjahre zugrundeliegen. Aufgrund von Überschneidungen bei den Zeitreihen in den jeweiligen Quellen lassen sich die *Terms of Trade* für den langen Zeitraum von 1960 bis 2001 durch Dreisatzrechnung berechnen. |
| Kupferpreise<br>*pKupfer* | | Die reale Kupferpreise in Uscts pro Pfund sind in Preisen des Jahres 2000 (Dezember) ausgedrückt.<br>Quellen: BANCO CENTRAL DE CHILE: "*Indicadores Económicos y Sociales de Chile 1960-2000*", "*Economic and Financial Report 2000-2003*". |
| Exporte auf der Zweistelligen Ebene der SITC- Rev.1 | | Quelle: *UN Commodity Trade Statistics Database* (2003).<br><br>Diese Exporte in laufenden US-Dollar sind (vgl. Kapitel 23): Nahrungsmittel und lebende Tiere: SITC-Nummer 0 / Getränke und Tabakprodukte: SITC-Nummer 1 / Minerale Brennstoffe, Schmiermittel und verwandte Produkte: SITC-Nummer 2 / Tierische und pflanzliche Fette und Öle: SITC-Nummer 4 / Chemische Erzeugnisse: SITC-Nummer 5 / Verarbeitete Industrieprodukte nach Material klassifiziert SITC-Nummer 6, allerdings ohne Bergbauerzeugnisse / Bergbauerzeugnisse: SITC-Nummer 68 / Maschinenbauerzeugnisse und Fahrzeuge SITC-Nummer 7 / verschiedene Industrieprodukte: SITC-Nummer 8. |
| Industriegüterexport / Import-Preisverhältnis | *pXi* / *pM* | Berechnung: Der Industriegüterexportpreisindex nach Paasche wird durch den Importpreisindex nach Paasche dividiert. Die Preisindizes stammen aus mehreren Quellen: BANCO CENTRAL DE CHILE: "*Indicadores Económicos y Sociales de Chile 1960-2000*", "*Cuentas Nacionales de Chile 1960-1980*", "*Economic and Financial Report 200-2003*", "*Boletin Mensual*" (1988; S. 2240). Aus den kurzen Zeitreihen in den jeweiligen Quellen lässt sich mittels Dreisatzrechnung die verwendete Zeitreihe für den Zeitraum von 1980 bis 2001 ermitteln. |
| Bergbauexport / Import-Preisverhältnis | *pMin* / *pM* | Berechnung: vgl. Industriegüterexport/Import-Preisverhältnis<br>Quellen: BANCO CENTRAL DE CHILE: "*Indicadores Económicos y Sociales de Chile 1960-2000*", "*Cuentas Nacionales de Chile 1960-1980*", "*Economic and Financial Report 200-2003*". |

| | | |
|---|---|---|
| Agrarexport / Import-Preisverhältnis | *pAgr* / *pM* | Berechnung und Quellen: vgl. Industriegüterexport/Import-Preisverhältnis. |
| Zahl der Exportsektoren auf der dreistelligen ebene der SITC-Rev.1 | *Z* | Quelle: *UN Commodity Trade Statistics Database* (2003). |
| Herfindahl-Konzentrations-index für die Exporte | *HI* | Quelle: *UN Commodity Trade Statistics Database* (2003).<br><br>Berechnet entsprechend der Formel in Abschnitt 21.1 auf der Basis der zweistelligen SITC-(Rev. 1-) Klassifizierung mit 56 Warenpositionen. |
| Kapitalgüterimporte | *CM* | Quellen: BANCO CENTRAL DE CHILE: "*Indicadores Económicos y Sociales de Chile 1960-2000*", "*Cuentas Nacionales de Chile 1960-1980*", "*Boletín Mensual*" (mehrere Ausgaben) http:www.bcentral.cl/Indicadores/htm/Gasto_PIP_real. htm (AUFRUF VOM 05.04.2003).<br><br>Berechnung der realen Kapitalgüterimporte (in Millionen Pesos des Jahres 1996):<br>1. Berechnung der realen Gesamtimporte:<br>In allen Quellen sind die aggregierten Importe bereits in realen Größen angegeben. Allerdings lauten die realen Importe<br>- in den "*Cuentas Nacionales de Chile 1960-1980*" auf Millionen Pesos des Jahres 1977,<br>- in den "*Indicadores Económicos y Sociales de Chile 1960-2000*" auf Millionen Pesos das Jahres 1986, und<br>- auf der Seite http:www.bcentral.cl/Indicadores/htm/Gasto_PIP_real.htm auf Millionen Pesos des Jahres 1996.<br>Aufgrund von Überschneidungen in den Zeitreihen der jeweiligen Quellen lassen sich alle Daten durch einfache Dreisatzrechnung in Millionen Pesos des Jahres 1996 transformieren, indem die realen Importe mit Basisjahr 1986 (bzw. 1977) im Jahr *t* mit dem Umrechnungsfaktor $a=Im_t^{1996}/Im_t^{1986}$ (bzw. $b=Im_t^{1986}/Im_t^{1977}*Im_t^{1996}/Im_t^{1986}$) multipliziert werden.<br>2. Berechnung der Anteile der Kapitalgüterimporte am Import auf Basis laufender US-Dollar und Multiplikation der Anteile mit dem realen Peso-Import:<br>Kapitalgüterimporte sind in sämtlichen Quellen in laufenden US$ angegeben. Um die Kapitalgüterimporte (die in laufenden US$ angegeben sind) in reale Peso des Jahres 1996 zu transformieren, wird ihr Anteil am Import auf Basis der laufenden US$ berechnet und anschließend mit dem realen Peso-Import multipliziert. |

| | | |
|---|---|---|
| Forschung und Entwicklung | *FE* | Prozentualer Anteil der Forschungs- und Entwicklungsausgaben am chilenischen BIP.<br>*Quelle:* CONICYT (2001)<br>http://www.conicyt.cl/bases/indicadores/2001/capituloI/T1-4.htm<br>(AUFRUF VOM 06.04.2005). |

## Anhang A.3 Exportsektoren (klassifiziert nach der SITC-Rev. 1) im Jahre 1962

| *Nummer* | *Warenbenennung* | *Nummer* | *Warenbenennung* |
|---|---|---|---|
| 1 | Lebende Tiere | 533 | Pigmente, Farben, Lacke und verwandte Materialien |
| 11 | Frischfleisch: gekühlt oder gefroren | 541 | Medizinische und pharmazeutische Produkte |
| 25 | Eier | 551 | Ätherische Öle, Parfum, und Aromastoffe |
| 31 | Fisch: frisch, einfach konserviert | 553 | Parfumerie und Kosmetik, Zahnpflege und andere Reinigungsprodukte |
| 32 | Fisch: in flugtauglichen Kontainern und Fischzubereitung | 571 | Sprengstoffe und pyrotechnische Produkte |
| 42 | Reis | 599 | chemische Materialien und Produkte: anderweitig nicht genannt (a.n.g.) |
| 43 | Hopfen | 629 | Gummieartikel (a.n.g) |
| 45 | Getreide: nichtgemahlen (ohne Weizen, Reis, Hopfen, Mais) | 632 | Herstellung von Waren aus Holz (a.n.g) |
| 48 | Getreide, Blumen, Gemüse, Früchte: zubereitet bzw. verarbeitet | 641 | Herstellung von Waren aus Papier und Karton |
| 51 | Früchte: frisch; Nüsse: frisch und getrocknet (ohne Öl-Nüsse) | 651 | Textilgarn und Fäden |
| 52 | Getrocknete Früchte | 652 | Wollaufbereitung und Wollspinnerei |
| 53 | Fruchtzubereitung und Fruchtkonservierung | 655 | Spezielle Herstellung von Textilwaren und verwandte Produkte |
| 54 | Gemüse: frisch, gefroren oder einfach konserviert | 661 | Herstellung von Kalk-, Zement-, Baustoffen (ohne Glas und Ton) |
| 55 | Gemüse, Wurzeln und Knollen: zubereitet oder konserviert | 662 | Baumaterialien aus Ton und feuerfeste Baumaterialien |
| 61 | Zucker und Honig | 666 | Töpferwaren |
| 62 | Konfekt und Zuckerpräparate (ohne Schokolade) | 671 | Spiegeleisen, Schwammeisen, Eisenlegierung, Stahlpulver, Stahlschrot |
| 75 | Gewürze | 673 | Eisen- und Stahlrohre, -stangen, -barren, -angeln, -teile |
| 81 | Tierfutter (ohne ungemahlenes Getreide) | 674 | Universelle Eisen- und Stahlplatten und -blätter |
| 99 | Nahrungsmittelzubereitung | 682 | Kupfer |
| 112 | Alkoholische Getränke | 686 | Zink |
| 211 | Felle und Häute: nichtzugerichtet (ohne Pelze) | 692 | Metallbehälter für die Lagerung oder den Transport |
| 212 | Pelze: nichtzugerichtet | 695 | Herstellung von handgeführtem Werkzeug oder für den maschinellen Gebrauch |

| | | | |
|---|---|---|---|
| 221 | Ol-Nüsse, Ol-Kerne, Öl-Samen | 697 | Haushaltsartikel aus metallischen Grundstoffen |
| 231 | Gummi: unbearbeitet | 698 | Herstellung von Waren aus Metall (a.n.g.) |
| 243 | Holz: geformt, einfach verarbeitet | 711 | Herstellung von Maschinen für die Energieerzeugung: nichtelektrisch |
| 251 | Papier und Papierabfall | 712 | Herstellung von landwirtschaftlichen Maschinen |
| 262 | Wolle und anderes Tierhaar | 714 | Büromaschinen |
| 265 | Pflanzliche Fasern (ohne Baumwolle und Jute) | 719 | Nichtelektrische Maschinen und Maschinenteile (a.n.g.) |
| 271 | Rohdünger | 722 | Elektrizitätserzeugung- und Schalteinrichtungen |
| 273 | Steine, Sand und Kies | 723 | Ausrüstung zur Elektrizitätsverteilung |
| 274 | Schwefel und Eisenpyrit | 724 | Geräte der Telekommunikationstechnik |
| 276 | Andere unbearbeitete Mineralien | 729 | Sonstige elektrische Ausrüstungen |
| 281 | Eisen und Eisenkonzentrate | 731 | Schienenfahrzeug |
| 283 | Metall und Metallkonzentrate nichteisenhaltiger Grundmetalle (darunter Kupfer) | 732 | Straßenkraftfahrzeuge |
| 284 | Nichteisenhaltiger Metallschrott | 734 | Flugzeuge |
| 285 | Silber und Platin | 735 | Schiffe und Boote |
| 291 | Tierische Rohmaterialien | 821 | Möbel |
| 292 | Pflanzliche Rohstoffe | 861 | Wissenschaftliche, medizinische, optische Mess- und Kontrollinstrumenten |
| 321 | Kohle, Koks und Briketts | 862 | Fotografie- und Filmzubehör |
| 332 | Erdöl- und Erdölprodukte | 863 | Entwickelter Cinematografischer Film |
| 411 | Tierische Öle und Fette | 891 | Musikinstrumente und Zubehör, HIFI-Geräte und Zubehör |
| 422 | Andere feste pflanzliche Öle | 892 | Herstellung von bedruckten Gegenständen |
| 431 | Verarbeitete tierische und pflanzliche Öle und fette; Wachs: pflanzlichen oder tierischen Ursprungs | 893 | Artikel aus künstlich plastischen Materialien (a.n.g.) |
| 512 | Organische Chemikalien | 896 | Kunst, Antiquitäten, Sammlerstücke |
| 513 | Nichtorganische Chemikalien: Elemente, Oxide, Halogensalze | 897 | Juwelen, Gold- und Silberschmuck |
| 514 | Andere nichtorganische Chemikalien | 931 | Nichtklassifizierte Transaktionen |
| 521 | Mineralisches Teer und Rohchemikalien aus Kohle, Erdöl, und Naturgas | 941 | Tiere (a.n.g.) Einschließlich Zootiere, Hunde, Katzen |

| | | | |
|---|---|---|---|
| 531 | Synthetisch organische Färbemittel, natürliches Indigo, Lackfarben | 951 | Waffen und Munition |

Quelle: COMTRADE (2003); UNITED NATIONS (1971), eigene Darstellung.

# Literaturverzeichnis

AFXENTIOU, P. / SERLETIS, A. (2000)
Output Growth and Variability of Export and Import Growth: International Evidence from Granger Causality Tests
The Developing Economies, Vol. 38 (2), S. 141-63.

AGOSIN, M. R. (1997)
Exporter Performance in Chile: Lessons for Africa.
WIDER Working Paper No. 144.

AGOSIN, M. R. (1999)
Trade and Growth in Chile
Cepal Review, Vol. 68, S. 79-100.

Al-MARHUBI, F. (2000)
Export Diversification and Growth: An Empirical Investigation
Applied Economics Letters, Vol. 7, S. 559-562.

ALVAREZ, R. E. (2001)
External Sources of Technological Innovation in Chilean Manufacturing Industry
Estudios de Economía, Vol. 28, No. 1, S.53-66.

ALVAREZ, R. E. / CRESPI, T. (2000)
Exporter Performance and Promotion Instruments: Chilean Empirical Evidence
Estudios de Economia, Vol. 27, No. 2, S. 225-241.

ALVAREZ, R. E. / FUENTES, R. (2003)
Trade Reforms and Manufacturing Industry in Chile
Central Bank of Chile Working Paper No. 210.

ALVAREZ; R. E: / ROBERTSON, R. E. (2004)
Exposure to Foreign Markets and Plant Innovation: Evidence from Chile and Mexico
The Journal of International Trade & Economic Development, Vol. 13, No. 1, S. 57-87.

AMBLER, S. / CARDIA, E. / FARAZLI, J. (1999)
Export Promotion, Learning by Doing and Growth
Journal of Economic Dynamics and Control, Vol. 23, S. 747-772.

AMIN GUTIÉRREZ DE PIÑERES, S. / FERRANTINO, M. J. (1997)
Export Diversification and Structural Dynamics in the Growth process: The Case of Chile
Journal of Development Economics, Vol. 52, S. 375-391.

AMIN GUTIÉRREZ DE PIÑERES, S. / FERRANTINO, M. J. (2000)
Export Dynamics and Economic Growth in Latin America
Ashgate Publishing Ltd, Burlington, Vermont.

AUSWÄRTIGES AMT (2005)
http://www.auswaertigesamt.de/www/de/laenderinfos/laender_ausgabe_html?type_id=12&land_id=31, 25.08.2005

ATHUKORALA, P.-C. (2000)
Manufactured Exports and Terms of Trade of Developing Countries
Journal of Development Studies, Vol. 36, No. 5, S. 89-104.
AUTY, R. M. (1998)
Resource Abundance and Economic Development
World Institute for Development Economic Research (WIDER), Research for Action 44.
BANCO CENTRAL DE CHILE (1965-2002)
Boletín Mensual, verschiedene Ausgaben
Santiago de Chile.
BANCO CENTRAL DE CHILE (1980-2002)
Sintesis Estadistica de Chile, verschiedene Ausgaben
Santiago de Chile.
BANCO CENTRAL DE CHILE (1981)
Cuentas Nacionales de Chile 1960-1980
Santiago de Chile.
BANCO CENTRAL DE CHILE (1986)
Indicadores Económicos y Sociales de Chile 1960-1985
Santiago de Chile.
BANCO CENTRAL DE CHILE (1992)
Matriz de Insumo-Producto de La Economia Chilena 1986
Santiago de Chile.
BANCO CENTRAL DE CHILE (2001)
Matriz de Insumo-Producto de La Economia Chilena 1996
Santiago de Chile.
BANCO CENTRAL DE CHILE (2001)
Indicadores Económicos y Sociales de Chile 1960-2000
Santiago de Chile.
BANCO CENTRAL DE CHILE (1998-2002)
Indicadores de Comercio Exterior, verschieden Ausgaben
Santiago de Chile.
BANCO CENTRAL DE CHILE (2003)
http://www.bcentral.cl/Indicadores/htm/Gasto_PIP_real.htm
05.04.2003
BANCO CENTRAL DE CHILE (2003)
Economic and Financial Report 2000-2003
Santiago de Chile.
BANERJEE, A. / DOLADO, J. J. / HENDRY, D. F. / SMITH, G. W. (1986)
Exploring Equilibrium Relationships in Economics through Static Models: Some Monte Carlo Evidence
Oxford Bulletin of Economics and Statistics, Vol. 48, S. 253-278.

BANERJEE, A. / DOLADO, J. J. / GAILBRAITH, J. W. / HENDRY, D. F. (1993)
Co-integration, Error-Correction, and the Econometric Analysis of Nonstationary Data
Oxford University Press, New York.
BANERJEE, A. / DOLADO, J. J. / MESTRE, R. (1998)
Error-Correction Mechanism Tests for Cointegration in a Single-Equation Framework
Journal of Time Series Analysis, Vol. 19, S. 267-283.
BARRO, R / SALA-I-MARTIN, X. (1995)
Economic Growth
McGraw-Hill, New York.
BEGHIN, J. / BOWLAND, B. / DESSUS S. / ROLAND-HOLST, D. / VAN DER MENSBRUGGE (2002)
Trade Integration, Environmental Degradation, and Public Health in Chile: Assessing the Linkages
Environment and Development Economics, Vol. 7, S. 241-267.
BENARROCH, M. / GAISFORD, J. (2001)
Export-Promoting Production Subsidies and the Dynamic Gains from Experience
The Journal of International Trade & Economic Development, Vol. 10, No. 3, S. 291-320.
BEREZIN, P. / SALEHIZADEH, A. / SANTANA, E. (2002)
The Challenge of Diversification in the Caribbean.
IMF Discussion Paper No. 196.
BERGOEING, R. / KEHOE, P. / SOTO, R. (2001)
A Decade Lost and Found: Mexiko and Chile in the 1980s
NBER Working Paper No. 8520.
BIANCHI, P. / PARRILLI, M. D. (2002)
Integrating the National Industrial System: The Chilean Challenge for the Twentyfirst Century
Università degli Studi di Ferrara, Dipartimento di Economia Working Paper No. 20.
BIGSTEN A. / COLLIER, P. / DERCON, S. / FAFCHAMPS, M. / GAUTHIER, B. / GUNNING, J. W. / ODURO, A. / OOSTENDORP R. / PATTILLO, C. / SÖDERBOM, M. / TEAL, F. / ZEUFACK, A. (2004)
Do African Manufacturing Firms Learn from Exporting?
The Journal of Development Studies, Vol. 40, No. 3, S. 115-141.
BLALOCK, G. / GERTLER, P. (2004)
Learning from Exporting Revised in a Less Developed Setting
Journal of Development Economics, Vol. 75, S. 397-416.
BLANCHARD, O. J. / QUAH, D. (1989)
The Dynamic Effects of Aggregate Demand and Supply Disturbances
The American Economic Review, Vol. 79, S. 655-673.

BLATTMAN, C. / HWANG, J. / WILLIAMSON, J. G. (2004)
The Impact of the Terms of Trade on Economic Development in the Periphery, 1870-1939: Volatility and Secular Change
NBER Working Paper No. 10600.

BLEANEY, M. F. (1993)
Manufactured Exports of Developing Countries and Their Terms of Trade Since 1965: A Comment
World Development, Vol. 21, No. 4, S. 453-466.

BLEANEY, M. F. / GREENAWAY, D. (1993)
Long-run Trends in the Relative Price of Primary Commodities and in the Terms of Trade of Developing Countries
Oxford Economic Papers, Vol. 45, No. 3, S. 349-363.

BLEANEY, M. F. / GREENAWAY, D. (2001)
The Impact of Terms of Trade and Real Exchange Rate Volatility on Investment and Growth in Sub-Saharan Africa
Journal of Development Economics, Vol. 65, S. 491-500.

BLUM, M. (2002)
Weltmarktintegration, Wachstum und Innovationsverhalten in Schwellenländern
Peter Lang, Frankfurt/M.

BRAINARD, W. C. / COOPER, R. N. (1968)
Uncertainty and Diversification in international Trade
Food Research Institute Studies, Vol. 8, S. 257-285.

CAMPOS, J. / ERICCSON, N. R. / HENDRY, D. F. (1996)
Cointegration Tests in the Presence of Structural Breaks
Journal of Econometrics, Vol. 70, S. 187-220.

CASABURI, G. G. (1999)
Dynamic Agroindustrial Clusters: The political Economy of Competitive Sectors in Argentina and Chile
Basingstoke, Hampshire.

CHUANG Y.C. (1998)
Learning by Doing, the Technology Gap and Growth
International Economic Review, Vol. 39, S. 697-721.

CHUMACERO, R. A. / FUENTES, R. (2002)
On the Determinants of the Chilean Economic Growth
Central Bank of Chile Working Paper No. 134.

CHUMACERO, R. A. / FUENTES, R. / SCHMIDT-HEBBEL, K. (2004)
Chiles's Free Trade Agreements: How Big is the Deal?
Central Bank of Chile Working Paper No. 264.

CHILE FOREIGN INVESTMENT COMMITTEE (2005)
http://www.foreigninvestment.cl/
20.02.2005

CLINE, W. R. (1982)
Can the East Asian Model of Development be Generalized
World Development, Vol. 10, No. 2, S. 81-90.
COEMANS, J. E. (1999)
Determinantes de la Productividad en Chile: 1961-1997
Cuadernos de Economia, Vol. 36, S. 597-637.
CONICYT (2001)
http://www.conicyt.cl/bases/indicadores/2001/capituloI/T1-4.htm
06.04.2005
CORBO, V. / TESSEDA, J. A. (2001)
Growth and Adjustment in Chile: A Look at the 90s
Mimeo.
CORDEN. W. M. (1971)
The Theory of Protection
Oxford, Clarendon Press.
CUDDINGTON, J. T. / URZÚA, C. M. (1989)
Trends and Cycles in the Net Barter Terms of Trade: A New Approach
The Economic Journal, Vol. 99, S. 426-442.
DAWE, D. (1996)
A New Look at the Effects of Export Instability on Investment and Growth
World Development 24, No. 12, S. 1905-1914.
DE FERRANTI, D. / PERRY G. E. / LEDERMAN D. / MALONEY, W. (2002)
From Natural Resources to the Knowledge Economy
Washington, D.C.: The World Bank.
DELGADO, M. A. / FARIÑAS J. C. / RUANO, S. (2002)
Firm Productivity and Export Markets: A Non-Parametric Approach
Journal of International Economics, Vol. 57, S. 397-422.
DE GREGORIO, J. / LEE, J. W. (1999)
Economic Growth in Latin America: Sources and Prospects
Centro de Economia Aplicada (Universidad de Chile) Working Paper No. 66.
DEROSA, D. A. (1992)
Increasing Export Diversification in Commodity Exporting Countries
IMF Staff Papers, Vol. 39, No. 3, S. 572-595.
DIXIT, A. K. / PINDYK (1994)
Investment under Uncertainty
New Jersey: University Press.
DODARO, S. (1991)
Comparative Advantage, Trade and Growth: Export-Led Growth Revisited
World Development, Vol. 19, S. 1153-1155.

DORNBUSCH, R. (1974)
Tariffs and Nontraded Goods
Journal of International Economics, Vol. 4, S. 177-185.

ECONOMIC COMMISSION FOR LATIN AMERICA AND THE CARIBBEAN (ECLAC/CEPAL) (1992)
Inversion Extranjera y Empresas Transancionales en la Economia de Chile (1974-1989) (LG/G. 1677-P)
Santiago de Chile.

ECONOMIC COMMISSION FOR LATIN AMERICA AND THE CARIBBEAN (ECLAC/CEPAL) (1996)
Panorama de la Inserción Internacional de América y el Caribe, Edición (LC/G.1941)
Santiago de Chile.

ECONOMIC COMMISSION FOR LATIN AMERICA AND THE CARIBBEAN (ECLAC/CEPAL) (2001)
Foreign Investment in Latin America and the Caribbean 2000 Report (LC/G.2125-P)
Santiago de Chile.

EDWARDS, S. (1989)
Real Exchange Rates, Devaluation, and Adjustment
Cambridge, Massachusetts: MIT Press.

ENGLE, R. F. / GRANGER, C. W. J. (1987)
Co-integration and Error Correction: Representation, Estimation, and Testing
Econometrica, Vol. 55, S. 251-276.

ENGLE, R. F. / YOO, S. B. (1987)
Forecasting and Testing in Co-Integrated Systems
Journal of Econometrics, Vol. 35, S. 143-159.

ENGLE, R. F. / YOO, S. B. (1991)
Cointegrated Economic Time Series: An Overview with New Results
in: Engle, R. F. / Granger, C. W. J. (eds.): Long-run Economic Relationships: Readings in Cointegration, Oxford University Press.

ERICSSON, N. R. / MACKINNON (2002)
Distributions of Error Correction Tests for Cointegration
Econometrics Journal, Vol. 5, S. 285-318.

FEDER, G. (1983)
On Exports and Economic Growth
Journal of Development Economics, Vol. 12, S. 59-73.

FFRENCH-DAVIS, R. (2002)
El Impacto de las Exportaciones sobre el Crecimiento en Chile
Revista de la Cepal, Vol. 76, S. 143-160.

FFRENCH-DAVIS, R. / MUÑOZ, O. / BENAVENTE, J. M. / CRESPI, G. (2000)
The Industrialization of Chile during Protectionism, 1940-82
in: Cárdenas, E. / Ocampo, A. J. / Thorp, R. (eds.): An Economic History of Twentieth-Century Latin America; PALGRAVE, Houndsmills, Basingstoke.
FFRENCH-DAVIS, R. / SAEZ, R. E. (1998)
Trade and Industrial Development in Chile
in: Lord, M. J. (ed.): The Handbook of Latin American Trade in Manufactures; Cheltenham, UK
FIESS, N. / VERNER, D. (2001)
Intersectoral Dynamics and Economic Growth in Ecuador
World Bank Policy Research Working Paper.
FIGUERA, L. / LETELIER, L. (1994)
Exportaciones, Orientación al Comercio y Crecimiento: Un Enfoque de Cointegración
Cuadernos de Economia, No. 94, S. 401-422.
FISCHER, R. (2001)
Trade Liberalization, Development and Government Policy in Chile
Documentos de Trabajo 102, Centro de Economía Aplicada, Universidad de Chile.
GILLMAN, M. / NAKOV, A. (2004)
Granger Causality of the Inflation-growth Mirror in Accession Countries
Economics of Transition, Vol. 12, S. 653-681
GARCÍA, P. / MELLER, P. / REPETTO, A. (1996)
Las Exportaciones Como Motor de Crecimiento: La Evidencia Chilena
in: Meller, P. (ed..): El Modelo Exportador Chileno: Crecimiento y Equidad, CIEPLAN, Santiago; Chile.
GHATAK, S. / MILNER, C. / UKTULU, U. (1997)
Exports, Export Composition and Growth: Cointegration and Causality evidence for Malaysia. Applied Economics, Vol. 29, S.213-223.
GOH, A.-T. / OLIVER, J (2002)
Learning by Doing, Trade in Capital Goods and Growth
Journal of International Economics, Vol. 56, S. 411-444.
GRANGER, C. W. J. (1969)
Investigating Causal Relations by Econometric Models: Cross Spectral Methods
Econometrica, Vol. 37, S. 424-438.
GRANGER, C. W. J. (1988)
Some Recent Developments in the Concept of Causality
Journal of Econometrics, Vol. 39, S. 199-211.
GRANGER, C. W. J. / NEWBOLD, P. (1974)
Spurious Regressions in Econometrics
Journal of Econometrics, Vol. 16, S. 111-120.

GREGORY, A. W. / HANSEN, B. E. (1996)
Residual-based Tests for Cointegration in Models with Regime Shifts
Journal of Econometrics, Vol. 70, S. 99-126.
GROSSMAN, G. M. / HELPMAN, E. (1991)
Innovation and Growth in the Global Economy
Cambridge: MIT Press.
GWYNNE (1999)
Globalisation, Commodity Chains and Fruit Exporting Regions in Chile
Journal of Economic and Social Geography, Vol. 90, No. 2, S. 211-225.
HAFER, R. W. / KUTAN, A. M. (1997)
More Evidence on the Money-Output Relationship
Economic Inquiry, Vol. 35, S. 48-58
HAFER, R. W. / KUTAN, A. M. (2002)
Detrending and the Money-Output Link: International Evidence
Southern Economic Journal, Vol. 69, S. 159-174
HALDRUP, N. (1991)
A Note on the Dickey-Fuller Regression With a Maintained Trend
Starr Center – Economic Policy Papers No. 30, New York, C. V.
HALL, S. / MILNE, A. (1994)
The Relevance of P-Star Analysis to UK Monetary Policy
Economic Journal, Vol. 104, No. 424, S. 597-606.
HANSEN, H. / JUSELIUS, K. (1995)
CATS in RATS
Estima, Evanston, US.
HASSLER, U. (2002)
Dickey-Fuller Cointegration Tests in the Presence of Regime Shifts at Known Time
Allgemeines Statistisches Archiv, Vol. 86, S. 263-276.
HELPMAN, E. / KRUGMAN, P. R. (1985)
Market Structure and Foreign Trade
MIT Press, Cambridge/Mass.
HERZER, D. (2004)
Zur Problematik der theoretischen Rechtfertigung einer Exportdiversifizierungsstrategie
Aussenwirtschaft, Vol. 59, No. 1, S. 51-79.
HERZER, D. (2005)
Exportdiversifizierung und Wirtschaftswachstum in Chile, eine ökonometrische Analyse
Jahrbücher für Nationalökonomie und Statistik , Vol. 225, No. 2, S. 163-180.
HERZER, D. / NOWAK-LEHMANN D. (2005)
What does Export Diversification do for Growth?
Applied Economics (erscheint demnächst).

HERZER, D. / NOWAK-LEHMANN D. (2006)
Is there a Long-Run Relationship between Exports and Imports in Chile? Applied Economics Letters (erscheint demnächst).

HOFMAN, A. (2001)
Long Run Economic Development in Latin America in a Comparative Perspective
Mimeo.

INTERNATIONAL TRADE CENTRE (ITC), UNCTAD/WTO (2000)
The Trade Performance Index
http://www.intracen.org./countries/toolpd99/tpi_tot.pdf (Aufruf vom 06.05.2005).

ISLAM, M. N. (1998)
Export Expansion and Economic Growth: Testing for Cointegration and Causality
Applied Economics, Vol. 30, S. 415-425.

JADRESIC, E. / ZAHLER, R. (2000)
Chiles`s Rapid Growth in the 1990s: Good Policies, Good Luck, or Political Change
IMF Working Paper No. 153.

JARVIS, L. (1992)
Cambios en los Roles de Los Sectores Publico y Privado en el Desarrollo Technico: Lecciones a Partir del Sector Fruticola Chileno
Colección Estudios CIEPLAN, Vol 36, S. 5-39.

JAYME JR., F. G. (2001)
Balanced-of Payments-Constrained Economic Growth in Brazil
Centro De Desenvol Vimento E Planejamento Regional/FACE/UFMG, Texto Para Discussão No. 155.

JOHANSEN, S. (1988)
Statistical Analysis of Cointegrating Vectors
Journal of Economic Dynamics and Control, Vol. 54, S. 383-397.

JOHANSEN, S. (1995)
Likelihood-based Inference in Cointegrated Vector Autoregessive Models
Oxford University Press, New York.

JUSELIUS, K. (1999)
Models and Relations in Economics and Econometrics
Journal of Economic Methodology, Vol. 6, S. 259-290.

JUSELIUS, K. (2001)
European Integration and Money Transmission Mechanisms: The Case of Italy
Journal of Applied Econometrics, Vol. 16, No. 3, S. 341-358.

KANEKO, A. (2000):
Terms of Trade, Economic Growth, and Trade Patterns: A Small Open-Economy Case
Journal of International Economics, Vol. 52, S. 169-181.

KAPETANIOS, G. (2005)
Unit Root Testing Against the Alternative Hypothesis of up to m Structural Breaks
Journal of Time Series Analysis, Vol. 26, No. 1, 123-133.
KHAN, M. / OSTRY, J (1992)
Response of the Equilibrium Real Exchange Rate to Real Disturbances in Developing Countries
World Development, Vol. 20, No. 9, S. 1325-1334.
KIM, T.-H. / LEE, Y.-S. / NEWBOLD, P. (2004)
Spurious Regressions with Stationary Processes Around Linear Trends
Economics Letters, Vol. 83, S. 257-262.
KNUDSEN, O. / PARNES A. (1975)
Trade Instability and Economic Development. An Empirical Study.
Lexington, MA: D.C. Heath.
KREMERS, J. J. M. / ERICSSON, J. M. / DOLADO, J. J. (1992)
The Power of Cointegration Tests
Oxford Bulletin of Economics and Statistics, Vol. 54, S. 352-348.
KRUGMAN, P. (1985)
Increasing Returns and the Theory of International Trade
NBER Working Paper No. 1752.
LAHERA, E. (1981)
Las Empresas Transnacionales en la Economía Chilena
Revista de la Cepal, No. 14, S. 109-124.
LEDERMAN, D. / MALONEY, W. (2002)
Open Questions about the Link between Natural Resources and Economic Growth: Sachs and Warner revisited
Central Bank of Chile Working Paper No. 141.
LEE, J. W. (1995):
Capital Goods Imports and Long-Run Growth
Journal of Development Economics, Vol. 48, S. 91-110.
LEWER, J. J. (2002)
International Trade Composition and Medium-run Growth: Evidence of a Causal Relationship
The International Trade Journal, Vol. 16, No. 3, S.295-317.
LI, X. (2004)
Trade Liberalization and Real Exchange Rate Movement
IMF Staff Papers, Vol. 51, No. 3, S. 553-584.
LOVE, J. (1979)
A Model of Trade Diversification Based on the Markowitz Model of Portfolio Analysis
Journal of Development Studies, Vol. 15, No. 2, S. 233-241.
LOVE, J. (1992)
Export Diversification Strategies and Community Welfare
Journal of International Development, Vol. 4, S. 531-540.

LUCAS, R. E. (1988)
On the Mechanics of Economic Development
Journal of Monetary Economics, Vol. 22, S. 3-42.
LUCKENBACH (1970)
Wirtschaftswachstum und Internationaler Handel
Freiburg.
LÜTKEPOHL, H. (1985)
Comparison of Criteria for Estimating the Order of a Vector Autoregressive Process
Journal of Time Series Analysis, Vol. 6. S. 35-52.
LÜTKEPOHL, H. / WOLTERS, J. (1998)
A Money Demand System for German M3
Empirical Economics, Vol. 23, S. 371-386.
MACARIO, C. (1999)
Restructuring in Manufacturing: Case Studies of Chile, Mexiko and Venezuela
Cepal Review, Vol. 67, S. 101-118.
MACARIO, C. (2000)
Chile: In Search of a New Export Drive
in: Macario, C. (ed.): Export Growth in Latin America, CEPAL, Colorado
MACKINNON, J. G. (1991)
Critical Values for Cointegration Tests
in: Engle, R. F. / Granger, C. W. J. (eds.): Long-run Economic Relationships: Readings in Cointegration, Oxford University Press, New York
MARFELS, C. (1971)
Einige neuere Entwicklungen in der Messung der industriellen Konzentration
Metrika, Vol. 117, S. 69-80.
MATSUYAMA, K. (1992)
Agricultural Productivity, Comparative Advantage, and Economic Growth
Journal of Economic Theory, Vol. 58, S. 317-334.
MAURER, R. (1998)
Economic Growth and International Trade with Capital Goods
Kieler Studien 289, Tübingen.
MAZUMDAR (1996)
Do Static Gains from Trade Lead to Medium-Run Growth?
The Journal of Political Economy, Vol. 104, No. 6, S. 1328-1337.
MELLER, P. (1992)
Adjustment and Equity in Chile
Washington, D.C.

MELVIN, J. R. (1968)
Production and Trade with two Factors and three Goods
American Economic Review, Vol. 58, S. 1249-1268.

MICHAELY, M. (1962)
Concentration in International Trade
Amsterdam.

MORANDÉ, F. / QUIROZ, J. (1996)
The Copper Boom in the Chilean Economy: What should we Expect?
Comisión Chilena del Cobre, Dirección de Estudios, DE/16/96.

MURHED, M. S. (2000)
Globalization, Marginalization and Development
WIDER Working Papers, No. 175.

NELSON, C. R / PLOSSER, C. I. (1980)
Trends and Random Walks in Macroeconomic Time Series
Journal of Monetary Economics, Vol. 10, S. 139-162.

NOWAK-LEHMANN D., F. (2004)
Different Approaches of Modeling Reaction Lags: How Do Chilean Manufacturing Exports React to Movements of the Real Exchange Rate?
Applied Economics, Vol. 36, S. 1547-1560.

NOWAK-LEHMANN D., F / HERZER, D. / VOLLMER, S (2005)
The Free Trade Agreement between Chile and the EU: Its Potential Impact on Chile's Export Industry.
Ibero-America Institute for Economic Research Discussion Paper No. 125.

OCAMPO, J. O. / PARRA, M. Á. (2003)
The Terms of Trade for Commodities in the Twentieth Century
CEPAL Review, Vol. 79, S. 7-35.

ORGANISATION FOR ECONOMIC CO-OOERATION AND DEVELOPMENT (OECD) (2005)
OECD Environmental Performance Reviews Chile
Paris.

OSTERWALD-LENUM, M. (1992)
A Note on Quantiles of the Asymptotic Distribution of the Maximum Likelyhood Cointegration Rank Test Statistic
Oxford Bulletin of Economics and Statistics, Vol. 54, S. 461-472.

PARIKH, A. (2002)
Impact of Liberalization, Economic Growth and Trade Policies on Current Accounts of Developing Countries
WIDER Discussion Paper No. 63.

PATEL, C. K. / GAYI, S. / VAN DER GEEST, W. (1997)
Trade Diversification in the LDCs: An Overview
in : Patel, C. K. / Gayi, S. (eds..): Trade Diversification in the Least Developed Countries, Cheltenham

PATTERSON, K (2000)
An Introduction to Applied Econometrics. A Time Series Approach
PALGRAVE, New York.
PEREZ-ALEMAN, P. (2000)
Learning, Adjustment and Economic Development: Transforming Firms, the State and Associations in Chile
World Development, Vol. 28, No. 1, S. 41-55.
PÉREZ, E. / MORENO-BRID, J. C. (1999)
Terms of Trade, Exports and Economic Growth in Central America: A Long-term View
BNL Quarterly Review, Vol. 52, S. 431-449.
PERRON, P (1989)
The Great Crash, the Oil price shock, and Unit Root Hypothesis
Econometrica, Vol. 57, S. 1361-1401.
PERRON, P. (1990)
Testing for a Unit Root in a Time Series With a Changing Mean
Journal if Business & Economic Statistics, Vol. 8, S. 153-162
PERRON, P. (1997)
Further Evidence on Breaking Trend Functions in Macroeconomic Variables
Journal of Econometrics, Vol. 80, No. 2, S. 355-385.
PERRON, P. / VOGELSANG, T. J. (1992)
Testing for a Unit Root in a Time Series With a Changing Mean: Corrections and Extensions
Journal if Business & Economic Statistics, Vol. 10, S. 467-470.
PHYNE, J / MANSILLA, J (2003)
Forging Linkages in the Commodity Chain: The Case of the Chilean Salmon Farming Industry, 1987-2001
Sociologia Ruralis, Vol. 43, No. 2, S.108-127.
PREBISCH, R. (1950)
The Economic Development of Latin America and its Principal Problems
Economic Bulletin for Latin America, Vol. 7, No. 1, S. 1-22.
REIMERS, H.-E. (1991)
Analyse kointegrierter Variablen mittels vektorautoregressiver Modelle
Frankfurt am Main.
ROJAS, J. / LÓPEZ, E. / JIMÉNEZ, S. (1997)
Determinantes del Crecimiento y Estimación del Producto Potencial en Chile: El Rol del Comercio International
in: Morandé, F. / Vergara, R. (eds.): Análisis Empírico del Crecimiento en Chile, CEP – ILADES/Georgetown University, Santiago.

ROLDÓS, J. (1997)
El Crecimiento del Producto Potencial en Mercados Emergentes: El Caso de Chile
in: Morandé, F. / Vergara, R. (eds.): Análisis Empírico del Crecimiento en Chile, CEP – ILADES/Georgetown University, Santiago.

ROMAGUERA, P. / CONTRERAS, D (1995)
Impacto Macroeconomico de la Inestabilidad del Precio del Cobre en la Economía Chilena
in: Pascó-Font, A. (ed.): La Administración de los Ingresos por Exportaciones Mineras en Bolivia, Chile y Perú, GRADE/Lima, Perú.

ROMER, P. M. (1990)
Endogenous Technological Change
Journal of Political Economy. Vol. 98, No. 5, S. 71-101.

SACHS, J. D. / WARNER, A. M. (1995)
Natural Resource Abundance and Economic Growth
NBER Working Paper No. 5398.

SAIKKONEN, P. (1991)
Estimation and Testing of Cointegated Systems by an Autoregressive Approximation
Economtric Theory, Vol. 8, S. 1-27.

SARKAR, P. / SINGER, H. W. (1991)
Manufactured Exports of Developing Countries and their Terms of Trade Since 1965
World Development, Vol. 19, No. 4, S. 333-340.

SARKAR, P. / SINGER, H. W. (1993)
Manufactured Exports from Developing Countries and their Terms of Trade: A reexamination of the Sarkar-Singer Results
World Development, Vol. 21, No. 10, S. 1607-1613.

SALMAN, A. K. / SHUKUR G. (2004)
Testing for Granger Causality between Industrial Output and CPI in the Presence of Regime Shift
Journal of Economic Studies, Vol. 31, No. 6, S. 492-499.

SIEBERT, H. (1988)
Strategische Handelspolitik. Theoretische Ansätze und wirtschaftspolitische Empfehlungen
Aussenwirtschaft, Vol. 43, No. 4, S. 549-584.

SILIVERSTOVS, B. / HERZER, D. (2005)
Export-led Growth Hypothesis: Evidence for Chile
Applied Economics Letters (erscheint demnächst)

SORSA, P (1999)
Algeria - The Real Exchange Rate, Export Diversification, and Trade Protection
IMF Working Paper No. 49.

SPILIMBERGO, A. (1999)
Copper and the Chilean Economy, 1960-1989
IMF Working Paper No. 57.
STANLEY, D. L. (1999)
Export Diversification as a Stabilization Strategie: The Central American Case Revisited
The Journal of Developing Areas, Vol. 33, S. 531-548.
STANLEY, D. L. / BUNNAG, S. (2001)
A New Look at the Benefits of Diversification: Lessons from Central America.
Applied Economics, Vol. 33, S. 1369-1383.
STATISTISCHES BUNDESAMT (2005)
Input-Output-Tabelle 2000 zu Herstellungspreisen
http://www.destatis.de/basis/d/vgr/inputtab1.php
05.04.2005
STIGLITZ, J. E. / WEISS, A. (1981)
Credit Rationing in Markets with Imperfect Information
American Economic Review, Vol. 4, No. 3, S. 351.366.
STOCK, J. H. (1987)
Asymptotic Properties of Least Squares Estimators of Cointegrating Vectors
Econometrica, Vol. 55, S. 1035-1056.
STOCK, J. H. / WATSON M. W. (1989)
Interpreting the Evidence on Money-Income Causality
Journal of Econometrics, Vol. 40, S. 161-181.
STOCK, J. H. / WATSON M. W. (1993)
A Simple Estimator of Cointegrating Vectors in Higher Order Integrated Systems
Econometrica, Vol. 61, S. 783-820.
THIRWALL, A. P. / HUSSAIN, N. (1982)
The Balance of Payments Constraint, Capital Flows and Growth Rate Differences Between Developing Countries
Oxford Economic Papers, Vol. 34, S.498-509.
THIRWALL, A. P. (1997)
Reflections on the Concept of Balance-of-Payments-Constrained Growth
Journal of Post Keynesian Economics, Vol. 19, S.377-385.
TODA, H.Y. / YAMAMOTO, T. (1995)
Statistical Inference in Vector Autoregressions with Possibly Integrated Processes
Journal of Econometrics, Vol. 66, S. 225-250.
UKPOLO, V. (1994)
Export Composition and Growth of Selected Low-Income African Countries: Evidence from Time-Series Data
Applied Economics, Vol. 26, S. 445-449.

URBAIN, J.-P. (1992)
On Weak Exogeneity in Error Correction Models
Oxford Bulletin of Economics and Statistics, Vol. 54, No. 2, S. 187-207.
UNITED NATIONS (1961)
Standard International Trade Classification, Revised
New York
UNITED NATIONS (1971)
Classification of Commodities by Industrial Orgin: Links between the Standard International Trade Classification and the Standard Industrial Classification
New York.
UNITED NATIONS (1994)
Handbook of International Trade and Development Statistics 1993
United Nations Conference on Trade and Development, New York and Geneva.
UNITED NATIONS (2003)
Commodity Trade Statistics Database (COMTRADE)
New York.
UNITED NATIONS CONFERENCE ON TRADE AND DEVELOPMENT (UNCTAD) (2003)
Foreign Direct Investment and Performance Requirements: New Evidence from Selected Countries
New York, Geneva.
UNITED NATIONS ENVIRONMENT PROGRAMME (UNEP) (1999)
Environment Impacts of Trade Liberalization and Policies for the Sustainable Management of Natural Resources. A Case Study on Chile's Mining Sector.
New York and Geneva.
VILASUSO, J. (2000)
Trend Breaks in Money Growth and the Money-Output Relation in the U.S.
Oxford Bulletin of Economics and Statistics, Vol. 62, S. 53-60.
WOLTERS, J. / TERASVIRTA, T. / LÜTKEPOHL H. (1998)
Modeling the Demand for M3 in the Unified Germany
The Review of Economics and Statistics, Vol. 80, No. 3, S. 399-409.
WORLD BANK (2004)
World Development Indicators 2004 CD-Rom
WORLD TRADE ORGANIZATION (WTO) (1997)
Trade Policy Review Chile 1997
Geneva
WORLD TRADE ORGANIZATION (WTO) (2001)
Statistics on Globalization 2001
http://www.wto.org/trade_resources/statistics/globalisationstat1.doc
12.01.2004.

WORLD TRADE ORGANIZATION (WTO) (2003)
Trade Policy Review Chile 2003
Geneva.
YOTOPOULOS, P.A. / NUGENT, J.B. (1967)
Economics of Development. Empirical Investigations.
New York.
YOUNG, A. (1991)
Learning by Doing and the Dynamic Effects of International Trade
Quarterly Journal of Economics, Vol. 106, S. 369-405.
YOUNG, A. (1993)
Invention and Bounded Learning by Doing
Journal of Political Economy, Vol. 101, No. 3, S. 443-472.

# Index

**Göttinger Studien zur Entwicklungsökonomik**
**Göttingen Studies in Development Economics**

Herausgegeben von / Edited by Hermann Sautter
und/and Stephan Klasen

Die Bände 1-8 sind über die Vervuert Verlagsgesellschaft (Frankfurt/M.) zu beziehen.

Bd./Vol. 9 Hermann Sautter / Rolf Schinke (eds.): Social Justice in a Market Economy. 2001.

Bd./Vol.10 Philipp Albert Theodor Kircher: Poverty Reduction Strategies. A comparative study applied to empirical research. 2002.

Bd./Vol.11 Matthias Blum: Weltmarktintegration, Wachstum und Innovationsverhalten in Schwellen ländern. Eine theoretische Diskussion mit einer Fallstudie über „Argentinien 1990-1999". 2003.

Bd./Vol.12 Jan Müller-Scheeßel: Die Privatisierung und Regulierung des Wassersektors. Das Beispiel Buenos Aires/Argentinien. 2003.

Bd./Vol.13 Ludger J. Löning: Economic Growth, Biodiversity Conservation, and the Formation of Human Capital in a Developing Country. 2004.

Bd./Vol.14 Silke Woltermann: Transitions in Segmented Labor Markets. The Case of Brazil. 2004.

Bd./Vol.15 Jörg Stosberg: Political Risk and the Institutional Environment for Foreign Direct Investment in Latin America. An Empirical Analysis with a Case Study on Mexico. 2005.

Bd./Vol.16 Derk Bienen: Die politische Ökonomie von Arbeitsmarktreformen in Argentinien. 2005.

Bd./Vol.17 Dierk Herzer: Exportdiversifizierung und Wirtschaftswachstum. Das Fallbeispiel Chile. 2006.

www.peterlang.de

FSC
www.fsc.org
MIX
Papier | Fördert
gute Waldnutzung
FSC® C083411

Kolibri 360 GmbH
Ferdinand-Jühlke-Straße 7
99095 Erfurt, Deutschland
produktsicherheit@kolibri360.de

Druck:
CPI Druckdienstleistungen GmbH
im Auftrag der
Kolibri 360 GmbH
Ferdinand-Jühlke-Str. 7
99095 Erfurt